Erzählte Bewegung

Mittellateinische Studien und Texte

Editor

Thomas Haye (*Zentrum für Mittelalter- und Frühneuzeitforschung, Universität Göttingen*)

Founding Editor

Paul Gerhard Schmidt (†) (*Albert-Ludwigs-Universität Freiburg*)

VOLUME 52

The titles published in this series are listed at *brill.com/mits*

Erzählte Bewegung

Narrationsstrategien und Funktionsweisen lateinischer Pilgertexte (4.-15. Jahrhundert)

von

Susanna E. Fischer

BRILL

LEIDEN | BOSTON

The Library of Congress Cataloging-in-Publication Data is available online at http://catalog.loc.gov
LC record available at http://lccn.loc.gov/2019027539

Typeface for the Latin, Greek, and Cyrillic scripts: "Brill". See and download: brill.com/brill-typeface.

ISSN 0076-9754
ISBN 978-90-04-38042-4 (hardback)
ISBN 978-90-04-40052-8 (e-book)

Copyright 2019 by Koninklijke Brill NV, Leiden, The Netherlands.
Koninklijke Brill NV incorporates the imprints Brill, Brill Hes & De Graaf, Brill Nijhoff, Brill Rodopi, Brill Sense, Hotei Publishing, mentis Verlag, Verlag Ferdinand Schöningh and Wilhelm Fink Verlag.
All rights reserved. No part of this publication may be reproduced, translated, stored in a retrieval system, or transmitted in any form or by any means, electronic, mechanical, photocopying, recording or otherwise, without prior written permission from the publisher.
Authorization to photocopy items for internal or personal use is granted by Koninklijke Brill NV provided that the appropriate fees are paid directly to The Copyright Clearance Center, 222 Rosewood Drive, Suite 910, Danvers, MA 01923, USA. Fees are subject to change.

This book is printed on acid-free paper and produced in a sustainable manner.

Inhaltsverzeichnis

Vorwort IX
Abbildungsverzeichnis X

TEIL 1
Einleitung

1 Pilgertexte und Memorierung 3

TEIL 2
Lateinische Pilgertexte über Reisen ins Heilige Land

2 Texte 13
   2.1 Lateinische Pilgertexte über Reisen nach Palästina: Überblick und Textauswahl 13
      2.1.1 *Charakteristika der Überlieferung* 22
      2.1.2 *Auswahl der untersuchten Texte* 27
   2.2 Überlegungen zur Textgattung ‚Pilgertexte' 29

3 Textmerkmale 37
   3.1 Strukturmerkmale 37
      3.1.1 *Erzählerstruktur: Autor – Augenzeuge* 38
      3.1.2 *Textstruktur* 42
      3.1.3 *Raumstruktur* 54
      3.1.4 *Zeitstruktur* 58
   3.2 Funktions- und Effektmerkmale 62
      3.2.1 *Wissensvermittlung* 64
      3.2.2 *Pilgertext,* memoria *und Imagination* 66
      3.2.3 Imaginatio: *mentale Bilder und Lektüre* 73
      3.2.4 *Der Pilgertext als narrative Repräsentation des Heils* 81
      3.2.5 Ἐναργεῖα – evidentia 86

VI INHALTSVERZEICHNIS

TEIL 3
Narrationsstrategien und Funktionsweisen lateinischer
Pilgertexte

4 **Imaginierung der Pilgerreise** 93
   4.1   Egeria, *Itinerarium* 93
       4.1.1 *Die narrative Verbindung der heiligen Orte mit biblischen*
            Ereignissen 95
       4.1.2 *Erzählte Bewegung und Blickbewegung* 105
       4.1.3 *Visualisierung der Heilsgeschichte in Hieronymus'* Epistulae
            108 und 46 110
   4.2   Anonymus von Piacenza, *Itinerarium* 115
       4.2.1 *Die Materialität des Heils* 117
       4.2.2 *Die Inszenierung des Heilsortes* 122
   4.3   Adomnan, *De locis sanctis* 125
       4.3.1 *Funktionsweise* 127
       4.3.2 *Die Figur des Augenzeugen Arculf* 131
       4.3.3 *Die Diagramme als räumliche Erschließung* 134
       4.3.4 *Die sensorische Wahrnehmung des Heilsraumes* 151
   4.4   Johannes von Würzburg, *Descriptio terre sancte* und Theodericus,
       Libellus de locis sanctis 160
       4.4.1 *Die Werke und ihre Gebrauchsfunktionen* 161
       4.4.2 *Fretellus als Textvorlage* 164
       4.4.3 *Die Struktur der Texte* 166
       4.4.4 *Strategien der Vergegenwärtigung* 168
   4.5   Ricoldus de Monte Crucis, *Liber peregrinationis* 177
       4.5.1 *Inhalt und Strukturierung* 178
       4.5.2 *Theatrale Aspekte* 183
   4.6   Humbert de Dijon, *Liber de locis et conditionibus Terrae Sanctae et*
       Sepulcro und Antonius de Cremona, *Itinerarium ad Sepulcrum*
       Domini 192
       4.6.1 *Zur Überlieferung und Edition des* Liber de locis 194
       4.6.2 *Narrative Strukturierung* 195
       4.6.3 *Die narrative Konstitution der Wüste als Raum des*
            Wunders 198
   4.7   Jacobus de Verona, *Liber peregrinationis* 205
       4.7.1 *Aufbau und Struktur* 206
       4.7.2 Vidi – tetigi – recepi 209
   4.8   Felix Fabri: *Evagatorium Fratris Felicis in Terrae sanctae, Arabiae et*
       Egypti peregrinationem 215

INHALTSVERZEICHNIS VII

    4.8.1   *Die* Sionpilger   216
    4.8.2   *Textstruktur*   219
    4.8.3   *Inszenierung als Autor und Augenzeuge*   223
    4.8.4   *Das multisensorische Erleben der Heilsorte*   225
    4.8.5   *Exkurstechnik*   232

5 Enzyklopädische Funktion   236

  5.1   Burchardus de Monte Sion, *Descriptio terrae sanctae*   236
      5.1.1   *Die Universaltopographie*   240
      5.1.2   *Die Stiftung von Autorität*   247
      5.1.3   *Strategien der Vergegenwärtigung*   250
  5.2   Wilhelm von Boldensele, *Liber de quibusdam ultramarinis partibus et praecipue de terra sancta* und Ludolf von Sudheim, *De itinere terre sancte liber*   264
      5.2.1   *Der inhaltliche und strukturelle Neuansatz in Wilhelms Liber*   267
      5.2.2   *Die Konzeption von Ludolfs* Liber *als Handbuch*   283
      5.2.3   *Raumstruktur*   291
      5.2.4   *Wilhelm von Boldensele: Theologische Reflexion*   299
      5.2.5   *Heilszeit*   306
  5.3   Symon Semeonis, Erzählen über Städte und ihre Bewohner   314
      5.3.1   *Städte Europas*   317
      5.3.2   *Ägyptische Städte*   319

6 Schlussbemerkungen   324

Literaturverzeichnis   329
Personenregister   370
Ortsregister   373

Vorwort

Dieses Buch ist die überarbeitete Fassung meiner Habilitationsschrift, die im Sommersemester 2017 von der Fakultät für Sprach- und Literaturwissenschaften an der Ludwig-Maximilians-Universität München angenommen wurde. Die Entstehungsgeschichte des Buches gleicht einer realen Pilgerreise mit vielen ebenso anstrengenden wie schönen Stationen. Wichtiger als die Orte waren für mich auf meiner Reise bis zum Abschluss dieses Manuskripts jedoch die Menschen, die mich über die Jahre unterstützt und begleitet haben. An erster Stelle danke ich Prof. Dr. Marc-Aeilko Aris, an dessen Lehrstuhl ich viele Jahre als Assistentin tätig war und der meine Forschung immer tatkräftig und mit weisem Rat unterstützte. Wertvolle Forschungszeit für meine Habilitationsschrift, besonders in der wichtigen ersten Phase, wurde durch ein Post-Doc und ein Habilitationsstipendium der LMU im Rahmen der Bayerischen Gleichstellungsförderung, Förderung der Chancengleichheit für Frauen in Forschung und Lehre, in den Jahren 2009 und 2011 ermöglicht. Wichtige Impulse für die weitere Arbeit an meinem Thema erhielt ich während meines Fellowships am Excellence Cluster TOPOI an der Humboldt-Universität Berlin (Dezember 2010 – Februar 2011) und möchte besonders Dr. Maximilian Benz für die fruchtbaren Diskussionen danken. In den Jahren der Entstehung habe ich einzelne Kapitel und Ausschnitte an verschiedenen Orten vor unterschiedlichem Auditorium präsentiert und im Anschluss viele ertragreiche Diskussionen geführt. Mein Dank gilt auch den Gutachtern, neben Prof. Dr. Marc-Aeilko Aris, Prof. Dr. Carmen Cardelle de Hartmann, Prof. Dr. Bernd Roling, Prof. Dr. Claudia Märtl, Prof. Dr. Claudia Wiener und Prof. Dr. Folker Reichert für wertvolle Denkanstöße und Hinweise.

Den Mitarbeiterinnen am Lehrstuhl für Lateinische Philologie des Mittelalters in München danke ich ganz herzlich für die Lektüre verschiedener Fassungen der Untersuchung. Dafür danke ich auch ganz besonders Dr. Jens-Peter Schröder, Christian Taube und Margret Paasch.

Für die Aufnahme in die Reihe „Mittellateinische Studien und Texte" sei dem Herausgeber Prof. Dr. Thomas Haye ganz herzlich gedankt.

Größter Dank gilt denen, die ich auf die Reise einfach mitgenommen habe, meinem Mann und meinen vier Söhnen. Ihnen sei diese Arbeit gewidmet.

München, im Dezember 2018
Susanna Fischer

Abbildungsverzeichnis

1   Adomnan, *De locis sanctis*, *figuratio* der Basilika auf dem Berg Sion, Wien, ÖNB, lat. 458, fol. 9^v 61

2   Adomnan, *De locis sanctis*, *figuratio* des Grabeskirchenkomplexes, Wien, ÖNB lat. 458, fol. 4^v 138

3   Adomnan, *De locis sanctis*, *figuratio* der Basilika auf dem Berg Sion, Paris, BnF lat. 13048, fol. 11^r 142

4   Adomnan, *De locis sanctis*, *figuratio* der Himmelfahrtskirche, Wien, ÖNB, lat. 458, fol. 11^v 144

5   Beda, *De locis sanctis*, *figuratio* der Himmelfahrtskirche, Paris, BnF, lat. 2321, fol. 139^v 146

6   Adomnan, *De locis sanctis*, *figuratio* der Kirche über dem Jakobsbrunnen, Wien, ÖNB, lat. 458, fol. 17^v 147

7   Felix Fabri, *Evagatorium Fratris Felicis in Terrae sanctae, Arabiae et Egypti peregrinationem*: *Mons Horeb* und *Mons Sinai*, München, Bayerische Staatsbibliothek, Clm 189, fol. 66^v 233

8   Burchardus de Monte Sion, *Descriptio terrae sanctae*, *Tabula alphabetica*, Staatsbibliothek zu Berlin – Preußischer Kulturbesitz (SBB-PK), Ms. lat. qu. 466, fol. 36^r 246

9   Wilhelm von Boldensele, *Liber de quibusdam ultramarinis partibus et praecipue de terra sancta*, München, Bayerische Staatsbibliothek, Clm 903, fol. 179^v 279

10   Ludolf von Sudheim, *De itinere terre sancte liber*, Balsamstrauch mit Behältern zum Auffangen des Balsams, Staatsbibliothek zu Berlin – Preußischer Kulturbesitz (SBB-PK), Ms. Diez. C. fol. 60, fol. 18^r 294

TEIL 1

Einleitung

∵

KAPITEL 1

Pilgertexte und Memorierung

Horum omnium locorum et singulorum adhuc ita plena et manifesta exstat memoria, sicut in illo die exstitit, quando presencialiter erant facta.[1]

Diese Worte aus dem Prolog der *Descriptio terrae sanctae* des Burchardus de Monte Sion (13. Jahrhundert) stellen eine Verbindung zwischen einem *locus* im Heiligen Land[2] und einem (biblischen) *factum* her und der *memoria*, die mit diesen Orten zusammenhängt. In diesen Worten drückt sich das Verständnis einer Durchdringung der Orte mit der Kraft der *memoria* aus, die im Hier und Jetzt noch greifbar ist. Das Präsentmachen des Vergangenen zeigt sich darin als ein Aspekt der *memoria*, der für den Besucher des Heilsortes zentral ist: Auf der Pilgerreise vergegenwärtigt die Rememorierung vergangenen Heilsgeschehens am Heilsort dieses Geschehen mittels der Imagination.

Der einzelne Pilger besucht den Heilsort und, indem er das zum Heilsort gehörige biblische Geschehen memoriert, stellt er die Verbindung zwischen dem Ort und dem Heilsgeschehen her. So charakterisiert Mary Carruthers die Reisen früherer Pilger ins Heilige Land als „Memorialarbeit" („memory-work"),[3] denn es gehe bei der Reise an die heiligen Orte nicht in erster Linie um das, was an den Orten tatsächlich sichtbar ist: „what is authentic and real about the sites is the memory-work, the thinking to which they gave clue. For the places themselves were experienced by these early pilgrims as locations for recollecting memory images, which they had made on the basis of their prior reading of the bible."[4] Die vorausgehende Lektüre bereitet den Prozess vor, die angelesenen biblischen Bilder an den heiligen Stätten zu verorten.[5]

Pilgerreisen setzen das Verständnis von Orten des Heiligen Landes als heilige Orte voraus. Doch die Orte waren nicht per se heilig. Erst seit dem 4. Jahrhun-

---

1 Burchardus de Monte Sion, *Descriptio terrae sanctae* S. 20, Prol. § 6 f. in der Edition von LAURENT (1864). Siehe unten S. 236 ff.
2 Palästina wird im christlichen Sprachgebrauch nach einer Stelle im Alten Testament, Weish 12,3, als ‚Heiliges Land' bezeichnet. Vgl. LEHMANN-BRAUNS (2010) 14, ANGENENDT (1997) 228, WILKEN (1985). In der Bibel taucht die Vorstellung heiliger Orte bzw. eines ‚Heiligen Landes' nicht auf. Ausführlich dazu KEEL, KÜCHLER, und UEHLINGER (1984) 285 ff.
3 Vgl. die „Arbeit des Gedenkens" nach HALBWACHS (2003) 211.
4 CARRUTHERS (1998) 42.
5 Vgl. CARRUTHERS (1998) 269.

© KONINKLIJKE BRILL NV, LEIDEN, 2019 | DOI:10.1163/9789004400528_002

dert entsteht ein christliches Bewusstsein von der Heiligkeit bestimmter Orte[6] und damit die Voraussetzung für Pilgerreisen. Die besondere Verehrung für das Heilige Land als Land Christi entwickelt sich erst langsam.[7] So beginnt im 4. Jahrhundert auch das Interesse an Pilgerreisen ins Heilige Land zu steigen.[8]

Zentral für diese Entwicklung ist die Verbindung von Heilsort und biblischem Ereignis. Auf der Pilgerreise werden den Pilgern Orte als heilige Orte gezeigt und durch den persönlichen Besuch stellt der einzelne Pilger diese Verbindung her. Die Verbindung kann sichtbar gemacht werden, indem zentrale heilige Orte durch Bauten gekennzeichnet werden. Kaiser Konstantin errichtet in der ersten Hälfte des 4. Jahrhunderts an zentralen Stätten der Heilsgeschichte Orte der Verehrung für die Pilger, indem er „in Palästina *loca sancta* auszeichnete und mit Kirchenbauten besetzte."[9]

Im Zusammenhang mit dem Raum ‚Palästina', in dem verschiedene kulturelle Gedächtnisse nebeneinander stehen, entwickelt Jan Assmann den Begriff „Mnemotop": „Die Erinnerungskultur [arbeitet] mit Zeichensetzungen im natürlichen Raum. Sogar und gerade ganze Landschaften können als Medium des kulturellen Gedächtnisses dienen. Sie werden dann weniger durch Zeichen („Denkmäler") akzentuiert, als vielmehr als Ganze in den Rang eines Zeichens erhoben, d.h. semiotisiert (...). Es handelt sich um topographische ‚Texte' des kulturellen Gedächtnisses, um ‚Mnemotope', Gedächtnisorte. In diesem Sinne hat Maurice Halbwachs in seinem letzten Werk die *topographie légendaire* des Heiligen Landes als eine Ausdrucksform des kollektiven Gedächtnisses

---

6 ANGENENDT (1997) 227, REUDENBACH (2005) 26 mit weiterer Literatur in Anm. 10. So bezeichnet z.B. Eusebius in der *Vita Constantini* das Grab Christi als heiligen Ort (3,30,4).

7 Vgl. WILKEN (1985) 688.

8 Vgl. zur Entwicklung des Pilgerwesens KLEIN (1990), KÖTTING (1950). Diese Entwicklung bleibt nicht unreflektiert. Diskutiert bei HUNT (1982) 91f., KÖTTING (1962). Hintergrund ist die Vorstellung, dass der Aufenthaltsort keine Rolle bei der Verehrung Gottes spielt. Diese Vorstellung ist auf das Johannesevangelium (vgl. Joh 4,19f.) zurückzuführen, in dem die Anbetung Gottes in Geist und Wahrheit als die richtige Form der Verehrung Gottes betrachtet wird. So rät Hieronymus dem Paulinus von Nola in Brief 58,2,16f. (CSEL 54,529) von einer Reise nach Jerusalem ab. Vgl. das Diktum: *non Hierosolymis fuisse, sed Hierosolymis bene vixisse laudandum est.* Diskutiert bei REUDENBACH (2008) 10f., TOUSSAINT (2008) 33f. Hieronymus' Haltung gegenüber Pilgerreisen ist jedoch ambivalent und adressatenabhängig. Vgl. Brief 46, in dem er für eine Reise ins Heilige Land wirbt. Vgl. dazu und zu Hieronymus' ambivalenter Haltung S. 113f. Vgl. auch Gregor von Nyssa, *epist.* 2,8f. (Ed. PASQUALI 1959): Τί δὲ καὶ πλέον ἕξει ὁ ἐν τοῖς τόποις ἐκείνοις γενόμενος, ὡς μέχρι τοῦ νῦν σωματικῶς τοῦ Κυρίου ἐν ἐκείνοις τοῖς τόποις διάγοντος (...)? – „Und welchen Nutzen wird der haben, der an jene Orte gekommen ist, als ob der Herr sich bis jetzt körperlich an jenen Orten aufhalte?" Übersetzung TESTKE (1997) 41.

9 REUDENBACH (2005) 27. Vgl. auch MORRIS (2005) 22f. Zu Konstantin und seinem Bauprogramm vgl. HUNT (1997), KRAUTHEIMER (1981) 60ff.

beschrieben (...). Was Halbwachs am Beispiel Palästinas als einer kommemorativen Landschaft zeigen möchte, ist, dass nicht nur jede Epoche, sondern vor allem jede Gruppe (...) ihre spezifischen Erinnerungen auf ihre je eigene Weise lokalisiert und monumentalisiert."[10]

Doch es können nicht alle heiligen Orte mit Kirchenbauten gekennzeichnet sein, auf diese Weise sichtbar und dauerhaft als heilige Orte markiert werden und in das kollektive Gedächtnis der Christen eingehen. Während der Einzelpilger auf der einzelnen Pilgerreise jeweils nur für sich selbst die Verbindung von Heilsort und biblischem Geschehen herstellen kann, ist es eine Leistung der Pilgertexte, die in der vorliegenden Untersuchung im Zentrum stehen, die Verknüpfung zu fixieren. Denn Ort und biblisches Ereignis waren nicht von Vornherein fest verbunden und in der kollektiven Erinnerung der Christen verankert. Erst die Verbindung von Ort und biblischem Ereignis, die in der eingangs zitierten Passage des Burchardus erwähnt wird, stiftet Bedeutung. Durch die textuelle Fixierung wird ein Ort zum Ort, an dem ein biblisches Ereignis stattfand.[11] So tragen die Texte durch ihre genaue Verortung der heiligen Stätten dazu bei, dass die Heilsorte durch die narrative Gestaltung je neu entdeckt, kommemoriert und aktualisiert werden. Über Jahrhunderte hinweg wird die Geschichte über die Reise zu den Heilsorten in einer wachsenden Anzahl von Texten immer wieder neu geschrieben und beschrieben. Neben der Fixierung der Orte machen Pilgertexte den Vollzug dieser Markierung für ein Kollektiv von Rezipienten wiederholbar. Auf diese Weise tragen Pilgertexte einen Teil zur Bildung eines kollektiven Bewusstseins heiliger Orte bei.

Maurice Halbwachs beschäftigt sich im Rahmen seiner Überlegungen zum ‚kollektiven Gedächtnis' in der Schrift *Topographie légendaire des Evangiles en Terre Sainte* (1941) mit Pilgertexten.[12] Er geht dabei von dem ersten erhaltenen Pilgertext, dem *Itinerarium Burdigalense* aus.[13] In seiner Studie betrachtet Maurice Halbwachs die Bedeutung der Orte Palästinas für das kollektive Gedächtnis der Christen, genauer die Ursprünge, die Entwicklung und die Formierung heiliger Topographie sowie deren Zusammenhang mit dem kollektiven Gedächtnis der religiösen Gruppen und ihrer „Arbeit des Gedenkens".[14] Jan

---

10 ASSMANN (1997) 60. Zu Jerusalem als Erinnerungsort vgl. BIEBERSTEIN (2010), vgl. auch PETHES (2015) zu „Mnemotop".

11 Zu einem *locus, ubi* (...). Vgl. dazu S. 52 f.

12 In deutscher Übersetzung HALBWACHS (2003). Vgl. zu Halbwachs ASSMANN (1997) 33 ff., vgl. auch die Diskussion zu Assmann und Halbwachs bei HARTMANN (2004) 18 ff. und LEHMANN-BRAUNS (2010) 44 ff.

13 Vgl. dazu S. 44 f.

14 HALBWACHS (2003) 211.

Assmann formuliert Überlegungen aus Maurice Halbwachs' *topographie légendaire* des heiligen Landes zugespitzt: „Die christliche Topographie ist eine reine Fiktion. Die heiligen Stätten kommemorieren nicht durch Zeitzeugen gesicherte Fakten, sondern Glaubensideen, die in ihnen ‚nachträglich' Wurzeln schlagen."[15]

Pilgertexte sind einerseits ein deutlicher Ausdruck der von Maurice Halbwachs genannten „Arbeit des Gedenkens", andererseits tragen sie zur Entstehung einer christlichen Topographie bei. Maurice Halbwachs spricht im Zusammenhang mit den Orten des Heiligen Landes von einer „Sammlung von Erinnerungen". Konstantin weise durch seine Bauten dieser „Sammlung von Erinnerungen",[16] die vorher aufgrund von ortsgebundenen Traditionen oder Ähnlichem vermutlich schon existierten, eine neue Ordnung zu, die in den folgenden Jahrhunderten die Topographie Palästinas entscheidend prägt.

Die Pilgertexte weisen dieser „Sammlung von Erinnerungen" ebenfalls eine neue Ordnung zu. Damit rückt ein zweiter Aspekt der *memoria* ins Zentrum. Die einzelnen Orte gewinnen durch die Texte an Ordnung, indem sie in eine strukturierte Abfolge von Orten in Verbindung mit Heilsereignissen gebracht werden. Die topographische Strukturierung des Pilgertextes zeigt eine räumliche Wissensorganisation. Diese Anordnung des Wissens ist die Grundlage antiker wie mittelalterlicher *ars memorativa*, nach der der Vorgang der Memorierung als Bewegung von einem imaginierten Ort zu einem anderen verstanden wird. Die Memorierung funktioniert mittels mentaler Bilder. So kann die Lektüre des Textes die Basis für eine Visualisierung des Heilsortes in Verbindung mit dem biblischen Geschehen darstellen. Im Medium der Narration wird der Impuls zur Visualisierung vermittelt, die die Memorierung unterstützt. Die Visualisierung und Vergegenwärtigung des Heilsgeschehens im Pilgertext spielt nicht nur im Zusammenhang mit der Memorierung eine Rolle, sondern auf diese Weise kann die Lektüre einen mentalen Nachvollzug der Reise ermöglichen. Dafür ist das Konzept der erzählten Bewegung wesentlich, wie die Einzelanalysen der Texte zeigen werden. Erstens strukturiert die erzählte Bewegung den gesamten Text, indem die Bewegung von einem Ort zu einem anderen wiedergegeben wird. Zweitens ist die erzählte Bewegung und Blickbewegung eine zentrale Strategie,[17] um den Besuch des Heilsortes im Prozess der Lektüre nachzuvollziehen.

---

15 ASSMANN (1997) 41. Nach HALBWACHS (2003) 162 in der Übersetzung von EGGER: „Die Heiligen Stätten erinnern also nicht an von zeitgenössischen Zeugen beglaubigte Tatsachen, sondern an Überzeugungen, die vielleicht nicht weit von diesen Orten entstanden sind und sich verstärkten, indem sie an ihnen Wurzeln schlugen."

16 HALBWACHS (2003) 209.

17 Im Zusammenhang mit Jenseitsreisen spricht BENZ (2013a) 55 von erzählter Bewegung

Die Textgattung, die sich mit Zunahme der Pilgerreisen ins Heilige Land[18] beginnend mit dem 4. Jahrhundert entwickelt, wird gewöhnlich als „Pilgerberichte" bezeichnet.[19] Terminologisch nehme ich eine Änderung vor und spreche von Pilgertexten, nicht von Pilgerberichten, wie in der Forschung üblich, einerseits, weil es sich bei den listenartigen Zusammenstellungen oder den sogenannten Pilgerführern, die in Kurzform die wichtigen Strecken und Orte nennen,[20] nicht um Berichte handelt, andererseits, weil der Begriff „Bericht" die Darstellung eigenen Erlebens impliziert, was auf Pilgertexte insgesamt trotz ihrer Berichtsform nicht zutreffen muss.

Bei Pilgertexten handelt es sich größtenteils um Schriften, die eine Reise ins Heilige Land schildern.[21] Die Gattung ist heterogen, da die Pilgertexte formal wie strukturell sehr unterschiedlich sein können. Das Spektrum reicht von kurzen Stationsverzeichnissen bis hin zu ausführlichen Erzählungen.

Die Texte besitzen verschiedene Gebrauchsfunktionen, von denen die Memorierung der Reise in Verbindung mit biblischen Ereignissen bereits genannt wurde. Zudem dienen sie der Wissensvermittlung, der Dokumentation, der Authentifizierung, der Verstetigung und Beglaubigung der Reise. Eine offensichtliche Funktion ist die Weitergabe von Informationen für potenzielle Reisende. Der Text kann zuhause zur Reisevorbereitung oder vor Ort als Reiseführer verwendet werden. Solche Gebrauchsfunktionen können im Prolog genannt sein. So kann der Autor zum Beispiel betonen, dass er nicht nur für Leser schreibt, die ins Heilige Land reisen wollen, sondern auch für diejenigen, die nicht dorthin reisen können. Auf diese Weise kann der Pilgertext zum Ersatz für eine Pilgerreise werden. Das bedeutet, dass der Leser die Reise mittels der Narration imaginativ nacherlebt, statt tatsächlich eine Reise zu vollziehen. Diese Textfunktion bezeichne ich als Imaginierung der Pilgerreise. Texte mit dieser Funktion besitzen „Aspekte von Virtualität"[22] und im Vollzug der Lektüre ist ein Nacherleben erzählter Heilserfahrung punktuell möglich. Welche Strategien zur Visualisierung und Vergegenwärtigung der Text bereit stellt, ist eine zentrale Frage meiner Untersuchung.

Zu der Textfunktion als Imaginierung der Pilgerreise tritt eine weitere substanzielle Funktion der Texte: die der Wissensvermittlung und Wissensbewah-

---

als Strategie. Zu einer *narratology of motion* im Zusammenhang mit gegenwärtigen *Asian British novels* vgl. MATSCHI (2015).

18 Vgl. zur Entwicklung OHLER (1994), KLEIN (1990), SCHMUGGE (1984).

19 Vgl. zu „Pilgerberichten" als Gattung S. 29 f.

20 Vgl. unten S. 29.

21 Vgl. zu den Pilgerzielen Rom und Santiago einführend SCHMUGGE (1999). Zu den Rompilgertexten siehe MIEDEMA (2003).

22 Vgl. zum Begriff WANDHOFF (2003) 34. Vgl. WAGNER (2015) 25–31.

rung. In erster Linie sammeln und verifizieren die Texte Bibel- und Heilswissen, das mit den heiligen Orten zusammenhängt. Dazu kommt besonders im Spätmittelalter Wissen aus anderen Bereichen wie der Naturkunde oder der Ethnologie, das in den Texten vermittelt wird. Diese Funktion der Texte bezeichne ich als enzyklopädische Funktion.

Im Zentrum meiner Untersuchung stehen die lateinischen narrativen Texte über das Heilige Land als Pilgerziel. Die vorliegende Arbeit hat das Ziel, die Erzählstrukturen und Erzählstrategien zu erschließen und auf dieser Basis die Wirkungsmechanismen und Funktionsweisen der Texte näher zu beleuchten. In der Definition von Erzählstrategie schließe ich mich den Überlegungen von Rüdiger Schnell an: „Mit ‚Erzählstrategie' meine ich die Summe der vom Verfasser eines narrativen Textes eingesetzten rhetorischen, stilistischen, motivischen, strukturellen Mittel, um den primären Rezeptionsprozess zu steuern."[23]

Im Gegensatz zu der bisherigen Forschung, die die Faktualität der Reisen fokussiert, untersuche ich Pilgertexte verstärkt als literarische Texte.[24] Anders als in der wissenschaftlichen Erschließung der volkssprachlichen Pilgertexte[25] sind die narrativen Strukturen in lateinischen Texten bisher nicht beachtet worden. Mit der vorliegenden Arbeit wird damit eine Forschungslücke geschlossen, da bislang überhaupt eine Untersuchung fehlt, die lateinische Pilgertexte von der Spätantike bis ins Spätmittelalter berücksichtigt.[26]

---

23 SCHNELL (2004) 372, Anm. 17. Vgl. zum Begriff *narrative strategies* ausführlich mit Literatur TJUPA (2014).

24 Der tatsächliche Vollzug der Pilgerreise steht in der vorliegenden Untersuchung nicht im Vordergrund. Dazu vgl. z. B. DÜNNE (2004), HASSAUER (1986), SUMPTION (1975).

25 Vgl. z. B. HUSCHENBETT (2000) oder JAHN (1993).

26 Für die Forschungsliteratur zu Pilgertexten bis 1991 sei auf GANZ-BLÄTTLER (1990) 20–35 verwiesen, bis 1996 auf BETSCHART (1996) 9–21. Vgl. auch den Überblick bei SCHRÖDER (2009) 32ff. Siehe auch TREUE (2014), CHAREYRON (2005), GRABOÏS (1998). Für Literatur zum Erzählraum Jerusalem und zur Imagination Jerusalems vgl. die Sammelbände: KÜHNEL, NOGA-BANAI, und VORHOLT (2014) mit dem Titel *Visual constructs of Jerusalem*, HOFFMANN und WOLF (2012): *Jerusalem as Narrative Space/Erzählraum Jerusalem*, DONKIN und VORHOLT (2012): *Imagining Jerusalem in the Medieval West*, YEAGER (2011): *Jerusalem in Medieval Narrative*.

Der Schwerpunkt der Forschung liegt auf spätmittelalterlichen Texten und besonders auf der deutschsprachigen Pilgerliteratur. Vgl. dazu die Monographien von LEHMANN-BRAUNS (2010), WEBER (2005), SAMSON-HIMMELSTJERNA (2004), HIPPLER (1987), ZRENNER (1981), MORITZ (1970). Über Ägypten KHATTAB (1982). Vgl. dazu AMIN (2013), der auch lateinische Texte berücksichtigt. JAHN (1993) beschäftigt sich mit den Raumstrukturen von Pilgertexten: *Raumkonzepte in der frühen Neuzeit. Zur Konstruktion von Wirklichkeit in Pilgerberichten, Amerikareisebeschreibungen und Prosaerzählungen*. Im Unterschied zu dem breiten Forschungsinteresse an spätmittelalterlichen Texten, werden frühmittelalterliche Pilgertexte nur punktuell untersucht. Vgl. z. B. die Monographie über

Untersuchungsgegenstand sind 14 repräsentative Texte vom 4. bis ins 15. Jahrhundert. Fünf der behandelten Texte (Humbert de Dijon, Antonius de Cremona, Jacobus de Verona, Symon Semeonis, Wilhelm von Boldensele) werden in der vorliegenden Untersuchung erstmals ausführlich analysiert.

Die Arbeit ist neben der Einleitung (Teil 1) in zwei Abschnitte gegliedert: einen einführenden Teil zu lateinischen Pilgertexten über Reisen ins Heilige Land (Teil 2) und einen zweiten Teil über Narrationsstrategien und Funktionsweisen lateinischer Pilgertexte (Teil 3).

In Teil 2 „Lateinische Pilgertexte über Reisen ins Heilige Land" wird die Basis für die folgende Untersuchung der Pilgertexte im Einzelnen geschaffen, indem in zwei Kapiteln die betrachteten Texte (Kap. 2) vorgestellt und zentrale Textmerkmale (Kap. 3) herausgearbeitet werden. Der erste Abschnitt „Texte" fokussiert nach einem Überblick über zentrale lateinische Pilgertexte die Gattung „Pilgertexte". Im zweiten Abschnitt „Textmerkmale" stelle ich grundlegende Überlegungen zu Strukturmerkmalen (Kap. 3.1) sowie Funktions- und Effektmerkmalen (Kap. 3.2) an. Voraussetzungen für die folgende Textanalyse schafft die Behandlung der Erzählerstruktur, der Textstruktur sowie der Raum- und Zeitstruktur im Abschnitt über Strukturmerkmale. Bei der Untersuchung der Funktions- und Effektmerkmale wird die Textfunktion der Wissensvermittlung sowie die Verknüpfung von Pilgertext, *memoria* und Imagination betrachtet. Auf rezeptionsästhetischer Seite werden Überlegungen zum Pilgertext als Medium des Heils angestellt, auf produktionsästhetischer Seite die Evidenzerzeugung mittels der Narration akzentuiert, die für den folgenden Hauptteil zentral ist.

Das Gliederungsprinzip des analytischen Hauptteils besteht in den bereits erwähnten zwei zentralen Funktionen der Texte: Der Funktion als Imaginierung der Pilgerreise (Kap. 4) und der enzyklopädischen Funktion (Kap. 5). Die enzyklopädische Textfunktion tritt zu der Funktion der Imaginierung hinzu

---

Adomnan O'LOUGHLIN (1997). Die Textgrundlage für CHAREYRON (2005) bilden, trotz des Titels *Pilgrims to Jerusalem in the Middle Ages*, vor allem die Pilgertexte ab dem 14. Jahrhundert. Ihr Buch ist nach dem Ablauf einer nach ihrer Darstellung üblichen Pilgerreise dieser Zeit aufgebaut und mit diesem Ansatz auch an ein nicht wissenschaftliches Publikum gerichtet. Die früheren Pilgertexte stellt TÜRCK (2011) mit einem kurzen, historischen Überblick über die Pilgertexte bis Bernardus Monachus (9. Jahrhundert) in *Christliche Pilgerfahrten nach Jerusalem im frühen Mittelalter im Spiegel der Pilgerberichte* dar. Vgl. auch SCHAUTA (2008). Eine 2005 erschienene interdisziplinäre Studie mit dem Titel *The Sepulchre of Christ and the Medieval West: From the Beginning to 1600* berücksichtigt die ganze Breite der überlieferten Texte: MORRIS (2005). Zentral für diese Monographie ist die erinnerungsstiftende Funktion des Grabes Christi, besonders in der Form der Übertragung in den Westen im Text, als Bild, Kopie oder Reliquie.

und ersetzt sie nicht, sodass Pilgertexte grundsätzlich beide Funktionen besitzen können. Im Abschnitt „Imaginierung der Pilgerreise" (Kap. 4) werden zehn Texte untersucht, die in jeweils unterschiedlicher Weise für eine imaginierte Pilgerreise verwendet werden können: Das *Itinerarium* der Egeria, das *Itinerarium* des Anonymus von Piacenza, *De locis sanctis* von Adomnan, die *Descriptio* des Johannes von Würzburg, der *Libellus* des Theodericus, der *Liber* des Ricoldus de Monte Crucis, der *Liber* des Humbert de Dijon, das *Itinerarium* des Antonius de Cremona, der *Liber peregrinationis* des Jacobus de Verona und das *Evagatorium in Terrae Sanctae Arabiae et Egypti peregrinationem* des Felix Fabri.

Die „Enzyklopädische Funktion" (Kap. 5) wird besonders ab dem 13. Jahrhundert substanziell. Sie wird am Beispiel folgender vier Texte betrachtet: anhand der *Descriptio* des Burchardus de Monte Sion, des *Liber* des Wilhelm von Boldensele, des *Liber* des Ludolf von Sudheim und des Textes von Symon Semeonis, der ohne Titel überliefert ist. Neben dem Blick auf Strategien der Vergegenwärtigung und auf die Raumstruktur stehen vor allem die Neuerungen hinsichtlich der inhaltlichen und strukturellen Ansätze im Zentrum.

TEIL 2

Lateinische Pilgertexte über Reisen ins Heilige Land

∵

KAPITEL 2

Texte

2.1 Lateinische Pilgertexte über Reisen nach Palästina: Überblick und Textauswahl

Das *Itinerarium Burdigalense*,[1] ungefähr aus dem Jahr 333, bildet den Startpunkt für die Entwicklung der Gattung der Pilgertexte.[2] Im Zentrum stehen einzelne Reisestationen mit Entfernungsangaben, wobei Bereiche, in denen

---

1 Edition: GEYER/CUNTZ (1965), CCSL 175,1–26. Das *Itinerarium Burdigalense* ist in vier Handschriften aus dem 9.–10. Jahrhundert überliefert. Vgl. die Interpretationen von MATTHEWS (2010), ELSNER (2000) und BOWMAN (1999). Der als „Pilger von Bordeaux" bezeichnete Verfasser ist unbekannt. Zur Diskussion, ob es sich bei dem Pilger von Bordeaux vielleicht wie bei Egeria oder Paula um eine Pilgerin handeln könnte vgl. WEINGARTEN (1999), die sich auf einen Artikel von DOUGLASS (1996) bezieht. Die Frage lässt sich anhand des Textes nicht eindeutig entscheiden. In meiner Untersuchung verwende ich, der Konvention folgend, die Bezeichnung ‚der Pilger' bzw. Anonymus von Bordeaux. Bei dem Text handelt es sich um eine Wegbeschreibung in der dritten Person mit knappen Angaben über Orte und Entfernungen. Etwas ausführlicher äußert sich der Autor über Jerusalem und Umgebung. Das *Itinerarium Burdigalense* ziehe ich als Beispiel für das Wegstreckenschema heran. Vgl. unten S. 44.

2 Die Übersicht führt in die Vielfalt der Texte ein und stellt daneben den wechselseitigen Einfluss verschiedener medialer Formen wie Karten und Abbildungen auf die Texte dar. Aufgrund der zahlreichen überlieferten Texte kann nur ein Ausschnitt dargestellt werden. Wer sich mit der Forschungsgeschichte der Texte beschäftigt, kommt noch heute nicht an dem Arzt und Hobby-Palästinaforscher Titus Tobler und dem Historiker Reinhold Röhricht vorbei, die in der zweiten Hälfte des 19. Jahrhunderts den Grundstein für die Forschung über Pilgertexte legten. Vgl. Titus Tobler, *Bibliographia Geographica Palaestinae* 1867, Röhricht veröffentlicht 1890 eine erweiterte Version von Toblers Bibliographie. Vgl. die Diskussion von HARTMANN (2004) 13 ff. Die *Bibliographia Geographica Palaestinae*, eine Auflistung über die damals bekannten Pilgertexte, ist bis heute nur zum Teil überholt. Vgl. zu Tobler und Röhricht ausführlich SCHRÖDER (2009) 32 ff. Ein Überblick über die Reisenden des Spätmittelalters mit der Angabe von Edition, Überlieferung, Reiseroute und Literaturangaben liegt mit den Bänden *Europäische Reiseberichte des späten Mittelalters, Eine analytische Bibliographie, hg. von Werner Paravicini* vor. Erschienen sind drei Bände mit deutschen – HALM (1994), mit Ergänzungen WETTLAUFER (2001) –, französischen, PARAVICINI (1999) – und niederländischen, Hirschbiegel (2000) – Reiseberichten. Im Rahmen dieses Projekts entsteht auch das Internetportal www.digiberichte.de, über das digitalisierte Editionen verfügbar gemacht werden. Daneben steht eine Datenbank der Reisenden sowie eine Bibliographie zur Verfügung. Vgl. über das Projekt WETTLAUFER (2010). Vgl. allgemein das 2012 erschienene Lexikon *Reiseberichte und Geschichtsdichtung* (*Deutsches Literatur-Lexikon. Das Mittelalter*, Band 3). Ein Lexikon, das sich ausschließlich mit mittelalterlichem Pilgern befasst, ist die 2010 veröffentlichte *Encyclopedia of Medieval Pilgrimage*.

© KONINKLIJKE BRILL NV, LEIDEN, 2019 | DOI:10.1163/9789004400528_003

14   KAPITEL 2

sich Heilsorte verdichten, zusammen mit einzelnen Heilsereignissen etwas
ausführlicher genannt werden. Der chronologisch nächste überlieferte Text,
das *Itinerarium Egeriae* aus dem Ende des 4. Jahrhunderts,[3] wird zwar auch
als *Itinerarium* bezeichnet, besitzt jedoch einen anderen Charakter. Adressiert
an die daheimgebliebenen Schwestern schreibt Egeria, eine Nonne, Äbtissin
oder religiöse Frau aus der Oberschicht,[4] in zwei Teilen in der Ich-Form ausführlich über ihre Reise und die Jerusalemer Liturgie. Kein Pilgertext, jedoch
diesen nahestehend ist der 108. Brief des Hieronymus, das *Epitaphium Paulae*.
Obgleich in diesem Brief auch andere Aspekte im Zentrum stehen, wird die
Pilgerreise der Paula von Rom in einem größeren Abschnitt von Hieronymus
geschildert und beeinflusst gerade in der Darstellung der Visualität die weitere
Pilgerliteratur. Nach 444 verfasst wurde der Brief des Eucherius (*Eucherii quae
fertur de situ Hierusolimae epistula ad faustum presbyterum*).[5] Dabei handelt
es sich um einen sehr kurzen Traktat aus dem 5. Jahrhundert über eine kleine
Auswahl heiliger Orte.[6]

Auf das 6. Jahrhundert zu datieren ist der *Breviarius de Hierosolyma*, eine
ebenfalls kurze Beschreibung eines Rundgangs durch Jerusalem.[7] Das *Itinerarium* des Anonymus von Piacenza schildert in der Ich-Form ausführlich eine
Reise durch Palästina und Ägypten.[8] Ebenfalls aus dem 6. Jahrhundert stammt
die in der Forschung als „Materialsammlung" bezeichnete Schrift *De situ Terrae Sanctae* des Theodosius.[9] Nach der arabischen Eroberung, in der zweiten
Hälfte des 7. Jahrhunderts verfasst Adomnan von Iona die Schrift *De locis sanctis* in drei Büchern,[10] die im Prolog als Augenzeugenschilderung eines Bischofs

---

3   Edition: FRANCESCHINI/WEBER (1965), CCSL 175,29–90. Siehe zu Egeria unten S. 93ff.
4   Siehe dazu unten S. 93.
5   Edition: FRAIPONT (1965), CCSL 175,235–243.
6   In den 15 sehr knappen Kapiteln wird Jerusalem etwas ausführlicher abgehandelt, Bethle-
     hem und eine Handvoll weiterer Orte werden innerhalb Judäas durch Richtungs- und Ent-
     fernungsangaben lokalisiert. Daran schließen sich zwei jeweils längere Zitate aus ande-
     ren Autoren über die Topographie Judäas an. In den Kapiteln 16–20 zitiert Eucherius
     aus Hieronymus' *Epistula 129 ad Dardanum de terra repromissionis* (Ed. HILBERG (1918),
     CSEL 56,162–175, hier 169,20–170,10. 171,4–14 und 172,3–8.) und in den Kapiteln 21–30 aus
     der lateinischen Fassung des *Bellum Iudaicum* des Flavius Josephus (1. Jahrhundert n.
     Chr.). Der Autor dieser Bearbeitung des Josephus aus dem 4. Jahrhundert wird als „Hege-
     sippus" bezeichnet. Der Name ist jedoch von Josephus ableitbar; der tatsächliche Verfasser
     ist umstritten. Vgl. für weitere Literatur zur Diskussion GANSWEIDT (2002). Die Zitate
     stammen aus *Historiae libri* 3,6,1–2 und 4–5. Vgl. DONNER (2002) 176, Anm. 46.
7   Edition: WEBER (1965), CCSL 175,105–112. Vgl. die Einführung in DONNER (2002) 214–218.
8   Edition: GEYER (1965), CCSL 175,127–174. Siehe dazu unten S. 115f.
9   Edition: GEYER (1965), CSSL 175,113–125. Vgl. die Diskussion bei DONNER (2002) 181ff. und
     WILKINSON (2002) 9.
10   Edition: BIELER (1965), CCSL 175,219–297. Siehe zu Adomnan unten S. 125ff.

TEXTE

namens Arculf charakterisiert wird. Beda Venerabilis bearbeitete im Jahr 702/3 Adomnans Schrift und verwendete sie als Hauptquelle für seine Schrift *De locis sanctis*.[11] Von beiden Schriften wissen wir, dass sie nicht auf einer eigenen Reise der Autoren basieren.

Der Text über die Pilgerreise Willibalds, des Bischofs von Eichstätt, aus dem 8. Jahrhundert ist innerhalb der *Vita Willibaldi*, die Willibald der Nonne Hugeburc diktiert, überliefert.[12] Das *Itinerarium* des Bernardus Monachus Francus[13] ist ein kurzer Text aus dem 9. Jahrhundert und hat eine komplette Reise mit Schilderung der Anreise, dem Aufenthalt und der Rückreise zum Inhalt.

Die Entstehung neuer Pilgertexte besitzt, soweit wir das aus den erhaltenen Texten beurteilen können, zeitliche Schwerpunkte. Zunächst haben historische und politische Umstände auf die Entstehung der Texte, die auf einer wirklichen Reise basieren, einen deutlichen Einfluss. Auffällig ist beispielsweise der Zeitraum vom 8. bis ins 12. Jahrhundert, von der arabischen Eroberung bis zu dem Beginn der Kreuzzüge und der Eroberung Jerusalems 1099, in dem nur wenige Texte überliefert sind. Hier ist ein Zusammenhang mit der islamischen Eroberung der Levante anzunehmen. Wenn eine Reise ins Heilige Land aufgrund politischer Umstände schwierig ist oder nicht stattfindet, entstehen in der Folge wenige oder keine neuen Texte.[14] Eine andere Konsequenz für die Überlieferung könnte außerdem eine verstärkte Reproduktion und Bearbeitung älterer Texte sein.

Mit Beginn der Kreuzzüge entstehen am Anfang des 12. Jahrhunderts mehrere Schriften. Die Zahl der überlieferten Texte steigt ab dem 13. und besonders ab dem 14. Jahrhundert rapide an,[15] da zahlreiche volkssprachliche Texte hinzukommen. Für das 14. Jahrhundert nennt Ursula Ganz-Blättler 45 Texte, während im Zeitraum von 1400–1520 um die 190 Texte entstehen.[16] Mit der Zeit der Reformation gehen die Texte zurück.

Der Text Saewulfs aus dem Jahr 1102 ist der erste erhaltene lateinische Text eines Pilgerreisenden nach dem ersten Kreuzzug. Die größten Teile des Textes behandeln die Reise auf See.[17] Neben lateinischen Texten entstehen Reise-

---

11 Edition: FRAPOINT (1965), CCSL 175,245–280.

12 Edition: HOLDER-EGGER (1887), MGH, Scriptores 15,86–106. Nachdruck mit deutscher Übersetzung bei BAUCH (1984). Vgl. AIST (2009) 6 ff.

13 Edition: ACKERMANN (2010). Vgl. HALEVI (1998), BECK (2012).

14 Oder es finden Reisen statt, über die nicht geschrieben wird. Vgl. zu Reisenden in diesem Zeitraum BULL (1993) 204–249, siehe auch MORRIS (2000).

15 Vgl. dazu GANZ-BLÄTTLER (1990) 39 f. und PARAVICINI (1999), HIRSCHBIEGEL (2000), WETTLAUFER (2001) mit Angaben zu den Autoren.

16 GANZ-BLÄTTLER (1990) 40 f.

17 Edition: HUYGENS (1994), CCCM 139,59–77.

beschreibungen eines russischen Abtes Daniel und eines isländischen Abtes Niklaus.[18] Ab Ende des 12. Jahrhunderts sind französische Texte erhalten, die mit der Schrift *La Citez de Jerusalem*, auch überliefert als Teil der Chronik des Ernoul, zusammenhängen, einer Art Rundgang durch Jerusalem, der neben den heiligen Orten auch Straßen und Tore Jerusalems ins Zentrum der Betrachtung rückt.[19]

Petrus Diaconus stellt um 1137 vorwiegend aus dem *Itinerarium Egeriae* und dem Text Bedas eine Schrift *De locis sanctis* zusammen.[20] Ebenfalls im 12. Jahrhundert verfasst ein anonymer Autor den *Tractatus de locis et statu sancte terre ierosolimitane*.[21]

Um 1140 entsteht die wirkungsreiche *Descriptio de locis sanctis* des Fretellus,[22] die in zahlreichen Handschriften überliefert ist und in knappem Stil über zentrale Orte und Heilsereignisse berichtet, ohne persönliche Erlebnisse hinzuzufügen. So verfassen auf der Basis dieses Textes im 12. Jahrhundert Johannes von Würzburg[23] eine *Descriptio terre sancte* und Theodericus[24] einen *Libellus de locis sanctis*. Auch die unter dem Namen Oliver von Paderborn überlieferte Schrift aus dem Beginn des 13. Jahrhunderts lässt sich abgesehen von Einleitung und Schluss auf Fretellus zurückführen.[25] Die aus dem Ende des 13. Jahrhunderts stammende *Descriptio* des Philip de Savona[26] hängt mit Fretellus' *Descriptio* und mit Johannes' Text zusammen. Philips Beschreibung wiederum wirkt besonders auf zwei Texte des frühen 14. Jahrhunderts, die Schriften des Marino Sanudo und des Odoricus de Pordenone.[27]

Die Orientierung an der literarischen Tradition charakterisiert die Struktur der Pilgertexte.[28] Die Texte werden umgeschrieben, erweitert, auseinandergenommen und wieder zusammengesetzt. Bei den Pilgertexten steht häufig weniger die eigene Reise im Mittelpunkt als die Schilderung der Reise inner-

---

18 Vgl. WAßENHOVEN (2009) 56 ff.

19 Vgl. PRINGLE (2012) 29–30. Zu französischen Reiseberichten ab 1300 vgl. die Übersicht bei WETTLAUFER (2001).

20 Edition: WEBER (1965), CCSL 175. Der Text ist in zwei Handschriften überliefert. Vgl. RÖWEKAMP (2017) 283 ff.

21 Vgl. zur komplizierten Editionsgeschichte des Textes und zum Autor, der als Innominatus V und Innominatus IX bezeichnet wurde KEDAR (1998) und TROVATO (2014) 275–287, kurz behandelt bei PRINGLE (2012) 35–36.

22 Edition: BOEREN (1980). Siehe zu Fretellus unten S. 164 f.

23 Edition: HUYGENS (1994), CCCM 139,79–141. Siehe zu Johannes unten S. 160.

24 Edition: HUYGENS (1994), CCCM 139,143–197. Siehe zu Theodericus unten S. 160.

25 Ed. HOOGEWEG (1894). Vgl. VON DEN BRINCKEN (1985).

26 Edition: NEUMANN (1872). Vgl. PRINGLE (2012) 51–54.

27 Diskutiert bei PRINGLE (2012) 54.

28 Vgl. dazu die Diskussion bei SCHRÖDER (2009) 28.

halb des bekannten Systems von Bibel- und Weltwissen. Die eigene Erfahrung des Reisenden ist innerhalb dieses Systems kaum greifbar.[29] Die Ähnlichkeit der Texte geht vor allem darauf zurück, dass Passagen aus Vorgängertexten übernommen werden. Doch hat die Übernahme von Textteilen auch eine authentifizierende Funktion, wie die Überlegungen von Franz-Josef Worstbrock zum zum „Wiedererzählen" zeigen. „Wiedererzählen" wird von ihm als eine fundamentale Konstante mittelalterlichen Erzählens charakterisiert.[30] „Erzählen gewinnt allererst Dignität, wenn es sich nicht um neue oder erfundene Sachverhalte handelt, sondern um solche, die bereits von anderen erzählt worden sind."[31]

Bezogen auf Pilgertexte bedeutet das, dass die eigene Reise in ein Geflecht aus verschiedenen Wissensbeständen eingebaut wird. Dabei kann es sich um andere Pilgertexte handeln. Oft werden Bibelkommentare, historische oder enzyklopädische Schriften zu Rate gezogen und eingearbeitet oder in längeren Passagen übernommen. Häufig verwendet werden die Schriften des Isidor von Sevilla, des Wilhelm von Tyrus und besonders des Jacob von Vitry. Die im 12. und 13. Jahrhundert entstandenen historischen Werke des Wilhelm von Tyrus (eine Geschichte der Kreuzzüge mit unbekanntem Titel) und des Jacob von Vitry (die *Historia Hierosolymitana abbreviata* mit dem Teil *Historia orientalis* über Jerusalem und einer Beschreibung des Heiligen Landes) greifen auf vorher verfasste Pilgertexte zurück[32] und üben in der Folge einen wichtigen Einfluss auf die danach entstehenden Pilgertexte aus.[33] Auch innerhalb historischer Werke sind Texte über Reisen nach Palästina überliefert. So ist im Rahmen der Chronik des Arnold von Lübeck ein Text über eine Reise nach Ägypten

---

29   Vgl. dazu die Diskussion bei SCHRÖDER (2009) 29 ff. Aber die Absicherung des eigenen Erlebens wird in den Pilgertexten so greifbar. Vgl. HARBSMEIER (1982) 16.

30   Vgl. dazu WORSTBROCK (1999) 130. Siehe die Diskussion bei SCHULZ (2012) 378 ff. Die Beobachtungen, die vorwiegend zu poetischem Erzählen gemacht werden, können auch auf das nicht-poetische mittelalterliche Erzählen übertragen werden. Ottmar Ette spricht in diesem Zusammenhang von der Dimension des „literarischen Raumes": „Sie betrifft die Art und Weise, wie ein bestimmter Reisebericht sich zu anderen Texten anderer Autoren (also intertextuell) oder auch zu eigenen Texten (also intratextuell) in Beziehung setzt." ETTE (2001) 35. Ette unterscheidet weiter zwischen einem „expliziten literarischen Raum" mit direkten Verweisen und einem „impliziten literarischen Raum", bei dem die Verweise nicht direkt ersichtlich sind.

31   SCHULZ (2012) 378.

32   Vgl. das Beispiel des *Tractatus de locis et statu sancte terre ierosolimitane* diskutiert bei THOMSEN (2018) 461 ff.

33   Zu Wilhelm von Tyrus vgl. die Edition von HUYGENS (1986) und zu Jacob von Vitry DONADIEU (2008).

und Syrien aus dem Jahr 1175 eines Burchard (von Straßburg) überliefert, die im Text als Gesandtschaftsreise charakterisiert wird.[34] Auch das *Itinerarium* des Wilbrand von Oldenburg aus dem 13. Jahrhundert besitzt zum Großteil diplomatischen Charakter. Die Betrachtung der heiligen Orte ist unvollständig überliefert.[35]

Im 13. und zu Beginn des 14. Jahrhunderts entstehen mehrere Texte im Zusammenhang mit der Missionierung und mit Gesandtschaften nach Asien. Ricoldus de Monte Crucis unternimmt 1285 eine Missionsreise in den Orient, die mit einer Pilgerreise durch das Heilige Land beginnt. Ungefähr 15 Jahre später verfasst er vier Schriften im Zusammenhang mit seinen Reisen, die auf die Jahre 1300/1301 zu datieren sind,[36] darunter einen *Liber peregrinationis*. Bei Ricoldus liegt ein Fokus auf Informationen über den Islam im Gegensatz zu den etwa zeitgleich entstehenden Ostasienberichten. Diese Texte basieren auf franziskanischen Gesandtschaftsreisen zum Großkhan der Mongolen angesichts des Mongolensturms:[37] die *Historia Mongolorum quos nos Tartaros appellamus* des Johannes de Plano Carpini[38] und das *Itinerarium* des Wilhelm von Rubruk.[39] Die Faszination des Fremdem, an *mirabila*, an den fabelhaften Wesen, die den Rand der Welt besiedeln, sowie am Mythos des Reichs des Priesterkönigs Johannes im Osten ist ein bedeutender Aspekt in diesen Schriften.[40] Im Jahr 1298 verfasst schließlich Marco Polo die wirkungsmächtige Schrift *Il Milione*, die erste volkssprachliche Reisebeschreibung über Ostasien.[41] Die *Relatio de mirabilibus orientalium Tatarorum* des Odoricus de Pordenone (um 1330)[42] enthält neben der Erzählung über die Reise nach Ostasien Informationen über das Heilige Land. Auch der *Itinerarius ad Jerusalem per diversas mundi partes* des Johannes Witte de Hese (1389) erzählt neben Palästina über Asien

---

34 Ausführlich zu Überlieferung und Inhalt sowie mit einer Edition des Textes THOMSEN (2018).

35 Edition: PRINGLE (2012). Vgl. dort einführend S. 24–27.

36 Siehe zu Ricoldus unten S. 177 f. Diskutiert bei SCHIEL (2011) 127 f. Zur Datierung der Schriften DONDAINE (1967) 119.

37 Vgl. MÜNKLER (2000), SCHMIEDER (1994), JANDESEK (1992). Vgl zu dominikanischen Texten SCHIEL (2011), zu Ricoldus' Kontakt mit Mongolen dort S. 130 f.

38 Edition: MENESTÒ (1989).

39 Edition: WYNGAERT (1929).

40 Der Mythos wurde durch die *Epistola presbiteri Johannis*, einem fiktiven Brief, den der Priesterkönig Johannes, Herrscher über ein mächtiges christliches Reich im Osten 1165 an den byzantinischen Kaiser Manuel I. Kommenos geschrieben haben soll, verbreitet. Vgl. MÜNKLER (2000) 196 f.

41 Edition: RONCHI (1982).

42 Edition: MARCHISIO (2016).

TEXTE 19

und Bereiche am Rande der bekannten Welt.[43] Basierend auf den Texten über Ostasienreisen und den Pilgertexten entsteht in der zweiten Hälfte des 14. Jahrhunderts unter dem Namen John Mandeville ein Buch über eine fiktive Reise über Palästina nach Asien, das ein „Bestseller" des Spätmittelalters wurde.[44]

Der Fokus der Pilgertexte liegt dagegen auf der biblischen Welt, andere Aspekte werden ausgeblendet.[45] Auch aktuelle historische und politische Umstände werden nicht zum zentralen Thema selbst.[46] Ein Beispiel dafür ist die *Peregrinatio* Thietmars, die ungefähr aus dem Jahr 1217 stammt.[47] Auffallend ist das Ignorieren der aktuellen Zustände im Heiligen Land, die zu dieser Zeit nur schwer zu übergehen sind: Im Text ist nichts von den Vorbereitungen für den vierten Kreuzzug zu spüren.[48]

Was die inhaltliche Strukturierung der Texte betrifft, können historische und politische Aspekte die Auswahl der beschriebenen Orte beeinflussen. Als inhaltlich neues Element kommt so im 14. Jahrhundert die Ägyptenbeschreibung hinzu. Ein Grund dafür ist die Änderung der Reiseroute, um ein Empfehlungsschreiben des Sultans einzuholen und in der Folge das Heilige Land bequemer und sicherer bereisen zu können, wie Wilhelm von Boldensele in seinem *Liber de quibusdam ultramarinis partibus et praecipue de terra sancta* (nach 1335) erwähnt.[49] In Benutzung des *Liber* verfasst Ludolf von Sudheim nach 1336 einen *De itinere terre sancte liber*.[50] Mit diesen beiden Werken beginnt die Übertragung der Pilgertexte in die Volkssprache und in der Folge die Entstehung von Pilgertexten. Wilhelms Text wird ins ripuarische übersetzt[51] und von Ludolfs Schrift sind niederdeutsche und oberdeutsche Fassun-

---

43 Vgl. WESTREM (2001) mit einer Edition des lateinischen und mittelniederländischen Textes.

44 Überliefert in um die 300 Handschriften in mehreren Sprachen, siehe für eine Reproduktion der Erstdrucke der deutschen Übersetzungen: BREMER/RIDDER (1991). Vgl. HENSS (2018). HIGGINS (1997). DELUZ (1988).

45 Vgl. ausführlich unten S. 95 ff.

46 Vgl. dazu die historische Übersicht bei GRABOÏS (1998) 21 ff. Zu den historischen Hintergründen z. B. MORRIS (2005) mit weiterer Literatur, vgl. auch GIL (1992), OTTO (1980), zu den Kreuzzügen vgl. JASPERT (2013) mit weiterer Literatur, RILEY-SMITH (2005), BALARD (2001), MAYER (1988).

47 Zu Thietmar vgl. PRINGLE (2012) 27 ff.

48 Vgl. PRINGLE (2012) 28. Die *Peregrinatio* konzentriert sich in bemerkenswerter Hinsicht auf christliche Wunder. Der Text ist eine der Hauptquellen für die Wunder um die heilige Katharina, vgl. SCHILL (2005), ASSION (1969). Die *Peregrinatio* ist in verschiedenen Versionen überliefert, zur Überlieferung PRINGLE (2012) 28 f. Zu mittelniederländischen Übersetzungen des Textes und weiterer Rezeption RUDY (2011) 49 ff.

49 Vgl. dazu unten S. 273. Zu Wilhelm vgl. unten S. 264 f. Edition: DELUZ (2018).

50 Zu Ludolf vgl. unten S. 265 f. Edition: DEYCKS (1851).

51 Vgl. BECKERS (1980).

gen erhalten.[52] Im Gegensatz dazu wurden andere gleichzeitig entstehende Texte wenig rezipiert. So verfasst der Dominikaner Humbert de Dijon den *Liber de locis et conditionibus Terrae Sanctae et Sepulcro* (1332)[53] und der Ire Symon Semeonis (1335),[54] ein Franziskaner, einen Pilgertext, der ohne Titel überliefert ist. Jacobus de Verona, Lektor des Augustinerordens, schreibt einen *Liber peregrinationis* (1335)[55] und der Franziskaner Antonius de Cremona de Reboldis ein *Itinerarium ad Sepulcrum Domini* (1337).[56] Diese Autoren konzentrieren sich bei der Erzählung ihrer Reise auf die biblische Vergangenheit. Während sonst in den lateinischen Pilgertexten bis ins 15. Jahrhundert Erwähnungen antiker Stätten oder mythologischer Ereignisse und Personen eine Ausnahmeerscheinung sind,[57] beschreibt Petrarca in seinem *Itinerarium ad sepulcrum Domini nostri* (1358),[58] das nicht auf einer tatsächlichen Reise basiert, eine Reise durch eine Welt voller Spuren der Antike und stellt so einen Sonderfall innerhalb der Gattung der Pilgertexte dar.

Dass die biblische Vergangenheit und nicht Aktualität an erster Stelle steht, zeigt sich auch darin, dass teilweise Informationen aus weit älteren Texten einfach übernommen werden. So kompiliert Petrus Diaconus seine Schrift *De locis sanctis* um 1137 unter Verwendung des *Itinerarium* der Egeria aus dem 4. Jahrhundert, Adomnans Text aus dem 7. Jahrhundert und einem weiteren aktuelleren Text. Aufgrund der Zentralität biblischer Inhalte steht die Aktualität eines Pilgertextes im historischen und politischen Sinn weniger im Vordergrund des Interesses der Rezipienten. Noch im 15. Jahrhundert wird die *Descriptio terrae sanctae* des Burchardus de Monte Sion[59] aus dem 13. Jahrhundert exzerpiert[60] und von Felix Fabri auf seiner Reise verwendet. Bedeutend ist die Wirkung der *Descriptio* nicht nur auf die nachfolgenden Texte, sondern besonders auf die kartographische Rezeption.

Ab dem 13. Jahrhundert beeinflussen sich die entstehenden Karten und die Pilgertexte wechselseitig.[61] So könnten sich die Angaben der Entfernungen, die

---

52 Vgl. VON STAPELMOHR (1937).
53 Zu Humbert siehe S. 192f. Edition: KAEPPELI (1955).
54 Zu Symon siehe S. 314f. Edition: ESPOSITO (1960).
55 Zu Jacobus siehe S. 205f. Edition: CASTAGNA 1990.
56 Zu Antonius siehe S. 193f. Edition: RÖHRICHT (1890).
57 Vgl. REICHERT (2015).
58 Edition: LO MONACO (1990). Vgl. die Einleitung in CACHEY (2002).
59 Zu Burchardus siehe S. 236f. Edition: LAURENT (1864).
60 Z.B. von Johannes Poloner, Edition: TOBLER (1974), 263–281.
61 Zum Zusammenhang von Text und Karte z.B. MICHALSKY (2015), SCHÖLLER (2013), KUGLER (1997) sowie den Sammelband *Text – Bild – Karte. Kartographien der Vormoderne*, GLAUSER und KIENING (2007).

TEXTE   21

sich in den spätmittelalterlichen Texten häufiger finden, auf die vermehrte Entstehung der Portolankarten zurückführen lassen.[62]

Mit der Ausnahme der Diagramme in Adomnans *De locis sanctis*[63] finden sich bis ins 12. Jahrhundert in lateinischen Pilgertexten oder Texten wie Hieronymus' Übersetzung von Eusebius' *Onomastikon*, dem *Liber de locis*,[64] keine Illustrationen. In Kommentaren oder in enzyklopädischem Kontext entstehen Pläne von Jerusalem oder Karten der *terra promissionis*.[65] Ab dem 12. Jahrhundert sind Handschriften des *Liber de locis* mit Karten, den sogenannten Tournai-Karten, überliefert, aber es gibt keine direkte Verbindung zwischen Text und Karte.[66] Aus dem 13. Jahrhundert stammen die Karten des Matthew Paris, darunter Palästinakarten.[67] Ab etwa 1300 entstehen Karten, die auf der *Descriptio terrae sanctae* des Burchardus de Monte Sion basieren. Die Karten sind getrennt von den Texten überliefert. In den Handschriften der *Descriptio* selbst finden wir Windrosen oder Diagramme, die Burchardus' Struktur des Textes darstellen.[68]

Im Zusammenhang mit Marino Sanudos *Liber Secretorum Fidelium Crucis* sind mehrere Karten, darunter Portolankarten und Rasterkarten überliefert, die aus der Hand des Pietro Vesconte stammen.[69] Ab 1321 widmete Marino Sanudo sein Buch und die Karten bedeutenden Persönlichkeiten wie z. B. Papst Johannes XXII. in der Hoffnung auf einen Kreuzzug.[70] Kreuzzugsaufruf und Pilgertext fallen in einigen Schriften zusammen und beeinflussen sich wechselseitig, sodass sich nicht immer klar zwischen den Textsorten unterscheiden lässt. Kreuzzugsrelevante Themen wie z. B. Befestigungen finden sich zumindest in einzelnen Erwähnungen in fast allen Pilgertexten seit dem ersten Kreuzzug.

Ab dem 15. Jahrhundert werden Pilgertexte vermehrt mit Illustrationen verfasst. Das bekannteste Beispiel ist Bernhard von Breydenbach, der in einer neuartigen Kombination von Text und Bild seine *Peregrinatio in terram sanctam*

---

62   Zu Portolankarten im Zusammenhang mit Pilgerreisen vgl. BACCI und ROHDE (2014).

63   Siehe S. 134 ff.

64   Vgl. RÖWEKAMP (2017).

65   Vgl. HARVEY (2012) 17 ff. mit weiterer Literatur. Zu einer Karte der *terra promissionis* aus der Mitte des 9. Jahrhunderts in einem Kommentar des Buches Joshua (Paris, BnF, lat. 11562, fol. 43ᵛ) vgl. O'LOUGHLIN (2005). Zu den Karten und Diagrammen in Rashis Schriften vgl. KEDAR (2008). In einer Handschrift aus der Mitte des 12. Jahrhunderts des *Liber floridus* des Lambert von Saint-Omer findet sich ein Plan Jerusalems. Vgl. HARVEY (2012) 22 f.

66   Vgl. HARVEY (2012) 40–59.

67   HARVEY (2012) 60–73, CONNOLLY (2009).

68   Zu den Burchardus-Karten vgl. HARVEY (2012), Kapitel 9, 11 und 12. BAUMGÄRTNER (2013). Zu den Windrosen ROTTER (2013).

69   Vgl. HARVEY (2012) 108 ff., ALLEN (2004), DEGENHART und SCHMITT (1973).

70   Die Kreuzzugsliteratur wird als eigene Gattung charakterisiert, vgl. DAVIES (1992).

mit Holzschnitten des Erhard Reuwich herausgab.[71] Der Text ist nicht nur eine Schrift über eine Pilgerreise, sondern ruft zugleich zu einem Kreuzzug auf und dient als Propagandainstrument.[72] Zur gleichen Zeit wie Bernhard von Breydenbach reist Felix Fabri im Jahr 1483 nach Jerusalem, der den ausführlichsten und unterhaltsamsten lateinischen Pilgertext des 15. Jahrhunderts verfasst, das *Evagatorium Fratris Felicis in Terrae sanctae, Arabiae et Egypti peregrinationem* (nach 1484).[73] Ein anderes Beispiel aus den zahlreichen Texten des 15. Jahrhunderts[74] sind die Texte des Jean Adorno über die gemeinsame Reise mit seinem Vater Anselme Adorno (1470), beide keine Geistlichen,[75] oder der *Itinerarius terre sancte* des Wilhelm Tzewers (1478).[76]

2.1.1 Charakteristika der Überlieferung

Ein Charakteristikum der Pilgertexte ist die Entstehung verschiedener Fassungen und Redaktionen einzelner Werke sowie das Abschreiben, Bearbeiten und Erweitern bereits bestehender Texte. So ist die Orientierung an der literarischen Tradition in Kombination mit der Beschreibung der eigenen Reise ein Merkmal der Pilgertexte und der Reiseliteratur überhaupt.[77] „Man fängt an, voneinander abzuschreiben und stereotype Schilderungen auszubilden, die bis zur Ermüdung immer wiederkehren. Die Pilger beschreiben nicht mehr vorwiegend, was sie selber an den heiligen Stätten sahen und erlebten, sondern was man dort sah und erlebte. Das Schema und die Norm ersetzen zu einem guten Teil die lebendige Anschauung.“[78] Mit diesen Worten urteilt Herbert Donner über die Pilgerliteratur ab der Kreuzfahrerzeit. Die häufig beklagte Eintönigkeit der Texte[79] ist – wenig überraschenderweise – durch den Besuch

---

71 Vgl. Mozer (2010). Timm (2006).

72 Vgl. Timm (2006).

73 Zu Felix Fabri siehe S. 215 ff. Edition: Meyers (2000–2017).

74 Vgl. die Übersicht bei Ganz-Blättler (1990) 355–420 und die Bände *Europäische Reiseberichte* von Paravicini.

75 Über die Reise sind zwei Fassungen, eine kürzere und eine vermutlich später überarbeitete und erweiterte erhalten. Vgl. die Edition von Heers/Groer (1978).

76 Vgl. Hartmann (2004).

77 Vgl. dazu die Diskussion bei Schröder (2009) 28, Hartmann (2004) 29 und Ganz-Blättler (1990) 27. Sommerfeld (1924).

78 Donner (2002) 30.

79 Christiane Hippler untersucht die literarische Struktur der spätmittelalterlichen Pilgertexte und stellt als zentrales Strukturmerkmal die Stereotypie der Texte fest. Hippler (1987). Ernst Bremer kritisiert Hipplers Vorgehensweise: „Diese Stereotypie wird in einer äußerst problematischen, weil unvermittelten Gleichsetzung des Textes und seiner Genese als ‚Folge ähnlicher Erlebnisse in für die Pilgerfahrten typischen Situationen' (Hippler

der gleichen oder ähnlicher heiliger Orte bedingt.[80] Doch diese Einförmigkeit bezieht sich häufig nur auf den Inhalt und besitzt eine Authentifizierungsfunktion.[81]

Der übliche Textaufbau macht die Übernahme einzelner Teile aus anderen Werken leicht möglich. Denn die Texte bestehen aus einer Aneinanderreihung verschiedener Orte. Das sogenannte Wegstreckenschema[82] ist ein wesentliches Merkmal der Pilgertexte. Die Orte werden in der Reihenfolge der Reise genannt oder sie werden im Text nach einer bestimmten Reihenfolge angeordnet. Das Wegstreckenschema ist in den einzelnen Schriften unterschiedlich stark ausgeprägt und reicht von der genauen Entfernungsangabe zwischen den Orten bis zur groben Richtungsangabe oder der bloßen Nennung des nächsten Ortes. Dieses Routenschema dominiert die gesamte Textgestalt und bildet die Struktur für die Darstellung der heiligen Orte.

Michael Harbsmeier spricht in seinen Überlegungen zu frühneuzeitlichen Reiseberichten vom Erzähler als einer Art „Bastler", der – hier geht es vorwiegend um die Darstellung des Fremden – „die mannigfaltigen Elemente aus dem Arsenal der Repräsentationen soziokultureller Andersartigkeit der eigenen Kultur zu Darstellungen tendenziell vollständiger Bilder zusammenbaut und diese Darstellungen mit einem Bericht über die Begebenheiten der Reise selbst umrahmt."[83] Auch wenn die Darstellung des vollständigen Bildes sich bei den mittelalterlichen Pilgertexten zunächst auf die biblischen Hintergründe beschränkt, zielen die Überlegungen Michael Harbsmeiers auf die Mechanismen der Materialordnung. So ist die von Friederike Hassauer[84] eingeführte Unterscheidung zwischen „Toposwissen" und „Beobachtungswissen" für die Pilgerliteratur nur beschränkt anwendbar.[85] Bereits Bernhard Jahn weist auf die starke Abhängigkeit des Beobachtungswissens vom Toposwissen hin.[86] In den Pilgertexten wird die Lesererwartung bedient, nach der im Heiligen Land deutliche Spuren des biblischen Geschehens sowie Zusammenhänge damit aufgedeckt werden können. Daher ist schon die Wahrnehmung deutlich abhängig von bereits vorher erworbenem, tradiertem Wissen. Mit dem Ein-

---

(1987) 29) gesehen." BREMER (1992) 331. Vgl. SOMMERFELD (1924) 818, HIPPLER (1987) 29,37,97,102 f. mit Kritik von JAHN (1993) 23.

80   Vgl. auch BREMER (1992) 333.

81   So auch JAHN (1993) 23.

82   Vgl. S. 42 ff.

83   Vgl. HARBSMEIER (1982) 16.

84   HASSAUER (1986) 269 ff.

85   Ebenso SCHRÖDER (2009) 30.

86   JAHN (1993) 20, 80. Vgl. HASSAUER (1986) 269 ff. In Bezug auf Orientreiseberichte kritisiert MÜNKLER (2000) 231 f. Hassauers Unterscheidung.

schreiben in die literarische Tradition der Pilgertexte wird diese Abhängigkeit greifbar. Das „Wiedererzählen", Nacherzählen und Bestätigen ist konstitutiv für Pilgertexte wie für mittelalterliche Literatur überhaupt. Wahr ist, was in den Texten von Autoritäten steht und was bereits in den früheren Pilgertexten gesagt wurde. So wird Jesus Christus als historische Tatsache beglaubigt. In diesem Zusammenhang spielen aktuelle historische oder politische Ereignisse keine Rolle und werden ausgeblendet.[87] Daraus erklärt sich, warum die Texte immer wieder neu geschrieben und immer wieder reproduziert werden mussten. Durch die Texte wurde das biblische Geschehen jeweils wieder neu aktualisiert. Darin liegt auch das Surplus gegenüber der Lektüre der Bibel. Die Pilgertexte aktualisieren einerseits das Geschehen und bieten andererseits durch die topographische Strukturierung einen neuen Memorierungszusammenhang.

So bildet sich eine literarische Tradition aus, die bestimmte Orte und bestimmte Inhalte vorgibt. Die Texte schreiben sich bewusst in diese Tradition ein und verweisen zum Teil namentlich auf andere Autoren. Einige Autoren werden als Autoritäten betrachtet und auf diese Texte wird häufiger Bezug genommen als auf andere. Im Einzelnen kann es natürlich verschiedene Gründe für eine starke Rezeption geben:[88] Adomnan mit um die 40 Handschriften und besonders Beda mit um die 50 Handschriften gelten bereits aufgrund ihrer Werke als Autorität. Auf Bedas Text *De locis sanctis*, der sich weitgehend auf Adomnans Schrift stützt, verweisen zahlreiche Folgetexte.

Daneben gibt es im Korpus der Pilgertexte Beispiele für eine nur geringe Rezeption. Die *Descriptio* des Johannes von Würzburg, die in nur vier Handschriften überliefert ist,[89] ist anders strukturiert als üblich und folgt einer heilsgeschichtlichen Ordnung. Trotz oder wegen der neuen heilsgeschichtlichen Textstruktur hatte sie keine große Wirkung.[90]

Die *Peregrinatio* Thietmars wird übersetzt und weiter bearbeitet:[91] Der Grund dafür ist die ausführliche Behandlung der heiligen Katharina, über die der Text zahlreiche lange Wundererzählungen enthält.

---

87 Vgl. dazu unten S. 95 f.

88 Vgl. CARDELLE DE HARTMANN (2018) mit weiterer Literatur. Siehe für eine tabellarische Übersicht über die Überlieferung narrativer lateinischer Pilgertexte FISCHER (2018) 81 f. Für Einzelheiten zur Überlieferung der einzelnen Autoren siehe jeweils die Einführungskapitel zu den Autoren.

89 Vgl. zur Überlieferung die Einleitung in der Edition von HUYGENS (1994).

90 Es kann immer auch äußere Gründe für eine geringe Überlieferung von Texten geben. Vgl. dazu ausführlich HAYE (2016).

91 Vgl. PRINGLE (2012) 27–29. Zu mittelniederländischen Übersetzungen des Textes und weiterer Rezeption vgl. RUDY (2011) 49 f.

TEXTE

Sehr breit überliefert mit um die 100 Handschriften ist die *Descriptio terrae sanctae* des Burchardus de Monte Sion. Ein Unterschied zu den anderen Pilgertexten ist das neuartige Organisationsschema der Schrift, das sicherlich ein Grund für die Beliebtheit der *Descriptio* war.[92] So ist der Text als verlässliches Handbuch über das Heilige Land und seine Umgebung angelegt. Die systematische Vorgehensweise führt dazu, dass alle Orte des Landes abgedeckt werden. Die *Descriptio* vermittelt durch die Organisiertheit, Genauigkeit und Informationsdichte starke Glaubwürdigkeit. Die Textstruktur als Handbuch kann auch der Grund für die verstärkte Rezeption des *De itinere terre sancte liber* des Ludolf von Sudheim sein (um die 30 Handschriften). Dessen Textvorlage, der *Liber* des Wilhelm von Boldensele, ist ebenfalls in um die 30 Handschriften überliefert – im Unterschied zu mehreren Texten aus diesem Zeitraum, die in nur einer Handschrift überliefert sind. Auch wenn es sich bei der Überlieferung in einer Handschrift um einen Zufall handeln kann, könnte dieser Befund auf eine Entwicklung vorausweisen, die sich im Laufe des nächsten Jahrhunderts vollzieht.[93] Es entstehen mehr und mehr Texte, die eine persönliche Reise dokumentieren und die schon vom Autor nicht an einen größeren Personenkreis adressiert sind. Solche Schriften sind häufig Bestandteil einer Familienchronik.[94] Allerdings handelt es sich bei den späteren Verfassern vornehmlich nicht um Kleriker wie in den hier betrachteten Texten.

Es ist charakteristisch für Pilgertexte, dass verschiedene Fassungen vorhanden sind, die weiter bearbeitet werden.[95] Der Textbestand der Handschriften unterscheidet sich bei einzelnen Autoren so erheblich, dass es problematisch wird, zwischen verschiedenen Fassungen zu differenzieren. Ein Beispiel dafür ist das *Itinerarium* des Anonymus von Piacenza.[96] In der Edition sind die zwei Fassungen hintereinander abgedruckt.[97] Die Handschriften der beiden Fassungen sind jeweils ins 9. und 10. Jahrhundert zu datieren. Von der zweiten Fassung, die als *recensio altera* bezeichnet wird, gibt es weitere Bearbeitungen vom 12. bis ins 16. Jahrhundert, die sich nach Johann Gildemeister[98] soweit von der *recensio altera* unterscheiden, dass man von einer dritten Fassung sprechen kann. Die zwei genannten Aspekte, den Umgang mit anderen Pilgertexten und

---

92 Vgl. ausführlich dazu FISCHER (2018) und S. 240 f.
93 Vgl. die Übersicht über die Autoren bei GANZ-BLÄTTLER (1990).
94 Vgl. GANZ-BLÄTTLER (1990) 249.
95 In dieser Untersuchung verwende ich grundsätzlich die Langfassung der Texte als Textbasis und verweise nur auf die Kurzfassung.
96 Zu den einzelnen Handschriften vgl. GILDEMEISTER (1889) III–XV.
97 GEYER (1965).
98 GILDEMEISTER (1889) XII.

die Entstehung verschiedener Fassungen, verdeutlicht das Beispiel der Überlieferung der *Descriptio terre sancte* des Johannes von Würzburg[99] aus dem 12. Jahrhundert. Zu Beginn seines Werkes verweist er auf einen Autor: *Scio equidem iam dudum ante tempora moderna haec eadem loca non tantum in civitate prefata [Jerusalem], sed etiam longe extra posita a quodam viro reverendo in scripta redacta fuisse* (Z. 27–29, S. 79). Bei dem nicht namentlich genannten Autor handelt es sich vermutlich um die Hauptvorlage Fretellus.[100] Die *Descriptio de locis sanctis* des Fretellus, dessen breite Überlieferung bisher nicht aufgearbeitet ist,[101] ist in mehreren Fassungen und Kompilationen erhalten. Er wurde für Folgetexte als Basis verwendet. Ohne Einführung und Schlussworte machen Textteile des Fretellus fast die Hälfte der Schrift des Johannes von Würzburg aus, wie Robert B.C. Huygens in der Einleitung zur Edition angibt.[102] Während Johannes den Text des Fretellus wörtlich übernimmt, bezieht sich ein anderer Autor des 12. Jahrhunderts, Theodericus, in seinem *Libellus de locis sanctis* eher summarisch auf Fretellus. Eine Handschrift aus dem 15. Jahrhundert (Berlin, SBB-PK, lat. oct. 32) stellt eine bearbeitete Fassung der *Descriptio* des Johannes dar, die sich im Schlussteil an einigen Stellen deutlich von dem Text der von Robert B.C. Huygens verwendeten Leithandschrift aus dem Ende des 12. Jahrhunderts unterscheidet (München, BSB, Clm 19418), sodass der Text in der Edition zweispaltig aufgenommen wurde: „I consider them [the passages] as interpolations, but I have been reluctant to hide them in the critical apparatus, because, even if not part of JW's original text, they have become part of its reception and reflect another pilgrims impressions."[103] Dieses Charakteristikum wird in den vielfach älteren Editionen der Texte bislang nicht auf diese Weise abgebildet, sodass die Untersuchung der verschiedenen Fassungen und der Abhängigkeiten der einzelnen Texte untereinander ein Forschungsdesiderat ist, das erst auf der Basis neuer Editionen angegangen werden kann.[104]

---

99   Vgl. die Einführung zur Edition von HUYGENS (1994).

100   Vgl. zu Fretellus S. 164 und die Einführung zur Edition von BOEREN (1980). Zur schwierigen Überlieferungs- und Editionslage vgl. HUYGENS (1994) 18 f. Zur Kompilation der *Descriptio* des Fretellus mit dem Text des Burchard von Straßburg vgl. THOMSEN (2018) 432 ff.

101   Vgl. THOMSEN (2018) 432 ff.

102   Vgl. die Einführung zur Edition von HUYGENS (1994) 19.

103   HUYGENS (1994) 16.

104   Die Untersuchung der Abhängigkeiten der Texte untereinander ist ein Forschungsdesiderat, auf das schon Röhricht hingewiesen hat. Vgl. RÖHRICHT (1889) 43 mit Anm. 85, vgl. HARTMANN (2004) 14 f. Die Editionslage erschwert ein solches Projekt. Ein markantes Beispiel für die Editionslage bei den spätmittelalterlichen Pilgertexten sind die Texte des Burchardus de Monte Sion und des Ludolf von Sudheim, die eine große Wirkung

TEXTE

In zahlreichen Handschriften finden sich spätere Einfügungen und Verbesserungen. Ein interessantes Zeugnis dafür, dass die Abschrift eines Textes schon von vornherein zur Weiterbearbeitung vorgesehen war, zeigt die zweispaltige Anlage der Seite in der Handschrift Vaticano, BAV, Reg. lat. 430 aus dem 14./15. Jahrhundert. Auf fol. 23ʳ–35ᵛ ist die Kurzfassung der *Descriptio terrae sanctae* des Burchardus de Monte Sion überliefert. Mit dem Text beschrieben ist jeweils nur die rechte Spalte, sodass in der linken Spalte Raum für Erweiterungen und Anmerkungen besteht, der am Textende für eine ausführliche Hinzufügung genutzt wird.

2.1.2   *Auswahl der untersuchten Texte*

Um das Ziel der Untersuchung zu erreichen, die Narrationsstrategien und Funktionsweisen zu erschließen, wird eine repräsentative Textauswahl exemplarisch analysiert. Von den überlieferten Schriften vom 4. bis ins 15. Jahrhundert liegt dieser Untersuchung eine Auswahl von 14 Texten zugrunde. Aufgrund des Anstiegs der überlieferten Werke ab dem 13. und besonders ab dem 14. Jahrhundert beschränke ich mich bei den lateinischen Texten des 14. Jahrhunderts auf fünf Schriften. Da es mir besonders darum geht, die Narrationsstrategien und Funktionsweisen in der Entstehung einer literarische Tradition innerhalb der Pilgertexte darzustellen, liegt der Schwerpunkt der Untersuchung auf Texten vor dem 15. Jahrhundert. Aus dem 15. Jahrhundert behandle ich exemplarisch nur das *Evagatorium* des Felix Fabri ausführlicher. Viele andere Pilgertexte stehen bei der Untersuchung im Hintergrund und werden zum Vergleich herangezogen. Die Textauswahl wurde aufgrund der folgenden Überlegungen getroffen:

Das Thema der Texte ist der Aufenthalt im Heiligen Land, Sinai und Ägypten. Daher behandle ich Texte, die vorwiegend andere Bereiche behandeln, wie z.B. die Ostasientexte, nicht. Ich untersuche narrative Pilgertexte.[105] Texte, bei

---

auf die nachfolgende Pilgerliteratur haben. Von beiden Autoren existieren nur Editionen, die sich auf einen Bruchteil der existierenden Handschriften stützen: DEYCKS (1851) und LAURENT (1864). Zur Entstehungszeit vieler Editionen vor über 100 Jahren hatte das Forschungsinteresse deutlich andere Schwerpunkte. Es war das Ziel, möglichst viele Informationen über die Reise ins Heilige Land zu erhalten. Dieses Interesse dokumentieren die zu dieser Zeit entstandenen Editionen: Auslassungen und Kürzungen, die nicht immer angezeigt werden, sind die Regel. Es kommt sogar zu Umstellungen des Textes. Vgl. Toblers Edition von Johannes von Würzburg. Siehe S. 166 f. Auf das Problem zuverlässiger Editionen der Pilgertexte geht HARTMANN (2004) 13 ff. in der Einleitung ihrer Edition des Textes von Wilhelm Tzewers aus dem 15. Jahrhundert ausführlich ein.

105   Vgl. zum Begriff S. 35.

denen es sich um eine listenartige Darstellung mit kaum oder wenig narrativen Elementen handelt, stehen im Hintergrund der Untersuchung. Diese Texte werden meist als „Pilgerführer" bezeichnet.[106]

Ich untersuche sowohl Texte, die über eine Reise erzählen, die tatsächlich stattgefunden hat oder in denen es kein Indiz dafür gibt, dass die Reise nicht stattgefunden hat, als auch Texte von sogenannten *armchair pilgrims*. Eine Gemeinsamkeit der betrachteten Texte ist der geistliche Hintergrund der Autorinnen und Autoren.[107]

Die ausgewählten Texte haben einen rein religiösen Vollzugscharakter, das heißt sie beschreiben eine Pilgerreise. Texte mit diplomatischer oder politischer Ausrichtung, z.B. Kreuzzugsaufrufe behandle ich nicht.

Aufgrund der großen Zahl der Texte habe ich als weitere Einschränkung Texte, die mit Pilgerreisen zusammenhängen, aber einer anderen Gattung zugeordnet werden können, nicht in Einzelanalysen untersucht. So sind beispielsweise Heiliglanddarstellungen in historischen Werken oder in Biographien[108] ausgeschlossen.

Erstaunlich ist, dass wichtige lateinische Texte bisher nicht eingehend untersucht wurden. So ist es ein wichtiges Anliegen der vorliegenden Untersuchung, Texte zu analysieren, die trotz ihrer Wirkung bislang von der Forschung nur wenig berücksichtigt wurden (z.B. Wilhelm von Boldensele) und besonders auch die lateinischen Texte einzubeziehen, die bislang nur in ihrer deutschen Fassung beachtet wurden (z.B. Ludolf von Sudheim).

---

106   Vgl. zum Begriff S. 29.

107   Über den Anonymus von Piacenza ist nicht bekannt, ob er ein Geistlicher war. Siehe dazu S. 115. Zur Diskussion, ob es sich bei Egeria um eine Adelige handeln könnte, siehe S. 93. Unter den Pilgern des 13. und 14. Jahrhunderts sind zahlreiche Dominikaner zu finden, was aus der Rolle der Predigt, für die Informationen über das Heilige Land benötigt werden, sowie der Bedeutung der Missionierung für den Orden erklärbar ist. Ein Beispiel für einen Autor, der nicht aus einem geistlichen Umfeld stammt, ist Jean Adorno.

108   Der Text über die Pilgerreise Willibalds, des Bischofs von Eichstätt, ist innerhalb der *Vita Willibaldi* überliefert. Aufgrund des Zusammenhangs mit der Vita und damit einer besonderen Funktionsweise wird Willibalds Text nicht berücksichtigt. Einer eigenen Funktionsweise unterliegt auch der Text des Hieronymus über die Reise der Paula durch das Heilige Land. Die Reisebeschreibung ist Teil des 108. Brief, dem *Epitaphium Sanctae Paulae*. Der Brief ist aufgrund seiner Ausrichtung als Epitaph in seiner Zielrichtung nicht mit den Pilgertexten vergleichbar und wird von mir vorwiegend als Beispiel für die visuelle Wahrnehmung untersucht. Vgl. Kapitel 4.1.3.

TEXTE   29

2.2   Überlegungen zur Textgattung ‚Pilgertexte'

Pilgerberichte[109] werden als literarische Gattung begriffen.[110] Die Versuche, eine Gattungstypologie vorzunehmen, gehen aus von Martin Sommerfeld, der die Texte zuerst als Gattung bezeichnet.[111] Er nimmt bereits die Dichotomie zwischen „Pilgerführer" und „Reisebeschreibungen früherer Pilger" vor,[112] die in unterschiedlichen Varianten bis heute die Grundlage der verschiedenen Typologien bildet. Zentral für die Versuche einer Gattungstypologie sind drei Bezeichnungen, die voneinander abzugrenzen sind: ‚Pilgerführer', ‚Itinerare' und ‚literarische Pilgerberichte'.

Pilgerführer: Als ‚Pilgerführer' werden in der Forschungsliteratur kurzgefasste Texte bezeichnet, die Informationen über Reise und heilige Stätten enthalten. Vielfach kritisiert wurde in diesem Zusammenhang die Vorstellung eines „Pilger-Baedekers", die Martin Sommerfeld[113] nach Reinhold Röhricht[114] entwickelte.[115] Im Anschluss an diese Kritik bezeichnet Gritje Hartmann den Begriff ‚Pilgerführer' zu Recht als „etwas unglücklich".[116]

---

109   In Auseinandersetzung mit den jeweiligen Autoren und ihren Typologien verwende ich deren Terminologie.
110   Vgl. WOLF (2012). HARTMANN (2004) 29. Die Gattung ‚Pilgerberichte' ist ein Teil der Gattung ‚Reiseberichte'. Die Heterogenität der Texte erschwert allerdings eine Gattungstypologie. Aufgrund der deutlichen Unterschiede in Form, Funktion, Struktur und Überlieferung bleibt der Gattungsbegriff „notwendigerweise unscharf", so WOLF (2012) VIII über Reiseberichte als Gattung. Vgl. allgemein RUBIES (2000), ZUMTHOR (1994), BORM (2004), HARBSMEIER (1982). Die Gattung der Reiseberichte wurde in der Forschung vielfach kontrovers diskutiert. Vgl. dazu z. B. HARTMANN (2004) 29 ff., HUSCHENBETT (2000), BREMER (1992), NEUBER (1989). Zur Diskussion um den Gattungsbegriff: Der alternativ vorgeschlagene Gattungsbegriff ‚Reiseliteratur' integriert einerseits fiktive Erzählungen über Reisen wie den Text Brendans, Edition: ORLANDI/GUGLIEMETTI (2014), oder des John Mandeville besser, andererseits wird er der Heterogenität der Gattung gerecht. Vgl. WOLF (2012) VIII. Einführend zur Überlieferungsgeschichte RIDDER (1991).
111   SOMMERFELD (1924).
112   SOMMERFELD (1924) 830 f.
113   SOMMERFELD (1924) 829 f.
114   RÖHRICHT (1889).
115   Z. B. die Kritik bei HUSCHENBETT (2000) 144 f. Siehe auch GANZ-BLÄTTLER (1990) 103 über „das Phantom des Baedekers". Dass jedoch kurze Zusammenfassungen mit wichtigen Informationen kursierten, zeigt die Überlieferung. Vgl. z. B. die mit dem Text von Jacobus von Verona gemeinsam überlieferte Zusammenstellung mit Informationen zu Reise, heiligen Stätten und Ablässen. Vgl. S. 206. Interessant in diesem Zusammenhang ist der Versuch von Josephine Brefeld, aus den in den Pilgertexten erwähnten Informationen einen Standard-Reiseführer herauszufiltern: BREFELD (1994).
116   HARTMANN (2004) 29, Anm. 137. Vgl. dort weiter S. 55 mit Literaturhinweisen in Anm. 309.

Itinerare: Die Bezeichnung ‚Itinerar' wird auch als eigener Gattungsbegriff verwendet.[117] Dadurch wird der Begriff mehrdeutig. Das Itinerar als Gattung entwickelt sich aus dem antiken Itinerar. Ein Beispiel für einen nicht-christlichen Text sind die *Imperatoris Antonini Augusti Itineraria Provinciarum et Maritimum*[118] aus dem dritten Jahrhundert. Der Text ist eine Wegstreckenbeschreibung, bei der vorwiegend Ortsnamen und Entfernungen angegeben werden.[119] Grundsätzlich, so Joachim Fugmann in seiner Definition, gibt ein einfaches *Itinerarium* die Informationen wieder, die auch auf den römischen Meilensteinen zu finden sind. Ein Itinerar ist „jede Art schriftlicher (auf Stein, Papyrus, Pergament u. ä.) Fixierung einer oder mehrerer (Verkehrs-)Wege über Land unter Angabe von Etappen und Distanzen."[120] Damit entspricht das *Itinerarium* als Verlaufsbeschreibung formal dem Schema einer verschriftlichten Karte.[121]

Ein wichtiges Beispiel für ein christliches Itinerar ist das *Itinerarium Burdigalense*. Neben dieser Art des Itinerars, das mit seinem knappen Informationsgehalt der Reiseplanung und -organisation dient, bieten andere christliche Itinerarien eine ausführlichere Form der Reisebeschreibung, die von Wilhelm Kubitschek als „Erinnerungs-Itinerarium"[122] bezeichnet wird. Nicht nur Angaben über Entfernungen, sondern auch Eindrücke über das auf der Reise Gesehene und Erlebte werden wiedergegeben.[123] Diese ausführlicheren christlichen Itinerare (ein Beispiel ist Egerias *Itinerarium*) sind zugleich Teil der Gattung Pilgertexte. Damit würde die Gattung ‚Itinerar' mit der Gattung ‚Pilgertexte' zusammenfallen. In der neueren Forschung wird der erweiterte Itinerarbegriff als Gattung nicht weiter verfolgt. Ich verwende den Begriff ‚Itinerar' für Texte, die nach dem Routenschema organisiert sind und keine oder kaum narrative Elemente enthalten.

---

117 Zur Gattung vgl. HEIT (2002), FUGMANN (2001), ELSNER (2000) 183–186 und KUBITSCHEK (1916).

118 Edition: CUNTZ (1990). Vgl. FUGMANN (2001) 9–11, ELSNER (2000) 186.

119 Selten sind mythologische Erklärungen hinzugefügt, z. B. heißt es bei der Erwähnung von Delos, dass dort Apoll und Diana von Latona geboren worden seien (527,1). Diskutiert bei ELSNER (2000) 186, der darauf hinweist, dass diese kurzgefasste Einbettung der Geographie in einen mythologischen Rahmen ein Merkmal von stärker deskriptiven topographischen Texten ist, wie der *Periegesis Hellados* von Pausanias.

120 FUGMANN (2001) 2.

121 Vgl. dazu STOCKHAMMER (2001) 280 ff.

122 KUBITSCHEK (1916), Sp. 2308.

123 Vgl. FUGMANN (2001) 5. Vgl. auch ELSNER (2000) 184: „The genre comprises lists of towns along Roman roads with distances (usually given in miles or stades) but may go beyond this in adding further (more colourful, touristic, propagandist, pilgrim-centered, or merchant-oriented) material."

Literarischer Pilgerbericht: Als ‚literarische Pilgerberichte' werden Texte bezeichnet, die über die listenartige Aufzählung der Orte hinaus narrative Elemente enthalten.

Diese drei Begriffe, ‚Pilgerführer', ‚Itinerare' und ‚literarische Pilgerberichte', werden in den Versuchen zu einer Gattungstypologie unterschiedlich gruppiert. Mit einer genaueren Bestimmung der Gattung ‚Pilgerberichte' beschäftigen sich hauptsächlich Jean Richard,[124] Gerhard Wolf,[125] und J.G. Davies.[126]

1. Das Modell von Richard (1981): Jean Richard,[127] der alle Pilgertexte ausgehend vom *Itinerarium Burdigalense* berücksichtigt, unterscheidet zwischen Pilgerführern (*les guides de pélerinages*) und Pilgerberichten (*les récits de pélerinages*).[128] Eine Differenzierung zwischen beiden Gruppen gestaltet sich schwierig, da der Übergang zwischen den Textgruppen fließend ist. Jean Richard weist selbst darauf hin, dass nach seiner Definition einige Texte genauso Pilgerführer wie Pilgerbericht sein können. Als Beispiel nennt er die *Descriptio* des Burchardus de Monte Sion aus dem 13. Jahrhundert.[129]

Zudem wird der Begriff ‚Pilgerführer' weiter gefasst als üblich.[130] Nach Jean Richard zählen darunter in unpersönlichem Stil verfasste Texte, die auch ausführlicheren Charakter besitzen können, und nicht nur knappe Texte.[131] Als ein wichtiges Unterscheidungskriterium zwischen Pilgerführer und Pilgerbericht nennt er die Erzählung eigener Reiseerfahrung im Pilgerbericht.[132]

---

124 RICHARD (1981).

125 WOLF (1989).

126 DAVIES (1992).

127 Vgl. auch DONNER (2002). Er unterscheidet drei Kategorien von Pilgertexten (8 f.): (1) Niederschriften der Pilger selbst, (2) Berichte Dritter über Pilgerreisen, (3) Reiseführer und Orts- und Landesbeschreibungen. Als dritte Gruppe fasst er Texte, „die nur mittelbar auf Pilgererfahrungen zurückgehen" zusammen (28). Zu Gruppe (2) gehören nur wenige Texte, so dass die Einteilung letztlich der Zweiteilung von RICHARD (1981) ähnelt.

128 Da sich RICHARD (1981) allgemein mit Reiseberichten beschäftigt, nimmt er folgende weitere Einteilungen vor: *Les récits de croisades et d'expeditions lointaines, les relations des ambassadeurs et des missionaires, les explorateurs et les aventuiers, les guides des marchands, les voyages imaginaires.*

129 RICHARD (1981) 18. Zu Burchardus de Monte Sion siehe S. 236 ff.

130 Vgl. zum Begriff S. 29 f.

131 RICHARD (1981) 15 ff.

132 RICHARD (1981) 19. In dieser Unterscheidung entsteht die Schwierigkeit, wann man von eigener Reiseerfahrung sprechen kann. Ist dafür schon die einzelne Nennung von *vidi* in sonst in der dritten Person verfassten Texten ausreichend?

2. Das Modell von Wolf (1989): Gerhard Wolf beschränkt sich in seiner Typologie hauptsächlich auf die deutschsprachigen Reiseberichte des Spätmittelalters. Er bezeichnet die *Descriptiones terrae sanctae* als „Vorläufer der Reiseberichte" (86 f.) und nennt als Beispiel den Text des Johannes von Würzburg aus dem 12. Jahrhundert. Als „Höhepunkt dieses Texttyps" (und wichtige Quelle) bezeichnet er die *Historia Hierosolimitana* des Jacob von Vitry. Ohne Zweifel ist dieser Text eine wichtige Quelle für die nachfolgenden Pilgertexte. Es ist jedoch höchst fragwürdig, diese mit der *Descriptio* des Johannes von Würzburg[133] unter die *Descriptiones* einzureihen, da es sich um einen historiographischen Text handelt. Offen bleibt auch, zu welcher Gattung Gerhard Wolf die *Descriptiones terrae sanctae* zählt und anhand welcher Kategorien er diese von Itineraren und Pilgerführern unterscheidet.

Gerhard Wolf schlägt eine Dreiteilung in Pilgerführer, Itinerare und literarische Reiseberichte vor. Festzuhalten sind die zwei Merkmale, die Wolf als charakteristisch für den Typus ‚Pilgerführer' sieht (88): (1) Der Autor tritt nicht mit seinen Erfahrungen und Erkenntnissen hervor. (2) Die Pilgerführer „ähneln sich (...) sehr, da die Autoren meist von einer Vorlage abschreiben, die sie jedoch in der Regel nicht nennen" (88). Als Kennzeichen des zweiten Typus ‚Itinerar' werden genannt (88 f.): (a) meist die Ich-Form, (b) Angabe von Wegstrecken, weiteren Informationen wie Ausrüstung, Kosten, Ablässe, (c) hohe inhaltliche Übereinstimmung im Palästina-Teil.[134] (d) Häufig sind diese Itinerare Teil von Sammelhandschriften oder Familienchroniken.

Der dritte Typus, der ‚literarische Reisebericht', wird durch Narrativität, literarische Organisation des Stoffes, größeren Umfang sowie die Einfügung enzyklopädischer Exkurse charakterisiert.[135]

---

133 Johannes gibt im Prolog als Funktion für seinen Text Reiseführer und Ersatzpilgerfahrt für die Daheimgebliebenen an. Sein Text, der sich zwar durch seine Gliederung von den anderen Texten unterscheidet, könnte nach Wolfs Typologie genauso zu den Pilgerführern gezählt werden. Vgl. meine Untersuchung des Textes von Johannes S. 160 f.

134 Das erklärt Gerhard Wolf mit der Übernahme aus einem „offiziösen Pilgerführer" (88). Inwieweit es solche gegeben hat, ist jedoch fragwürdig, vgl. S. 29 f. Zudem schreibt Gerhard Wolf, dass keine Aussage darüber möglich ist, „was der Autor im Heiligen Land selbst gesehen oder was er nur abgeschrieben hat." (88) Dieses Phänomen trifft auf alle Pilgertexte zu.

135 „Insgesamt tendieren diese Texte, die an Umfang die einfachen Pilgerführer und Itinerare weit übertreffen, zu narrativen, spannungserzeugenden Episoden mit einem (pseudo-) persönlichen Bezug sowie ausgedehnten enzyklopädischen Exkursen (...) Die literarische Organisation des Stoffes und die Einfügung neuer thematischer Schwerpunkte legen zudem die Vermutung nahe, es habe bei ihrer Abfassung Belehrung und Unterhaltung eines Publikums, welches diese Berichte zu Hause las, im Vordergrund gestanden", WOLF (1989) 89. Die deutschsprachigen Texte unterscheiden sich hinsichtlich des Standes des

TEXTE   33

Im Vergleich zu der Typologie von Jean Richard differenziert Gerhard Wolf
den Typus ‚Pilgerführer' genauer und führt eine neue Gruppe ‚Itinerar' ein, die
er eigens definiert. Grund dafür ist das häufige Auftreten der Itinerare in der
deutschen Literatur. Es stellt sich jedoch die Frage, ob sich die Texte im Einzelnen konsequent in Itinerare und Pilgerführer einteilen lassen. Zudem ist die
von Gerhard Wolf festgelegte Definition der Bezeichnung ‚Itinerar', die sich von
der üblichen Verwendung unterscheidet, schwierig.

3. Das Modell von Davies (1992): J.G. Davies nimmt eine kleinteiligere Typologie
als Jean Richard und Gerhard Wolf vor.[136] Er differenziert zwischen *itineraries,*
pilgrim diaries, letters, libri indulgentiarum, aids to devotion, guidebooks, travel
accounts, maps plans and illustrations und *canons*.[137] J.G. Davies berücksichtigt wie Jean Richard in seiner Typologie alle Pilgertexte seit dem 4. Jahrhundert.

Die Grundlage von J.G. Davies' Einteilung bilden inhaltliche und formale
Aspekte: Als ‚itineraries' bezeichnet er die Texte, die üblicherweise und auch
in der vorliegenden Untersuchung als Itinerare bezeichnet werden: kurze Listen mit Stationen und der Angabe der Distanz zwischen diesen.[138] Aus diesen
Itineraren entwickeln sich nach J.G. Davies ‚pilgrim diaries', „simply by the
addition of details and personal comments recorded en route" (3). Als Beispiel
nennt er den Anonymus von Piacenza.[139]

Die dritte Gruppe ‚letters' umfasst die Texte in Briefform. Dagegen lässt sich
einwenden, dass die Texte, von denen gesagt wird, dass sie in Briefform verschickt würden, keine weiteren Hinweise auf einen Briefstil enthalten. Ein Beispiel dafür ist der von J.G. Davies genannte Text der Egeria.[140] Hier handelt

---

　　　Verfassers. Gerhard Wolf weist abschließend auf die Unterschiede zwischen von Geistli-
　　　chen, Adligen und Bürgern verfassten deutschsprachigen Texten hin (97 ff.).

136　LEHMANN-BRAUNS (2010) 24 f. versucht in ihrem Forschungsüberblick die Typologien
　　　von WOLF (1989) und DAVIES (1992) zusammenzuführen, berücksichtigt jedoch nicht
　　　das unterschiedliche Textcorpus, das den Typologien jeweils zugrunde liegt. Aus diesem
　　　Grund behandle ich die Typologien nicht gemeinsam.

137　DAVIES (1992) unterscheidet ab 13 ff. verschiedene Typen der Kreuzzugsliteratur.

138　DAVIES (1992) 2 f. Vgl. zum Itinerar S. 30.

139　Zum Anonymus von Piacenza vgl. S. 115 f. Die Zuordnung des Anonymus ist fragwürdig, da
　　　in der praktischen Umsetzung eine Unterscheidung zwischen ‚pilgrim diaries' und ‚travel
　　　accounts' schwer möglich ist.

140　DAVIES (1992) 4. Vgl. zu Egeria S. 93 ff. Auch der als Brief verschickte Text des Antonius von
　　　Cremona zeigt keine Charakteristika der Briefliteratur. S. 193 ff. Dem Text des Hieronymus
　　　über Paulas Pilgerreise kommt eine Sonderstellung zu, da es sich nicht um eine Erzählung
　　　über eine Reise handelt, sondern um ein Epitaph innerhalb eines Briefes des Hieronymus.
　　　Vgl. dazu S. 110 f.

es sich nicht um einen Brief per se, sondern um einen Pilgertext, von dem gesagt wird, dass er verschickt werde.

Die Briefform im Sinne einer Adressierung des Textes lässt sich ebenso nicht als spezifisches Charakteristikum erweisen, da es sich – wie Widmungsbriefe[141] respektive Prologe[142] zeigen – vielmehr bei den meisten Pilgertexten um adressierte Texte handelt. Adressaten sind häufig Angehörige des jeweiligen Klosters des Reisenden.

Eine weitere Gruppe, die J.G. Davies bildet, sind Hilfsmittel zur Pilgerreise: *libri indulgentiarum, aids to devotion* (Gebets- und Liedersammlungen), *maps, plans and illustrations* sowie *canons*.

Schließlich gibt es auch in J.G. Davies' Typologie die Kategorie ‚Pilgerführer' (*guidebooks*), die sich vom Itinerar dadurch unterscheidet, dass sie umfassender ist („more comprehensive", 7). J.G. Davies nennt für Jerusalem vor allem Beispiele aus dem 15. Jahrhundert.[143] Die Gruppe, die J.G. Davies als *travel accounts* bezeichnet, entspricht den literarischen Reiseberichten bei Gerhard Wolf. J.G. Davies differenziert in dieser Textgruppe weiter nach der Funktion der Texte (9 ff.): (a) als Reiseführer, (b) als Ermahnung zur Pilgerfahrt, (c) als Anregung zur geistigen Pilgerfahrt, (d) als Bestätigung der Heiligkeit des Reisenden, (e) zur Befriedigung der *curiositas* (für spätere Texte).

Schon in seinen Vorbemerkungen betont J.G. Davies, dass auch hybride Formen seiner neun Typen möglich sind: „These nine types [of pilgrimage literature] are, of course, not discrete; they could and did merge into one another, as will be evident when they are examined further."[144]

Ich bezeichne die Texte, wie bereits erläutert, als Pilgertexte und nicht als Pilgerberichte.[145] Die bisherigen Ansätze weisen in Teilen terminologische Unschärfen auf. Symptomatisch dafür ist die Verwendung der Begriffe ‚Pilgerführer' und ‚Itinerar' in unterschiedlicher Bedeutung. Die weit gefasste Verwendung von ‚Pilgerführer' bei Jean Richard, die von dem üblichen Gebrauch für kurze, unpersönliche Texte abweicht, sowie Gerhard Wolfs eigene Definition von ‚Itinerar', die sich ebenfalls von der üblichen Verwendungsweise unterscheidet, sind problematisch. Durch die unterschiedliche Verwendung einzelner Begriffe in den verschiedenen Publikationen sind die Begriffe mehr-

---

141   Vgl. z. B. Burchardus' de Monte Sions Text, siehe S. 238 f.
142   Vgl. z. B. Felix Fabris *Evagatorium* siehe S. 215 f.
143   Vgl. dazu RÖWEKAMP (2017) 310 ff.
144   DAVIES (1992) 2.
145   Vgl. S. 7.

deutig geworden. Aus diesem Grund definiere ich Bezeichnungen, die jeweils die Textgruppe präzise bestimmen sollen.

Der Entwurf einer neuen Gruppierung der Texte muss der Heterogenität und Hybridität der Textgattung entsprechen. Im Hinblick auf die Heterogenität der Texte und der Charakteristika und Funktionsweisen der Texte, von denen mehrere auf einen Text zutreffen können, aber nicht zwingend zutreffen müssen, bleiben kleinteilige Gliederungen schwierig. Daher schlage ich vor, bei einer groben Einteilung der Texte zu bleiben und die Tendenz, die sich in allen Typologisierungsversuchen gezeigt hat, die nicht-narrativen von den narrativen Texten abzugrenzen, beizubehalten.

(1) Enumerative Pilgertexte: In diese Gruppe fasse ich Texte, die keine oder kaum narrative Teile enthalten. In diesen Texten ist keine persönliche Reiseerfahrung ersichtlich. Es handelt sich vielmehr um eine Orts- und Landesbeschreibung oder vor allem eine Auflistung der Entfernungen zwischen den einzelnen Orten, wie das *Itinerarium* des anonymen Pilgers von Bordeaux.[146] Die Texte des 15. Jahrhunderts, die Gerhard Wolf als Itinerare bezeichnet, lassen sich in dieser Gruppe zusammenfassen. Auch Auxiliartexte[147] wie Listen in jeder Form, beispielsweise Listen über Reisekosten oder Zusammenstellungen von Gebeten, gehören in diese Kategorie. Ebenso werden listenähnliche Zusammenfassungen von Heilsorten und Ablässen (bei J.G. Davies *libri indulgentiarum*) in dieser Gruppe zusammengefasst.

(2) Narrative Pilgertexte: Ich lehne mich bei dieser Kategorie an Gerhard Wolf an, der vom literarischen Reisebericht spricht, fasse sie aber weiter: alle Pilgertexte, die narrative Elemente enthalten, sind narrative Pilgertexte. Dabei spielt es keine Rolle, ob sie in der ersten oder in der dritten Person verfasst sind.

Im Anschluss an J.G. Davies[148] und Ursula Ganz-Blättler[149] lassen sich verschiedene Funktionen der Texte zusammenfassen. Die meisten Texte besitzen mehrere oder alle der Funktionen: als Reiseführer oder als Pilgerreise in der Imagination, als Vermittler von Wissen, als Unterhaltung[150] oder zur Beglaubigung der Reise. Ab dem 15. Jahrhundert ist es im Sinne einer Dokumentation,

---

146   Vgl. dazu S. 44f.

147   Zu Auxiliartexten vgl. die Habilitationsschrift von Markus Dubischar, deren Veröffentlichung 2019 bei De Gruyter geplant ist.

148   DAVIES (1992).

149   GANZ-BLÄTTLER (1990) 248ff.

150   Vgl. GANZ-BLÄTTLER (1990) 268 zur Funktion als belehrende Unterhaltungslektüre. Der pädagogische Aspekt bleibt jedoch im Vordergrund.

Authentifizierung oder Nobilitierung besonders für fürstliche und bürgerliche Reisende wichtig, darzulegen, dass die Pilgerfahrt durchgeführt wurde.[151]

Zwei zentrale Funktionen, die diese Untersuchung strukturieren, sind die Funktion des Textes als imaginierte Pilgerreise, denn einige Autoren weisen explizit darauf hin, dass ihr Text (auch) für diejenigen Leser verfasst wurde, die nicht selbst ins Heilige Land reisen können sowie die wissensvermittelnde und enzyklopädische Funktion. Neben der Vermittlung von Heilswissen für Exegese und Predigt steht in den spätmittelalterlichen Texten enzyklopädisches Wissen. Es ist zu betonen, dass die wissensvermittelnde Funktion die Funktion des geistigen Nachvollzugs der Reise überlagert und sie nicht ersetzt.

---

151   Zu einer Veränderung der Motive für das Verfassen von Pilgertexten ab dem 14./15. Jahrhundert vgl. HUSCHENBETT (2000) 137 ff.

KAPITEL 3

Textmerkmale

Konstitutiv für narrative Pilgertexte ist die Erzählung der Bewegung eines Subjekts durch einen heiligen Raum sowie der sensorischen Wahrnehmung des Subjekts. Das zeigt sich am Beispiel des für die Pilgertexte zentralen Beschreibungsschemas, des Wegstreckenschemas. Die Beschreibung der Reisebewegung und der Wahrnehmung ist das Zentrum jeder Erzählung über eine Reise. Im Unterschied zur Erzählung über eine profane Reise sind die besuchten Orte in der Narration einer Pilgerreise als heilige Orte ausgezeichnet. Wie diese Auszeichnung in den Texten vorgenommen wird, zeigt das charakteristische Beschreibungsschema der Orte auf, durch das ein Ort durch die Verbindung mit einem Heilsereignis zum heiligen Ort wird. In diesem Abschnitt werden grundsätzliche Überlegungen zu Strukturmerkmalen und Effekt- und Funktionsmerkmalen von Pilgertexten angestellt.[1] Diese Überlegungen bilden die Basis für die Einzelanalysen der Pilgertexte.

3.1 Strukturmerkmale

Die Frage nach den Strukturmerkmalen betrifft die genannte Narration der Bewegung eines Subjekts durch einen heiligen Raum. Es geht darum, wie der Inhalt an den Rezipienten vermittelt wird und damit um die Frage, in welcher Form eine Erzählerfigur dargestellt wird. Diese Erzählerfigur, die oben zunächst als Subjekt bezeichnet wurde, bewegt sich durch den Raum: wie wird diese Bewegung erzählt? In den Pilgertexten strukturiert das sogenannte Wegstreckenschema den Text, nach dem eine Bewegung von Ort A nach Ort B bezeichnet wird, die ab dem 13. Jahrhundert durch Exkurse aufgebrochen wird. Bei den beschriebenen Orten in Pilgertexten handelt es sich vorwiegend um Orte biblischen Geschehens. Damit hängt die Frage zusammen, wie die Orte in der Erzählung als heilige Orte beschrieben werden. Die Überlegungen zu den Strukturmerkmalen werden abgeschlossen mit einem Kapitel über die Raum- und Zeitstruktur der Texte.

---

1 Die genannten Merkmale können natürlich auch andere Textsorten, nicht ausschließlich Pilgertexte kennzeichnen.

© KONINKLIJKE BRILL NV, LEIDEN, 2019 | DOI:10.1163/9789004400528_004

38   KAPITEL 3

3.1.1   Erzählerstruktur: Autor – Augenzeuge

Bei allen Erzählern der untersuchten literarischen Pilgertexte handelt es sich
um Gérard Genettes intradiegetische Erzähler, d. h. Erzähler innerhalb der
erzählten Welt.[2] Im Rahmen dieser Klassifikation liegt bei den untersuchten
Texten meist ein autodiegetischer Erzähler vor, d. h. der Erzähler erzählt seine
eigene Geschichte, oder ein homodiegetischer Erzähler, der „eine Geschichte
aus eigener Teilhabe mindestens als Zeuge" erzählt.[3] Eine homodiegetische
Erzählung muss nicht zwingend in der Ich-Form, sondern kann in der dritten
Person geschrieben sein.[4] So sind auch die untersuchten Texte entweder in der
ersten Person oder in der dritten Person verfasst.[5] In der ersten Person verfasst
sind die Texte der Egeria, des Anonymus von Piacenza, Thietmar, Ricoldus de
Monte Crucis und Wilhelm von Boldensele. Neben den persönlichen Texten in
der Ich-Form stehen unpersönlich gehaltene Texte in der dritten Person von
Autoren wie Johannes von Würzburg, Burchardus de Monte Sion, Humbert de
Dijon und Ludolf von Sudheim. In den auf weiten Strecken in der dritten Person
verfassten Texten tritt das Erzähler-Ich als Authentifizierungsinstanz an entscheidenden Stellen hervor. Im Text des Burchardus de Monte Sion, wird das
Gesehene durch die Angabe der eigenen Wahrnehmung bestätigt: z. B. mit *sicut
oculis meis vidi* (S. 25). Im Text Ludolfs von Sudheim wird häufig die Methode
der Informationsbeschaffung in der ersten Person wiedergegeben, z. B. mit *ut
audivi* (S. 3). Sonst ist in Ludolfs Text die Subjektposition durchgängig – ähnlich
wie im knappen Itinerar – mit einem unpersönlichen „man" besetzt.

Für die Texte bis zur Mitte des 14. Jahrhunderts lässt sich keine besondere
Entwicklung von in der ersten Person verfassten Texten zu in der dritten Person verfassten Texten feststellen.[6] Es ist auffällig, dass die zwei am stärksten
rezipierten und am breitesten überlieferten Texte, Burchardus de Monte Sion
und Ludolf von Sudheim,[7] beide in der dritten Person verfasst sind.

Es zeigt sich also, dass das Erzähler-Ich in allen Texten hervortritt. Wie ist
mit diesem Erzähler-Ich umzugehen? In der Forschung gibt es verschiedene

---

2   GENETTE (1994) 273 ff. Vgl. SCHULZ (2012) 367 ff.
3   ZELLER (1997) 503. Vgl. SCHULZ (2012) 367 f.
4   Vgl. ZELLER (1997) 503.
5   Einen Sonderfall stellt der Text des Adomnan dar, der die Figur Arculf einführt. Vgl. dazu S.
    125.
6   Jahn, der in seiner Untersuchung den Text Ludolfs mit späteren deutschsprachigen Pilger-
    texten vergleicht, spricht von einem „Übergang vom ,man' der älteren Pilgertexte zum ,wir'
    oder ,ich' der jüngeren." JAHN (1993) 83. Mit den jüngeren Texten sind wohl die Texte des 15.
    Jahrhunderts gemeint. In dieser Zeit sind viele Texte überliefert, die als persönliche Doku-
    mentation der Reise häufig in nur einer Handschrift überliefert sind.
7   Vgl. zur Überlieferung der *Descriptio* des Burchardus S. 238 f., zum *Liber* Ludolfs S. 265 f.

TEXTMERKMALE

Ansätze. So wurde als ein Kennzeichen des Reiseberichts im Allgemeinen die Identität von Autor und Erzähler konstatiert.[8] Doch aufgrund des Charakteristikums der Pilgertexte, dem Changieren zwischen Faktualität und fingierter Faktualität,[9] kann der Erzähler nicht mit dem historischen Autor identifiziert werden. Erzählt wird in den Texten ein Konglomerat aus Buchwissen und eigenem Erleben, das häufig nicht mehr voneinander getrennt werden kann.

Daher sollte man eine Form finden, um zwischen Autor und Erzähler zu unterscheiden. Für frühneuzeitliche Texte differenziert Eva Kormann zwischen dem „erzählenden/schreibenden Ich" und dem „beschriebenen Ich", dessen Erlebnisse erzählt werden.[10] „Dabei strebt das ‚schreibende Ich' (…) immer an, die Erfahrungen des ‚beschriebenen Ichs' als real erlebte Wirklichkeit darzustellen."[11] Es handelt sich hierbei um die methodische Unterscheidung zwischen dem Autor („das ist die reale, empirische Person außerhalb des Textes, die den Text zu verantworten hat") und dem Erzähler („das ist die Instanz, der diese Verantwortung innerhalb des Textes zugeschrieben wird").[12] Die Trennung zwischen textexternem Autor und textinternem Erzähler[13] ist in mittelalterlichen Texten grundsätzlich schwierig, „da der empirische Autor sich hier unter seinem realen Namen als Erzähler inszeniert."[14]

Eine Schwierigkeit bei der Analyse der Pilgertexte in diesem Zusammenhang ist daher der Umgang mit dem Erzähler-Ich. In den meisten Untersuchungen wird das Erzähler-Ich mit dem Autor identifiziert, sodass, um nur ein willkürliches Beispiel herauszugreifen, bei Xenja von Ertzdorff teils vom Erzähler, teils von Felix Fabri gesprochen wird.[15] Im Unterschied dazu identifiziere ich in der vorliegenden Untersuchung den Erzähler nicht mit dem realen Autor. Vielmehr soll der Autor im Rahmen seiner verschiedenen Autor-Figuren betrachtet werden,[16] die vom realen Autor geschaffen werden.

---

8   KLATIK (1968) 136–139.

9   Damit meine ich, dass zum Teil auch Orte als besuchte Orte geschildert werden, deren Beschreibung gänzlich aus anderen Texten übernommen wurde. Vgl. zur Ausbildung einer literarischen Tradition der Beschreibung der Orte S. 22 f.

10   KORMANN (2004) 95 ff. S. auch ETTE (2001) 45 f. über das „erzählte und erzählende Ich". Vgl. SCHRÖDER (2009) 30 ff.

11   SCHRÖDER (2009) 31.

12   SCHULZ (2012) 367.

13   Vgl. UNZEITIG-HERZOG (2004) 59. Zur Trennung Autor – Erzähler vgl. z. B. BAUR (1981).

14   SCHULZ (2012) 367. Vgl. zu diesem Thema den Beitrag von UNZEITIG-HERZOG (2004) „Von der Schwierigkeit zwischen Autor und Erzähler zu unterscheiden …". Vgl. im Zusammenhang mit Pilgertexten auch die Diskussion bei SCHRÖDER (2009) 31.

15   „Während Fabri vor einer weitergehenden genaueren Untersuchung des frei schwebenden Kreuzes aus religiöser Scheu zurückweicht", VON ERTZDORFF (2000) 236.

16   Vgl. FRIEDE UND SCHWARZE (2016) 5. Obwohl in der mediävistischen Forschung die Vor-

In diesem Zusammenhang wurde in der mediävistischen Forschung die methodische Trennung Autor-Erzähler durch eine weitere Instanz ergänzt: den „Autor im Text".[17] Bei dem „Autor im Text" handelt es sich um die textuelle Repräsentation des Autors und der Autorschaft, die der historische Autor von sich schafft.[18] Der „Autor im Text" unterscheidet sich so von dem „impliziten Autor", bei dem eine Interpretationsleistung des Lesers notwendig ist.[19] „Demgegenüber handelt es sich hier [bei dem ‚Autor im Text'] um explizit gemachte Autorvorstellungen, die die mittelalterlichen Texte auszeichnen und die vom Autor sprachlich exponiert gesetzt sind."[20] Diese „textuelle Repräsentation des Autors und der Autorschaft, die der historische Autor von sich schafft" soll die Grundlage für den Umgang mit den Autoren der Pilgertexte bilden.

Im Pilgertext inszeniert sich der Autor in erster Linie als Augenzeuge, der das Beschriebene mit eigenen Augen gesehen hat. Diese Autor-Figur manifestiert sich in den Texten in Ausdrücken des Sehens. Der Augenzeugenbericht dient in der erzählenden Literatur dazu, dem Geschehen „Plastizität, Unmittelbarkeit und Überzeugungskraft zu verleihen."[21] Das durch den Augenzeugen vermittelte Wissen besitzt Wahrheitsanspruch.[22] Der Gebrauch der ich-Form kann als Authentifizierungsformel gedeutet werden: *vidi* – „ich habe gesehen".

„Die Figur des Augenzeugen ist in der mittelalterlichen Gesellschaft, die primär durch ihre Erinnerungskultur geprägt ist, von hervorragender Bedeutung."[23] Horst Wenzel betont die Zentralität der „Formel hoeren unde sehen (*audire et videre*), die für die Gesamtheit der sensorischen Wahrnehmungen steht,"[24] für die mittelalterliche Geschichtsschreibung, Rechtsprechung und höfische Dichtung.[25] Die Worte Isidors, der *historia* etymologisch von dem

---

gehensweise, „Autornamen und autoritative Autor-Figuren in keinem Fall als Repräsentationen einer im modernen Sinn selbstbezüglichen Subjektivität" (Friede und Schwarze (2016) 5) zu verstehen, *communis opinio* ist, hat sie im Rahmen der Forschung über Pilgertexte kaum Berücksichtigung gefunden.

17 Ingold (1989), Unzeitig-Herzog (2004) 60.
18 Vgl. Unzeitig-Herzog (2004) 60.
19 Der Begriff des „impliziten Autors" wurde von Wayne C. Booth eingeführt. Vgl. dazu Schmid (2009) mit weiterer Literatur.
20 Unzeitig-Herzog (2004) 61.
21 Pankau (1992) 1260.
22 Ebenso das durch den „Ohrenzeugen" gehörte, davon zeugen Formulierungen wie *audivi* in den Texten. Vgl. dazu Ette (2001) 119 ff.
23 Wenzel (2001) 216.
24 Ebd.
25 Vgl. zur Augenzeugenschaft in volkssprachlichen Texten Morsch (2011) 8 f., Wenzel (2001), Wenzel (1995) 58 f. und besonders den Sammelband Rösinger und Signori

TEXTMERKMALE

griechischen ἀπὸ τοῦ ἱστορεῖν (*id est videre vel cognoscere*)[26] herleitet und den antiken Geschichtsschreiber als Augenzeugen definiert, sind für die mittelalterliche Historiographie prägend: *Apud veteres enim nemo conscribebat historiam, nisi is qui interfuisset, et ea quae conscribenda essent vidisset.*[27] Auch im Zusammenhang der Pilgertexte ist die Augenzeugenschaft zentral. Der Augenzeuge bezeugt durch seine Wahrnehmung die biblische Wahrheit. Durch sein Zeugnis wird das zu Sehende authentifiziert und das bereits vorliegende Bibelwissen legitimiert. Marina Münkler weist im Bezug auf die Ostasientexte auf den Status des Augenzeugen innerhalb des Textes hin: „Der Augenzeuge bezeugt als Gesehenes, was sich im Text geschrieben findet und das kann auch das sein, was ein anderer geschrieben hat."[28] Das trifft auch für die literarischen Pilgertexte zu. Das erzählte Ich bezeugt die Sichtbarkeit der biblischen Welt.

Marina Münkler bestimmt die Augenzeugenschaft als „gattungstypische Dominante" des Ostasienberichts, den sie der Gattung Historiographie zuordnet.[29] Dadurch grenzt Marina Münkler die Ostasienreiseberichte von den Pilgertexten ab, als deren gattungstypische Dominante sie das Schema des Reisewegs, das Wegstreckenschema, definiert.[30]

Die Augenzeugenschaft ist jedoch für Pilgertexte ebenso zentral. In Relation mit der Augenzeugenschaft lässt sich auf der Rezeptionsebene weitergehen, wie Wenzel im Zusammenhang mit dem mittelhochdeutschen epischen Erzählen zeigt.[31] Im Medium der Narration wird der Leser zum Augenzeugen zweiter Ordnung. Welche erzählerischen Strategien zur Evidenzerzeugung in diesem Zusammenhang in den Pilgertexten verwendet werden, diskutiert der zweite Teil des Kapitels. Neben der Betonung der Augenzeugenschaft ist der

---

(2014) mit dem Titel *Die Figur des Augenzeugen.* Vgl. auch DREWS und SCHLIE (2011): *Zeugnis und Zeugenschaft. Perspektiven aus der Vormoderne.* Zur Verbindung von Augenzeugenschaft und Bildern vgl. BURKE (2003).

26 Isidor, *Origines* 1,41,1.

27 Isidor, *Origines* 1,41,1. Vgl. WENZEL (1995) 58 f. zur Diskussion. Zum Zusammenhang der Augenzeugenschaft und der griechischen Historiographie vgl. Herodot 1,8,2. Siehe dazu LURAGHI (2014).

28 MÜNKLER (2000) 284.

29 MÜNKLER (2000) 283. Für die Zugehörigkeit des frühneuzeitlichen Reiseberichts zur Historiographie s. NEUBER (1989) 91 f. Vgl. auch die Diskussion bei LEHMANN-BRAUNS (2010) 26 f.

30 Vgl. S. 42 f. Als entscheidende Differenz zwischen Ostasien- und Pilgertext nennt Münkler zudem die „Bereisung vordem unbestimmter Orte" gegenüber „genau bestimmten Heilsorten".

31 WENZEL (2001).

häufige Rekurs auf die Quellen des präsentierten Wissens programmatisch in den Texten. Durch die Verweise auf die „Genese seiner Expertise"[32] inszeniert sich der Autor des Pilgertextes als kompetenter Autor.[33]

3.1.2 Textstruktur

Die Gesamtstruktur eines Pilgertextes wird durch das Wegstreckenschema dominiert, in der Detailstruktur ist die Verknüpfung von biblischem Geschehen mit dem jeweiligen Ort zentral. Das Wegstreckenschema bildet die Bewegung von Ort zu Ort sowie durch einen Raum ab. Daher ist es zunächst notwendig, die Bezeichnungen „Ort" und „Raum" zu definieren. „Ort" verstehe ich zunächst im Anschluss an Michel de Certeau als Ordnungspunkt im Raum: „Ein Ort ist also eine momentane Konstellation von festen Punkten. Er enthält einen Hinweis auf eine mögliche Stabilität."[34] Damit lässt sich der Ort als statisch verstanden fassen. Zusätzlich verstehe ich den „Ort" in seiner Lokalisierbarkeit, Unverwechselbarkeit und spezifischen Identität – nach Marc Augé, der „Ort" so vom „Nicht-Ort", der als gestaltlos erscheint, abgrenzt.[35] Die spezifische Identität eines Ortes ist zentral für die Auszeichnung eines Ortes als heiligen Ort.

Im Unterschied zum statischen Ort versteht Michel de Certeau „Raum" als dynamisches „Resultat von Aktivitäten". Hier spielen Richtungsvektoren und die zeitliche Abfolge eine Rolle.[36] So wird durch prozessuale Vorgänge wie Bewegungen oder Handlungen innerhalb eines zeitlichen Rahmens der „Raum" vom „Ort" unterschieden.

Eine zweite wichtige Unterscheidung, die Michel de Certeau in *Die Kunst des Handelns* vornimmt und die zentral für Pilgertexte sowie überhaupt für Reiseberichte ist, ist die Unterscheidung zwischen *parcours* (Wegstrecke) und *carte* (Karte).[37] Besser als die Bezeichnung „Wegstrecke" der deutschen Übersetzung ist der im französischen Original verwendete Begriff des *parcours*,[38] um in der Folge den beschriebenen Raum zu charakterisieren.

Die Raumwahrnehmung der fremden Welt kann in der Verschriftlichung also durch zwei verschiedene Beschreibungstypen dargestellt werden: *parcours*/„Wanderung": die Darstellung von Bewegung transformiert die Raum-

---

32 FUHRER (2012) 133.

33 Vgl. zu Texten antiker Wissensliteratur den Beitrag von FUHRER (2012) mit dem Titel „Autor-Figurationen: Literatur als Ort der Inszenierung von Kompetenz".

34 DE CERTEAU (1988) 218.

35 AUGÉ (2010). Vgl. das Glossar DÜNNE und MAHLER (2015) S. 521.

36 DE CERTEAU (1988) 218.

37 DE CERTEAU (1988) 220 ff.

38 So verwendet WENZ (2009) 212 die Bezeichnung „Wanderung". Vgl. das Glossar in DÜNNE und MAHLER (2015) S. 521 f.

TEXTMERKMALE 43

struktur in eine „lineare zeitliche Struktur",[39] und *carte*/„Karte": die Konstruktion eines „Systems von Ordnungsachsen", das „auf den zu beschreibenden Raum projiziert".[40]

Als zentral für den Typus *parcours* versteht Michel de Certeau die Beschreibung von Anweisungen zu Handlungen. Charakteristisch hierfür sind nach Michel de Certeau[41] „statische" (z. B. „nach links" oder „nach rechts") und „mobile Vektoren" („wenn wir nach rechts gehen").[42] „Anders gesagt, die Beschreibung schwankt zwischen Alternativen: entweder sehen (das Erkennen einer Ordnung der Orte) oder gehen (raumbildende Handlungen). Entweder bietet sie ein Bild an („es gibt" ...) oder sie schreibt Bewegungen vor („du trittst ein, du wendest dich" ...)."[43] Bild/Sehen entspricht dem Typus *carte*, Bewegung/Gehen dem Typus *parcours*. In der vorliegenden Untersuchung kommen zu den Bewegungen die Blickbewegungen hinzu.[44] Diese Art der Beschreibung des gelenkten Sehens fällt nach der Unterscheidung Michel de Certeaus unter Bewegung.

Die Grundstruktur der Pilgertexte beruht auf dem Schema des *parcours*, das dem Wegstreckenschema entspricht. Ein Beispiel für einen anders konzipierten Text ist die *Descriptio* des Burchardus de Monte Sion: Das Schema der Windrose wird auf den zu beschreibenden Raum gelegt.[45] Daher basiert die Grundstruktur dieses Textes im Unterschied zu den anderen Pilgertexten auf dem Beschreibungstypus *carte*. Innerhalb dieser Struktur werden die Orte jedoch wieder nach dem Wegstreckenschema beschrieben.

So erklärt Michel de Certeau die Komplementarität beider Konzepte in Bezug auf die Struktur der Reiseberichte: *parcours* und *carte* können einander wechselseitig voraussetzen. „Somit hat man also die Struktur des Reiseberichts: die Geschichten von Wanderungen oder von Gebärden werden durch die ‚Zitierung' von Orten markiert, die sich daraus ergeben oder die sie autorisieren."[46] Die „Zitierung von Orten" meint die punktuelle Unterbrechung des Typus Wanderung durch den Typus Karte. Passend für die Pilgertexte ist die Vorstellung der Texte als „Geschichten von Wanderungen". Eine Wanderung impliziert eine deutlich subjektive Wahrnehmung, die auf das Sichtfeld des Wandernden eingeschränkt ist. Ottmar Ette spricht in Bezug auf Alexander von

---

39   WENZ (2009) 212, vgl. BENZ (2013a) 40.
40   WENZ (2009) 213. Vgl. ausführlich WENZ (1997) 69 ff. und 104 f. Vgl. auch BENZ (2013a) 40 f.
41   Er stützt sich hier auf LINDE und LABOV (1975).
42   DE CERTEAU (1988) 221.
43   Ebd.
44   Vgl. unten S. 98 f.
45   Siehe dazu S. 238 f.
46   DE CERTEAU (1988) 222.

44   KAPITEL 3

Humboldts Reisetagebücher vom „linienhaften Vordringen des Reisenden", das
sich in Humboldts Aufzeichnungen widerspiegelt, wenn eine Flussfahrt nur
aus der Perspektive aus dem Boot heraus beschrieben wird.[47] Dieses „linien-
hafte Vordringen" entspricht dem genannten Wegstreckenschema.[48]

Das Wegstreckenschema wurde bereits von Dietrich Huschenbett als gat-
tungsspezifisches Merkmal von Pilgertexten bezeichnet.[49] Es bildet eine
lineare Reise von einem Startpunkt zu einem Ziel über verschiedene Zwischen-
stationen ab.[50] Dieses Schema des zurückgelegten Pilgerweges von Ort zu Ort
bildet das Grundgerüst für die Vermittlung und Erzählung der biblischen Ereignisse, die auf diese Weise in einen topographischen Zusammenhang gebracht
werden.

Die folgenden Überlegungen werden zeigen, dass das Wegstreckenschema
durch die Jahrhunderte ein zentrales Strukturmerkmal der Pilgertexte ist. Einzelne Beispiele belegen die Entwicklung und Ausformung des Schemas. Ausgangspunkt ist der erste erhaltene Text, das *Itinerarium Burdigalense*.[51] Im
Itinerar werden die bereisten Orte in der Reihenfolge des Besuchs oder des
möglichen Besuchs als „Verlaufsbeschreibung" wiedergegeben.[52] Das *Itinera-*
rium Burdigalense verzeichnet eine Reise von Bordeaux bis ins Heilige Land.
Der Text besteht vorwiegend aus einer Auflistung von Städten und Entfernungen. Ein deutliches Beispiel dafür ist der Beginn des Textes:[53] *mutatio Stomatas*

---

47   ETTE (2001) 26.

48   Dieses Schema muss nicht zwingend einer tatsächlichen Reiseroute entsprechen. Vgl.
      MÜNKLER (2002) 330.

49   Vgl. HUSCHENBETT (1987) 191 f. Vgl. DE CERTEAU (1988) 220 f.

50   Vgl. ETTE (2001) 72 f.

51   Vgl. dazu oben einführend S. 30. Ich zitiere den Text nach der Edition von GEYER/CUNTZ
      1965 mit der dort angegebenen Nummerierung nach der älteren Edition von WESSELING
      (dortige Seite, Zeile).

52   DOWNS und STEA (1982) 67 f. Vgl. auch DE CERTEAU (1988) 220 ff. Siehe die Diskussion
      bei STOCKHAMMER (2001) 281.

53   ELSNER (2000) arbeitet in seiner Interpretation dieses Teils des *Itinerarium* überzeugend
      die These heraus, dass die Struktur des Textes eine neue Vision des Imperium mit seinen
      städtischen Metropoleis darstellt: „Constantine's new capital – the new Rome – and the
      city of Jesus' passion, in addition to the established Western capitals of Rome and Milan. It
      is this message, (...) which most potently characterizes the Christian transformation of the
      Empire as represented by the Itinerarium Burdigalense" (189). Die weitere Argumentation
      Elsners dafür, dass Palästina als „a land full of marvels" beschreiben wird (192), lässt sich
      nicht bestätigen. Als Beispiel dafür nennt Elsner die Beschreibung des Toten Meeres und
      die Bemerkungen des Autors über fruchtbarkeitsfördernde Quellen. Es ist aus der Struktur
      des *Itinerarium Burdigalense* heraus erklärbar, da außerhalb Palästinas kaum zusätzliche
      Informationen gegeben werden. Elsners Deutung des Heiligen Landes als Land des Ande-
      ren („the otherness of Palestine", S. 194) trifft für das *Itinerarium* und die Pilgertexte nicht

TEXTMERKMALE

leugae VII, *mutatio Sirione leugae* VIIII, *civitas Vasatas leugae* VIIII usw. Erst bei der Beschreibung des Heiligen Landes werden Informationen über das Gesehene bzw. zu Sehende hinzugefügt:[54] *Civitas Neapoli milia* XV. *Ibi est mons Agazaren: ibi dicunt Samaritani Abraham sacrificium obtulisse et ascenduntur usque ad summum montem gradi numero* MCCC. *Inde ad pedem montis ipsius locus est, cui nomen est Sechim. Ibi est …* (587,2–5). Diese Art der Beschreibung ist gattungskonstitutiv für Pilgertexte: Die Orte im Raum werden „durch ihre Relation zueinander bestimmt".[55] Wenn zusätzliche Informationen genannt werden, beginnen die Sätze mit „dort" (*ibi*), „von dort" (*inde*) oder „hier" (*hic*), also mit Lokaladverbien, die auf das Vorhergehende zurückweisen.[56] Ortsadverbien drücken die Anwesenheit vor Ort aus. Das führt dazu, dass der Leser in den Raum hineinversetzt wird.[57] Im Zusammenhang damit werden die Richtungsangaben „rechts" und „links" aus der Perspektive des Erzählers formuliert. Die heiligen Orte der Bibel[58] werden lokalisiert und dem entsprechenden biblischen Ereignis zugeordnet: *Inde ut eas foris murum de Sion, euntibus ad portam Neapolitanam ad partem dextram deorsum in ualle sunt parietes, ubi domus fuit siue praetorium Pontii Pilati; ibi Dominus auditus est, antequam pateretur. A sinistra autem parte est monticulus Golgotha, ubi Dominus crucifixus est.*[59] Es wird deutlich sichtbar, dass der Leser, geht man von einer Lektüre jenseits der beschriebenen Orte aus, oder der Benutzer, im Falle des Gebrauchs des Textes als Orientierungshilfe vor Ort im Sinne einer Karte, dem Weg des Pilgers –

---

 zu, da die Begegnung mit Palästina als Begegnung mit einer bekannten Welt, der Welt der Bibel, inszeniert wird. Vgl. dazu S. 95 ff.

54 Zur Struktur vgl. MILANI (1983), die den Kontrast zwischen den Verzeichnis-Teilen und dem beschreibenden Teil des *Itinerarium Burdigalense* durch die Kennzeichnung IB^1 und IB^2 für die etwas ausführlichere Beschreibung des Heiligen Landes (585,7–599,9) unterstreicht.

55 STOCKHAMMER (2001) 281 f.

56 Vgl. STOCKHAMMER (2001) 282. Die Struktur des Abschnitts 588 des *Itinerarium Burdigalense* verdeutlicht dieses Schema nochmals: *inde passus mille locus est* (…) *inde milia* XXVIII (…) *est villa* (…) *inde passus mille est locus, ubi* (…) *et ibi est* (…).

57 Vgl. unten S. 56 und S. 88.

58 Selten finden sich Hinweise auf Ereignisse oder Personen aus der nicht-christlichen Welt. Vgl. z.B. den Hinweis auf Euripides (604,7) oder Alexander den Großen (606,1).

59 *Itinerarium Burdigalense* 593,1 ff. Trotz seiner Knappheit besitzt der Text eine große Informationsdichte. Der Leser erfährt sowohl, was zu einer früheren Zeit an dieser Stelle stand, nämlich das Prätorium, als auch, was neu gebaut wurde, die Basilika des Konstantin: *Inde quasi ad lapidem missum est cripta, ubi corpus eius positum fuit et tertia die resurrexit; ibidem modo iussu Constantini imperatoris basilica facta est* (594,1 ff.). Das genaue Aussehen der Orte wird nicht detailliert beschrieben, sondern häufig mit dem stereotyp verwendeten Zusatz „von wunderbarer Schönheit" (*mirae pulchritudinis*, vgl. auch 595,3 sowie 599,6) bezeichnet.

sei es im Geiste oder tatsächlich – leicht folgen kann. Zunächst wird die Richtung angegeben, in die der Weg gehen soll, und mit den Angaben „rechts" und „links" auf die heiligen Orte auf dem Weg verwiesen.[60] Der Leser wird durch die Anrede in der zweiten Person Singular (*eas*, vgl. z. B. 562,8. 571,9 f. und 591,7) zum Begleiter des Pilgers von Bordeaux. Der wiederholte Einbezug des Lesers durch den Gebrauch der zweiten Person Singular unterscheidet diesen Text von nicht-christlichen *Itineraria*, wie den *Imperatoris Antonini Augusti Itineraria*.[61] Auch durch den Tempusgebrauch, die Verwendung des Präsens, wird der Eindruck erzeugt, dass der Leser durch den Lektürevorgang selbst an der Reise ins Heilige Land teilhat.[62]

Doch die tatsächliche Reise – sogar schon der Hinweis darauf, dass der Pilger etwas sieht oder gezeigt bekommt – wird gänzlich ausgeblendet. Es fehlen genauere Informationen über den Reiseablauf, z. B. wer die heiligen Stätten zeigt oder welche Handlungen der Pilger an diesen Orten vollzieht oder ob er überhaupt welche vollzog, wird nicht deutlich. Die Teilhabe des Lesers basiert allein auf der Bewegung zwischen den heiligen Orten. Nur die Existenz der Orte wird mit *ibi est* oder *sunt* genannt. Zwischen den Orten wird an einigen Stellen des Itinerars eine Bewegung geschildert. An den Orten mit einer Vielzahl heiliger Stätten lässt sich der Weg nicht auf die gleiche Art wie bei der Anreise wiedergeben, d. h. mit bloßer Ortsnennung und Meilenangabe. Meist reicht nicht nur ein Wort aus, um das Heilsgeschehen, das sich an dem jeweiligen Ort ereignete, abzubilden. Das Geschehene wird in einem Satz formuliert und an drei Stellen sogar mit Zitaten aus der Bibel belegt.[63] Nähere Entfernungen werden durch Doppelschritte (*passus*, 588,9) oder einen Steinwurf (*quasi ad lapidem missum*, 594,1) beschrieben. Trotz der etwas größeren Ausführlichkeit des Heilig-Land-Teils bleibt im *Itinerarium Burdigalense* das Verzeichnisschema dominant. Es ist abschließend festzuhalten, dass die sensorische Wahrnehmung in diesem Text im Unterschied zu den literarischen Pilgertexten noch keine Rolle spielt.

---

60 Vgl. z. B. auch *Itinerarium Burdigalense* 594,5–595,2: *Item ad Hierusalem euntibus ad portam, quae est contra orientem, ut ascendatur in monte Oliueti, uallis, quae dicitur Iosafath, ad partem sinistram, ubi sunt uineae, est et petra ubi Iudas Scarioth Christum tradidit: a parte uero dextra est arbor palmae, de qua infantes ramos tulerunt et ueniente Christo substrauerunt.*

61 Diskutiert bei ELSNER (2000) 195.

62 Siehe dazu unten S. 88. Vgl. WOLF (2012) xxii: „Insofern ist es nach Huschenbett gerade das unscheinbare Itinerar, welches dem Individuum ermöglichte, den Raum zu gliedern und seine subjektive Erfahrung über den Raum zu legen." Zur Raumerfahrung des Lesers BENZ (2013a) 41 f. und unten S. 54.

63 *Itinerarium Burdigalense* 590,2. 590,3–4 und 596,9.

TEXTMERKMALE

Ein weiteres Charakteristikum des Textes ergibt sich aus dem Verzeichnisstil: In dem beschriebenen Land leben – so wirkt es zumindest im Text – keine Menschen: Blake Leyerle weist auf den absurden Eindruck der „social emptiness" hin, der im Text entstehe.[64] Auch die Landschaft, die nicht direkt auf der Reiseroute liegt, bleibt menschenleer und ohne Eigenschaften. Dieses Charakteristikum ist auch in literarischen Pilgertexten zu beobachten.[65] Im Fokus steht einzig das biblische Geschehen, alles andere spielt keine Rolle. Das bedeutet, dass der erwähnte Tunnelblick sich nicht nur auf die an der Wegstrecke beschriebenen Orte bezieht, sondern auch eine inhaltliche Dimension besitzt: der Fokus liegt auf biblischen Inhalten, Anderes wird ausgeblendet.

Eine Aneinanderreihung der Orte wie im *Itinerarium Burdigalense* findet sich in dieser oder ähnlicher Form in allen späteren Texten. Je nach der narrativen Ausgestaltung des Textes sind jeweils längere beschreibende Passagen über die einzelnen Orte eingeschoben. Ich greife einige Textbeispiele heraus, um zu zeigen, wie sich dieses Schema durch die Jahrhunderte in die literarische Tradition der Pilgertexte einschreibt.

Im *Itinerarium* des Anonymus von Piacenza aus dem 6. Jahrhundert wird häufig die Formulierung *deinde* oder *inde venimus* verwendet: *Exeuntibus nobis de Constantinopoli venimus in insula Cypri in civitate Constantia – Venimus exinde – Deinde venimus.*[66] In der folgenden Beschreibung werden die Orte miteinander verkettet, so dass eine durchgängige Reiseroute nachvollziehbar ist: *De Nazareth venimus in Tabor monte – De Tabor venimus ad mare Tiberiadis.*[67] Im *Libellus* des Theodericus aus dem 12. Jahrhundert werden die Orte auf ähnliche Weise verbunden: *Secundo ab Ebron milario sepulchrum fuit Loth nepotis Abrahe. Decimo milario ab Ebron Lacus Asfaltidis versus orientem existit.*[68] Von den Autoren des 14. Jahrhunderts ist der *Liber* des Humbert de Dijon ein deutliches Beispiel für eine schematische Textstruktur: *De hac civitate venitur in Ramam – De Rama autem venitur in Gazam.*[69]

Die Beispiele zeigen, dass die Aneinanderreihung der Orte einerseits durch eine Aufzählung mit *esse* verbunden sein kann, die, meist im Präsens, die Existenz der genannten Orte dokumentiert. Andererseits können die Orte durch eine Bewegung verbunden werden, die entweder persönlich formuliert ist

---

64 Leyerle (1996) 126.
65 Vgl. dazu unten S. 95 f.
66 Anonymus von Piacenza, *Itinerarium* 1.
67 Anonymus von Piacenza, *Itinerarium* 6.
68 Theodericus, *Libellus de locis sanctis* Z. 1187.
69 Humbert von Dijon, *Liber de locis et conditionibus Terrae Sanctae et Sepulcro* S. 519.

(venimus) oder unpersönlich *(venitur)*.[70] Durch diese einfache Textstruktur wird ein Erzählraum aufgespannt, in dem der Leser die beschriebene „Wanderung" mitvollzieht. Die Textbeispiele zeigen, dass alle Texte auf einem ähnlichen Schema basieren, da das Wegstreckenschema die Erzählung strukturiert. Dieses lineare Schema wird in den frühen Pilgertexten selten durchbrochen.

Ab dem 13. Jahrhundert entwickelt sich eine neue Textstruktur, die vermehrt mit Exkursen die Kontinuität der Erzählung aufbricht.[71] In den frühen Texten steht Heilswissen im Vordergrund. Dazu kommt ab dem Spätmittelalter eine zunehmende Darstellung enzyklopädischen Wissens. Dieses enzyklopädische Wissen wird meist im Rahmen von Exkursen präsentiert. Die Exkurse können sich zu eigenen Themenkapiteln entwicklen. Die Inhalte gehen nun über biblische Themen hinaus. In diesen Abschnitten rücken die Pilgertexte deutlich in die Nähe der wissensvermittelnden Literatur.[72]

In der rhetorischen Theorie wird der Exkurs neben *excursus* als *digressio* oder *egressio* bezeichnet.[73] Im *Documentum de modo et arte dictandi et versificandi* werden zwei Arten der *digressio* unterschieden. Die eine Art der *digressio* wechselt innerhalb eines Stoffgebietes das Thema, die andere bezieht sich auf ein anderes Stoffgebiet (*digredimur a materia ad aliud extra materiam*).[74] In Pilgertexten tritt die hier genannte zweite Form der *digressio* auf. Eine sachliche Erweiterung oder Ergänzung,[75] zu deren Darlegung sich der Autor nach dem *Documentum* des Vergleichs (*comparatio*) oder eines ähnlichen Sachverhalts (*similitudo*) bedienen kann (*Documentum* II,2, § 17, S. 275).

Innerhalb der Narrationstheorie wird der Exkurs im Zusammenhang mit den Narrationsebenen (*narrative levels* oder *diegetic levels*) behandelt.[76] Es wird zwischen zwei Arten der Einbettung unterschieden: horizontal (ohne Wechsel der Ebene) und vertikal (mit Wechsel). Bei dem Exkurs handelt es sich

---

70   Siehe zu Erzähler und Erzählperspektive oben S. 38.

71   Vgl. dazu S. 64 ff.

72   Siehe dazu S. 64 ff. Vgl. zur wissensvermittelnden Literatur im Mittelalter einführend den Sammelband WOLF (1987).

73   Vgl. z. B. Quintilian, *Institutio oratoria* 4,3,12 oder 15. Vgl. HÄRTER (2000), 16–52, zusammenfassend MATUSCHEK (1996). Zum Exkurs im Mittelalter vgl. den Sammelband *La digression dans la littérature et l'art du Moyen âge*, CONNOCHIE-BOURGNE (2005).

74   Galfred von Vinsauf, *Documentum* II,2, § 17, Edition: FARAL (1924) S. 274. Zu der kurzen und langen Fassung des *Documentum* vgl. CAMARGO (1999). Zur *digressio* in den mittelalterlichen Poetiken JAMES-RAOUL (2005).

75   Vgl. MATUSCHEK (1996) 127.

76   Vgl. PIER (2014). „Narrative levels are most accurately thought of as diegetic levels, the levels at which the narrating act and the narratee are situated in relation to the narrated story." PIER (2014) 547.

um den horizontalen Typus.[77] Für die vorliegende Untersuchung ist es neben den neuen Inhalten, die Exkurse in die Texte bringen, wichtig, dass sich die Struktur der Erzählung durch das Hinzutreten von Exkursen verändert. Das geradlinige Erzählen des Reisewegs wird unterbrochen. Die topographische Textgliederung entwickelt sich in Richtung einer thematischen Gliederung, so dass man bei Texten wie Ludolf von Sudheims *Liber* von einer Handbuch-Struktur sprechen kann.[78] Mit der Zunahme des digressiven Charakters wird die memorative Funktion von der der Wissensvermittlung in Teilen des Textes überlagert.

Exkurse sind ab dem 13. Jahrhundert charakteristisch für Pilgertexte.[79] Im 15. Jahrhundert hat sich der Exkurs als rhetorische Form innerhalb der Pilgertexte soweit ausgeformt, dass der digressive Charakter Programm ist: Felix Fabri betitelt seinen Pilgertext mit *Evagatorium*.[80]

Trotz dieser Tendenz zu Exkursen und themenbezogenen Kapiteln bleibt das Wegstreckenschema auch in späteren Texten ein wichtiges Strukturmerkmal. Wenn die Wegstrecke aufgeschrieben wird, liegt es nahe, eine Verbindung zu einer Karte herzustellen. Das Itinerar mit dem Routenschema als Hauptbestandteil ist nach Robert Stockhammer ein Modell, um den „Informationsgehalt einer geographischen Karte wenigstens teilweise in einen Text zu überführen."[81] Robert Stockhammer beschreibt das Itinerar mit diesen Worten als verschriftlichte Karte.[82]

Auch im Zusammenhang mit narrativen Pilgertexten wird von einer Art verschriftlichten Karte gesprochen. So interpretiert Julie Ann Smith das *Itinerarium Egeriae* als *textual map*: „It is a narrative constructed through place, roads,

---

77 Vgl. PIER (2014) 556.

78 Vgl. dazu unten S. 283 ff.

79 Vgl. S. 64 f.

80 Die Konzepte der *comparatio* und *similitudo* sind in seinen Exkursen deutlich erkennbar. Vgl. S. 232.

81 STOCKHAMMER (2001) 281. Vgl. zur Beziehung von Kartographie und Literatur ausführlich STOCKHAMMER (2007). Vgl. zu dem breiten Forschungsfeld der Landkarten des Heiligen Landes, z.B. die Artikel in KÜHNEL, NOGA-BANAI, und VORHOLT (2014), HARVEY (2012), BAUMGÄRTNER (2001).

82 Vgl. dazu die theoretische Diskussion um die Kartierbarkeit von Texten: Die Übertragung eines mittelalterlichen Pilgertextes auf eine moderne Karte ist schwierig. Vgl. dazu JAHN (1993) 11 ff. „Doch überträgt nicht auch schon derjenige, der (wie Deluz [vgl. DELUZ (1976b)] die Route eines mittelalterlichen Reiseberichtes auf einer modernen Karte veranschaulicht, moderne Raumkonzepte auf mittelalterliche Verhältnisse, da er ja sehr viel mehr geographisches Wissen in den Text hineinlegt, als zur Entstehungszeit des Textes vorhanden war?" JAHN (1993) 27. Vgl. zur Diskussion um die Kartierung erzählter Topographien BENZ (2013b).

events and journeys, and thus can be representational (through written texts or the visual language of images) or physical (that is as place), constructing a shared, imagined landscape."[83] Nach diesem Verständnis geht diese *textual map* über eine zweidimensionale Karte auf dem Papier hinaus: „it is anything that represents understandings of spatial constructs – it is shaped by both landscapes and mindscapes."[84] Die *textual map* bleibt demnach nicht im zweidimensionalen Bereich. Sie kann einen Raum repräsentieren. Die *textual map* wird nicht nur durch die tatsächlich sichtbare Landschaft[85] geformt, sondern besonders durch das, was Julie Ann Smith als *mindscape* bezeichnet. *Mindscape* meint die Vorstellung der Landschaft, die in der Imagination des Lesers der *textual map* bereits vorgeformt ist.

Julie Ann Smiths Beschreibung der *mindscape* fällt zusammen mit dem Konzept der kognitiven Kartographie. Bernhard Jahn geht in seiner Untersuchung über die Raumstrukturen spätmittelalterlicher Pilgertexte von diesem Ansatz aus.[86] Eine kognitive Karte (englisch auch *mental map*) bezeichnet die „Summe der Vorstellungen", die ein Subjekt oder eine Gruppe über etwas, z. B. ein Objekt, eine Landschaft, eine Stadt etc. bildet.[87] Bernhard Jahns Überlegungen basieren auf den von Kevin Lynch entwickelten Strukturelementen von kognitiven Karten. Er überträgt diesen Ansatz auf mittelalterliche und frühneuzeitliche Texte.[88]

Entscheidend für meine Untersuchung ist das Wechselverhältnis von Pilgertexten und kognitiver Karte respektive der *mindscape* des Autors. Die kognitive Karte des Autors muss zwar nicht zwingend dem Raumkonzept des Textes entsprechen,[89] aber die durch die Bibel- und andere Vorlektüre geprägte *mindscape* des Verfassers gestaltet die Erzählung der Pilgerreise deutlich. Der Bezugspunkt für die Reise und die Erzählung darüber ist die biblische Landschaft, die dem Verfasser und dem Leser aus der Lektüre bekannt ist. Die beschriebene Reiseroute strukturiert den aus der Bibellektüre bekannten Raum. Die Bibel ist der Referenztext zum Pilgertext. In diesem Zusammenhang ähneln sich die *mindscape* des Autors und des Lesers. Pilgertexte beschrei-

---

83 Smith (2007) 1f.
84 Smith (2007) 2.
85 Ich verwende den Begriff „Landschaft" im geographischen Sinn. Zum Landschaftsbegriff vgl. Collt (2015) mit Literaturhinweisen. Zur „Landschaft" im Mittelalter vgl. Pfeiffer (2011).
86 Vgl. Jahn (1993) 12 mit Forschungsliteratur in Anm. 7.
87 Jahn (1993) 13.
88 Vgl. die Diskussion von Jahn (1993) 13ff. mit Lynch (1965) 60ff.
89 Jahn (1993) 18.

TEXTMERKMALE

ben daher nicht die Bereisung einer fremden Welt, sondern die Reise in die bekannte biblische Welt.

Nicht nur in der Gesamtstruktur, sondern auch in der Detailstruktur weisen die Texte deutliche Ähnlichkeiten auf. Um die biblische Welt zu beschreiben, müssen die Orte der Bibel lokalisiert werden: „Dabei geht es zwar durchaus um die konkrete Gestalt der historischen Überreste, die in den Berichten mehr oder weniger genau festgehalten wird. Wichtiger aber ist die grundsätzliche Verbindung von Ort und Ereignis, welche die Texte aufrufen und ihren Lesern zur Imagination anbieten."[90] So ist die Verknüpfung von Pilgerort und Bibelwort ein zentrales Anliegen der Pilgertexte.

Das zeigt sich schon im *Itinerarium Burdigalense*: *Inde passus mille est locus, ubi Iacob, cum iret in Mesopotamiam, addormivit, et ibi est arbor amigdala, et vidit visum et angelus cum eo luctatus est* (588,9 f.). Die heiligen Orte sind markiert durch Kirchen, Städte, Grabmäler, Steine oder ähnliche in der Landschaft sichtbare Orientierungsformen (*landmarks*).[91] Häufig werden Bäume genannt, z. B. Platanen (von Jakob gepflanzt, 588,5) oder hier der Mandelbaum.[92] Nicht in allen Texten sind sichtbare Markierungen zur Kennzeichnung heiliger Orte genannt. Im *Itinerarium Egeriae* befindet sich an zahlreichen beschriebenen Orten nichts Sichtbares. Der Ort ist allein durch die Erwähnung im Bibeltext markiert.[93] An anderen Stellen werden Orte durch *landmarks* bezeichnet. Einen zentralen heiligen Ort kennzeichnet der Dornbusch,[94] aus dem Gott zu Mose sprach: *Hic est autem rubus, quem superius dixi, de quo locutus est Dominus Moysi in igne, qui est in eo loco, ubi monasteria sunt plurima et ecclesia in capite vallis ipsius*.[95] Im *Itinerarium Egeriae* wird die schematische Beschreibung an den meisten heiligen Orten weiter ausgeführt und zudem die Bibellesung, die vor Ort stattfindet, genannt und auf performative Akte wie Gebet oder Gesang verwiesen.[96]

---

90   KIENING (2016) 302.

91   Vgl. zu *landmarks* LEYERLE (1996).

92   Die Orientierung des Pilgers an den *landmarks* steht in Verbindung zu den Praktiken der antiken Agrimensoren, die in ihre Karten für den Routenverlauf *landmarks* aufnehmen. Vgl. dazu LEYERLE (1996) 124 f. mit Hinweisen auf weitere Literatur.

93   Vgl. unten S. 101.

94   In den meisten Texten wird nicht infrage gestellt, ob ein Baum oder Busch noch aus der Zeit des alten oder neuen Testaments vorhanden sein kann. Spätere Texte weisen machmal darauf hin, dass z. B. der sichtbare Baum ein Ableger des alten Baumes ist. Vgl. zur Eiche von Mamre, Burchardus de Monte Sion, *Descriptio terrae sanctae* S. 81, § 9: *Ilex illa hodie ostenditur ante ostium tabernaculi Abrahe. Verum illa vetus aruit, sed de radice eius alia nata est.*

95   *Itinerarium Egeriae* 4,7,36 ff.

96   Vgl. unten S. 101 ff.

52   KAPITEL 3

Das heilige Ereignis aus der Bibel wird oft nicht nur genannt, sondern es wird wörtlich aus der Bibel zitiert, wie z.B. im Text des Johannes von Würzburg.[97] Ein anschauliches Beispiel dafür ist der Text des Antonius de Cremona. Er schildert die jeweilige heilige Stätte ebenfalls nach dem bereits aus dem *Itinerarium Burdigalense* und dem Text Egerias bekannten Prinzip: Nennung des Ortes, gegebenenfalls ein sichtbares Zeichen für das Ereignis, dann die Nennung des heilsgeschichtlichen Ereignisses mit einem wörtlichen Bibelzitat, hier aus Lk 19,42: *Redeamus ad montem Oliveti. Aliquantulum in descensu montis Oliveti est lapis praegrandis, super quem Christus ascendit contemplans civitatem et ipsam videns et contemplans ejus pulchritudinem flevit dicens: Si cognovisses et tu!*[98]

Die Beschreibung der einzelnen Heilsorte basiert grundsätzlich auf dem Schema: *hic est locus, ubi* (...). Dieses Schema kann in dieser Formulierung vorliegen oder sprachlich anders gestaltet sein. Auch dann bleibt die Grundstruktur bestehen. Mit „*hic*", vergleichbaren Ortsadverbien oder einer Ortsangabe wird auf die Stelle verwiesen, an der sich das Erzähler-Ich befindet. Das Verbum im Präsens bezeugt die Existenz des Ortes: z.B. *est, stat* etc. In späteren Texten wird häufig verifizierend die eigene Wahrnehmung mit Worten wie *vidi* oder *oculis meis vidi* hinzugesetzt.[99]

Mit *locus* wird auf den heiligen Ort Bezug genommen. *Locus* kann verwendet werden, wenn an der im Text erwähnten Stelle nichts mehr zu sehen ist. Es kann eine Kirche, ein Grab, ein Stein oder Ähnliches genannt werden. Mit dem *ubi*-Satz wird schließlich das zugehörige heilige Ereignis aus der Bibel dem jeweiligen *locus* zugeordnet. Dieses *locus-ubi*-Schema zieht sich durch die Pilgertexte bis ins Spätmittelalter.[100]

Bernhard Jahn erschließt aus den deutschen Texten von Hans Tucher, Bernhard von Breydenbach und Dietrich von Schachten eine Aufbauformel für die Beschreibung der heiligen Orte.[101] Im Vergleich zu dem von mir beschriebenen Schema ist Bernhard Jahns Beschreibungsformel etwas kleinteiliger:[102] Neben

---

97   Vgl. unten S. 170.
98   Antonius von Cremona, S. 159. Ed. Röhricht (1890).
99   Vgl. z.B. *propriis vidi oculis* Humbert de Dijon, *Liber* S. 524.
100   Vgl. das Beispiel bei Wilhelm von Boldensele: *In hac sancta valle ebron locus est ubi ...* (S. 242). Im *Itinerarium Egeriae* taucht es auffallend häufig auf, z.B.: *Nam ipse est locus ubi scripsit Moyses librum Deuteronomii* (10,6). Vgl. auch Campbell (1988) 32.
101   Vgl. zu den drei Autoren des 15. Jahrhunderts, die für ihre in deutscher Sprache geschriebenen Texte bekannt sind: Jahn (1993) 28f. zu Bernhard von Breydenbach vgl. Timm (2006).
102   Jahn (1993) 68.

TEXTMERKMALE

der lokalen Präpositionalphrase (A2) steht eine temporale Präpositionalphrase (A1). Es folgt die Angabe des heiligen Objektes (B) und die Angabe der zugehörigen heiligen Handlung aus der Bibel oder Heiligenlegende (C). Schließlich wird auf ein Subjekt verwiesen, das den Ort wahrnimmt und der Ablass genannt (D). Zum Abschluss wird der aktuelle Zustand beschrieben (E).

Das die Existenz bestätigende Verb ist von Bernhard Jahn nicht aufgenommen. Es spielt jedoch für die Authentifizierung eine zentrale Rolle. Punkt (D) sollte insofern modifiziert werden, dass ein wahrnehmendes Subjekt genannt wird oder die Existenz des jeweiligen Ortes durch ein Verbum im Präsens bezeugt wird.

Die Anwendung demonstriert Bernhard Jahn am Beispiel Hans Tuchers[103] und weist darauf hin, dass die Reihenfolge der einzelnen Punkte variieren und dass A1, D und E wegfallen können. Nach Bernhard Jahns Angaben gebraucht Hans Tucher diese Schema an die 200-mal.[104] Auch die anderen Pilgertexte verwenden dieses Schema durchgängig, so Bernhard Jahn, nur die „Extensität" und „das Fehlen des Ablaßteils bei den älteren Berichten" führt zu einer Differenzierung.[105]

Für das *locus-ubi*-Schema bzw. Bernhard Jahns Formel mit Ergänzung des existenzbezeugenden Verbums im Präsens lassen sich bei allen von mir untersuchten Autoren Beispiele finden. Wie Bernhard Jahn bereits erwähnt, fehlt stets die Angabe des Ablasses, der erst in späteren Texten eine Rolle spielt.[106]

Dieses einfache Beschreibungsschema ist zentral für die Texte seit dem *Itinerarium Burdigalense*, das bereits Ansätze davon zeigt. In einer Zeit von 1000 Jahren verändert sich die Beschreibung der heiligen Orte in ihren Grundzügen nicht maßgeblich. Daher muss diese Form eine entscheidende Bedeutung für die Struktur und Funktionsweise der Pilgertexte besitzen.

Die stets vorliegende Orientierung an der literarischen Tradition gibt das erwähnte Schema vor. Die Orte müssen in dieser Form beschrieben werden, weil sie immer so beschrieben wurden. Denn das Schema ist eng verknüpft mit der Funktionsweise der Texte. Auf der einen Seite wird die Erinnerung an die Heilsorte bewahrt. Denn wie Bernhard Jahn treffend formuliert: „Die Heiligkeit eines Ortes (...) muss gewusst werden."[107] Das trifft besonders dann zu, wenn kein *landmark* einen Ort kennzeichnet. Zudem muss die Verbindung der Heilsorte mit dem Heilstext der Bibel immer wieder neu bestätigt und aktualisiert werden. Auf der anderen Seite enthält das Schema alle zentralen Informatio-

---

103   Bl. 23r. Hans Tucher, gedruckt bei H. Schönsperger, Augsburg 1482, 3. Auflage.
104   JAHN (1993) 68.
105   Ebd.
106   Siehe zum Ablass S. 206.
107   JAHN (1993) 70.

54 KAPITEL 3

nen, die für eine Memorierung des biblischen Ereignisses auf der Grundlage der Topographie des Heiligen Landes notwendig sind.

3.1.3 Raumstruktur

Bereits die Überlegungen zum Wegstreckenschema haben grundsätzliche Raumstrukturen[108] der Pilgertexte aufgezeigt. Das Wegstreckenschema hat deutliche Auswirkungen auf die Raumwahrnehmung in Pilgertexten. Bernhard Jahn kommt bei seiner Untersuchung der Raumkonzepte in der Frühen Neuzeit in Romanen und Reisebeschreibungen zu dem Ergebnis, dass zwei verschiedene Raumkonzepte vorherrschen, die Armin Schulz als diskontinuierliche Räume bezeichnet, die von „Insularität" und „Linearität" geprägt sind und die vormoderne Raumwahrnehmung darstellen.[109] Die Raumbeschreibung variiert in ihrer Dichte oder Tiefe: Der Raum gewinnt vorwiegend an Kontur, wenn der Erzähler diesem Bedeutung beimisst. Das heißt am konkreten Beispiel der Pilgertexte, dass nicht die Reise von Bethlehem nach Jerusalem beschrieben wird, sondern Jerusalem und Bethlehem als Inseln in einem gestaltlosen Raum. Nur die Entfernung zwischen den Orten wird genannt. Das zwischen den Orten Gesehene selbst spielt keine Rolle. Die heiligen Orte sind Punkte im Raum und die Wegstrecke ist sozusagen eine Linie, auf der der Raum durchquert wird.[110] Diese Raumstruktur ist bei den frühen Texten, in denen nur die Orte der Bibel und keine Eindrücke der Reise in die Fremde wiedergegeben werden, deutlich erkennbar.

Wenn Entfernungs- und Richtungsangaben weitgehend fehlen, charakterisiert Bernhard Jahn den so entstehenden Raumtypus als „Inselraum":[111] „Die einzelnen Punkte werden in einer Art Stationenweg aneinander gereiht, analog den mittelalterlichen Kreuzwegstationen: Ein Punkt A wird beschrieben, daraufhin ein Punkt B. Die Beschreibung des Weges, und sei es auch nur durch Entfernungs- und Richtungsangabe, unterbleibt. Man erfährt nichts über den Weg von A nach B."[112]

Sind Entfernungen angegeben, entsteht ein „Netz miteinander verknüpfter Raumpunkte".[113] Im Gegensatz zum Inselraum besteht eine Kontinuität. Dieser Unterschied in der Raumkonzeption spielt für meine Untersuchung keine

---

108   Vgl. allgemein das *Handbuch Literatur und Raum*, DÜNNE und MAHLER (2015).
109   Vgl. SCHULZ (2012) 302. Bei JAHN (1993) 55 und 57: Inselraum/Stationenraum und Kontinuitätsraum.
110   Vgl. SCHULZ (2012) 302.
111   JAHN (1993) 55, in Anlehnung an LYNCH (1965).
112   JAHN (1993) 55.
113   JAHN (1993) 92.

entscheidende Rolle. Innerhalb der Pilgertexte besteht eine Kontinuität durch das Wegstreckenschema, auch wenn der Wechsel von einem Ort zum nächsten nur durch zeitliche Zusammenhänge, z.B. durch *deinde*, angegeben wird. Das Dazwischen ist nicht wichtig, zentral sind die beschriebenen „Inseln", die heiligen Räume. Durch die Strategie der Raumgenerierung mittels erzählter Bewegung[114] wird ein Raum erzeugt. Bei diesem handelt es sich jedoch noch nicht um einen Sakralraum. Ein Sakralraum ist ein Raum, der mit Heil aufgeladen ist. Für die Pilgertexte zentral ist nicht die Beschreibung von Räumen, sondern die Beschreibung von heiligen Räumen. Ein Raum des Heiligen entsteht durch die Verknüpfung der Orte mit der Heilsgeschichte.[115] In dieser Verknüpfung besteht die besondere Leistung der Pilgertexte. Der Text des Ludolf von Sudheim zeigt, wie in der Narration heilige Räume von profanen Räumen abgegrenzt werden können.[116]

Die spezifische Raumstruktur der Pilgertexte zeichnet sich dadurch aus, dass die Räume mit Heilsereignissen, Kirchen oder Reliquien gefüllt werden. Das genaue Aussehen der einzelnen beschriebenen Gegenstände ist aber kein zentraler Aspekt. Es werden häufig nur wenige Details genannt. Ein Beispiel ist das *Itinerarium Egeriae*, in dem die Wüste nur mit Heilsereignissen besetzt ist, das Aussehen der Orte bleibt unbestimmt.[117] Bernhard Jahn sagt über Jerusalem bei den von ihm untersuchten Autoren des 15. Jahrhunderts, es werde als Ansammlung heiliger Stätten mit einer Pilgerherberge und dem Haus des Dolmetschers geschildert.[118] Denn der nicht-christliche Teil der Stadt wird ausgeblendet – z.B. sind Nicht-Christen in erster Linie Hindernisse, um heilige Stätten zu besuchen.[119] Diese Art der Beschreibung ändert sich erst ab dem 13. Jahrhundert.

Zentrale Räume werden häufig einfach aufgelistet: Kataloge von Kirchen, Aufzählungen von Türmen oder Toren sind charakteristisch.[120] Wenn die Architektur der Kirchen detaillierter geschildert wird, entsteht kein Gesamteindruck: „Die Beschreibungskunst der *descriptio* ist dort, wo es Architekturbeschreibungen gibt, immer mehr an den Details des Beschriebenen, seiner Beschaffenheit und einer Nachzeichnung bestimmter Blick-Bewegungen inter-

---

114 Zur „Strategie erzählter Bewegung" vgl. Benz (2013b) 41. Vgl. zu Raumgenerierung und Bewegung z.B. Matschi (2015) 42 ff., Beck (1994) 15 ff. und den Sammelband *Kunst der Bewegung. Kinästhetische Wahrnehmung und Probehandeln in virtuellen Welten*, Lechtermann und Morsch (2004).

115 Vgl. unten S. 51 f.

116 Siehe oben S. 293 f.

117 Vgl. S. 105 f.

118 Jahn (1993) 81.

119 Vgl. ebd.

120 Vgl. Schulz (2012) 303.

essiert als daran, wie diese Bauwerke sich innerhalb eines Systemraums in der Zentralperspektive darstellen würden."[121] Das zeigt sich besonders in den Architekturbeschreibungen der hier behandelten Pilgertexte des Johannes von Würzburg oder des Theodericus.[122]

Im nächsten Abschnitt dieses Kapitels, der Untersuchung der Funktions- und Effektmerkmale, soll nun gezeigt werden, wie es möglich ist, dass sich in der Rezeption ein Leser im Nachvollzug der Beschreibung in den Raum hinein versetzen kann. Die Narration erzeugt eine ,Als-ob-Wahrnehmung', durch die sich der Leser durch einen imaginierten dreidimensionalen Raum bewegen kann.[123] Wie sich ein Leser in einen imaginären, durch die Sprache erzeugten Raum hineinversetzen kann,[124] zeigt Karl Bühler in seiner bereits 1934 erschienenen Schrift *Sprachtheorie. Die Darstellungsfunktion der Sprache*. Er spricht von einem ,Symbolfeld', damit bezieht er sich auf das sprachliche Nennen, und von einem ,Zeigefeld' der Sprache.[125] Konstitutiv für das ,Zeigefeld' sind die Ausdrücke ,hier', ,jetzt', ,ich'.[126] Für dieses Zeigefeld der Sprache gibt es einen Ausgangspunkt, den Karl Bühler als *origo* bezeichnet.[127] Wird die *origo* vom Ort des Sprechers zu einem anderen Ort versetzt, handelt es sich nach Karl Bühler um eine „deixis am phantasma".[128] So wird in einem erzählenden Text die *origo* in die erzählte Welt versetzt. Karl Bühler spricht von einem „Seh-Raum", den jeder Mensch durch das durch seine Sinne erschlossene „Körpertastbild" erzeugt: Das „Körpertastbild" verbindet sich mit einer „phantasierten optischen Szene" und wird „samt seiner optischen Wahrnehmungsorientierung" vom Leser in die erzählte Welt ,mitgenommen'. So kann das Imaginierte eingeordnet werden – und daher „funktionieren" „die Positionszeigewörter ,hier', ,jetzt', ,ich' und die Richtungsangaben ,vorn', ,hinten', ,rechts', ,links' genauso am Phantasma wie in der primären Wahrnehmungssituation."[129]

Dietrich Krusche spricht in diesem Zusammenhang von einem „Raum im Kopf", einem „zweiten Raum", in den der „sinnlich wahrnehmbare Raum" über-

---

121   SCHULZ (2012) 303.
122   Vgl. S. 160 f.
123   Diskutiert bei WANDHOFF (2003) 29 ff.
124   Vgl. WANDHOFF (2004) 80.
125   BÜHLER (1999) 121 ff. Vgl. dazu die ausführliche Diskussion bei KRUSCHE (2001) 70 ff.
126   Vgl. KRUSCHE (2001) 71.
127   Vgl. BÜHLER (1999) 121 ff. Vgl. die ausführliche Diskussion bei DENNERLEIN (2009) 130 f. und KRUSCHE (2001) 71 ff. Vgl. dort S. 71 „Die *origo* ist der Punkt, von dem aus der Sprecher im Moment des zeigenden Verweisens seine ,Welt' wahrnimmt."
128   BÜHLER (1999) 121 ff., vgl. DENNERLEIN (2009) 130 f. Vgl. CUNTZ (2015) 59 ff.
129   BÜHLER (1999) 127 ff. und dazu die Diskussion bei WANDHOFF (2004) 80.

TEXTMERKMALE

führt ist und „in dem die Orientierung über Sprachzeichen erfolgt".[130] Der „Raum im Kopf" wird auch als „virtueller Raum" bezeichnet.[131] In ihren Überlegungen zur Virtualität betont Elena Esposito, dass der „Benutzer fiktional kodierter Medien" nicht eine Welt beobachtet, sondern „die Beobachtung der Welt durch einen anderen Beobachter".[132] In den Pilgertexten wird die Differenz, dass die Beobachtungen eines anderen geschildert werden, punktuell aufgehoben. Ein Beispiel dafür ist die Raumgenerierung mittels der Erzählung. Der simultane Raumeindruck kann im Medium der Narration nicht unmittelbar transportiert werden, sondern der Raum wird mittelbar über die durch die Narration vollzogene Stimulation der Imagination des Lesers erzeugt. Die Prozessualisierung des simultanen Raumeindruckes funktioniert über die Bewegung, die körperliche Bewegung der Figur im Raum und die Wahrnehmungsbewegung. Im imaginativen Nachvollzug erfährt der Leser schrittweise die raumstrukturierenden Elemente, auf denen die Konstitution des Raumes beruht.[133]

Durch die Reise ist der historische Raum für den Pilgerreisenden erfahrbar, durch den Nachvollzug der Stationen des Lebens Christi findet eine Annäherung an die historische Zeit Christi statt, die für den Pilger nicht zugänglich ist, doch kann der Pilger den historischen Raum erfahren.[134] Die *imitatio Christi* am Ort des jeweiligen Geschehens wirkt präsenzstiftend. Zur *imitatio Christi* kommt der gedankliche Nachvollzug der Ereignisse vor Ort, der sich in den meisten Pilgertexten durch eine Nacherzählung oder zumindest Nennung der biblischen Ereignisse ausdrückt. Auf diesen Gedanken bezieht sich Wilhelm von Boldensele in seinem Prolog (…) *imitatores dei fuerimus, et precipue Christi Ihesu, qui ad hoc missus es, ut ipsius quantum possibile est verba sequamur, et facta* (…).[135]

---

130 KRUSCHE (2001) 112.

131 Vgl. dazu WAGNER (2015) zum Begriff des virtuellen Raums 25 ff. und den ausführlichen Forschungsüberblick 4 ff. Aufgrund der Unterschiede zwischen Virtualität und Fiktionalität – z. B. das Fehlen der Interaktion bei der Fiktionalität – spreche ich mit Haiko Wandhoff von „Aspekten von Virtualität". Vgl. WANDHOFF (2003) 34, der sich auf ESPOSITO (1998) stützt. Im Rahmen der Entwicklung der Pilgertexte spreche ich von verschiedenen Graden der Virtualität, die die Texte auszeichnen.

132 ESPOSITO (1998) 122.

133 Vgl. BENZ (2013b) 38–42, bes. 41 f.

134 „Der Pilger versucht, indem er die räumlichen Bewegungen Christi nachvollzieht, auch die Zeit Christi wiederzugewinnen, indem er Christi Leben nachlebt." JAHN (1993) 72. So stellt der Pilger eine Verbindung zwischen seinem Raum und dem Heilsraum her. „Das Subjekt verbindet seinen Raum mit dem heiligen Raum des Erdenlebens Christi, indem es, und sei es nur durch eine Wir-Formel, zum Ausdruck bringt, im selben Raum zu sein wie der Religionsstifter." JAHN (1993) 94.

135 Wilhelm von Boldensele, *Liber* S. 198.

58 KAPITEL 3

3.1.4 Zeitstruktur

In hoc loco (…) Christus denudatur, crucifigitur, clavatur, lanceatur.[136] Mit diesen Worten im Präsens schildert Wilhelm von Boldensele den Kalvarienberg. Sowohl räumlich mit *in hoc loco* als auch zeitlich durch den Gebrauch des Präsens wird Nähe zu den in der Ferne liegenden Ereignissen und dem für den Textrezipienten fern liegenden Ort hergestellt. Dieses Herstellen von Nähe zeigt sich auch in zahlreichen *adhuc*-Wendungen in den Texten, mit denen darauf hingewiesen wird, welche Spuren und Zeugnisse biblischer Ereignisse noch heute zu sehen sind.[137] Wie das Beispiel zeigt, besitzen Pilgertexte eine spezifische Zeitstruktur, in der sich verschiedene zeitliche Ebenen, die Reisezeit, die biblische Vergangenheit des Alten und des Neuen Testaments, überlagern.[138]

Zweitens schreibt sich jeder Text in eine bestimmte Zeit ein. Das heißt, es werden im Text Zeitangaben zur Reise oder zu dem Aufenthalt an bestimmten Orten gemacht, die genau fixiert sein können oder unbestimmt bleiben. Dazu kommt als weitere zeitliche Ebene im Prozess der Lektüre das Jetzt des Lesers.

Die zeitliche Dimension der Reise wird in Pilgertexten unterschiedlich bestimmt. Egerias *Itinerarium* enthält zeitliche Orientierungspunkte: *ecce et coepit iam esse hora forsitan octava* (4,5,26) oder: *ac sic ergo perdescenso monte Dei pervenimus ad rubum hora forsitan decima* (4,7,36 f.). Doch spielt die zeitliche Fixierung als Verknüpfung der eigenen Lebenszeit mit der Heilszeit, die in Pilgertexten ab dem 15. Jahrhundert zu einem wichtigen Strukturmerkmal wird,[139] keine Rolle. So wird in Egerias Text nicht deutlich, um welchen Tag es sich bei dieser Stundenangabe handelt. Die Zeitangabe dient dazu, den Ablauf des Reiseweges zu veranschaulichen. Aber die Zeitangaben bleiben meist unbestimmt: Die Texte verhandeln die Inhalte im Zusammenhang mit einem unbestimmten Vorher und einem Jetzt.[140] Diese zeitliche Unbestimmtheit passt zu einem mentalen Nachvollzug der Reise in der Lektüre, da Zeitangaben wie *nunc, hodie, pauco tempore* in die Jetzt-Zeit des Lesers übertragen werden können.

---

136 Wilhelm von Boldensele, *Liber* S. 263.
137 Vgl. die Beispiele im Text des Wilhelm von Boldensele unten S. 307. Siehe dazu auch DELUZ (1976a) 309.
138 Vgl. das Kapitel 5.2.5 zur Zeitstruktur des *Liber* des Wilhelm von Boldensele.
139 JAHN (1993) 72 über Hans Tucher. Vgl. zur Zeitlichkeit allgemein sowie in Pilgertexten den Sammelband KIENING und STERCKEN (2018).
140 Vgl. DELUZ (1976a), die die Unbestimmtheit der Zeit in den verschiedenen Texten besonders durch den Vergleich der Verwendung von Zeitadverbien betrachtet.

Im Beispiel des *Itinerarium Egeriae* wird der Text innerhalb des Tagesablaufs zeitlich verankert und auf diese Weise wiederholbar. In einem größeren Rahmen kann die Reise innerhalb des Kirchenjahres zeitlich positioniert werden. So ist es möglich, die Reise zeitlich zu fixieren und doch in den genauen Datumsangaben unbestimmt zu bleiben. Der ideale Besuchszeitpunkt eines heiligen Ortes, der die größtmöglich Nähe zu dem Heilsereignis verspricht, ist der Besuch am passenden Tag des Kirchenjahres.[141] Auf diese Weise wird der Besuch in den Zyklus des Kirchenjahres eingeordnet und erhält dauerhaften und wiederholbaren Charakter.

Ab dem 15. Jahrhundert wird vermehrt der genaue Zeitpunkt angegeben, zu dem ein heiliger Ort besucht wird. Dadurch entsteht eine Verbindung zwischen der Lebenszeit des Pilgers und der Heilszeit: „Die heilsgeschichtliche Zeit und der ganz individuelle Betrachtungszeitpunkt des Pilgers werden mit dem Ziel verknüpft, das betrachtende Individuum auf's engste in die Heilsgeschichte einzugliedern, es an ihr Anteil haben zu lassen."[142] Auf diese Weise ist es möglich, die eigene Zeitlichkeit mit zentralen Momenten der heilsgeschichtlichen Zeit zu verbinden.[143] So gewinnt die Funktion der Texte als Beglaubigung der eigenen Reise an Bedeutung, besonders bei nicht-klerikalen Autoren.[144]

Im Zusammenhang mit der Zeitlichkeit sind nicht nur die Reisezeitangaben in den Texten zu betrachten, sondern im Besonderen die spezifische Zeitstruktur. Pilgertexte besitzen eine temporale Mehrdimensionalität, da die Erzählung auf verschiedenen Zeitebenen verhandelt wird. Zunächst wird die Reise in einem chronologischen Verlauf wiedergegeben. Auf einer zweiten Ebene wird die biblische Zeit beschrieben, die sich in die Zeit des Alten und des Neuen Testaments teilt. Innerhalb der Narration der Reise kann es zu einer Überlagerung dieser Zeitebenen kommen. Ein Beispiel dafür ist, dass in den Texten nicht immer deutlich zwischen dem unterschieden wird, was in biblischer Zeit und was zur Besuchszeit des Autors zu sehen ist.[145] Die Texte verfügen demnach über eine präsentische und eine biblisch-historische Perspektive.[146] Die

---

141 Z.B. im Text des Ricoldus de Monte Crucis S. 54, vgl. unten S. 155 für ein deutliches Beispiel aus Adomnans Text.

142 JAHN (1993) 72.

143 Vgl. zum Gedanken KIENING (2016) 293.

144 Vgl. dazu HIPPLER (1987) 180 ff.

145 Vgl. die Jerusalemdarstellung von Burchardus de Monte Sion unten S. 260 ff.

146 Vgl. KIENING (2016) 294 über spätmittelalterliche Passionstexte: „Sie bewegen sich also in einer sowohl historischen wie präsentischen und futuristischen Perspektive und erproben dergestalt komplexe Modellierungen von Zeitlichkeit."

60   KAPITEL 3

futuristische Dimension der Pilgertexte ist eschatologisch besetzt.[147] So wird im *Liber* des Ricoldus de Monte Crucis in der Passage über den Besuch des Tals Josaphat geschildert, wie die Pilger das jüngste Gericht imaginieren.[148] In der Imagination heilsgeschichtlicher Realität überlagern sich Vergangenheit, Zukunft und Gegenwart und die verschiedenen biblischen Zeitschichten verschmelzen in der Erzählung zu einer einzigen Ebene der Heilszeit.

Durch die Wiedergabe der Reise nach der Chronologie der Bereisung der Orte, also nach einem topographischen Schema und nicht nach der Chronologie der Heilsgeschichte,[149] entstehen neue Verbindungen zwischen einzelnen Ereignissen, die „ursprünglich nicht unmittelbar" in Verbindung zueinander stehen.[150] Visualisiert wird diese Verbindung durch eine diagrammatische Darstellung der Basilika am Berg Sion in *De locis sanctis* Adomnans von Iona nach einer Wiener Handschrift (siehe Abbildung 1).[151]

Das Diagramm führt deutlich das Nebeneinander von Orten verschiedener Zeiten und die Verschränkung spatialer und temporärer Aspekte in der Darstellung der Heilsereignisse vor Augen: *locus cenae domini* (oben links), *hic spiritus sanctus super apostolos descendit* (oben rechts), *hic sancta Maria obiit* (unten rechts), *hic columna marmorea stat, cui dominus adherens flagellatus est* (Mitte).[152] Die Orte werden durch das Positionszeigewort *hic* bestimmt. Das jeweilige biblische oder bibelnahe Ereignis ist an dem mit *hic* bezeichneten Ort jeweils gegenwärtig. An dem Ort als Berührungsreliquie ist die *virtus Christi* oder der Maria greifbar. Die Vielzahl der mit *virtus* aufgeladenen Orte im Beispiel der Basilika vervielfacht auch die Heilswirkung. Nach der reliquiären Logik[153] können Ereignisse aus verschiedenen biblischen Zeiträumen zum gleichen Zeitpunkt präsent sein. Versteht man das Diagramm als Medium, das auch die Heilswirkung überträgt, so verdichten sich in der diagrammatischen Darstellung die Heilsorte. Die örtliche Nähe zeigt die Gleichzeitigkeit der heilsrelevanten Ereignisse auf. Der Rezipient des Diagramms kann alle Orte gleichzeitig wahrnehmen. Der realreisende Betrachter kann die Orte nur hintereinander wahrnehmen, während sich für einen Leser das Erzählte in seiner

---

147   Ähnlich DELUZ (1976a) 308.

148   Ricoldus de Monte Crucis, *Liber peregrinationis* S. 64. Vgl. dazu unten S. 178.

149   Zur Ausnahme Johannes von Würzburg vgl. S. 160 ff. Vgl. die Worte von Felix Fabri, der Verwunderung darüber ausdrückt, dass man die Fußspuren des auferstandenen Christus vor den Fußspuren des gekreuzigten sieht: Felix Fabri, *Evagatorium* 1,240 (Hassler). Dazu auch KIENING (2016) 301.

150   KIENING (2016) 302.

151   Vgl. zu Adomnan und den vier Zeichnungen zum Text, S. 134 ff.

152   Ausführlich zu diesem Diagramm S. 141 ff.

153   Vgl. dazu KOCH und SCHLIE (2016) 10.

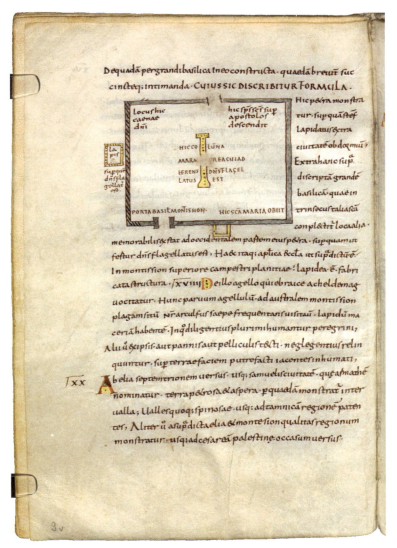

ABB. 1   Adomnan, *De locis sanctis*, *figuratio* der Basilika auf dem Berg Sion,
Wien, ÖNB, lat. 458, fol. 9ᵛ

Gleichzeitigkeit darbieten kann. So ist mittels des Diagramms eine Imagination aller Heilsorte der Basilika zur gleichen Zeit möglich.

Die Basilika auf dem Berg Sion ist nur ein Beispiel für eine Häufung von Heilsorten an einer einzigen Stelle, die sich in den Texten vielfach nachweisen lässt. Ein weiteres markantes Beispiel ist das *Templum domini* in der *Descriptio* des Johannes von Würzburg, in dem Orte des Alten Testamts und des Neuen

Testaments in großer Zahl direkt nebeneinander verortet werden.[154] Angesichts der Menge an heiligen Orten, Steinen, Bäumen etc. spricht Christian Kiening von einer „überbordenden Bedeutungsstiftung".[155] Ein weiteres Beispiel dafür ist der Kalvarienberg:[156] an der gleichen Stelle wird der Steinaltar, an dem Abraham seinen Sohn Isaak opfern wollte, verortet wie der Stein, auf dem Jesus gekreuzigt wurde.[157] Zugleich wird an dieser Stelle das Grab Adams lokalisiert.[158] In diesem Fall präfiguriert das alttestamentliche Geschehen das neutestamentliche.[159] Maurice Halbwachs spricht in diesem Zusammenhang von einer ‚Art von Herdentrieb‘, dem die Erinnerungen zu gehorchen scheinen.[160] Durch die multiple Verknüpfung einzelner Orte mit biblischen Geschehnissen entstehen neue Memorialstrukturen mit einem diachronen Hintergrund. Die chronologische Darstellung des biblischen Geschehens rückt damit in den Hintergrund. Vielmehr steht das einzelne Ereignis für das ganze Heilsgeschehen. Am Beispiel der Passion veranschaulicht Christian Kiening die Zerlegung der Heilsgeschichte in einzelne Stationen. Jeder Ausschnitt, jede einzelne Station steht metonymisch für das Ganze.[161] Die Passion spaltet sich nicht nur in einzelne Stationen, sondern auch in einzelne Momente. Körperlich erfahrbar sind nur die Stationen. Auf diese Weise rückt die Darstellung nach der Chronologie der Heilsgeschichte in den Hintergrund, vielmehr zeigt sich, dass aufgrund der permanenten Aktualität der dem Heilsgeschehen eigenen Zeit eine Gleichzeitigkeit der Heilsereignisse durch die örtlichen Nähe aufgedeckt wird.

3.2 Funktions- und Effektmerkmale

Im ersten Abschnitt wurden allgemeine Strukturmerkmale der Pilgertexte betrachtet, die sich aus der erzählten Bewegung eines Subjekts durch heilige Räume ergeben. In diesem zweiten Abschnitt geht es um Funktions- und

---

154 Vgl. S. 170 f. In der Beschreibung des *Templum domini* kann daher die Anordnung des Textes nach der Heilsgeschichte nur schwer realisiert werden.

155 KIENING (2011) 184.

156 Vgl. zu Golgotha RACHMAN-SCHRIRE (2015) und REUDENBACH (2015). Vgl. zur „accumulation of memories" am Beispiel der Basilika am Berg Sion O'LOUGHLIN (2014), hier S. 1.

157 S. z.B. bei Theodosius, *De situ terrae sanctae* 7,16 ff. und dem Anonymus von Piacenza, *Itinerarium* 19,4 ff.

158 Vgl. Johannes von Würzburg, *Descriptio terre sancte*, Z. 971 ff.

159 „Derlei Zuordnungen zeigen das typologisch Verwandte auch topologisch verbunden." KIENING (2011) 184.

160 HALBWACHS (2003) 190.

161 KIENING (2016) 295, 315 ff.

TEXTMERKMALE

Effektmerkmale. Eine wichtige Funktion der Texte ist die Wissensvermittlung, besonders von Heilswissen, dazu kommt ab dem 13. Jahrhundert enzyklopädisches Wissen. Bei der Vermittlung des Heilswissens ist die Narration der sensorischen Wahrnehmung, besonders des Sehens,[162] ein wichtiger Aspekt. Dass in den Pilgertexten der Sehsinn im Vordergrund steht und die Narration des Sehens charakteristisch für die Texte ist, zeigen die Überlegungen zum äußeren und inneren Sehen in den folgenden Kapiteln.

Zunächst wird das Sehen in den Texten genannt: ‚Das Sehen der Heilsorte mit den eigenen Augen' ist ein Topos der Prologe.[163] Das Betonen, dass der Autor alles mit eigenen Augen gesehen habe, dient zweitens der Authentizitätskonstruktion.[164] Die wiederholten Einfügungen von ‚ich habe gesehen' (*vidi*) in den Text oder *oculis meis vidi* verweisen auf die Authentizität, indem sie auf die Augenzeugenschaft Bezug nehmen, und unterstreichen die Glaubwürdigkeit von Wunderbarem.[165]

Vor allem aber wird das Sehen beschrieben: So leitet der Erzähler durch die Beschreibung dessen, was er sieht, zu imaginativem Sehen an. Es wird erzählt, wie das biblische Geschehen vor Ort rememoriert wird. Durch vermitteltes Sehen und durch die erzählte (Seh-)Bewegung wird der Besuch der heiligen Orte für den Leser nachvollziehbar.

Meine Überlegungen zu Visualisierung und Vergegenwärtigung beziehen sich auf rezeptionsästhetische Aspekte wie die Wirkung der Texte, eine mögliche Rezeption, die Entstehung mentaler Bilder auf der Basis der Lektüre und die Heilsvermittlung im Medium der Narration. In diesem Zusammenhang zentral ist die Memorierungsfunktion und die Imaginationsstimulation der Pilgertexte. Abschließend gehe ich auf produktionsästhetische Aspekte ein, die der Erzeugung von Unmittelbarkeit dienen, darunter auf rhetorische Gesten wie Ekphrasis und Deixis, die zu den folgenden Detailuntersuchungen der narrativen Strategien in einzelnen Pilgertexten überleiten.

---

162 Vgl. zur Wiedergabe anderer sensorischer Wahrnehmungen: Riechen S. 156 f., Hören S. 227 f., Berühren S. 148 f.

163 Mit der Vorstellung, die heiligen Orte, die Christus körperlich berührte, mit den eigenen (körperlichen) Augen zu erblicken, wird im Prolog häufig die Reise ins Heilige Land begründet, vgl. z. B. im *Liber peregrinationis* von Ricoldus de Monte Crucis (S. 34). Schon Paulinus von Nola spricht in einem Brief von dem Verlangen, die heiligen Orte zu sehen und zu berühren: *Epist.* 49,14 (CSEL 29): *non alter affectus homines ad Hierosolymam rapit, nisi ut loca, in quibus corporaliter praesens fuit Christus, videant atque contingant.* Vgl. zum Sehen und Berühren der heiligen Orte FRANK (2000b) 104 ff.

164 Vgl. zur Bedeutung des Sehens in den Texten des 15. Jahrhunderts NIEHR (2001).

165 Vgl. z. B. Burchardus de Monte Sion, *Descriptio terrae sanctae* S. 241.

3.2.1 Wissensvermittlung

Petrarca ermahnt in seinem *Itinerarium ad sepulcrum Domini nostri* den Leser, am Roten Meer nicht an indische Düfte und exotische Waren zu denken, sondern an das biblische Ereignis: *Incidet forte cupiditas maris rubri videndi (...) Quo cum perveneris, non odores Indicos et eoas merces illis faucibus in Aegyptum atque inde nostrum in mare convectas, sed populum Deo adiutum per medios fluctus sicco pede transitum meditabere.*[166] Diese Ermahnung ist ungewöhnlich, denn das biblische Ereignis stellt bislang in den Pilgertexten das Zentrum der Erzählung dar. Es dominiert eine deutlich selektive Wahrnehmung des Heiligen Landes und Ägyptens, die alles Sichtbare einzig in biblischem Kontext darstellt. Nur vereinzelt gehen die Texte über dieses Schema hinaus. Ein Sonderfall im Rahmen der frühen Texte ist das *Itinerarium* des Anonymus von Piacenza.[167] Auch in Adomnans *De locis sanctis* zeigt sich diese Tendenz in der Erzählung. Neben dem Schwerpunkt auf den heiligen Orten werden einzelne Städte oder Gebiete ausführlich beschrieben.[168] Dabei handelt es sich jedoch um Ausnahmeerscheinungen. Werden die heiligen Orte beschrieben, steht hier, wie bereits betont, nicht die eigene Erfahrung im Vordergrund, sondern das bekannte und aus Büchern erworbene Wissen wird wiedererzählt und in der Wiederholung aktualisiert. Einen anderen Status gegenüber dem Heilswissen besitzt die Vermittlung von Wissenswertem, das auf der Pilgerreise begegnet.[169] Ab dem 13. Jahrhundert tritt diese enzyklopädische Funktion zur Vermittlung des Heilswissens mit der Imaginierung der Pilgerreise hinzu. Damit gewinnt auch der Unterhaltungseffekt an Bedeutung.

Petrarcas Worte geben anschaulich einem neuen Interesse Ausdruck, das sich seit dem 13. Jahrhundert in den Pilgertexten beobachten lässt.[170] In den Texten wird zunehmend Bezug auf die fremde Umgebung genommen. Die Texte setzen sich mit dieser erzählerisch auseinander. Zugleich beschäftigen sich die Autoren vermehrt mit dem Islam wie zum Beispiel Ricoldus de Monte

---

166 Petrarca, *Itinerarium ad sepulcrum Domini nostri*, Edition: LO MONACO (1990), Kap. 69. Vgl. die Einführung in der Ausgabe von CACHEY 2002. Petrarcas *Itinerarium* ist ein Sonderfall innerhalb der Gattung der Pilgertexte: Petrarca reist nicht durch eine christliche Welt, sondern durch eine Welt voller Spuren der Antike. Aufgrund dieser Sonderstellung wird der Text in der vorliegenden Arbeit nicht untersucht.

167 Vgl. S. 115 f.

168 Ein Beispiel ist die Schilderung der Stadt Alexandria (2,30), die in weiten Teilen auf einer schriftlichen Quelle basiert. S. dazu Anm. auf S. 14.

169 Zu wissensvermittelnder Literatur im Mittelalter allgemein vgl. BRUNNER und WOLF (1993) WOLF (1987), siehe auch FUHRER (2012).

170 Vgl. die allgemeine Diskussion von GRABOÏS (2003) 530 f.

TEXTMERKMALE

Crucis.[171] Mit der Entwicklung zu neuen Inhalten kommt zu den Funktionen der Texte die enzyklopädische Gebrauchsfunktion hinzu.[172] Diese Entwicklung setzt sich im 14. Jahrhundert fort. Es ist ein breiteres Interesse an Themen wie Klima, Flora und Fauna sowie wirtschaftlichen Aspekten zu beobachten. Diese Tendenz zeigt sich besonders in den Passagen über Ägypten.[173] Ein Beispiel dafür ist die Beschreibung von exotischen *mirabilia*. Die Erzählstrategien, mit denen diese neuen Inhalte vor Augen gestellt werden, so wird sich in der Einzelanalyse zeigen, entsprechen den bereits für biblische Inhalte vorgestellten Strategien. Daneben bleiben die Texte deutlich von dem Interesse am biblischen Ägypten bestimmt:[174] Die enzyklopädische Funktion kommt als zusätzliche Funktion hinzu, wie die Untersuchung der Schriften des Burchardus de Monte Sion, des Wilhelm von Boldensele und des Ludolf von Sudheim zeigen werden. Im Vergleich zu den anderen Texten des 14. Jahrhunderts sieht man bei Symon Semeonis weitaus mehr Interesse an kulturellen, wirtschaftlichen sowie ethnographischen Aspekten und beschreibt sie nach eigenen Beobachtungen.

Die neue inhaltliche Ausrichtung hat eine neue Textstruktur zur Folge. Die Angabe zusätzlicher Informationen führt vielfach zu einem Aufbrechen der linearen Erzählung. Exkurse werden eingefügt oder der Text wird insgesamt neu organisiert. Konstitutiv für die Texte ist neben den inhaltlichen Neuerungen eine Veränderung im Aufbau des Textes. So wird die lineare Beschreibung des Pilgerweges von Exkursen unterbrochen. Exkurse werden nicht nur zwischen den einzelnen Stationen eingeschoben, sondern auch innerhalb der Erzählung über heilige Orte.

Das Hinzukommen enzyklopädischer Inhalte löst jedoch die Inhalte der bislang untersuchten Texte nicht ab, sondern ergänzt sie. Die enzyklopädische Struktur legt sich über die bereits in den untersuchten Texten vorliegende biblische Strukturierung. Mechanismen, Erzählstrategien und Funktionsweisen der Texte bleiben bestehen. So zeigt sich am Beispiel der *Descriptio* des Burchardus deutlich, dass der Text neben der enzyklopädischen Ausrichtung die Funktion einer imaginierenden Pilgerreise besitzt.

---

171 Vgl. S. 177 f. Zur Beschäftigung der Autoren mit dem Islam vgl. S. 268 f.
172 So JAHN (1993) 34 im Zusammenhang mit Ludolf von Sudheim. Vgl. zur enzyklopädischen Literatur einführend MEIER (2002).
173 Vgl. S. 273 f.
174 Vgl. auch GRABOÏS (2003) 531.

66   KAPITEL 3

3.2.2   *Pilgertext,* memoria *und Imagination*

Hoc autem studio idcirco nos desudasse lector omnis agnoscat, ut ex hac ipsa lectione sive narratione Christum in memoria semper discat habere et eum in memoria retinens studeat amare (...).[175] Im 12. Jahrhundert beschreibt Theodericus in dem Prolog zu seinem Pilgertext den Zusammenhang zwischen der Lektüre des Textes (*lectio sive narratio*) und der *memoria*.

Im rhetorischen System spielt die *memoria,* der *thesaurus eloquentiae,*[176] als einer der fünf *partes orationis* eine wichtige Rolle. Die antike Mnemotechnik[177] funktioniert nach einem räumlichen Vorstellungsprinzip. Sie arbeitet mit „imaginierten Räumen".[178] Als Basis wird z.B. ein Gebäude gedacht, in dem die verschiedenen zu memorierenden Punkte als *loci* (*topoi, sedes*) kombiniert mit memorierbaren, markanten *imagines* abgelegt werden.[179] Die Grundlage dafür kann nicht nur ein Haus bilden, sondern auch ein langer Weg, die Darstellung einer Stadt oder ein Bild sein: *quod de domo dixi, et in operibus publicis et in itinere longo et urbium ambitu et picturis fieri potest* (*Institutio oratoria* 11,2,21).

Die antike Tradition architektonischer Mnemonik wirkte auf die mittelalterliche klösterliche Gedächtniskunst.[180] Ein plastisches Beispiel für ein mentales Bauwerk des Mittelalters ist die Arche des Hugo von St. Victor.[181] Die Arche, deren Darstellung sich genau an den Angaben der Bibel (Gen 6,13 ff.) orientiert, wird zum „Organisationsmodell biblischen Wissens".[182] Aleida Assmann spricht hier von der Entstehung einer „Gedächtnis-Architektur, einer geistigen Topographie".[183]

Auf der Basis der *ars memorativa* als einer geistigen Topographie lassen sich Pilgertexte, die sozusagen eine geistige Topographie des Heiligen Landes[184] kre-

---

175   Theodericus, *Libellus de locis sanctis* Z. 13–16. Siehe dazu unten S. 163 f.

176   Vgl. z.B. Quintilian, *Institutio oratoria* 11,2,2.

177   Vgl. besonders *Rhetorica ad Herennium* 3,28–40. Cicero, *De oratore* 2,350–360. Quintilian, *Institutio oratoria* 11,2,1–26. Vgl. einführend WALDE (2006), KROVOZA (2001), grundlegend YATES (1966), siehe auch den Sammelband *Gedächtniskonzepte in der Literaturwissenschaft,* ERLL und NÜNNING (2005).

178   ASSMANN (1997) 60.

179   Vgl. z.B. Quintilian, *Institutio oratoria* 11,2,17–20.

180   Vgl. CARRUTHERS (1998) 243.

181   Vgl. *De arca Noe morali.* Edition: SICARD (2001), CCCM 176. Vgl. dazu die Diskussion z.B. bei ASSMANN (1999) 115 ff., CARRUTHERS (1998) 243 ff., siehe auch WANDHOFF (2003) 106 ff.

182   WANDHOFF (2003) 106.

183   ASSMANN (1999) 116. Zur Deutung der Arche im Zusammenhang mit der allegorischen Auslegung „als Beispiel systembildender Allegorese", nach der die Einzelauslegung innerhalb des Systemganzen überprüft wird, vgl. ARIS (1996) 42 f., MEIER-STAUBACH (1990), OHLY (1983).

184   Nicht nur die Topographie des Heiligen Landes, sondern auch Gebäude werden in zahlrei-

TEXTMERKMALE

ieren, als Memorialtexte fassen.[185] Nach diesem Verständnis kann der „lange Weg" (*iter longum, Institutio oratoria* 11,2,21), die Wegstrecke der beschriebenen Pilgerreise, die Basis für eine Memorierung biblischen Geschehens sein.

Memorierbare *imagines* können z.B. noch sichtbare Zeichen biblischen Geschehens sein. Ein markantes Beispiel, das in den Pilgertexten zu finden ist, stellt die Flagellationssäule in Text und Bild bei Adomnan (s. Abb. 1 auf S.61) dar. Die diagrammatische Darstellung verdeutlicht plakativ ein grundlegendes Prinzip der Texte, nämlich die Verbindung Ort – sichtbares Zeugnis – biblisches Ereignis.[186]

Um den Zusammenhang der Pilgertexte mit Memorierung und Imagination greifbar zu machen, muss man zunächst zwischen der Memorierungs- und Imaginationsleistung, die der Text beschreibt, einerseits und der möglichen Memorierungs- und Imaginationsleistung eines Rezipienten dieses Textes andererseits unterscheiden.

Deutlich fassbar ist zunächst der Memorierungs- und Imaginationsakt auf der Pilgerreise, der im Text beschrieben wird. Auf der Basis von Bibelwissen wird das biblische Ereignis vor Ort memoriert und imaginiert. Exemplarisch dafür ist Hieronymus' Brief an Marcella,[187] in dem Hieronymus das Sichtbarwerden einer Reihe heilsgeschichtlicher Ereignisse beim Betreten des heiligen Grabes ausdrückt: *quod quotienscumque ingredimur, totiens iacere in sindone cernimus salvatorem* (…). Diese Worte greift im 13. Jahrhundert ein Autor eines Pilgertextes auf und verarbeitet sie ausführlich im Prolog.[188] Der zitierte Beginn der Hieronymuspassage veranschaulicht, wie die Pilgerreise mit Aspekten von *memoria* und Imagination verknüpft ist. Basierend auf Bibelwissen (hier Io 20,7) führt die Anwesenheit an dem Ort des Heilsereignisses und dem Vor-Augen-haben eines sichtbaren Zeugnisses dieses Heilsereignisses (*sepulchrum domini*), verbunden mit einer Bewegung (*ingredimur*) zu einem „inneren" Seh-

---

        chen Pilgertexten ausführlich beschrieben, die als mentale Gebäude für die dort zu verortenden biblischen Geschehnisse verwendet werden können. In der Schrift des Adomnan sind dem Text als Memorierungshilfe Zeichnungen beigegeben, vgl. S. 125 ff.

185   Vgl. CARRUTHERS (1998) 40 f. „Jerusalem pilgrimage as a map for remembering." So betont auch OUSTERHOUT (2012) 144, dass Jerusalem durch die Besetzung mit biblischen Geschehnissen zu einer Art meditativen Karte („meditative map") werden kann.

186   Vgl. besonders den Zusammenhang mit der Passion Christi: CARRUTHERS (1998) beschreibt die Memorierungstechniken im Mittelalter ausführlich, die besonders das Leben und die Passion Christi fokussieren. CARRUTHERS (1998) 10 ff. Vgl. auch SIEW (2014) 89 f. Siehe auch zur Passionsfrömmigkeit unten S. 190 f.

187   Hieronymus, *epist.* 46,5,3. Vgl. dazu unten S. 113 f.

188   Burchardus de Monte Sion im Prolog seiner *Descriptio terrae sanctae*, vgl. dazu unten S. 251 f.

erlebnis (*cernimus*). Auslöser für das innere Sehen ist somit das äußere Sehen oder dessen Beschreibung innerhalb der Narration. Im lesenden Nachvollzug verschwinden so die Grenzen zwischen äußerem und innerem Sehen.[189] Im Prozess der Lektüre wird das erzählte äußere Sehen der Heilsorte zu einem inneren Sehen mentaler Bilder.

Auf der tatsächlichen Pilgerreise kann durch das innere Sehen von Heilsereignissen die zeitliche und eigentlich unüberwindbare Entfernung zum Heilsereignis überbrückt werden. Denn die Anwesenheit des Individuums am Heilsort lässt die zeitliche Distanz schwinden. Verstärkt wird dieser Gesichtspunkt durch die Leistung, das jeweilige Heilsereignis zu imaginieren, und durch die Jerusalemer Liturgie,[190] die an den jeweiligen Tagen des Kirchenjahres durch liturgische Praktiken das Heilsgeschehen nachvollzieht und vergegenwärtigt. In zahlreichen Pilgertexten zeigt sich das Bemühen, den Besuch des Heilsortes am „richtigen" Tag des Kirchenjahres zu beschreiben.[191]

Diese Art der Memorierung und Imagination ist abhängig von dem Ort als räumlichem Ausgangspunkt. Der Ort des Heilsereignisses ist dafür wie kein anderer geeignet. Denn dieser Ort ist durch die *virtus* Christi aufgeladen,[192] die sich von diesem Ort aus auf den dort Anwesenden überträgt. Insofern die heiligen Orte diese *virtus* übertragen, sind sie als Medien zu verstehen.[193] Zentral ist hierbei, dass heilige Orte wie Reliquien nicht als statisch aufgefasst werden, sondern dass sie „durch Schrift, Artefakte und Performanzen in ihrer heilsvergegenwärtigenden Funktion konfiguriert werden."[194] In diesem Zusammenhang lassen sich die Texte auch als Dokumentation, ja als Markierung von Heilsorten bestimmen, sofern diese nicht durch Kirchen oder *landmarks*[195]

---

189 Dem entspricht die Beobachtung, die LARGIER (2014) für den Bereich von Gebet und Meditation macht. Die Distinktion zwischen Innerem und Äußerem, die er am Beispiel des 12. und 13. Jahrhunderts untersucht, ist verändert: „Where theories of religious anthropology seem to propose an opposition between interior and exterior (...) practices of prayer formulate a dynamic relationship where interior and exterior turn into aspects of communication, conversion and transformation" (58).

190 Vgl. dazu den zweiten Teil des *Itinerarium Egeriae*. Insgesamt BUCHINGER (2012) mit weiterer Literatur.

191 Vgl. z.B. den Besuch der Taufstelle im *Itinerarium* des Anonymus von Piacenza unten S. 123f. oder die Beschreibung der Anwesenheit Arculfs an der Himmelfahrtskirche am Tag der Himmelfahrt, vgl. unten S. 154f.

192 Vgl. dazu ANGENENDT (2007) 155f.

193 Vgl. KOCH und SCHLIE (2016) 10.

194 Vgl. KOCH und SCHLIE (2016) 10, Anm. 4.

195 Vgl. S. 51. Die Markierung der Orte als Heilsorte ist zentral. So zeigt z.B. die Verbindung von Orten mit dem Ereignis der Kreuzesauffindung durch Helena, dass die heiligen Orte der Bibel mit historisch bedeutenden Ereignissen, mit „Monumenten einer frühen Institutio-

TEXTMERKMALE

fixiert sind. So erklärt sich, dass sich Heilsorte über die Jahrhunderte bewegen, dass sie verschwinden oder neu auftauchen.[196]

Es ist wesentlich, dass sich das Subjekt körperlich an dem heiligen Ort aufhält, um Anteil an der *virtus* zu haben. Eben dieses zentrale Element, die Anwesenheit am Heilsort, fehlt dem Rezipienten des Pilgertextes. Ebenso hat der Rezipient kein sichtbares Zeugnis des Heilsereignisses vor Augen.[197] Allein das Bibelwissen, auf dem die Wahrnehmung der Heilsorte basiert, besitzt der Rezipient des Pilgertextes ebenso wie der reale Pilger.

Der Text substituiert demnach die Anwesenheit vor Ort sowie das Vor-Augen-Haben eines sichtbaren Zeugnisses des Heilsereignisses. Im Pilgertext wird der Heilsort, das genannte Zeugnis oder die Kirche am Heilsort dem Leser vor Augen gestellt. Die diagrammatische Darstellung der Basilika am Berg Sion im Text Adomnans von Iona (Abb. 1, S.61), die bereits im Rahmen der Untersuchung der Zeitstruktur der Texte erwähnt wurde, visualisiert diese Verbindung von Ort, biblischem Ereignis und Kirche.[198] Die diagrammatische Darstellung, die ich als *figuratio* bezeichne,[199] führt die bereits beschriebene Charakteristik der Texte vor Augen, die Heilsorte als Orte, an denen etwas geschah, zu bezeichnen.[200] In besonderer Weise wird hier die Flagellationssäule durch eine schematische Darstellung hervorgehoben. Zentral für das Verständnis der Pilgertexte ist die wiederkehrende Kennzeichnung der Orte mit *hic* – „hier". *Hic columna marmorea, locus hic caenae domini, hic spiritus sanctus* (…). Durch die Verwendung von *hic* wird die Anwesenheit an dem jeweiligen Ort suggeriert.[201]

Im Pilgertext werden die Orte nicht einfach beschrieben, es kommt eine zusätzliche Instanz hinzu: die Beschreibung eines Subjekts, das sich durch die Orte bewegt, die Orte wahrnimmt und das Heilsereignis memoriert und/oder

---

       nalisierung, Transformation und Translation christlicher Grundlagen", in Zusammenhang gebracht werden. KIENING (2011) 184. Dies dokumentieren auch die zahlreichen Beschreibungen der Kirchen, allen voran der Grabeskirche. Vgl. HALBWACHS (2003) 164 f. „Die heiligen Stätten waren nicht mehr nur jene Orte, die dem Wirken Jesu zur Bühne wurden, sondern geweihte Orte, auf welchen die wesentlichen Wahrheiten des Christentums das Denken der Gläubigen verwies."

196   Vgl. dazu unten S. 82, wo das Verhältnis heiliger Ort – Text wie das Verhältnis Reliquie – Titulus bestimmt wird.

197   Davon zu differenzieren sind Lektüremodi ab dem 15. Jahrhundert, die mithilfe von Reliquien wie Steinchen oder Erde und performativen Praktiken operieren, vgl. dazu S. 218 f.

198   Vgl. ausführlich zu Adomnan und den vier Zeichnungen zum Text, S. 134 ff.

199   Vgl. dazu S. 136 f.

200   Vgl. S. 52 f.

201   Vgl. zu Positionszeigewörtern S. 56 f.

imaginiert. Dabei handelt es sich in den meisten Texten um den Erzähler.[202] Der Erzähler vermittelt seine Bewegung und seine Wahrnehmung. Im Text kommt so auch eine weitere zeitliche Ebene hinzu, die Reisezeit des Erzählers. Dadurch, dass diese weitere Instanz eingeschoben wird, erscheint die Darstellung zunächst nicht als unmittelbar. Wie in den Texten dennoch Unmittelbarkeit generiert wird, zeigt der Abschnitt über die *evidentia*.[203]

Zusammenfassend lässt sich sagen, dass der Pilgertext also grundsätzlich eine Bewegung und ein Sehen beschreibt. Die Lektüre ist zunächst Nachvollzug dieser Bewegung und dieses Sehens – ungeachtet der Disposition des Rezipienten. Gegenüber dem realen Pilgerreisenden ist von dem Rezipienten des Textes eine weitaus größere Memorierungs- und Imaginationsleistung gefordert. Während der reale Pilger „nur" das Heilsereignis memoriert und imaginiert, ist von dem Rezipienten des Textes Heilsort, sichtbares Zeugnis des Heilsgeschehens und das Heilsereignis selbst zu imaginieren.

Dazu kann zusätzlich der Nachvollzug performativer Akte kommen. Die tatsächliche *peregrinatio* besitzt eine deutlich performative Dimension, die durch die Narration weitergegeben wird. Sie ist verbunden mit körperlichem Vollzug. An den Heilsorten werden verschiedene liturgische, rituelle oder imitative Praktiken ausgeführt, durch die sich der Besucher eine größere Nähe zur Heilsgeschichte schafft. Diese Vollzüge werden textuell manifestiert. Die narrative Fixierung des an sich einmaligen Akt des Pilgerns führt zu einer Ablösung der Pilgerhandlung von ihrem lebensweltlichen Vollzugsraum. Die Verschriftlichung bedeutet nicht nur die Dokumentation der Pilgerfahrt, sondern sie macht diese in der Imagination wiederholbar. Auf diese Weise wird ein Schema geschaffen, mithilfe dessen die Pilgerfahrt in der Lektüre nachvollzogen werden kann.[204] Im Nachvollzug ist auf diese Weise punktuell ebenso eine Heilserfahrung erlebbar wie im realen Pilgerakt. Zentral für den Nachvollzug ist das narrativ angeleitete Sehen, das den Stimulus für eine Imagination des Heilsortes darstellt und so die Imagination des zugehörigen Heilsereignisses ermöglicht.

Für die Untersuchung der Pilgertexte spielt sowohl das äußere Sehen, das körperliche Betrachten der heiligen Stätten, als auch das innere Sehen, das im nächsten Abschnitt Thema ist, eine zentrale Rolle. Bei dem inneren Sehen, das als ‚Sehen mit den *oculi mentis*' oder ähnlichen Wendungen bezeichnet wird, ist zu unterscheiden zwischen dem inneren Sehen der Heilsgeschichte, das

---

202   Zur Ausnahme im Text Adomnans vgl. S. 131 f. Vgl. zum Erzähler S. 38 f.
203   Vgl. dazu Kapitel 3.2.5.
204   Vgl. dazu die Überlegungen von Kiening zur „Prozessionalität der Passion" in KIENING (2011) 177 und 183.

TEXTMERKMALE

von dem Autor des Pilgertextes als Reaktion auf das äußere Sehen beschrieben wird, und dem inneren Sehen der heiligen Stätten und der Heilsgeschichte, das sich durch den Stimulus der textuellen Repräsentation des äußeren Sehens manifestiert.

Das innere Sehen mit den *oculi mentis* als Visualisierung biblischer Szenen zielt auf die Imagination biblischen Geschehens im Sinne eines Vor-Augen-Stellens[205] des Vergangenen ab. Dieses innere Sehen wird zum Teil kontrastierend zum äußeren Sehen genannt. So spricht z.B. innerhalb der Texte des 12. Jahrhunderts Johannes von Würzburg von dem körperlichen Blick (*intuitu corporeo*, Z. 24). Im 13. Jahrhundert verwendet Burchardus de Monte Sion *intuitus mentis* im Gegensatz zum körperlichen Betrachten mit den *oculi corporei* (vgl. S. 251). Ricoldus de Monte Crucis nennt die *oculi corporei* für das äußere Sehen und die *oculi fidei*,[206] mit denen Heilsgeschehen erblickt wird.[207] Im Heiligen Land wird durch die Dokumentation der Pilgertexte so die historische Wahrheit der Figur Jesus Christus erblickbar. Die *oculi fidei* oder die *oculi mentis* werden in den Pilgertexten nicht im Zusammenhang mit der Gotteserkenntnis oder der Schau der Wahrheit des Glaubens verwendet, sondern im Zusammenhang mit der Visualisierung biblischen Geschehens. So wird die bereits in der klassischen Antike vorliegende Vorstellung der *oculi mentis* (vgl. Quintilian *inst.* 8,3,62) in der Spätantike von christlichen Autoren übernommen. Zu der Vor-

---

205 Vgl. Zum Vor-Augen-Stellen als Verfahren rhetorischer Bildgebung CAMPE (1997).

206 Vgl. dazu unten S. 190.

207 Der Ausdruck *oculi fidei* wird schon von Hieronymus im Zusammenhang mit dem Besuch eines Heilsortes verwendet – im Rahmen des *Epitaphium Paulae* (*epist.* 108), in dem die Pilgerreise der Paula (vgl. unten S. 110 f.) geschildert wird. Nach dem Material bei SCHLEUSENER-EICHHOLZ (1985) 1059 wird die Frömmigkeitsmetapher *oculi fidei* seit Hilarius gebraucht. Da diese Augen nur der Fromme besitzt (Ambrosius, *Expositio psalmi CXVIII* 11,7 (CSEL 62,237), vgl. SCHLEUSENER-EICHHOLZ (1985) 1060), kann die Verwendung des Ausdrucks im Epitaph Paulas als Hommage an ihre Frömmigkeit verstanden werden. Nach Augustinus können die *oculi fidei* nicht nur die Inhalte des Glaubens, sondern sogar die Wahrheit des Glaubens schauen, Augustinus, *epist.* 120,8 (CSEL 34,711), vgl. SCHLEUSENER-EICHHOLZ (1985) 1060. Dieser Gebrauch der Wendung *oculi fidei* entspricht nicht der Bedeutung in den Pilgertexten. Nach Gregor dem Großen lässt sich mit den Augen des Glaubens die ganze Heilsgeschichte erblicken: *Libet autem ab exortu sanctae ecclesiae fidei oculos usque ad finem mundi tendere.* Gregorius Magnus, *Homiliae in Ezechielem* 2,8,22 (CCSL 142,352 f.), vgl. SCHLEUSENER-EICHHOLZ (1985) 1062 f. In der Chronik Hugos von Flavigny wird über die Pilgerreise des Richard von St. Vanne (11. Jahrhundert) erzählt: *Ingrediente Domino in sanctam civitatem (…) Christum crucifixum, qui est super omnia Deus benedictus in secula, adorans, et locum sepulchri eius oculis fidei veneranter amplectens, Chron.* 19, S. 395,20 ff., Edition: PERTZ (1848), vgl. SUMPTION (1975) 142.

stellung des *oculus mentis*[208] tritt der Aspekt der höchsten Wahrheitserkenntnis hinzu: „*Acies mentis* and equivalent phrases (*oculus mentis, oculus cordis, intellectus*) designate the highest part, function or act of the human intellect, that intuits truth directly.“[209] Von den Kirchenvätern wird als Ziel dieser inneren Schau, des Sehens mit den *oculi mentis*, die Gotteserkenntnis gesetzt, wie ein Beispiele aus Hieronymus' Jesajakommentar zeigt: *non (...) divinitatem (...) oculi carnis possunt aspicere, sed oculi mentis* (6,1). Auf dem Zusammenhang mit der Gottesschau und Gotteserkenntnis beruht die Bedeutung des inneren Sehens im Mittelalter.[210] Die Unterscheidung zwischen innerem und äußerem Sehen wird von frühen christlichen Autoren wie Ambrosius, Hilarius und Augustinus entwickelt.[211] Erst im 12. Jahrhundert formiert sich ein weiterer Schwerpunkt in der Beschäftigung mit diesem Thema bei Autoren wie Hugo von St. Victor, Richard von St. Victor oder Bernhard von Clairvaux.[212] Die Unterscheidung zwischen *oculi carnis* oder *oculi corporis*[213] und *oculi mentis, oculi cordis* oder *oculi spiritales*[214] ist ein „zentraler Topos mittelalterlicher Theologie und Frömmigkeitspraxis“.[215] Das Sehen mit den körperlichen Augen ist begrenzt auf die sichtbare Welt, während das geistige Auge auch in den Bereich des Nicht-Sichtbaren, des Transzendenten vordringen kann. Seit Augustinus wird diese Unterscheidung verwendet, „um die unterschiedlichen Erkenntnismöglichkeiten des Menschen – auch hinsichtlich der *visio Dei* – herauszustellen“.[216]

In den Pilgertexten spielt diese Möglichkeit der Gottesschau mit den *oculi mentis* keine Rolle.[217] Es handelt sich um ein anderes Konzept: Nicht die Got-

---

208 Vgl. dazu Ambrosius, *Expositio psalmi CXVIII* 17,11 (CSEL 62,4 f.): *oculi enim mentis isti sunt, oculi scilicet interioris hominis.*

209 VAN FLETEREN (1999) 5 f.

210 Diskutiert bei WANDHOFF (2003) 24.

211 Vgl. SCHLEUSENER-EICHHOLZ (1985) Bd. 2, 931–1075.

212 Vgl. SCHLEUSENER-EICHHOLZ (1985) Bd. 2, 1074 f.

213 Vgl. zur Diskussion und zu ähnlichen Ausdrücken SCHLEUSENER-EICHHOLZ (1985) Bd. 2, 935 f. Zur inneren Schau vgl. GANZ (2006), LENTES (2002), SCHUPPISSER (1993).

214 Dazu und zu vergleichbaren Bezeichnungen SCHLEUSENER-EICHHOLZ (1985) Bd. 2, 958 f.

215 GANZ (2006) 113. Vgl. dazu auch HAMM (2011).

216 SCHLEUSENER-EICHHOLZ (1985) 947. Für die Erkenntnis des Göttlichen wird bei zahlreichen Autoren ein drittes Auge bestimmt, z. B. bei Ps-Augustinus die *visio intellectualis* (*De triplici habitaculo*, PL 40,997 f. Diskutiert bei SCHLEUSENER-EICHHOLZ (1985) Bd. 2, 959 f.) oder bei Hugo von St. Victor der *oculus contemplationis. De sacramentis*, PL 176, 329Cf. Diskutiert bei SCHLEUSENER-EICHHOLZ (1985) Bd. 2, 961 und 987 f. Zur *contemplatio* vgl. ARIS (1996) 65 f.

217 Direkt Bezug genommen wird auf die Augen als Instrument zur Gottesschau nur von Wilhelm von Boldensele, vgl. S. 264 f.

tesschau sondern die Visualisierung biblischer Szenen mit den *oculi mentis* ist entscheidend. Grundlegend ist dafür die physiologische Vorstellung der *imaginatio* als zentraler Ort der Entstehung mentaler Bilder.

3.2.3 Imaginatio: *mentale Bilder und Lektüre*

Unde igitur evenit, ut, quae non vidimus, cogitemus? Diese Frage stellt Augustinus in einem Brief an Nebridius (*epist.* 7,3,6, CSEL 34,17), in dem er sich mit dem Zusammenhang von *memoria* und *imagines* auseinandersetzt[218] und dagegen argumentiert, dass die Phantasie die Bilder unabhängig von der sinnlichen Wahrnehmung kreiere. Nach Augustinus' Ansatz gehen alle mentalen *imagines*, auch die selbst erdachten, in Teilen auf sinnliche Wahrnehmung zurück.[219] Wasser in einem Becher gesehen zu haben, reicht für das Kind Augustinus aus, so das Beispiel in diesem Brief, das nie erblickte Meer zu imaginieren: *Ita nos pueri apud mediterraneos nati atque nutriti vel in parvo calice aqua visa iam imaginari maria poteramus* (7,3,6).

Die Ausführungen des Augustinus über *imaginatio* und *phantasia* hatten weitreichende Einflüsse auf die mittelalterlichen Imaginationstheorien.[220] Diese Theorien zeichnen sich durch ihre Komplexität aus und unterliegen in den mehr als tausend Jahren, die zwischen dem Text der Egeria und dem des Felix Fabri liegen, einem deutlichen Wandel.[221] Ich greife daher in dem vorliegenden Kapitel nach einem kurzen Überblick exemplarische Texte heraus, an denen sich besonders die Verbindung von Imagination und Lektüre zeigen lässt. Dieser Zusammenhang ist für die Interpretation der Pilgertexte zentral. Ein aufschlussreiches Beispiel für die Imagination von Bildern durch Lektüre[222] ist der bereits genannte Brief des Augustinus an Nebridius. Die *imaginatio* in diesem Sinne ist die kreative Fähigkeit, sich Unbekanntes und nie Gesehenes vorzustellen. Diese Produktivität, die auch den modernen Imagina-

---

218   Vgl. dazu ausführlich auch *Confessiones* 10, 8–26.

219   Siehe dazu auch unten S. 76. Vgl. zu *imaginatio* bei Augustinus PIETSCH (2004–2010), zu *imago* BOCHET (2004–2010).

220   Vgl. zu dieser Wirkung PALMÉN (2014) 24.

221   Vgl. zur *imaginatio* PALMÉN (2014), EUSTERSCHULTE (2014), KARNES (2011), LOBSIEN und LOBSIEN (2003), MEIER (2003b), PARK (1997), COCKING (1991), CHENU (1946), immer noch grundlegend im Überblick BUNDY (1927), vgl. auch LECHTERMANN (2005) 48 ff., WANDHOFF (2003) 24 f., BUMKE (2001) 35 ff.

222   Vgl. allgemein über die Verbindung von Imagination und Literatur: „Die Existenz von Bildern im Geiste steht (…) für die mittelalterliche Kultur völlig außer Frage – und damit zugleich die Vorstellung, dass auch die Literatur letztendlich eine Art Bildmedium ist." WANDHOFF (2003) 28.

tionsbegriff ausmacht,[223] ist nur ein Aspekt der antiken und mittelalterlichen φαντασία/*imaginatio*, bei der der Hauptaspekt auf einer Reproduktion liegt.

Imaginatio ist in der philosophischen Diskussion seit Aristoteles einer der inneren Sinne und eines der Seelenvermögen. Die philosophisch-theologische Diskussion über die Imagination im Mittelalter ist durch Komplexität und Vielfalt gekennzeichnet: „There is no consistent medieval theory of imagination" (177) urteilt schon M.W. Bundy im Jahr 1927 in einer bis heute zentralen Untersuchung zur Imagination im Mittelalter.

Innerhalb der Theorien der Imagination des Mittelalters gibt es grundsätzlich zwei große Traditionslinien, die sich jedoch auch überschneiden können.[224] Neben den Texten, die sich auf eine neuplatonische Tradition stützen, stehen Texte, die an aristotelisches Gedankengut anknüpfen.[225] Die neuplatonische Richtung akzentuiert verstärkt den Erkenntnisaufstieg des Menschen, die zweite, aristotelische Richtung stellt im Unterschied dazu die physiologischen Prozesse im Zusammenhang mit den Seelenvermögen ins Zentrum. Galenisch-medizinische Einflüsse finden sich auch innerhalb der neuplatonischen Tradition, vermehrt aber in der aristotelischen Tradition.[226] Die aristotelische Lehre über die Seelenvermögen verbreitet sich durch Boethius, Cassiodor oder schließlich im 12. und im frühen 13. Jahrhundert durch Aristoteles-Übersetzungen und Kommentare sowie die Verfügbarkeit der Schriften von Avicenna und Averroes.[227]

Im Frühmittelalter beschäftigt sich Alcuin in der Schrift *De ratione animae*,[228] auf die ich im Folgenden eingehe, mit der Beschaffenheit der Seele.

Die Theorien, die mit dem Erkenntisaufstieg zusammenhängen, sind für meine folgenden Überlegungen nicht relevant.[229] So entstehen im 12. Jahrhundert zahlreiche Traktate über die Seele, in denen die *imaginatio* in enger

---

223 Vgl. z.B. den Artikel „Einbildungskraft/Imagination" in *Ästhetische Grundbegriffe*, SCHULTE-SASSE (2001) bes. 88–92.

224 Vgl. schon BUNDY (1927) 177 f., siehe auch LECHTERMANN (2005) 52.

225 Bei BUNDY (1927) 178: „mystical" und „empirical".

226 Für einen Überblick über die Theorien verweise ich auf die Einleitung von PARK (1997) 21–40 in der Edition von Gian Francesco Pico della Mirandola, *De imaginatione*.

227 Vgl. zur Aristoteles-Rezeption im Mittelalter z.B. HONNEFELDER (2016), DOD (1982), siehe auch BUMKE (2001) 35. Zur φαντασία bei Aristoteles z.B. BUSCHE (2003), RAPP (2001).

228 Vgl. zur Bedeutung von *De ratione animae* GODDEN (1985).

229 Z.B. auch Pseudo-Dionysius Areopagita und Eriugena, vgl. dazu MEIER (2003b) 175 ff. *Imaginatio* wird vorwiegend im Plural verwendet und bezieht sich damit nicht auf das Seelenvermögen, sondern auf die inhaltliche Dimension der Vorstellungen (vgl. dort S. 177). Vgl. allgemein auch LECHTERMANN (2005) 51.

TEXTMERKMALE

Verbindung mit dem Erkenntnisaufstieg steht: z. B. von Hugo von St. Victor,[230] Richard von St. Victor,[231] Wilhelm von St. Thierry oder Isaak von Stella. Johannes von Salisbury widmet dem Thema zwar keine eigene Schrift, geht aber im Rahmen des *Metalogicon* auf die *imaginatio* ein. Im 12. Jahrhundert findet das Thema Eingang in die enzyklopädischen Schriften.[232]

Gemeinsam ist den mittelalterlichen Theorien, dass die *imaginatio* als einer der inneren Sinne gesehen wird. Im Anschluss an Augustinus entwickelt sich das System von drei (oder mehr) inneren Sinnen: *imaginatio, ratio/cogitatio* und *memoria*, das in ähnlicher Form in den verschiedenen Traktaten auftaucht, wobei die Anzahl der Sinne variieren kann. Diese Dreiteilung geht zurück auf Galen.[233]

Der körperliche Ort der *imaginatio* ist das Gehirn. Im Anschluss an das physiologische System Galens, der das Wahrnehmungsvermögen anders als Aristoteles nicht im Herzen, sondern im Gehirn verortet,[234] werden die inneren Sinne verschiedenen Gehirnventrikeln zugeordnet.[235]

Die Drei-Zellen-Lehre des Gehirns wird ab dem 12. Jahrhundert von Autoren wie Wilhelm von Conches oder Bartholomaeus Anglicus aufgenommen.[236] Ich greife das Beispiel Wilhelms von Conches heraus, der die Drei-Zellen-Lehre beschreibt: *In capite sunt tres cellulae: una in prora, altera in puppe, tertia in medio. Prima vero cellula dicitur phantastica, id est visualis, in ea enim anima videt et intelligit (...) Media cellula dicitur logistica, id est rationalis, in ea enim discernit anima res visas (...) Postrema cellula dicitur memorialis, quia in ea exercet anima memoriam.*[237] Der Bereich der *imaginatio* wird als visueller Bereich (*visualis*) bezeichnet, in dem die Seele sieht (*anima videt*). Das ist der Ort, an dem mentale Bilder generiert werden.

Die sinnliche Wahrnehmung wird durch die *imaginatio*/φαντασία, die seit Aristoteles als Vermittlungsinstanz zwischen Wahrnehmung (αἴσθεσις) und Vernunft (νόησις) verstanden wird,[238] in ein Bild geformt. „Besondere Aufmerk-

---

230 Vgl. z. B. MEIER (2003b) 175 ff.
231 Vgl. hierzu PALMÉN (2014).
232 Dazu MEIER (2003b). Zentral für die neuplatonische Tendenz ist die Schrift *De spiritu et anima*, die Alcher von Clairvaux zugeschrieben wird. Vgl. dazu PARK (1997) 32 f. Infrage gestellt wurde die Autorschaft Alchers von RACITI (1961).
233 Galen, *De symptomatum differentiis* 3,7,55 f. Edition: KÜHN (1824). Diskutiert bei PARK (1997) 26.
234 Vgl. PARK (1997) 26.
235 Vgl. mit weiterer Literatur LARINK (2011) 121 f. KLARER (2000) 80 und PARK (1997) 27 f.
236 Vgl. dazu MEIER (2003b) 162 f.
237 *Dragmaticon*, 6,18,4 Edition: RONCA (1977), CCCM 152,240 f.
238 Vgl. Aristoteles, *De anima* 3,3. Siehe dazu KARNES (2011) 31 ff. Aristoteles vergleicht in *De*

samkeit galt dem Punkt, wo Körper und Seele sich berühren, wo die Wahrnehmung der körperlichen Sinne in die Seele eindringt und von den inneren
Sinnen übernommen und verarbeitet wird. Das war in erster Linie die Auf-
gabe der *imaginatio*, die die Eindrücke, die die äußeren Sinne liefern, in Bilder
umsetzt.“[239] Ein Beispiel für dieses reproduktive Verständnis der *imaginatio*
im 12. Jahrhundert bietet Richard von St. Victor in seiner Schrift *De praepara-
tione animi ad contemplationem*, in der die *imaginatio* als vermittelnde Boten-
instanz zwischen *ratio* und *sensus* beschreibt: *Discurrit ergo imaginatio (utpote
ancilla) inter dominam et servum, inter rationem et sensum; et quidquid extrin-
secus haurit per sensum carnis intus repraesentat ad obsequium rationis.*[240] Im
Unterschied zu dem in dieser Passage beschriebenen reproduktiven Verständnis soll es im Folgenden um die kreative Generierung mentaler Bilder, stimuliert durch Lektüre, gehen. Zentral sind Passagen, in denen erläutert wird, auf
welche Weise die Bilder im Kopf auf der Basis der Lektüre entstehen können.
Ein wichtiges Beispiel dafür ist Augustinus.[241]

In dem oben bereits genannten Brief an Nebridius[242] teilt Augustinus die
imagines oder *phantasiae* in drei Arten ein (*epist.* 7,2,4). Bei dem ersten *genus*
handelt es sich um Bilder, die auf Sinneswahrnehmungen basieren wie das Bild
des Vaters oder das einer bekannten Stadt (am Beispiel Karthago). Bei dem
dritten *genus*, das hier keine Rolle spielt, geht es um Bilder im Zusammenhang mit wissenschaftlichen Überlegungen. Die zweite Art hängt mit Lesen
und Hören zusammen und zeigt, wie nach augustinischem Verständnis das
Lesen oder Hören eines Textes dazu führt, dass ein mentales Bild des Gehör-
ten bzw. Gelesenen erzeugt wird. *Alteri generi subiciantur illa, quae putamus
ita se habuisse vel ita se habere, vel cum disserendi gratia quaedam ipsi fingimus
nequaquam impedientia veritatem vel qualia figuramus, cum legitur historia,*

---

      anima 3,3 das Wirken der *phantasia* mit dem willentlichen Vor-Augen-Stellen der *mnemo-
nikoi*, derjenigen, die sich mit der Gedächtniskunst auskennen, 427b14–16. In 432a7–9 differenziert er Wahrnehmungsbilder und *phantasmata*, Bilder der *phantasia*: Phantasmata
sind Wahrnehmungsbilder ohne *hyle*. Vgl. dazu LOBSIEN und LOBSIEN (2003) 24 f. Zentral
ist an dieser Stelle auch die aristotelische Auffassung, dass ohne Vorstellungsbilder keine
vernünftige Erkenntnis möglich ist (431a14 f.). Die *phantasia* wird als „Mittlerinstanz zwischen Sinneswahrnehmung und Vernunftaktivität“ verstanden. EUSTERSCHULTE (2014)
160.

239   BUMKE (2001) 36.

240   *Benjamin Minor* 5 (SC 419). Vgl. dazu ausführlich ARIS (1996) 65 f. Zur Botenvorstellung vgl.
Augustinus, *De Genesi ad litteram* 12,24 (CSEL 28,416 f.) und Alcuin, *Liber de animae ratione*
7 (PL 101, 642A). Siehe auch CARRUTHERS (1998) 119. Zur „Mittlerinstanz“ vgl. auch Aristoteles, *De anima* 3,7.

241   Vgl. zu Augustinus in diesem Zusammenhang STOCK (1996).

242   Augustinus, *epist.* 7 (CSEL 34,13–18).

TEXTMERKMALE

et cum fabulosa vel audimus vel componimus vel suspicamur. Ego enim mihi, ut libet atque ut occurrit animo, Aeneae faciem fingo, ego Medeae cum suis anguibus alitibus iunctis iugo (*epist.* 7,2,4). Bei diesem *genus* geht es um Gegenstände oder Verhältnisse, von denen man glaubt, dass sie sich auf eine bestimmte Art verhalten. Ausgelöst durch das Lesen oder Hören von Geschichten entsteht so ein Bild von Aeneas' Gesicht. Das ist möglich, da das Aussehen eines menschlichen Gesichts dem Imaginierenden bekannt ist.

Ähnliche Überlegungen sind Teil der Antwort auf die im Brief gestellte Frage, wie es möglich ist, sich nie Gesehenes vorzustellen. Die Zusammenfügung einzelner Teile aus verschiedenen bereits gesehenen Bereichen, Hinzufügen und Wegnehmen, macht das möglich: *Quid putas, nisi esse vim quandam minuendi et augendi animae insitam, quam quocumque venerit necesse est adferat secum? quae vis in numeris praecipue animadverti potest. Hac fit, ut verbi gratia corvi quasi ob oculos imago constituta, quae videlicet aspectibus nota est, demendo et addendo quaedam, ad quamlibet omnino numquam visam imaginem perducatur. (…) Licet igitur animae imaginanti ex his, quae illi sensus invexit, demendo, ut dictum est, et addendo ea gignere quae nullo sensu attingit tota; partes vero eorum in aliis atque aliis rebus adtigerat* (7,3,6). Den weiteren Schritt, die Bedeutung dieser Überlegungen für die Praxis der Textproduktion darzulegen, geht Augustinus hier nicht. Doch lässt sich die Vorstellung des Zusammenfügens von Bekanntem, aus dem ein neues Bild von etwas Unbekanntem entsteht, in den Pilgertexten beobachten, wenn etwa unbekannte Tiere beschrieben werden. So charakterisiert Antonius de Cremona die Giraffe als Mischwesen aus Rind und Pferd.[243] Bei der Beschreibung von Orten erhält der Leser in der Erzählung Hilfen, durch die er die Orte besser imaginieren und so aus Bekanntem unbekannte Orte zusammensetzen kann. Solche Imaginationshilfen sind Größenangaben und Vergleiche mit bekannten europäischen Städten und Orten.[244]

Konkretisiert wird die Vorstellung der Entstehung mentaler Bilder in der Schrift *De Genesi ad litteram* (12,23).[245] Augustinus entwickelt den Gedanken, wie und aus welchen Quellen die Bilder im Kopf entstehen[246] und spricht von drei Möglichkeiten, wie mentale Bilder geformt werden können:[247]

---

243   Antonius de Cremona, *Itinerarium ad Sepulcrum Domini* S. 164, Vgl. unten S. 277 f.

244   S. die Passage aus Alcuin, S. 78. Zum Vergleich mit Bekanntem in den Pilgertexten vgl. S. 278 f.

245   CSEL 28, 414 f.

246   Vgl. zu diesem Abschnitt RÜFFER (2014) 494 f. und für eine ausführlichere Diskussion HÖLSCHER (1986) 45 ff. Augustinus führt im Anschluss an die hier zitierte Passage die Möglichkeit der Entstehung nicht willentlich produzierter Bilder aus.

247   *Certum est esse spiritalem quandam naturam in nobis, ubi corporalium rerum formantur*

78 KAPITEL 3

(a) Als Reaktion auf einen Kontakt mit einem körperlichen Sinn formt sich ein Bild in der Erinnerung. (b) Aus der *memoria* wird ein bereits bekanntes Bild geformt. Damit bezieht sich Augustinus auf den Erinnerungsakt. Die dritte Möglichkeit ist die kreative Bildproduktion, auf die es hier ankommt: (c) Ein neues mentales Bild entsteht, das nicht auf einen Erinnerungsakt beruht und das bislang unbekannt ist: *sive cum eorum corporum quae non novimus, sed tamen esse non dubitamus, similitudines non ita ut sunt illa, sed ut occurrit, intuemur* (12,23, CSEL 28,415). Augustinus spricht nicht von Bildern, sondern von Abbildern, *similitudines* und *spiritalis aspectus*. Durch die wiederholte Verwendung der Bezeichnung ,*similitudo*' betont er, dass die Übereinstimmung zwischen Gedankenbild und Referenzobjekt nur auf einer Ähnlichkeitsbeziehung beruht und die Übereinstimmung nicht im Vordergrund steht.[248] Für den Imaginationsakt verwendet Augustinus die Verben *formare, cogitare, intueri*.[249] Bei der Imagination greift jeder Mensch auf den in der *memoria* vorhandenen Bildbestand zurück. Das bedeutet, dass jeder Mensch bei der Lektüre unterschiedliche Imaginationsbilder entwickelt.

Ein Beispiel aus *De trinitate* veranschaulicht dies:[250] *necesse est autem cum aliqua corporalia lecta uel audita quae non uidimus credimus, fingat sibi animus aliquid in lineamentis formisque corporum sicut occurrerit cogitanti, quod aut uerum non sit aut etiam si uerum est, quod rarissime potest accidere, non hoc tamen fide ut teneamus quidquam prodest, sed ad aliud aliquid utile quod per hoc insinuatur. Quis enim legentium uel audientium quae scripsit apostolus Paulus uel quae de illo scripta sunt non fingat animo et ipsius apostoli faciem et omnium quorum ibi nomina commemorantur?*[251] Hört oder liest man über den Apostel Paulus, stellt man sich das Gesicht des Apostels vor (*fingat animo*). Jeder hat eine unterschiedliche Vorstellung des Gesichts: *Et cum in tanta hominum multitudine quibus illae litterae notae sunt alius aliter lineamenta figuramque eorum corporum cogitet.*[252]

In den betrachteten Beispielen aus Augustinus' Schriften stand bislang die Imagination von Personen im Vordergrund. Ein späteres Textbeispiel über das

---

    similitudines, (a) sive cum aliquod corpus sensu corporis tangimus, et continuo formatur eius similitudo in spiritu, memoriaque reconditur; (b) sive cum absentia corpora iam nota cogitamus, ut ex eis formetur quidam spiritalis aspectus, quae iam erant in spiritu et antequam ea cogitaremus; (gen. ad litt. 12,23, CSEL 28,414). Diskutiert bei HÖLSCHER (1986) 45 ff.

248   Diskutiert bei RÜFFER (2014) 494 f.

249   Vgl. HÖLSCHER (1986) 45, siehe auch RÜFFER (2014) 495.

250   Vgl. HÖLSCHER (1986) 46 f. und CARRUTHERS (2000) 27, CARRUTHERS (1998) 121.

251   Augustinus, *De trinitate* 8,4,7 (CCSL 50,275).

252   Augustinus, *De trinitate* 8,4,7 (CCSL 50,276).

TEXTMERKMALE

Imaginieren von Städten lässt sich in engeren Zusammenhang mit der Topographie der Pilgertexte stellen. Im Anschluss an Augustinus entfaltet Alcuin ca. 500 Jahre später in *De animae ratione ad Eulaliam virginem* die Theorie, wie Bilder von Städten im Geiste entstehen können und führt die augustinische Vorstellung weiter aus:[253] *Sicut enim qui Romam vidit, Romam enim fingit in animo suo, et format qualis sit. Et dum nomen audierit vel rememorat Romae, statim recurrit animus illius ad memoriam, ubi conditam habet formam illius, et ibi recognoscit [eam ad memoriam], ubi recondidit illam* (PL 101, 642A). Das Bild der Stadt Rom wird aus der Erinnerung gebildet (*fingere*). Anders als Mary Carruthers in der Deutung dieser Passage betont,[254] bezieht sich *animus* auf das kreative Imaginationsorgan, den *animus*, der sich zu der Erinnerung zurückbewegt. Alcuin arbeitet mit einem räumlichen Erinnerungsmodell, in dem der *animus* zur *memoria* ,zurückläuft' (siehe oben S. 66 f.).

Entscheidend ist, dass sogar das Bild einer unbekannten Stadt durch Hören oder Lesen erzeugt werden kann: *Et adhuc mirabilius est, quod incognitarum rerum, si lectae vel auditae erunt in auribus, anima statim format figuram ignotae rei* (PL 101, 642B). Als Beispiel nennt Alcuin Jerusalem: *Sicut forte Jerusalem quisquam nostrum habet in anima sua formatam, qualis sit: quamvis longe aliter sit, quam sibi anima fingit, dum videtur. (...) Muros et domos et plateas fingit in eo, sicut in Jerusalem facit, [sed] quidquid in aliis civitatibus vidit sibi cognitis, hoc fingit in Jerusalem esse posse; ex notibus enim speciebus fingit ignota* (PL 101, 642B). So ist der *animus* in der Lage, aus dem Bekannten das Unbekannte zu formen, weil er diese Bilder bereits in sich trägt (*habens has species in se*, PL 101, 642C). Die Formung dieser Bilder kann durch Erinnerung oder durch verbale Beschreibung stimuliert werden. Es kommt jedoch nicht auf die Ähnlichkeit des visualisierten Jerusalem mit dem tatsächlichen Jerusalem an – der kognitive Wert ist der gleiche.[255] Jeder Mensch baut sich sozusagen seine eigene Stadt in der Imagination.

Als Basis für eine Interpretation der Pilgertexte fasse ich das augustinische Lektüreverständnis, nach dem beim Lesen Bilder generiert werden. Die von mir betrachteten Texte stammen alle aus dem klösterlichen Bereich und wurden im klösterlichen Bereich genutzt, wie die Widmungsbriefe, Umarbeitungen,

---

253 Vgl. dazu die Diskussion bei CARRUTHERS (1998) 119 ff. Ed. PL 101,639–650. Die Edition Curry, J.M.: *Alcuin. De ratione animae: A text with introduction, critical apparatus, and translation*. Ph.D. Diss. Cornell Univ. 1966, war mir nicht zugänglich.

254 „For *animus*, with the sense of ,gist', i.e. a memory summatim of Rome not verbatim and thus in undigested detail", CARRUTHERS (1998) 119, vgl. auch CARRUTHERS (2000) 26.

255 Diskutiert bei CARRUTHERS (1998) 120. Vgl. WANDHOFF (2004) 81.

Glossierungen zeigen. Die Pilgertexte haben ihren Sitz innerhalb der klösterlichen Lektürepraxis.[256] Darauf verweisen die Worte in Bedas *De locis sanctis*, mit denen er auf *lectio* und *oratio* verweist.[257] Darauf deuten die Worte des Burchardus de Monte Sion, der im Prolog der *Descriptio terrae sanctae* schreibt, dass es Mönche gibt, die das, was sie nicht selbst sehen können, imaginieren (*imaginari*) wollen.[258] Die Imaginationstheorien, Lektüretechniken und -praktiken unterliegen einem deutlichen Wandel, der sich in den Pilgertexten selbst jedoch erst ab dem 15. Jahrhundert zeigt, wenn es etwa Belege für tatsächliche körperliche Vollzüge im Zusammenhang mit geistiger Pilgerschaft gibt.[259] Aus diesem Grund liegt mein Schwerpunkt auf der Bildhaftigkeit der Texte.[260] Der Text stellt Bilder zur Verfügung, kann einladen zur Meditation. In welchen Zusammenhängen und in welcher Form die von mir untersuchten Texte – abgesehen von Felix Fabri – konkret rezipiert wurden, dafür besitzen wir außerhalb der Texte selbst keine Belege.

Dass Hören und Lesen als Schau geistiger Bilder verstanden wird, durch die sich der Leser bewegt,[261] soll daher als Grundlage für die Betrachtung der Texte dienen. Ein solches Verständnis der Lektüre reflektiert der Benediktiner Peter von Celle im 12. Jahrhundert in der Schrift *De afflictione et lectione*:[262] *In hoc quoque libro [Genesi] grandiori passa lectionis veni ad paradisum (...). Ambula cum deo sicut Enoch (...). Intra arcam tempore diluvii (...)* (236,24 f.) In dieser Passage entspricht die erzählte Bewegung eines im Pilgertext beschriebenen Weges. Das Lektüreerlebnis der Bibel wird als Landkarte organisiert und gleicht einer „Sight-seeing pilgrimage" zu den heiligen Orten der biblischen Geschehnisse.[263] Der Leser wird an jedem Ort aufgefordert, zu wandern, einzutreten etc. und dazu eingeladen, sich die biblischen Ereignisse als geistige Bilder vor-

---

256 EHLERS (1974), LECLERCQ (1963) 85 f.

257 Vgl. unten S. 128.

258 Vgl. unten S. 252. Hier rücken die Texte in die Nähe zur Frömmigkeitsliteratur. Vgl. CARLS (1999), 38. Diese These kann durch die Untersuchungen von RUDY (2011) über *Virtual pilgrimages in the convent* unterstützt werden.

259 Vgl. RUDY (2011). Vgl. unten S. 218 f. Zum Zusammenhang von geistiger Pilgerfahrt und spirituellem Erkenntnisweg in den Texten des 12. und 13. Jahrhunderts vgl. LEHMANN-BRAUNS (2010) bes. 61–112. LEHMANN-BRAUNS (2010) stellt die Pilgertexte des Johannes von Würzburg, Theodericus und Burchardus de Monte Sion in den Kontext vor allem viktorinischer Texte. Dieser Bezug kann fruchtbar sein, es muss jedoch betont werden, dass intertextuell keine Bezüge hergestellt werden können.

260 Vgl. Horst Wenzel, der diesen Begriff verwendet, z. B. WENZEL (2009) 47.

261 Vgl. WANDHOFF (2004) 78.

262 Edition: LECLERQ (1946). Vgl. CARRUTHERS (1998) 107 ff. und ihr folgend WANDHOFF (2004) 78 f.

263 Vgl. die Diskussion bei CARRUTHERS (1998) 109.

TEXTMERKMALE   81

zustellen – so, wie es die frühen Pilger auf ihrer tatsächlichen Reise durch
das Heilige Land praktizieren.[264] Auch wenn die Pilgertexte nur punktuell als
direkte Ansprache des Lesers organisiert sind, zeigt der Blick auf den Text von
Peter von Celle, wie auch im Pilgertext topographische Gedächtniskunst mit
einer Imaginations- und Lektüretechnik verknüpft ist.

3.2.4   *Der Pilgertext als narrative Repräsentation des Heils*

Wenn durch die Lektüre mentale Bilder imaginiert werden, welche Wirkung
haben diese Bilder? Der Text ist die Vermittlerinstanz. Aristoteles spricht in
De anima über Gemälde als eine solche Instanz. Er schreibt, dass es sich bei
der φαντασία so verhält, wie wenn man auf einem Gemälde (ἐν γραφῇ) etwas
Schreckliches anschaut (3,3). Die Vermittlung durch das Gemälde oder eben
durch die Beschreibung im Medium des Textes schwächt das Erleben, hier des
Schrecklichen, ab. So stellt das narrativ vermittelte Erleben der Heilsorte nur
eine Repräsentation dieses Erlebens dar. Diese Art der Vermittlung wird erhellt
durch die Kontrastierung von Text und Reliquie, insofern sie ein Medium des
Heils ist. Beide unterscheiden sich in medialer Hinsicht deutlich.

Durch Medien des Heils[265] kann das Heil als Transzendentes in der Welt
präsent werden.[266] Im Gegensatz zur Reliquie, in der Heil und Heiliges gegenwärtig ist, kann in Texten das Heilige nur repräsentiert werden. Peter Strohschneider untersucht dieses Phänomen anhand der Legende und bestimmt
die Legende in systematischer Opposition zur Reliquie vom Begriff der Repräsentation her. Die Legende sei eine Repräsentation des Heiligen, „ein in der
Immanenz anwesender Text, der auf den Heiligen und das Heil als etwas Abwesendes, etwas Transzendentes hindeutet, um es so – symbolisch und imaginär –
gegenwärtig scheinen zu lassen."[267] Neben der Legende können Gebete, Hymnen oder Litaneien Formen der textuellen Repräsentation des Heils sein. Die
Texte erzählen jedoch nicht von der Transzendenz selbst, sondern sie erzählen eine „Geschichte vom Hereinragen der Transzendenz in die Immanenz."[268]
Eine legendarische Erzählung repräsentiert so „abwesende Transzendenz –
mithin dasjenige, was jeder Zeitstruktur von Vergangenheit, Gegenwart und
Zukunft enthoben ist – als innerhalb von Zeitlichkeit, als in der Vergangen-

---

264   Vgl. CARRUTHERS (1998) 109.
265   Vgl. zur Medialität des Heils KIENING und STERCKEN (2010).
266   Die folgenden Überlegungen basieren auf STROHSCHNEIDER (2002) 112 f. Vgl. auch
       STROHSCHNEIDER (2014) 129 ff.
267   STROHSCHNEIDER (2002) 113. Vgl. zur Reliquie ANGENENDT (2007) 149 ff. Zur symboli-
       schen Aneignung des Unverfügbaren in Pilgertexten vgl. auch SCHMIDT (2016).
268   STROHSCHNEIDER (2002) 114. Vgl. auch HAMMER (2015) 3 f.

heit einmal gegenwärtig wirksam gewesene und darin sich immanent offenbart habende Transzendenz. Dies ist eine paradoxe Struktur.“[269]

Wie die Legende ist der Pilgertext eine Form der textuellen Repräsentation des Heils. Pilgertexte zeichnen sich aus durch die Spannung zwischen der Präsenz des Heiligen, das der Pilger auf seiner tatsächlichen Reise erfährt, und der narrativen Repräsentation dieser Erfahrung. Ein prekärer Unterschied zur Legende ist die Verknüpfung des Geschehens mit den jeweiligen Orten des Heiligen Landes. An den Orten des Heiligen Landes, die tatsächlich existieren und durch die Narration greifbar werden, lassen sich die Spuren des historischen Jesus' betrachten, der jeweils an seinem irdischen Ort repräsentiert wird. Davon erzählt der Pilgertext. Denn im Unterschied zur Legende geht es in den Jerusalem-Pilgertexten um die Geschichte des absoluten Mediatoren, Jesus Christus.[270] Durch die Bindung an die Orte unterscheidet sich der Pilgertext deutlich von der Legende. Unterschiedlich ist auch die zeitliche Dimension der Pilgertexte. Denn der Pilgertext erzählt von einer Transzendenz, die sich im Jetzt offenbart und die durch die Bindung an die Ewigkeit der Heilsgeschichte zugleich außerhalb jeder Zeitlichkeit liegt.[271]

Trotz der deutlichen Unterschiede zwischen Pilgertext und Legende, bleibt in beiden Fällen die von Peter Strohschneider betonte Opposition zur Reliquie bestehen. Der Text kann das Heilige nur beschreiben und bleibt Repräsentation. Überspitzt kann man sagen, dass sich der Pilgertext wie ein Titulus zur Reliquie verhält. Die Reliquie ist im Fall des Pilgertextes das Heilige Land mit seinen einzelnen Heilsorten als Berührungsreliquie.[272] Allein vom Titulus geht keine Heilswirkung aus. Analog zu Peter Strohschneiders Ausführungen zur Legende kann der Text nur als Medium des Heils funktionieren, wenn er in Vollzüge eingebunden ist. Peter Strohschneider betont, dass die von ihm skizzierten prinzipiellen Aporien entfallen könnten, sobald das legendarische Erzählen in konkrete frömmigkeitspraktische Vollzüge wie Eucharistie und Reliquienverehrung integriert sei.[273] So würde die narrative Reprä-

---

269 STROHSCHNEIDER (2002) 114f.
270 Vgl. dazu KIENING (2010).
271 Vgl. zur Zeitstruktur der Pilgertexte S. 58f.
272 Dieser Vergleich macht auch einen anderen wichtigen Aspekt deutlich. Nämlich, dass die Heilsorte nicht statisch sind, sondern dynamisch durch die Repräsentation in den Texten. Die Orte des biblischen Geschehens können ihren topographischen Bezugspunkt im Heiligen Land wechseln. Fehlt ein *landmark* (vgl. S. 51) kann man in den Texten die „Wanderschaft“ von Verortungen biblischen Geschehens beobachten. Vgl. zum Gedanken auch HALBWACHS (2003) 162. Siehe zur Verbindung Reliquie und Text am Beispiel des Grauen Rocks KIENING (2009).
273 STROHSCHNEIDER (2002) 118.

sentation des Heils verknüpft mit Mechanismen der Stiftung des unmittelbaren Heils. Im kultischen Vollzug „bringt mithin die Komplementarität von Repräsentanz und Präsenz des Heils beider Differenz gerade zum Verschwinden."[274]

Diese Komplementarität von Repräsentanz und Präsenz des Heils liegt in den Pilgertexten vor, die zu einer virtuellen Pilgerreise anleiten und in der Rezeption mit performativen Vollzügen verbunden sein können. Hierbei muss jedoch unterschieden werden zwischen der performativen Durchführung einer virtuellen Pilgerreise wie sie in Felix Fabris *Sionpilger*[275] vorliegt oder sich ab dem 15. Jahrhundert besonders in Frauenklöstern dokumentieren lässt,[276] und der punktuellen Einbindung von Vollzügen in Pilgertexten, wenn etwa Gebete oder Lieder wiedergegeben werden. Bei einer solchen punktuellen Einbindung von Vollzügen spreche ich von „Aspekten von Virtualität"[277] und genauer von graduellen Unterschieden in der Virtualität. Denn das Spektrum reicht von Ansätzen zur Imaginationsstimulation bis zu Anweisungen für performative Praktiken. Schon Pilgertexte vor dem 15. Jahrhundert enthalten Anregungen zu oder Anweisungen für performative Vollzüge und stimulieren die Imagination. Punktuell sind auch bei der entsprechenden Lektüre der Texte Effekte von Präsenz möglich. „Entsprechende Lektüre" heißt, dass der Leser die erzählten Bewegungen, Gebete oder Gesänge mitvollzieht. Die Texte weisen punktuell narrative Partien auf, die deutlich auf einen imaginativen Nachvollzug sowie auf eine Visualisierung der Heilsorte angelegt sind und so der Entwicklung der Texte zu virtuellen Pilgerfahrten vorgreifen. In den einzelnen Texten liegen graduelle Unterschiede von Virtualität vor, wie die Einzelanalysen zeigen werden.

Schon bei der Lektüre von Texten, die Ansätze zur Imaginationsstimulation zeigen, verbindet sich Virtualität mit Interaktivität[278] und es wird das eigene „Körpertastbild", wie Karl Bühler sagt,[279] in die Welt des Textes versetzt. Durch die für das Zeigefeld charakteristischen Ausdrücke „hier, jetzt, ich" werden strukturelle Leerstellen geschaffen, die der Leser in seiner jeweiligen Lesesituation auszufüllen hat. „Ausdrücke mit einer strukturell vorgegebenen Leerstelle, die aus dem Situationswissen zu füllen ist, nennt man deiktisch. Im Falle von ‚ich' bezieht sich die strukturell vorgesehene Leerstelle auf eine Person, im Falle

---

274 STROHSCHNEIDER (2002) 119.
275 Vgl. unten S. 216 f.
276 Vgl. dazu ausführlich RUDY (2011).
277 Vgl. zum Begriff WANDHOFF (2003) 34.
278 Siehe dazu WAGNER (2015) 26, WANDHOFF (2003) 34 ff.
279 Vgl. oben S. 56 f.

von ,hier' auf einen Ort, und im Falle der Präsensmarkierung auf eine Zeitspanne."[280] Das entspricht personaler, lokaler und temporaler Deixis.[281]

Das bedeutet für Pilgertexte, dass die Lektüre ein Nachvollzug des beschriebenen Weges, des beschrieben Sehens und der beschriebenen Handlungen ist. Doch nur dann, wenn die Leerstellen sozusagen vollständig gefüllt werden und sich der Leser ohne Distanzierung in das Erleben des Text-Ichs einfügt,[282] kann auch der Leser an einer Heilserfahrung teilhaben. Der Pilgertext besitzt nicht nur Leerstellen, die sich auf Ort, Person oder Zeit beziehen, vielmehr ergibt sich die zentrale Leerstelle des Pilgertextes durch die Referenz auf den Bibeltext. Nur mit Bibelwissen funktioniert der Text. In *Lector in fabula* entwickelt Umberto Eco diese Vorstellung: „Der Text ist (...) mit Leerstellen durchsetzt, mit Zwischenräumen, die ausgefüllt werden müssen; und wer den Text sendet, geht davon aus, daß jene ausgefüllt werden. (...) Ein Text will, daß ihm jemand dazu verhilft, zu funktionieren."[283] Nach Umberto Eco ist demnach ein „idealer Leser", ein Modell-Leser des Textes, vorgesehen. Dieser ideale Rezipient würde bei der Lektüre des Pilgertextes sämtliche Leerstellen füllen.

An den Pilgertexten selbst lässt sich zeigen, dass der Leser in den Text einbezogen und eingebunden wird.[284] Ein Beispiel aus dem *Itinerarium Egeriae* zeigt in nuce auf, wie eine Bewegung in einem Pilgertext geschildert, auf welche Weise das Sehen gelenkt und wie dies durch deiktische Ausdrücke unterstützt werden kann. Das in der Vergangenheit liegende Reiseerleben wird unmittelbar gestaltet, indem Gespräche in der direkten Rede wiedergegeben werden und indem Prozesse wie Gehen oder Sehen sowie Geschehnisse in Einzelschritte zerlegt werden. *Cum ergo descendissemus, ut superius dixi, de ecclesia deorsum, ait nobis ipse sanctus presbyter: „(...) Nam ecce ista via, quam videtis transire inter fluvium Iordanem et vicum istum, haec est qua via regressus est sanctus Abraam (...)."*[285] Das Textbeispiel zeigt, dass schon ein sehr früher Pilgertext imaginationsstimulierend wirkt. Der Text stellt vor Augen. Er vermittelt eine Als-ob-Wahrnehmung, erzeugt mentale Bilder. Auf diesen Angeboten des Textes wird der Schwerpunkt im Folgenden liegen.

So können in der Narration punktuell Entfernungen, Bibellesungen oder Gebete nach- und mitvollzogen werden. Das ist der Fall, wenn der Leser ange-

---

280 JUNGBLUTH und KLEIN (2002) 6.
281 JUNGBLUTH und KLEIN (2002) 6.
282 Vgl. ISER (1976) 219, s. die Diskussion bei WENZEL (2009) 50 f. und KRUSCHE (2001) 324 ff., ausführlich WILLAND (2014) 232 f.
283 ECO (1979) 61 f.
284 Vgl. auch die Überlegungen von WENZEL (2009) 51 zum *Erec* Hartmanns von Aue.
285 *Itinerarium Egeriae* 14,2,14–3,22.

sprochen wird, wenn sich im Text „imaginationsleitende Aufforderungen zum Sehen/Wahrnehmen"[286] finden, wenn die Erzählung eindringlich ins Präsens wechselt. Wenn im Text zur Bibellektüre aufgefordert wird, Gebete verzeichnet sind, Entfernungen in Schritten angegeben sind oder vom Maßnehmen mit dem eigenen Körper gesprochen wird, dann sind diese Praktiken auch andernorts ausführbar. In diesem Zusammenhang spreche ich von der Erzeugung von Präsenzeffekten.[287] Damit dieser Nachvollzug nun zu einer Heilserfahrung fernab vom Heilsort führen kann, damit sich bei der Lektüre der Pilgertexte Effekte von Unmittelbarkeit und Präsenz einstellen können, dafür ist eine spezielle Haltung des Rezipienten erforderlich: „Der Text gewährleistet die Möglichkeit bildhafter Wahrnehmung, garantiert sie jedoch nicht. Entscheidend ist die Wahrnehmung des Hörers oder Lesers."[288] Dieses Angebot des Textes, von dem Horst Wenzel im Zusammenhang mit der höfischen Literatur spricht, gilt auch für Pilgertexte. Er entwickelt weiter die These, dass „die Poetik der volkssprachigen Literatur des Mittelalters nicht lediglich einen ‚Zuhörer' impliziert, sondern auch einen ‚Zuschauer' erwartet, der nach dem poetologisch gestützten Eintreten in den Schauraum des Textes zum Mitspieler werden kann."[289] Dass die Poetik der Pilgertexte auch einen Zuschauer erwartet, soll in den folgenden Detailanalysen gezeigt werden. Hier wird sich der Untersuchungsgegenstand von Fragen der Textrezeption entfernen und auf die narrativen Strategien der Texte, die die Imagination stimulieren, richten.[290] Dabei liegt ein wichtiger Akzent darauf, die Präsenz des Erzählten darzustellen. Ein Beispiel dafür sind die Textelemente in dem oben abgedruckten Diagramm Adomnans (Abb. 1 auf S. 61) mit dem deiktischen Ausdruck *hic*, der Anwesenheit impliziert. Zentral in diesem Zusammenhang ist das Konzept der *evidentia*: *Evidentia* ist eine Fiktion, die Präsenzeffekte auslösen soll".[291] Dieses Präsentmachen der Heilsorte, das über eine bloße Repräsentation hinausgeht, verweist auf eine Funktionsweise des Textes als Medium des Heils.

---

286 Wenzel (2009) 51.

287 Vgl. zur „Produktion von Präsenz" und zum Begriff „Präsenzeffekt" aufgrund der Vorstellung, dass diese Form der Präsenz von Abwesenheit durchdrungen ist, Gumbrecht (2004) 127.

288 Wenzel (2009) 186.

289 Wenzel (2009) 187.

290 Vgl. die Untersuchung von Lechtermann zur höfischen Literatur, die einerseits die „Bedingungen und Vorannahmen eines möglichen Präsenzeffektes" untersucht, andererseits zeigen will, „was auf Seiten des Textes geleistet wird, um der Präsenz des Erzählten zuzuarbeiten." Lechtermann (2005) 109.

291 Müller (2007) 62.

86

KAPITEL 3

3.2.5 'Ἐνάργεια – evidentia

Evidentia in narratione, quantum ego intellego, est quidem magna virtus, cum quid veri non dicendum sed quodammodo etiam ostendendum est (Quintilian, *Institutio oratoria* 4,2,64).[292] Einer Erzählung, die nicht nur ausspricht, sondern zeigt, kommt *evidentia* zu.[293]

Durch die rhetorische Technik der *evidentia* wird Abwesendes gegenwärtig gemacht und der Leser wird zum Augenzeugen in Abhängigkeit des Textes: Der Zuhörer erblickt die Geschehnisse vor seinem inneren Auge (*exprimi et oculis mentis ostendi*, 8,3,62). Quintilian erwähnt im Zusammenhang mit der Visualisierung von Geschehnissen schon den Ausdruck *oculi mentis*.[294] *Evidentia* „zielt darauf ab, mit sprachlichen Mitteln Augenscheinlichkeit so überzeugend zu fingieren, dass die Adressaten meinen, das Dargestellte selber wahrzunehmen."[295] In der griechischen Rhetoriktheorie heißt diese Technik ἐνάργεια. „'Ἐνάργεια ist die Kraft des Textes, visuelle Bilder zu schaffen, den Hörer (...) zum Zuschauer zu machen."[296] Cicero übersetzt ἐνάργεια mit *evidentia*.[297] Wie es möglich ist, Geschehnisse anschaulich vor Augen zu stellen, erklärt schließlich Quintilian im Rahmen der Affekterregung, in der Passage, in der es darum geht, dass der Redner selbst von dem Affekt ergriffen sein muss, um diesen dem Publikum zu vermitteln: *quas φαντασίας Graeci vocant (nos sane visiones appellemus) per quas imagines rerum absentium ita repraesentantur animo, ut eas cernere oculis ac praesentes habere videamur* (Quintilian, *Institutio oratoria* 6,2,29). So entstehe *evidentia* (vgl. *Institutio oratoria* 6,2,32).

In der pseudo-rufinischen Schrift *de schematis dianoeas* werden für den sprachlichen Ausdruck der *evidentia* folgende drei Modi unterschieden: 'Ἐνάργεια *est imaginatio quae actum incorporeis oculis subicit, et fit modis tribus:*

---

292 Quintilian äußert sich nicht an einer Stelle systematisch über *evidentia* und deren Erzeugung, sondern an verschiedenen Stellen im Kontext der *narratio* (6,2,29 f.), des Redeschmucks (8,3,63 f.) oder der Gedankenfiguren (9,2,40 f.). Ich beziehe mich in diesem Kapitel hauptsächlich auf Quintilian, da er sich in lateinischer Sprache am umfassendsten über die *evidentia* äußert. Vgl. zur Kenntnis von Quintilian im Mittelalter BRUNHÖLZL (1995). Allgemein zur Rhetorik im Mittelalter s. MURPHY (2005).

293 Vgl. zur *evidentia* PLETT (2012), WEBB (2009) 87 ff., MÜLLER (2007), SCHOLZ (1999), KEMMANN (1996), zum Vor-Augen-Stellen CAMPE (1997).

294 Vgl. dazu S. 70 f.

295 WENZEL (2009) 41.

296 GRAF (1995) 145. Vgl. Theon, *Progymnasmata* 119,28.

297 *Academica priora* 2,17. Quintilian, *Institutio oratoria* 6,2,32 erwähnt Cicero als Übersetzer des Begriffs. Vgl. MÖLLER (2011) 46. Der Ekphrasis entspricht lateinisch *descriptio*, vgl. z. B. *Rhetorica ad Herennium* 4,51, Cicero, *De oratore* 3,96 ff. Zu Ekphrasis und *enargeia* bei Quintilian vgl. SCHOLZ (1999).

TEXTMERKMALE 87

persona, loco, tempore.[298] Zur Erzeugung von *evidentia* dienen verschiedene sprachliche Mittel, die sich auf diese drei Modi beziehen.[299]

Quintilian geht in dem Abschnitt über den Redeschmuck (*ornatus*) ausführlich auf ein Mittel ein, wie Evidenz erzeugt werden kann, die Detaillierung des Gesamtgegenstandes: *tota rerum imago quodam modo verbis depingitur* (8,3,63). Quintilian stellt in diesem Zusammenhang die Gedankenfigur der *sub oculis subiectio* (auch ὑποτύπωσις), nach der ein Geschehen nicht mit einem Wort beschrieben wird, sondern ausführlicher in den einzelnen Teilaspekten (*nec universa sed per partis*, 9,2,40).

Auch im Mittelalter wird in der *Poetria nova* des Galfred von Vinsauf dieser Aspekt der Detaillierung mit dem Vor-Augen-Stellen in Verbindung gebracht: *... modo res ita se demonstrat aperte, / ut quasi sit praesens oculis; quod fiet ad unguem / istis quinque modis: demonstro quid ante, quid in re, / quid post et quae rem circumstent, quaeve sequantur* (1272 ff.).

Die Wirksamkeit der *sub oculis subiectio* liegt nach Quintilian in der Greifbarkeit: *Habet haec figura manifestius aliquid: non enim narrari res sed agi videtur* (9,2,43). Am Ende des Abschnitts weist er darauf hin, dass auch die Beschreibung von Orten in diesen Bereich gehört und von manchen τοπογραφία genannt wird.[300]

Im Pilgertext wird im Zusammenhang mit den Orten vor allem die Bewegung durch die Orte beschrieben. Dazu kommt die Beschreibung von Handlungen des Pilgers und des biblischen Geschehens am jeweiligen Ort. Die genannte Detailschilderung des Gesamtgegenstandes ist für die Erzählung der Pilgertexte charakteristisch. Ein plakatives Beispiel dafür sind die zahlreichen Beschreibungen des Besuchs des heiligen Grabes, die den Besuch nicht nur benennen, sondern in allen Einzelschritten wie dem Eintreten (mit Niederbeugen am Eingang) oder dem Hineinblicken erzählen.[301] Neben der Detailschilderung sind die Verwendung des Präsens und die Verwendung von Ortsadverbien, um die es im folgenden Abschnitt gehen soll, zentrale Mittel zur Evidenzerzeugung.[302]

---

298 Pseudo-Rufin, *De schematis dianoeas* 1, vgl. Lausberg (1960) § 812, S. 402.

299 Vgl. dazu zusammenfassend Lausberg (1960) § 812 f., S. 402 f.: Detaillierung des Gesamtgegenstandes, Verwendung des Präsens, Verwendung der die Anwesenheit ausdrückenden Ortsadverbien, Anrede an in der Erzählung vorkommende Personen, Direkte Rede der in der Erzählung vorkommenden Personen untereinander. Diese sprachlichen Mittel können einzeln verwendet werden und müssen nicht alle gemeinsam vorliegen.

300 *Locorum quoque dilucida et significans descriptio eidem virtuti adsignatur a quibusdam, alii* τοπογραφίαν *dicunt* (9,2,44).

301 Vgl. z. B. Theodericus, *Libellus* 149 ff.

302 Vgl. Lausberg (1960) § 814, S. 404.

88 KAPITEL 3

Eindringlich vor Augen gestellt werden Geschehnisse oder Orte durch die Verwendung des Präsens. Die Verwendung des Präsens für das Erzählen über Ereignisse, Sachverhalte oder Gegenstände, die nicht in der Gegenwart liegen, wird bei Quintilian als *translatio temporum* bezeichnet.[303] In den Pilgertexten wird im Präsens die Lage oder das Aussehen der Gebäude beschrieben. Die Beschreibung im Präsens an zentralen Passagen, die eine Rückblende auf biblisches Geschehen enthalten, entspricht der Poetik der Texte. Wenn Wilhelm von Boldensele bei der Schilderung von Passagen aus der Passionsgeschichte ins Präsens verfällt, erzeugt dies eine deutliche Nähe zum Heilsgeschehen.[304] Zugleich lässt die Beschreibung im Präsens die Reise gleichzeitig als vergangen wie als gegenwärtig erscheinen und intensiviert so das Erleben der anschaulich vor Augen geführten Heilsgeschichte.[305]

Schon bei der Diskussion darüber, wie der Leser in den „Schauraum"[306] des Textes hineinversetzt wird, wurde auf die Bedeutung der Ortsadverbien verwiesen.[307] Bei Pseudo-Rufin ist für die Ortsbeschreibung die Verwendung von Anwesenheit ausdrückenden Ortsadverbien zentral: *Imaginatio (...) fit (...) loco, cum eum, qui non est in conspectu nostro, tamquam videntes demonstramus (...)*.[308] In den Pilgertexten werden durchgehend Ortsadverbien oder Richtungsangaben verwendet, die die Anwesenheit des Lesers vor Ort suggerieren.[309] Die Verwendung von Ortsadverbien oder Richtungsangaben weisen darauf hin, dass auch die Bewegung bei der Erzeugung von Evidenz in der Ortsbeschreibung eine Rolle spielt.

Für die von Quintilian beschriebenen Aspekte der *evidentia* im Sinne eines verlebendigenden Vor-Augen-Stellens wurde in der griechischen Rhetoriktheorie auch der Ausdruck „Ekphrasis" gebraucht. Von Quintilian wird der Begriff Ekphrasis nicht verwendet, aber seine Beschreibung der ἐνάργεια kommt der Diskussion des Themas bei den griechischen Rhetoren nahe.[310]

Im Zusammenhang mit Orten und Gegenständen ist die Ekphrasis[311] eine wichtige Technik zur Evidenzerzeugung. So spielt die Ekphrasis als „rhetori-

---

303 Quintilian, *Institutio oratoria* 9,2,41.
304 Vgl. unten S. 309 f.
305 Diskutiert bei KIENING (2011) 189. Vgl. zur Zeitstruktur der Pilgertexte S. 58 f.
306 WENZEL (2009) 53.
307 Vgl. oben S. 56 f.
308 Pseudo-Rufin, *De schematis dianoeas* 1, vgl. LAUSBERG (1960) § 815, S. 406.
309 Vgl. oben zu Bühler und den Positionszeigewörtern S. 56 f.
310 So auch WEBB (2009) 74.
311 Vgl. zur Ekphrasis STARKEY (2016), JOHNSTON, KNAPP, und ROUSE (2015), WANDHOFF (2003), GRAF (1995). Vgl. zu modernen Theorien zur Ekphrasis in poetologischer und intermedialer Hinsicht mit Literatur WANDHOFF (2003) 4 ff. Zum Problem der Übertrag-

sche Visualisierungsstrategie"[312] eine zentrale Rolle für Pilgertexte. Durch die ekphrastische Geste, die „sprachlich erzeugte Als-ob-Wahrnehmung"[313] der heiligen Orte wird im Pilgertext die Nähe zum erzählten Geschehen erzeugt.

Der Begriff ‚Ekphrasis' wird für zwei verschiedene rhetorische Formen verwendet: auf der einen Seite wird der rhetorische Terminus der Ekphrasis nach der Tradition der griechischen Rhetoriktheorie allgemein für jeden beschreibenden Text verwendet.[314] Theon, ein griechischer Rhetor des ersten nachchristlichen Jahrhunderts, verfasst eine Schrift über rhetorische Anfängerübungen (*Progymnasmata*), die sich ausführlicher mit der Ekphrasis befasst und die Ekphrasis wie folgt definiert: „Ekphrasis ist ein beschreibender Text, der das Mitgeteilte anschaulich (ἐναργῶς) vor Augen führt."[315] Das Kriterium der Anschaulichkeit ist ein zentraler Aspekt der Ekphrasis, wie diese Definition zeigt. Als Beschreibungskategorien werden Lebewesen, Geschehnisse, Orte und Zeiten genannt.[316]

Dieser breite Ekphrasisbegriff tritt in der Literatur häufig zurück gegenüber dem eingeschränkteren Begriff, der nur als Bezeichnung für Kunstbeschreibungen verwendet wird.[317] Für Pilgertexte sind sowohl die rhetorische als auch die literarische Form der Kunst- und Architekturbeschreibung[318] relevant. Beide Formen der Ekphrasis verbindet der Effekt, dass ein Text Bilder erzeugt, die mit dem inneren Auge geschaut werden können.[319]

Für die vorliegende Betrachtung der Pilgertexte steht die Ekphrasis als allgemeine Beschreibung im Vordergrund, da es in den Texten nicht in erster Linie um die detaillierte Beschreibung von Kirchen oder Reliquien geht, sondern vielmehr um die lebendige Darstellung vergangenen biblischen Geschehens, das vor Augen gestellt wird. Die Umgebung bildet dabei häufig eine Kulisse,

---

      barkeit einiger Topoi der Intermedialitätsforschung auf das Mittelalter vgl. WANDHOFF (2003) 16.

312   WANDHOFF (2003) 21.

313   WANDHOFF (2003) 29.

314   GRAF (1995) 145.

315   Theon, *Progymnasmata* 11, 118,7. Edition: BUTTS (1987). Übersetzung GRAF (1995) 144.

316   *Progymnasmata* 11, vgl. GRAF (1995) 144.

317   Vgl. zur Kunstbeschreibung im Mittelalter RATKOWITSCH (1991), CARRUTHERS (1998) und WANDHOFF (2003) 13 ff. ARNULF (2004) 45 ff. mit weiterer Literatur. Nicolaus Sophistes gebraucht in seinen *Progymnasmata* den Begriff ‚Ekphrasis' als erster rein im Zusammenhang mit der Beschreibung eines Kunstwerkes. *Progymnasmata* 69,13 ff. Vgl. GRAF (1995) 147 f.

318   Vgl. dazu z. B. die Architekturbeschreibung im *Libellus de locis sanctis* des Theodericus S. 173 f.

319   Vgl. WANDHOFF (2003) 20.

die nur unscharf beschrieben wird. Ein markantes Beispiel dafür ist der Text der Egeria, in dem viele Kirchen nur mit dem Attribut „schön" versehen werden.[320]

In den Pilgertexten besteht eine enge Verbindung zwischen der Ekphrasis und der Bewegung durch den Raum. Die erzählte Bewegung durch das Heilige Land als Heilsraum, der mit einzelnen Stationen biblischer Geschichten besetzt ist, erzeugt eine mentale Struktur, die die Memorierung[321] der biblischen Geschehnisse unterstützt.[322]

---

320 Vgl. S. 105. Beispiele für ausführlichere architektonische Beschreibungen finden sich in den Texten des Johannes von Würzburg und des Theodericus.

321 SIEW (2014) untersucht die Memorialstruktur, die CARRUTHERS (1998) als ein Netzwerk von Knoten beschreibt, anhand einer illustrierten Handschrift eines Pilgertextes aus dem späten 15. Jahrhundert. Ihre Beobachtung für das 15. Jahrhundert illustriert die Funktionsweise von Pilgerschaft wie Pilgertext als Nachvollzug der Pilgerschaft, wo einzelne Stationen der Heilsgeschichte oder einzelner biblischer Geschichten in einem topographischen System miteinander verknüpft werden. „In the process of memorizing and retrieving, the user mentally walks along different routes in the network. (...) The Arsenal manuscript (...) can be viewed as just such a memory structure: the network is the city of Jerusalem, the nodes are the sites of the city, and the route is that of the Jerusalem pilgrimage. Connected to each node, or site, are events to be meditated on and prayers to be recited." SIEW (2014) 90.

322 Sandrine Dubel betont den Zusammenhang zwischen ‚Herumgehen' und Rememorierung. Sie stellt einen Zusammenhang von Ekphrasis und Bewegung her und zeigt in ihrem Aufsatz „Ekphrasis et energeia: la description antique comme parcours" anhand von Beispielen aus griechischen Rhetoriktexten, dass die Ekphrasis im Zusammenhang mit periegetischen Texten als „parcours textuel" verstanden werden kann: DUBEL (1997) 257. Dieser Zusammenhang lässt sich schon in Theons *Progymnasmata* 118,7 f. nachweisen, wo Ekphrasis als λόγος περιηγηματικός bezeichnet wird. Vgl. BENZ (2013a) Anm. 271.

TEIL 3

Narrationsstrategien und Funktionsweisen lateinischer Pilgertexte

∵

KAPITEL 4

Imaginierung der Pilgerreise

4.1 Egeria, *Itinerarium*

Im *Itinerarium Egeriae* aus dem Ende des 4. Jahrhunderts[1] beschreibt eine Pilgerin ihre Reise ins Heilige Land und vermittelt zudem ausführliche Informationen über die Liturgie in Jerusalem. Das *Itinerarium* ist stilisiert als Brief, wie sich aus einer Textpassage ergibt (23,10). Im Text werden keine Informationen über den Namen, Stand oder die Herkunft der Autorin gegeben. Der Name der Autorin ist erst durch einen Brief, der im Jahr 1903 in Verbindung mit dem *Itinerarium* gebracht wurde, bekannt. Der galizische Mönch Valerius von Bierzo († 691) schreibt in diesem Brief über das *Itinerarium* und dessen Autorin.[2] Aus den acht Handschriften des Briefes lässt sich die Form des Namens nicht sicher feststellen, da die Autorin als Egeria, Echeria, Aetheria, Etheria, Heteria, Eiheria und Eucheria bezeichnet wird.[3] Üblicherweise wird in der Forschung die Form ‚Egeria‘ verwendet. Die Herkunft Egerias sowie ihr Stand sind nicht geklärt. Wahrscheinlich stammt sie aus Nordspanien oder Südfrankreich.[4] Sie kann eine Nonne, eine Äbtissin[5] oder eine religiöse Frau aus der Oberschicht gewesen sein. Auffällig sind Egerias finanzielle Mittel sowie ihre Beziehungen und Förderer.[6] Valerius bezeichnet Egeria zwar als Nonne (*sanctimonialis, virgo*, *epist.* 1,5), doch inwiefern diese Information der Handschrift entnommen oder ob es eine Vermutung des Valerius ist, bleibt unklar.[7] Eine sichere Aussage über Egerias Stand lässt sich aus den vorhandenen Quellen nicht ableiten.

---

1   Die Datierung von Reise und Text ist unsicher. Paul Devos argumentiert in mehreren Publikationen für eine Datierung auf das Ende des 4. Jahrhunderts (381–384), indem er verschiedene Bischöfe identifiziert. DEVOS (1967a). DEVOS (1967b). DEVOS (1968). Die Datierung wurde in der Forschung weitgehend übernommen, zu möglichen Gegenargumenten und zur Diskussion um die Datierung insgesamt vgl. RÖWEKAMP (2017) 21–29.

2   Der Brief wurde von DÍAS Y DÍAS in der Sources Chrétiennes-Ausgabe des *Itinerarium* von MARAVAL 1982, S. 320–349 kritisch ediert. Die Übereinstimmungen zwischen *Itinerarium* und Brief zeigte FÉROTIN (1903).

3   Diskutiert bei RÖWEKAMP (2017) 12 f. mit Hinweisen auf weitere Literatur.

4   Ausführlich RÖWEKAMP (2017) 15 f., SIVAN (1988b) und SIVAN (1988a).

5   Nach einer Katalognotiz aus der Bibliothek von Limoges. Als Äbtissin hätte sie ihr Kloster vermutlich nicht so lange Zeit zurücklassen können, vgl. RÖWEKAMP (2017) 14.

6   Zur Diskussion RÖWEKAMP (2017) 15 f. mit Anm. 28.

7   Vgl. zur Diskussion: MARAVAL (1982) in der Einleitung zur Edition des *Itinerarium Egeriae*, 23 und RÖWEKAMP (2017) 14.

Der Text ist in einer Handschrift aus dem 11. Jahrhundert unvollständig überliefert.[8] Anfang und Ende sowie das Außenblatt der zweiten von drei Quaternionen fehlen.[9] Fragmente des Textes sind in einer Handschrift aus dem 9. Jahrhundert (fol. 8–9) enthalten und Exzerpte im *Liber de locis sanctis* des Petrus Diaconus.[10]

Das *Itinerarium* besteht aus zwei Teilen: Der erste Teil ist eine in „Ich-Form" verfasste Erzählung,[11] die an die zurück gebliebenen Schwestern adressiert und als Brief aus Konstantinopel stilisiert ist (vgl. 23,10). In diesem ersten Teil (Kap. 1–23) wird die Reise durch den Sinai und durch Teile Ägyptens, ins Ostjordanland und nach Südsyrien geschildert, ins obere Mesopotamien, durch Kleinasien bis nach Konstantinopel, während der zweite Teil (Kap. 24–49) die Liturgie Jerusalems beschreibt.

Als erster überlieferter narrativer Pilgertext weist das *Itinerarium Egeriae* charakteristische Strukturmerkmale auf, die für alle weiteren Texte von Bedeutung sind. Eines davon ist die Verbindung von Ort und Bibeltext. Zentral sind der Fokus auf der biblischen Landschaft und das Beschreibungsschema der heiligen Orte, das im *Itinerarium Egeriae* eine besondere Ausprägung besitzt. Neben diesem Zusammenhang von Bibel und heiligem Ort werden im folgen-

---

8   Stadtbibliothek Arezzo, Cod. Arretinus VI,3, fol. 16–37.

9   Vgl. zur Überlieferung RÖWEKAMP (2017) 9 f. In der *editio princeps* aus dem Jahr 1887 verwendet der Editor G.-F. Gamurrini den Titel ‚*Sanctae Silviae Peregrinatio*'. Seit der Edition von Franceschini und Weber wird der Titel ‚*Itinerarium*' verwendet. Vgl. RÖWEKAMP (2017) 13. Zum *Itinerarium* siehe oben S. 30. Ich zitiere nach der Edition von FRANCESCHINI/WEBER (1965), CCSL 175,29–90, mit Angabe des Kapitels, Unterkapitels und der Zeile.

10   Die sogenannten *Excerpta Matritensia* sind in der Handschrift Madrid, Bibl. Nat. Tolet. 14,24, fol. 8–9 überliefert. Der Text des Petrus Diaconus ist in der Handschrift Montecassino, Archivio dell'Abbazia di Montecassino, Cod. Casin. 361, fol. 67–80 aus dem 12. Jahrhundert überliefert. Die Schrift ist aus Teilen des Textes der Egeria, des Beda und einer dritten unbekannten Quelle zusammengesetzt. Vgl. dazu ausführlich RÖWEKAMP (2017) 310 ff.

11   Vgl. zur Ich-Form bei Egeria CAMPBELL (1988) 20 ff. Die Ich-Form von Egerias Erzählung ist bemerkenswert, wenn man bedenkt, dass das nächste in Ich-Form erhaltene Werk, das von einer Pilgerreise ins Heilige Land erzählt, erst ca. 300 Jahre später folgt: der Text des anonymen Pilgers von Piacenza. Petrus Diaconus, der für seinen Text (Edition: WEBER (1965), CCSL 175,93–103), den er ungefähr 700 Jahre später aus verschiedenen Werken kompiliert, Egerias *Itinerarium* ausgiebig heranzieht, gebraucht auch in den wörtlich wiedergegebenen Passagen statt der ersten Person die dritte Person. Die von Petrus verwendeten Passagen sind deutlich sichtbar gemacht in der zweisprachigen Ausgabe von RÖWEKAMP (2017) 310 ff. Der unpersönliche Stil ist in den meisten Beschreibungen Jerusalems, die auf Egerias Text folgen, wie *Theodosii de situ terrae sanctae* oder dem *Breviarius de Hierosolyma* üblich.

IMAGINIERUNG DER PILGERREISE
95

den Abschnitt narrative Strategien der erzählten Bewegung sowie der Blickbewegung untersucht. Abschließend wird die Visualisierung der Heilsorte in der von Hieronymus dargestellten Pilgerreise der Paula betrachtet. Hieronymus' Darstellung kann einerseits kontrastiv zum *Itinerarium Egeriae* gelesen werden. Andererseits weist sie zugleich voraus und wirkt auf die Darstellung von Visualität und Visualisierung der Heilsorte in späteren Pilgertexten.

4.1.1 Die narrative Verbindung der heiligen Orte mit biblischen Ereignissen

Ego, ut sum satis[12] *curiosa* (16,3,12) – mit diesen Worten nennt sich das Erzähler-Ich Egeria selbst neugierig. Diese Neugier bezieht sich nur auf die biblische Welt. Ausgeblendet werden fremde Bewohner, das weltliche Leben sowie die politische Lage.

Nur einmal werden die Bewohner von Faran und die dortigen Kamelkarawanen genannt (6,2). Abgesehen von dieser Ausnahme wird das Land als Heiliges Land beschrieben, in dem die Wahrnehmung des Fremden keinen Platz hat. Die Fixierung des Interesses auf die biblische Welt führt zu einer selektiven Wahrnehmung.[13] Ein anschauliches Beispiel dafür ist die Besiedlung des Heiligen Landes mit heiligen Mönchen, mit *sancti*. Es findet im Text also nicht nur eine Ausblendung von Außerbiblischem statt, sondern eine Fokussierung auf das, was der Erwartung[14] eines Heiligen Landes entspricht und die Heiligkeit des Landes und seiner Bewohner bekräftigt. Durch diese Form selektiver Wahr-

---

12   Zur häufigen Verwendung des steigernden *satis* im Text vgl. LÖFSTEDT (1936) 73 f. Vgl. zu dieser Stelle auch SPITZER (1959) 908 f., der der Ansicht ist, dass diese Äußerung nicht Egerias persönliche Neugier ausdrückt, sondern sich allgemein auf die Neugier jedes Pilgerreisenden bezieht. Das hier verwendete „ich" entspreche dem mittelalterlichen „didaktischen ich", das die Gefühle jedes Pilgerreisenden ausdrücken soll, „endeavoring to express that promptness of interest in which true devotion reveals itself" (909).

13   Vgl. zur selektiven Wahrnehmung CAMPBELL (1988) 41 f. und HARTMANN (2010) 614.

14   Eine Erwartungshaltung gegenüber Inhalten, die der Text voraussetzt, zeigt das Beispiel der folgenden Passage mit dem Thema der Salzsäule, deren Standort im Panorama gesucht wird: *Locus etiam, ubi fuit titulus uxoris Loth, ostensus est nobis, qui locus etiam in Scripturis legitur. Sed mihi credite, domine venerabiles, quia columna ipsa iam non paret, locus autem ipse tantum ostenditur: columna autem ipsa dicitur mari Mortuo fuisse quooperta. Certe locum cum videremus, columnam nullam vidimus, et ideo fallere vos super hanc rem non possum* (12,6,35–7,41). Hier wird die Erwartung der Reisenden und auch die des Lesers nicht erfüllt. Die Salzsäule, über die man in der Heiligen Schrift liest, ist nicht zu sehen, sondern nur der Ort, an dem sie gestanden haben soll. Die ausführliche Rechtfertigung, warum die Säule nicht zu sehen war und dass auch der Bischof von Segor als Autorität darüber befragt wird (12,7), deutet die Sorge um die Erwartung der Leser an.

nehmung wird die reale Welt überblendet. Diese Überblendung ist in der Darstellung Jerusalems verstärkt sichtbar. Das weltliche Leben wird nicht erwähnt, dafür scheint die ganze Stadt an der Feier des Palmsonntags beteiligt. Jerusalem wird im zweiten Textteil behandelt, der den Schwerpunkt auf die Jerusalemer Liturgie legt.[15] Insofern liegt es auch an dieser Schwerpunktsetzung, dass sich keinerlei Spur des „echten" Jerusalems dieser Zeit findet. Im zweiten Textteil des *Itinerarium Egeriae* wird ein „idealized biblical tableau of New Testament Jerusalem" beschrieben.[16] Überhaupt lässt sich die von Egeria dargestellte Welt als idealisierte biblische Welt charakterisieren.

Ein Beispiel für eine andere Darstellung Jerusalems findet sich im 58. Brief des Hieronymus. In diesem Brief an Paulinus von Nola argumentiert Hieronymus gegen eine Reise des Paulinus nach Jerusalem: Das Reich Gottes stehe dem Menschen von allen Orten aus und nicht nur in Jerusalem offen (*epist.* 58,3) – Ziel sei nicht das irdische, sondern das himmlische Jerusalem.[17] Hieronymus beschreibt ein Jerusalem, in dem nicht nur Heilige leben, sondern in dem das Leben pulsiert und das voll ist mit Menschen aus aller Welt und aller Art (*scorta, mimi, scurrae*).[18] In Jerusalem herrschen Zustände, die für Mönche nicht angemessen sind: *plena est ciuitas uniuersi generis hominibus et tanta utriusque sexus constipatio, ut, quod alibi ex parte fugiebas, hic totum sustinere cogaris* (58,4,4).

Im *Itinerarium Egeriae* dagegen scheint Jerusalem nur von gläubigen Christen bewohnt. In der Darstellung der liturgischen Handlungen am Palmsonntag ist „das ganze Volk" (*omnis populus*, z. B. 31,1,22) beteiligt und steigt auf den Ölberg. Korrespondierend mit der Stelle aus dem Matthäusevangelium, die verlesen wird (Mt 21,9), rezitiert „das ganze Volk" *Benedictus qui venit in nomine Domini* (31,2,12). Wie die Kinder, die zur Zeit Christi dem Herrn mit Zweigen und Palmwedeln entgegen gehen (31,2,11),[19] sind auch jetzt alle Kinder versammelt, sogar die ganz kleinen, die von ihren Eltern gehalten werden müssen, und tragen Zweige.[20]

---

15 *Ut autem sciret affectio vestra, quae operatio singulis diebus cottidie in locis sanctis habeatur, certas vos facere debui, sciens, quia libenter haberetis haec cognoscere* (24,1,59–61).

16 HUNT (2000) 43.

17 Vgl. zur rhetorischen Stilisierung und der politischen Motivation dieses Briefes die Diskussion bei HUNT (1982) 192f. Zu Hieronymus' Haltung gegenüber Jerusalem und der Bevorzugung Bethlehems vgl. CAIN (2010) 115.

18 Hieronymus, *epist.* 58,4,4. Vgl. auch Gregor von Nyssa, *epist.* 2,10.

19 Nach Egerias Angabe wie im Evangelium. Bei Matthäus sind an dieser Stelle (21, 1–11) jedoch keine Kinder erwähnt. RÖWEKAMP (2017) 238, Anm. 61 erklärt die Erwähnung der Kinder an dieser Stelle damit, dass die Kinder in Mt 21,15 eine Rolle spielen.

20 *Et quotquot sunt infantes in hisdem locis, usque etiam qui pedibus ambulare non possunt,*

IMAGINIERUNG DER PILGERREISE 97

Die nicht-biblische Umwelt und das Fremde werden in der Erzählung nicht wiedergegeben.[21] Diese Beschreibungsform ist im Charakter der Pilgerfahrt begründet: „Die Pilgerfahrt (...) ist (...) ursprünglich nicht als positive Begegnung mit dem Anderen konzipiert, sondern inszeniert im Gegenteil eine Heimkehr oder Rückkehr des (...) Menschen zum Ziel der Einheit mit Gott."[22] Eine Pilgerfahrt bedeutet das Verlassen der eigenen Welt, doch ist das Ziel nicht die Fremde, sondern „eine gesteigerte und geläuterte Form des Eigenen."[23] Das Heilige Land ist somit kein fernes und unbekanntes Land. Jerusalem bildet das Zentrum der biblischen Welt, insofern bedeutet die Reise dorthin eine Reise in die bekannte biblische Welt. Diese Reise wird im Text abgebildet.

Diese Art der Beschreibung gilt nicht nur für das *Itinerarium Egeriae*. Die historischen und politischen Hintergründe sind im Heiligen Land über die Jahrhunderte starken Veränderungen unterworfen.[24] Die Pilgerwege in der Praxis waren dadurch zu verschiedenen Zeiten stark beeinflusst. In den Pilgertexten finden sich im Vergleich dazu wenige Spiegelungen aktueller Bezüge.[25] Denn es ist ein markantes Charakteristikum der Pilgertexte, aktuelle politische Bezüge weitgehend auszublenden und das Geschehen biblischer Zeit zu fokussieren. Die biblische Landschaft, die in der Imagination durch die Bibellektüre aufgebaut wurde, ist nicht mit „störenden Elementen" wie Hinweisen auf aktuelle militärische Konflikte, exotische Bewohner, städtisches Leben oder Tiere besetzt. Über die politische Lage wird im *Itinerarium Egeriae* kaum reflektiert.

---

    quia teneri sunt, in collo illos parentes sui tenent, omnes ramos tenentes alii palmarum, alii oliuarum (31,3,16–19).

21   Daher leuchtet es zunächst nicht ein, dass CAMPBELL (1988) ihr Buch *The Witness and the Other World. Exotic European Travel Writing* mit Egerias Reise ins Heilige Land beginnt. Aus diesem Grund wird Campbells Ansatz von PALMER (1994) kritisiert: „To see Egeria as an exotic traveller is to distort the most evident truth, that she was journeying towards the centre of her universe" (PALMER (1994) 52). Dieser Satz ist für sich gesehen sicher richtig, Campbell verfolgt in ihrem Buch jedoch einen anderen Ansatz und sie versteht Egeria vor allem nicht als exotische Reisende. Egeria bildet für sie den Anfangspunkt der Entwicklung einer Reiseliteratur, in der über das Erlebte in der ersten Person und nicht in der dritten Person gesprochen wird – auch wenn Egerias „I" weit entfernt sei von dem „myself am the matter of my book", wie das für spätere Literatur gilt (S. 20, vgl. S. 25).

22   WOLFZETTEL (2003) 14.

23   Ebd.

24   Vgl. dazu die historische Übersicht bei GRABOÏS (1998) 21ff. zu den historischen Hintergründen z.B. JASPERT (2013), MORRIS (2005) mit weiterer Literatur.

25   Bis ins 13. Jahrhundert werden andere Völker vorwiegend genannt, wenn durch sie der Besuch heiliger Orte erschwert wird. In einigen Texten treten in Nebenbemerkungen z.B. über bewaffnete Begleitung die aktuellen Zustände hervor. Im Text Thietmars (um 1217) wird deutlich, dass ein Besuch Jerusalems nicht immer möglich war und dass Reisende in Schwierigkeiten geraten können.

Nur am Rande wird in 9,3 erwähnt, dass die Gruppe in Ägypten ein Stück von Soldaten begleitet wurde.[26]

Denn das *Itinerarium Egeriae* stellt die Reise durch das Land der Bibel ins Zentrum der Erzählung, wobei die Bibel Referenztext für die Aufzeichnungen der Reise ist.[27] Die einzelnen Orte werden, wie im letzten Teil dieses Kapitels gezeigt wird, mit den biblischen Ereignissen verknüpft. Diese Verbindung wird durch den Verweis auf die Lektüre der entsprechenden Bibelstelle vor Ort hergestellt. Schon Valerius von Bierzo betont mit diesen Worten die Verbundenheit des *Itinerarium Egeriae* mit dem Bibeltext, der nach seinen Worten genauso Objekt räumlicher Durchwanderung ist wie die Heilsorte: *Cuncta igitur Veteris ac Novi testamenti omni indagatione percurrens volumina, et quacumque sanctarum mirabiliorum loca in diversis mundi partibus, provinciis, civitatibus, montibus ceterisque desertis repperit esse conscripta, sollicita expeditione (...) perlustrans (...).*[28]

Das ganze Heilige Land ist nach dem *Itinerarium* fast ausschließlich von Mönchen,[29] Priestern und anderen *sancti* bewohnt.[30] Im Land der Bibel leben heilige Menschen, mit denen die heiligen Orte in der Erzählung dicht besiedelt sind. Innerhalb der Narration sind die Bewohner des Landes Figuren, die Auskunft über die Heiligkeit der Orte geben und Pilger betreuen. Es entsteht kein realistisches Bild des Landes, sondern die Darstellung entspricht der möglichen Erwartung eines Bibellesers. Eine wichtige narrative Funktion der Figuren der *sancti* ist das vermittelte Sehen durch den Gestus des Zeigens. Sie sind die Reiseführer für die Ich-Erzählerin und für den Leser.[31] Ihre Worte werden

---

26 *Nos autem inde iam remisimus milites, qui nobis pro disciplina Romana auxilia praebuerant, quandiu per loca suspecta ambulaveramus; iam autem, quoniam agger publicum erat per Egyptum, quod transiebat per Arabiam civitatem, id est quod mittit de Thebaida in Pelusio, et ideo iam non fuit necesse vexare milites* (9,3,9–15).

27 Vgl. zur konkreten Vorstellung der Reise „mit der Bibel in der Hand" vgl. MULZER (1996).

28 Valerius von Bierzo, *Epistola beatissime Egerie laude conscripta fratrum Bergidensium monachorum a Valerio conlata*, 1,20–26. Ed. DÍAZ Y DÍAZ 1997 (SC 296,338).

29 Vgl. HUNT (2000) zu Mönchen als Bewohnern des Heiligen Landes im Spiegel des *Itinerarium Egeriae*. Vgl. allgemein FRANK (2000a). Die Besiedlung der heiligen Orte mit Mönchen und der Bau von Kirchen oder Gedenkstätten, durch die heilige Orte markiert werden, sind Indizien für die christliche Inanspruchnahme des Heiligen Landes. Vgl. zur Entwicklung Palästinas zum „Heiligen Land" SPICE und HAMILTON (2005), WILKEN (1992), WALKER (1990).

30 Vgl. dagegen das *Itinerarium Burdigalense*: In dem beschriebenen Land leben kaum Menschen. Vgl. dazu LEYERLE (1996).

31 Ich spreche generell von dem „Leser" und bezeichne damit Leser und Leserinnen. Auch wenn im Text häufig die *sorores* adressiert werden, ist von einer breiteren Rezeption des Textes auszugehen, wie z. B. die Bearbeitung des Petrus Diaconus zeigt.

vielfach in direkter Rede wiedergegeben. Auf diese Weise wird Unmittelbarkeit erzeugt und der Leser wird selbst zum „Ohrenzeugen".[32] Ein Beispiel dafür ist die Passage am Gipfel des Berges Nebo: *Tunc ergo interrogavi illos sanctos, quidnam esset hoc; qui responderunt: „Hic positus est sanctus Moyses ab angelis, quoniam, sicut scriptum est, sepulturam illius nullus hominum scit (...).“*[33] In diesem Beispiel wird die erhaltene Information doppelt authentifiziert: in den Worten der Heiligen und in dem zitierten Bibelwort. Die Unmittelbarkeit der Darstellung des heiligen Ortes wird im Text nicht nur durch das Ortsadverb *hic*, sondern durch die Nennung von *hic* innerhalb der direkten Rede verstärkt.

Figuren der *sancti* wie am Gipfel des Berg Nebo kommen im Text immer wieder zu Wort, vor allem aber zeigen sie die Heilsorte. Der Gestus des Zeigens ist konstitutiv für die Struktur des *Itinerarium*. Im Text heißt es, die heiligen Orte werden *iuxta scripturas* (1,1,1) gezeigt (*ostendebantur*), wie es schon an dem unvollständig überlieferten Beginn des Textes heißt und wie immer wieder betont wird (z. B. 2,3,22 und 2,5,29). Die im Text wieder und wieder auftauchenden Wendungen wie *ostenderunt/ostenditur* und *monstraverunt*[34] sind einerseits darauf zurückzuführen, dass die Orte den Reisenden tatsächlich z. B. von Mönchen gezeigt wurden, andererseits tritt diese deiktische Formulierung in Eusebius' *Onomastikon* und Hieronymus' Übertragung auf.[35] Ausgehend von diesen Texten finden sie Eingang in die auf diese Werke folgende Pilgerliteratur. Egeria war das *Onomastikon* bekannt, wie sich an verschiedenen Parallelen in Ortsnamen und Namensformen zeigen lässt – ob sie eine griechische oder lateinische Fassung des Textes verwendete, ist unsicher.[36]

---

32   Vgl. zum Augen- und Ohrenzeugen S. 40 f.

33   *Itinerarium Egeriae* 12,2,5–8. Ich zitiere nach der Edition von FRANCESCHINI/WEBER (1965), CCSL 175, 29–90 mit Angabe des Kapitels, Unterkapitels und der Zeile.

34   Wie Spitzer betont, geht die Bedeutung von *ostendere/monstrare* bei Egeria über das bloße „zeigen" hinaus: „to point out a holy place and establish its identity." SPITZER (1959) 888.

35   Vgl. für Belege Anm. auf S. 134. Eusebius' *Onomastikon* ist der erste Text, der in seiner Gesamtheit auf einer Verbindung zwischen Heiliger Schrift und heiligem Ort angelegt ist. Das *Onomastikon* unterscheidet sich durch seine lexikalische Struktur von den Pilgertexten. Es wird von den meisten Autoren von Pilgertexten (in der Bearbeitung des Hieronymus) als Quelle verwendet. Hieronymus schreibt seine lateinische Fassung *Onomastikon* gegen Ende des vierten Jahrhunderts. In seiner Vorrede heißt es aber, es habe schon vorher eine lateinische (schlechte) Übersetzung gegeben: *maxime cum quidam uix primis imbutus litteris hunc eundem librum ausus sit in Latinam linguam non Latine vertere: cuius imperitiam ex comparatione eorum quae transtulimus, prudens statim lector inueniet.* Ed. KLOSTERMANN (1966), 3,14 ff.

36   ZIEGLER (1931a) weist den Zusammenhang zwischen Egerias Text und dem *Onomastikon* nach. Nicht überzeugend ist die These von WEINGARTEN (2005) 257 f., dass man aus Hieronymus' Gebrauch der Formen von *ostendere* oder vergleichbaren Vokabeln des Zeigens

100   KAPITEL 4

Der Gestus des Zeigens durch die *sancti* konstituiert die Orte als heilige Orte.
Die Wichtigkeit des Zeigens offenbart sich im Zusammenhang mit heiligen
Orten, auf die kein Indiz des biblischen Geschehens oder keine Markierung in
irgendeiner Form verweist. An vielen Stellen wird nur ein Ort gezeigt, an dem
ein biblisches Ereignis geschah: *Ostenderunt etiam nobis locum ubi de spiritu
Moysi acceperunt septuaginta viri. Item ostenderunt locum ubi filii Israhel habu-
erunt concupiscentiam escarum. Nam ostenderunt nobis etiam et illum locum,
qui appellatus est incendium, quia incensa est quaedam pars castrorum, tunc qua
orante sancto Moyse cessavit ignis* (5,7,32–37). In dieser Passage werden in einer
langen Reihe nur die Orte aufgezählt, an denen die verschiedenen biblischen
Ereignisse stattgefunden haben sollen. Es ist ein zentraler Aspekt, dass die heiligen Orte sichtbar sind. Dass sie gesehen und gezeigt werden können, ist Beweis
für die Historizität[37] der biblischen Geschehnisse. Die Deutung des biblischen
Geschehens spielt in diesem Zusammenhang keine Rolle,[38] vielmehr wird der

---

     auf seinen tatsächlichen Besuch des jeweiligen „gezeigten" Ortes schließen kann, zumal
     sie selbst erwähnt, dass die Vokabel an vielen Stellen bereits bei Eusebius zu finden ist.

37   So spricht Cyrill von Jerusalem von Golgotha als sichtbarem Beweis der Heilsgeschichte
     (*Hierosol. catech.* 4,10, vgl. 13,4) und Leo I. äußert sich in diesem Zusammenhang in einem
     Brief: *quid laborat intellectus, ubi est magister aspectus* (Leo M. *epist.* 139,1, PL 54,1103B).
     Diskutiert bei HARTMANN (2010) 601.

38   WESTRA (1995) 95 versucht nachzuweisen, das für Egeria der typologische und spirituelle
     Sinn der Bibel bedeutend ist. WESTRA (1995) 95, Anm. 9. Vgl. dagegen die Diskussion bei
     LIMOR (2001) 12 ff.: „Her pilgrimage is not a symbolical experience." und TAFI (1987), bes.
     170 f. Das macht der Vergleich mit Hieronymus deutlich, der über Paulas Reisen im Heili-
     gen Land schreibt (vgl. dazu unten S. 110 f.). Dort wird die Spiritualisierung der besuchten
     heiligen Orte greifbar: Die zwei Blinden von Jericho (Mt. 20,30 ff.) deuten auf die Bekeh-
     rung der Juden und Heiden voraus (108,12,3) und die zwölf Steine des Heiligtums von
     Gilgal (Jos 4,1 ff.), die Paula sieht, sind das Fundament der zwölf Apostel (108,12,4). Vgl.
     für zahlreiche weitere Beispiele für Typologien in diesem Brief DONNER (2002) 137 f. Für
     Hieronymus' Text gilt: „Landscape speaks here of spiritual truths rather than scriptural
     events." LEYERLE (1996) 130. Das ist ein deutlich anderes Verständnis der Landschaft als
     in Egerias Text. Im Kontrast zu der Darstellung der heiligen Orte bei Hieronymus oder
     der in den Briefen des Gregor von Nyssa wird ein verstärktes Interesse an einer allegori-
     schen oder typologischen Interpretation besonders im ersten Teil von Egerias Text nicht
     spürbar. Dennoch sind der Autorin diese Interpretationen nicht fremd, wie die Verehrung
     für Cyrill von Jerusalem zeigt (LIMOR (2001) 14) und die Äußerungen im zweiten Teil des
     Textes über eine wörtliche und geistliche Auslegung des Bibeltextes, z. B. in der folgenden
     Passage, die die Taufe zum Thema hat: *Cathecuminus autem ibi non intrat tunc, qua epi-
     scopus docet illos legem, id est sic: inchoans a Genese per illos dies quadraginta percurret
     omnes scripturas, primum exponens carnaliter et sic illud soluens spiritualiter* (46,2,10–13).
     Betrachtet man die Briefe Gregors von Nyssa, der kurze Zeit vor Egeria das Heilige Land
     bereiste, fällt der Kontrast zu der unterschiedlichen „Leseweise" des Heiligen Landes deut-
     lich ins Auge. In *epist.* 2,2, dem Brief über seine Jerusalemreise, schreibt Gregor über die

IMAGINIERUNG DER PILGERREISE 101

Ort des biblischen Geschehens lokalisiert. Der Bibeltext wird vorwiegend als historischer Text gelesen und ist sozusagen ‚Wegweiser' für das Aufsuchen der historischen Stätten des Geschehens: *Item ostenderunt nobis locum ubi incensus est vitulus ipse iubente sancto Moyse, quem fecerat eis Aaron. Item ostenderunt torrentem illum, de quo potavit sanctus Moyses filios Israhel, sicut scriptum est in Exodo* (5,6,28–32. Vgl. Ex 32,20).

Im nächsten Textbeispiel weist ebenfalls nichts Sichtbares auf das biblische Ereignis hin oder zeichnet den Ort als heiligen Ort aus: *In eo ergo itinere sancti, qui nobiscum erant, hoc est clerici vel monachi, ostendebant nobis singula loca, quae semper ego iuxta Scripturas requirebam; nam alia in sinistro, alia in dextro de itinere nobis erant* (7,2,14–17). Allein der Gestus des Zeigens lokalisiert und markiert den aus der Bibellektüre bekannten Ort als heiligen Ort. Aus der Position des Erzähler-Ichs und des den Weg nachvollziehenden Rezipienten werden die Orte als „links" und „rechts" des Weges liegend bezeichnet.

An dieser Stelle entfaltet sich ein markanter Unterschied in der Darstellung der Heilsorte zwischen dem *Itinerarium Egeriae* und dem *Itinerarium Burdigalense*. Heilige Stätten im *Itinerarium Burdigalense* sind markiert durch Kirchen, Städte, Grabmäler oder ähnliche in der Landschaft sichtbare Orientierungsformen (*landmarks*).[39] Im *Itinerarium Egeriae* ist dagegen vorwiegend von Orten, an denen etwas geschehen sein soll, die Rede – wobei diese Orte oft nicht durch *landmarks* oder sichtbare Spuren markiert sind. Mary Campbell spricht dabei von einem Charakteristikum des *Itinerarium Egeriae*: In dem Text wird nicht von unspezifischen Orten gesprochen, sondern nur von Orten, an denen etwas geschah („places where", S. 32). Entscheidend ist hier der deiktische Aspekt, dass all diese Orte durch die Figuren der *sancti* gezeigt werden.

Der sichtbare heilige Ort (*locus*) wird in direkten Bezug zu der zugehörigen Bibelstelle (häufig: *ipse locus*)[40] gesetzt.[41]

Orte Jerusalems, „an denen die Symbole des fleischlichen Aufenthalts des Herrn zu sehen sind." Übersetzung TESKE (1997). ἐν οἷς τὰ σύμβολα τῆς διὰ σαρκὸς ἐπιδημίας τοῦ κυρίου ὁρᾶται. Edition: PASQUALI (1959). Die heiligen Stätten stellen für Gregor Symbole des Heils, das in Christus liegt, dar. Vgl. HUNT (1982) 88 f. „So where Egeria had seen the solid manifestation of biblical narrative, Gregory saw a stimulus to the Christian life" HUNT (1982) 88 f. Gregor betont wie Hieronymus, dass der Aufenthaltsort des Gläubigen für die Verehrung Gottes keine Rolle spielt. Diskutiert bei KÖTTING (1962), HUNT (1982) 91 ff. und CARDMAN (1982). Vgl. z. B. Hieronymus, *epist.* 58,3,3 und Gregor, *epist.* 2,8 f.

39   Vgl. dazu LEYERLE (1996) und oben S. 51.

40   Z. B. *Itinerarium Egeriae* 4,3 f. 14,1 oder 20,3.

41   Vgl. SPITZER (1959) 887. „The eye of the pilgrim wanders incessantly from the Biblical locus (i.e. passage) to the locus (locality) in Palestine."

102   KAPITEL 4

Das Beschreibungsschema der heiligen Orte[42] wird im *Itinerarium Egeriae* durch performative und liturgische Vollzüge ergänzt. Dieses Schema wiederholt sich im Text. Zuerst wird ein Gebet gesprochen, dann die zum heiligen Ort passende Bibelstelle gelesen[43] sowie ein Psalm rezitiert, zum Abschluss folgt wieder ein Gebet: *Id enim nobis semper consuetudinis erat ut, ubicumque ad loca desiderata accedere valebamus, primum ibi fieret oratio, deinde legeretur lectio ipsa de codice, diceretur etiam psalmus unus pertinens ad rem et iterato fieret ibi oratio. Hanc ergo consuetudinem iubente Deo semper tenuimus, ubicumque ad loca desiderata potuimus pervenire.*[44] Durch diese Vollzüge wird der heilige Raum zu einem rituellen Raum.[45] Damit korrespondiert der Bezug zur Jerusalemer Liturgie.[46] An mehreren Stellen wird betont, dass Bibelstelle (*ipse locus*) und Psalm (*psalmus aptus loco*) jeweils an dem entsprechenden Ort rezitiert werden, wie das auch bei der Jerusalemer Liturgie der Fall ist.[47] An zentralen heiligen Orten wie am Sinai (3,6) oder am Dornbusch (4,8) wird von einem Priester ein Gottesdienst gefeiert (*oblationem facere*).

In der Jerusalemer Liturgie tritt zur Vergegenwärtigung des biblischen Ereignisses am Ort der bestimmte Zeitpunkt, an dem der heilige Ort besucht wird, hinzu.[48] Im *Itinerarium Egeriae* wird betont, dass Hymnen, Antiphonen, Lesungen und Gebete immer zum Tag und zum Ort passen: *Illud autem hic ante omnia ualde gratum fit et ualde admirabile, ut semper tam ymni quam antiphonae et lectiones nec non etiam et orationes, quas dicet episcopus, tales pronuntiationes habeant, ut et diei, qui celebratur, et loco, in quo agitur, aptae et conuenientes sint semper* (47,5,25–29). Pilgerandacht und Jerusalemer Liturgie verhalten sich analog zueinander. In der Liturgie werden – wie es im zweiten Teil des Textes heißt – die Geschehnisse der Heilsgeschichte performativ nach-

---

42   Vgl. oben S. 51 f.

43   Wie die Lesung des Bibeltextes vor Ort konkret vorzustellen ist, lässt sich aus dem Text nicht erschließen. Vgl. dazu MULZER (1996). Der Leser erfährt im Text nicht, in welcher Sprache die Lesung gehalten wird. Wie Martin Mulzer zeigt, ist die Sprache, in der die Lesung stattfindet, wahrscheinlich in den wenigsten Fällen Latein (MULZER (1996) 161). Dieser Aspekt ist ausgeblendet. Für den Leser spielt es keine Rolle, in welcher Sprache die Texte vor Ort gelesen werden. Wichtig ist, dass der heilige Ort mit der ‚richtigen' Bibelstelle in Verbindung gebracht wird. Beim Verfassen der Schrift liegt Egeria sicher ein lateinischer Bibeltext vor, welcher Bibeltext, lässt sich nicht genau sagen. Nachgewiesen ist, dass ihr Bibeltext ein Text der Vetus Latina ist, da er sich eng an die LXX anlehnt. ZIEGLER (1931b), vgl. auch KLEIN (1958).

44   *Itinerarium Egeriae* 10,7,38–44. Vgl. z. B. auch 14,1 oder 4,3 f.

45   Vgl. LIMOR (2001) 9.

46   Vgl. dazu RÖWEKAMP (2017) 72 ff. und BALDOVIN (1987).

47   Vgl. z. B. 25,5. 29,4 und 31,1. Diskutiert bei RÖWEKAMP (2017) 37.

48   Vgl. dazu RÖWEKAMP (2017) 107 ff.

vollzogen und nacherlebt. Ausführlich werden die liturgischen Feierlichkeiten während der Osterwoche beschrieben: vom Palmsonntag, an dem der Bischof, so wie einst Christus, vom Volk begleitet wird (31,2 f.), bis zum Zug zum Sion am Ostersonntag (39,4). Der performative Nachvollzug besteht im Wesentlichen in der Bewegung durch den Raum, die verbunden wird mit dem geistigen Nachvollzug des Geschehens durch Lesung und Gebet. Ebenso wird im *Itinerarium* die Wanderung des Volkes Israel durch den Sinai nachvollzogen, wie der nächste Abschnitt zeigen wird. Die Art des Pilgerns steht in engem Zusammenhang mit der Jerusalemer Liturgie. Wichtig ist der Schwerpunkt, der durch die Beschreibung der Pilgerandacht auf den geistigen Nachvollzug der biblischen Ereignisse gelegt wird. In späteren Pilgertexten wandelt sich diese geistliche Betrachtungsweise der Orte hin zu einer deutlich verkörperlichten. Es wird verstärkt von einer anschaulichen und greifbaren, einer im Gegensatz zu diesem geistigen Nachvollzug körperlichen *imitatio Christi* gesprochen wie vom Hineinlegen in Abdrücke des Körpers oder von Körperteilen Christi.[49]

Der konkret beschriebene Ablauf des Besuches stellt einen entscheidenden Unterschied zu enumerativen Pilgertexten dar. Während im *Itinerarium Burdigalense* zwar die Verbindung von Ort und Bibelstelle hergestellt wird, indem das zugehörige Ereignis referiert wird, steht im *Itinerarium Egeriae* das performative Element im Zentrum, durch welches das Heilsereignis in Gebet, Psalm und/oder Opfer nachvollzogen wird. Dieser Vollzug führt zu einer Vergegenwärtigung des biblischen Ereignisses am Ort des Geschehens selbst. Auf diese Weise wird die zeitliche Distanz zum Heilsgeschehen überbrückt. Die textuelle Wiedergabe des liturgisch-performativen Vollzuges lädt dazu ein, den Besuch mit den entsprechenden Gebeten und Bibelpassagen mental nachzuvollziehen. Diese Einladung wird durch die Adressierung des Textes verstärkt, in dem die *sorores*, die selbst nicht nach Jerusalem reisen können, häufig angesprochen werden.[50] Die stilistische Darstellung ermöglicht es dem Rezipienten, die beschriebenen Wege zu imaginieren.

Zentral ist die an Ort und Stelle performativ mithilfe von Lesung und Gebet hergestellte Verbindung des *locus sanctus* mit dem jeweiligen *locus* aus dem Bibeltext. Die heiligen Orte zu besuchen ist *voluntas* und *desiderium* der Pilgerin. Die heiligen Orte, die alle Christen sehen wollen (vgl. 19,5), werden der im Text beschriebenen Pilgergruppe gezeigt. Das Gefühl der Sehnsucht ist als rezeptionsästhetische Prädisposition mit den heiligen Orten verbunden, die als *loca desiderata* bezeichnet werden (10,7,39 f.).[51] Dieses *desiderium* wird bereits

---

49   S. dazu unten S. 212.
50   Vgl. z. B. 3,8. 5,8. 7,3. 19,19. 20,5. 23,10. 46, 1 und 4.
51   Vg. 12,11. Ebenso Valerius *epist.* 1,2,2 (SC 296,340): *desiderio inflammata*. Hieronymus ver-

104 KAPITEL 4

im Vorfeld durch die Lektüre der Heiligen Schrift hervorgerufen, die eine konkrete Erwartungshaltung für einen Besuch der heiligen Stätten erzeugt.

Verbunden mit dem immer präsenten Abgleich zu dem Bibeltext ist das Zitieren oder Anzitieren der entsprechenden Bibelpassage, wie z. B. beim Dornbusch (hier Ex 3,5): *locus etiam ostenditur ibi iuxta, ubi stetit sanctus Moyses, quando ei dixit Deus: „solve corrigiam calciamenti tui" et cetera* (4,8,42–44). Mit der durch *et cetera* geforderten Ergänzung des Bibeltextes wird der Leser verstärkt miteinbezogen. Die im Text genannten Informationen geben dem Leser die Möglichkeit, die üblichen Bibellesungen nachzuvollziehen.

Fassbar wird die Parallellektüre der Bibel zum Pilgertext z. B. in Kapitel 5,8, in dem die Leser über das beschriebene Geschehen hinaus dazu aufgefordert werden, weitere Details im Buch Mose nachzulesen: *Ac sic ergo singula, quaecumque scripta sunt in libris sanctis Moysi facta fuisse in eo loco (...) ostensa sunt nobis. Quae quidem omnia singulatim scribere satis fuit, quia nec retinere poterant tanta; sed cum leget affectio vestra libros sanctos Moysi, omnia diligentius pervidet, quae ibi facta sunt.*[52]

---

wendet in *epist.* 108,14,3 (CSEL 55,325) ebenfalls das Wort *desiderium* im Zusammenhang mit Paulas Reise ins Heilige Land.

52   *Itinerarium Egeria* 5,8,38–44. „Und so zeigte man uns im Einzelnen, was nach den heiligen Büchern Mose an diesem Ort geschehen sei (...) Dies alles freilich im Einzelnen aufzuschreiben wäre zu viel, weil es nicht möglich war, so viel im Gedächtnis zu behalten; aber wenn ihr, meine Lieben, die heiligen Bücher Mose lesen werdet, erkennt ihr alles, was dort geschehen ist, genauer." Ähnlich auch die Übersetzungen von RÖWEKAMP (2017), DONNER (2002), und MARAVAL (1982). Zur Übersetzung von *satis* mit „zu viel" s. den Kommentar von LÖFSTEDT (1936) 73 und 147. WILKINSON (1981) 97 f. übersetzt dagegen: „So we were shown everything which the Books of Moses tell us took place (...) I know it has been rather a long business writing down all these places one after the other, and it makes far too much to remember. But it may help you, loving sisters, the better to picture what happened in these places when you read the holy Books of Moses." Schon das Verständnis von *satis fuit* lenkt die Übersetzung: Wilkinson geht davon aus, dass Egeria tatsächlich alle Ereignisse genannt hat, die sich im Tal zu Füßen des Sinai ereignet haben. Wilkinson muss in dem Satz noch ein „I know" hinzufügen, um den Satz sinnvoll zu gestalten. Die Übersetzung von *diligentius pervidet* mit „sich besser vorstellen" trifft an dieser Stelle nicht die Bedeutung von *pervidere*, das hier im Sinne von *perspicere* („durchschauen, erkennen") verwendet ist (vgl. TLL 10,1 1870,3 ff.). Dies führt dazu, dass in der englischsprachigen Literatur, die mit dieser Übersetzung arbeitet, die Passage so verstanden wird: Egeria sage wörtlich, ihr Text sorge dafür, dass sich die Leser während der Bibellektüre die biblischen Ereignisse besser vorstellen können. So z. B. HUNT (1982) 86. Vgl. ähnlich FRANK (2000b) 99: „The forth-century pilgrim Egeria promised her readers as much when she explained that her descriptions would allow her readers to see more completely (pervidere) what happened in these places whenever they read the bible." Hier ist es aber umgekehrt, die Leser sollen selbst in der Bibel nachlesen, was an diesen Orten noch alles geschehen ist, da die Autorin nicht alle einzelnen Ereignisse aufschreiben kann.

4.1.2 Erzählte Bewegung und Blickbewegung

Es ist eine These der vorliegenden Untersuchung, dass durch die narrative Gestaltung Wiederholbarkeit und der Nachvollzug der Reise erreicht werden.[53] Die Erzählstrategie wird zu Beginn des Textes deutlich, wenn im Sinai verschiedene Stationen des Exodus abgewandert werden. Das Bemühen der Verfasserin, dem Leser die Orte, die bereits durch die Bibellektüre bekannt sind, zu beschreiben, wird greifbar. Auffällig ist allerdings, dass wenige Details über die Mönche oder Bischöfe vor Ort geschrieben werden. Namen werden kaum genannt. Auch die Person der Verfasserin tritt zugunsten der Zielsetzung zurück. Dadurch wird die Wiederholbarkeit der Reise erleichtert, da Bezüge zu konkreten Persönlichkeiten eingeschränkt werden.

Im Zentrum des Interesses steht die Heilige Schrift in Verbindung mit den geographischen Gegebenheiten wie Bergen, Tälern, Ebenen. Bei der Beschreibung dieser Landschaft wird der Phantasie der Leser ein großer Gestaltungsanteil überlassen. Das bereits in der Imagination existierende Bild des Heiligen Landes, das durch Bibellektüre erzeugt wurde, wird in der narrativen Entfaltung des biblischen Raums nicht angetastet: Das Aussehen der Orte wird nicht detailliert erzählt, sondern die Beschreibung bleibt beinahe beliebig. Die tatsächliche Erscheinung des Ortes tritt zurück gegenüber der Vorstellung, die an den Ort als Stätte des biblischen Geschehens herangetragen wird.[54] So wird das Tal der Wanderung zum Sinai nur als außerordentlich groß (*ingens*) bezeichnet, das allerdings an vier Stellen (z.B. 1,1 und 2,1). Der Text vermittelt, dass die Orte, die in der Heiligen Schrift beschrieben werden, tatsächlich existieren. Das aktuelle Aussehen der Orte detailliert auszumalen, ist weniger zentral als die Verknüpfung der Orte mit den biblischen Geschichten. Entscheidend ist die Lokalisierung der Orte. Der Text bietet nicht zu viele Detailinformationen, sondern sozusagen das Grundgerüst für das imaginierte biblische Geschehen. Durch die sprachliche Gestaltung wird die Imagination unterstützt. Die Schreibweise, die durch das langsame Tempo Unmittelbarkeit erzeugt,[55] unterstützt den Leser, der schon von Leo Spitzer als „a second pilgrim" (881) bezeichnet wird, in der nachvollziehenden Lektüre und lenkt die Aufmerksamkeit auf bestimmte Aspekte in der Beschreibung.

Der Stil[56] des Textes ermöglicht ein langsames Eintauchen in die biblische Topographie. Auffallend ist der deiktische Stil mit einer häufigen Verwendung

---

53 Vgl. allgemein zum *Itinerarium Egeriae* als „gewisser Ersatz" für eine Pilgerfahrt RÖWEKAMP (2017) 114.

54 Vgl. die Diskussion bei LEHMANN-BRAUNS (2010) 51.

55 Vgl. MARTINEZ und SCHEFFEL (1999) 50.

56 Mit dem Stil des *Itinerarium Egeriae* beschäftigt sich ein Großteil der Forschungslitera-

von Demonstrativpronomina. *Iste, hic* und *ipse* sind an vielen Stellen „inspired by pious astonishment."[57] Zu der häufigen Verwendung dieser Pronomina kommt die Wiederaufnahme des Beziehungswortes bei Relativpronomen, die zu einer redundanten Beschreibungsweise führt: *ibi erant monasteria* (...) *et ecclesia in eo loco, ubi est rubus* (...) *hic est autem rubus* (...) *qui est in eo loco ubi monasteria sunt* (...) *et ecclesia* (4,6,34–40). Damit verbunden ist eine Wiederholung und scheinbar unnötige Wiederaufnahme wichtiger Begriffe.[58] Dieser Stil sorgt für eine feierliche Atmosphäre, die durch den Text vermittelt wird.[59]

Ein markantes Beispiel dafür, wie die stilistische Gestaltung die Bewegung durch die Landschaft für den Leser nachvollziehbar gestaltet wird, ist die Reise zum Berg Sinai, dem sich die Erzählerin von verschiedenen Seiten nähert. In den aufeinanderfolgenden Kapiteln werden bereits gegebene Informationen mit jeweils neuen Informationen verknüpft. Dieser Stil führt zu Doppelungen und Wiederholungen im Text. Was auf den ersten Blick vielleicht verwirrt, erleichtert beim zweiten Hinsehen die Imagination der Umgebung, da dem Leser schrittweise der Blick auf die Landschaft eröffnet wird. Das wird schon zu Beginn des Textes deutlich (1,1): Die Gruppe[60] kommt zu einem Ort, an dem sich die Berge öffnen (*montes* (...) *aperiebant*) und sich ein riesiges Tal bildet – am Ende des Absatzes wird die Formulierung *montes aperiebant* wiederholt.

An dem Ort, von dem aus sich der Gruppe der Berg Sinai zeigt, werden die Worte der *sancti deductores* in direkter Rede wiedergegeben (1,2,9 f.): *consuetudo est, ut fiat hic oratio ab his, qui veniunt, quando de eo loco primitus videtur mons Dei*. Anschließend kommt die Information über die Größe des Tales hinzu (1,2,11–2,1,4) und schließlich wird das biblische Geschehen, das dort stattgefunden haben soll, referiert (2,2). Die verschiedenen Ereignisse aus dem Buch Exodus werden jeweils mit den stereotypen Formulierungen *haec est autem vallis – haec est autem vallis – haec ergo vallis ipsa est* (alles in 2,2) eingeleitet. Im Anschluss wird die Aufmerksamkeit des Lesers wieder zurück an den Ort des

---

tur, da das Spätlatein diverse sprachliche Veränderungen aufweist, die für die späteren romanischen Sprachen von Bedeutung sind. Vgl. RÖWEKAMP (2017) 17. Ausführlich der philologische Kommentar von LÖFSTEDT (1936) sowie SPITZER (1959), VÄÄNÄNEN (1987), FRUYT (2003), HERTZENBERG (2015).

57   SPITZER (1959) 874.

58   LÖFSTEDT (1936) 81. Vgl. SPITZER (1959) 879 f.

59   SPITZER (1959) 880: „The attitude of ‚awe and precision' (awe for the wondrous content of the account, precision of visible detail that substantiates the account) informs obviously the whole hieratic slowness of the *peregrinatio* – its word repetitions produce a static effect of ‚rest in awe.' "

60   Es ist anzunehmen, dass Egeria mit einer „Reisegruppe" unterwegs war. Vgl. RÖWEKAMP (2017) 33 ff.

IMAGINIERUNG DER PILGERREISE

Gebets gelenkt, zu der Stelle, von der man den heiligen Berg sieht (*montem Dei (...) qui hinc paret*, 2,3,14 f.) und wo die Beschreibung der Pilger-Bewegung durch das Tal angesetzt hatte.

Nach einem Ausblick auf den weiteren Weg, nämlich den Abstieg zum Dornbusch, wird in 2,4 nochmals wiederholt, welchen Weg die Pilger durch das Tal nehmen werden und sich auf diese Weise dem heiligen Berg annähern. Als nächstes wird – um diese Annäherung auch für die Leser greifbar zu machen – der Eindruck, den der Berg aus der Ferne macht, beschrieben (2,5). Die horizontale Bewegung in Richtung Berg mit der Fokussierung des Blicks auf die Nähe und die Ferne sowie im Anschluss die vertikale Bewegung und die unterschiedliche Wahrnehmung von unten und von oben führen zu einer Einbeziehung des Rezipienten in die Bewegung und Wahrnehmung der Pilgergruppe.

Es wird beschrieben, dass das Bergmassiv zunächst wie ein einziger Berg wirkt, doch nähert man sich dem Massiv, erkennt man einzelne Gipfel, von denen der Moseberg in der Mitte liegt. Dieser Berg liegt im Herzen des Massivs und in der Schilderung wird seine Bedeutung dadurch überhöht, dass – im Vorgriff der Bergbesteigung, die im Folgenden detailliert erzählt wird (3,1 ff.) – alle anderen hohen Berge vom Gipfel des Gottesberges nur wie kleine Hügel wirken: (...) *prorsus toti illi montes, quos excelsos videramus, ita infra nos essent, ac si colliculi permodici essent* (2,6,34 f.). Dass diese Sichtweise nicht der Realität entspricht, ist interessant, denn ein Nachbargipfel ist höher.[61] Die realen Maße spielen keine Rolle. In der Erzählung überformt die biblische Bedeutung des Berges als des Ortes, auf den Gott herabstieg (vgl. Ex 19,18–20), die tatsächliche Topographie.

Deutlich ist dieses Phänomen im Abschnitt 3,8 zu beobachten, in dem nach der Erzählung vom anstrengenden Aufstieg nochmals das Erleben der Eindrücke auf demselben Berggipfel geschildert wird. Zunächst wird die bereits beschriebene Impression wiederholt, diesmal mit bekräftigender und betonender Anrede: *Illud autem vos volo scire, dominae venerabiles sorores, quia de eo loco ubi stabamus, id est in giro parietes ecclesiae, id est de summitate montis ipsius mediani, ita infra nos videbantur esse illi montes, quos primitus vix ascenderamus, iuxta istum medianum, in quo stabamus, ac si essent illi colliculi, cum tamen ita infiniti essent, ut non me putarem aliquando altiores vidisse, nisi quod hic medianus eos nimium precedebat* (3,8,54–61). In dieser Wiederaufnahme der Beobachtung von 2,6 wird der Standort, von dem die Beobachtung gemacht wird, genau verortet („von dem Ort, an dem wir standen, d.h. rings um die

---

61   Vgl. Donner (2002) 84, Anm. 12 und Röwekamp (2017) 123, Anm. 8. Vgl. auch Limor (2001) 11.

Kirchenmauern herum, d. h. auf dem Gipfel des mittleren Berges"). Von dieser Stelle wird der Blick des Lesers zuerst nach unten, dann unter der Führung der *sancti* über das Umland gelenkt (*quae tamen singula nobis illi sancti demonstrabant*, 3,8,65 f.). Der Blick nach unten offenbart Unglaubliches: Die hohen Berge ringsum, die die Gruppe kaum ersteigen konnte, schienen (*videbantur*) im Vergleich zum Gottesberg wie kleine Hügel (*colliculi*). Der Blick von oben bietet eine neue Sicht auf die umliegende Gegend. Im Brief des Valerius von Bierzo werden gerade die Bergbesteigungen Egerias als besondere Leistung gewürdigt. Die Anstrengung und die Mühe des Aufstiegs sind wie die Mühen einer Pilgerreise eine Form des christlichen Lebens. Für Valerius verbildlichen die Bergbesteigungen im *Itinerarium Egeriae* den Aufstieg der Seele:[62] *Igitur pala datur intellegi, quia dum altitudinem regni celorum, (...) ardenti animo et totis visceribus summoque desiderio inpetrare quesivit, tot montium infatigabiliter inaccessibilibus saltim inlata verticibus, opitulante Domino tam ingentis fastigii penuriam ferventi animo leviter tulit.*[63] Das Ersteigen der Höhe des Berges korrespondiert mit dem Erreichen der Höhe des Himmelreiches.[64] Dieser weitere allegorische Schritt spielt im *Itinerarium Egeriae* selbst keine Rolle.

In Egerias Text führt das Erreichen des Berggipfels dazu, dass Dinge gesehen werden, die man eigentlich nicht sehen kann: *Egyptum autem et Palestinam et mare Rubrum et mare illut Parthenicum, quod mittit Alexandriam, nec non et fines Saracenorum infinitos ita subter nos inde videbamus, ut credi vix possit; quae tamen singula nobis illi sancti demonstrabant* (3,8,62–66). Das *mare Parthenicum* ist der östliche Teil des Mittelmeers zwischen Ägypten und Zypern,[65] das von dem Berg nicht zu sehen ist.[66] Ebenso wie die Höhe des Berges nach der biblischen Topographie dargestellt wird, so ist auch die Weitsicht, die man von diesem Berg hat, überhöht dargestellt. Herbert Donner bezeichnet diese Darstellungsweise als „religiöse Geographie."[67] Für die Leser spielt es keine Rolle, wie weit man von diesen Bergen tatsächlich sehen kann. Es kommt darauf an, dass die *sancti* die Orte zeigen. In der Beschreibung wird die weite Sicht über das Heilige Land und darüber hinaus bewirkt durch die unglaubliche Höhe des Gottesberges: „Geography reinforced the text (sc. of the bible) and gave material reality to the great events described in it."[68] Die Landschaft spiegelt

---

62 Vgl. RÖWEKAMP (2017) 112.
63 *Epist.* 4,1–6 (SC 296,344).
64 Vgl. zu diesem geläufigen Topos z. B. WENZEL (2001) 230.
65 So LÖFSTEDT (1936) 124.
66 Vgl. DONNER (2002) 87, Anm. 23, nach dem man vom Gipfel bei gutem Wetter höchstens den Golf von Suez und den Golf von Aqaba sehen kann.
67 DONNER (2002) 87, Anm. 23.
68 LIMOR (2001) 11.

die Bedeutung der biblischen Ereignisse, die sich an dem jeweiligen Ort ereignet haben, wider. Von dem heiligen Ort auf der Höhe des Berges kann man mehr sehen.[69] Diese Erzählstrategie steht im Zusammenhang mit dem Topos der Bergbesteigung.[70]

Der im *Itinerarium Egeriae* geschilderte Panoramablick ist der erste Bergblick in der Pilgerliteratur. In Anlehnung an die Mauerschau in antiken Texten bezeichne ich diese Erzählstrategie als „biblische Teichoskopie". Die biblische Teichoskopie als Ausblick über die biblische Landschaft von erhöhter Warte ist eine Erzählstrategie, die noch im 15. Jahrhundert in den Pilgertexten verwendet wird.[71] Die biblische Teichoskopie in Verbindung mit religiös überhöhter Sichtweise findet sich innerhalb des *Itinerarium Egeriae* bei einer zweiten geschilderten Bergbesteigung, in der verstärkt Vokabular des Sehens verwendet wird. Das Erreichen des Gipfels des Berges Nebo (Kapitel 12) gibt Anlass, um in einem weitaus ausführlicheren Blick aus der Luftperspektive den Lesern die heilige Landschaft vor Augen zu führen. Auslöser dafür ist die direkte Rede ortskundiger Priester und Mönche, in der die Pilgergruppe und die Leser aufgefordert werden, die biblische Landschaft zu betrachten: „*si vultis videre loca, quae scripta sunt in libris Moysi, accedite foras hostium ecclesiae et de summitate ipsa, ex parte tamen ut possunt hinc parere, attendite et videte, et dicimus vobis singula, quae sunt loca haec, quae parent*" (12,3,17–21). Wieder wird der Standort mit „vor dem Kirchentor" genau bezeichnet (*de hostio ipsius ecclesiae* (...) *locus ubi stabamus, id est ante hostium ecclesiae*, 12,4,22–27). Die Wiedergabe der Worte in der direkten Rede erzeugt Unmittelbarkeit und unterstützt die Illusion der „Gegenwart des Erzählten".[72]

Das von den Mönchen angeleitete Sehen[73] eröffnet den Blick auf die biblische Landschaft, der zunächst den realen Möglichkeiten entspricht:[74] (...) *vidimus locum, ubi intrat Iordanis in mare Mortuum. (...) Vidimus etiam de contra non solum Libiadam, que citra Iordanem erat, sed et Iericho, quae trans Iordanem* (12,4). Die im nächsten Abschnitt bezeichneten Landschaften, die vom Gipfel des Nebo angeblich zu sehen sind, sind ein imaginiertes Panorama: der größte Teil Palästinas, des Landes der Verheißung (*maxima etiam pars Palaestinae, quae est terra repromissionis*, 12,5,28). Auch der folgende Ausblick geht

---

69   Auf dem Berg ist man Gott näher. Berge sind die Orte, an denen sich Gott zeigt (vgl. Ex 3). Zu den Bergen der biblischen Topographie s. ausführlich die Diskussion bei Della Dora (2016) 147 ff.

70   Vgl. dazu z. B. Dröge (1992).

71   S. dazu unten S. 253.

72   Vgl. Martinez und Scheffel (1999) 50.

73   Vgl. für von heiligen Autoritäten geleitetes Sehen z. B. auch 14,3.

74   So Donner (2002) 107, Anm. 96.

110 KAPITEL 4

über das in der Realität Sichtbare hinaus. *In sinistra autem parte vidimus terras Sodomitum omnes nec non et Segor, quae tamen Segor sola de illis quinque in hodie constat* (12,5,30–32). Mit *in sinistra parte* wird die Wahrnehmungsbewegung der Leserschaft geleitet – in 12,8 folgt die Bewegung auf die rechte Seite, sodass Stück für Stück der Blick über das ganze biblische Panorama erzählt wird und sich so der biblische Raum öffnet.

Hintergrund für das beschriebene Sehen ist Dtn 34,1–3, wo Gott Mose das ganze Land zeigt (in der Vulgata: *ostenditque ei Dominus omnem terram*). Die Stadt Segor wird dort explizit genannt. Wie Mose blickt Egeria und mit ihr der Leser über das Land.[75] Auffällig ist in dieser Passage die *vidimus*-Anapher. Das Vokabular des Sehens ist in Texten des 4. Jahrhunderts in diesem Zusammenhang zentral.[76] Hieronymus' Darstellung des Sehens der Heilsorte unterscheidet sich in verschiedener Hinsicht von der Darstellung im *Itinerarium Egeriae*.

4.1.3 Visualisierung der Heilsgeschichte in Hieronymus' Epistulae *108* und *46*

Intravi Hierosolymam. Vidi multa miracula et, quae prius ad me fama pertulerat, oculorum iudicio conprobavi.[77] Wie schon diese Worte über den Anblick Jerusalems zeigen, betont Hieronymus die sinnliche Erfahrung des Sehens in seinen Schriften.[78] Hieronymus' Werke, auch die Briefe, werden in den Pilgertexten stark rezipiert, so weist seine Darstellung der Visualisierung auf die Ausformung dieser Darstellung in späteren Pilgertexten. Passagen aus zwei Briefen, aus Brief 108 und aus Brief 46, werden als Beispiele für inneres Sehen und die Visualisierung von Heilsereignissen betrachtet.

Im Zusammenhang mit frühen Pilgerreisen wird zumeist die Darstellung von Paulas Pilgerreise ins Heilige Land in Hieronymus' 108. Brief genannt.[79] Bei *epist.* 108 handelt es sich um das *Epitaphium Sanctae Paulae*, mit dem Hieronymus Paula nach ihrem Tod (404 n. Chr.) ein Denkmal setzt, wie er mit Horaz' Worten am Ende des Briefes formuliert: *Exegi monumentum aere perennius, quod nulla destruere possit vetustas.*[80] Zwar behandelt ein Teil (7–14) die

---

75   Vgl. dazu Athanasius, bei dem es ebenso darauf ankommt, zu sehen, was Jesus' Zeitgenossen sahen, vgl. dazu FRANK (2000b) 101. Vgl. RÖWEKAMP (2017) 159, Anm. 82.

76   FRANK (2000b) versucht, die Besonderheit des Sehens der heiligen Orte in den frühen Pilgertexten zu verorten. Auch andere Kirchenväter wie Athansius oder Cyrill von Jerusalem legen größten Wert auf die Visualität. Diskutiert bei FRANK (2000b) 100 ff.

77   Hieronymus, *adv. Rufin.* 3,22. Ed. LARDET (1982), CCSL 79,94.

78   Zur Bedeutung von Visualität im Zusammenhang mit Pilgerschaft vgl. FRANK (2000b) und FRANK (2000a) 102 ff.

79   Ed. HILBERG (1996), CSEL 55,306–351.

80   *Epist.* 108,33,1 vgl. Hor. *carm.* 3,30,1 ff. Zu *epist.* 108 vgl. CAIN (2010) mit weiterer Literatur.

IMAGINIERUNG DER PILGERREISE   111

Reise (*iter*: 108,14,4), die Paula zu den heiligen Stätten unternommen hat, doch
äußert Hieronymus selbst, dass es sich bei seinem Text nicht um eine Reisebeschreibung (*odoeporicum*: 108,8,1) handle, vielmehr nenne er nur diejenigen
Orte, welche die Heilige Schrift enthalte (*ea tantum loca nominabo, quae sacris
voluminibus continentur*, 108,8,1). Betrachtet man den ganzen Brief, fügt sich der
Abschnitt über Paulas Reisetätigkeit in den Brief, der das vorbildhafte Leben
Paulas als Christin und Asketin würdigt, harmonisch ein. In diesem Brief wirbt
Hieronymus für die asketische Lebensform. Denn seine Briefe sind nicht nur an
die jeweilige Adressatin gerichtet, sondern an ein weiteres Publikum, das er zur
Lebensform der Askese bekehren und erziehen will. So ist auch der 108. Brief
nicht eine bloße Erzählung über eine Reise, sondern vor allem Teil von Hierony-
mus' Programm der Virginitätsdidaxe.[81] Diese grundsätzlichen Unterschiede
zu Pilgertexten sind bei der Betrachtung von Einzelpassagen aus Hieronymus'
Briefen zu beachten.

Im 108. Brief wird Paulas Besuch Bethlehems beschrieben: *Postquam vidit
sacrum virginis diversorium et stabulum (…) me audiente iurabat cernere se fidei
oculis infantem pannis involutum vagientem in praesepe, deum magos adoran-
tes, stellam fulgentem desuper, matrem virginem, nutricium sedulum, pastores
nocte venientes (…) parvulos interfectos, Herodem saevientem, Ioseph et Mariam
fugientes in Aegyptum.*[82] Der Ausdruck „Sehen mit den Augen des Glaubens"
(*cernere fidei oculis*) wird im Zusammenhang mit dem visionären Sehen Paulas
an Heilsorten verwendet – ausgelöst werden diese Bilder durch das Sehen des
heiligen Ortes. Paula erlebt ein Panorama verschiedener biblischer Geschichten um die und nach der Geburt Christi: vom Jesuskind in der Krippe bis zur
Flucht Marias und Josephs nach Ägypten.

Der Text ist so konstruiert, dass er Präsenzeffekte erzeugt: Nach der Schilderung des Hieronymus vergegenwärtigt sich Paula die biblischen Ereignisse mit
derartigem Eifer (vgl. *tanto ardore ac studio*, 108,9,2), dass sie tatsächlich zur
Augenzeugin der Ereignisse wird, dass sie also die Ereignisse miterlebt.[83] Vor
dem Kreuz beschreibt Hieronymus eine ähnliche Reaktion Paulas, hier allerdings mit einschränkendem *quasi*: (…) *prostrataque ante crucem, quasi pendentem dominum cerneret, adorabat.* (108,9,2). F. Cardman bezeichnet dieses
Erlebnis als „sacramental imagination": „an imagination that is caught up in the

---

81   Vgl. FISCHER (2014) mit weiterer Literatur.
82   Hieronymus, *epist.* 108,10,2.
83   Unverständlich ist die Anführung dieser Passage unter dem Abschnitt „satire and humour
     in ep. 108" bei WEINGARTEN (2005) 234, die der Ansicht ist, Hieronymus schreibe an
     dieser Stelle „christian satire". Eine Begründung für diese Auffassung wird nicht aufge-
     führt.

sense of place can experience its significance with a new degree of vividness."[84] Durch die Inzidenz von Aufenthaltsort und Ort eines biblischen Geschehens kommt es zur Visualisierung des Geschehens. Das „Sehen mit den Augen des Glaubens" ist eine Art visionäres Sehen, das sich auf die konkreten biblischen Ereignisse bezieht und die temporäre Distanz überbrückt. Auffällig ist bei der Beschreibung Bethlehems, dass das Agieren Paulas und das erlebte biblische Ereignis im Zentrum der Schilderung des Hieronymus stehen. Was tatsächlich zu sehen ist, wird nicht gesagt[85] und ist auch nicht von Bedeutung. Wichtig ist, dass vor Ort die Heilsgeschichte nacherlebt werden kann. In dieser Hinsicht hat der Text eine Gemeinsamkeit mit dem *Itinerarium Egeriae*.

Die Emotionalität Paulas beim Besuch der heiligen Orte äußert sich nach Hieronymus' Schilderung durch Tränen, Schmerzensseufzer (9,3) und Freudentränen (10,3). Die Betonung von Paulas gläubiger Ergriffenheit ist mit darin begründet, dass es sich bei diesem Text nicht um eine Schilderung einer Pilgerreise per se handelt, sondern um ein *Epitaphium*. Paulas stark affektive Herangehensweise an die heiligen Orte steht in engem Zusammenhang mit der asketischen Lebensform, die Hieronymus in seinen Briefen repräsentiert. Im gleichen Satz, in dem er Paulas affektives Engagement an den heiligen Orten schildert, betont Hieronymus, dass Paula die einfache Unterbringung – eine einfache Kammer ist wie einfache Kleidung ein asketisches Postulat – der besseren vorzieht (108,9,2). Mit dem plakativen Ausdruck „Sehen mit den Augen des Glaubens" markiert Hieronymus Paulas außerordentliche Glaubenskraft.

In der Forschungsliteratur wird bei Egeria vom „Sehen mit den Augen des Glaubens" gesprochen – bezogen auf die Panoramablicke.[86] Im Text Egerias liegt der Schwerpunkt deutlich auf der biblischen Landschaft. In den beschriebenen Panoramablicken werden Orte gesehen, die nicht zu sehen sind. Es sind die Orte, die nur nach der heiligen Schrift zu sehen sind. Dieses „Sehen mit den Augen des Glaubens" – falls man es überhaupt als solches bezeichnen sollte – unterscheidet sich deutlich vom Sehen mit den Augen des Glaubens bei Hieronymus' Paula, und nur dort wird es als *cernere fidei oculis* bezeichnet. Paula visualisiert nach Hieronymus' Schilderung das mit dem Ort verbundene Heilsgeschehen. Im *Itinerarium Egeriae* werden dagegen in einer biblischen Teichoskopie aus der Bibellektüre bekannte Orte genannt.

Trotz dieses Zusammenhangs ist die von Hieronymus geschilderte Besuchsweise der heiligen Stätten eine Quelle dafür, wie der Besuch der heiligen Stätten

---

84   CARDMAN (1982) 23.
85   Vgl. auch FRANK (2000b) 99.
86   Z. B. RÖWEKAMP (2017) 159, Anm. 82 (111 f. unterschieden vom „mystischen" Sehen Paulas) oder DONNER (2002) 107, Anm. 97.

IMAGINIERUNG DER PILGERREISE

in späteren Texten geschildert wird. So ist die Erzählung von Paulas Erleben stark körperlich geprägt:[87] Sie hat die heilsgeschichtlichen Ereignisse greifbar vor Augen. Sie küsst den Stein vor dem Grab und leckt die Stelle, an der der Körper des Herrn gelegen haben soll, mit dem Mund: *ingressa sepulcrum resurrectionis osculabatur lapidem, quem ab ostio sepulchri amoverat angelus et ipsum corporis locum, in quo Dominus iacuerat, quasi sitiens desideratas aquas fide, ore lambebat* (108,9,2). Die Berührung heiliger Orte, der Stellen, mit denen Jesus in Berührung gekommen sein soll – des konkreten heiligen, greifbaren Ortes – spielt in späteren Texten eine weitaus größere Rolle. Mit der fortschreitenden Lokalisierung biblischer Ereignisse samt sichtbarer Spuren, bei denen es sich meist um Berührungsreliquien handelt (Fußspuren, Handspuren, Blutspuren etc.), nehmen auch die Belege für die gesteigerte Wichtigkeit des Berührens gegenüber dem Sehen in den Texten zu. Robert L. Wilken spricht hier von einer „new tactile piety".[88] Diese Form der Verehrung der heiligen Orte findet sich besonders im Text des Anonymus von Piacenza, der im folgenden Kapitel betrachtet wird.[89]

Ein weiteres Beispiel aus dem Briefcorpus des Hieronymus für die Darstellung der Visualität ist der 46. Brief.[90] Dieser Brief ist als Brief von Paula und Eustochium aus dem Heiligen Land an Marcella in Rom ausgeschrieben, wurde aber von Hieronymus verfasst.[91] Marcella soll in diesem Brief überzeugt werden, Paula und Eustochium ins Heilige Land zu folgen. Der Brief hat also eine deutlich persuasive Funktion.[92]

Es wird darin beschrieben, dass das Sehen des heiligen Ortes wie in *epist.* 108 das visionäre Erleben der Heilsgeschichte auslöst. So ist das Sehen der Ereig-

---

87   Ähnlich CAIN (2010) 118 f.

88   WILKEN (1992) 115.

89   Vgl. S. 115 f.

90   Ed. HILBERG (1996), CSEL 54,329–344.

91   Vgl. dazu ADKIN (1999).

92   In Hieronymus' Schriften finden sich ambivalente Äußerungen zur Bedeutung der heiligen Stätten, je nachdem welche Intention das jeweilige Werk verfolgt. Manchmal will er einem potentiellen Besucher der heiligen Orte ab-, manchmal zuraten. Ausführlich zu Hieronymus' Einstellung zum Pilgern BITTON-ASHKELONY (2005) 65 ff., s. auch CARDMAN (1982), LIMOR (2001) 9 und CAIN (2010) 113 mit weiterführender Literatur in Anm. 42. Einerseits rechtfertigt Hieronymus die Wichtigkeit seines Aufenthalts im Heiligen Land, andererseits rät er beispielsweise Paulinus von Nola von einer Pilgerfahrt ab (*epist.* 58) und argumentiert im Anschluss an Gregor von Nyssa damit, dass es nicht auf den Ort ankomme, an dem man sich befindet. Diskutiert bei CARDMAN (1982) 19 f. Seine Bearbeitung von Eusebius' *Onomastikon* zeigt das Interesse an der tatsächlichen Verortung der biblischen Stätten, die teilweise nur vor Ort verifiziert werden konnte.

114 KAPITEL 4

nisse (*cernimus – videmus*) auch in diesem Brief ein zentrales Element der Beschreibung: *nonne tibi venerabilius videtur sepulchrum domini? quod quotienscumque ingredimur, totiens iacere in sindone cernimus salvatorem et paululum ibidem commorantes rursum videmus angelum sedere ad pedes eius et ad caput sudarium convolutum* (Hieronymus, *epist.* 46,5,3). Im Unterschied zur spontanen Vision, die nach der Schilderung des Hieronymus Paula im Stall von Bethlehem überfällt, wird das Sehen der Heilsgeschichte hier als kontrolliert wiederholbares Ereignis dargestellt. Jeder Besuch des Heiligen Grabes (*quotienscumque (...) totiens, rursum*) macht die Heilsgeschichte nacherlebbar.

Das Ende des Briefes bildet eine Reihe von Seh-Erlebnissen, die der Adressatin von Paula prophezeit werden. In Frageform werden Marcella verschiedene Möglichkeiten, an der Heilsgeschichte teilzuhaben, aufgezählt. Die Teilhabe am Heilsgeschehen wird durch die Berührung des heiligen Kreuzesholzes und die Erhebung am Ölberg gemeinsam mit Christus ausgedrückt: *crucis deinde lignum lambere et in oliveti monte cum ascendente domino voto et animo sublevari?*[93]

Das Wortfeld ‚Sehen' ist stark ausgeprägt: Siebenmal werden in diesem Abschnitt Formen von *videre* und *cernere* innerhalb der Aufzählung von heilsgeschichtlichen Ereignissen verwendet. Dadurch wird die Möglichkeit hervorgehoben, die verschiedenen heiligen Stätten mit eigenen Augen zu sehen, zu besuchen und das biblische Geschehen in visionärer Schau zu erleben: *videre exire Lazarum fasceis conligatum et fluenta Iordanis ad lavacrum domini puriora?*[94] Wie in Joh 11,41 f. werden Paula und Marcella den auferweckten Lazarus aus dem Grab kommen sehen. Am See Genesareth können sie Zeugen der Speisung der Fünftausend (Mt 14,15–21) und der Speisung der Viertausend (Mt 15, 32–38) werden: *inde ad mare veniemus Gennesareth et de quinque et septem panibus videbimus in deserto quinque et quattuor milia hominum saturata.*[95] Während zu Beginn der Aufzählung (im Abschnitt 13,2) noch in der Frageform gesprochen wurde, wird Marcella anschließend (in 13,3) im Futur das Erleben der biblischen Ereignisse als Tatsache vorgestellt. Diese Änderung suggeriert, dass die Adressatin bereits überzeugt ist.

In beiden Briefen ist das Erleben der Präsenz des biblischen Ereignisses nur vor Ort möglich. Das Sehen macht dieses Erleben möglich. Damit wird ein wichtiger Unterschied zum Pilgertext greifbar: Nicht durch die Anwesenheit am Heilsort, sondern mittels der Narration wird die Heilsgeschichte am Heilsort nacherlebbar. In Hieronymus' Brief dagegen liegt die Intention vor,

---

93 Hieronymus, *epist.* 46,13,2.
94 Hieronymus, *epist.* 46,13,2.
95 Hieronymus, *epist.* 46,13,3.

der Adressatin zu verdeutlichen, dass dieses Erlebnis nur vor Ort möglich ist – denn Marcella soll selbst ins Heilige Land kommen. Die Präsenz Christi an den heiligen Orten kann nach der Darstellung des Hieronymus unmittelbar erlebt werden. Die zeitliche Distanz zu den Ereignissen spielt keine Rolle und wird durch die alleinige Anwesenheit am heiligen Ort überbrückt. Dieser Vorstellung entspricht auch der Brief an Desiderius, den Hieronymus ebenfalls ins Heilige Land einlädt. Dort spricht Hieronymus von den „gleichsam noch frischen Spuren" der Heilsgeschichte, die im Heiligen Land zu sehen sind. (...) *adorasse, ubi steterunt pedes domini* (cf. Ps. 131,7), *pars fidei est et quasi recentia nativitatis et crucis ac passionis vidisse vestigia.*[96]

Der Fokus auf die biblische Welt und die Ausblendung anderer Elemente ließ sich am *Itinerarium Egeria* zeigen. Das Nachvollziehen der Reise Egerias durch die biblische Welt wird durch die erzählte Bewegung durch den Raum sowie durch die geleitete Wahrnehmung ermöglicht. Das Sehen wird durch den Zeigegestus der Figuren der *sancti* vermittelt. Egerias Schreibstil mit Wiederholungen und Wiederaufnahmen bereits genannter Informationen erleichtert den Nachvollzug. Wie in der Erzählung die Imagination der biblischen Landschaft angeleitet wird, zeigt sich in der Strategie der biblischen Teichoskopie. Der real mögliche Panoramablick hat keine Bedeutung. Aus der Luftperspektive entfaltet sich die biblische Landschaft, nicht die tatsächlich sichtbare geographische Landschaft. An den heiligen Orten wird zudem mittels liturgischer Handlungen und/oder Versenkung das jeweils mit dem Ort zusammenhängende Geschehen vergegenwärtigt. Diese performativen Vollzüge kommen zu dem üblichen Beschreibungsschema der Orte hinzu.

Bereits im ersten literarischen Pilgertext finden sich mit der erzählten Bewegung, der biblischen Teichoskopie und dem Gestus des Zeigens Aspekte forcierter Imaginationsstimulation. Indem am Heilsort die jeweilige Bibelstelle zur Lektüre genannt wird, macht der Text dem Leser das Angebot, diese Lektüre mitzuvollziehen.

4.2 Anonymus von Piacenza, *Itinerarium*

Das *Itinerarium* des Anonymus von Piacenza wird auf 570–580 datiert und ist in ca. 15 Handschriften überliefert.[97] In den Überschriften zweier Handschriften

---

96 Hieronymus, *epist.* 47,2,2 (CSEL 54,346).
97 Zur Überlieferung vgl. DONNER (2002) 240 f.

116   KAPITEL 4

des Textes wird der Autor als Antonius Martyr bezeichnet. Die Überschriften wurden wahrscheinlich aus den ersten Worten des Textes entwickelt: *Praecedente beato Antonino martyre* – „unter Führung des Seligen Märtyrers Antoninus". Bereits Hartmann Grisar weist nach, dass sich der Pilger, der seinen Namen nicht nennt, unter die geistige Führung des Heiligen Antoninus stellte, dem die Kathedrale von Piacenza geweiht ist.[98]

Der Text ist in zwei Fassungen erhalten, die in der Edition von P. Geyer[99] nacheinander gedruckt werden: eine erste Fassung (S. 127–153) und eine zweite Fassung, die als *recensio altera* bezeichnet wird (S. 155–174). Bei der zweiten Fassung handelt es sich um eine Umarbeitung der ersten.[100]

Ausgangspunkt der Schilderung der Reise in der Ich-Form ist Konstantinopel. Nach der Reise durch Palästina folgt ein Aufenthalt in Ägypten. Im Anschluss führt die Reise von Jerusalem nach Mesopotamien. In der syrischen Wüste endet der Text schließlich abrupt.

Während im *Itinerarium Egeriae* die Beschreibung liturgisch-ritueller Vollzüge am Heilsort dominiert, steht im *Itinerarium* des Anonymus von Piacenza die Schilderung der noch sichtbaren Zeugnisse der Heilsgeschichte in Verbindung mit performativen Vollzügen im Vordergrund, wie dieses Beispiel der Beschreibung von Kanaa zeigt. Im *Itinerarium Egeriae* wird beschrieben, wie das Heilserlebnis mittels des Bibeltextes imaginiert wird, im *Itinerarium* des Anonymus, wie das jeweilige Ereignis am Heilsort körperlich greifbar und nachvollziehbar ist. So liegt der Schwerpunkt auf dem körperlich-performativen Vollzug und der Materialität des Heils, das so greifbar und mitnehmbar wird, wie ich an zwei unterschiedlichen Formen der erzählten Übertragung des Heils zeige, am Beispiel der *benedictio* und der *mensura*. Diese Übertragbarkeit des Heils wird im Text das Anonymus konstitutiv für die Beschreibung des Heilsortes. Zwei Heilsorte werden durch ihre Beschreibung hervorgehoben

---

98   GRISAR (1902). Vgl. auch DONNER (2002) 226.

99   GEYER (1965), CCSL 175. Ergänzter Nachdruck von GEYER (1898), CSEL 39.

100   Vgl. dazu MIAN (1972), DONNER (2002) 240 f. Ich beziehe mich im Folgenden vorwiegend auf den Text der ersten Fassung, der in zwei Handschriften vorliegt. Vgl. die Diskussion bei DONNER (2002) 240 f. Die Handschrift, auf die sich die kritische Ausgabe vorwiegend stützt, stammt aus der 1. Hälfte des 9. Jahrhunderts und ist auf der Reichenau entstanden (Zürich, Zentralbibliothek, Ms. Rh 73, fol. 30^r–43^v). Im Kolophon ist Walahfried Strabo erwähnt und als Schreiber wird Reginbert genannt. Der Text der *recensio altera* ist in drei Handschriften aus dem 9. und 10. Jahrhundert überliefert. Der weitere Überlieferungsbefund macht deutlich, dass das *Itinerarium* über die Jahrhunderte immer wieder gelesen und bearbeitet wurde: Diese Fassung ist in weiteren Handschriften überliefert, die bis ins 16. Jahrhundert reichen. Möglicherweise lässt sich hier von einer dritten Fassung sprechen, die von Fassung B abhängt, vgl. DONNER (2002) 241. Der Text dieser Handschriften ist noch nicht ediert.

und als Heilsorte inszeniert: die Taufstelle am Jordan und die Aufbewahrungsstätte des heiligen Kreuzes in der Konstantinsbasilika. Ebenso wie im *Itinerarium Egeriae* der biblische Text die Folie für die Wahrnehmung bildet, wird im Text des Anonymus der Heilsort in der Narration auf der Basis biblischer Topoi inszeniert.

Zum *Itinerarium Egeriae* und überhaupt den Pilgertexten bis ins 13. Jahrhundert gibt es noch einen weiteren bedeutenden Unterschied. Im *Itinerarium* des Anonymus von Piacenza liegt der Fokus nicht nur auf den heiligen Orten. Wie sich unten zeigen wird, werden die Heilsorte nicht so stark an den Bibeltext gebunden wie im Text Egerias. Der Fokus liegt auf der materiellen Sicht- und Greifbarkeit des Ortes. Vielleicht ist das auch der Grund dafür, dass auch die fremden Menschen des Landes sowie die ungewöhnliche Pflanzenwelt und die fremden Tiere (Kap. 39) – wie die Krokodile (Kap. 45) in Ägypten – erwähnt werden.[101] Das Interesse für Land und Leute zeigt sich in der Darstellung von Bräuchen der Samaritaner (Kap. 8) oder der Schilderung der Kamelnomaden mit geschlitzten Nasen und Ohren und Zehenringen (Kap. 35). Sogar fremde religiöse Sitten, wie die Verehrung eines weißen Marmorbildes auf dem Berg Horeb werden erwähnt (*idolum marmoreum, candidum tam quam nix*, 38,18 f.).

4.2.1 Die Materialität des Heils

Der Schwerpunkt auf materielle Zeugnisse des Geschehens kennzeichnet das *Itinerarium*. Das Heilige Land wird als ein Land dargestellt, das voller greifbarer Gegenstände ist, die Heil spenden. Diese Darstellung steht im Gegensatz zum *Itinerarium Egeriae*, das die Orte biblischer Geschichten zum Großteil ohne sichtbares Zeugnis vor Augen stellt.

Ein Beispiel für einen materiell greifbaren Gegenstand der Heilsgeschichte ist die bereits zu Beginn des Kapitels erwähnte Bank des Weinwunders von Kanaa. Performative Vollzüge werden beschrieben, das Hinlegen auf die Bank sowie, dass das Erzähler-Ich auf diese Bank die Namen seiner Eltern schreibt (Kap. 4): *Deinde milia tria venimus in Cana, ubi ad nuptias fuit Dominus, et accumsimus in ipso accubitu, ubi ego indignus nomina parentum meorum scripsi.*[102] Durch die Einschreibung der Namen werden sie am Ort des Heils gegenwärtig. Die Namen der Eltern werden sozusagen doppelt fixiert: durch

---

101 Vgl. die Diskussion bei DONNER (2002) 231 ff.

102 Anonymus von Piacenza, *Itinerarium* 4,7–9. Ich zitiere nach der Edition von GEYER (1965), CCSL 175,127–153, mit der Angabe des Kapitels und der Zeile. Wenn ich die zweite Fassung verwende, ist dies mit *rec. alt.* gekennzeichnet. Diese Fassung wurde an derselben Stelle von Geyer auf den Seiten 155–174 ediert.

die Einschreibung in die Verschriftlichung der Reise, den Pilgertext und durch die Einschreibung in die Bank. Letzteres Einschreiben ist in der Beschreibung der Heilsorte ein Einzelfall. Dass jedoch Gegenstände, die der historische Jesus Christus berührte und benutzte als sichtbare Zeugnisse der Heilsgeschichte und der Historizität Christi an dem jeweiligen Heilsort genannt werden, geschieht bei der Beschreibung der Heilsorte im *Itinerarium* des Anonymus häufig. Die Orte biblischen Wirkens sind durch Kirchen und Basiliken gekennzeichnet oder eben mit Gegenständen, die zum Teil benutzbar sind. Der Eimer am Jakobsbrunnen ist vorhanden: *siclus ibi est, de quo dicitur, quia ipse est, de quo bibit Dominus* (6,19 f.). An mehreren Stellen beschreibt der Text des *Itinerarium* die Imitationshandlungen, in die diese Gegenstände eingebunden werden. Ein Beispiel dafür ist die Beschreibung, wie am Ort von Kanaa ein Wasserkrug mit Wein gefüllt wird und zum Altar getragen wird: *ex quibus hydriis duae ibi sunt et implevi unam ex eas vino et in collo plenam levani et obtuli ad altare* (4,9–11). Die Orte, an denen der historische Jesus sich aufhielt, sind noch immer voller Zeugnisse dieser Präsenz, sowohl durch die noch vorhandenen materiellen Gegenstände als auch durch die bestehenden Wunderwirkungen. In den meisten Kapiteln des *Itinerarium* wird bezogen auf Reliquien oder Orte von *loca mirabiliorum* oder *mirabilia multa* oder *multae virtutes* gesprochen. *Virtus* heißt hier die heilige Wunderkraft.[103] Das ganze Heilige Land ist aufgeladen durch die heilige *virtus* Jesu.[104] Am Beispiel Nazareths – über die Stadt heißt es *in qua sunt multae virtutes* (5,13) – lässt sich zeigen, wie die Aufladung durch die *virtus* im *Itinerarium* des Anonymus durch die Erzählung von Wundern im Zusammenhang mit Berührungsreliquien bekräftigt wird. Dort gibt es einen Balken, auf dem Christus als Kind gesessen haben soll, der nur von Christen bewegt werden kann (Kap. 5). Eine Berührungsreliquie, deren Wirkung deutlich sichtbar und materiell greifbar ist, ist das Wasser, das in diesem Zusammenhang an zahlreichen Stellen des *Itinerarium* als Wunderwasser erscheint. In dem Wasser, das getrunken werden kann und in dem gebadet werden kann, und das auf diese Weise eine sichtbare heilende Wirkung erzielt, wird die Aufladung durch die *virtus* greifbar. Beispiele dafür sind die ausführlichen Beschreibungen verschiedener Heilquellen (z. B. Kap. 6) und Thermen (z. B. Kap. 7 und 10). Im *Itinerarium* des Anonymus wird der Leser in die Beschreibung der materiellen Greifbarkeit der Wundergegenstände mitein-

---

103   Vgl. dazu z. B. ANGENENDT (1997) 231, ANGENENDT (2002) 102 oder KIENING (2009) 374 f.

104   Vgl. zu Reliquien z. B. HARTMANN (2010), ANGENENDT (2007), CORDEZ (2007), KROOS (1985), ANGENENDT (1997). Zu den Reliquien der *loca sancta* z. B. REUDENBACH (2015), REUDENBACH (2005), REUDENBACH (2008), SCHRÖDER (2006), HAHN (1990). Zum Zusammenhang von Text und Reliquie: KIENING (2009) und S. 81 f.

IMAGINIERUNG DER PILGERREISE

bezogen wie das Beispiel des Ecksteins aus der Beschreibung der Sionsbasilika zeigt: *Ingresso domino Iesu in ipsa ecclesia, quae fuit domus sancti Iacobi, invenit lapidem istum deformem in medio iacentem, tenuit eum et posuit in angulum. Quem tenes et levas in manibus tuis et ponis aurem in ipso angulo et sonat in auribus tuis quasi multorum hominum murmuratio* (22,20–25). In dieser Passage wird der Leser in der zweiten Person angesprochen. Auf diese Weise wird das haptische und akustische Wundererlebnis, das mit dem Eckstein verbunden wird, mitvollziehbar. Die Handlung wird mit der sensorischen Wahrnehmung verbunden und in der Nachfolge Christi beschrieben: *tenuit – posuit, tenes – ponis.*

Wie dem gerade beschriebenem Eckstein haftet die Heiligkeit den Orten, Gegenständen und Flüssigkeiten an, die Jesus berührte oder an denen sich die biblischen Geschichten ereigneten. Diese Heiligkeit ist übertragbar.[105] Durch den Besuch der heiligen Stätten wird die dort vorhandene Kraft aufgenommen. Der Segen ist sozusagen mitnehmbar – auf welche Weise der Segen in materieller Form mitgenommen werden kann und wie dies in den Text eingeschrieben wird, zeigen die Beispiele *benedictio* und *mensura*.

Die *imitatio* des Lebens und der Taten Christi durch performative Akte, durch Küssen[106] und Berühren der entsprechenden heiligen Orte wird nach dem Text des *Itinerarium* vollzogen, um den Segen zu empfangen. Dieser Segen wird als *benedictio* bezeichnet und das Mitnehmen dieses Segens als *benedictionem tollere.* Was diese Formulierung bedeutet, soll im Folgenden untersucht werden.

Das Empfangen dieses Segens stellt einen wesentlichen Grund für die Reise dar. Daher ist es ein zentrales Anliegen, die Wirkung dieses Segens zu behalten, zu verlängern oder zu verstetigen. Das geschieht durch die Mitnahme des Segens, dessen heilige Kraft, *virtus*, übertragen werden kann: auf die Kleider, die mit Jordanwasser getränkt werden, oder auf andere Materialien.[107] In diesen Andenken wird der Segen materiell greifbar. Das Andenken stellt nicht nur

---

105 Vgl. dazu ENGEMANN (1995b) 223.

106 Z. B. heißt es über den *titulus* des heiligen Kreuzes: *vidi et in manu mea tenui et osculatus sum* (20,15 f.).

107 *Conpleto baptismo omnes descendunt in fluvio pro benedictione induti sindones et multas cum alias species, quas sibi ad sepulturam servant* (11,13–15). Vgl. zu Primär- und Sekundärreliquien z. B. ANGENENDT (1997) 229 f. Primärreliquien sind Körperreliquien, z. B. die Gebeine von Heiligen oder die Milchzähne Jesu, aber auch Gegenstände, die mit Maria oder Christus in Beziehung stehen: so z. B. das Kreuz, die Nägel des Kreuzes oder die Longinus-Lanze. Sekundärreliquien oder Berührungsreliquien sind Dinge, die von Christus oder Heiligen benutzt oder berührt wurden. Im Land von Jesus' Wirken können alle möglichen Dinge wie Erde, Steine, Wasser, Zweige zu Berührungsreliquien werden.

den Bezug zu den heiligen Stätten her, es macht auch die biblische Vergangenheit für den Gläubigen präsent.[108] „Die Aneignung des Ortes blieb nicht auf die visuelle Begegnung und physischen Kontakt beschränkt; es wurde üblich, sich seiner ganz buchstäblich zu bemächtigen und Materie der *loca sancta* zu entnehmen."[109]

Durch die Narration dieses Aktes der Aneignung wird die Authentizität von Reliquien verbürgt. Christian Kiening betont im Zusammenhang mit Reliquie und Text des Grauen Rocks die Notwendigkeit der Schrift: „Sie versieht die Reliquie mit Evidenz und versieht sich selbst mit Evidenz durch die Nähe zu jener."[110] Im Gegensatz zur Reliquiengravur aber können Texte über Reliquien „Heil nur aufgrund ihrer spezifischen Diskursivität zur Sprache bringen (…). Ihr genuiner Anspruch aber liegt darin, zu kontextualisieren, was die Objekte nur zeigen, und zugleich im Bezug auf die Objekte sich als nicht nur Zeichengefüge, sondern auch als Materialitäten und Handlungsformen zu erweisen."[111] Christian Kiening unterstreicht die Bedeutung der Narration über die Reliquie oder des Textes zur Reliquie. Reliquien des Heiligen Landes wie Flüssigkeiten, Steine oder Staub werden durch Pilgertexte kontextualisiert.[112]

Im Unterschied zum Text der Egeria, in dem die Heilswirkung der Orte anhand spiritueller Begegnung mit dem Bibeltext geschildert wird, steht im Zentrum des *Itinerarium* des Anonymus die körperliche Begegnung mit den Heilsorten, die das materiell Greifbare akzentuiert. Die Heilswirkung ist mit den Händen zu greifen und kann mitgenommen werden. Die Narration dieser Praxis zeigt eine im Unterschied zu Egeria weniger spirituelle Wiedergabe des Besuchs. Das belegen auch die wenigen Bibelzitate im *Itinerarium* des Anonymus.[113] Damit liegt eine andere Form der Verifizierung und Authentifizierung des historischen Jesus Christus vor. Während im *Itinerarium Egeriae* der Ort in Verbindung mit dem Bibeltext dies bewirkt, bezeugt das *Itinerarium* des Anonymus, dass es Jesus Christus gab, weil seine materiellen Spuren noch existieren und weil die Wunderwirkung noch da ist.

Ein Beispiel für die Aneignung des Heilsortes mit der Formulierung *benedictionem tollere* zeigt die Schilderung des heiligen Grabes, an dem die Lampe Tag und Nacht brennt, die damals bei dem Haupt Christi stand. Von dieser Lampe wird der Segen genommen: *ex qua benedictionem tulimus* (18,8). *Bene-*

---

108 Vgl. REUDENBACH (2005) 28 ff.
109 REUDENBACH (2005) 29.
110 KIENING (2009) 377 f.
111 KIENING (2009) 378.
112 Vgl. zum Vergleich des Pilgertextes mit dem *titulus* einer Reliquie S. 82.
113 Nur dreimal wird direkt zitiert. Vgl. DONNER (2002) 237.

IMAGINIERUNG DER PILGERREISE

dictio meint konkret, dass etwas Lampenöl[114] entnommen wurde. Neben dem Lampenöl ist noch eine zweite Form von Segen mitzunehmen: *In quo monumento de foris terra mittitur et ingredientes exinde benedictionem tollent* (18,9 f.). Wieder wird der Ausdruck *benedictionem tollere* verwendet. Diesmal handelt es sich bei *benedictio* um Erde. *Benedictio* wird in der Bedeutung als Devotionalie verwendet.[115] *Benedictio* meint übertragen den gesegneten/heiligen Gegenstand selbst, die Berührungsreliquie. Durch diese *benedictiones* wird das Heil in materieller Form transportiert.

Analog zu *benedictionem tollere* wird der Ausdruck *mensuram tollere* verwendet. Ein Beispiel für die Aneignung des Heilsortes und die Übertragung des Heils, die sich verstärkt auf körperliche Vollzüge stützt, ist das Erzählen vom Maßnehmen an Körperabdrücken Christi.

In der Erzählung über den Besuch der Sionsbasilika wird ein weiterer Brauch beschrieben, durch den Berührungsreliquien erlangt werden können, nämlich durch das Maßnehmen von Körper-, Hand- oder Fußabdrücken Jesu. In der Sionsbasilika befindet sich die Geißelungssäule des Herrn mit einem Abdruck Christi: *dum eam amplexasset, pectus eius inhaesit in ipsa marmore et manus ambas apparent et digiti et palmae in ipsa petra, ita ut pro singulis languoribus mensura tollatur exinde; et circa collum habent et sanantur* (22,6–11). Der Text des Anonymus unterscheidet sich von späteren Texten deutlich dadurch, dass nur von dem Maßnehmen (z. B. mithilfe von Schnüren) gesprochen wird. Die tatsächlichen Maße werden jedoch anders als in späteren Texten nicht genannt.[116] Ähnlich heißt es von den Fußspuren des Herrn, die auf einem Stein

---

114   Durch die räumliche Nähe zu Christus in der Vergangenheit sind die Lampe und ihr Öl heilig. Öl ist ein typisches Pilgerandenken – auch das Öl der Lampen von Heiligen- oder Märtyrergräbern oder das Öl, das Reliquien von Heiligen ausschwitzen. Vgl. dazu z. B. ENGEMANN (1995b).

115   Vgl. zu *benedictio* in diesem Zusammenhang TLL 2,1874. Mittellateinisches Wörterbuch Band 1, 1426. Vgl. zur Eulogia als Devotionalie STUIBER (1966) 925 ff. Im Zusammenhang mit Handlungen, die der Anonymus von Piacenza als *pro benedictione* – zur Segnung durchgeführt – bezeichnet (Kap. 11, 17, 22, 24), bedeutet *benedictio* eine Konsekration durch einen geweihten Gegenstand – z. B. im Falle des Jordan um geweihtes Wasser. Der Anonymus von Piacenza verwendet das Wort *benedictio* noch in einem weiteren Zusammenhang: als Gastgeschenk, z. B. im Zusammenhang mit Manna, das Mönche als Gastgeschenk ausgeben (*benedictionem dare*): *et benedictionem dant ampullas modicas. Nam et nobis inde dederunt sextaria quinque.* (39,9 f.) *Benedictio* ist das lateinische Wort für griech. εὐλογία. Eulogia ist eine christliche Bezeichnung für ein materielles Geschenk, das verteilt, mitgegeben oder verschickt wird. Vgl. dazu STUIBER (1966) 920 ff., siehe auch SCHRÖDER (2006), ENGEMANN (1995b), KLAUSEN-NOTTMEYER (1995), KÖTTING (1966), BAGATTI (1949).

116   Vgl. dazu auch S. 211 f.

zu sehen sind: *Nam de petra illa, ubi stetit, fiunt virtutes multae; tollentes de ipsa vestigia pedum mensuram, ligantes pro singulis languoribus et sanantur* (23,15–17). Das Maß der heiligen Körperteile hat demnach eine heilende Wirkung und es wird als Amulett getragen.[117] Das Vermessen des Fußabdruckes macht die Heilsgeschichte durch die Exaktheit der Zahlen wahrhaftiger und nachvollziehbarer. Durch das Maß des Heils wird zudem die heilswirksame Kraft Jesu empfangen. Man glaubt, dass durch die genaue Kenntnis der Längenmaße die abgemessene Person gegenwärtig gemacht wird.[118] Dadurch, dass die Abdrücke der Körperteile Jesu berührt werden, überträgt sich die wunderwirkende Kraft auf das Material, mit dem der Abdruck berührt wurde. Im *Itinerarium* wird die Heilswirkung betont. Die Wiedergabe des Akts des Ausmessens und der Heilwirkung der Schnüre übertragen die Greifbarkeit des Heils durch die Narration. Dadurch, dass keine exakten Maße wiedergegeben werden, kann das Maßnehmen nicht in der Lektüre nachvollzogen werden, sondern der Text stellt eine wechselseitige Verifizierung der Schnüre mit dem Maß Christi dar. Die textuelle Repräsentation der *benedictiones* und *mensurae* und diese in der Heimat greifbaren Zeugnisse aus dem Heiligen Land verifizieren und authentifizieren sich wechselseitig.

4.2.2 Die Inszenierung des Heilsortes

Für die Wahrnehmung der Heilsorte ist es im *Itinerarium* des Anonymus charakteristisch, dass sich ein Heilsgeschehen als noch sichtbar manifestiert. Ein plastisches Beispiel dafür ist die Wahrnehmung der Städte Sidon und Tyrus. In der Stadt Sidon wohnen die schlimmsten Leute (*homines in ea pessimi*, 2,19). In Tyrus werden die Einwohner charakterisiert: *homines potentes, vita pessima tantae luxuriae, quae dici non potest: genicia publica* (2,8 f.). Diese Charakterisierung der beiden Städte ist aus dem Urteil Jesu über Tyrus und Sidon begründet nach Lk 10,13 f. Die Städte gelten als der Inbegriff des gottfernen Lebens. Entsprechend ist die Darstellung topisch zu werten.[119]

---

117   Im Text wird nicht deutlich, um welches Material es sich handelt. Eine Passage bei Gregor von Tours aus dem *Liber in Gloria martyrum* (6), erhellt dies: *Ad hanc vero columnam multi fide pleni accedentes, corrigas textiles faciunt eamque circumdant; quas rursum pro benedictione recipiunt, diversas infirmitatibus profuturas. Corrigae textiles* sind um geflochtene Lederriemen oder Schnüre, mit denen die Säule abgemessen wurde und die um den Hals als Amulett getragen wurden. Vgl. ENGEMANN (1995a).

118   Vgl. LENTES (1995).

119   Ebenso wird in Nazareth festgestellt: Dort sind alle Frauen schön, denn sie stammen von Maria ab (Kap. 5). Ein weiteres Beispiel für die Entwicklung eines Gedankens aus der Bibellektüre ist der „Medizintau", der über Jerusalem fällt (Kap. 9). Im Zusammenhang mit der Erzählung wird der Psalm genannt, der wohl die Basis für diese Geschichte dar-

IMAGINIERUNG DER PILGERREISE

Zwei Heilsorte sind im Text zusätzlich durch Wunder markiert, ihr Besuch wird ausführlicher inszeniert und auf diese Weise der Bibeltext in der Realität des Textes verwirklicht. Anhand von zwei Textpassagen werde ich die Inszenierung des Heilsortes darstellen: am Beispiel der Taufstelle am Jordan und am Beispiel des Wunders des heiligen Kreuzes.

Der Besuch der Taufstelle am Jordan (Kap. 11–12) wird imposant inszeniert. Schon das Ankunftsdatum ist ein besonderer Termin: der 6. Januar, der Tag des Erscheinungsfestes: *Tenui autem theophaniam in Iordane, ubi talia fiunt mirabilia*[120] *in illa nocte in loco, ubi baptizatus est Dominus* (11,17 f.). Der Ort des Taufplatzes wird durch Wunder markiert und auf diese Weise als heiliger Ort ausgezeichnet: *tenentes diaconi descendit sacerdos in fluvium et hora, qua coeperit benedicere aquam, mox Iordanis cum rugitu redit post se et stat aqua usque dum baptismus perficiatur* (11,4–7). Während der Epiphanias-Festlichkeiten, sobald der Priester beginnt, das Wasser zu segnen, staut sich der Jordan – wie in der alttestamentlichen Darstellung, als die Priester mit der Lade Gottes den Fluss durchschreiten (vgl. Jos 3,13 ff.) oder bei dem Durchzug durch das Schilfmeer (Ex 14,16 ff.).[121] Die beschriebenen *mirabilia*, die Stauung des Jordan und das Zurückströmen des Wassers, sind aus biblischen Topoi entwickelt. Diese Stellen werden typologisch in Zusammenhang mit der Taufe Christi gebracht.[122] In der *recensio altera* ist an dieser Stelle Psalm 114 verdeutlichend hinzugefügt: *Mare vidit et fugit, Iordanis conversus est retrorsum* (rec. alt. 11,23 f.). Der Besuch am Jordan wird ausführlich geschildert und erzählerisch markiert durch *mirabilia*. Deutlicher als an anderen Stellen, an denen der Autor von wundersamen Begebenheiten oder Dingen spricht, fällt an dieser Stelle die Unglaublichkeit des Geschehens ins Auge. Es finden sich keine einschränkenden Bemerkungen. Die Ich- bzw. Wir-Perspektive auf das Geschehen fehlt zudem an dieser Stelle. Die Konstruktion der wundersamen Geschehnisse weist auf die Modellierung der Erzählung hin. Ob der Autor sich tatsächlich zu Epiphanias am Jordan befand, ist daher nicht von Belang. Es ist Teil der Erzählstrategie, den Heilsort zu beschreiben. Denn es wird deutlich, dass das Wunder aus biblischen und liturgischen Topoi konstruiert wird und so der Raum des Heiligen narrativ erzeugt wird.

---

stellt: *sicut ros ab Hermon qui descendit in monte Sion* (Ps 133,3). Vgl. DONNER (2002) 251 f., Anm. 49. Zu der Herstellung von Analogien zwischen der biblischen Zeit und dem Jetzt des Autors vgl. die Texte Wilhelms von Boldensele und Ludolfs von Sudheim, unten Kapitel 5.2.5.

120 Im *Itinerarium* wird nicht zwischen *mirabilia* und *miracula* unterschieden. Zu einer späteren Unterscheidung s. unten S. 275 f.

121 Vgl. DONNER (2002) 254, Anm. 59.

122 Vgl. dazu RÖWEKAMP (2017) 84.

124   KAPITEL 4

In die Erzählung über den Besuch der Grabeskirche ist eine Episode über die Wunderwirksamkeit des heiligen Kreuzes eingefügt (Kap. 20). Vor der Episode wird in der Wir-Form von den Erlebnissen im Perfekt gesprochen: *lignum crucis (...) quem adoravimus et osculavimus* (20,13 f.). Die wundersamen Geschehnisse, die mit dem Kreuz zusammenhängen, werden in unpersönlichem Stil im Präsens formuliert. Vergleichbar mit der Schilderung der Wunder am Jordan wird der wichtige Heilsort durch die Besetzung mit Wundern sakralisiert. Auffällig in der Beschreibung ist der Beginn der Wunderpassage, der darauf hinweist, dass eine andere Quelle eingefügt wurde. Zunächst wird die Kreuzesverehrung beschrieben und im Anschluss daran wird wiederum erzählt, obwohl das Kreuz nach der Logik der Erzählung schon außerhalb der Kammer ist, was passiert, wenn das Kreuz aus der Kammer getragen wird: *Procedente sancta cruce ad adorandum de cubiculo suo et veniens in atrio, ubi adoratur, eadem hora stella apparet in coelo et venit super locum, ubi crux resedit, et dum adoratur crux, stat super ea* (20,17–20). Als erstes Wunder wird ein Stern beschrieben, der über dem Kreuz erscheint. Das zweite Wunder hängt mit dem Öl zusammen: *offertur oleum ad benedicendum, ampullas medias. Hora, qua tetigerit lignum crucis orum ampullae mediae, mox ebullescit oleum foris, et si non clauditur citius, totum redundat foris* (20,20–22) Für dieses Wunder ist in den Pilgertexten das *Itinerarium* des Anonymus der einzige Beleg.[123] Zu einer Passage bei Gregor von Tours gibt es enge Berührungspunkte. In seinem *Liber in Gloria Martyrum* beschreibt er die Wunder, die eine Kreuzpartikel, die sich in Poitiers befindet, bewirkt (Kap. 5).[124] Gregor schreibt, dass er das Geschehen, das er zuerst gar nicht zu glauben vermochte, mit eigenen Augen gesehen habe.[125]

Durch die Beschreibung werden Öl-Reliquien des heiligen Kreuzes beglaubigt und an einem Höhepunkt der Schilderung, bei der Begegnung mit der Christusreliquie, dem heiligen Kreuz, wird eine Wundergeschichte eingefügt, nach der die heilige Kraft des Kreuzes sogar visuell erfahrbar wird.

Im *Itinerarium* des Anonymus liegt eine andere Darstellung der Heilsorte vor als im *Itinerarium Egeriae*. Trotzdem ähneln sich die Texte in der Funktionsweise. Im Mitvollzug der Bewegung durch das Heilige Land wird die historische Realität Christi und der Bibel erfahren. Während dies im *Itinerarium Egeriae* mit Rekurs auf den Bibeltext geschieht, bestätigt und verifiziert im *Itinerarium* des Anonymus das Erzählen der materiellen Greifbarkeit der Spuren des

---

123   Vgl. DONNER (2002) 263, Anm. 93.
124   *Liber in Gloria Martyrum*, Ed. KRUSCH (1885), MGH script. Merov. 1,2, S. 39 f.
125   Vgl. WEIDEMANN (1977) 358, GOCKERELL (1983) 163 f., KÖTZSCHE-BREITENBRUCH (1984) 233.

IMAGINIERUNG DER PILGERREISE

historischen Jesus die biblischen Geschehnisse. Dass die *virtus* Christi an den Heilsorten wirksam ist, bezeugen die erzählten Wunder, durch die die Orte als Heilsorte inszeniert werden. Auch in der Tendenz Unterhaltsames und Unbekanntes zu schildern, unterscheidet sich das *Itinerarium* des Anonymus deutlich vom Text der Egeria.

4.3   Adomnan, *De locis sanctis*

Der Ire Adomnan (628–704)[126] ist der Verfasser einer Schrift *De locis sanctis*.[127] Er war seit 679 Abt des Klosters Iona auf einer kleinen Insel der Inneren Hebriden, das 563 von dem Iren Columba gegründet wurde. Von Adomnan ist neben *De locis sanctis* eine *Vita* eben dieses Columba überliefert, deren Entstehungszeitraum auf die Zeit zwischen 689 und 697 datiert wird.[128] Auch *De locis sanctis* kann nicht genau datiert werden. Sicher ist, dass das Werk vor der *Vita* entstand. Adomnan übergab sein Werk dem König Aldfrith von Northumbria,[129] den er im Jahr 686 sowie im Jahr 688 traf,[130] sodass der Zeitraum, in dem die Schrift verfasst wurde, vorher anzusetzen ist. Ein möglicher terminus post quem ist das Jahr 679, wenn man davon ausgeht, dass Adomnan die Schrift als Abt des Klosters Iona verfasste.[131] Daneben wurde Adomnan die Fís Adamnáin zugeschrieben, die bekannte irische Erzählung einer Jenseitsreise.[132]

---

126   Zur Schreibweise des Namens vgl. GROSJEAN (1960). ANDERSON und ANDERSON (1991) XXXIXf. GUAGNANO (2008) 10. KLÜPPEL (2010) 5, Anm. 10. Die neuere Forschung, der ich mich anschließe, verwendet den Namen Adomnan, vgl. z.B. DONNER (2002) 299, GNAEGI (2004/05), GUAGNANO (2008). Diese Schreibweise ist auch mit Betonung auf dem langen Vokal üblich: Adomnán, z.B. O'LOUGHLIN (2007). KLÜPPEL (2010) oder AIST (2010). In den Handschriften der *Vita Columbae* ist der Name in den Formen „Adomnanus" und „Adamnanus" überliefert, wobei die Schreibung „Adomnanus" überwiegt. Auch in der ältesten Handschrift der *Vita Columbae* (zwischen 700 und 713) des Schreibers Dorbbène wird diese Schreibweise verwendet, vgl. KLÜPPEL (2010) 11. Zur Person: REEVES (1857) 40ff. GEYER (1895). DONNER (2002) 296ff. O'LOUGHLIN (2007) 1f. GUAGNANO (2008) 11f. KLÜPPEL (2010) 5f.
127   Zur Überlieferung ausführlich GEYER (1897). Vgl. auch GUAGNANO (2008) 96f. Ich zitiere den lateinischen Text der Edition von BIELER 1965 (CCSL 175,219–297) mit Angabe von Buch, Kapitel, Unterkapitel. Vgl. auch GEYER 1898 (CSEL 39,221–297), zu Problemen und Editionsdesiderat O'LOUGHLIN (2007) 212f.
128   Diskutiert bei KLÜPPEL (2010) 14f.
129   Vgl. Beda, *Historia Ecclesiastica* 5,15. Ed. COLGRAVE/MYNORS (1969).
130   Vgl. Adomnan, *Vita Columbae* 2,46. Ed. ANDERSON/ANDERSON (1961).
131   Zur Datierung vgl. DONNER (2002) 309f. GUAGNANO (2008) 19f.
132   Vgl. BOSWELL (1908).

Die Schrift *De locis sanctis*, im Prolog als Augenzeugenschilderung eines Bischofs namens Arculf charakterisiert und in ca. 40 Handschriften überliefert,[133] besteht aus drei Büchern.[134] Das erste Buch von *De locis sanctis* hat Jerusalem mit den zentralen heiligen Orten wie Grabeskirche und Ölberg zum Thema; der Schwerpunkt liegt auf den dort erbauten Kirchen. Verschiedene Christusreliquien werden in den aufeinanderfolgenden Kapiteln 7–10 behandelt. Das zweite Buch, das mit Bethlehem als Geburtsstadt Jesu beginnt und mit den Krokodilen im Nil endet, ist stärker thematisch-assoziativ gegliedert als das erste. Während die Kapitel des ersten und dritten Buches durch den geographischen Bereich der Stadt Jerusalem bzw. Konstantinopel zusammenhängen, fehlt ein solcher Bezugsrahmen im zweiten Buch. Es lassen sich zwei größere Themenkomplexe ausmachen, die jeweils mehrere Kapitel umfassen: (1) Gräber in den Kapiteln 4–10 und (2) Wasser (Meere, Flüsse, Brunnen, Quellen) in den Kapiteln 14–24. Das dritten Buch behandelt die Stadt Konstantinopel. Den Hauptteil der Erzählung nehmen verschiedene Legenden[135] ein, die Arculf allesamt von den Bewohnern Konstantinopels gehört haben soll (3,4,1 und 5,1). Das letzte Buch unterscheidet sich daneben von den anderen beiden Büchern, weil es insgesamt kürzer ist und sich nicht mehr auf das Heilige Land konzentriert.[136] Dem Text sind in einigen Handschriften Zeichnungen beigegeben: die Grabeskirche, die Sionsbasilika, die Himmelfahrtskirche und die Jakobskirche.[137]

Adomnan unternimmt selbst keine Reise ins Heilige Land, sondern erzählt über die Reise durch das Heilige Land und Ägypten aus zweiter Hand. Neben

---

133 Vgl. zur Überlieferung O'LOUGHLIN (2007) 177 ff.

134 Die Bücher sind jeweils in unterschiedlich viele Unterkapitel mit Überschriften eingeteilt. Zur Überlieferung der Überschriften und Unterkapitel vgl. GEYER (1897) 5 und 36 f.

135 Eine Legende über die Gründung von Konstantinopel, zwei St. Georgslegenden und eine Legende um ein Marienbild. Vgl. zur moralisch-didaktischen Funktion der Legenden O'LOUGHLIN (2004) 132. GUAGNANO (2008) 68 f. und unten S. 158. Die im dritten Buch geschilderten Legenden behandeln heilige Objekte, die nicht im Zusammenhang mit Jesus Christus stehen, sondern mit St. Georg und Maria.

136 Zur Sonderstellung des dritten Buches vgl. GUAGNANO (2008) 68 f., GUAGNANO (2003) und DELIERNEUX (1997). Das Buch endet nach der Erzählung über eine donnernde Vulkaninsel vor der Küste Siziliens mit der Bitte an den Leser, für den Autor und Arculf zu beten: *Obsecro itaque eos quicunque breves legerint libellos* (...). Eine solche Beschwörung des Lesers am Schluss oder in der *Praefatio* ist kein Einzelfall, sondern üblich, wie der Schluss der *Vita Columbae* zeigt, der sich an die Formulierung des Sulpicius Severus in der Praefatio der *Vita S. Martini* 1,1,9 anlehnt. Der Schreiber der ältesten Handschrift der *Vita Columbae*, Dorbbène, schließt sich an den Wunsch des Autors an und bittet den Leser: *Quicumque hos virtutum libellos Columbae legerit, pro me Dorbbeneo dominum deprecetur, ut vitam post mortem aeternam possideam.* Vgl. REEVES (1857) 242 und GEYER (1895) 36 f.

137 Vgl. dazu S. 135.

IMAGINIERUNG DER PILGERREISE

Informationen, für die Arculf als Augen- und Ohrenzeuge angegeben wird, werden zahlreiche schriftliche Quellen verwendet. Das den Büchern entnommene Wissen verknüpft Adomnan so mit dem Wissen eines Augenzeugen. Daher unterscheidet sich die Erzählerstruktur von den anderen untersuchten Pilgertexten. Neben die Erzählerinstanz, Adomnan in der Ich-Form, tritt die Figur Arculf auf, aus deren Perspektive erzählt wird.

In Iona steht Adomnan eine Bibliothek zur Verfügung, aus der er reichlich Wissen schöpft.[138] Eine wichtige Quelle für Adomnan ist der Brief des Eucherius (nach 444) vor allem für das erste der drei Bücher von *De locis sanctis*.[139] Daneben lässt sich die Nutzung der Schriften des Hieronymus wie seiner Übersetzung und Bearbeitung von Eusebius' *Onomastikon* sowie verschiedener Bibelkommentare nachweisen.[140]

4.3.1 *Funktionsweise*

Mit Beda Venerabilis, der Adomnans Schrift *De locis sanctis* bearbeitete und große Teile des Textes in sein Werk *De locis sanctis* aus dem Jahr 702–703 aufnahm, liegt ein bezeugter Rezipient von Adomnans Werk vor, der sich einerseits darüber äußert, wie seine eigene Schrift und andererseits, wie Adomnans Schrift verwendet werden kann. In einer poetischen Praefatio stellt Beda einen engen Bezug zwischen den beschriebenen Orten (*finesque situsque locorum*) und der Heiligen Schrift (*pagina sacra*) her (5–10):

> *Descripsi breviter finesque situsque locorum,*[141]
>   *Pagina sacra magis quae memoranda refert,*
> *Beda sequens veterum monumenta simulque novorum*
>   *Carta magistrorum quae sonet inspiciens.*

---

138 Für eine Aufstellung der Bücher, zu denen Adomnan Zugang gehabt haben soll siehe O'LOUGHLIN (2007) 246 f. (Appendix 6). Zu den Quellen allgemein vgl. GEYER (1895) 10 ff.

139 Geyer nahm seine in GEYER (1895) 18 f. ausgedrückte Ansicht, Adomnan gehe Eucherius voraus, nach den Einwänden von FURRER (1896) wieder zurück (CSEL 39, 1898, XVIII). Vgl. dazu O'LOUGHLIN (2007) 215 f. (Appendix 2). Zu den Unsicherheiten um die Person des Eucherius als Autor siehe ebd. Siehe zu Eucherius S. 14.

140 Weitere Quellen sind: „Hegesippus" (siehe oben Anmerkung 6 auf S. 14) *Historiae libri V*, die Weltchronik des Sulpicius Severus, C. Vettius Aquilinus Juvencus: *Evangeliorum libri IV*, vgl. DONNER (2002) 301.

141 Ich zitiere nach der Edition von FRAIPONT (1965), CCSL 175, 245–280, mit Angabe des Kapitels, Unterkapitels und der Zeile. Den Prolog in Versen zitiere ich nur nach den Zeilen. Den Strichpunkt der Edition an dieser Stelle ersetze ich durch ein Komma, um den Bezug von *quae* (Z. 6) auf *loca* (Z. 1) zu verdeutlichen. Der Grund für diese Interpunktion ist nicht erkennbar. In der Handschrift BSB München, Clm 6389 (fol. 1ʳ) steht am Ende jeder Zeile ein Strichpunkt, auch im anschließenden Kapitelregister.

128   KAPITEL 4

Da, Iesu, ut patriam semper tendamus ad illam,
Quam beat aeternum visio summa tui.

Der Zusammenhang von Ort und Bibelwort wird spezifiziert durch die Formulierung *magis memoranda*. Die Orte sind nach der Heiligen Schrift besonders erinnerungswürdig. Damit verweist Beda auf den Aspekt der *memoria*, der eine zentrale Rolle innerhalb der Funktionsweise der Pilgertexte einnimmt. In den zwei mittleren Versen wird die Entstehung der Schrift verarbeitet, die das Incipit anzeigt (*incipit libellus Bedae Venerabilis de locis sanctis, quem de opusculis maiorum abbreviando composuit*). Ein zweizeiliges Gebet, das an Jesus gerichtet ist, schließt die Praefatio ab: „Gib, Jesus, dass wir immer zu jener Heimat (*patria*) streben, die ewig die höchste *visio* deiner bereichert." *Patria* bezieht sich auf die ewige himmlische *patria* und kann konkret auch auf das Heilige Land bezogen werden. *Visio* meint das geistige Erblicken Christi. Mit diesem Abschlussgebet wird ein Hinweis auf eine mögliche Lesart des Textes gegeben, die über eine rein informative Lektüre hinausgeht. Dafür sprechen die Worte am Ende von Bedas *De locis sanctis*, die sich an den Leser richten: *Ex qua (sc. historia Adomnani) nos aliqua decerpentes ueterumque litteris comparantes tibi legenda transmittimus, obsecrantes per omnia, ut praesentis seculi laborem non otio lascivi torporis, sed lectionis orationisque studio tibi temperare satagas.* (19,5,49–53). Nicht zur Trägheit, sondern zur Bemühung um biblische Lektüre und Gebet (*lectio* und *oratio*) hält Beda den Leser mithilfe seiner Schrift an.

Ein Zeugnis aus der *Historia Ecclesiastica gentis Anglorum*, in der Beda die Benutzung von Adomnans Werk reflektiert, unterstützt diese Deutung. Es sei nämlich äußerst nützlich für diejenigen Leute, die sich weit entfernt von diesen Orten aufhielten, an denen die Patriarchen und Apostel lebten und die diese Orte nur durch die Lektüre kennenlernen können: (*Adomnanus*) *fecitque opus, ut dixi, multis utile, et maxime illis, qui longius ab eis locis, in quibus patriarchae vel apostoli erant, secreti ea tantum de his, quae lectione didicerint, norunt.*[142] Thomas O'Loughlin merkt zu diesen Worten ohne weitere Begründung an, dass sie wahrscheinlich ironisch gemeint seien.[143] Im Gegensatz dazu bin ich der Ansicht, dass Bedas Bemerkung ein wichtiger Hinweis für die Gebrauchsfunktion des Textes ist. Weder Adomnan noch Beda reisen selbst ins Heilige

---

142   5,15. Ed. COLGRAVE/MYNORS (1969) S. 508.
143   „He (sc. Beda) remarked that *De locis sanctis* was a work that was most useful to its readers in many ways and, possibly with a touch of irony, especially to those who lived far from those places." O'LOUGHLIN (1997) 132. MORRIS (2005) 102 bestimmt die Gebrauchsfunktion dagegen als „guide for those who could not go in person".

IMAGINIERUNG DER PILGERREISE

Land. Bedas Worten kann man entnehmen, dass denjenigen Leuten, die selbst nicht ins Heilige Land aufbrechen konnten, ein Zugang zu den heiligen Orten mittels des Pilgertextes zur Verfügung gestellt wird. Das bedeutet einerseits, dass dem Leser das vorhandene heilsgeschichtliche und topographische Wissen über diese Orte vermittelt wird, das für eine anstehende Reise oder für exegetische Zwecke nützlich ist. Andererseits kann die Verfügbarmachung der heiligen Stätten andernorts punktuell auch zu einer Vergegenwärtigung des Heils selbst führen.

In der Darstellung des Heilswissens zeigt sich Adomnans erhebliches exegetisches Interesse, das in meiner Untersuchung nicht im Zentrum steht. Thomas O'Loughlin liest den Text sogar als exegetisches Handbuch, „exegetical manual" oder „manual of sacred topography".[144] Theologische Motive hatten auch die frühen Besucher des Heiligen Landes.[145] Eusebius von Caesarea bezeugt in der *Historia ecclesiastica* und der *Vita Constantini* frühchristliche Reisen ins Heilige Land: so besucht der Bischof Melito von Sardes Jerusalem im Jahr 160 als den „Schauplatz der Predigten und Taten" Jesu und sucht Informationen über die kanonischen Bücher des Alten Testaments.[146] Adomnan unternimmt keine Reise, um die Schauplätze der Heilsgeschichte zu betrachten, sondern er kombiniert schriftliche Quellen mit der von ihm als solche angegebenen mündlichen Quelle des Reisenden Arculf.[147]

Schon das *Onomastikon* des Eusebius sowie die Bearbeitung durch Hieronymus fassen in knapper Form das Wissen über das Heilige Land zusammen. Auch der Text Adomnans wie Bedas[148] funktioniert als Wissensspeicher. Ein

---

144 O'LOUGHLIN (2007) 16. Er untersucht Adomnan als Exegeten ausführlich und beruft sich dabei auf Augustinus, der betont, dass viele problematische biblische Stellen durch topographisches und geographisches Wissen geklärt werden könnten. Vgl. *De doctrina christiana* 2,24,59 ff. Ed. MARTIN (1962), CCSL 32, 1–167. Ausführlich O'LOUGHLIN (2007) 28 ff. und 83 ff. Vgl. auch Hieronymus, *Praefatio in librum Paralipomenon* (PL 29, 401A). Zitiert auf S. 250.

145 Vgl. dazu RÖWEKAMP (2017). KLEIN (1990) 150. KÖTTING (1950) 86 f.

146 Eusebius *Historia ecclesiastica* 6,19, Ed. SCHWARTZ (1903–1909), GCS Eus. 9 II,5 56 ff. Vgl. Origenes, *Commentarius in Johannem* 6,40, Ed. BLANC (2006) SC 157,286. Eusebius begründet die Reise des Alexander von Kappadokien: „wegen des Gebets und der Geschichte der Orte", Eusebius *Historia ecclesiastica* 6,11,2 (GCS Eus. 9 II, 231): εὐχῆς καὶ τῶν τόπων ἱστορίας ἕνεκα. Der Bischof Firmilian aus Kappadokien wollte das Land und bei dieser Gelegenheit Origenes „um seiner Studien willen" besuchen. Eusebius *hist. eccl.* 6,27 (GCS Eus. 9,2,580). Nach einem späteren Zusatz des Hieronymus habe er die Reise auch *sub occursione sanctorum locorum* unternommen (*De viris illustribus* 54. PL 23,665 A). Vgl. KLEIN (1990) 150, ENGEMANN (1995a) 26, MARAVAL (1982) in der Einleitung zur Edition des *Itinerarium Egeriae*, 23 f. zu diesen Reisenden.

147 Vgl. zu Arculf 131 f.

148 Von Beda ist neben *De locis sanctis* auch eine Schrift über die Namen der heiligen Orte

130 KAPITEL 4

Beispiel dafür ist das Anliegen, die richtigen Ortsbezeichnungen zu vermitteln. Die korrekte Orthographie von „Thabor" in griechischer und lateinischer Sprache wird betont.[149] Bei der Stadt Sichem/Sicima wird erklärt, dass sie fälschlicherweise auch „Sichar" genannt werde.[150] Wichtig für die Exegese ist zunächst eine korrekte Namensbezeichnung.

Ein illustratives Beispiel für die exegetische Ausrichtung des Textes ist eine Passage aus dem Schlusskapitel des ersten Buches (1,25).[151] Adomnan nimmt die Erwähnung der Eleona-Basilika zum Anlass, die Rede Jesu über die Endzeit (Mt 24) zu diskutieren. Arculf wird in dieser Passage nicht erwähnt. Angesichts der sonstigen zahlreichen Erwähnungen ist dies auffallend. Schon die Formulierung zu Beginn des Kapitels *de alia celebriore eclesia (...) breviter scribendum arbitramur* (1,25,1) weist darauf hin, dass Adomnan in dieser Passage andere Ziele als in seinem bisherigen Text verfolgt. Mit dem Wort *arbitramur* schafft er den Raum für einen eigenen Einschub und kennzeichnet die folgenden Überlegungen als unabhängig von den Erzählungen des Augenzeugen. Anachronismen im Text bestätigen dies. Die Eleona-Basilika Konstantins, die an dem Ort der Rede gegründet wurde (*in eo montis Oliveti loco fundata in quo Dominus ad discipulos habuisse sermonem dicitur*, 1,25,1) und in großer Ehre gehalten wird (*... eclesia in magna habetur honorificentia*, 1,25,8), wurde im Jahr 614 von den Persern zerstört.[152] Dass die Kirche nicht mehr steht, erfährt man aus Adomnans Beschreibung nicht. Im Folgenden wird klar, dass es nicht um die Kirche selbst geht, sondern um die Predigt, die dort gehalten worden sein soll: *Hinc non neglegenter inquirendum est qualem sermonem, et quo tempore vel ad quas speciales personas discipulorum Dominus sit loquutus* (1,25,2). Adomnan wendet eine Methode an, die in der irischen Exegese häufig ist.[153] Durch die eindeu-

---

überliefert: *Nomina locorum ex beati Hieronimi presbiteri et Flavi Iosephi collecta opusculis.* Ed. HURST (1962), CCSL 119,273–287 sowie eine Schrift *Nomina regionum atque locorum de actibus apostolorum.* Ed. LAISTNER (1983), CCSL 121,167–178.

149 *Sed inter haec et hoc est notandum quod illius famosi montis nomen Graecis litteris sic oporteat scribi per Θ et Ω longum ΘΑΒΩΡ, Latinis vero litterulis cum aspiratione Thabor, producta o littera. Huius orthographia vocabuli in libris Graecitatis est reperta* (2,27,6). Vgl. Hieronymus, *De situ et nominibus locorum hebraicorum* 156,33. Ed. KLOSTERMANN (1904), GCS 3,1.

150 *Arculfus (...) ad eiusdem provinciae pervenit civitatem quae Ebraice dicitur Sichem, Greca vero et Latina consuetudine Sicima nominatur; quae, quamlibet vitiose, Sichar vocitari solet* (2,21,1). Vgl. dazu Hieronymus, *De situ et nominibus locorum hebraicorum* 154,30. 152,5. *Quaest. in Genes.* c. 48,22. Ich zitiere Adomnans *De locis sanctis* nach der Edition von BIELER (1965), CCSL 175,175–234, mit Angabe des Buches, des Kapitels und des Unterkapitels.

151 Vgl. O'LOUGHLIN (2007) 100 ff.

152 Vgl. DONNER (2002) 347, Anm. 76.

153 Dazu ausführlicher O'LOUGHLIN (2007) 101. Zuerst BISCHOFF (1954) 205. Vgl. aber STANCLIFFE (1975).

IMAGINIERUNG DER PILGERREISE 131

tige Bestimmung von Ort (der hier nicht zur Diskussion steht, sondern bereits als klar vorgegeben wird), Zeit (*quo tempore*) und teilnehmenden Personen (*ad quas speciales personas discipulorum*) wird ein Ereignis (hier: die Predigt) bestimmt. Dafür vergleicht Adomnan die Angaben in den drei von ihm verwendeten Evangelien: *Quae tria* (vgl. 1,25,2), *si trium evangelia scriptorum aperire voluerimus, Mattheum, Marcum, Lucam, nobis manifeste clarebunt* (1,25,3). Er kommt zu dem Ergebnis, dass die vier von Markus genannten Jünger (Petrus, Jakobus, Johannes und Andreas) dabei waren und zwar am Karmittwoch.

An dieser Stelle geht es dezidiert darum, eine in den Evangelien unklare Stelle zu erläutern. In diesem Fall ist dafür kein Besuch des Ortes nötig, der Ort dient als Ausgangspunkt für die Behandlung dieser Frage. Passagen wie diese kommen offensichtlich ohne Verweis auf die Figur Arculfs aus, deren Funktion das nächste Kapitel vor Augen führt.

Der Text Adomnans zeigt, wie in einem Text zwei Gebrauchsfunktionen von Pilgertexten nebeneinander stehen können: Das Verfügbarmachen von Heilswissen für exegetische Zwecke einerseits und das narrative Vor-Augen-Stellen der heiligen Orte andererseits, das einen mentalen Nachvollzug der Reise in der Lektüre stimuliert.

4.3.2   *Die Figur des Augenzeugen Arculf*

Im Prolog präsentiert Adomnan die Entstehungsgeschichte des Werkes. Der folgende Text wird als Augenzeugenschilderung des gallischen Bischofs Arculf charakterisiert, der sich neun Monate in Jerusalem aufgehalten habe und dessen Erfahrungen (*experimenta*) notiert wurden: *Arculfus sanctus episcopus gente Gallus diversorum longe remotorum peritus locorum verax index et satis idoneus in Hierusolimitana civitate per menses novem hospitatus et loca sancta cotidianis visitationibus peragrans mihi Adomnano haec universa quae infra craxanda sunt experimenta diligentius percunctanti et primo in tabulis describenti fideli et indubitabili narratione dictavit; quae nunc in membranis brevi[154] textu scribuntur.* Schon in den Eingangsworten wird die Verlässlichkeit, Wahrhaftigkeit und Unbezweifelbarkeit dieser Quelle betont.

Historisch ist Arculf nicht bezeugt.[155] Weitere Informationen über Arculf sind in Bedas Schriften zu finden. Nach *De locis sanctis* sei er von einem widrigen Wind an die Küste Britanniens getrieben worden (19,5). Die *Historia ecclesiastica* enthält die weitere Information, dass ihn ein Sturm von seiner Reiseroute

---

154   Diesen rhetorischen Topos, die Betonung der Kürze des Werkes, verwendet Adomnan häufig. Vgl. z. B. auch 1,25,1 und *Vita Columbae praef.* 2. Vgl. GEYER (1895) 11.

155   Vgl. GUAGNANO (2008) 37 f. MEEHAN (1958) in der Einleitung zur Edition, 7 f.

abgetrieben haben soll (*patriamque nauigio reuertens, ui tempestatis in occidentalia Brittaniae litora delatus est*).[156] Die Vorstellung, dass ein Sturm Arculf an die Küste Britanniens trieb – auf dem Weg von Sizilien nach Gallien – lässt Raum für Spekulationen.[157]

In der Diskussion um die Person Arculfs kam die Frage auf, ob es Arculf überhaupt gegeben habe.[158] Die Frage, ob es den Augenzeugen Arculf wirklich gab, lässt sich nach dem aktuellen Wissensstand nicht beantworten. Im Zusammenhang mit der Erzählstruktur des Textes ist nicht die Historizität der Figur von Belang, sondern die Figur Arculf und ihre Funktionen im Rahmen der Erzählung sollen betrachtet werden: Authentifizierung, Strukturierung und Wahrnehmungslenkung.

Eine bereits erwähnte Funktion der Figur des Augenzeugen Arculf, deren Rang und Würde häufig durch das Beiwort *sanctus* betont wird, ist die Authentifizierung des Erzählten. Diese Funktion zeigt sich in Passagen, die über den Schreibvorgang reflektieren.[159] Authentizität wird durch den Umgang mit den schriftlichen und mündlichen Quellen vermittelt. In einigen Passagen werden die Quellen explizit genannt.[160] *Rachel in Effrata, hoc est in regione Bethlem, et liber Geneseos*[161] *sepultam narrat sed et Locorum liber*[162] *in eadem regione iuxta viam humatam refert Rachel.* In diesem Beispiel (2,7,1) handelt es sich um das Buch „Genesis" und das „Buch der Orte" – damit ist Hieronymus' Fassung des *Onomastikon* gemeint.

Dieses zuerst präsentierte angelesene Wissen wird mit dem Augenzeugenwissen kombiniert. Durch die Wiedergabe der Informationen in direkter Rede, die im Text an zahlreichen Stellen verwendet wird, tritt der Erzähler Adomnan zurück und suggeriert den unmittelbaren Zugang zu Arculfs Erzählung. *De qua Arculfus via mihi percunctanti respondens ait: Est quaedam via regia quae ab Helia contra meridianam plagam Chebron ducit, cui viae Bethlem vicina sex milibus distans ab Hierusolima ab orientali plaga adheret. Sepulchrum vero Rachel*

---

156 Beda, *Historia ecclesiastica* 5,15, Ed. Colgrave/Mynors (1969).

157 Donner (2002) 297 f. Vgl. O'Loughlin (2007) 153 für eine mögliche Erklärung von Bedas Vorstellung der Arculfschen Route mithilfe einer hypothetischen T-O Karte.

158 Zuerst Châtillon (1967). Delierneux (1997). Gnaegi (2004/05) 33. Siehe auch Guagnano (2008) 37 f. Woods (2002) stellt die These auf, dass Adomnan ein byzantinisches Florilegium als Quelle benutzte, dessen Autor ein „Arnulfus" gewesen sein soll. Adomnan soll aufgrund eines Lesefehlers diesen Arnulfus für Arculfus gehalten haben.

159 Vgl. dazu auch zum Prozess der Niederschrift und den Zeichnungen. Vgl. S. 137 f.

160 Vgl. Donner (2002) 353, Anm. 98.

161 Gen 35,19 und 48,7.

162 Hieronymus, *De situ et nominibus locorum hebraicorum* 83,12–16. Ed. Klostermann (1904), GCS 3,1.

IMAGINIERUNG DER PILGERREISE

in eiusdem viae extremitate ab occidentali parte, hoc est in dextro latere, habetur pergentibus Chebron coherens, vili operatione collocatum et nullam habens adornationem, de lapidea circumdatum piramide. Ibidem et nominis eius titulus hodieque monstratur, quem Iacob maritus eius super illud erexit.[163] Neben Verweisen auf die Arbeitsweise[164] ist die Figur Arculf ein weiteres Mittel, die Authentizität der Informationen darzulegen, da Arculf als Bischof ein Augenzeuge von hohem Rang ist und so Autorität besitzt. Augenzeugenschaft ist ein zentrales Merkmal der Authentizität, das besonders in der Historiographie von Bedeutung ist.[165]

Neben der Authentifizierung hat die Figur Arculf eine Strukturierungsfunktion. Sie stellt die Verbindung zwischen den zum Teil weiter auseinanderliegenden Orten dar. Der Reiseweg Arculfs verknüpft teils die Orte, teils – besonders im dritten Buch – fungiert Arculf als Zentralfigur, die die vier erzählten Legenden in Konstantinopel gehört hat.

Die Figur Arculf strukturiert nicht nur einen großen Teil der Erzählung, sondern sie vermittelt dem Leser sinnliche Eindrücke und lenkt die Wahrnehmung des Lesers.[166] Die Figur Arculf stellt einen Bezugspunkt für den Leser dar, die in direkter Rede in der Erzählung spricht und die zusätzliche visuelle Informationen vermittelt, wie z. B. die Farbe des Felsens im Heiligen Grab (1,3,2).

Thomas O'Loughlin versteht Arculf als fiktive Figur, die sieht, was sie nach der Heiligen Schrift sehen soll – ohne jedoch genauer auf deren narrative Funktion einzugehen.[167] Dieser wichtige Aspekt begegnete schon im *Itinerarium Egeriae*: Der Text erzählt nicht von einer Reise in ein unbekanntes Land, sondern in ein Land, das durch die Lektüre der Bibel und anderer Texte bekannt und vertraut ist.[168] Das hat zur Folge, dass die Welt durch die Narration nicht generiert werden muss, da sie in der Imagination des Lesers bereits existiert. Diese Welt, die der Leser aus der Lektüre kennt, hat mit dem Palästina des 7. Jahrhunderts nach Christus wenig zu tun. Daher verwundert es nicht, dass Palästina vorwiegend als Schauplatz der Heilsgeschichte präsentiert wird und

---

163   Adomnan, *De locis sanctis* 2,7,2–4. Vgl. ausführlich zu dieser Passage unter dem Gesichtspunkt der Exegese O'LOUGHLIN (2007) 37.

164   Durch präzise Angaben über seine Quellen vermittelt Adomnan dem Leser einen Einblick in seine genaue Arbeitsweise und bezeugt die Glaubwürdigkeit seiner Aufzeichnungen.

165   Vgl. zur Augenzeugenschaft S. 40 f. Vgl. auch WENZEL (2009) 171.

166   O'LOUGHLIN (2007) 253 für eine tabellarische Aufstellung der Erwähnungen Arculfs im Text (Appendix 9) und GEYER (1895) 11 ff. für eine ausführlichere Beschreibung der Verknüpfung der von Arculf und anderen Quellen erhaltenen Informationen.

167   O'LOUGHLIN (2007) 50.

168   Vgl. zum *Itinerarium Egeriae* S. 95 f.

nur wenig politische oder historische Informationen gegeben werden.[169] Der Leser wie der Reisende waren durch die Lektüre daheim schon vorgeprägt und wussten schon vorher, was sie sehen sollten. Diese Wahrnehmung lenkt die Figur Arculf.

Die Struktur der sinnlichen Wahrnehmung ist im ersten und zweiten Buch ein zentrales narratives Organisationselement: der Erzählstil ist von deiktischen Vokabeln geprägt: sehen: *videre, conspicere, cernere* und zeigen: *monstra(n)tur*.[170] Durch die Figur Arculf wird der Blick des Lesers gelenkt und gemeinsam mit ihr werden die heiligen Stätten und Gegenstände betrachtet. Mittels der Figur Arculf werden durch die Akzentuierung von Deixis und Visualität[171] dem Leser die heiligen Orte vor Augen gestellt: *intrantes illam vident petram ... in ... petra ... vestigia ... cernuntur* (1,12,4) oder *turris Iosaphat monstratur, in qua ipsius sepulchrum cernitur* (1,13). Im Nachvollzug der Bewegung Arculfs wird in der Imagination des Lesers der Heilsraum der einzelnen heiligen Stätten Jerusalems aufgespannt. In Adomnans Schrift wird damit kein Eindruck des gesamten Raums Jerusalems erzeugt. Es wird nicht der Weg Arculfs durch Jerusalem beschrieben oder man erfährt meist nicht, wie Arculf von einer Station zur nächsten kommt,[172] sondern der Leser kann die (Wahrnehmungs-)Bewegung Arculfs an den jeweiligen Stationen (wie z.B. im Grabeskirchenkomplex) verfolgen. Die dem Text in einigen Handschriften beigefügten Zeichnungen unterstützen dieses Nachvollziehen der Wege, wie der nächste Abschnitt zeigen wird.

4.3.3 *Die Diagramme als räumliche Erschließung*
Die Zeichnungen sind im Corpus der Pilgertexte einzigartig. Bis ins 13. Jahrhundert sind illustrierte Texte nicht üblich. Die Zeichnungen stellen eine Art Plan oder Schema von vier Kirchen dar. Es handelt sich um die Grabeskirche, die Basilika auf dem Berg Sion, die Himmelfahrtskirche und die Kirche über dem Jakobsbrunnen bei Sichem.

---

169 Vgl. O'LOUGHLIN (2004).

170 Schon in Eusebius' *Onomastikon* und in der Folge bei Hieronymus findet sich häufig die Vokabel „zeigen". Typisch ist die Formulierung, meist am Ende eines Eintrags, mit Bezug darauf, was heute noch zu sehen ist: καὶ δείκνυται εἰς ἔτι νῦν (ὁ τόπος) ... oder bei Hieronymus: *et ostenditur nunc usque* (*locus*) ... z.B. Hieronymus, *De situ et nominibus locorum hebraicorum* 178, 189, 190. Ed. KLOSTERMANN (1904), GCS 3,1.

171 Vgl. zur *deixis am phantasma* oben S. 56 f. S. dazu die zahlreichen Publikationen von Horst Wenzel zur Deixis, bes. in WENZEL und JAEGER (2005). WENZEL und STARKEY (2007) und WENZEL (2009).

172 Damit entspricht die Raumstruktur dem Inselraum oder Stationsraum, vgl. S. 54 f.

In nur vier der 39 überlieferten Handschriften[173] sind jeweils vier *figurationes* zu finden, auf die jeweils im Text verwiesen wird.[174]

Die früheste Handschrift ist der Züricher Codex Rh. 73. Dieser Codex enthält einen Vermerk des Reginbert von der Reichenau. Wie der Codex in das Kloster Rheinau gelangte, ist unklar.[175] Daneben existiert eine Zeichnung auf einem Fragment[176] und ein Wiener Codex aus dem 13. Jahrhundert mit zwei Zeichnungen[177]. Text und Bild sind in den Handschriften mit Zeichnungen eng verknüpft. In den übrigen Handschriften, also mehr als 30, sind nur die Verweise auf die *figurationes* im Text vorhanden, keine Zeichnungen und kein freigelassener Platz.

---

173 Vgl. zur Überlieferung GEYER (1897).

174 In einer Handschrift (London, BL, Cotton Tiberius D.v. pt 2²) wurde Platz für die Zeichnungen freigelassen, der aber nicht ausgefüllt wurde. Die Handschrift Wien ÖNB Lat. 609 enthält nur die ersten beiden Zeichnungen, da sie bei der Erzählung über den Ölberg abbricht. Vgl. ausführlich zu den Handschriften GEYER (1897). Nach der Beschreibung der Handschriften von GEYER (1897) enthalten daneben folgende Handschriften alle vier Zeichnungen: Wien, ÖNB, lat. 458 (1. Hälfte des 9. Jahrhunderts), Zürich, ZB, Hs. Rh 73 (vor 842), Paris, BnF, lat. 13048 (9. Jh.), Bern Bürgerbibliothek, Cod. 582 (1. Hälfte des 10. Jahrhunderts). In den textkritischen Editionen (Geyer, 1898, CSEL 39. Bieler, Es handelt sich um eine Überarbeitung von Geyers Edition, 1958, SLH 3. Nachdruck Bieler 1965, CCSL 175) sind die Zeichnungen nicht bzw. nicht im Text abgedruckt. Zu diesem Problem vgl. GORMAN (2006) 12 f. Abbildungen der Zeichnungen bei WILKINSON (2002) und GUAGNANO (2008) 181 f., einige Abbildungen auch in der Übersetzung von DONNER (2002), dort jeweils an den entsprechenden Stellen im Text, und in dem Aufsatz von GNAEGI (2004/05). Bei den Abbildungen der Zeichnungen des Jakobsbrunnen wurden sowohl bei WILKINSON (2002) und GUAGNANO (2008) 284 die Bildunterschriften verwechselt. Falsch bei GUAGNANO (2008) 284: Fig. 10: Vindobonensis 458 (Y). Fig. 11: Parisinus Bibl. Nat. Lat. 13048 (P) und Fig. 12: Turicensis Rhenaugiensis 73 (Z). Richtig ist: Fig. 10: Parisinus BnF lat. 13048. Fig. 11: Turicensis Rhenaugiensis 73 und Fig. 12: Vindobonensis 458. Schon bei WILKINSON (2002) 372 sind die Handschriften in dieser Form vertauscht. Zusätzlich ist bei WILKINSON (2002) 373 die Herkunft der ersten Abbildung der Himmelfahrtskirche falsch mit Parisinus Bibl. Nat. Lat. 13048 angegeben, richtig ist Vindobonensis 458. Auch bei DONNER (2002) 368 ist die Provenienz der Abbildung des Jakobsbrunnen (b) mit Cod. Vindobonensis 458 falsch. Es handelt sich hierbei um Turicensis Rhenaugiensis 73. Zuverlässig ist die Wiedergabe aller Zeichnungen bei GNAEGI (2004/05), wo allerdings keine Abbildungen aus der Pariser Handschrift zu finden sind und an zwei Stellen die Kirchenbezeichnungen verwechselt wurden: bei GNAEGI (2004/05) 36, Abb. 12 steht in der Bildunterschrift statt „Himmelfahrtskirche" die Bezeichnung „Zionsbasilika" und S. 37, Abb. 13 umgekehrt statt „Zionsbasilika" die Bezeichnung „Himmelfahrtskirche".

175 Vgl. STÄHLI (2005) 20 f.

176 Karlsruhe, Aug. 129, 9./10. Jahrhundert.

177 Wien, ÖNB, lat. 609, 13. Jahrhundert.

Auch in nur vier Handschriften von insgesamt um die 50 erhaltenen Handschriften von Bedas *De locis sanctis* sind Zeichnungen überliefert.[178] In einer Handschrift aus dem 9. Jahrhundert (München, BSB, Clm 6389) ist nur die Zeichnung der Basilika auf dem Berg Sion ausgeführt, für die anderen Zeichnungen wurden Lücken gelassen. Die Zeichnungen sind in Adomnans Schrift wie folgt verteilt: Drei sind im ersten Buch zu finden (der Grabeskirchenkomplex, die Basilika auf dem Berg Sion und die Himmelfahrtskirche) und eine im zweiten Buch (die Zeichnung der Kirche über dem Jakobsbrunnen bei Sichem). Das dritte Buch enthält keine Zeichnungen. In der Forschung wurden die Zeichnungen zunächst als Grundrisspläne interpretiert,[179] dann als Meditations- oder Memorialbilder bestimmt.[180] Ich bin der Ansicht, dass es sich um Orientierungsbilder für einen mentalen Nachvollzug handelt.[181] Die Zeichnungen haben zudem eine meditative und eine memorative Funktion. Gleichwohl unterscheidet sich das Zusammenspiel von Bild und Text bei den einzelnen Zeichnungen.

Im Unterschied zu bisherigen Ansätzen will ich im Zusammenhang mit der Zeichnung auch das narrative Vor-Augen-Stellen in der Textgestaltung in den Blick nehmen. Die Zeichnungen konstruieren nach meiner These durch ihre geometrischen Formen eine Ordnung, die den mentalen Nachvollzug der Bewegung durch die Heilsorte und die Memorierung der mit der Bibel im Zusammenhang stehenden Ereignisse unterstützt. Diese Funktion besitzt (in anderer Form) auch der Text.

Im Rahmen der Überlegungen zur Funktion der Zeichnungen stellt sich zunächst die Frage, wie die Zeichnungen zu benennen sind. Im Text werden sie als

---

178 Laon 216 (9. Jahrhundert), Paris, BnF, lat. 2321 (10. Jahrhundert), Wien, ÖNB, lat. 580 (11. Jahrhundert), Namur, Seminaire 37. Vgl. zur Überlieferung LAISTNER (1943) 82–86.

179 Vgl. KRÜGER (2000).

180 Vgl. GNAEGI (2004/05). STÄHLI (2005). Vgl. zur Funktion der Zeichnungen auch O'LOUGHLIN (2012), GORMAN (2006).

181 Vgl. O'LOUGHLIN (2012) 39, der seinen Beitrag abschließt mit den Worten „(...) a key discovery had been made: the illustrated virtual pilgrimage had arrived." Die Herangehensweise an die Interpretation der ersten beiden Zeichnungen in diesem Beitrag unterscheidet sich von meinem Ansatz, in dem ich das Vor-Augen-Stellen in Text und Bild ins Zentrum stelle. O'Loughlin interpretiert die Zeichnungen im Hinblick auf die Quellen, die im Text und im Text der Zeichnungen zugrundeliegen und zeigt auf, dass in Text und Zeichnung möglicherweise absichtlich Informationen verschiedener Quellen angegeben werden, die so nicht kommentiert werden müssen. Gleichwohl zeigt meine Interpretation der zweiten Zeichnung der Basilika auf dem Berg Sion im Kontext des Textabschnitts, wie eng Text und Bild zusammengehören. Ohne die Zeichnung ergibt sich innerhalb der Logik des Textes eine Lücke. Vgl. dazu ausführlich S. 141 f.

IMAGINIERUNG DER PILGERREISE

pictura, figura, formula oder *figuratio* bezeichnet.[182] Die Bezeichnung *figuratio*, „Verbildlichung", bringt die Funktion der Zeichnungen auf den Punkt. Aus diesem Grund nenne ich die Zeichnungen im Folgenden *figurationes*. Zudem möchte ich den schematischen Ansatz der Zeichnungen betonen, der in einigen Handschriften deutlicher hervortritt als in anderen. Sie können als Diagramme[183] bezeichnet werden, die das im Text Dargestellte visualisieren und ergänzen, und auf diese Weise vorstell- und memorierbar machen.

Figuratio 1: Grabeskirchenkomplex
Die erste *figuratio* markiert den zentralen heiligen Ort, den Grabeskirchenkomplex. Die Zeichnung wird eng mit der Figur Arculfs verknüpft und hat eine deutliche Authentifizierungsfunktion: *De quibus diligentius sanctum interrogavimus Arculfum, praecipuae de sepulcro Domini et eclesia super illud constructa, cuius mihi formulam in tabula cerata Arculfus ipse depinxit* (1,2,2). Bedeutsam ist in diesem Zusammenhang die Betonung des Schreibvorganges und die erzählerisch ausgedrückte materielle Greifbarkeit des Arbeitsprozesses. Der Leser soll wissen, wie sorgfältig Adomnan bei der Aufzeichnung und Auswahl des Stoffes vorgegangen ist. Die *figuratio* des Grabeskirchenkomplexes habe ihm Arculf persönlich auf eine Wachstafel gezeichnet.[184] Dadurch, dass der Augenzeuge Arculf selbst die Zeichnungen angefertigt haben soll, wird ein unmittelbarer Zugang zum Ort selbst suggeriert, der in der Folge durch die Zeichnungen auf dem Pergament erzeugt wird. So macht Adomnan nicht nur den Entstehungsprozess seines Buches,[185] sondern den Ort selbst materiell erfahrbar auf dem Pergament.

---

182 *Pictura* (z. B. 1,23,19), *figura* (z. B. 1,2,14), *formula* (z. B. 1,18,1), *figuratio* (z. B. 1,2,14).
183 Definiert als kognitive Darstellungen, nach BOGEN und THÜRLEMANN (2003) 2 als „kommunikative Instrumente mit nicht ersetzbaren Leistungsmerkmalen", vgl. auch WEIGEL (2015) 163 ff. Zu einer kunsthistorischen Darstellung verschiedener Definitionen vgl. SCHMIDT-BURKHARDT (2014) 44 f. Zum „diagrammatic turn" vgl. BOGEN und THÜRLEMANN (2003) 3. Vgl. zu Diagrammen in mittelalterlichen Texten den Sammelband LUTZ (2014), LIESS (2012) und MEIER (2003a).
184 Adomnan betont auch in der kurzen Einleitung, er habe bei dem Diktat Arculfs zunächst auf Tafeln (*in tabulis*) geschrieben und den Text schließlich auf Pergament (*in membranis*) übertragen. Vgl. das Zitat auf S. 131 f.
185 Auch über die Stoffauswahl wird der Leser informiert: was man über die Lage Jerusalems in anderen Schriften erfährt (1,1,1) sowie Jerusalemer Gebäude, bei denen es sich nicht um heilige Orte handelt (1,2,2), lässt der Autor nach eigener Aussage weg. An einigen Stellen nennt Adomnan seine Quellen explizit und weist darauf hin, dass er Arculfs *experimenta* mit anderen Quellen verglichen habe und diese übereinstimmten. Ohne genaue Angabe der anderen Quelle(n) 1,23,9 und 2,30,21; mit der Angabe Hieronymus 2,29,4.

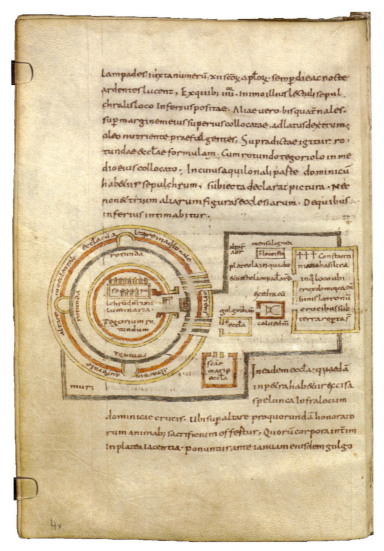

ABB. 2   Adomnan, *De locis sanctis*, *figuratio* des Grabeskirchenkomplexes, Wien, ÖNB lat. 458, fol. 4ᵛ

Nach einer ausführlichen architektonischen Beschreibung der Anastasisrotunde ist die erste Zeichnung eingefügt. *Supradictae igitur rotundae eclesiae formulam cum rotundo tegoriolo in eius medio collocato, in cuius aquilonali parte Dominicum habetur sepulcrum, subiecta declarat pictura, nec non et trium aliarum figuras eclesiarum, de quibus inferius intimabitur. Has itaque quaternalium figuras eclesiarum iuxta exemplar quod mihi, ut superius dictum est, sanctus*

IMAGINIERUNG DER PILGERREISE

*Arculfus in paginola figuravit cerata depinximus, non quod possit earum simili-
tudo formari in pictura sed ut Dominicum monumentum licet tali vili figuratione
in medietate rotundae eclesiae constitutum monstretur aut quae huic propior
eclesia vel quae eminus posita declaretur* (1,2,14 f.). Es geht um die vier Kirchen
des Grabeskirchenkomplexes, die in der *figuratio* dargestellt werden: neben
der Anastasisrotunde, die Kirche der heiligen Maria (im Text Kapitel 1,4), die
Calvarienkirche um den Felsen Golgotha (1,5) und die Martyriumsbasilika (1,6).
Die Funktion der *figuratio* ist es nach diesen Worten, die Position der vier
Kirchen zueinander darzulegen („oder damit deutlich wird, welche Kirchen
diesem – dem Grab des Herrn – näher oder ferner gelegen sind").[186] Die Textpassage zeigt, dass es sich bei der *figuratio* nicht um einen genauen Grundrissplan[187] handeln soll, sondern vielmehr um eine schematische Darstellung des
gesamten Komplexes, authentifiziert durch die Figur Arculf. Dafür sprechen
auch die Unterschiede im Detail, welche die Zeichnungen in den einzelnen
Handschriften aufweisen.[188] Wichtig ist nicht die Ähnlichkeit, *similitudo*, wie
im Text betont wird. Deutlich ist angegeben, dass es nicht darum geht, das
Gebäude in Ähnlichkeit zu dem realen Gebäude abzubilden. Es handelt sich
demnach nicht um einen Grundrissplan – dass trotzdem Ähnlichkeiten zu
anderen Architekturzeichnungen bestehen,[189] soll damit nicht bestritten werden.

Die Zeichnung soll dem Leser zur Orientierung dienen. Darauf verweist der
deiktische Ausdruck *monstretur*. Die *figuratio* des Komplexes im Pariser Codex
lat. 13048 aus dem 9. Jahrhundert zeigt die Anordnung der im Text beschriebenen Orte und Kirchen.[190] In der Mitte der Anastasisrotunde sieht man das
sepulchrum domini. Außerdem sind drei Altäre dargestellt[191] sowie die im Text
beschriebenen vier Ein- und Ausgänge. Rechts neben der Anastasisrotunde

---

186   Die Textstelle wird in der Forschungsliteratur als Belegstelle für die Funktion aller Zeich-
      nungen verwendet. Es ist wichtig, nicht die genannten vier Kirchen der Grabeskirche
      mit den Kirchen aller vier Zeichnungen zu verwechseln wie bei ARNULF (2004) 153 oder
      GNAEGI (2004/05) 38, der übersetzt: „welche Kirchen dieser (Darstellung) näher oder fer-
      ner lägen." *Huic* bezieht sich jedoch auf *Dominicum monumentum*.
187   Vgl. zur Diskussion um die Zeichnungen als Grundrisspläne O'LOUGHLIN (2012) 14 f. und
      GNAEGI (2004/05) 32. Bei KRÜGER (2000) 188 oder DONNER (2002) 318 werden die Zeich-
      nungen aufgefasst als Grundrisspläne oder Grundrisszeichnungen. Vgl. zu Bauzeichnun-
      gen und Grundrissplänen z. B. HEISEL (1993), BISCHOFF (1981).
188   Z. B. die Höhe oder Breite, s. dazu auch GNAEGI (2004/05) 40. Vgl. die Abbildungen bei
      WILKINSON (2002) 375–382.
189   Vgl. HEISEL (1993). KRÜGER (2000) 188 oder BINDING (2010) und zum St. Galler Kloster-
      plan GNAEGI (2004/05) 40.
190   Vgl. O'LOUGHLIN (2012) 22 ff., der Text und Bild vergleicht.
191   Dazu ausführlich O'LOUGHLIN (2012) 25.

sind die genannten drei Kirchen zu sehen: *sanctae mariae ecclesia, golgothana ecclesia* (mit Kreuz) und die Konstantinsbasilika (*Constantiniana basilica, hoc est martyrium*).[192] Im Raum zwischen der Anastasis und dem Martyrium (*plateola in qua die et nocte lampades ardent*) sind zwei Orte besonders gekennzeichnet: das Abrahamsgrab (*mensa lignea in loco altaris abraham*) und eine Exedra mit dem Kelch des Herrn.

Ereignisse aus verschiedenen Zeiten werden zueinander in Verbindung gesetzt: die biblische Zeit mit der Zeit des Alten Testaments und des Neues Testaments sowie die historische Zeit mit der Kreuzesauffindung (durch das Martyrium).[193]

Die in der *figuratio* gezeigten Orte, Kirchen bzw. Gegenstände werden im Text ausführlich in aufeinanderfolgenden Kapiteln beschrieben. Auf die Lage der Kirchen zueinander, die auf Basis der *figuratio* visualisiert werden kann, wird im Text jeweils nur kurz verwiesen. Die Zeichnung, die sich jeweils auf die Überschriften der Kapitel bezieht, kann zur Memorierung des erworbenen Wissens dienen.

Die Kreisform der Anastasisrotunde ist im Zusammenhang mit memorativen Diagrammen zu sehen.[194] Dieser Zusammenhang wird in der Rezeption in den Beda-Handschriften offensichtlich. In den Abbildungen der Beda-Handschriften zeigt sich eine deutliche Vereinfachung oder sogar Abstrahierung. Die Kreise sind geschlossen, es wird nur die Grundfläche ohne genaue Zugänge gezeigt.

Der Text Bedas über den Komplex ist gegenüber Adomnan deutlich gerafft. Am Ende der Beschreibung führt Beda die Zeichnung mit den Worten ein: *Sed singula, quae dixi, ut manifestius agnosceres, etiam prae oculis depingere curavi* (2,2,46 f.). Die Funktion der *figurationes* in Bedas Text ähnelt der in Adomnans Text. Dort soll konkret die Lage der einzelnen Kirchen dargestellt werden, hier soll die Zeichnung allgemein das im Text Gesagte noch verdeutlichen. Der Leser wird direkt angesprochen mit *ut manifestius agnosceres*.

Die Einfügung der Diagramme gegen Ende der Ausführungen über den Komplex sind Beleg für eine rekapitulativ-memorierende Funktion der *figurationes*. Gerade für die Zeichnungen des ersten Buches könnte eine zusätzliche Funktion in der Textstrukturierung liegen. Auf diese Weise ist die wichtigste Stelle über den Grabeskirchenkomplex leicht auffindbar. Es ist auffällig, dass die Codices, die Bilder enthalten, sehr deutlich strukturiert sind: Sie enthalten

---

192   Dieser Text steht rechts über der die Kirche begrenzenden Linie, – unterhalb der Linie: *in quo loco crux dominica cum binis latronum crucibus sub terra reperta est* sowie drei Kreuze.

193   Vgl. zur charakteristischen Zeitstruktur von Pilgertexten S. 58 f.

194   Vgl. zur Kreisform in der mittelalterlichen Mnemotechnik GORMANS (1999) bes. 92 ff.

IMAGINIERUNG DER PILGERREISE

ein Kapitelregister, in margine Kapitelzahlen (vgl. Abb. 1) und eine übersichtliche Anlage durch Initialen.

Figuratio 2: Basilika auf dem Berg Sion

Die *figuratio* der Basilika auf dem Berg Sion ist Teil des sehr kurzen Kapitels 18 mit der Überschrift „*De forma grandis basilicae in monte Sion fabricatae et de ipsius montis situ*". Die Zeichnung wird mit folgenden Worten eingeführt: *cuius* (i.e. *basilicae*) *sic discribitur formula* – „Ihre Zeichnung wird folgendermaßen beschrieben" (1,18,1):[195] An dieser Stelle befindet sich in den Handschriften die *figuratio* (vgl. Abb. 1 nach der Handschrift Wien, ÖNB, lat. 458).

Der Text schließt an mit den Worten: *Hic petra monstratur super quam Stefanus lapidatus extra ciuitatem obdormivit; extra hanc supra descriptam grandem basilicam, quae intrinsecus talia sancta conplectitur loca, alia memorabilis exstat ad occidentalem partem petra, super quam, ut fertur, flagellatus est Dominus* (1,18,2). Die *figuratio* beschreibt die Orte innerhalb der Kirche und teils außerhalb (in der Handschrift ÖNB Wien, lat. 458), der Text nur die Orte außerhalb. So enthält die *figuratio* die Informationen, die im Text nicht wiedergegeben werden.

Die vier beschriebenen Orte sind folgende:[196] *locus hic cenae domini* (oben links), *hic spiritus sanctus super apostolos descendit* (oben rechts), *hic sancta Maria obiit* (rechts unten), *hic columna marmorea stat, cui dominus adherens flagellatus est* (in der Mitte). Durch die Bezeichnung der Orte mit *hic* wird Unmittelbarkeit hergestellt – ebenso wie durch die Formulierung im Präsens *hic columna marmorea stat*. Die genannten Ereignisse sind eine interessante Zusammenstellung. Durch ihre räumliche Nähe werden – wie schon in der Zeichnung der Grabeskirche Ereignisse aus dem Alten und Neuen Testament – unterschiedliche biblische oder bibelnahe Ereignisse in einen neuen topographischen Zusammenhang gebracht, die auch im Rahmen der Rememorierung neue Bezüge herstellt. Doch was zunächst wie eine Schichtung verschiedener Zeitstufen erscheint, unterscheidet sich im Rahmen der „reliquiären Logik"[197] nicht. Die Unterschiede der zeitlichen Entfernung haben keine Bedeutung. Wie die ortsbezeichnende Formulierung *hic* zeigt, ist jedes Ereignis an dieser Stelle präsent. Der Ort oder die Säule fungieren als Berührungsreliquien.

---

195   In der Edition von Bieler steht der Text ohne Lücke oder Hinweis auf die Zeichnung. Der Doppelpunkt bezieht sich so auf den folgenden Text und nicht auf die Zeichnung. Zum Problem der Zeichnungen in den Editionen GORMAN (2006).

196   Vgl. dazu O'LOUGHLIN (2012) 33.

197   Vgl. KOCH und SCHLIE (2016) 10. Vgl. zu Reliquien S. 119 f.

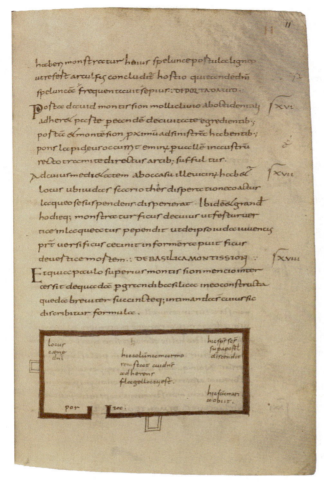

ABB. 3　　Adomnan, *De locis sanctis*, *figuratio* der Basilika auf dem Berg Sion, Paris, BnF lat. 13048, fol. 11ʳ

Wie der Vergleich mit dem Text zeigt, sind die innerhalb der Zeichnung der Kirche beschriebenen Orte im Text nicht nochmals aufgeführt. Offensichtlich sind die Legenden der Zeichnung ausführlich genug, sodass die Inhalte nicht im Text wiederholt werden müssen.[198] Dafür spricht auch die Weiterführung des Textes mit „hic" – *hic petra monstratur*. Dieser Stein des Stephanus wird nicht in

---

198　O'Loughlin (2012) 33 stellt die Frage, warum die wichtigen Orte im Text verschwiegen werden. Diese Haltung setzt eine Vorrangstellung des Textes gegenüber der Zeichnung voraus, von der nicht grundsätzlich auszugehen ist.

IMAGINIERUNG DER PILGERREISE

der Zeichnung, sondern nur im Text genannt. Das ist konsequent, da im Text die Orte außerhalb der Kirche genannt werden.[199] In der Überlieferung der Zeichnung finden sich jedoch zum Teil auch Legenden außerhalb des gezeichneten Bereichs der Kirche. Das Rechteck, das an der unteren Seite zu sehen ist, stellt wohl diesen Stein dar. Das auf der linken Seite stellt einen Stein dar, an dem der Herr gegeißelt wurde. Dieses Rechteck ist in manchen Handschriften mit einer Legende versehen. In einer der Beda-Handschriften (Namur, Seminaire 37) steht nach der Edition von Frapoint (S. 258) an der Unterseite der Kirche die Legende: *petra marmorea supra quam protomartyr Stephanus lapidatur*. Bei der zweiten *figuratio* unterscheidet sich das Verhältnis von Bild und Text bei beiden Autoren erheblich. Beda integriert alle in der Zeichnung erwähnten Orte in den Text und nennt sie nochmals, allerdings ohne zusätzliche Informationen.[200] Das Diagramm zeigt an, wo die jeweiligen Orte innerhalb der Kirche räumlich zu verorten sind.

Anders als bei der ersten *figuratio* verwendet Adomnan das Wort *discribere* im Zusammenhang mit der Zeichnung. Im zweiten Satz nach der Zeichnung wird das Wort wiederholt: Die oben beschriebene (*discriptam*) große Basilika wird genannt. Die Beschreibung der Basilika und ihrer heiligen Orte (es wird auf *talia sancta loca* verwiesen) wird – wie diese Belege zeigen – nicht vom Text, sondern von der Zeichnung geleistet. Die bildliche Beschreibung besteht nicht aus einer architektonischen Darstellung, sondern aus der Nennung der Ereignisse, die dort stattgefunden haben sollen. Die Zeichnung besitzt keinen grundsätzlich anderen Charakter als die des Grabeskirchenkomplexes, denn es wird auch die Lage der nahe zusammenliegenden heiligen Orte zueinander dargestellt. Dem *hic* wird in der Zeichnung sozusagen ein Ort an die Seite gestellt. Gleichwohl visualisiert die *figuratio* nicht das im Text Dargestellte, sondern ist eine eigenständige Darstellungsform.[201]

Figuratio 3: Himmelfahrtskirche
In dem Kapitel, das die Himmelfahrtskirche beschreibt, ist dem Text am Ende des Kapitels (in 23,19) eine Zeichnung beigegeben. Die Kirche und ihr Standort

---

199 Vgl. O'LOUGHLIN (2012) 33, der sich fragt, warum in der *figuratio* nicht der Stein des Stephanus bezeichnet wird.

200 *In suprema montis Sion planitie monachorum cellulae frequentes ecclesiam magnam circumdant illic, ut perhibent, ab apostolis fundatam, eo quod ibi spiritum sanctum acceperint ibique sancta Maria obierit, in qua etiam locus cenae Domini uenerabilis ostenditur. Sed et columna marmorea in medio stat ecclesiae, cui adhaerens Dominus flagellatus est. Huius ergo ecclesiae talis dicitur esse figura.* Beda, *De locis sanctis* 2,5,68–74.

201 Ähnlich O'LOUGHLIN (2012) 33.

ABB. 4 Adomnan, *De locis sanctis*, *figuratio* der Himmelfahrtskirche, Wien, ÖNB, lat. 458, fol. 11ᵛ

wird im vorausgehenden Text geschildert: *In toto monte Oliveti nullus alius locus altior esse videtur illo de quo Dominus ad caelos ascendisse traditur, ubi grandis eclesia stat rotunda, ternas per circuitum cameratas habens porticos desuper tectas. Cuius videlicet rotundae eclesiae interior domus sine tecto et sine camera ad coelum sub aere nudo aperta patet; in cuius orientali parte altare sub angusto protectum tecto constructum exstat* (23,1–2). Weiter wird erklärt, dass in der Mitte

IMAGINIERUNG DER PILGERREISE 145

der Kirche die Fußspuren[202] des Herrn zu sehen sind. Um diese Fußspuren herum ist ein großes bronzenes Rad (*aerea rota*) angebracht, in dessen Mitte sich ein Loch befindet, durch das man die Fußspuren betrachten kann (23,3–4).

In der Zeichnung werden die Form (*figura*) der Rotundenkirche und die Gestalt des in ihrer Mitte angebrachten bronzenen Rades gezeigt (*demonstratur*). Die Zeichnung hat also die Funktion, die im Text beschriebene Form der Kirche zu visualisieren. Diese Orientierungsfunktion führt auch dazu, dass die heiligen Stätten besser vorstellbar werden und eine Vergegenwärtigung der Orte im Geiste erleichtert wird. Die Zeichnungen haben die Funktion einer Karte, die dem Leser über den Text hinaus Orientierung liefern. Über den Text hinaus meint, dass die Karten zusätzlich eine mnemotechnische Funktion – so auch die These von Thomas Gnaegi – haben,[203] die dem Betrachter eine imaginäre Pilgerreise ermöglichen. Diese Funktion teilen sie wahrscheinlich mit späteren Jerusalem-Karten, die als *Situs Jerusalem* bezeichnet werden.[204] Jerusalem wird als Kreis der Vollkommenheit dargestellt, auch das Kreuz (vgl. die *figuratio* des Jakobsbrunnens bei Adomnan) ist eine dominante Form auf Jerusalemkarten.[205]

Die architektonische Beschreibung ist nicht das Zentrum des Kapitels. Vielmehr wird in der Erzählung die Heiligkeit des Ortes der Himmelfahrt Christi für den Leser durch die Beschreibung der Atmosphäre des Ortes greifbar gemacht, z.B. durch die Beleuchtung.[206] So bezieht sich der Text auf die in der *figuratio* dargestellten Lampen. Es wird erwähnt, dass am Tag der Himmelfahrt noch unzählbare weitere (*innumerabiles aliae lampades*, 23,20) hinzukommen.

Die *figuratio* der Himmelfahrtskirche ist in den Text eingefügt, bevor das Kapitel mit dem Bild des beleuchteten Berges und der Stadt abgeschlossen wird. Sie wird mit folgenden Worten eingeführt (1,23,19): „Die Form (*figura*) der Rotundenkirche wird durch das so aufgemalte, wenn auch schlichte Bild (*pictura*) erklärt (*declaratur*), und die Gestalt (*formula*) des in ihrer Mitte angebrachten bronzenen Rades nach dieser vorliegenden Schilderung gezeigt (*demonstratur*)."[207] Die Zeichnung verdeutlicht das bereits im Text Dargestellte und hat die Funktion *declarare* und *demonstrare*. Im Unterschied zur *figuratio* der Sionsbasilika handelt es sich in dieser Abbildung nicht um die Darstellung der Orte verschiedener biblischer Ereignisse.

---

202   Vgl. allgemein zu den Fußpuren Christi auf dem Ölberg WORM (2003).
203   GNAEGI (2004/05).
204   Vgl. dazu SIMEK (1992). S. auch BAUMGÄRTNER (2012a) 237 f. mit Anm. 36.
205   BAUMGÄRTNER (2012a) 237 f.
206   Vgl. S. 154 f.
207   Vgl. zur Übersetzung auch DONNER (2002) 345 f.

ABB. 5　　Beda, *De locis sanctis*, *figuratio* der Himmelfahrtskirche, Paris, BnF, lat. 2321, fol. 139^v

Die Ähnlichkeit der *figuratio* der Himmelfahrtskirche zu einer geometrischen Figur ist auffallend. In der Rezeption, in den Handschriften von Bedas *De locis sanctis* wird die Abstraktion sehr deutlich sichtbar. Im Gegensatz zu den Zeichnungen, die sich in den Adomnan-Handschriften finden, weisen die Wände keine Türöffnungen auf. Drei geschlossene Kreise umgeben die *aerea rota*, in deren Mitte die Fußspuren eingezeichnet sind. Dieses Detail wurde gegenüber der Vorlage hinzugefügt. Der Kreis als Symbol der Vollkommenheit deutet auf eine meditative Funktion der Zeichnungen. In den Beda-Handschriften wird die *figuratio* abstrahiert und zugleich aber um das zentrale Vor-Augen-Gestellte ergänzt. Der Fußabdruck Christi wird ins Zentrum der Kreise gestellt.

Figuratio 4: Die Kirche um den Jakobsbrunnen von Sichem
Auch die Kreuzform der Kirche um den Jakobsbrunnen von Sichem weist auf einen meditativen Charakter der Zeichnungen hin. Diese *figuratio* entspricht in einem Aspekt der vorausgehenden: Sie dient nicht der Lokalisierung mehrerer Heilsereignisse, sondern die Kirche und das am Brunnen verortete Heilsereignis stehen im Zentrum – wie oben der Fußabdruck Christi. Doch sie dient nicht dazu, eine Orientierung zu vermitteln.

ABB. 6 Adomnan, *De locis sanctis*, *figuratio* der Kirche über dem Jakobsbrunnen, Wien, ÖNB, lat. 458, fol. 17ᵛ

148   KAPITEL 4

Zum besseren Verständnis der Beschreibung im Text ist keine Zeichnung nötig: Die Beschreibung ist klar: *Arculfus (...) vidit constructam eclesiam quae quadrifida in iiii mundi cardines formata extenditur quasi in similitudinem crucis; cuius figura inferius discribitur* (2,21,2). Die genauere Beschreibung ist, im Gegensatz zu der Beschreibung des komplizierten Grabeskirchenkomplexes, einfach gehalten: *In cuius medietate fons Iacob, qui et puteus dici solet, ad eius iiii respiciens partes intrinsecus medius habetur* (2,21,3).

Der Text bietet die Erzählung des zum Ort gehörenden biblischen Geschehens mit einem Zitat aus Joh 4 und verknüpft auf diese Weise den Ort mit den heilsgeschichtlichen Tatsachen:[208] *puteus (...) super quem Salvator iteneris labore fatigatus cuiusdam diei hora sedebat sexta, et ad eundem puteum illa Samaritana mulier eodem meridiano tempore aquam aurire venit. De quo videlicet puteo eadem mulier inter cetera ad Dominum respondens dixit: Domine,*

---

208   Im ersten Buch zitiert Adomnan, im Vergleich zu anderen Texten über den Besuch heiliger Stätten (vgl. z. B. die *Descriptio* des Johannes von Würzburg, S. 160 f.), nur sehr wenig aus der Bibel. Im zweiten Buch wird die Heilsgeschichte zusätzlich durch Bibelzitate vergegenwärtigt, wie bei dem Beispiel des Jakobsbrunnen. Zitate und Anspielungen werden besonders in Passagen, in denen materielle Zeugen biblischen Geschehens Thema sind, gezielt eingesetzt. In 2,3 geht es um den Ort, an dem das Wasser der ersten Waschung Christi nach der Geburt ausgeschüttet und in einer Felshöhlung aufgefangen wurde. Adomnan betont, dass er diesen Ort in Erinnerung rufen will (*commemorandum estimo*, 2,3,1). Er gibt ihm die Möglichkeit, nicht nur das Wunder zu schildern, mit dem er den Bogen von der biblischen Vergangenheit in die Gegenwart spannt, sondern auch auf die allegorische Deutung von Christus als Felsen durch Paulus hinzuweisen: *quae eadem undula in primo Dominico repleta natalitio, ex eadem die ad nostra usque tempora per multos saeculorum circuitus purissima plena monstratur lympha sine ulla defectione vel diminutione, nostro Salvatore hoc miraculum a die nativitatis suae peragente, de quo Propheta canit: Qui eduxit aquam de petra* (Psal. 77). *Et apostolus Paulus: Petra autem erat Christus* (1 Kor 10). Das Wasser im Felsloch ist die materielle Bestätigung der Wahrheit der Bibelworte, für die *virtus* und die *sapientia* Gottes (2,3,4. Anspielung auf 1 Kor 1,24).
    Die Vergegenwärtigung von Ort, biblischer Bedeutung und der Materialität des Wassers wird durch visuelle und haptische Wahrnehmung erzeugt. Letzteres wird durch die Figur Arculf bewirkt: *Quam noster Arculfus propriis obtutibus inspexit, et in ea faciem lavit*. Der performative Akt der Berührung und der Bewegung generiert in der Erzählung einen Sakralraum, der sinnliche Unmittelbarkeit erzeugt (vgl. zur Generierung eines Heilsraums S. 151 f.). Dies lässt sich auch an weiteren Beispielen aus dem zweiten Buch zeigen: durch die Beschreibung, wie Arculf an der Taufstelle den Jordan durchschwimmt (2,16,2), wie der See Genezareth von Arculf zu einem großen Teil umgangen wird (*circumiit*, 2,20,1), wie Arculf das Salz des Toten Meeres, das Adomnan mit theologischen Überlegungen zu Mt 5,13 verbindet, mit drei Sinnen gekostet hat: *visu et tactu atque gustu conprobavit* (2,17,5).

IMAGINIERUNG DER PILGERREISE

neque in quo aurias habes et puteus altus est (2,21,3–4). Die Erzählung des an dem Brunnen vor sich gegangenen Heilsgeschehens generiert durch die erzählte Bewegung einen sakralen Raum (*sedebat – venit*).

Schon in der Beschreibung der Ankunft Arculfs bei der Kirche wird ein Raum bzw. Wahrnehmungsraum durch erzählte Bewegung und Wahrnehmung konstruiert (*peragrans, pervenit, vidit*). Der Verweis, dass die Samaritanerin die zitierten Worte *inter cetera* gesprochen habe, ruft das Bibelwissen des Lesers auf und führt zu einer intensiveren meditativen Versenkung, die durch die Zeichnung mit ihrer symbolischen Kreuzform unterstützt wird. Arculfs *imitatio Christi*, das Trinken aus dem Brunnen, verknüpft Vergangenheit und Gegenwart. Mit dem Abmessen der Tiefe des Brunnens durch Arculf und der Angabe des numerischen Wissens wird die heilsgeschichtliche Realität beglaubigt: *Arculfus itaque, qui de eiusdem putei bibit aqua, et de illius altitudine enarrat inquiens: Ille quem aspexi puteus altitudinis habet bis vicenas orias, hoc est xl cubitos.*[209]

Man fragt sich, warum genau diese Kirche in der 4. Zeichnung dargestellt wird. Diese Kirche wurde vermutlich wegen ihrer Kreuzform gewählt, vielleicht auch, weil sich Christus dort der Samaritanerin als Messias zu erkennen gibt. In der Rezeption wurde dieser Zeichnung weniger Bedeutung beigemessen als den drei zentralen Kirchen. In keiner Beda-Handschrift ist eine Zeichnung überliefert. Doch in der Münchner Beda-Handschrift (BSB, Clm 6389), in der nur die Zeichnung der Sionsbasilika ausgeführt ist und für alle anderen Zeichnungen Lücken gelassen wurden, ist auch für die Zeichnung der Jakobskirche eine Lücke eingeplant (fol. 11ᵛ).

Bereits in Zusammenhang mit den Zeichnungen gebracht wurde der St. Galler Klosterplan.[210] Das ist die einzige vergleichbare Zeichnung mit architektonischem Bezug. Zwischen dem Klosterplan und der Reichenauer Adomnan-Handschrift besteht eine Verbindung. Die Legenden stammen von einem Schreiber, der auch am St. Galler Klosterplan beteiligt war.[211] Allerdings ist die Funktion des Plans nicht bestimmbar. Es handelt sich nicht um einen Bauplan, vielleicht um einen Planungsentwurf oder aber – und damit wäre der St. Galler Klosterplan nahe an Adomnans *figurationes* – eine Art geistiger Übung

---

209   2,21,5. Diese Beobachtungen decken sich mit den Überlegungen von STÄHLI (2005), die in den Zeichnungen eine Beglaubigung des heilsgeschichtlichen Geschehens sieht.

210   Vgl. dazu STÄHLI (2005) 24 f., GNAEGI (2004/05) 40. Zu digitalen Präsentationen des St. Galler Klosterplans: www.stgallplan.org [aufgerufen am 1.12.2018], vgl. auch die Bibliographie dort.

211   Vgl. STÄHLI (2005) 26.

(vgl. in der Widmung: *sollerciam exercas tuam* – „du sollst deinen schöpferischen Geist üben").[212]

Vergleichen könnte man auch Kreisdiagramme aus Isidor-Handschriften. Sowohl Isidors *Etymologiae* als auch *De natura rerum* lassen sich als Quellen Adomnans nachweisen.[213] In ihrer Memorialfunktion sind die Weltkarten, die im Zusammenhang mit dem 14. Buch der *Etymologiae* entstanden, vergleichbar. Besonders die Darstellung der Himmelfahrtskirche erinnert an astronomische Diagramme, die ebenfalls im 9. Jahrhundert entstehen.[214]

Aus einem ähnlichen Umfeld stammt eine Zeichnung, die mit *Figura terre repromissionis* betitelt ist.[215] Sie ist auf die Mitte des 9. Jahrhunderts zu datieren und stammt aus einem Kommentar des Buches Josua. Sie stellt die Verteilung des Landes auf die 12 Stämme dar. Die Zeichnung steht auf der letzten Seite des Kommentars, der vor 800 in Irland geschrieben wurde (Paris, BnF, lat. 11561, fol. 43ᵛ).

Dort ist auf der linken Seite die Mittelmeerküste dargestellt, in der Mitte der Jordan sowie acht Städte, die mit Rechtecken markiert sind. Ähnlich wie in einer Tabelle sind die einzelnen Landesteile der Stämme dargestellt. Ebensowenig wie man eine Kirche nach Adomnans Grundrissen bauen kann, wäre es möglich, nach dieser „Karte" den Weg zu finden. Die diagrammatische Darstellung dient der Klärung des Textes und der Memorierung der Stämme und ihrer Gebiete mithilfe einer groben topographischen Orientierung.[216]

Bekanntlich ist es eine Strategie der antiken Mnemotechnik, das Erinnerungswürdige topographisch zu verorten. So werden Pilgertexte in der vorliegenden Untersuchung als Memorialschriften gedeutet, die biblische Ereignisse in einem topographischen Zusammenhang memorierbar machen. Die Zeichnungen in Adomnans Text bestehen aus den Formen Kreis, Rechteck und Kreuz und verorten heilige Orte und ihre Gebäude. Die Zeichnungen machen die Heilsorte greifbar. Sie authentifizieren und verifizieren biblisches Geschehen als historische Tatsache. Die *figurationes* unterstützen die Visualisierung der besuchten Orte, indem sie die einzelnen Elemente oder Orte wie auf einer Karte anordnen. In den *figurationes* bei Beda zeigt sich die Entwicklung zu einer abstrahierend-diagrammatischen Darstellung. Während in anderen Pilgertexten die heiligen Orte und ihre Lokalisierung nur mittels der Narration

---

212   Vgl. die Abbildung der Handschrift und die Transkription: www.stgallplan.org.

213   Vgl. O'LOUGHLIN (2012) 38.

214   Vgl. zu den astronomischen Diagrammen LIESS (2012) 29 f.

215   Vgl. dazu O'LOUGHLIN (2005).

216   Vgl. dazu die Diskussion von O'LOUGHLIN (2005).

vor Augen gestellt werden, leistet Adomnans Schrift (und im Anschluss auch Bedas) ein Vor-Augen-Stellen in Text und Bild. Aber wie die Überlieferung zeigt, funktioniert der Text offensichtlich auch ohne die *figurationes*. In den *figurationes* werden Form und Lage von Kirchen und Heilsorten vor Augen gestellt. Der Text vermittelt die sensorische Wahrnehmung der Orte.

4.3.4 *Die sensorische Wahrnehmung des Heilsraumes*

Adomnans Beschreibung verlebendigt und vergegenwärtigt den Besuch der Heilsorte. Durch die Strategie der Raumgenerierung mittels erzählter Bewegung und der Verknüpfung der Orte mit der Heilsgeschichte wird ein Raum des Heils generiert. Anhand von drei Beispielen (Bewegung, Licht, Duft) werde ich zeigen, wie dieser Heilsraum durch verschiedene Formen der auratischen Aufladung narrativ erzeugt wird.

In meinem ersten Beispiel wird der durchschrittene Raum zum Raum des Heils durch Auratisierung mittels der Beschreibung zentraler Christusreliquien im Grabeskirchenkomplex. Innerhalb einer eingebetteten legendarischen Erzählung wird die Bewegung des *sudarium* Christi durch den Raum geschildert. Die Beschreibung des Ortes der Himmelfahrt Christi stellt ein Beispiel für eine atmosphärische Aufladung des Raumes durch die Beleuchtung und eine wunderbare Sturmbeschreibung dar. In einem Beispiel aus dem dritten Buch, der Beschreibung der Hagia Sophia mit den Kreuzesreliquien, generiert die zentrale Erzählung über den Wohlgeruch der Reliquien einen Duftraum.

Zentral ist in diesen Textpassagen die Figur Arculf, deren sensorische Wahrnehmung vermittelt wird. Zugleich zeigen die drei Beispiele, welche zentrale Rolle der Inszenierung von Christusreliquien im Text zukommt: Kelch, Lanze, Schweißtuch sowie das Leinentuch im ersten Textbeispiel, die Fußspur im zweiten und die Kreuzesreliquien im dritten.

Kelch, Lanze, Schweißtuch sowie das Leinentuch nehmen im ersten Buch eine zentrale Position ein und sind in der Beschreibung besonders gekennzeichnet. Sie sind die Materialisierungen der Heilsgeschichte. Die Reliquien sind sichtbare und zugleich berührbare Zeugnisse der Wahrheit der Heilsgeschichte.[217] Die Narration vermittelt dem Leser diese visuellen und haptischen Eindrücke. Mittels der Figur Arculf und deren sensorischer Wahrnehmung und Bewegung wird ein imaginativer Nachvollzug stimuliert. Diese Form der Erzählung generiert Unmittelbarkeit.

Im 7. Kapitel des ersten Buches wird dem Leser der Kelch des Herrn vorgeführt. Zunächst wird der Abendmahlskelch als Berührungsreliquie in Bezie-

---

217 Vgl. zu Reliquien S. 119 f.

152   KAPITEL 4

hung zur Leidensgeschichte Christi gestellt: *calix Domini, quem a se benedictum propria manu in caena pridie quam pateretur ipse conviva apostolis tradidit convivantibus* (1,7,1) und *de hoc eodem calice, ut fertur,*[218] *Dominus post resurrectionem cum apostolis convivans bibit* (1,7,3). Der Aufruf des bekannten biblischen Wissens wird durch die sprachliche Anlehnung von 1,7,2 an Joh 19,29 unterstützt und führt zu einer Verdichtung des Heilsgeschehens um diesen Gegenstand. Um die Materialität des Kelches greifbar zu machen und dessen heilige Realität zu beurkunden, werden Maß und Aussehen des Kelches beschrieben, in dem der Schwamm, aus dem der Herr Essig trank, aufbewahrt wird. *Quem sanctus Arculfus vidit, et per illius scrinioli, ubi reconditus habetur operculi foramen pertusi manu tetigit propria osculatus* (1,7,3). Nach der Beschreibung des Aufbewahrungsortes folgt die Berührung mit der Hand und die intensivere Berührung mit dem Mund. Mit der Berührung der Reliquie nimmt Arculf Anteil an der *virtus* Christi, von der die Reliquie durchdrungen ist. Zugleich drückt sich in den Worten der performative Akt der *imitatio* Christi aus: Wie Christus mit seiner Hand den Kelch berührte (*propria manu*, 1), so berührt Arculf diesen (*manu propria*, 3). Auch in der Berührung mit dem Mund (Christus: *bibit*, Arculf: *osculatus*, 3) ahmt Arculf Christus nach. Arculfs Begegnung mit dem Kelch wird als performativer Akt geschildert – mit dem Leser als Teilhaber. Die Wirkkraft des Kelches wird schließlich übersteigert durch eine Allformel, die das Erleben der Einzelperson Arculfs in der narrativen Vermittlung auf ein größeres Publikum ausweitet und so zu einer Öffnung des Textes führt: Nicht nur Arculf verehrt diesen Kelch, sondern das ganze Volk: *quem videlicet calicem universus civitatis populus cum ingenti veneratione frequentat* (1,7,3). Diese Beschreibung ist deswegen auffallend, weil sie in den folgenden Kapiteln zu den Christusreliquien in jeweils ähnlicher Form wieder aufgegriffen wird.[219] Dem individuellen Erlebnis Arculfs wird eine Gemeinschaftserfahrung des gesamten Volkes hinzugefügt, die – jeweils als Dauerzustand inszeniert – im Präsens dargestellt ist.

Das *sudarium* des Herrn (1,9), erwähnt z. B. in Joh 20,7, wird ausführlich behandelt und in eine legendarische Erzählung eingebettet, die dadurch ge-

---

218   Auf welche Stelle Adomnan anspielt, ist unklar, vgl. O'Loughlin (2004) 34, Anm. 51.

219   Die Lanze des Herrn (1,8), die nur in einigen Zeilen behandelt wird, betrachte Arculf und von ganz Jerusalem werde sie geküsst und verehrt: *Idem Arculfus nihilominus et illam conspexit lanceam militis, qua latus Domini in cruce pendentis ipse percusserat. (...) quam similiter tota Hierosolymitana frequentans osculatur et veneratur civitas.* Ähnlich heißt es in 1,10 über ein heiliges Leinentuch: *Aliud quoque linteum maius Arculfus in eadem Hierosolymitana civitate vidit, quod, ut fertur, sancta Maria contexuit, et ob id magna reverentia in ecclesia habitum totus veneratur populus.*

IMAGINIERUNG DER PILGERREISE

rechtfertigt wird, dass Arculf die Geschichte in Jerusalem gehört habe.[220] Arculf betrachtet das Schweißtuch mit eigenen Augen (*propriis conspexit obtutibus*, 1,9,1). Bei einer anderen Gelegenheit, so heißt es am Ende des Kapitels, habe er es nochmals genauer ansehen und berühren können: *Quod noster frater Arculfus alia die de scrinio elevatum vidit, et inter populi multitudinem illud osculantis et ipse osculatus est in ecclesiae conventu, mensuram longitudinis quasi octonos habens pedes* (1,9,16). Mit diesem einen Satz wird die Materialität des Tuchs im Raum vergegenwärtigt. Das Tuch wird aus dem Schrein herausgenommen und während des Gottesdienstes – nicht nur von Arculf selbst, sondern auch von der Volksmenge – geküsst. Auch die *mensura* kann bei dieser Gelegenheit genommen werden: ungefähr acht Fuß.[221]

Am Schluss der legendarischen Erzählung um das Schweißtuch, deren Wahrheit wieder durch eine Allformel bestätt wird,[222] wird die Öffnung des Himmelsraums greifbar: Nachdem das Leinentuch in die Hände ungläubiger Juden geraten war, wollen die gläubigen Juden dieses um jeden Preis für sich gewinnen (1,9,9 f.). Ein Sarazenenkönig wird schließlich zum Richter bestimmt. Der „Auftritt" des Leinentuches ist durch Bewegung durch den Raum ausgezeichnet (1,9,11 f.): ‚*Sacrum quod habetis linteolum date in mea manu.'* Qui regis verbo obtemperantes, illud de scrinio proferentes, regnatoris in sinum deponunt; quod cum magna reverentia suscipiens rex in platea coram omni populo rogum fieri iussit.* Das Tuch wird aus dem Schrein genommen und in den Schoß des Richters gelegt. Die Feuerprobe soll die Echtheit des Tuches beweisen. Der Richter erhebt sich (*surgens*) und bewegt sich auf den Scheiterhaufen zu (*ad ipsum accendens rogum*, 1,9,12). Und in der Tat (1,9,14 f.): *sacrum Domini sudarium proiecit in flammas quod nullo modo ignis tangere potuit, sed integrum et incolume de rogo surgens, quasi avis expansis alis coepit in sublimae volare et utrasque desidentes contra se populi partes et quasi in procinctu belli consertas sedentes acies de summis prospiciens duas in vacuo aere per aliquorum intervallum momentorum circumvolans, proinde paulatim discendens Deo gubernante ad partem Christianorum interim Christum iudicem exorantium declinans, in eorum consedit sinu.* Das Leichentuch wird lebendig (*volare, prospiciens*), bewegt sich nach oben (*surgens*) und flattert wie ein Vogel (*quasi avis*) durch die Luft. Nach längerem Fliegen durch die Luft steigt es vom Himmel herab und senkt sich (aus dem Schoß des Richters) den Christen in den Schoß.

---

220 Vgl. dazu die Einführung der Legenden im dritten Buch, wo es auch jeweils heißt Arculf habe die Erzählung in Konstantinopel gehört.

221 Vgl. zur *mensura* S. 211 f.

222 *Hanc quam nunc craxamus narrationem, quam totus Hierosolymitanus veram esse protestatur populus* (1,9,1).

154 KAPITEL 4

Die Christen strecken zunächst die Arme nach oben zum Himmel und beugen schließlich die Knie vor dem Tuch (1,9,15): *qui Deo gratias levatis ad caelum manibus agentes cum ingenti laetatione ingeniculantes sudarium Domini magna cum honorificentia suscipiunt ad se de caelo venerabile emisum donum ymnificasque laudes Christo eius donatori refferunt et in scrinio eclesiae in alio involutum linteamine condunt.* Die Sakralität des Tuches wird durch diese Legende, nach der es tatsächlich vom Himmel geschickt wurde, erzeugt. Durch die Bewegung nach oben und das Fliegen durch die Luft wird der Himmelsraum in die Erzählung mit einbezogen. In der Legende wird der Aufbewahrungsort des Tuches, der Schrein, mehrfach erwähnt. Dieser Gegenstand, der Schrein, verknüpft schließlich Legende und Realität, Vergangenheit und Gegenwart. In der legendarischen Erzählung wird das heilige Tuch im Schrein der Kirche verstaut (1,9,15), und aus eben diesem Schrein soll es für Arculfs Betrachtung – so will es Adomnans Erzählung – herausgenommen worden sein (1,9,16).

In der Erzählung wird die Heiligkeit des Ortes der Himmelfahrt Christi[223] auf besondere Weise für den Leser greifbar gemacht. Zu Beginn des Kapitels wird die Blickrichtung nach oben gelenkt: Kein Ort ist höher als der der Himmelfahrt (1,23,1), das innere Kirchengebäude besitzt kein Dach; es ist zum Himmel geöffnet (*ad caelum ... aperta* 1, 23,2). Begründet wird dies damit, dass die Betenden an der Stelle der Himmelfahrt Christi immer einen freien Blick in den Himmel haben sollen (*via semper aperta et ad ethera caelorum directa oculis in eodem loco exorantium pateat* 1,23,3). Die Beschreibung verdeutlicht, dass an diesem Ort eine direkte Verbindung zum Himmel besteht. Mit der Beschreibung der Fußspuren wird die Blickrichtung wieder nach unten gelenkt.

Die Fußspuren sind auf wunderbare Weise – so Adomnan nach Sulpicius Severus[224] – im Staub immer zu sehen, obwohl die Pilger täglich Staub (der als Berührungsreliquie verehrt wird) mitnehmen: *Quin etiam calcati Deo pulveris adeo perenne est documentum ut vestigia cernantur inpressa, et cum cotidie confluentium fides a Domino calcata diripiat, damnum tamen arena non sentit et eandem adhuc sui speciem veluti inpraesis signata vestigiis terra custodit* (1,23,5). Ausführlich beschreibt Adomnan, wie klar und deutlich sich die Fußspuren im Staub abzeichnen (*plane et lucide inpressa in pulvere*, 1,23,7), und nochmals die Bewegung der Pilger, die mit ausgestreckten Händen durch die Öffnung in der *aerea rota* Staub entnehmen können.

---

223 Vgl. die Überlegungen zur *figuratio* der Himmelfahrtskirche S. 143 ff.

224 Die Zeilen 11–24 des Kapitel 1,23 entstammen Sulpicius Severus, *Chronica* 2,33,6–8. Vgl. auch Paulinus von Nola, *epist.* 31,4 (an Sulpicius Severus).

IMAGINIERUNG DER PILGERREISE

Auch die Atmosphäre des Ortes wird vermittelt,[225] zunächst durch die „Lichtregie".[226] Damit wechselt die Blickrichtung wieder nach oben: Tag und Nacht brennt in der Kirche eine große Lampe über der Fußspur und acht weitere Lampen in den Fenstern. Durch das Leuchten der Lampen wird nachts nicht nur der Ölberg beleuchtet, sondern auch der nahe gelegene Teil der Stadt erstrahlt in diesem Licht. Sogar derjenige, der aus dem Tal Josaphat auf den Stufen zur Stadt hinaufsteigt (... *civitatis Hierosolymae de valle Iosaphat ascensus per quosdam grados in altum sublimatus*, 1,23,12), wird auf wunderbare Weise in dunklen Nächten beleuchtet. Wer dies sieht, wird erfüllt von einem ehrfürchtigen Erschaudern (1,23,13): *Haec fulgida et praedicabilis octenalium magnarum coruscatio lucernarum de monte sancto et de loco Dominicae ascensionis noctu refulgentium maiorem, ut Arculfus refert, divini amoris alacritatem credulorum respicientium cordibus infundit quendamque pavorem mentis cum ingenti interna conpunctione incutit.*

Die Beschreibung der Strahlen des Lichtes – von der Himmelfahrtskirche bis in den näheren Teil der Stadt – spannt für den Leser einen Raum auf, der nicht nur durch die Visualität, sondern auch durch affektives Miterleben gekennzeichnet ist.

Die Lichtatmosphäre wird noch gesteigert durch die Erzählung eines Naturerlebnisses am entscheidenden Tag im Kirchenjahr aus dem Mund Arculfs: Am Tag der Himmelfahrt Christi bricht ein schreckenerregender und gewaltiger Sturmwind jedes Jahr um die Mittagszeit aus: *procella* (...) *forti impetu inruere in tantum solet, ut nullus hominum stare vel etiam sedere in illa eclesia et vicinis ei locis quoquo possit modo sed omnes tamdiu in terra prostratis vultibus superstrati iacent donec illa terribilis procella pertranseat* (1,23,15). Die Schilderung dieses gewaltigen Sturmwindes ist in direkter Rede wiedergegeben. Der Ort der Himmelfahrt ist wohl der Ort auf der Welt, an dem der Gläubige dem Himmel am nächsten sein kann. Neben dem *fascinosum*, das diese Erfahrung der Nähe zu Gott für den Menschen bringt, ist damit auch das Gefühl des *tremendum* verbunden.[227] Durch die Erzählung wird dem Leser dieses Gefühl vermittelt. Der Raum ist ein dynamisierter und atmosphärisch aufgeladener durch den Sturm; er ist „gestimmter Raum", weil sich die „konkrete sinnliche Wahrnehmung mit der emotionalen Verfasstheit und Stimmung"[228] der Figur überlagert.

---

225 Vgl. zu den zahlreichen Theorieentwürfen zur Stimmung ausführlich WELLBERY (2003) und zur Atmosphäre BÖHME (1995).

226 Vgl. auch 1,11,3.

227 Vgl. zum *Mysterium fascinosum* und *tremendum* OTTO (1917).

228 FISCHER-LICHTE und WULF (2004) 36. Zum „gestimmten Raum" vgl. SCHMITZ (1998) 63f. Schmitz' Überlegungen bauen auf BINSWANGER (1933) auf, der anknüpfend an Hei-

156   KAPITEL 4

Den Schluss des Kapitels bildet das Bild des beleuchteten Berges und der Stadt, wie es Arculf am Tag der Himmelfahrt erlebte: An diesem Tag werden zusätzlich zu den acht Lampen noch unzählige weitere Lampen hinzugefügt: *quarum (sc. lampadum) terribili et ammirabili coruscatione per vitreas finistrarum valvas habundanter effusa mons Oliveti non solum inluminari sed etiam ardere totus videtur totaque civitas inlustrari in humiliore et vicino sita loco* (1,23,20). Durch die Verwendung des Präsens wird die Erzählung anschaulich und unmittelbar.

Arculf ist nicht nur Augenzeuge, sondern überhaupt Vermittler sensorischer und affektiver Wahrnehmung. *Evidentia* in der Beschreibung wird durch die Angabe von Person, Ort und Zeit erzielt.[229] Diese Strategie führt schon nach der antiken Rhetorik zur Vergegenwärtigung des Erzählten. Mit der Angabe der drei Modi der *evidentia* leitet die Erzählung zur *figuratio*[230] über: *De hac itaque formidabili procella sanctus Arculfus taliter nobis enarravit, qui eadem hora qua in die Dominicae ascensionis ille validissimus inruit flatus et ipse presens in eadem eclesia Oliveti interfuit montis* (1,23,18).[231]

Mit der größeren Entfernung zu den heiligen Stätten des Wirkens Christi ändert sich auch Adomnans Beschreibungsstil. Das wird spürbar ab der Beschreibung von Damaskus (2,28). Nun werden plötzlich mehr Informationen über konkrete Reiserouten gegeben. Auf deiktisches Vokabular wird mehr und mehr verzichtet. Nur bei der Beschreibung der Hagia Sophia, wo wieder ein engerer Bezug auf die Heilsgeschichte besteht, denn dort sind Splitter des Kreuzes Christi vorhanden, *eclesia in qua crux domini habetur* (3,3), wird deiktisches Vokabular (*monstratur*, 3,3,2) verwendet. Mit dem auch für die heiligen Orte Palästinas verwendeten Vokabular wird bekräftigt, dass Arculf die Kreuzreliquien mit eigenen Augen gesehen habe (*ipse propriis conspexit oculis*, 3,4,1).

Die Beschreibung der Hagia Sophia ist nicht durch eine Abbildung gestützt – vielleicht weil dieser Ort im Gegensatz zum Heiligen Land nicht durch die Präsenz Christi geheiligt wurde, sondern „nur" als Aufbewahrungsort der heiligen Kreuzreliquie dient. Im Gegensatz zu Adomnans anderen Kirchenbeschreibungen ist diese deutlich reduziert. Sie weist Ähnlichkeiten zu der Beschreibung der Jerusalemer Grabeskirche auf.[232] In dieser Kirche wird in einem

---

degger den Begriff des gestimmten Raumes entwickelt. Vgl. WELLBERY (2003) 730. Für den philosophischen Hintergrund des Begriffs vgl. dort.

229 Siehe oben S. 86 f.
230 S. dazu oben S. 143 f.
231 Vgl. auch Adomnan, *De locis sanctis* 3,3,12.
232 *Rotunda mirae magnitudinis lapidea eclesia (...) ab imo fundamentorum in tribus consur-*

IMAGINIERUNG DER PILGERREISE

Schrein das heilbringende Kreuzesholz aufbewahrt: *in quo* (*sc. armario*) *illud salutare habetur reconditum crucis lignum in quo noster Salvator pro humani salute generis suspensus passus est.* (3,3,3). Die Heilskraft des Kreuzes wird in diesem Satz durch die dreifache Verwendung von *salutare, Salvator, salute* betont. Die Kirche stellt in Adomnans Erzählung die Bühne dar, auf der das Kreuzesholz und die Praktiken um das Kreuzesholz inszeniert werden. Das Kreuzesholz selbst wird nicht näher beschrieben, deutlich aber der Aufbewahrungsort, ein hölzerner Schrein mit ebenfalls hölzernem Deckel, und der Ausstellungsort, ein goldener Altar. Die Heiligkeit des Kreuzesholzes wird durch die ausführliche Beschreibung der performativen Akte bei dem Fest der Kreuzanbetung, das jährlich von Gründonnerstag bis Karsamstag stattfindet,[233] manifestiert, wobei jeweils die Ehrfurcht der Personen respektive Personengruppen betont wird: In der Reihenfolge des Ranges und des Alters darf an den drei Tagen das Kreuzesholz geküsst werden, beginnend am ersten Tag mit dem Kaiser (*inclinatu vultu*, 3,3,7) und endend am dritten Tag mit dem Klerus (*cum timore et tremore*, 3,3,9). Greifbarkeit erhält Adomnans Erzählung zunächst durch visuelle Details (wie den hölzernen Schrein oder den goldenen Altar), durch die Wiedergabe der Gefühle der beteiligten Personen und durch die Beschreibung der performativen Akte (die Bewegung der Gruppen zum Kreuzesholz[234] und die Berührung[235] desselben). Nach Visualität und Haptik spricht Adomnan den Geruchssinn an, indem er den Wohlgeruch, der vom Kreuzesholz ausgeht, beschreibt. Davon erzählt Adomnan, nachdem er das Zeremoniell der Kreuzesanbetung beschrieben hat und das Kreuzesholz eigentlich schon wieder in seinem Behälter verstaut ist (3,3,10). Der Anschluss, *sed et hoc non neglegenter intuendum* (3,3,11), ist ein Anzeichen dafür, dass er sich für das folgende wahrscheinlich auf eine andere Quelle stützt, zumal nun auch das Kreuzesholz näher betrachtet wird. Der Leser erfährt, dass es sich dabei um drei Holzstücke handelt: *sed et hoc non neglegenter intuendum quod non duo sed tria ibidem crucis habeantur brevia ligna, hoc est transversum lignum et longum incisum et in duas aequas divisum partes* (3,3,11). Wenn der Behälter geöffnet wird, steigt ein wunderbarer Wohlgeruch auf: *e quibus tripertitis honorificabilibus lignis, quando illa aperitur capsa, miri odoris flagrantia ac si omnium florum inibi collectorum mirabili plena suavitate exoritur, satians*

---

gens parietibus (3,3,1) – *valde grandis eclesia tota lapidea mira rotunditate ex omni parte conlocata, a fundamentis in tribus consurgens parietibus* (1,2,3). Vgl. DONNER (2002) 385 f. mit Anm. 193 und den Kommentar von GUAGNANO (2008) ad loc.

233 Vgl. ALFÖLDI (1934) und GUAGNANO (2008) ad loc.

234 3,3,6–9: *intrantes, accedentes, accedens, accedunt, accedunt.*

235 3,3,6–9: *osculantur, osculatur, osculatur, osculantes, osculantes.*

158   KAPITEL 4

et letificans omnes in propatulo intra illius eclesiae parietes interiores qui eodem temporis spatio intrantes stant (3,3,12). Ein in der Literatur häufig belegtes Phänomen ist der Duft der Heiligkeit, der einem Heiligengrab entströmt. Adomnan lehnt sich in seiner Formulierung an eine Passage der *Dialogorum libri* Gregors des Großen an, wo dieser den Duft, der von dem Grab des Merulus ausgeht, beschreibt: *de eodem sepulcro illius (sc. Meruli) fragrantia suavitatis emanavit, ac si illic florum omnium fuissent odoramenta congregata* (*Dialogorum liber* 4,47, PL 77, 408B). Die Vorstellung vom Geruch des Heiligen findet sich schon in 2. Kor 2,14 ff.: *Deo autem gratias qui semper triumphat nos in Christo Iesu et odorem notitiae suae manifestat per nos in omni loco quia Christi bonus odor sumus Deo in his qui salvi fiunt et in his qui pereunt aliis quidem odor mortis in mortem aliis autem odor vitae in vitam.* Horst Wenzel erläutert in dem Kapitel „Die Manifestation Gottes für die Nase – die Kirche als Duftraum" seines Buches *Hören und Sehen* die sinnliche Verankerung der Transzendenzerfahrung durch den Duft: „Wie sich die Gottheit für menschliche Augen und Ohren in Bild und Wort, in Licht und Klang offenbart, so auch der menschlichen Nase durch einen eigenen Duft der Heiligkeit. Die Spiritualisierung der sensorischen Erfahrung wird hier besonders deutlich: Der Duft der Heiligkeit ist der einer Metapher, die die Erfahrung der Transzendenz im Sinnlichen verankert."[236] Kennzeichnend für die Erzählung Adomnans ist das Verweisen darauf, dass alle, die sich zu dieser Zeit an diesem Ort aufhielten, diesen Duft wahrnehmen können. „Der Geruch der Heiligkeit macht den inneren Zusammenhang zwischen dem Glaubenszeugen und seinem Gott sinnlich wahrnehmbar."[237] Das Wunder des Wohlgeruchs wird von Adomnan sogar erklärt, es stamme nämlich von einer wohlriechenden Flüssigkeit aus den Astknoten (3,3,13). Diese Flüssigkeit besitzt wunderbare Heilungskräfte (3,13,14).

Das sinnliche Erlebnis wird von Adomnan eindrücklich erzählt. Die Figur Arculf wird dazu von Adomnan zunächst nicht verwendet. Doch dem Leser wird die Information, dass Arculf dies alles geschildert und selbst gesehen habe, zu Beginn des nächsten Kapitels nachgereicht: *Arculfus homo sanctus, qui nobis haec omnia de Dominica cruce narravit, quam ipse propriis conspexit oculis et osculatus est* (3,4,1). Während die Figur Arculf in den ersten beiden Büchern von *De locis sanctis* noch deutlich in den Text eingebunden ist, fügt sie sich im dritten Buch nicht gleichermaßen harmonisch in die Erzählung ein. Auch bei der Beschreibung der Hagia Sophia wird Arculf nur zweimal mit dem formelhaften Ausdruck *ut sanctus refert Arculfus* (3,3,1 und 3) erwähnt. Ebenso

---

236 WENZEL (1995) 106.
237 WENZEL (1995) 107.

formelhaft wirkt die gerade erwähnte nachgereichte Betonung der Augenzeugenschaft Arculfs. Im dritten Buch wird eine weitere Funktion der Figur Arculf deutlich. Sie bildet das Verbindungsglied zwischen den verschiedenen Legenden des dritten Buches. Arculf habe auch, so heißt es, die im nächsten Kapitel folgende Geschichte über den heiligen Georg gehört, die sich um eine Marmorsäule in der Stadt Diospolis dreht, an der der Märtyrer einmal gegeißelt worden sein soll. Nach der Legende seien die Hände eines Ungläubigen, der die Säule berührte, in dieser bis zu den Knöcheln stecken geblieben. Erst nach tränenreicher Buße konnte er seine Hände wieder aus der Säule herausziehen. Die Spuren der Hände sind noch heute zu sehen und Arculf hat, so heißt es im Text, seine Hände in diese Spuren hineingelegt: *Mirum dictu, usque in hodiernum diem eadem bis quinorum eius vestigia digitolorum apparent usque ad radices in marmorea insertorum columna; in quorum loco sanctus Arculfus suos denos proprios inseruit digitos similiter ad radices usque intrantes* (3,4,12). Diese *imitatio* des Büßers, die Arculf vollzieht, hat in der Forschung für Irritationen gesorgt[238] – und das zu Recht, denn Adomnan ist sonst sehr genau, wenn er angibt, wo Arculf sich aufhält oder wohin er reist. An dieser Stelle taucht Arculf sozusagen in seiner eigenen Geschichte auf. Die Geschichte über die Säule wurde Arculf in Konstantinopel erzählt (3,4,1). Die Säule befindet sich in Diospolis, wie es im Text heißt (3,4,2), und von einer Reise Arculfs nach Diospolis erfährt der Leser nichts. Verschiedene Thesen der Forschung[239] über einen möglichen Transport der Säule lassen sich durch Adomnans Text nicht belegen. Vielmehr bezeugt diese Passage, welche wichtige Rolle Arculf als Authentifizierer in Adomnans Erzählung spielt. Für die Erzählung der Legende spielt es keine Rolle, wie Arculf zur Säule kam, sondern es ist wichtig, dass er als Augenzeuge die Existenz der Säule bestätigt.

Die Zeichnungen zu Adomnans und Bedas *De locis sanctis*, die als *figurationes* bezeichnet wurden, haben eine rekapitulativ-memorierende Funktion. Sie stellen die abgeschrittenen Wege und die Lage der Heilsorte vor Augen. Die *figurationes* in Kreis- und Kreuzform haben daneben eine symbolische Funktion. Das Vor-Augen-Stellen der Heilsorte funktioniert auch ohne die *figurationes*, die in zahlreichen Handschriften nicht überliefert sind. So illustrieren die Beispiele der Erzählkunst Adomnans, wie Orte und Gegenstände des Heils mittels der Narration verlebendigt und vergegenwärtigt werden. Eine Vergegenwärtigung der heiligen Orte wird erreicht, indem ein Heilsraum narrativ

---

238 Vgl. DELIERNEUX (1997) 914 f.
239 Vgl. ebd.

160   KAPITEL 4

erzeugt wird. Ein Raum des Heils wird durch den Nachvollzug der Handlungen – der Bewegungen, der Wahrnehmung – Arculfs narrativ erzeugt, verbunden mit der Aufladung der Orte mit heilsgeschichtlichen Geschehnissen, durch die erzählte *imitatio* Christi, die religiös aufgeladene Atmosphäre und durch biblische Topoi. Greifbar wird die Heiligkeit der Orte durch die erzählte Materialität heiliger Objekte. Um Objekte und Orte narrativ vermitteln zu können, sind Figuren notwendig, die um die Objekte herumgehen oder sich im Raum bewegen, die sehen, fühlen, riechen. Diese Rolle zu übernehmen, ist eine Funktion der Figur des Augenzeugen Arculf.

4.4 Johannes von Würzburg, *Descriptio terre sancte* und Theodericus, *Libellus de locis sanctis*

Johannes von Würzburg verfasst im 12. Jahrhundert eine *Descriptio terre sancte*, die auf eine Reise nach 1149 zurückgeht.[240] Dem Text ist nur die Information zu entnehmen, dass Johannes ein Kleriker der Würzburger Kirche ist: *Iohannes, dei gratia in Wirziburgensi aecclesia* (Z. 1). Bei Johannes von Würzburg findet sich das erste überlieferte Zeugnis in einer Widmung eines lateinischsprachigen Pilgertextes dafür, dass dieser explizit nicht (nur) als Reiseführer für eine tatsächliche Reise ins Heilige Land fungieren soll, sondern an denjenigen adressiert ist, der keine Reise unternehmen kann. So steht die Frage im Zentrum, auf welche Weise eine Vergegenwärtigung der heiligen Stätten textuell erzeugt und das Heilserlebnis in der Lektüre nachvollzogen werden kann.

Wegen der zeitlichen Nähe und vor allem wegen der gemeinsamen Hauptquelle, der *Descriptio* des Fretellus,[241] wird die *Descriptio* der Johannes in einem Kapitel mit dem *Libellus de locis sanctis* des Theodericus behandelt.[242] Theodericus, der sich selbst als Mönch bezeichnet, verfasst ebenfalls im 12. Jahrhundert diese Schrift.[243] Aufgrund der Häufigkeit des Namens lässt sich wenig über seine Person sagen.

---

240 Vgl. zum Autor und den Reisedaten HUYGENS (1994) 27 f. und zum Widmungsbrief LEHMANN-BRAUNS (2010) 125 und TOUSSAINT (2008) 37 f. Edition: HUYGENS (1994), CCCM 139,79–141. Ich zitiere den Text mit Angabe der Zeile. Die *Descriptio* ist in vier Handschriften überliefert. Eine der Handschriften (T, München, BSB, Clm 19418) ist auf das 12. oder 13. Jahrhundert zu datieren. Vgl. zur Überlieferung HUYGENS (1994) 13 ff.

241 Edition: BOEREN 1980. Vgl. zu Fretellus S. 164. Ich zitiere die *Descriptio* mit Angabe des Kapitels.

242 Vgl. für eine Vorfassung dieses Kapitels FISCHER (2016).

243 Edition: HUYGENS (1994), CCCM 139,143–197. Ich zitiere den Text mit Angabe der Zeile. Der

IMAGINIERUNG DER PILGERREISE

4.4.1   Die Werke und ihre Gebrauchsfunktionen

In der Einleitung der *Descriptio terre sancte* gibt Johannes von Würzburg über die von ihm angestrebte Gebrauchsfunktion seines Textes Auskunft.

Er widmet den Text einem gewissen *socius et domesticus* Dietricus, dessen Identität nicht sicher geklärt werden kann.[244] Die Widmung ist von heilsgeladenem Vokabular geprägt.[245] So grüßt Johannes den Freund nicht nur mit dem üblichen (...) *Dietrico salutem*, sondern fügt noch hinzu: *et supernae Iherusalem, cuius participatio in idipsum, contemplationem* (Z. 2–3). Er überbringt ihm demnach *salus* und *contemplatio* des himmlischen Jerusalem, wobei er sich in der Formulierung auf Psalm 121,3 stützt.[246] Hinter diesen Worten steht die Ansicht, dass durch die Anwesenheit im irdischen Jerusalem das himmlische Jerusalem in greifbare Nähe rückt.[247]

Für den abwesenden Dietricus, so Johannes, habe er die verehrungswürdigen Orte und die dort eingeschriebenen Verse (*epygrammata sive prosaice sive metrice*, 19) aufgezeichnet. Die Wiedergabe der *epygrammata* ist eine Besonderheit des Johannes, die sich bei seinen literarischen Vorgängern nicht findet – aber ebenso im Text des Theodericus.[248]

Die Heiligkeit[249] der *loca venerabilia* beruhe auf der körperlichen Präsenz Christi an diesen Orten: *loca venerabilia, quae dominus noster, mundi salvator, una cum gloriosa genitrice sua* MARIA[250] *virgine perpetua et cum reverendo*

Text ist in zwei Handschriften aus dem 15. Jahrhundert überliefert. Vgl. zur Überlieferung HUYGENS (1994) 22 f.

244   Es wurde vermutet, dass dieser Dietricus (= Theoderich, Thierry) eben der Theodericus ist, dessen eigener Pilgertext neben Johannes von Würzburg in der Edition von HUYGENS veröffentlicht ist. Sichere Argumente dafür gibt es nicht. Zur Diskussion vgl. HUYGENS (1994) 29, der auf die Häufigkeit dieses Namens hinweist, die eine eindeutige Zuordnung erschwert.

245   Vgl. den Beginn *Iohannes, dei gratia*, der 1 Kor 15,10 aufruft: *gratia (...) dei sum id quod sum*. Vgl. HUYGENS (1994) ad loc.

246   *Ierusalem (...) cuius participatio eius in idipsum*.

247   Vgl. dazu: *considera sanctam Iherusalem, contemplare ipsam Syon, que celestem paradysum allegorice nobis figurat* aus dem Widmungsbrief der *Descriptio* des Fretellus, Kapitel 2, Ed. BOEREN (1980). Zu Fretellus vgl. S. 164 f.; vgl. allgemein AUFFAHRT (2002), 92 f. und 103 f. sowie REUDENBACH (2008) 11, Anm. 6 mit weiterer Literatur.

248   Vgl. Zeile 4. Der Grund dafür, dass die Inschriften in früheren Texten nicht erwähnt werden, ist einfach: Eine Anbringung lateinischer Inschriften wird erst seit 1099 durch die Eroberung Jerusalems möglich. Diskutiert bei SAUER (1993) 227.

249   Vgl. zur Heiligkeit der heiligen Orte REUDENBACH (2008) 10 mit weiterer Literatur.

250   Die besondere Erwähnung der Maria an dieser Stelle kennzeichnet schon die im Text auffallende Betonung auch des Wirkens Mariens an den heiligen Stätten, das in anderen Texten – auch in der Hauptquelle Fretellus – keine hervorragende Rolle spielt. Vgl. zur Entwicklung der Marienverehrung im Heiligen Land LIMOR (2014).

162   KAPITEL 4

discipulorum suorum collegio corporali sanctificavit presentia (14–17). Ähnlich
formuliert Burchardus de Monte Sion im 13. Jahrhundert, dass die *memoria* an
die Ereignisse den Orten anhafte.[251] Die Orte sind demnach gleichsam durch
die Präsenz Christi aufgeladen und die *memoria* an die heilsgeschichtlichen
Ereignisse wird dort greifbar. Der Verweis auf die Aufladung der Orte durch
Christus rechtfertigt ihre Heiligkeit. Diese Rechtfertigung hat üblicherweise
in Pilgertexten ihren Platz. Ein in ähnlicher Weise topisches Element ist die
Authentifizierung: Der Autor verweist häufig auf seine sorgfältige Arbeitsweise,
auf seine Augenzeugenschaft oder „Ohrenzeugenschaft", nämlich die authen-
tische Herkunft seiner Informationen (z. B. aus eigener Wahrnehmung oder
erfragt von anderen).[252]

Mit der Übergabe der *Descriptio*, so nennt er seinen Text (20), gibt Johannes
seinem Adressaten zwei Möglichkeiten an die Hand, wie der Text zu nutzen
sei: *Quam descriptionem tibi acceptam fore estimo, ideo scilicet, quia evidenter
singula per eam notata tibi*, (a) *quandoque divina inspiratione et tuitione huc
venienti, sponte et sine inquisitionis mora et difficultate tanquam nota tuis sese
ingerunt oculis*, (…) (20–24). Die Gebrauchsfunktion erschöpft sich nicht in der
eines Reiseführers, mit dessen Hilfe das Auffinden der Orte erleichtert werden
soll. Vielmehr soll der Leser durch den Text die Orte kennenlernen. Diese Vor-
gabe gilt für einen tatsächlich bevorstehenden Besuch, dann nämlich sollen
sich die Orte dem Leser wie schon bekannte zeigen (*tanquam nota tuis sese
ingerunt oculis*). Die Orte werden nach der Vorstellung des Autors weniger mit
dem Text in der Hand besucht, sondern die vorausgehende Lektüre des Textes
führt vorab zu einer Vergegenwärtigung der Orte.

Im Anschluss daran wird der zweite Anspruch des Textes formuliert. Johannes sieht neben einem körperlichen Besuch der heiligen Stätten auch einen
Nutzen für den Leser vor, der aus der bloßen Lektüre des Textes resultiert: (…)
vel (b), *si forte non veniendo haec intuitu non videbis corporeo, tamen ex tali noticia et contemplatione eorum ampliorem quoad sanctificationem ipsorum devo-
tionem habebis* (24–27). Die Lektüre des Textes bringt Kenntnis und Kontemplation der Orte (*noticia et contemplatio eorum*). Dadurch werde eine tiefere
Andacht über die Heiligung der Orte erreicht – trotz des defizitären Zustands,
nämlich der Nicht-Anwesenheit an den heiligen Orten.

---

251   *Descriptio terrae sanctae*, Ed. LAURENT (1865) S. 20. Vgl. S. 252 f.
252   Z. B. Johannes, *Descriptio* 34 f.: *nostra devotio iuxta situm eorum, quem coram positi videndo
        diligenter denotavimus*; Theodericus, *Libellus* 8 f.: *vel ipsi visu cognovimus vel aliorum veraci
        relatu didicimus*; Siehe dazu oben S. 40 f. Auch SAUER (1993) 215 verweist auf verschiedene
        Kategorien der Einleitungstopik.

IMAGINIERUNG DER PILGERREISE

Theodericus' Schrift stellt in dieser Hinsicht eine Weiterentwicklung dar, da die Gebrauchsfunktion in der Widmung beschränkt wird.[253] Der Text ist an die Leser, die nicht körperlich ins Heilige Land reisen können, adressiert: (...) *ut desideriis eorum, qui, cum corporali gressu illuc sequi non possunt, in declaratione eorum, que visu nequeunt attingere, vel auditu percipiant, pro posse satisfaciamus* (10–13). Im Unterschied zu Johannes wendet sich Theodericus nicht an einen einzelnen Adressaten, sondern an ein weites Publikum von Gläubigen, an die Verehrer der heiligen und unteilbaren Dreifaltigkeit und besonders die glühenden Verehrer Christi (1f.) und verfasst seinen Text, auf dass sie in diesem Leben die Leiden Christi so teilen (*passionibus Christi communicare*, 4, cf. 1 Petr 4,13), dass sie es verdienen, glücklich mit ihm gemeinsam zu herrschen (*feliciter ... conregnare*, 5, cf. 2 Tim 2,12 und Röm 8,17). Ein Nachvollzug der Leiden Christi mit dem *regnum celeste* (19) als Lohn ist das Programm der Schrift.[254]

Mit seinem Werk trägt Theodericus dazu bei, dass der Leser die Leiden Christi teilen kann. Zweck seines Textes, den er *lectio sive narratio* (14) nennt, ist ein Lernprozess, der über die *memoria* Christi (vgl. 15) zur Liebe zu Christus führen soll. In liturgischer Sprache schildert Theodericus im Widmungsbrief diesen Prozess als Kettenreaktion mit dem *regnum celeste* als Ziel. Explizit formuliert er die verschiedenen Schritte auf dem Weg zum Heil: *Hoc autem studio idcirco nos desudasse lector omnis agnoscat, ut ex hac ipsa lectione sive narratione Christum in memoria semper discat habere et eum in memoria retinens studeat amare, amando ei, qui pro se passus est, compatiatur, compatiens eius desiderio accendatur, desiderio ipsius accensus a peccatis absolvatur, a peccatis absolutus gratiam ipsius consequatur, gratiam ipsius consecutus regnum celeste adipiscatur* (13–19). Der Abschluss des Abschnittes mit „Amen" offenbart den Gebetscharakter der Einleitung.

Anders als bei Johannes ist bei Theodericus die Liebe zu Christus von dem impliziten Leser noch nicht erreicht. Das Ziel, das Theodericus mit seiner Schrift verfolgt, nämlich die Liebe zu Christus zu wecken, wird im Epilog wiederholt: (...) *sperantes lectorum vel auditorum animos in ipsius amorem per eorum que hic descripta sunt notitiam excitandos* (1630). Dieses Ziel soll durch die Kenntnis (*notitia*) dessen, was er in seiner Schrift beschreibt, erlangt werden. Die Kenntnis der heiligen Orte ist auch bei Johannes ein entscheidender Faktor (*noticia*, 25). Mittels der Narration, nicht durch einen körperlichen

---

253 Zum Widmungsbrief vgl. LEHMANN-BRAUNS (2010) 151f.; TOUSSAINT (2008) 38; Vgl. besonders die Diskussion bei SAUER (1993) 214f., die den Text als „Memorialschrift mit einer erbaulichen Funktion" (216) deutet und sich bei ihrer Argumentation ausschließlich auf die Architekturbeschreibungen stützt.

254 Vgl. zum Text als erzählte *compassio* MERTENS FLEURY (2006) 41f.

Besuch, soll der Leser demnach die heiligen Orte kennenlernen und dadurch die *memoria* Christi erreichen, die letzlich zum Heilserleben führt. Den Ausgangspunkt für das Erreichen dieser Kenntnis stellt das bereits vorhandene Bibelwissen dar, das jeder Leser mitbringt. Auf die Bibel als ständigen Referenztext verweist der Beginn der Schrift: *sicut omnibus novi ac veteris testamenti paginas legentibus liquet* (22 f.). Theodericus geht von den Erwartungen des Lesers und dessen Wissensstand aus.

Der Fokus der folgenden Untersuchung liegt auf der Frage, wie der in den Widmungsbriefen entwickelte Anspruch im Text umgesetzt wird. Beide Autoren formulieren in ihren Widmungsbriefen den Anspruch, als Begleiter für eine mentale Pilgerreise fungieren zu können. Doch anders als in dem späteren und bekannteren volkssprachlichen Text des Felix Fabri, *Die Sionpilger*, aus dem 15. Jahrhundert,[255] handelt es sich nicht um eine explizite Anleitung.

4.4.2   *Fretellus als Textvorlage*

Um die Funktionsweise der beiden Texte zu bestimmen, werde ich an einer anderen Stelle ansetzen. Der Ausgangspunkt für die Überlegungen, wie die Texte des Johannes und des Theodericus eine Vergegenwärtigung der heiligen Orte erzeugen, ist ein anderer Text: die Schrift des Fretellus über das Heilige Land, aus der Johannes ca. 45 % seines Textes übernimmt und Theodericus ca. 26 %.[256] Der Text des Fretellus ist Quelle und Kontrastfolie zugleich, weil er nicht explizit auf einen Nachvollzug im Geiste ausgelegt ist. Der Vergleich zeigt, dass zwischen den Texten trotz der Übernahmen aus Fretellus markante Unterschiede nicht nur in der Rezeptionsweise, sondern auch in der Präsentation des Textes bestehen.

Über den Autor Fretellus ist nicht viel bekannt. Nach der *communis opinio* handelt es sich bei dem Autor um Rorgo Fretellus, der im Jahr 1119 *Galilaeae cancellarius* und 1121 *capellanus Nazarenae ecclesiae* wurde.[257] Sein Text stützt sich stark auf Hieronymus' Informationen über das Heilige Land[258] und ist in mehreren Versionen überliefert.[259]

---

255   Vgl. dazu S. 216 f.

256   Huygens (1994) 19.

257   Vgl. dazu Boeren (1980) VIII. Seine biographischen Angaben in der Einleitung über Rorgo Fretellus sind mit Vorsicht zu behandeln, da er beispielsweise den Kleriker Rorgo Fretellus mit einem Laien Rorgus/Rochus von Nazareth identifiziert. Vgl. dazu Thomsen (2018) 581 ff. Hiestand (1994) 19 f. und Mayer (1982) 632.

258   Neben relevanten Briefen auch die Traktate *De nominibus Hebraicis, Liber de situ et nominibus*. Vgl. Boeren (1980) XXII f.

259   Eine Version aus dem Jahr 1137 ist Henri Sdyck, dem Bischof von Olmütz, gewidmet. Die zweite ist an Rodrigo von Toledo gerichtet und kann auf das gleiche Jahr datiert werden.

IMAGINIERUNG DER PILGERREISE

Der Entstehungsort von Fretellus' *Descriptio* ist außergewöhnlich. Der Text ist nicht von einem Pilger verfasst, der wieder nach Hause zurückgekehrt ist. Fretellus befindet sich im Heiligen Land. Daraus erklärt sich auch die Form des Textes, der weniger als Pilgerführer denn als eine Informationsschrift über die Topographie des Heiligen Landes gestaltet ist: „Le petit livre de Fretellus n'est pas une relation de pèlerinage, mais un traité de topographie sacrée."[260]

Eine Funktion des Textes ist das Bereitstellen von Heilswissen, also des Wissens über Lage, den genauen Namen sowie teilweise das Aussehen der Orte biblischen Geschehens. Zentral dabei ist der genaue Verweis auf das jeweilige Ereignis. Die Funktion als Wissensspeicher[261] zeigt sich zum Beispiel in dem Anliegen des Autors, Namen zu erklären wie die Wortzusammensetzung „Meddan" aus Komponenten mit der Bedeutung ‚Wasser' und ‚Fluss': *Meddan componitur ex Med et Dan. Med sarracene: aqua, dan: fluvius* (c. 33). Davon zeugt auch die Wiedergabe der Geschichte des Tempels (c. 51 f.) sowie die zahlreichen Namensinterpretationen, die sich an Hieronymus' *Liber interpretationis hebraicorum nominum* orientieren und ohne weitere Erläuterungen im Text eingeschoben werden, z. B. *Vallis Iosaphat: vallis iudicii. Jherusalem: visio pacis. Syon: speculum vel speculatio* (c. 59).[262]

Seine Funktion als Informationsschrift erfüllt der Text durch die Lokalisierung der heiligen Orte. Die verschiedenen Orte, an denen sich biblisches Geschehen zutrug, werden aneinandergereiht. In stakkatoartigem Stil wird biblisches Ereignis an biblisches Ereignis gereiht wie in c. 9: *Iuxta Hebron – In Hebron – In Hebron – In Hebron regnavit David septem annis et dimidio.* Der Ort wird durch die Verbindung mit dem biblischen Geschehen als heiliger Ort markiert: z. B. bei der Beschreibung der Gegend von Damaskus: *Secundo milario a Damasco locus in quo Saulo Christus apparuit dicens: Saule Saule quid me persequeris?* (c. 28). Oft wird ein Bibelzitat hinzugefügt (hier: Apg 9,4). Durch die Verbindung von Bibelstelle und materiellem Heilsort wird das biblische

---

Vgl. HIESTAND (1994) 26 f. Eine dritte Fassung, die mit der Fassung „Rodrigo" weitgehend übereinstimmt, wurde von Kardinal Nicolas Roselli um 1356 in eine Sammlung für die römische Kurie übernommen. Vgl. zur Überlieferung THOMSEN (2018) 581 ff., GIESE (2011) 327, BOEREN (1980) XXVII.

260   BOEREN (1980) XXII.

261   Schon das Onomastikon des Eusebius sowie die Bearbeitung durch Hieronymus im vierten Jahrhundert fassen in knapper Form das Wissen über das Heilige Land zusammen. Im Rückgriff auf diese Texte wird das Wissen in den folgenden Jahrhunderten bewahrt und erweitert, vgl. z. B. auch Bedas Schrift über das Heilige Land.

262   S. dazu Hier. *De situ et nominibus locorum Hebraeicorum* 111,16 f. und 108,25. Vgl. zu diesen im Mittelalter verbreiteten Etymologien z. B. Augustinus, *De civitate dei* 17,16 und Isidor, *Origines* 15,1,5. Vgl. die Literaturhinweise bei KUPFER (2014) 359, Anm. 15.

166   KAPITEL 4

Ereignis verifiziert. Der Text des Fretellus entfaltet eine Topographie des Heiligen Landes, indem die Orte lokalisiert und mit den entsprechenden biblischen Ereignissen belegt werden. Allerdings wird die biblische Landschaft entworfen, nicht das Heilige Land des 12. Jahrhunderts. Über das Aussehen[263] der jeweiligen Orte erfährt der Leser kaum etwas und aktuelle Bezüge werden vermieden.[264] Fretellus schreibt über die biblische Vergangenheit und filtert alle übrigen Eindrücke und Informationen aus seinem Text heraus.

Die Texte von Johannes von Würzburg und Theodericus lesen sich ganz anders, obwohl gerade Johannes viel Textmaterial von Fretellus übernimmt. Auch in dem Abschnitt über das *templum domini*, der nach einigen einführenden Überlegungen untersucht werden soll, nimmt Johannes zahlreiche Sätze des Fretellus auf, aber sie werden in einen anderen Kontext gestellt und dadurch wird eine deutlich andere Wirkung erzielt, wie die Interpretation zeigen soll.

4.4.3   *Die Struktur der Texte*

Fretellus' Text entspricht dem Wegstreckenschema, d.h. die einzelnen Wege bzw. Stationen werden in einer geographischen Reihenfolge, beginnend mit Hebron, abgehandelt. Diese Erwartung trägt Titus Tobler 1874 in seiner Edition an Johannes' Text heran und greift – seiner Ansicht nach korrigierend – in den Text ein: „Ich wagte nun, den praktischen nutzen als etwas wesentliches im auge, eine andere zusammenstellung des stoffes, welche dem leser das verständniss um vieles erleichtern wird (...) Wenn ich nun, in beabsichtigung einer besseren ordnung, nach meinem gutfinden den text aus einander und wieder zusammenlegte, so darf immerhin der leser versichert sein, dass ich am texte selbst nur sehr wenig, an gar wenigen stellen nur nothgedrungen abänderte."[265]

Der Editor Titus Tobler ist vorwiegend an Pilgerpraxis und Pilgerwegen interessiert. Er unterteilte den Text in 27 Kapitel, die er in einer für ihn nachvollziehbaren geographischen Ordnung sortierte. Die Textpassagen, in denen Johannes seine Reihenfolge der Beschreibung theologisch motiviert, entfernt er. Dabei geben gerade diese Textstellen dem Werk seinen eigenen Charakter. Die theo-

---

263   Vgl. dazu auch LEHMANN-BRAUNS (2010) 136.

264   Vgl. S. 95 f. Die Ausprägung bei Fretellus ist ungewöhnlich stark. Vgl. dazu die Überlegungen von HALBWACHS (2003) 170 f. zur Anpassung der Orte an die Glaubensvorstellung. „Die Christen außerhalb Palästinas konnten sich Jerusalem vorstellen, ohne dass die Wirklichkeit Einspruch erhoben hätte." (170).

265   So Titus Tobler in der Einleitung zu seiner Edition der *Descriptio*. TOBLER 1874, 421. Trotz der Existenz der *Editio princeps*, nachgedruckt in Migne, PL 155, 1055A–1090C, die den Text immerhin in der Reihenfolge der Handschriften wiedergab (wenn auch sonst von minderer Qualität, so HUYGENS (1994) 9), wurde Toblers Edition viel benutzt.

logische Organisation des Werkes bedingt den Beginn der Erzählung in der Stadt Nazareth, „weil unsere Erlösung durch die Menschwerdung des Herrn dort begonnen habe" (*principium huius descriptionis propter exordium nostrae redemptionis, in civitate Nazareth per incarnationem domini angelica enunciatione celebratum*, 38–40). Den Aufbau seines Textes erläutert Johannes erst weiter unten im Text in den Z. 239 f. Der Text ist nach der Reihenfolge der *septem sigilla* gegliedert, die Johannes in 249 f. aufzählt: *nativitas domini seu incarnatio, baptismus, passio, ad inferos descensio, resurrectio, ascensio, futuri iudicii representatio*. Das Motiv der sieben Siegel beschäftigt zahllose theologische Autoren, nicht nur in Kommentaren zum Buch der Apokalypse. Bis ins 12. Jahrhundert existiert keine einheitliche Deutung der sieben Siegel. Vorherrschend werden zwei Interpretationsmöglichkeiten verwendet:[266] Die sieben Siegel werden als Zeitabschnitte der Welt- oder Kirchengeschichte verstanden oder als Stationen im Leben Christi. Johannes deutet die *sigilla* als Ereignisse im Leben Christi.[267] Die Vorstellung der sieben Siegel verknüpft Johannes mit der Lehre von den Sakramenten. Ähnlich wie für den Begriff der sieben Siegel gibt es bis ins 12. Jahrhundert keine genaue Festlegung für den Sakramentsbegriff. Nach dem Verständnis von Johannes stehen *sacramenta* und *misteria* für einzelne Ereignisse der irdischen Existenz Christi.[268] Johannes selbst verweist zu den sieben Siegeln nur auf das Buch der Apokalypse: (*sigilla*), *quae septem dicuntur in numero, quibus ille liber in Apocalipsi signatus* (245 f. Vgl. Offb 13,8). Bei seiner Abhandlung der sieben Siegel setzt Johannes den Schwerpunkt deutlich auf die Passion, die er am ausführlichsten behandelt. Das siebte Siegel, die *futuri iudicii representatio* wird der Sache gemäß nicht behandelt, da „die Lösung des siebten Siegels noch erfüllt werden muss, die der Tag des jüngsten Gerichts sein wird" – *nam septimi* (sc. *sigilli*) *solutio adhuc est implenda, quae (...) erit dies iudicii*, 1264 f.

Johannes versieht seine *Descriptio* mit einem theologischen Rahmen, indem er die verschiedenen Orte anhand des Lebens- und Leidensweges Christi grup-

---

266 Wannenmacher (2005) 37 f. zu den sieben Siegeln und Sakramenten. Zu Johannes' Aufbau vgl. auch Lehmann-Brauns (2010) 126 f.

267 Es gibt keine Festlegung, welche Ereignisse unter die sieben Siegel gezählt werden – nicht einmal die Siebenzahl ist zwingend notwendig, die auch als Symbol für die Vollkommenheit des Heilswerks stehen kann. Vgl. Wannenmacher (2005) 37 f.

268 Die drei Ereignisse *incarnatio domini, nativitas domini* und *representatio domini* bezeichnet Johannes als Sakramente (239 f.). Diese drei Sakramente werden unter einem der Siegel zusammengefasst (*haec tria sub uno comprehenduntur sigillorum*, 244 f.). An anderer Stelle verwendet er *sacramentum* und *sigillum* zur Bezeichnung eines Ereignisses im Leben Christi synonym: *In loco ut diximus Calvariae tercium sacramentum est impletum et tercium sigillum clausi libri dicitur solutum fuisse* (1006 f.).

piert. Durch diese Konzeption erhält der Text vordergründig zunächst nicht die Funktion eines Reiseführers, vielmehr lässt Johannes die biblische Landschaft dem Leser als Kulisse des Lebens Jesu vor Augen treten und lädt ihn gleichzeitig zu einem geistigen Nachvollzug ein. Überdies wird die biblische Landschaft auf die gegenwärtige Topographie projiziert. Johannes kommt der Reiseführerfunktion, die er in der Einleitung mit einschließt, insofern entgegen, dass er – innerhalb des theologischen Rahmens – auch umliegende Orte während seiner Beschreibung streift, so bei dem ersten *sacramentum*, der *incarnatio*: *loca interiacentia inter ipsam* (sc. *Nazareth*) *et civitatem sanctam breviter et summatim perstringere volumus* (42–44). Dabei folgt er meist wörtlich seiner Quelle Fretellus, auch hinsichtlich der Anordnung der Orte nimmt er (im Gegensatz zu anderen Passagen) keinerlei Veränderung vor. Dem Leser öffnen sich gleichermaßen der Raum Palästinas und der Heilsraum der biblischen Landschaft. Johannes und Theodericus gehen in ihrer Darstellung weit über Fretellus' Schilderung hinaus, indem an entscheidenden Orten das aktuelle Aussehen im 12. Jahrhundert miteinbezogen und durch die Architekturbeschreibung der Kirchenbauten die Sakralisierung des Raumes gesteigert werden.

4.4.4 *Strategien der Vergegenwärtigung*

Im Medium der Narration ist eine Heilserfahrung erlebbar wie im realen Pilgerakt. Die narrative Strukturierung stimuliert den imaginativen Nachvollzug der Erfahrung eines Sakralraums, die eine Vergegenwärtigung der heiligen Stätten ermöglicht.

Verschiedene Modi sind denkbar, durch die ein Raum des Heils narrativ erzeugt wird. Der Raum Palästinas entsteht schon durch die Lokalisierung der Orte mithilfe von Entfernungsangaben. Zum Heilsraum wird dieser Landschaftsraum erst durch die Verbindung der Orte mit dem Heilsgeschehen. Dieses Vorgehen ist ein Charakteristikum der Pilgertexte, das sich schon bei Fretellus findet. Von Johannes wird es verstärkt durch die Aktualisierung seines Textes mithilfe von Architekturbeschreibungen und durch die Materialisierung mittels der Beschreibung von Inschriften und Bildern, die das Leben Jesu an Ort und Stelle dokumentieren. Eine andere Strategie, den beschriebenen Raum zu sakralisieren, ist die Wiedergabe der Liturgie, die bei Johannes ins Zentrum rückt.

Nach Nazareth und Bethlehem wendet sich Johannes Jerusalem zu, wo er den Tempel des Herrn beschreibt, den Ort der *representatio* Christi und der Beschneidung Christi (262). Johannes schildert den Tempel zunächst nicht im Zustand der Reisezeit, sondern weist im Anschluss an Fretellus (Kap. 50–54) auf dessen alttestamentliche Entstehungsgeschichte (195 f.) hin. Nach der Darlegung seiner Gliederungsprinzipien, die an dieser zentralen Stelle vor dem ersten Betreten Jerusalems platziert sind (239–264), geht er schließlich (268 f.) mit der *representatio* Christi auf die Ereignisse des neuen Testaments ein, für die dieser Tempel der Ort des Geschehens war. Als Gerüst für seine Erzählung benützt Johannes die von Fretellus gegebenen Informationen, die er mit den von ihm beobachteten Spuren des Lebens Christi anreichert. Dabei kann es sich um Spuren aus der biblischen Zeit handeln, wie einen Stein, auf dem Jesus einen Fußabdruck hinterlassen haben soll, als er aus diesem Tempel Käufer und Verkäufer hinauswarf.[269] Der Stein wird den Besuchern als *indicium* für diese Geschichte gezeigt (284). Es kann sich ebenso um Erinnerungsmarkierungen handeln wie in jüngerer Zeit angebrachte Inschriften und Bilder. Die Beschreibung des Felsendoms lässt sich in zwei Abschnitte gliedern. Der erste ist der gerade genannte und von Fretellus übernommene. Auf diesen Abschnitt folgt eine genaue architektonische Beschreibung des Tempels. Es verwundert, dass die biblischen Ereignisse zum Teil schon mit Nennung der Inschriften vorab erzählt werden, noch bevor das Aussehen des Tempels geschildert wird, der Träger der Inschriften ist. Eine Erklärung für das Auseinanderfallen der beiden Abschnitte ist die enge Orientierung an Fretellus im ersten Teil, während der zweite Teil weitgehend Johannes selbst zuzuschreiben ist. Eine weitere Erklärung lässt sich auf eine zeitliche Differenzierung stützen. Hier steht die biblische Vergangenheit im Zentrum (auf die sich auch die Inschriften beziehen), dort beruht die architektonische Beschreibung auf dem Aussehen des Tempels in Johannes' Gegenwart. Erst nachdem Johannes mithilfe der biblischen Szenen eine Sakraltopographie erzeugt hat, macht er sich an die Generierung des tatsächlichen Kirchenraumes in einer beeindruckenden Beschreibung.[270]

Einleuchtend wird die Zweiteilung schließlich mit Blick auf Johannes' Gesamtkonzept. Mit dem Ereignis der *representatio* aus dem Leben Christi setzt die Erzählung ein. Aufgrund des theologischen Aufbaus der Schrift spielen die Ereignisse aus dem Leben Jesu eine zentrale Rolle, nicht die architektonische Beschreibung des Tempels, der als Zeichen der Heiligkeit und Verehrungswürdigkeit Gottes in der Gegenwart sichtbar ist. Es wird deutlich spürbar, dass der Leser von Johannes zunächst noch nicht in das im 12. Jahrhundert sichtbare Jerusalem geführt wird, sondern auf eine Reise in die Vergangenheit des AT und des NT.

---

269 Vgl. Fretellus Kap. 55,3–4 und z. B. Mt 21,12. Vgl. die Diskussion bei LEHMANN-BRAUNS (2010) 128 zur „materiellen Evidenz" dieser Spuren.

270 ARNULF (2004) 177 f. bescheinigt Johannes von Würzburg eine außergewöhnliche Fähigkeit zur Architekturbeschreibung, die sich bis dahin in den Pilgertexten nicht findet. Vgl. dort und LEHMANN-BRAUNS (2010) 134 f. zur Beschreibung des Tempels.

Die heilsgeschichtlichen Ereignisse, die sich im Tempel ereignet haben sollen, z. B. Jesus als Lehrer der Juden oder das Opfer der armen Witwe, bringt Johannes anders als Fretellus in die für seine Darstellung chronologische Reihenfolge (bei Fretellus: 55,9 und 55,7–8). Bezieht sich Johannes auf Schriftworte, werden diese meist nur anzitiert: z. B. in 267 f. *nunc dimittis servum tuum, domine, et caetera* (Lk 2,29). Diese Vorgehensweise übernimmt er nicht von Fretellus, der seine Zitate immer ausschreibt (vgl. zu 267 f. Fretellus 55,2 f.). Mit der Technik des Anzitierens wird der Leser dazu eingeladen, die folgenden (ihm bekannten) Schriftworte zu ergänzen und im Geiste mitzusprechen. Auch die im Text in ungewöhnlicher Fülle wiedergegebenen Inschriften regen den Leser an, das zugehörige Geschehen zu imaginieren.[271]

Durch die Wiedergabe der in die heiligen Orte eingeschriebenen Worte erzeugt Johannes die Vergegenwärtigung dieser Orte. Die Inschriften markieren den Erinnerungsort. Die Inschrift stellt ein materiell greifbares Zeugnis der Wahrheit des Heilsgeschehens an diesem Ort dar.[272] Die Wiederholung der Inschrift im Text bedeutet eine weitere Manifestierung des an sich flüchtigen Ereignisses. Diese Markierung verstärkt die Beweiskraft des Ortes als Ort heiligen Geschehens und lässt den Leser den Besuch des Ortes durch die meditative Beschäftigung mit den Worten der Inschrift intensiver nacherleben.

Zum Teil handelt es sich bei den Inschriften um Bildunterschriften (*tituli*).[273] Das zugehörige Bild wird nicht beschrieben. Es wird jeweils erwähnt, dass auch eine *pictura* der Szene vorhanden ist (z. B. 290, 309, 928, 1243) oder eine *imago Christi* (z. B. 313, 348 f.). Der bloße Verweis auf die bildliche Darstellung ermöglicht dem Leser anhand des *titulus* die Vorstellung des Bildes. Bei bekannten Szenen kann der *titulus* auch eine bereits gesehene Abbildung in Erinnerung rufen.[274] Eine genauere Beschreibung eines Bildes gibt Johannes nur, wenn es sich um ein besonders eindrucksvolles Bild handelt, wie z. B. das Mosaik in der Himmelfahrtskirche (1182 f.) oder wenn die Tafel, die ein Ereignis bezeugen soll, an der falschen Stelle erinnert (295 f.), wie auf dem Bild, auf dem der schlafende Jacob gezeigt werde, der die Leiter im Traum erblickt. Diese Lokalisierung entspreche nicht der Wahrheit: Jacob habe die Leiter nach Gen 28, 11–19 an einem anderen Ort und nicht in diesem Tempel gesehen. Johannes bezieht sich auf

---

271 Vgl. dazu Sauer (1993) 228 und Lehmann-Brauns (2010) 131 zu *titulus* und Imagination des Bildes. Ein späterer Autor des 14. Jahrhunderts, der ebenfalls einen Schwerpunkt auf die Wiedergabe von Inschriften legt, ist Niccolò da Poggibonsi in seinem in italienischer Sprache verfassten Text: Ed. Bacchi della Lega (1881).

272 Diskutiert bei Lehmann-Brauns (2010) 130 f.

273 Vgl. zu den *tituli* allgemein Arnulf (1997); bei Johannes Lehmann-Brauns (2010) 131 f.

274 Diskutiert bei Sauer (1993) 227.

IMAGINIERUNG DER PILGERREISE   171

Beth-El, das an einer anderen Stelle lokalisiert wird (vgl. dazu 135 f.).[275] Nach der
rabbinischen Tradition wurde Beth-El im Felsendom lokalisiert und als Namen
für diesen verwendet: „Bei dieser Tradition handelt es sich offensichtlich um
eine dogmatische Korrektur, die davon ausgeht, dass Jahwe nur in Jerusalem
wohnt und Beth-El als das ‚Haus Gottes' folglich in Jerusalem zu lokalisieren
sei."[276] Johannes erläutert nicht, warum der Felsendom als Beth-El bezeichnet
werden könnte, sondern erklärt dies schlichtweg für falsch. Er orientiert sich
an dem Wortsinn der Bibel. Allegorische Interpretationen des Tempelgebäu-
des, die zu seiner Zeit gängig waren, finden sich nicht.[277] Ob er durch die bloße
Beschreibung des Sichtbaren dem „Vorgehen theologischer Autoren wie den
Viktorinern, die – ohne Auslegung des tieferen Sinns biblischer Gegenstände –
nur das Ausgangsmaterial der individuellen Kontemplation bereitstellen" folgt,
wie Susanne Lehmann-Brauns meint,[278] lässt sich im Text des Johannes schwer
nachweisen. Susanne Lehmann-Brauns betont die Beschreibung des Tempels
als „einen harmonischen, auf eine Mitte hin orientierten, allseitigen Baukom-
plex", was sich auch bei der „Besichtigung" im Text zeige.[279] Diese Beobachtung
trifft allerdings nur teilweise zu, da Johannes – vergleicht man seinen Text mit
dem des Theodericus – eine chaotische, sprunghafte Beschreibung des Tempels liefert.[280] Zentraler als Johannes' Architekturschilderung scheint mir die
Darstellung der Liturgie für den Text als geistige Pilgerfahrt. Die Bedeutung
der Liturgie zeigt sich darin, dass dem Text eine *Appendix Liturgica* beigegeben ist, in der der Leser zusätzliche Texte zur Liturgie erhält: z.B. zu dem
Ereignis der Darbringung Marias, zu dem Johannes eine Inschrift im Text wiedergibt: *in templo domini XI Kalendas Decembris dicitur beata virgo MARIA*[281]
*iam trium annorum oblata fuisse, ut hii versiculi docent ibidem inscripti: Virgini-
bus septem virgo comitata puellis / servitura deo fuit hic oblata triennis* (276 f.).
In eben diesem Tempel habe nämlich nicht nur die Darbringung des Herrn,

---

275   Vgl. PRINGLE (2007) 404. Zur komplizierten Lokalisierung von Beth-El KOENEN (2003)
      3 f.
276   KOENEN (2003) 7, vgl. auch 201 f.
277   Vgl. LEHMANN-BRAUNS (2010) 138 f.
278   LEHMANN-BRAUNS (2010) 141.
279   Vgl. LEHMANN-BRAUNS (2010) 136.
280   SAUER (1993) 225 fasst Johannes' Vorgehensweise treffend zusammen: „Er tendiert jedoch
      dazu, bei den Baubeschreibungen zwischen Innen- und Außenbau abrupt hin und her zu
      springen. Häufig trägt er die Ausstattungselemente gesammelt und unabhängig von der
      Architekturschilderung vor."
281   Johannes hält nicht nur die Orte aus dem Leben Christi für besonders darstellungswürdig,
      sondern auch die des Lebens Mariens. Diesen Schwerpunkt setzt Fretellus nicht. Auffal-
      lend ist die Analogisierung zum Leben Christi.

sondern auch die Darbringung der Maria stattgefunden. Die textuelle Wiedergabe der Inschriften (und Bilder) macht den Leser zum „geistigen Augenzeugen der Heilsgeschichte".[282] Dass die Inschriften eine meditative Funktion besitzen, bezeugen die Texte des liturgischen Anhangs, mithilfe derer der Leser die im Text erscheinenden Feiertage – z. B. Marias Darbringung am 21. November – geistig-performativ nachvollziehen kann (*Appendix Liturgica* 54–61). Dort gibt Johannes dem Leser das passende Gebet (*oratio*) für diesen Anlass an die Hand: *XI Kal. Decembris presentatio beatae Mariae virginis in templo. Unde et haec dicitur oratio in eodem templo: Oratio: Deus, qui hanc sanctam dei genitricem templum Spiritus sancti post triennium in templo domini pesentari voluisti, respice (...)*.

Die Liturgie stellt für Johannes ein wichtiges Vergegenwärtigungsmedium dar. Bei dem Besuch der Grabeskirche erhält die Liturgie ebenfalls einen zentralen Platz in seiner Beschreibung. An den alten Bau der Grabeskirche ist ein Kirchenteil neu angebaut, der zusammen mit der alten Kirche einen weiten Raum (*latum spacium*) für die Darstellung der Liturgie bildet: *Extra hoc altaris sanctuarium et infra claustri ambitum continetur satis latum spacium circumquaque, tam per hoc novum quam per antiquum prefati monumenti aedificium, processioni idoneum, quae et fit singulis dominicis noctibus a Pascha usque ad Adventum domini in vesperis ad sanctum sepulchrum cum antiphona Christus resurgens, cuius etiam antiphonae textus extra in extremo margine monumenti litteris in argento elevatis continetur. Finita ea antiphona per cantum cantor statim incipit:* (...) (1077 f.). In dieser Schilderung wird ein kirchlicher Sakralraum erzeugt, durch den sich die Prozession hindurchbewegt. Für den zugehörigen Gesang wird der Text beigegeben, der zugleich als Inschrift in Silberlettern auf dem Gebäude vorzustellen ist. Für eine akustische Vergegenwärtigung der Antiphon sorgt die Neumierung dieser Worte in der Handschrift T aus dem Tegernseer Benediktinerkloster (ca. Ende des 12. Jahrhunderts), die Robert B.C. Huygens in seiner Edition als Leithandschrift dient.

Der liturgische Anhang, in dem Johannes auch die Liturgie für die Feier anlässlich der Weihung der Grabeskirche am 15. Juli angibt, legt Zeugnis ab über die Gebrauchsfunktion des Textes. Durch die Praxis des Gebets und den liturgischen Vollzug wird der Modus der Repräsentanz des Heils durchbrochen und der Leser erfährt dadurch die Präsenz des Heils. Greifbar im Text ist die Einladung an den Leser, das Leben Christi an den Orten des Geschehens nachzuverfolgen. Dabei werden dem Leser die passenden Bibelstellen, Inschriften und Gebete sowie eine Beschreibung der sichtbaren Spuren, Zeugnisse und kirchlichen Bauten zur Verfügung gestellt.

---

282 Lehmann-Brauns (2010) 131.

IMAGINIERUNG DER PILGERREISE

Im Gegensatz zu Johannes' *Descriptio* ist Theodericus' Schrift nicht chronologisch nach dem Ablauf des Lebens Christi organisiert, sondern hierarchisch nach der Heiligkeit der Orte: Nach einer Einführung beginnt der Text mit dem Allerheiligsten (*a sancto sanctorum*, 137), dem Grab Christi. Theodericus folgt wie Johannes in seiner Gliederung nicht einem Itinerar,[283] also einer topographisch orientierten Strukturierung, sondern er wählt eine auf den mental Reisenden zugeschnittene Organisationsform, indem er die Höhepunkte der Pilgerreise zuerst beschreibt. Trotzdem finden sich zahlreiche Elemente, die auf die Itinerarstruktur verweisen.[284]

Der Autor geht in seiner Erzählung aus von Judea (41 f.), in dem das heilige Jerusalem wie „das Auge im Kopf" säße (43).[285] Von Jerusalem aus sei Gnade, Heil und Leben (*gratia et salus ac vita*, 45 f.) durch Jesus Christus allen Nationen zugeflossen. Die Bestätigung der Heiligkeit Jerusalems kehrt in der Beschreibung immer wieder. Schon im Widmungsbrief wird die Heiligkeit auf die körperliche *presentia* Christi zurückgeführt (6 f.).[286] Bei der Schilderung der Lage Jerusalems, deren Exponiertheit allein schon auf dessen Größe und Herrlichkeit verweist, wird nochmals betont, dass Jerusalem nicht grundsätzlich heilig ist (*non quia a se vel per se sit sancta*, 63), sondern aufgrund der *presentia* Gottes, Christi und Marias und des dortigen Wirkens vieler heiliger Männer (64 f.). Wegen seiner heiligen Orte, so heißt es etwas weiter unten im Text (134 f.), werde die Stadt heilig genannt. Mit der Platzierung Jerusalems in die umliegende Landschaft erzeugt Theodericus einen bedeutsamen Einstieg in seine Erzählung. Die Lage Jerusalems wird von seiner theologischen Bedeutung her beschrieben,[287] heiliger (*sanctior*) und herausragender (*eminentior*) als alle anderen Orte der Welt (61 f.), ragt es auch topographisch hervor: *in ipsa denique montium summa eminentia, ut Iosephus atque Ieronimus attestantur, sita est civitas illa Iherusalem* (60 f.).

Die Schilderung des Besuchs des heiligen Grabes (136 f.) kann exemplarisch für Theodericus' Erzählweise betrachtet werden. Außergewöhnlich im Ver-

---

283 Zur Itinerarform vgl. S. 30 f.

284 Diese Strukturen häufen sich ab 992 f., wo Theodericus auf die umliegenden Orte eingeht, was sich dadurch erklären lässt, dass er in diesen Passagen stärker von anderen Autoren abhängig ist. Darauf verweist er selbst in 934 f. mit den Worten *quedam a nobis visa, quedam ab aliis nobis relata*.

285 Vgl. die Diskussion zur Strahlkraft Jerusalems und des Kalvarienberges, der ebenso als „Auge im Kopf" (385) bezeichnet wird, bei LEHMANN-BRAUNS (2010) 162.

286 Vgl. Zeile 4.

287 Auch für Egeria ergibt sich die Höhe der Berge im Sinai aus ihrer biblischen Bedeutung, nicht aus der tatsächlichen Topographie (2,6). Vgl. dazu in der Edition von RÖWEKAMP (2000), S. 123, Anm. 8.

gleich zu früheren Pilgertexten, auch zu dem des Johannes, ist die große Genauigkeit und hohe Qualität seiner Baubeschreibungen.[288] Dabei lenkt Theodericus den Blick des Lesers, sodass der Leser den Besuch der jeweiligen Stätte in seiner räumlichen Dimension nacherleben kann. Die Beschreibung der Grabeskirche beginnt mit einer Orientierung in Form und Anlage mit Positionierung und Grundriss des Grabmals sowie seiner vier Türen. Der Pilger tritt durch die Tür im Norden ein und verlässt durch die im Süden das Grabmonument (149 f.). Besondere Sorgfalt widmet Theodericus der Darstellung der Mosaike. In der Erzählung bilden sich auf diese Weise zwischen den Architekturelementen Abschnitte, die der Erinnerung an die heilsgeschichtlichen Ereignisse gewidmet sind. Die Beschreibung lässt die Szene für den Leser vor seinem geistigen Auge erscheinen. Mit den zugehörigen Inschriften wird das so entstandene Bild abgerundet und vervollständigt. Der anschließend geschilderte Besuch des Grabmonuments selbst wird für den Leser nachvollziehbar gestaltet: *Utreque vero ianue acerrimos habent custodes, qui non minus quam sex nec plus quam duodecim simul intromittentes – nec enim plures loci capit angustia – per aliam, postquam adoraverint, ianuam exire compellunt. Ipsum autem os spelunce non nisi rependo cruribus quislibet valet intrare ...* (165–170). Die Wächter, die die Pilger durch das Grab scheuchen, und die Enge, die nur ein Hineinkriechen auf den Knien erlaubt, werden von Theodericus plastisch geschildert. Gespannt wartet der Leser darauf, dass er den ersehnten *thesaurus*, so nennt der Autor das heilige Grab, „erblicken" kann. Von dem Außenraum eintretend, von dem der Leser bislang einen allgemeinen Eindruck erhalten hat, erschließt sich für den Leser der Innenraum des Grabes indem die Bewegung beschrieben und das Aussehens des Grabes geschildert wird. Der Ort der Sehnsucht (*optabilem thesaurum*, 170; *optata ... oscula*, 175) wird auch für den nicht vor Ort anwesenden geistigen Pilger beinahe greifbar durch die Beschreibung des Pilgerbrauchs: *tria in latere rotunda habet foramina, per que ipsi lapidi, in quo dominus iacuit, optata peregrini porrigunt oscula (...)* (173 f.). Im Anschluss folgt eine genauere Beschreibung des Grabesmonuments von außen. Nachdem die Neugier des mental Pilgernden auf den Höhepunkt, das heilige Grab, gestillt ist, folgen weitere Informationen über den Bau. Durch die Architekturbeschreibung eröffnet sich für den Leser der Sakralraum der Grabeskirche, dessen Heiligkeit durch die geschilderten bildlichen Darstellungen und Inschriften aus der Heilsgeschichte rückbestätigt wird.

---

288   Vgl. dazu ARNULF (2004) 187 f., der die Beschreibungen aus kunsthistorischer Sicht würdigt sowie SAUER (1993) 218 f. und LEHMANN-BRAUNS (2010) 168 f. zu den einzelnen Architekturbeschreibungen.

IMAGINIERUNG DER PILGERREISE

In seinem Kapitel über Theodericus vertritt Arwed Arnulf die Ansicht, dass die Architekturbeschreibung nur durch ein Realieninteresse begründet ist und wendet sich damit gegen Christine Sauer: „Die exakte Schilderung der Außengliederung des Grabmonuments wird aber wohl kaum dem kontemplativen Gebet gedient haben."[289] Dagegen lässt sich einwenden, dass es im Text des Theodericus nicht um die bloße Bereitstellung von Material für ein kontemplatives Gebet geht, sondern um die Ermöglichung eines geistigen Nachvollzuges der Reise mit dem damit verbundenen Heilserlebnis. Auf diese Funktion des Textes als geistige Pilgerfahrt weist der Widmungsbrief explizit hin. Christine Sauer stützt ihre Argumentation, dass es sich bei dem Text um eine Memorialschrift handelt, die zu geistigem Nachvollzug anregt, nur durch die Architekturbeschreibungen des Theoderich. Markanter zeigt sich die Heilsabsicht, die dem Text zugrunde liegt, in der Einladung zur *imitatio Christi* im Text, auf die Sauer nur verweist.[290] In den Versen 759 f. kommt Theodericus zurück auf das im Widmungsbrief versprochene Mitleiden mit Christi im Nachvollzug der Passion: *Nunc igitur secundum Christi passionis ordinem nostre narrationis nos oportet dirigere sermonem, qui per suam gratiam ita nobis ei donet compati, ut ei possimus conregnare.* Theodericus lädt den Leser ein zur *imitatio Christi* und zur *compassio*, für die er als Lohn die ewige Mitregentschaft verheißt.[291] An dieser Stelle wird eine Aktivität des Lesers angesprochen.

In Theodericus' Beschreibung der Grabeskirche zeigt sich die narrative Strategie, den erzählten Raum in der Bewegung hindurch schrittweise zu erschließen. Bei seiner Darstellung der Passion lässt sich eine weitere Form der Raumgenerierung beobachten: die erzählte Bewegung einer Person, die den Raum Stück für Stück vor dem Leser entfaltet.[292] In fünf Kapiteln (20–25) verfolgt der Erzähler den Leidensweg Christi von Bethanien bis nach Jerusalem. Die dem Bibelleser namentlich bekannten Orte werden in der Landschaft verortet und mit dem Leidensgeschehen verknüpft. Dabei arbeitet der Autor nicht mit wörtlichen Bibelzitaten, sondern paraphrasiert. In seiner Erzählung beginnt er mit der Lokalisierung der Orte Bethanien – Bethfage – Ölberg ausgehend von Jerusalem. Nun werden die lokalisierten Orte in den Zeitrahmen der Passionsgeschichte gestellt (*in die Palmarum*, 766) und der Weg Christi an diesen Orten geschildert. Seine Bewegung wird durch eine Kette aneinandergereihter

---

289 ARNULF (2004) 199. Arwed Arnulfs Bemerkung, dass es im Text keine Hinweise auf eine Architekturallegorese gibt, ist zuzustimmen. So auch LEHMANN-BRAUNS (2010) 179, die sich dennoch bemüht, eine Verbindung dazu herzustellen.

290 Vgl. SAUER (1993).

291 Vgl. MERTENS FLEURY (2006) 41 f.

292 Vgl. die Überlegungen zu einem performativen Raumbegriff in CURTIS (2004) 25 f.

176 KAPITEL 4

Partizipien (*procendens – veniens – stans – insidens*) für den Leser nachvollziehbar ausgedrückt, die zuläuft auf das Ziel Jerusalem (*Iherosolimam properavit*):

A Bethania ergo in die Palmarum dilectissimus dominus noster Iesus Christus procedens et Bethfage veniens, qui locus inter Bethaniam et Montem Oliveti medius est, ubi etiam honesta capella in ipsius honore est fabricata, (...) stans super lapidem grandem, qui in ipsa capella manifeste videtur, et asino insidens per Montem Oliveti Iherosolimam properavit, cui turba multa in descensu montis ipsius obviam processit (765–773).

Der Leser kann die Bewegung Christi verfolgen und erhält, zwischengeschaltet, zusätzliche Informationen zu Lage (Bethfage), zur aktuellen Bebauung (*capella*) und zu gegenwärtig sichtbaren „Zeugen" der Passionsgeschichte (*lapis, qui ... manifeste videtur*). Die Bewegung Christi verbunden mit der Verortung der einzelnen Heilsstätten und dem Heilsgeschehen spannt für den Leser Jerusalem als Heilsraum auf. Theodericus schildert seine Christusnachfolge und gibt dem Leser durch seine Erzählung dieselbe Möglichkeit: *Cum eo igitur in Montem Syon cupio ascendere et quid post hec fecerit videre* (784 f.). Explizit gibt Theodericus den Wunsch an, der Bewegung Christi zu folgen (*ascendere*). Wie tief er bei dieser Nachfolge in das imaginierte Geschehen eintaucht, zeigen die folgenden Worte: Er will sehen (*videre*), was Christus danach getan hat. Die Anwesenheit an der Heilsstätte versetzt den Besucher nach diesen Worten in einen Zustand der Versenkung, in dem die Heilsgeschichte vor seinem geistigen Augen sichtbar wird. Durch die Schilderung in der Ich-Form wird erreicht, dass sich der Leser an dieser Stelle selbst in den Autor hineinversetzen kann. Vor der Christusnachfolge, so Theodericus, wolle er sich in die Nachfolge des Petrus begeben: (...) *sed prius cum Petro volo incarcerari, ut cum eo a Christo docear non negare sed orare* (785 f.). Anlass dafür ist die Kapelle, die den Ort markiert, an dem Petrus eingekerkert gewesen sein soll (786 f.). An dieser Kapelle kommt man auf dem Weg zum Berg Sion vorbei.[293] Das Nachvollziehen des Heilserlebnisses des Petrus wird durch die angegebene Inschrift, die sich über dem Eingang der Kapelle befindet, initiiert (793–796).

Nach dem Einschub über Petrus verfolgt Theodericus weiter den Weg Christi bis zur Kreuzigung. Er schließt die Passage mit den Worten: *Et de Christo quidem et eius locis ea, que visu didicimus, pro posse narravimus* (932 f.). Damit stellt er einen engen Zusammenhang zwischen Christus und „seinen" Orten her.[294]

---

293 Vgl. auch Johannes von Würzburg 1351 f. Die verschiedenen Lokalisierungen der Kapelle sind diskutiert bei PRINGLE (2007) 349 f.

294 Vgl. LEHMANN-BRAUNS (2010) 156.

IMAGINIERUNG DER PILGERREISE

Im Kontrast zu Fretellus wurde die Funktion der Texte des Johannes und des Theodericus herausgearbeitet. Hier geht es um das Festhalten des vergangenen Heilsgeschehen, dort wird zusätzlich eine konkrete Heilserfahrung vermittelt. In der Textform kann Heil nur repräsentiert werden. Präsenzeffekte können sich einstellen, wenn Texte religiöse Praktiken aufrufen und selbst Anleitungen sowie Material für diese Praktiken bereitstellen. In beiden Texten funktioniert dies durch die Inschriften und Bilder im narrativ erzeugten Sakralraum, die den Leser zur Meditation einladen. Die Texte machen somit die Stätten Jesu gegenwärtig und andernorts mittels der Narration verfügbar. Bei Johannes ermöglicht vor allem die liturgische Praxis im Nachvollzug das Heilserlebnis. Theodericus fordert seine Leser explizit zum Mitleiden der Passion auf und zeigt den Weg zum Heil schon in seinem Widmungsbrief auf. Durch Performanz und *imitatio Christi* kann im Modus der imaginierenden Pilgerreise damit das Heil unmittelbar präsent und der Text auf diese Weise Medium des Heils werden.

4.5 Ricoldus de Monte Crucis: *Liber peregrinationis*

Ricoldus de Monte Crucis wurde ca. 1243 in Florenz geboren.[295] 1267 tritt er in den Dominikanerorden in Santa Maria Novella ein.[296] Als Prediger in Rom trifft er auf Thomas von Aquin.[297] 1285 geht er auf seine Missionsreise in den Orient, die mit einer Reise durch das Heilige Land beginnt. Erst 15 Jahre später erreicht er wieder Florenz und verfasst dort vier Schriften über seine Reiseerfahrungen als Pilger und Missionar, die auf die Jahre 1300/1301 zu datieren sind.[298] Um 1300 verfasst er einen *Liber peregrinationis*. Ricoldus ist ein Ausnahmeschriftsteller unter den Pilgerautoren. Er ist durch seine Werke über den Islam bekannt, besonders als Verfasser der Schrift *Contra legem Sarracenorum*, die in 28 lateinischen Handschriften und einigen volkssprachlichen Übersetzungen überliefert ist.[299] Besser bekannt unter dem Namen *Confutatio Alcorani*, wurde sie von Martin Luther ins Deutsche übersetzt.[300] Weitere Werke sind

---

295 Vgl. zum Leben des Ricoldus ausführlich und mit weiteren Literaturhinweisen SCHIEL (2011) 127 ff. Vgl. auch GEORGE-TVRTKOVIĆ (2012) 1 ff. KAPPLER (1997) 11 f. EHMANN (1999) 11 f.

296 KAPPLER (1997) 13, SCHIEL (2011) 127.

297 Vgl. SCHIEL (2007) 8 f., EHMANN (1999) 11.

298 Diskutiert bei SCHIEL (2011) 127 f. Zur Datierung der Schriften DONDAINE (1967) 119.

299 Vgl. zur Textgeschichte die Diskussion bei EHMANN (1999) 15 f.

300 Die Übersetzung ins Deutsche durchlief mehrere Schritte durch Übersetzung und Rückübersetzung: Ricoldus' *Confutatio* wurde Mitte des 14. Jahrhunderts von Demetrius Cydo-

der *Libellus ad nationes orientales* und fünf fiktive Briefe (*Epistole ad ecclesiam triumphantem*), die eine Reaktion auf den Fall von Akkon sind und an Gott, Maria und die himmlische Kurie adressiert sind.[301]

Auch Ricoldus' Text über seine Pilgerreise, der *Liber peregrinationis*, besteht in weiten Teilen aus einer Auseinandersetzung mit dem Islam. Neben den Angaben in seinen Werken sind Informationen über Ricoldus' Leben in seinem Eintrag in dem Nekrolog des Dominikanerkonvents Santa Maria Novella zu finden.[302] In diesem Nekrolog wird er als beliebter Prediger in Florenz bezeichnet: *predicator sollemnis et fervens.*[303]

Der in der ersten Person verfasste *Liber peregrinationis* ist in sieben Handschriften überliefert.[304] Die Handschrift Staatsbibliothek zu Berlin – Preußischer Kulturbesitz (SBB-PK), Ms. lat. qu. 466 wird noch auf die Lebenszeit des Autors, nämlich auf den Anfang des 14. Jahrhunderts, datiert.[305]

4.5.1 *Inhalt und Strukturierung*

Der *Liber peregrinationis* lässt sich geographisch gliedern: in den Aufenthalt im Heiligen Land und in den Orient.[306] Der *Liber* unterscheidet sich deutlich von anderen Pilgertexten, da der Hauptteil der Erzählung[307] den Orient und seine Bewohner behandelt. Der Prolog kündigt an, dass das Werk inhaltlich über eine Beschreibung der heiligen Orte um ein Vielfaches hinausgeht: *Continetur autem in hoc libro sub brevitate regna, gentes, provincie, leges, ritus, secte et hereses et monstra que inveni in partibus orientis ut fratres qui vellent laborem pro Christo adsumere pro fide dilatanda sciant quo indigent et ubi et qualiter magis possunt proficere* (S. 36). Der Missionscharakter der Schrift, durch den sich Ricoldus' Text von anderen Texten unterscheidet, tritt deutlich hervor.[308] Zielgruppe seiner Schrift sind missionierende *fratres*, denen er das entsprechende Wissen mit auf den Weg geben will. Doch im ersten Teil des *Liber peregrinatio-*

---

nius ins Griechische übersetzt. Um 1500 fertigte Bartholemeus Picenus eine Rückübersetzung des Textes an, der 1506 in Basel gedruckt wurde. Martin Luther übersetzte den Text 1542 ins Deutsche. Vgl. dazu GEORGE-TVRTKOVIĆ (2007) 66 f. und EHMANN (1999).

301 Zu den Briefen vgl. BAUER (2016).

302 Vgl. ORLANDI (1955) 37 f., 308 f.

303 ORLANDI (1955) 37, vgl. SCHIEL (2011) 129.

304 DONDAINE (1967) 120–133, KAPPLER (1997) 22, vgl. SCHIEL (2011) 128.

305 Antoine Dondaine wie René Kappler vermuten, dass Ricoldus die Handschrift selbst in den Händen gehabt haben könnte. DONDAINE (1967) 120 f., KAPPLER (1997) 26. Ich zitiere den Text mit der Angabe der Seite der Edition von KAPPLER (1997).

306 Vgl. die Einleitung der Edition von CAPPI (2005) xxiff.

307 S. 76–205 in der Edition von KAPPLER (1997).

308 Vgl. zur Verbindung von Pilgerfahrt und Missionierung GEORGE-TVRTKOVIĆ (2012) 32.

nis über die Pilgerreise durch die bekannten Orte des Heiligen Landes, mit dem ich mich im Rahmen meiner Untersuchung beschäftige, ist der missionarische Charakter noch nicht spürbar.[309] Für die Entwicklung der Fremdwahrnehmung ist die Missionarstätigkeit der Mönche, durch die es verstärkt zu Begegnungen mit fremden Welten kommt, von Bedeutung.[310] Das Reisen in den Orient und das Erzählen darüber führt zu einem Interesse am Fremden und einer Auseinandersetzung mit dem Fremden, die zu der Entwicklung beiträgt, dass Pilgerreisende Augen für das Fremde, das Wunderbare, das Nicht-Biblische haben. Mit dem Text des Burchardus de Monte Sion, der chronologisch vor Ricoldus' *Liber* steht, beginnt die Beschäftigung mit neuen Inhalten.[311] Ricoldus besaß eine Abschrift des Textes, die heute noch in Florenz erhalten ist.[312]

Die Begegnung mit dem Fremden erfordert eine andere Erzählweise, um die drastischen Unterschiede zur eigenen Lebenswelt zu verarbeiten. Daher verändert sich innerhalb des *Liber peregrinationis* die Erzählweise des Ricoldus: „Kaum hat der Dominikaner das Heilige Land und die christlichen Kreuzfahrerstaaten hinter sich gelassen, tritt uns ein vollkommen anderer Berichterstatter entgegen."[313] In dem Abschnitt über das Heilige Land steht der *Liber* Ricoldus' deswegen deutlich in der Tradition der Pilgertexte und das Fremde wird ausgeblendet. Es handelt sich bei dem Erzählen über das Heilige Land ebenso wenig um Fremdwahrnehmung wie in den anderen untersuchten Texten, denn die Wahrnehmung ist nach Innen ausgerichtet.[314]

Zu Beginn des Textes reflektiert Ricoldus zunächst über die Gründe seiner Reise.[315] Stilistisch steht der Beginn des Textes im Kontrast zu der folgen-

---

309 Juliane Schiel beobachtet in ihrem Aufsatz über die Orienttopographie bei Ricoldus, dass die Schrift in vier Teile zerfällt (Teil 1 als Pilger im Heiligen Land: S. 36–77. Teil 2 über Türken und Tataren S. 76–117, Teil 3 über die orientalischen Christen S. 116–155, Teil 4 über die muslimischen Sarazenen S. 154–205): „Der Augenzeuge Ricoldus begegnet in vielerlei Gestalt, und seine Wahrnehmungs- und Beschreibungsweise variiert ganz offensichtlich je nach Umfeld. So erscheint der Dominikaner im Heiligen Land als frommer Pilger, bei den Türken und Tataren als neugieriger Reisender, unter den orientalischen Christen als gewissenhafter Missionar und im Umgang mit den muslimischen Sarazenen als theoretisierender Scholastiker." Die Beobachtung weist darauf hin, dass das beschriebene Ich „Ricoldus" auf unterschiedliche Weise inszeniert wird.

310 Vgl. z.B. Wilhelm von Rubruk, Edition: WYNGAERT (1929); MÜNKLER (2000) 43 f.

311 Vgl. dazu auch das Kapitel zu Wilhelm von Boldensele und Ludolf.

312 Firenze, Bibliotheca Nazionale Centrale, Conv. Soppr. F. 4.733, 29^r–43^r. Vgl. PANELLA (1988) 39. Allerdings sind keine direkten Bezüge zwischen den Texten der beiden Autoren herstellbar. KAPPLER (1997) 15 f. Anm. 19, PRINGLE (2012) 57.

313 SCHIEL (2007) 10. Vgl. zur Erzählung über das Fremde MÜNKLER (2000).

314 Vgl. SCHIEL (2007) 10. Siehe auch RELTGEN-TALLON (2015) und ROBERG (2015).

315 GEORGE-TVRTKOVIĆ (2012) betont mehrfach, dass die Reise auf dem Gehorsam gegenü-

den Reisebeschreibung, die vorwiegend aus kürzeren Sätzen mit formelhaften Beschreibungen besteht. In langen, umständlichen Sätzen nennt Ricoldus Gründe für seine Pilgerreise (Kap. 1). Er sieht sich in der Pflicht, auf diese Reise zu gehen und beruft sich darin auf die Nachfolge Christi. Ricoldus bezeichnet die Inkarnation Christi als *peregrinatio* und zitiert dazu Joh 16,28 *exivi a patre et veni in mundum* (S. 36). Auch die Flucht nach Ägypten stellt für Ricoldus eine Pilgerfahrt dar: *quomodo etiam cito natus et pauper et parvulus nec sibi nec matri pepercit a longa et laboriosa peregrinatione* (S. 36).

Am Anfang des 2. Kapitels nennt er schließlich einen häufig genannten Grund für die Pilgerreise, nämlich körperlich die Orte zu sehen, die Christus körperlich besuchte: (…) *transivi mare ut loca illa corporaliter viderem que Christus corporaliter visitavit et maxime locum in quo pro salute humani generis mori dignatus est, ut memoria passionis eius in mente mea imprimeretur tenacius et sanguis Christi pro nostra salute effusus esset in robur et firmamentum ad predicandum et moriendum pro illo qui mihi sua morte vitam donaverat* (S. 38). Mit dem Wunsch, dass durch das von Christus vergossene Blut Kraft auf Ricoldus übergehe, für Christus zu predigen und zu sterben, geht er deutlich über übliche Begründungstopoi hinaus. Er verleiht seiner Reise einen persönlichen Charakter. Ricoldus lässt den Leser an der spirituellen Entwicklung durch die Narration teilhaben. Die Vorstellung, dass sich durch den Besuch der Orte der Passion die Erinnerung an die Passion Christi in den Verstand einpräge (*imprimeretur*), formuliert plastisch den Zusammenhang des Sehens der Orte mit einem tieferen Verständnis der Heilsgeschichte.[316]

Die textuelle Wiedergabe der Reise fungiert auf spezielle Weise als Hilfsmittel zur Übertragung der Erfahrung der heiligen Orte und des Heilsraumes in das Hier und Jetzt des Lesers. Der Teil von Ricoldus' *Liber*, in dem die zentralen heiligen Orte beschrieben werden, besitzt durchweg nachvollziehbaren Charakter. Die Narration der Reise wird nicht unterbrochen durch Einschübe wie Informationen über Land und Leute,[317] sondern sie besteht aus einer weitgehend kontinuierlichen Aneinanderreihung der Orte. Das Konzept Ricoldus' basiert

---

ber dem Papst beruht: „in obedience therefore to the lord pope …" – als Übersetzung von *suscepta igitur obedientia domini pape …*, KAPPLER (1997), S. 38. GEORGE-TVRTKOVIĆ (2012) 34 und in der Übersetzung 176, vgl. auch 29 und 34. Bei der an dieser Stelle genannten *obedientia* handelt es sich jedoch um die Reiseerlaubnis des Papstes. Vgl. dazu auch die Übersetzung von KAPPLER (1997), S. 39.

316 Vgl. zu dieser Vorstellung auch den *Liber* des Wilhelm von Boldensele, siehe dazu unten S. 299 f.

317 Diese Information bietet Ricoldus zusammengefasst nach der Beschreibung der Heilsorte (S. 76 ff.).

IMAGINIERUNG DER PILGERREISE
181

wie bei Burchardus auf einer strikten Trennung von Informationen über die heiligen Orte und anderen Informationen.[318]

In dem Vergegenwärtigungsmodus liegt der Fokus stärker als in anderen Texten auf prozessionalen und performativen Vollzügen. Das Abmessen der Orte und Entfernungen, das an den Orten der Passionsgeschichte zum Standardrepertoir der Pilgertexte gehört, fehlt in der *Peregrinatio*.[319] Es wird durch performative und prozessionale Handlungen und Abläufe ersetzt. Entfernungsangaben werden zwischen den einzelnen Stätten angegeben – bei den Orten der Passion fehlen sie.

Ricoldus stilisiert den Beginn seiner Reise als eine mit persönlichem Gebet verknüpfte prozessionale Bewegung durch die Heilsorte. Christian Kiening definiert Prozessionalität im Zusammenhang mit der Gliederung der Passion in Stationen als „Bindung an konkrete oder imaginative Formen der Bewegung in Raum und Zeit, an liturgische, kultische oder rituelle Momente".[320] Bei Texten (und Bildern), die prozessionale Abläufe repräsentieren, spricht Christian Kiening von der „imagnären Dimension des Prozessualen": Sie „sind ja nicht einfach Dokumente solcher Abläufe. Sie bieten vielmehr (zugleich) Muster, diese performativ zu gestalten, durchzuführen oder zu vollziehen: im Lesen oder Betrachten."[321] Diese prozessuale Dimension ist als Bewegung durch den Raum in Ricoldus' Text eingeschrieben. Die Bewegung wird durchgehend als aktive Handlung geschildert. Gegenüber dem in anderen Pilgertexten gehäuft auftretendem passiven *ostenditur*, formuliert Ricoldus aktiv *ibi invenimus* (*passim*) wie im folgenden Beispiel von Kanaa: *Ibi invenimus locum nuptiarum et loca et formulas ydriarum. Ibi cantavimus et predicavimus evangelium nuptiarum. Ibi rogavi Christum quod sicut aquam in vinum converterat, ita aquam mee insipiditatis et indevotionis converteret in vinum compunctionis et spiritualis saporis. Inde recto cursu venimus xv m. ad casale Genesaret.* (S. 38–40).

Ricoldus spricht von sich und seiner Reisegruppe immer in der 1. Person Plural, sodass der Leser partizipieren und sich auf eine imaginäre Reise von Ort zu Ort begeben kann, indem er dem beschriebenen Weg folgt: *ivimus cum multis cristianis in Galileam et primo pervenimus xx milaria ad Cana Galilee* (S. 38). Durch die Nennung Kanaas als erstem Ort wird eine enge Beziehung zur Heilsgeschichte hergestellt. Kanaa hat als der Ort, an dem die Zeichen Christi beginnen (*ubi Christus fecit initium signorum*, S. 38), eine besondere Bedeutung.

---

318   Vgl. unten S. 243 f.
319   Vgl. zum Maßnehmen und der metrischen Dimension der Texte S. 211 ff.
320   KIENING (2011) 181.
321   KIENING (2011) 178.

182 KAPITEL 4

Dem an dieser Stelle vorliegenden Beschreibungsschema folgt Ricoldus bei den ersten vier Stationen, dem hier genannten Kanaa, Genesareth, Bethsaida und dem Berg der Seligpreisungen: (a) Zunächst wird mit *venimus, ascendimus* oder *descendimus* die Bewegung zu dem heiligen Ort bezeichnet (im obigen Text am Ende). (b) Als nächstes wird der Ort bezeichnet, hier mit *invenimus*, an den anderen drei Stellen durch die Nennung der Episode aus dem Evangelium sowie dem performativen Akt, dem Singen der passenden Evangeliumspassage (*cantavimus evangelium* o. ä.). (c) Den Abschluss bildet ein Gebet, das formelhaft beginnt mit *ibi rogavi Christum/Dominum* (S. 38 und S. 40) und inhaltlich in direktem Zusammenhang mit dem jeweiligen Heilsort steht.

Über den Ort werden dem Leser nicht mehr Informationen zur Verfügung gestellt als der oben zitierten Passage zu entnehmen sind. Der Leser erhält keine Information, die ihm nicht bereits bekannt ist (abgesehen von der Richtungs- und Entfernungsangabe). Die aus der Bibellektüre bekannten Orte werden ohne jegliche Angabe des aktuellen Aussehens respektive überhaupt des Aussehens der Gegend oder des Ortes präsentiert.[322]

Durch den monotonen Gebrauch der Verben *descendere, ascendere* und *venire* (*Descendimus – venimus – ascendimus – ascendimus – descendimus* S. 40), die die Bewegung durch den Raum wiedergeben, wird der prozessionale Charakter des Textes, der durch seine wiederkehrenden Formulierungen an ein Gebet erinnert, verstärkt. Auch die Beschreibung der zweiten Station Genesareth akzentuiert den Aspekt der Prozessionalität: *Ibi in descensu montis super mare cantavimus evangelium de illis duobus demoniacis quos Christus curavit ibi a legione demonum quos Christus concessit intrare in porcos* (S. 40).[323] Wie im Beispiel von Kanaa (*Ibi cantavimus et predicavimus evangelium nuptiarum*, S. 38) stellt der Text die performative Aktivität des Pilgerreisenden aus: An jedem Ort wird das jeweilige biblische Geschehen mit Gesang (und Predigt) präsent gemacht. Im Beispiel Genesareth ist die Beschreibung des Gesangs von einer prozessionalen Bewegung durch den Raum, der konkret als Abstieg von dem über dem See gelegenen Berg bezeichnet wird, begleitet. Die Beschreibung nicht nur einzelner, sondern an mehreren aufeinanderfolgenden Orten vollzogener Gesänge fällt aus dem üblichen Schema der Beschreibung der Orte.[324] Gänzlich ungewöhnlich ist die Integrierung eigener

---

322 Man könnte soweit gehen, zu behaupten, dass eine reale Pilgerfahrt angesichts des Informationsgehalts dieser Anfangspassagen des *Liber* nicht notwendigerweise zugrunde liegen muss.

323 Vgl. Mt 8,28–34. PRINGLE (2012) 362 mit Anm. 6 weist darauf hin, dass dieses Ereignis jedoch am Ostufer des Sees zu lokalisieren sei.

324 Vgl. oben S. 51 ff.

Gebete in den Text, die Ricoldus vornimmt. An den ersten vier Stationen werden eigene Gebetswünsche in einem vierstufigen Schema genannt, das bei dem Wunsch um die Erfahrbarkeit des Göttlichen beginnt und bei dem um die völlige Abkehr der *mens* vom Weltlichen hin zum Himmlischen endet.

Im ersten Beispiel, Kanaa, übernimmt Ricoldus das Bild der Wandlung von Wasser zu Wein. Das Wasser des Mangels an „schmeckendem Erkennen" (*insipiditas*) und an Andacht (*indevotio*) soll in den Wein der Reue (*compunctio*)[325] und des „schmeckenden Erkennens" des Göttlichen (*spiritualis sapor*) gewandelt werden. *Sapor spiritualis* bezieht sich auf die Erfahrung des Göttlichen.[326]

Die erste Bitte adressiert die spirituelle Haltung, die eine Grundlage für die Erfahrbarkeit des Göttlichen schafft. Das zweite Gebet thematisiert die Versuchung und beinhaltet die Befreiung von Dämonen (*Ibi rogavi dominum quod me ab infestationibus demonum liberaret*, S. 40). Im dritten Gebet steht der Wunsch, zum Schüler Christi zu werden, im Zentrum. In der Nachfolge des Petrus wird der *piscator hominum* (Mt 4,19) genannt. Damit verbunden ist die Vorstellung der Taufe – dieser Gebetswunsch zielt ab auf den missionierenden *frater*. Am Berg der Seligpreisungen wird um Loslösung vom Weltlichen und die völlige Hinwendung zum Himmlischen gebeten: *Ibi rogavi dominum quod me totaliter a desiderio terrenorum levaret et meam mentem ad celestia transferret* (S. 40). Die Pilgerreise durch das Heilige Land kann aufgrund dieser Gebete als spirituelle Grundlage für die weitere Missionsreise verstanden werden.[327]

4.5.2 *Theatrale Aspekte*

Nachdem die ersten vier Wirkungsorte Christi und damit vier wichtige Gebetswünsche durchlaufen wurden, begibt sich das Erzähler-Ich „Ricoldus" in die Nachfolge Christi und bricht das Brot am Ort der Speisung der Fünftausend (S. 40). Durch die körperliche Imitationshandlung wird die vergangene biblische Handlung vergegenwärtigt. Es findet eine Steigerung in der Erzählung der Verehrung statt: An den ersten Orten werden mit Gesang und Predigt paraliturgische und liturgische Praktiken geschildert. Im Folgenden tritt die Nachahmung des biblischen Geschehens hinzu: *Inde ascendimus 1.m. ibi ad montem ubi Dominus fecit convivium de quinque panibus ordeaceis et cantavimus evangelium et predicavimus, et postea, sedentes per ordinem super herbam et fenum, fregimus panem et mandicavimus omnes cum letitia et lacrimis* (S. 40). Der imitative

---

325 *Vinum compunctionis* wird in Psalm 59,9 der Fassung der Vulgata genannt und wird bei Thomas von Aquin in *Super Evangelium Iohannis reportatio* cap. 15,1,1979,9 zitiert. Petrus Cantor spricht von *aqua insipiditatis*, vgl. *Summa* 1,334,196.

326 Vgl. dazu z. B. Köpf (1980) 81 f.

327 So auch George-Tvrtković (2012) 33.

184   KAPITEL 4

Teil der Performanz am Ort der Speisung der Fünftausend scheint liturgisch inszeniert. Die Wiederholung von Gesten und Vorgängen aus den Evangelien entsprechen dem liturgischen Vollzug.[328] In der auf diese folgenden Szene am *locus tabule* formuliert Ricoldus analog *manducavimus omnes* und verweist auf die Feier der Eucharistie: *Inde regirantes iuxta mare Galilee venimus .ii.m. ad locum tabule, que est inter Cafarnaum et Betsaydam, in loco ubi Dominus apparuit discipulis post resurrectionem stans in litore et vocavit eos de mari et invitavit eos ad prandendum, et cantavimus et predicavimus evangelium, et manducavimus omnes ubi manducavit cum eis panem et piscem* (S. 40–42).

Die Tränen, die an den heiligen Orte fließen, werden an mehreren Stellen erwähnt.[329] Tränen gelten als Zeichen von Frömmigkeit.[330] Nicht nur durch die Nennung persönlicher Gebete, auch durch die Beschreibung des emotionalen Erlebens unterscheidet sich Ricoldus' Erzählung von dem Standard der Pilgertexte.[331] Die Schilderung der emotionalen Ergriffenheit,[332] die aus der räumlichen Nähe zu Christus und der performativen Wiederholung von Heilsgesten resultiert, ist auf die Partizipation des Lesers angelegt. Die Tränen zeugen nicht von einer *compassio* am Leiden Christi, sondern stimulieren die affektive Teilhabe des Lesers an den Gefühlen beim Aufenthalt an dem jeweiligen Heilsort. Das Erlebnis wird intensiviert durch den Hinweis auf das Evangelium, durch das vor Ort durch Gesang und Predigt das Heilsgeschehen memoriert und visualisiert wird.

Der weitere Text bleibt stilistisch in dem bisher nachgezeichnetem Schema. Der Leser bewegt sich mit dem Erzähler-Ich und der Pilgergruppe durch die biblische Landschaft. Die stilistische Monotonie (*Inde venientes* – *venimus* – *Inde ascendentes* – *venimus* – *ascendimus* – *venimus*, S. 42) ist bewusst gewählt. Mit dem Verlassen des Heiligen Landes bleibt Ricoldus zwar bei dem bereits verwendeten Vokabular, z. B. *procedentes, invenimus* (vgl. z. B. S. 114), doch das durch Bewegung bestimmte Beschreibungsschema wird durch ausführliche Informationen über die Landesbewohner und ihre Sitten aufgebrochen.[333]

---

328   Vgl. KIENING (2011) 142, MÜLLER (2004) 128.
329   Vgl. im *Liber* S. 44, S. 50, S. 54.
330   Vgl. zum *donum lacrimarum* die Einleitung des Sammelbands GERTSMAN (2012).
331   Vgl. MIEDEMA (1998) 78 über Pilgertexte: „one gains the impression (…) that it was highly unusual to report on which ways a visit to these places had affected the author emotionally or in which ways he had devoted himself to any of the holy places."
332   Vgl. allgemein zu Affekten und Emotionen in der mittelalterlichen Literatur SCHULZ (2012) 112–116.
333   Vgl. dazu SCHIEL (2007).

IMAGINIERUNG DER PILGERREISE

Das im Text verwendete Vokabular belegt die Bedeutung der erzählten Bewegung. Ein signifikantes Beispiel dafür findet sich in der Beschreibung von Nazareth: (...) *circuivimus et perambulavimus civitatem, maxime loca illa que magis frequentabat Domina et puer Ihesus* (S. 46). Mit der prozessionalen Bewegung durch den von Maria und Jesus geheiligten Raum Nazareth findet eine Aneignung dieses heiligen Raums statt. Durch die Aneignung des Raumes wird eine größere Nähe zu den Geschehnissen, die dort stattgefunden haben sollen, erzeugt. Zwei weitere Praktiken, die eine größere Nähe zur Präsenz Christi herstellen sollen, sind die schon genannten liturgischen Akte der körperlichen Nachahmung der biblischen Handlung, die in Verbindung mit dem Gesang des entsprechenden Evangeliums praktiziert wird. Am Taufplatz Jesu am Jordan wird dieses Ritual eindrücklich geschildert: *Ibi in festo Epifanie invenimus congregatos christianos ad baptismum et ad festum ultra decem milia ex omni populo et natione, ubi edificavimus altare iuxta fluvium ubi celebravimus et predicavimus et baptiçavimus gaudentes et flentes. Cum autem omnis populus baptiçaretur et clamaret Kyrie eleison tantus fuit fletus et ululatus quod putabamus angelos descendisse de celo et voce querula clamantes nobiscum. Et tunc cantavimus evangelium Factum est autem cum baptiçaretur omnis populus* etc.[334]

Mit der räumlichen Nähe verbindet sich im Textbeispiel des Taufortes die zeitliche Nähe. Zum Fest der Epiphanie, an dem auch die Taufe Christi gefeiert wird, bildet sich eine Menschenmasse am Taufort.[335] Die Zeitangabe nach dem Kirchenjahr stellt das Geschehen in eine zyklisch-wiederholbare Dimension. Das Zusammenspiel von räumlicher und zeitlicher Nähe evoziert in der Kombination mit den liturgischen Handlungen, dem rituellen Akt des Taufbades und dem Gesang höchste affektive Teilnahme, die im Text durch *gaudentes et flentes* sowie *fletus et ululatus* verzeichnet wird. Zugleich intensiviert die geschilderte Vision der Gläubigen, dass die Engel vom Himmel herabsteigen und mit klagender Stimme in die Gesänge der Gläubigen einstimmen, das textuelle Heilserleben.

Im *Liber peregrinationis* stehen die performativen Akte im Zentrum, die an den heiligen Orten vollzogen werden. Anhand von drei Beispielen – (a) Bethlehem, (b) dem Tal Josaphat und (c) dem Heiligen Grab – werde ich zeigen, wie die Beschreibung der performativen Handlungen im Textverlauf verstärkt theatralisiert wird.

---

334 Vgl. Lk 3,21, S. 54.
335 Siehe dazu die Beschreibung der Taufstelle im Itinerarium des Anonymus von Piacenza S. 123 f.

Einen Höhepunkt in Bezug auf die ausgestellte Theatralität des Textes ist die Schilderung der Geburtsstätte in Bethlehem. Während in den bisher betrachteten Texten das Jesuskind in der Krippe nur imaginiert wurde,[336] liegt nach Ricoldus' Schilderung in der Krippe ein echtes Kind. In der Erzählung wird beschrieben, wie Ricoldus mit anderen Pilgern in die Rolle der Heiligen drei Könige schlüpft:

Ibi celebrantes et predicantes et populum comunicantes, post missarum sollemnia invenimus in presepio pulcerimum infantem, filium paupercule cristiane que habitabat iuxta ecclesiam, et in eo letantes adoravimus Christum natum ad modum magorum, et dantes parvulo munera reddidimus matri (S. 60).

„Auch die spätmittelalterlichen Formen individueller Devotion enthalten theatrale Elemente, ohne doch Theater zu sein."[337] Jan-Dirk Müller verweist hier insbesondere auf die Passionsfrömmigkeit,[338] nach der das Kreuzigungsgeschehen meditierend vergegenwärtigt wird: „Das Heilsgeschehen soll auf einem imaginären Theater repräsentiert werden."[339] Er betont zudem den Unterschied zwischen dem Theaterspiel und diesem „imaginären Theater" im Rahmen der Passionsmeditationen.[340] Während eine theatrale Darstellung eine Illusion erzeugt, will theatralisierte Frömmigkeit „das Erlebnis wirklicher Partizipation am imaginierten Geschehen herbeiführen": in der *imitatio Christi* wird mitgefühlt und mitgelitten.[341] Bestimmt man Theater in einer Minimaldefinition nach Erika Fischer-Lichte:[342] A spielt die Rolle von B für ein Publikum C, so lässt sich festhalten, dass bei Vollzügen theatralisierter Frömmigkeit das Publikum C fehlt – respektive zur Teilnahme motiviert wird.[343] Diese Überlegungen treffen überdeutlich auf die bislang geschilderten performativen Akte in der Nachahmung der Heilsgeschichte zu. Die gerade geschilderte Darstellung der Heiligen drei Könige veranschaulicht die Überlegungen: Die Pilger spielen zwar eine Rolle, doch Ziel dieses Rollenspiels ist nicht theatrale Mimesis, sondern die Herstellung intensiverer Nähe zum Heilsgeschehen, das auf körperlich-mimetische Weise zu erreichen gesucht wird.

---

336 Vgl. zu Paula S. 110 f.
337 MÜLLER (2004) 129.
338 Vgl. dazu den Sammelband *Die Passion Christi in der Literatur und Kunst des Spätmittelalters*, HAUG und WACHINGER (1993).
339 MÜLLER (2004) 127.
340 Vgl. dazu KÖPF (1997).
341 Diskutiert bei MÜLLER (2004) 128.
342 Diskutiert bei FISCHER-LICHTE (1988) 16 und MÜLLER (2004) 115.
343 MÜLLER (2004) 129.

Die Passage über das Tal Josaphat[344] ist ein markantes Beispiel für die in Ricoldus' Schilderung entwickelte „theatralisierte Frömmigkeit" (S. 64): *Ibi vero in valle Iosaffat considerantes locum iudicii inter montem Oliveti et montem Calvarie sedimus flentes et trementes expectantes iudicium.* Die Gläubigen imaginieren das jüngste Gericht. Durch Performanz (*flentes et trementes*) stimulieren sie diese Vorstellung. Das Beispiel zeigt, dass die Performanz die Teilhabe der Gläubigen am Heilsgeschehen bewirken soll und keine ‚Show' ist.[345] Die affektive Partizipation am Heilsgeschehen führt zu einer erfühlten Realität der Nähe des jüngsten Gerichts, die durch die Narration auf den Leser übertragen wird. Vergangenheit (an den bislang geschilderten Orten), Zukunft und Gegenwart überlagern sich in der Imagination heilsgeschichtlicher Realität.

Den Abschluss der Inszenierung bildet die Markierung eines Sitzplatzes zur Rechten Gottes: *Conferentes autem ubi resideret in alto iustissimus iudex, et ubi esset ad dexteram et ad sinistram, elegimus mansionem ex tunc ad dexteram, et quilibet signavit in lapidem in testimonium. Ego autem erexi et signavi ibi lapidem et accepi locum ad dexteram pro me et pro omnibus illis qui a me verbum Dei audierant, qui perseverarent in fide et veritate evangelii et sic signavi in lapide sub invocatione multorum fidelium testium qui presentes flebant,* (S. 64). Der Sitzplatz wird unter Zeugen markiert (*sub invocatione multorum fidelium testium*), aber nicht nur für sich selbst, sondern auch für sein Publikum: *pro me et pro omnibus illis qui a me verbum Dei audierant, qui perseverarent in fide et veritate evangelii,* (S. 64). Diese Narration des rituellen Aktes der Reservierung eines „guten Platzes" für das jüngste Gericht führt zu einer direkten Teilhabe des Lesers am Ertrag der realen Pilgerreise Ricoldus', die der Leser textuell nachvollziehen kann. Ricoldus schreibt sich und seine Leser auf diese Weise als aktive Teilnehmer in die Heilsgeschichte ein.

Die Schilderung des Aufenthalts beim *sepulchrum Christi* zeigt deutlich theatrale Elemente. Der Weg zum heiligen Grab wird in Szene gesetzt, indem die Pilger dem Weg Christi folgen: *Adscendentes autem par viam per quam adscendit Christus baiulans sibi crucem* (S. 66). Auf diese Weise wird der Weg zum heiligen Grab bzw. zur Grabeskirche als Kreuzweg bestimmt. Nicky Zwij-

---

344 Der Besuch des Tals Josaphat wird innerhalb des Kapitels geschildert, in dem Jerusalem das zweite Mal aufgesucht wird (*ut compleremus desiderium nostrum de visitatione sepulcri*, S. 62). Beim ersten Aufenthalt in Jerusalem war ein Besuch des heiligen Grabes nicht möglich gewesen (*non potuimus intrare nolentibus sarracenis*, S. 48). Bevor der Besuch des heiligen Grabes erzählt wird, werden zahlreiche andere Wege und Orte beschrieben, darunter das Tal Josaphat und das Grab Mariens (S. 64).

345 Vgl. Müller (2004) 127 f.

nenburg-Tönnies untersucht die Verbindung zwischen Pilgertexten und der Kreuzwegandacht, die sich als nicht so evident darstellt wie der Konnex zwischen Palästina-Pilger und Kreuzwegandacht.[346] Ihr Schwerpunkt liegt auf den deutschen Texten. Trotzdem zieht sie auch lateinische Texte heran (z. B. Jacobus de Verona und Wilhelm von Boldensele). Aus dem 13. Jahrhundert nennt sie beispielhaft Wilbrand von Oldenburg. Sie kommt zu dem Ergebnis, dass sich „die Erwähnung einzelner Stationen der Kreuztragung Christi unter den *loca sancta* in Jerusalem (...) in den Berichten früher Pilger" wie den drei genannten nicht nachweisen lässt.[347] Erste Ansätze fänden sich bei Ludolf von Sudheim.[348] Doch schon bei Ricoldus werden von den einzelnen Stationen bereits die Verurteilung, die Töchter von Jerusalem, die Begegnung mit Maria, ein Fall Christi, eine Rast, die Begegnung mit Simon von Cyrene genannt: *Adscendentes autem invenimus domum Herodis, et ibi prope, domum Pilati. Ubi vidimus litostratos et locum ubi fuit iudicatus Dominus, et locum ubi in platea stetit populus ante palatium cum exivit ad eos Pilatus. Adscendentes autem par viam per quam adscendit Christus baiulans sibi crucem, invenimus locum ubi Christus dixit, Filie Iherusalem, nolite flere super me' (Lk 23,28). Ibi ostendunt locum tramortitionis Domine cum sequeretur filium portantem crucem, et ostendunt locum et memoriale ubi corruit. Ibi iuxta viam ostendunt domum Iude et memoriale. Ibi ostendunt locum ubi sustitit Christus cum cruce et fessus quievit paululum. Inde per transversum est via que venit ad civitatem ubi occurrerunt Symoni Cirreneo venienti de villa ut tolleret crucem Iesu,* (S. 66). Es ist auffällig, dass keine Schrittentfernungen genannt werden. Die Bewegung durch den Raum (*ascendentes*) tritt zurück gegenüber dem „locus-ubi-Schema".[349] Der Gestus des Zeigens[350] wird in Bezug auf die einzelnen Orte hervorgehoben. Es wird nicht gesagt, wer den Pilgern die Orte zeigt – es sind vermutlich lokale Reiseführer.[351] Mit der sich wiederholenden Formulierung *ibi ostendunt* (*locum*) werden die einzelnen Stationen genannt. Die Verwendung des Präsens führt zu einer punktuellen Aktualisierung des Heilsgeschehens.[352] Doch gegen Ende des Weges werden auch andere Orte genannt, die nicht zum Kreuzweg gehören, nämlich die Kreuzauffindungsstelle: *Ascendentes autem per viam in directum ubi ascendit*

---

346 Zwijnenburg-Tönnies (1998) 227.
347 Zwijnenburg-Tönnies (1998) 228.
348 Ebd.
349 Siehe dazu oben S. 52.
350 Vgl. oben S. 99.
351 Erst im 14. Jahrhundert kümmern sich die Franziskaner mit dem Kloster auf dem Berg Sion (ab ca. 1335) um die Pilgerreisenden. Vgl. die Diskussion bei Schröder (2009) 137 ff.
352 Vgl. S. 88.

IMAGINIERUNG DER PILGERREISE

Christus invenimus ... (S. 66). Nicky Zwijnenburg-Tönnies kommt zu dem Ergebnis, dass die Pilgertexte „für die endgültige Ausformung der Kreuzwegandacht kaum von Bedeutung gewesen zu sein" scheinen.[353] Auch bei Ricoldus werden die Kreuzwegstationen gegenüber anderen *loca sancta* nicht abgehoben. Deutlich ausgeführt wird in den Texten der Höhepunkt der Reise, der Besuch der Grabeskirche.

Am Kreuzigungsort – so heißt es im Text – ist ein Mosaikbild Christi angebracht (*et ibi iuxta ymaginem crucifixi opere mosayco tenentem faciem ad occidentem sicut fuit crucifixus dominus*, S. 68). Die Nennung des Bildes ruft bei der Lektüre dem Leser bekannte Christusdarstellungen auf. Die Bedeutung, die der richtigen Blickrichtung Christi zugemessen wird, fällt auch in der *Descriptio* des Burchardus de Monte Sion auf.[354] Offensichtlich spielt dies bei der Vergegenwärtigung eine Rolle. Damit zusammenhängen könnte die Vorstellung der Passionsmeditation, dass es eine besondere Gnade sei, das Antlitz Christi anzusehen.[355]

Der Ort der Kreuzigung stellt den Höhepunkt der affektiven Teilnahme und *compassio* dar, die im Text ausgedrückt wird: *Ibi est locus tante devotionis quod si quis non fleret compassione filii clamantis et morientis in cruce, flere cogitur compassione matris flentis ad pedes crucis Christi morientis pro nobis. O anima, o anima peccatoris hominis, quomodo potuisti postea vivificare et gubernare corpus tante corruptionis et tante contradictionis; quare non factus est michi dolor mortis, dolor compassionis? Si vere fuissem devotus ut credebam, dolore vel gaudio mori potui de completione tanti desiderii* (S. 68).

Die sprachliche Ausgestaltung hebt die Begegnung mit diesem Ort hervor. Durch die eindringliche Darstellung mit Ausrufen und der rhetorischen Frage wird der Leser verstärkt bewegt. Die Wiederholung zentraler Wörter (*flere – fleret – flentis, morientis – morientis – (mortis) – mori, dolor – dolor – dolore*) intensiviert die Ansprache an den Leser.

Der Wechsel ins Präsens – *ibi est locus* (...) *flere cogitur* – aktualisiert das emotionale Erleben des Ortes und führt gleichzeitig zu einem Oszillieren zwischen Vergangenheit und Gegenwart. Christian Kiening hält über den Wechsel zwischen Präteritum und Präsens in deutschen Pilgertexten des 15. Jahrhunderts fest: „Dadurch wird das Ereignis, im Heiligen Land gewesen zu sein, im gleichen Atemzug zu einem individuell historisch-faktischen und einem für andere Individuen je neu aktuellen und wiederholbaren."[356] Durch den Wech-

---

353 ZWIJNENBURG-TÖNNIES (1998) 246.
354 Vgl. unten S. 262 f.
355 Vgl. SCHUPPISSER (1993) 176.
356 KIENING (2011) 189. Vgl. auch oben S. 88 und unten S. 309.

sel ins Präsens wird das vergangene Geschehen durch das gegenwärtige überblendet und bietet dem Leser die Imaginierung der Ereignisse an.

Im Unterschied zu den anderen heiligen Orten, an denen die Ergriffenheit der Pilger beschrieben wird, reflektiert Ricoldus über die *compassio*, der jeder an diesem Ort verfallen muss. In diesem kurzen Abschnitt fällt dreimal der für die Passionsfrömmigkeit zentrale Begriff der *compassio*.[357] Seit dem 12. Jahrhundert entwickeln sich „affektiv geprägte Nachvollzüge der Passion."[358] Im Rahmen der Passionsfrömmigkeit entstehen Texte, deren Ziel die Vermittlung von *compassio* darstellt.[359] An dieser Stelle finden sich Spuren dieses Anliegens. Davon zeugt auch die Erwähnung Mariens. In späteren Texten der Passionsliteratur wird die Nachfolge des Leidens Mariens Thema.[360]

Die Inszenierung der affektiven Ergriffenheit wird intensiviert durch die Erwartung, dass durch die Anwesenheit an dem Ort der Kreuzigung die räumliche Nähe die zeitliche Distanz aufhebt und Christus mit den körperlichen Augen gesehen werden kann: *Circumspiciens autem sollicite si vere viderem Dominum meum oculis corporeis pendentem in cruce, non vidi nisi oculis fidei* (S. 70). Doch trotz größter Bemühung gelingt dies nur mit den Augen des Glaubens (*oculi fidei*).[361] An einer anderen Stelle im Text des *Liber peregrinationis*, auf dem Weg nach Emmaus, wird die in dieser Hinsicht erfolgreiche Imaginationsleistung der Pilgergruppe im Text geschildert. Durch das Gespräch über Christus wird er selbst zum körperlichen Begleiter: *et conferentes de Christo ut ipse appropinquans iret nobiscum per prata et loca pulcerima* (S. 72).

An der Kreuzigungsstelle schildert Ricoldus dennoch, was er mit den körperlichen Augen erblickt: *oculis autem corporis vidi locum crucifixionis et saxum conscissum a summo usque deorsum ...* (S. 70). Den Höhepunkt der Inszenierung bildet die ‚Suche' nach dem Herrn, die mit Ricoldus als ‚Regisseur' in Form einer spontan formierten Prozession stattfindet. Die zeitliche Distanz zur Zeit der Kreuzigung ist aufgehoben: *Inde volentes accedere ad sepulcrum et querere Dominum quem non inveneramus in monte Calvarie, iam enim deposuerant eum cum ego miser tarde perveni* (S. 70). Ricoldus ist in dem von ihm inszenierten ‚Passionsschauspiel' zu spät gekommen. Christus wurde bereits vom Kreuz abgenommen.

---

357 Vgl. zum Begriff *compassio* MERTENS FLEURY (2006), MCNAMER (2009), MERTENS FLEURY (2010).
358 MERTENS FLEURY (2010) 144.
359 Vgl. zur Passionsfrömmigkeit KÖPF (1997), HAUG und WACHINGER (1993).
360 Vgl. LIMOR (2014), MERTENS FLEURY (2010).
361 Siehe zu den Augen des Glaubens oben S. 71 ff.

IMAGINIERUNG DER PILGERREISE

Die Prozessionalität, die sich durch den Text zieht, gipfelt an dieser Stelle in der von Ricoldus organisierten Prozession, mit der der heilige Raum abgeschritten wird. *dixi ‚eamus et queramus ad monumentum ubi posuerunt eum‘ et congregans Christianos qui tunc erant ibi ultra centum, ordinavi processionem*, (S. 70). Die Darstellung zeigt eine andere Erfassung des heiligen Raums als die meisten anderen Texte des 13. und 14. Jahrhunderts. Das körperliche Abmessen[362] des Raums durch Schritte oder die Körperlänge hat keinerlei Bedeutung, die Aneignung des Raumes findet auf andere körperliche Weise statt.

Der sakrale Raum wird durch die Bewegung verbunden mit liturgischer Praxis konstituiert: *et nos plane procedentes per viam et conferentes ad invicem quis revolvet nobis lapidem etc., et postea cum adpropinquaremus alta voce canentes et repetentes ‚victime pascali laudes‘ ad omnem passum unum versum unus precinebat et omnes respondebant, et circumdantes et circumeuntes sepulcrum cum querentes sollicite non inveniremus Dominum clamavit quispiam tam alta voce ‚surrexit Christus spes mea‘ p.s.i.G.[363] quod extra totum templum rumor et tumultus insonuit inter Sarracenos* (S. 70). In dieser Prozession finden sich dramatische und dialogische Elemente. Das Umkreisen des Grabes mit Gesängen aus der Osterliturgie – bei jedem Schritt wird gesungen, wie es heißt – konstruiert einen heiligen Raum, der auch andernorts auf diese Weise erzeugt werden kann – die Imaginationsleistung des Lesers vorausgesetzt. Das von Ricoldus in Szene gesetzte Geschehen hat sogar (unfreiwillige) Zuhörer, die Sarazenen, deren Reaktion auf den lauten Gesang der Gläubigen, im Inneren der Kirche zu hören ist. Dennoch ist dieser Vollzug kein Theaterspiel, da durch die Nachahmung Nähe am Heilsgeschehen erzeugt werden soll.[364]

Der innere Raum der intensiven Andacht, auf den die Schilderung abzielt, überblendet den realen Raum des heiligen Grabes: *Intrantes autem in sepulcro invenimus magnum illum lapidem ad hostium monumenti, sed revolutum iuxta hostium, et exeuntes, cum non inveniremus Dominum, ostenderunt nobis ortum et locum ubi primo apparuit Marie Magdalene ...* (S. 70). Das heilige Grab wird in nur einem Satz erwähnt – ohne eine Bemerkung über das Aussehen. Das

---

362 Vgl. unten S. 211 f.

363 *Praecedet suos in Galileam*, vgl. Mt 28,7 und Mk 16,7. Siehe dazu KAPPLER (1997), 71 mit Anm. 104.

364 Siehe oben S. 186. Vgl. auch OUSTERHOUT (2012) 149 f. zu den Osterspielen als Hintergrund der spontanen „Aufführung“: „But what lies behind this curious bit of guerilla theatre is, I believe, the recollective memory of the play of the Visitation to the Sepulchre, popular throughout medieval Europe and presented at Easter time.“ Vgl. auch RELTGEN-TALLON (2015) 269.

192   KAPITEL 4

tatsächliche Aussehen des Grabes spielt für die Rememorierung der Heilsgeschichte, die auf dem biblischen Geschehen beruht, keine bedeutsame Rolle.

In dem *Liber peregrinationis* des Ricoldus wird die Bewegung durch den heiligen Raum durch prozessionale und performative Elemente strukturiert. Die
performativen Akte werden im Text inszeniert. Die Darstellung der Vollzüge
enthält deutlich theatrale Elemente, deren narrative Wiedergabe die Partizipation am Heilsgeschehen intensiviert. Durch die Schilderung prozessionaler
und performativer Vollzüge wird ein Muster für eine Begegnung mit den heiligen Orten aufgezeigt. Anhand von ausdrucksstarken Beispielen, der Schilderung Bethlehems, des Tals Josaphat und des Grabes Christi, wurde gezeigt, dass
die Beschreibung performativer Handlungen verstärkt theatralisiert wird.

4.6 Humbert de Dijon, *Liber de locis et conditionibus Terrae Sanctae et Sepulcro* und Antonius de Cremona, *Itinerarium ad Sepulcrum Domini*

Humbert de Dijon[365] verfasst um 1332 den *Liber de locis et conditionibus Terrae Sanctae et Sepulcro*. Zu Beginn des Textes nennt der Autor seinen Namen
und seine Zugehörigkeit zum Dominikanerorden.[366] Der in der dritten Person
verfasste Text ist in einer Handschrift überliefert.[367]

Der beigegebene Widmungsbrief sowie der Beginn der Schrift informieren
über die Umstände der Reise. Der Dominikaner ist vermutlich im Gefolge des
Pierre de la Palu unterwegs, des im Jahr 1330 gewählten Patriarchen von Jerusalem[368] und verfasst den Text in Neapel. Sancha d'Aragon, die Frau von Robert

---

365 Zu Humbert vgl. die Einleitung zur Edition KAEPPELI (1955) 513–515 und GANZ-BLÄTT-
LER (1990) 45 in ihrer Autorenübersicht, sowie die Erwähnungen bei RICHARD (1984)
144 f., 151. In der Forschung wurde der Text darüber hinaus bislang kaum berücksichtigt.

366 *Ego Frater Vmbertus de Dyvione, Ordinis Praedicatorum, de Provincia Franciae et conventu
Dyvionensi* (S. 517).

367 Rom, Bibliotheca Casanatense, Cod. 1700.

368 (...) *ut aliqua transcriberem de locis sanctis Terrae Sanctae quae egomet visitaveram, videlicet Anno Domini MCCCXXX, utpote quaedam cum Rev. in Christo Patre et Domino Domino
Petro de Palude, Patriarcha Jerosolymitano, praedicti ordinis fratrum Praedicatorum* (S. 517).
Darauf deuten die Übereinstimmung der Reisedaten und die Erwähnung im Text hin. Vgl.
die Einleitung zur Edition von KAEPPELI (1955) 514 f. und GANZ-BLÄTTLER (1990) 45.
Pierre de la Palu „hatte den päpstlichen Auftrag, mit dem Sultan der Mameluken um eine
freiwillige Übergabe der heiligen Stätten zu verhandeln, und zudem sollte er in Zypern
eine wichtige französische Fürstenhochzeit zelebrieren" (GANZ-BLÄTTLER (1990) 45).
Die Tochter Ludwigs, des Herzogs von Bourbon, Maria, soll Guy von Lusignan in Limas-

IMAGINIERUNG DER PILGERREISE

d'Anjou, des Königs von Neapel, beauftragt Humbert, den Text zu verfassen.[369] Ihr wird der Text am 25.1.1332 übergeben.[370] Die Adressatin der Schrift Humberts stammt im Unterschied zu allen anderen behandelten Pilgertexten nicht aus dem geistlich-monastischen Bereich. Hinsichtlich der Funktionsweise und der Struktur lassen sich jedoch keine Unterschiede erkennen. Im Widmungsbrief wird keine spezielle Gebrauchsfunktion genannt, der Autor verweist ausschließlich auf den Wunsch der Königin, den Text für sie zu redigieren.[371]

Das *Itinerarium ad Sepulcrum Domini* des Antonius de Cremona de Reboldis ist in einer Handschrift aus dem 14. Jahrhundert überliefert.[372] Antonius stammt aus Cremona und ist Franziskaner, wie er zu Beginn seines Textes schreibt.[373] Mehr ist über den Autor nicht bekannt. Der Text besteht aus zwei Teilen bzw. zwei Reisen. Ausgangspunkt beider Reisen ist Famagusta auf Zypern. Die erste Reise des Jahres 1327 (S. 154–162 in der Edition) führt ins Heilige Land und nach Jerusalem. Den Hauptteil der zweiten Reise des Jahres 1330 (S. 162–174) bildet der Aufenthalt in Ägypten und am Sinai. Antonius nennt zwei direkte Adressaten seines Textes am Ende des ersten Teils: die Brüder Ubertus und Andriolus, denen er seine Reiseschilderung vermutlich in zwei Abschnitten zuschickt.[374] Das Datum der Aufzeichnung ist am Ende des ersten Textteils mit dem 16.9.1327 angegeben.[375]

Zusammen mit dem *Itinerarium ad Sepulcrum Domini* wird der *Liber de locis et conditionibus Terrae sanctae et Sepulcro* des Humbert de Dijon in diesem Abschnitt untersucht. Beide Texte sind auf einen ähnlichen Zeitraum zu datieren und in nur einer Handschrift überliefert. Zudem handelt es sich bei beiden Texten um eine äußerst knappe Darstellung.

---

     sol auf Zypern heiraten. Vgl. die Einleitung zur Edition von KAEPPELI (1955) 514 f. Daraus ergibt sich als Start- und Endpunkt der Reise Zypern.

369 *Rogatus per Excellentissimam Dominam Sanctiam, Jerusalem et Siciliae Reginam*, S. 517.

370 *Datum et actum Neapoli, XXV die mensis Januarii, Anno Domini MCCCXXXII*, S. 517.

371 Die Formulierung zu Beginn des Textes *Postulavit (...) pro memoriali breviter et succincte transcriberem* ist im Rahmen der Exordialtopik zu lesen, vgl. Thomas von Aquin, *De articulis fidei, prooemium*, Edition: DONDAINE (1979): *Postulat a me vestra dilectio ut de articulis fidei et Ecclesiae sacramentis aliqua vobis compendiose pro memoriali transcriberem*.

372 Oxford, Bodleian Library, Canon. Ms. Miscell. 220 fol. 18–22.

373 *Ego frater Antonius de Cremona de Reboldis ordinis Minorum*, in der Edition von RÖHRICHT (1890) S. 154.

374 *Ex parte fratris Antonii fratribus Uberto et Andriolo haec pauca dicta sufficiant. Valde subito feci, quia cito vado ad contemplanda et longe plura Domino disponente et vobis iterum scribenda vestris orationibus adjuvantibus*, S. 162.

375 *Datus die XVJ Septembris*, S. 162.

194 KAPITEL 4

4.6.1 *Zur Überlieferung und Edition des* Liber de locis

Der *Liber de locis et conditionibus Terrae Sanctae et Sepulcro* ist in einer Handschrift aus dem Ende des 15. Jahrhundert überliefert, dem Codex 1700 der Bibliotheca Casanatense, Rom. Die Handschrift besteht aus 33 Blättern (fol. 1^r–33^r) und ist mit drei griechischen Texten sowie einem lateinischen Druck zusammengebunden.[376] Im Zuge einer Bindung sind die Marginalglossen einer späteren Hand, die die Handschrift enthält, am linken und rechten Rand zum Teil abgeschnitten worden. Bei den Glossen handelt es sich um kleine Ergänzungen und Korrekturen, so ist z. B. auf fol. 21^v *sinistra* durchgestrichen und in margine korrigiert durch *dextra, versus portam Damasci et supra sepulchrum V. Mariae.*[377] Der Text wurde 1955 von T. Kaeppeli und P. Benoit ediert. Die Edition ist insgesamt unvollständig, da im edierten Text einzelne Passagen ausgelassen und auch die Marginalglossen nur zum Teil aufgenommen wurden. In einer knappen Anmerkung gehen die Herausgeber auf die Kriterien ihrer Auslassungen ein: „Nous supprimons quelques passages (indiqués par des points), où l'auteur cite ou résume des textes bibliques."[378] Die Durchsicht der Auslassungen in der Handschrift zeigt jedoch, dass es sich bei den Auslassungen nicht nur um Zitate oder Paraphrasen des Bibeltextes handelt, sondern auch um weitere Stationen und Erläuterungen zu Namen. Gegen Ende des Textes kommt es gehäuft zu Auslassungen. Im Reiseabschnitt vom Berg Thabor bis Damaskus ist nur das Grundgerüst der Reiseroute Bestandteil der Edition: Fol. 30^r–31^v nehmen daher nur eine halbe Seite in der Edition ein. Bei der Erwähnung von Capharnaum wird in dem ausgelassenen Text ein weiterer Berg zwischen Capharnaum und *mons Thabor* erwähnt (*mons de quo voluerunt Judaei Christum praecipitare*, fol. 30^r). Auch die ausführlichen Erklärungen zu den verschiedenen Namen des Sees Genesareth im Anschluss an diese Passage wurden weggelassen: *De Capharnaum venitur ad mare Galileae, quod est Tyberiadis sive stagnum Genezareth* (...) soweit ist der Text in der Edition von Kaeppeli (1955) S. 539 ediert: *dicitur enim mare propter magnam congregationem aquarum, quae ex diversis motibus illuc confluunt. mare autem Galileae dicitur, quia est in territorio et in finibus Galileae ...* (30^r).

Die Textauswahl der Editoren ist aus dem historischen Forschungsinteresse an dem Text zu erklären. Bei einer Lektüre des *Liber* als narrativem Text gewinnen gerade die ausgelassenen Passagen, Zitate und Paraphrasen aus der Bibel an Bedeutung, die im Zusammenhang mit den heiligen Orten genannt werden. Aus der Perspektive des Informationsgewinns für Geographie und Archäologie

---

376 Vgl. die Einleitung zur Edition von Kaeppeli (1955) 513.
377 Vgl. die Einleitung zur Edition von Kaeppeli (1955) S. 513, Anm. 2.
378 Ebd.

IMAGINIERUNG DER PILGERREISE

verurteilen die Editoren den Text: „Le récit de frère Humbert est impersonnel, monotone et, du point de vue géographique et archéologique, sans intérêt particulier."[379] Vielleicht auch aufgrund dieses Urteils wurde der Text bislang in der Forschungsliteratur nicht berücksichtigt.

4.6.2 Narrative Strukturierung

Der *Liber* Humberts ist ringförmig angelegt: Beginn und Ende der Reise ist Zypern: *a Cypro siquidem meum sumens initium ac finem faciens in eodem* (S. 517). Die Insel ist, wie das Ende des Textes unterstreicht, kein beliebiger Start- und Endpunkt. Der Text schließt mit einem gesuchten Hinweis auf das himmlische Paradies. In einer Abtei auf einem hohen Berg Zyperns findet sich das im Ganzen erhaltene Kreuz des guten Räubers. Mit dem Bezug auf dessen Worte endet der Text (Lk 23,42): *„Memento mei, Domine, dum veneris in regnum tuum." Cui respondens Christus assertive subiunxit: „Amen dico tibi: hodie mecum eris in paradiso." Ad quem nos perducat ipse Dei filius, qui est per infinita saecula saeculorum benedictus. Amen* (S. 540). Dieses Textende weist auf eine Heilsstruktur des *Liber* hin.

Zudem ist der Text explizit in einen alttestamentlichen und einen neutestamentlichen Teil gegliedert: *Dicto de locis Antiquae Legis, nunc dicendum est de locis Novae Legis, in quibus Christus natus et conversatus* [*est*], (S. 525). Im AT-Teil wird die Reise von Zypern über Ägypten und den Sinai beschrieben (S. 517–525), im NT-Teil der Reiseverlauf ab Gaza (S. 525–540). Diese Aufteilung entspricht sowohl der logischen Struktur der Bibel als auch der zu dieser Zeit üblichen Reiseroute, da vor der Einreise in das Heilige Land eine Reiseerlaubnis des Sultans in Ägypten eingeholt wird.[380]

Der Text ist in unpersönlichem Stil verfasst. Wie üblich, tritt das Erzähler-Ich an einigen Stellen hervor.[381] So wird in der ersten Person Plural (der Pilgergruppe) auf die bereiste Route verwiesen, z.B. *qui autem vult ire* (...) *sicut nobis fecimus* (S. 518) oder *quia viam illam non fecimus* (S. 519). Ebenso wird die Augenzeugenschaft betont, z.B. *propriis vidi oculis* (S. 524). Die Ankunft an einzelnen Stationen der Reise wird nicht zeitlich fixiert.

Im Gegensatz dazu wird im *Itinerarium ad Sepulcrum Domini* des Antonius die Reise in einen zeitlichen Rahmen gesetzt. Die genauen Daten der Abreise von Famagusta und die Ankunft in Acco zu Beginn des Textes werden

---

379 KAEPPELI (1955) 515 in der Einleitung zur Edition.

380 *Ad impetrandum a Soldano literas securi conductus et suae gratiae* ..., S. 518. S. auch S. 273.

381 Siehe dazu oben S. 39 f.

196 KAPITEL 4

notiert.[382] Die Ankunft an wichtigen Orten wird zeitlich fixiert, z. B. Damaskus
(S. 155) sowie Jerusalem (*die vero Martis post pascha in Sanctorum Tibureii et
Valeriani (festo)*, – 14.4., S. 156). Nicht nur die räumliche Verortung seiner Reise
gibt der Autor an seine Leser weiter, sondern auch die zeitliche. Der Autor markiert seinen Aufenthalt im Heiligen Land durch zeitliche Koordinaten, um der
Nachwelt, wie er zu Beginn des Textes schreibt, eine Erinnerung an seine Reise
zu hinterlassen: *ut posteris memoriam relinquam* (S. 154). Diesem Vorhaben entspricht auch die Verwendung der ersten Person statt der neutralen dritten.

Bei der Beschreibung handelt es sich um ein Durchschreiten der heiligen
Orte nach topographischen Prinzipien. Der Raum des Heiligen Landes entfaltet sich durch die knappe Aneinanderreihung der Orte, häufig mit der Angabe
der Entfernungen. Diese Beobachtung trifft auf beide Texte zu.

Die Beschreibung der Route im *Itinerarium* verfolgt keinen bestimmten
heilsgeschichtlichen Plan. Der erste beschriebene Ort ist zwar Nazareth (*civitas Christi, ubi scilicet fuit nutritus*, S. 155), doch Jerusalem wird beispielsweise
vor Bethlehem geschildert. Stilistisch folgt die Beschreibung dem üblichen
Wegstreckenschema.[383] Die Orte werden aneinandergereiht mit Verben wie
venimus – pervenimus – vidimus – vidimus (S. 156). Auch im *Liber* Humberts
sind die Orte in der Reihenfolge des Besuchs entsprechend dem Wegstreckenschema angegeben: z. B. mit *venitur – venitur – venitur* (S. 519 oder 532 f.) und
durch *item – item – item* (S. 521 oder S. 529). Die knappe Darstellung ohne
Abschweifungen führt dazu, dass ein Nachvollzug der Bewegung durch den
Raum ermöglicht wird, wie das Beispiel der Beschreibung Bethlehems zeigt:
*De Ebron venitur in Bethleem, ubi est quaedam pulcherrima ecclesia (...) In ista
ecclesia, subtus altare maius, est praesepium Domini, ubi natus fuit Christus de
Virgine Maria et positus ex uno latere inter bovem et asinum, et ex alio latere
est locus in quo stabat B.V. Maria, quando ipsum peperit, sed modo est ibi fac-
tum unum altare parvum de marmore albo (...) Supra istum locum, extra tamen,
est quidam puteus, in quo cecidisse dicitur illa stella quae usque ad locum illum
Reges duxit* (S. 526 f.). Der Ort der Geburt wird nach der Darstellung in den apokryphen Evangelien mit Ochs und Esel präsentiert und sogar der Weihnachts-
stern wird mithilfe des Brunnens, in dem er versunken sein soll, lokalisiert.[384]
Die Formulierung *Supra istum locum, extra tamen* belegt die Bemühung, den
Ort an die Darstellung in den biblischen und apokryphen Evangelien anzu-

---

382 *Anno Domini* MCCCXXVIJ *die* XVIJ *Marcii ascendi mare in sero in Famagusta et* XVIIIJ *die
ejusdem mensis, die scilicet, quo cantatur oratio* (...) *pervenimus Acon*, S. 154.

383 Siehe dazu oben S. 42 f.

384 Diese Tradition erwähnt schon Gregor von Tours, *De gloria Martyrum* 1,1. Ed. KRUSCH
(1885), MGH script. Merov. I; in Pilgertexten z. B. Saewulf, Ed. HUYGENS (1994) S. 36.

IMAGINIERUNG DER PILGERREISE

passen. Die Beschreibung geht aus von bekannten Bildern wie Krippe, Ochs und Esel oder dem Stern und fügt die sichtbaren Markierungen wie die Kirche, den Altar und den Brunnen hinzu. Auf diese Weise vervollständigt sich sozusagen das Bild, das dem Leser in der Imagination vorliegt. Der Blick des Lesers wird in der Kirche sogleich auf den wichtigsten Punkt gelenkt, den Hauptaltar mit der Krippe darunter. Die Blicklenkung funktioniert mittels Richtungsangaben.

Den biblischen Ereignissen werden verschiedene Orte zugewiesen, z. B. Kirchen, Kapellen, Altäre oder Brunnen – auf diese Weise, durch die Verbindung von biblischem Ereignis und *locus*, wird die Rememorierung des biblischen Geschehens unterstützt.[385] Im Text manifestiert sich das biblische Ereignis durch eine im Hier und Jetzt des Erzählers sichtbare Spur. Ein Beispiel dafür ist ein schwarzer Stein, der die Stelle markiert, auf die Christus nach der Kreuzesabnahme als erstes gelegt wurde.[386]

Der Aspekt der *memoria* ist zentral bei der Beschreibung. Die *landmarks*[387] sind Zeugen der *memoria* an das jeweilige Ereignis, z. B. (...) *et dicta porta stat adhuc tota integra in memoriam huius facti* (S. 532) oder (...) *in quadam arbore, quae ibi adhuc est in memoriam dicti facti* (S. 533).

Die Schönheit der Kirche von Bethlehem wird in den meisten Pilgertexten notiert, auch in Humberts Text.[388] Im *Itinerarium* des Antonius wird in einer *Praeteritio* die besondere Schönheit der *ecclesia Bethleemitica* ausgedrückt: *Narrare siquidem seriose et sigilatim ipsius per totum mondum venerandae ecclesiae magnitudinem, latitudinem* (...) *picturarum varietatem* (...) *nimis esset longum enarrare* (S. 160). Bei den aufgezählten Dingen handelt es sich nur um *temporalia*, bedeutend für den Pilgernden sind *spiritualia*. Eine derartige Reflexion über das bisher in den Pilgertexten beobachtete Charakteristikum, sich nur auf die Heilsereignisse zu beschränken und nicht auf die Äußerlichkeiten einzugehen, findet sich in anderen Pilgertexten nicht. Dieser Aspekt wird im Text des Antonius explizit angesprochen: *Set temporalia transeamus et solum, quae sunt in ipsa sacratissima ecclesia spiritualia, dicamus* (S. 160).[389] Die Orientierung auf das biblische, heilszeitliche Geschehen wird explizit benannt.

---

385 Vgl. zur *Ars memorativa* S. 66 f.

386 *Est unus lapis niger de marmore ad quantitatem et mensuram corporis Christi, super quo primo posuerunt, quando de cruce deposuerunt*, S. 528.

387 Siehe dazu oben S. 51 f.

388 *Bethleem, ubi est quaedam pulcherrima eccesia opere mosaico depicta et sustentatur super xlii pilaria de marmore nobilissimo* (...), S. 526.

389 Die Unterscheidung zwischen *temporalia* und *spiritualia* als dem weltlichen und dem geistlichen/göttlichen Bereich Zugeordnetes spielt unter anderem bei der Beilegung des Investiturstreits eine Rolle vgl. z. B. JAKOBS (1999) 168.

198 KAPITEL 4

Temporalia sind äußerliche Dinge, die sich im Laufe der Zeit verändern, wie das Aussehen der Kirchenbauten. Darunter fallen auch die aktuellen Zustände im Heiligen Land. Wichtig sind als *spiritualia* die Orte biblischen Geschehens. So folgt im Text des Antonius der Hinweis auf den Ort, an dem Christus geboren wurde (*locus, ubi Christus fuit natus*, S. 160).

Durch die Verbindung von Heilsort und Heilsereignis wird der Heilsraum des Heiligen Landes aufgespannt. Dafür ist, um in Antonius' Terminologie zu bleiben, die Orientierung an *spiritualia* ausschlaggebend. Zudem wird der Rezipient miteinbezogen. An mehreren Stellen findet sich die explizite Aufforderung, die Passage in der entsprechenden Stelle der Bibel nachzulesen: *lege librum* (...).[390] Die Leseanweisungen sind nur in dem ersten Textteil über das Heilige Land eingefügt. Ein Beispiel für diese Strategie ist der Ort der Salzsäule: *Prope istud mare mortuum sive Sodomorum est mons, ubi est civitas Segor, ad quam confugit Loth dicens: Numquid non modica est? Et est ibi statua sallis, quae quondam fuit uxor Loth; lege librum Genesis* (S. 155). Mit den expliziten Lektüreanweisungen hängt das häufige Anzitieren von Bibelstellen mit „etc." zusammen. Der Leser kann die anzitierten Passagen im Geiste selbst vollenden (vgl. z. B. S. 159). Im Textabschnitt über Ägypten und den Sinai wird eine andere Erzählstrategie wirksam: Der Raum der Wüste wird mit Wundern besetzt.

4.6.3 *Die narrative Konstitution der Wüste als Raum des Wunders*

In fine huius deserti (sc. deserti Gazae) invenitur quaedam magna civitas, quae vocatur Kayrum sive Cadrum, habens in longitudine plusquam tria milaria, et est ita ibi tantus populus, quod sicut arena maris non potest numerari (S. 519). Im alttestamentlichen Teil des *Liber* öffnet sich eine neue Welt „am Ende der Wüste".[391] Diese Formulierung belegt schon das Anderssein dieses Landbereiches. „Am Ende der Wüste" liegt Kairo. Von den diversen *mirabilia*, die als „für uns völlig ungewohnt" bezeichnet werden, werden zwei näher bestimmt:[392] die Hühnerbrutanlage[393] und die Leihesel Kairos, die auch im Text des Symon Semeonis genannt werden (vgl. S.322). Die erstaunlichen Tiere Kairos (*multa et diversa animalia stupenda*, S. 520) werden ohne eine genauere Beschrei-

---

390 S. 155, S. 158, S. 159 f.
391 Vgl. zum Wüstenraum auch unten S. 292 f.
392 *In ista civitate sunt multa mirabilia et quasi incredibilia et quoad nos penitus inconsueta, de quibus tantum narro duo*, S. 519 f.
393 *Gallinae et galli* (...) *generantur ibi non per modum naturalem et inter nos consuetum, sed magis artificialiter*, S. 520. Die im Vergleich zu anderen Texten ausführliche Beschreibung umfasst in der Edition eine halbe Textseite.

IMAGINIERUNG DER PILGERREISE

bung aufgezählt: *leopardi, elephantes, unicornia, crocodilli, girafili et simila, de quorum nominibus non valeo recordari* (S. 520). Ein Grund für die zurückhaltende Darstellung der wunderbaren Tiere könnte eine Bemerkung sein, die im Zusammenhang mit Damaskus steht. Die Passage ist nicht in der Edition zu finden, obgleich sie für die Textkonzeption von Belang ist: *In hac nihilominus civitate sunt multa alia mirabilia et stupenda, quae recitare omnia longum esset, ut aestimo, et taediosum* (fol. 31ʳ). Diese Worte, nach denen die *mirabilia* der fremden Welt ein Gefühl des *taedium* erzeugen, zeigen explizit die sekundäre Rolle der *mirabilia* im *Liber* Humberts,[394] auch wenn bei der Beschreibung Kairos zwei *mirabilia* hervorgehoben werden.

Der Weg durch die Wüste nach Kairo bleibt weitgehend unkommentiert. Die Wüste zwischen Gaza und Kairo wird nur als gefährlich bezeichnet, besonders bei Wind.[395] Die Reise von Babylon zum Berg Sinai durch die Wüste wird dagegen ausführlich erzählt. An die Stadt Babylon schließt sich das *desertum maximum* (S. 522) an. Diese weitere Wüste zeichnet den Sinai als „Rand der Welt" aus.[396] In der Erzählung des Weges durch die Wüste werden die Strapazen und Gefahren ausgeblendet. Denn nicht die Dokumentation der Reise des Pilgers steht im Zentrum, sondern die Reise der Kinder Israel, die im Text nachvollzogen wird. *Primo ergo, faciendo viam filiorum Israel, venitur ad quemdam fontem, qui vocatur fons Moisi, eo quod ipse Moises dictum fontem venire fecerit nutu Dei, de quo bibit populus et iumenta* (S. 522). Die Struktur der Beschreibung ist mit *primo* und *postea – postea* (S. 522 f.) auf den Nachvollzug angelegt.

Die Schilderung der Passage aus dem Exodus (Ex 14–15) ist ausführlich und zum Teil redundant, sodass die Editoren einen sehr großen Teil davon auslassen (ca. 1,5 Folia, fol. 9ᵛ–10ᵛ). Doch der Abschnitt ist bedeutsam für das Gesamtverständnis des Textes und gerade der auf den ersten Blick schwerfällige Stil erleichtert den gedanklichen Nachvollzug. Zunächst wird das Geschehen in die Landschaft eingebettet und erläutert, wo sich die in der Bibel erwähnten Orte befinden: *Postea venitur ad quamdam planiciem satis pulchram, quae vocatur Phyayroth, et est inter quemdam montem vocatum Belsephon et desertum quod vocatur Magdalum* (S. 522). Die einzige Eigenschaft, die einem der Orte zugesprochen wird, ist das auf die Ebene bezogene *satis pulchram*. Das genaue

---

394 Vgl. aber die ausführliche Behandlung der *mirabilia* bei anderen Autoren des 13. und 14. Jahrhunderts; siehe dazu S. 273.

395 *Post Gazam incipit desertum magnum xii dietarum, quod vocatur desertum Gazae, et est sabulosum totum et, cum ventus flat, multum periculosum* (S. 519, vgl. auch S. 525). Siehe zur Wüste als Gefahrenraum oben S. 292.

396 HIESTAND (1993) stellt die Rand- und Ausnahmestellung des Sinai dar, indem er Beispiele verschiedener Reisender diskutiert. Vgl. HIESTAND (1993), hier S. 90.

200   KAPITEL 4

Aussehen ist ebenso wie eine Erwähnung aktueller Zustände an dieser Stelle nicht von Bedeutung.[397] Es geht um den Nachvollzug des biblischen Geschehens.[398]

In der von den Editoren ausgelassenen Textpassage wird ausführlich das Schilfmeerwunder (Ex 14) erzählt. Die Furcht des Volkes Israel in der ausweglosen Situation wird eindrücklich geschildert: *timore horribili, et quasi incredibili timuerunt*, (fol. 9^v) – mit Blick auf die Alternativen: *vel intrare marem Rubrum et submergi; vel per viam, qua venerant (...) in Babyloniam reverti; vel ab ipso Pharaone et suo exercitu se rapi permitterent et occidi* (fol. 9^v). Moses teilt schließlich das Meer auf Befehl Gottes und rettet das Volk Israel: *et ibidem de mandato Domini virga, quam in manu sua tenebat, mare Rubrum tetigit: quod subito ad eius tactum se divisit* (fol. 10^r). Auf diese Weise muss das ägyptische Heer ertrinken: *et sic submersus est Pharao et totus eius exercitus in medio maris Rubri* (fol. 10^r). Die Passage endet mit dem Schilfmeerlied (Ex 15), das anzitiert wird: *Cantemus domino, gloriose* etc. (S. 523). Angesichts des Wunders, so heißt es in dem in der Edition ausgelassenen Textteil (*in signum miraculi*, fol. 10^v), singt das Volk Israel das Lied.

Die Wüste wird bei Humbert als Zone der Wunder stilisiert, indem die göttlichen Wunder auf dem Zug des Volkes Israel durch Ägypten (im Text *miraculum* fol. 10^r und 11^v) nachvollzogen werden. Bei dem gedanklichen Nachvollzug von Exodus 14 ist es bezeichnend, dass das Schilfmeerlied nicht ausgeschrieben wird. Damit erhält der Leser die Möglichkeit, das Lied gedanklich zu vervollständigen. Somit wird der Text zu einer Art Bibel-Meditation, durch die der Leser die biblischen Ereignisse visualisieren kann. Trotz der offensichtlichen Bekanntheit wird diese Bibelstelle deswegen ausführlich geschildert. Den Nachvollzug der Reise des Volkes Israel drückt die im Folgenden bei den weiteren Stationen verwendete Formulierung explizit aus: *Postea venitur et venerunt filii Israel (...) de isto loco venitur et venerunt filii Israel* (S. 523). Die Worte deuten an, dass die Durchquerung der Wüste rein als Nachvollzug des Weges des Volkes Israel beschrieben wird. Am Beispiel der Textpassage des Schilfmeerwunders lassen sich Mechanismen der Vergegenwärtigung aufdecken. Durch die Paraphrase biblischer Topoi und das Anzitieren bekannter Passagen kann bei einer entsprechenden meditativen Haltung ein Effekt von Unmittelbarkeit eintreten. Auf diese Weise wird im Medium des Textes die Heilserfahrung der Wüstenwanderung transportiert.

---

397   Aktuelle Bezüge sind selten, z. B. ein Verweis auf die Sarazenen (S. 532) oder auf Kreuz-
      fahrergräber (S. 528).
398   Vgl. ähnlich den Text der Egeria, siehe S. 95 ff.

IMAGINIERUNG DER PILGERREISE   201

Dieser kurze und bisher in der Forschung kaum beachtete Text ist ein wichtiges Zeugnis, da er einerseits eine ganze Reihe der bisher beobachteten Erzählstrukturen und -strategien der Pilgertexte in sich trägt,[399] andererseits – bei der Beschreibung der Sinaireise – persönliche abenteuerliche Erlebnisse erzählt, was in dieser Form bislang in den Texten nicht beobachtet werden konnte.

Auf deutlich andere Weise als in Humberts Text wird in Antonius' *Itinerarium* die Wüste als Raum des Wunders deklariert. Der geographische Schwerpunkt liegt im zweiten Textteil des *Itinerarium* auf Ägypten und dem Sinai (S. 162–174). Auch in diesem Abschnitt steht das biblische bzw. mit der Bibel zusammenhängende Geschehen im Zentrum des Interesses, wie das Beispiel der Beschreibung Alexandrias zeigt: *Alexandriae visitavi loca bucula, ubi evangelista Marcus fuit tractus et martyrizatus et sepultus et inde Venetias translatus. Alexandriae visitavi locum, ubi sancta Katerina fuit decapitata* (S. 163).[400]

Den größten Teil des Textes nimmt die Erzählung über die Reise durch die Wüste zum Berg Sinai und wieder zurück ein. Diese Passage stellt, so hat es zunächst den Anschein, eine subjektive Schilderung der Reiseerlebnisse dar. Im Zusammenhang damit ist auch die genaue zeitliche Fixierung des Aufenthalts an den einzelnen Orten zu sehen: *Anno vero Domino* MCCCXXXJ *die* XVJ

---

399 Neben dem Wegstreckenschema und dem Beschreibungssschema der heiligen Orte die Beschreibung performativer Handlungen: liturgische (z. B. S. 155: *feci mille genuflexiones cum Ave Maria et ter celebravi ibidem*) als auch andere, wie das Trinken aus dem See Genesareth (S. 155: *bibi tam bonam aquam et tam dulcem*) oder das Nehmen des Maßes am Grab Christi (*mensuravi*, S. 162). Die Erzählung fokussiert biblisches Geschehen: Eindrücke über Personen, Landschaften oder allgemein Fremdes werden kaum wiedergegeben (vgl. aber über Mohammed S. 168). Im Zentrum des Interesses stehen die heiligen Orte mit ihren zugehörigen heilsgeschichtlichen Ereignissen. Siehe dazu die von Antonius eingeführte Unterscheidung zwischen *temporalia* und *spiritualia*. Eine rhetorische Strategie bei der Beschreibung des Unbekannten, die auch in Antonius' Text verwendet wird, ist der Vergleich mit Bekanntem. Der Rekurs auf dem Leser Bekanntes hat eine entscheidende Funktion, wie sich bei der Beschreibung fremder Tiere als Zusammenstellung bekannter Wesen zeigt. Vgl. S. 278 f. mit Forschungsliteratur. Vgl. bei Antonius die Giraffe: *habet pillum orbiculatum pulcerrimum et pedes sicut pedes bovis et collum longum per* XX *bracchia, caput sicut equi* (S. 164). Der Italiener Antonius vergleicht das Gesehene an zahlreichen Stellen mit Italien. Der Nil ist größer als der Po (S. 163), St. Stefano in Bologna ähnelt der Grabeskirche: *Ecclesiam (…) sepulcri si vultis scire, quomodo facta est, videatis ecclesiam Bononiae sancti Stefani* (S. 161). Vgl. zu St. Stefano KRAUTHEIMER (1942) 17 ff. Auf diese Weise wird der Leser bei der Visualisierung der Orte unterstützt.

400 Die exotischen Tiere, die der Sultan hält, werden nur kurz erwähnt. Siehe dazu unten S. 273 im Kapitel zu Wilhelm von Boldensele. Die Pyramiden werden als Kornkammern Josephs direkt in biblischen Zusammenhang gestellt (*In Babylonia vidi granaria Josep, de quibus loquitur Genesis*, S. 164) und die Kirchen Babylons werden aufgezählt. Einen langen Abschnitt widmet der Autor im Anschluss dem Balsamgarten, dessen wunderbare Geschichte er ausführlich erzählt (S. 164).

Januarii in festo sancti Marcelini papae recessi de Kayro Babiloniae, ut venirem ad desertum filiorum Ysraelis ad montem Synay ad sanctam Katerinam cum VIIJ peregrinis latinis (S. 165). Die numerische Exaktheit – auch die genaue Angabe der Pilgeranzahl in der Reisegruppe – suggeriert Glaubwürdigkeit und dokumentiert die Reise.

Während sich in anderen Pilgertexten nur knappe Bemerkungen über die Anstrengungen des Weges finden oder symbolische Andeutungen der Gefahren der Wüste (vgl. unten S.292), wird in Antonius' Text ausführlich über die lebensbedrohlichen Erlebnisse und die Begegnungen mit den gefährlichen Wüstenbewohnern reflektiert. Der Hinweis auf die äußeren Strapazen und die inneren Ängste leitet die Erzählung ein: *In qua quidem via multa substinuimus adversa exterius laboris viae et interius timoris mortis* (S. 165).[401] In Antonius' Text entfaltet sich ein Raum der Gefahren, der zwar überwunden werden muss, in dem die Reisenden jedoch unter dem besonderen Schutz Gottes und der Heiligen stehen.

Der Wüstenraum wird als Gefahrenraum inszeniert, indem die beständige Bedrohung einerseits durch die arabischen Reiseführer, welche die Gruppe auf Abwege führen, und andererseits durch Angriffe von außen ausgeführt wird. Auf Rückreise wird der Wassermangel und ein Überfall als tödliche Gefahr betont.

Das erste Textbeispiel für die Ausfaltung des Gefahrenraums ist die Erzählung des Angriffs an der Mosesquelle: Die arabischen Reiseführer bedrohen die Pilgergruppe: *voluerunt nos invadere et jugulare* (S. 165). Die Gruppe erwartet den Angriff, zu dem es aufgrund der Bewaffnung der Gruppe nicht kommt: *et nos viriliter cum arcu et sagittis, lapidibus et baculis fecimus custodiam illa nocte, quod videntes continuerunt se, quia non erant nixi quatuor cum singulis lanceis et duabus mulieribus et duobus pueris parvis. Et nos habebamus bonum arcum et spicula XIJ et eramus VIIJ personae viriles et bene inducti. ipsi vero in camisia nudi* (S. 165). Auch zu einem weiteren befürchteten Angriff am nächsten Tag kommt es nicht: *In aurora diei scilicet in crastinum in festo sanctae Agnetis visi sunt nos velle invadere. set Deus semper pervertit, nam si incepissent, putabamus sine dubio omnes trucidare, set proh postea fuissemus omnes mortui in deserto, quia viam nesciebamus* (S.165).

Bei Zeitangaben wie bei Personen oder Waffen führt die genaue Zahlenangabe zu einer Authentifizierung des Geschehens. Die Todesgefahr wird durch

---

401   Im Gegensatz zu dem strukturlosen, gottlosen Wüstenraum, der vom Reisenden überwunden werden muss und der in Ludolfs Text vor dem geistigen Auge des Lesers entsteht, vgl. dazu unten S. 292 ff.

IMAGINIERUNG DER PILGERREISE   203

das verwendete Vokabular (*invadere, jugulare, invadere, trucidare, mortui*) eindringlich ausgedrückt. Der Ort des geschilderten Geschehens ist die Mosesquelle, ein heiliger Ort, an dem Gott nach dem biblischen Zeugnis ein Wunder
vollbrachte. An diesem Ort wirkt Gott noch im Hier und Jetzt des Erzählers
Wunder: *set Deus semper pervertit* (S. 165). Die sichere Reise durch den Wüstenraum zum Katharinenkloster wird als Reise unter dem Schutz Gottes, Moses
und der Katharina dargestellt.[402] Das Katharinenkloster ist durch seine abge-
schiedene und abgegrenzte Lage als heiliger Ort ausgezeichnet.[403] Während in
den anderen Texten dieser Zeit das Katharinenkloster als heiliger Raum deutlich hervorgehoben wird,[404] wird in Antonius' Text die Wüste mitsamt dem
Katharinenkloster als Landschaft stilisiert, in der Gott besonders stark Wunder wirkt.[405]

Die Beschreibung der Rückreise stellt ein Changieren zwischen Todesgefahr und Errettung aus dieser dar. Die Inszenierung der göttlichen Wunder
wird durch die Verknüpfung der Erzählung mit biblischen Wundern offenbar.
Der glückliche Abschluss der Reise gipfelt in dem Auszug aus der Wüste mit
Engelsgeleit nach dem Buch Tobit (S. 170). Die Gefahren der Rückreise werden
ausführlich erzählt und in bunten Farben gezeichnet.

Ein Beispiel dafür ist das Wasserwunder. Wieder wird die tödliche Gefahr
betont, diesmal aufgrund des Wassermangels: *nam erraverunt in via conduc-
tores nostri; panem ad mensuram habebamus, aquam minus, ymo propter def-
fectum aquae quasi fuimus mortui* (S. 169). (...) *invenimus aquam corruptam
et stercoribus camellorum infectam, colore viridem, spissam, fetidam et salsam,
potum mortis, quem bibimus eo die* (S. 169). Am nächsten Abend kann das
verdorbene Wasser nicht mehr getrunken werden, durch ein Wunder taucht

---

402 *Tandem non nostris meritis, set Dei misericordia, orante pro nobis sancto Moyse et beata
     Katerina, cujus peregrinationem agebamus, sabbato LXX pervenimus ad monasterium sanc-
     tae Katarinae, quod est juxta radicem montis Synay* (S. 166). Vgl. auf der gleichen Seite *set
     gratia Dei*.

403 Siehe dazu die Diskussion auf S. 295 ff.

404 Vgl. S. 293 f.

405 Bei der Beschreibung des Katharinenklosters wird das Ungezieferwunder wiedergegeben
     (*miraculum*, S. 167), das Ölwunder in Verbindung mit den Gebeinen der hl. Katharina
     (S. 169), die Abdrücke der Katharina und des Moses im harten Stein (S. 167 ff.) – übliche
     Bestandteile der Sinaibeschreibung. Siehe dazu in den Texten des Wilhelm von Bolden-
     sele und Ludolf von Sudheim S. 302 f. Im Kloster ist ebenso, trotz seiner abgelegenen Lage,
     erstaunlicherweise immer genug zu Essen vorhanden ist: *Et cum distent ab habitatione
     humana per CL millaria in deserto, tamen semper habondanter Deus mittit eis*, S. 167. Auf
     dem Weg zum Berg Sinai wird die Geschichte des Elias und dem Raben erwähnt (1 Kön
     17,1–6) mit dem Zeugnis im Hier und Jetzt des Erzählers von 100 Raben, die täglich zur
     Speisung zu den Mönchen dieses Ortes kämen (S. 167).

204 KAPITEL 4

trinkbares Wasser auf: *post preces, singultus, lacrimas et suspiria, orante pro suis peregrinis beata Katerina, divina clementia exinsperato non sine omnium admiratione et stupore miraculose nobis providet de bona aqua* (S. 169). Auf der Wüstenwanderung gelangt das Volk Israel an den Ort Mara (Ex 15,23). Das bittere Wasser dort ist nicht trinkbar, aber durch ein von Gott gewirktes Wunder wird es süß. Auch das im Pilgertext beschriebene Wasser ist verdorben, ein „Trank des Todes" (*potum mortis*). Die Textpassage ist auffällig rhetorisch gefärbt. Die Verdorbenheit des Wassers wird mit zahlreichen Eigenschaften beschrieben, ebenso das Beten zur heiligen Katharina. Was genau es mit diesem Wasserwunder (*miraculum*, S. 170) auf sich hat, bleibt in der Erzählung im Dunkeln – offensichtlich beabsichtigt, um den Wundercharakter durch die Narration zu transportieren: *modum autem, quomodo ipsam aquam habuimus, nimis esset longum enarrare, ideo taceo. Quid plura?* (S. 170) Im Folgenden wird das Wasser nochmals als von Gott geschickt bezeichnet (*cum illo modico poculo aquae a deo nobis missae*, S. 170).[406] Aufgrund des Wasserwunders soll nach dem Gelübde des Kaufmanns Johannes de Rosal in der Kirche von Piacenza die Legende der heiligen Katharina gemalt worden sein, so heißt es im Text (S. 170).[407]

Der Abschluss der Wüstenepisode wird durch ein Naturschauspiel plakativ in Szene gesetzt. Der Himmel öffnet seine Schleusen, es regnet und hagelt (vgl. die siebte Plage, Ex 9,23). Den glücklichen Ausgang der Reise unterstreicht schließlich die Inszenierung der Wüstendurchquerung mit Hilfe biblischer Topoi: Den Weg nach Gaza findet die Gruppe nicht mit Hilfe der Reiseführer, sondern durch die Weisung des Engels Raffael, wie Tobias auf seiner Reise (Tob 5,1 ff.): *Post illud periculum statim eodem die et hora nona catharathae celi, ut ita loquar, appertae fuerunt, et descendit super nos inundatio aquarum et grandinum et viam nesciebamus et modicum panem habebamus, sed, perseverante in*

---

406 Auch die Errettung vor einem weiteren Überfall wird dem Schutz der heiligen Katharina zugeschrieben. Zudem werden die zu leistenden Gelübde aufgezählt. Die genauen Umstände bleiben wie bei dem Wasserwunder unerwähnt. *Quid plura? Quae nos liberavit de morte sitis et de manibus illorum Arabum, sicut praedictum est, scilicet sancta Katerina, cujus peregrinationem agebamus, post multorum vota, preces et lacrimas, inter quos vovi, quod ego ad honorem sanctae Katerinae XVIIJ Ave Maria, genuflexiones propter illum numerum annorum aetatis ipsius, que fuit puela annorum XVIIJ, similiter vovi matri Dei semper vigilias ipsis IV^{or} et beatae Katerinae jejunare in pane et aqua, si ipsius meritis non periremus in manibus canum inimicorum crucis Christi. Quid plura? Post aliquas horas Deus mutavit furiam cordis eorum in mansuetudinem* ..., S. 170.

407 Über diesen Kaufmann sowie die Abbildungen ist nichts weiter bekannt. Vgl. in der Edition von RÖHRICHT (1890) S. 170, Anm. 136. Die in Piacenza sichtbare Abbildung stellt (falls es sie gab) eine Authentifizierung der Erzählung des Antonius dar.

oratione pro suis peregrinis sancta Katerina, ambulavimus bonam viam casu non alicujus scientiae set dirigente nos angelo, qui direxit Tobiam (S. 170).

Die Beschreibung der Reise durch die Wüste, die als persönliche Schilderung erlebter Abenteuer gestaltet ist, zeigt sich als Rekurs auf biblische Topoi und als Begehung eines Wunderraums. Die Wüste wird als Ort göttlicher Wunder, die noch in der Gegenwart erlebt werden können, stilisiert. Die persönliche Schilderung der Abenteuer in der Wüste ist zwar neu, sie wird jedoch ganz in den Kontext biblischen Geschehens gestellt.

Im *Itinerarium* des Antonius de Cremona wird eine deutlich subjektiv gefärbte Schilderung spürbar. Der Text manifestiert sich als Zeugnis der persönlichen Religiosität des beschriebenen Ichs, wie das Fazit der Sinai-Reise unterstreicht: *In mondo non est durior peregrinatio quam ad montem Synay et, si praescivissem ipsa pericula, nunquam pedem posuissem, set multum gaudeo, quod feci, quia rogare deum didici, quia nunquam fui in periculo nixi ibi. Set semper una radix spei erat in corde meo, quod beata Katerina non permitteret nos perire, quae ita exaudibilis sancta est* (S. 171).

Während Humberts *Liber* den Rezipienten zu einer Imaginationsleistung ermuntert, nämlich den Nachvollzug der Bewegung durch den Raum, wird der Leser von Antonius' *Itinerarium* mit Leseaufforderungen (*lege librum* ...) direkt zu dem praktischen Vollzug der Bibellektüre aufgefordert. Auf diese Weise können sich Effekte von Präsenz einstellen.

Der Wüstenraum ist im Text Humberts und im *Itinerarium* des Antonius de Cremona auf jeweils unterschiedliche Weise als Raum des Wunders stilisiert. Im Text Humberts wird die Durchquerung der Wüste als Weg des Volkes Israel nachvollzogen und die göttlichen Wunder dieses Weges beschrieben. Im *Itinerarium* des Antonius de Cremona erscheint der Weg durch die Wüste zunächst als eine Schilderung persönlicher Abenteuer, doch dieser Weg ist mit biblischen Topoi gestaltet.

4.7   Jacobus de Verona: *Liber peregrinationis*

Jacobus de Verona verfasst um 1335 den *Liber peregrinationis*, der 1950 von Ugo Monneret de Villard ediert wurde.[408] Über Jacobus ist nur bekannt, was

---

408   MONNERET DE VILLARD 1950, Nachdruck der Edition bei CASTAGNA 1990 auf den Seiten 203–351. Ich zitiere nach der Seitenangabe im Nachdruck der Edition von MONNERET DE VILLARD 1950 bei CASTAGNA 1990, hier S. 219. Die Seitenangabe bei MONNERET DE VILLARD 1950 ist jeweils abzüglich 200, in diesem Fall also S. 19. Zugunsten eines besseren

dem Text zu entnehmen ist.[409] Zu Beginn wird der Name genannt, die Stellung als *Lector* des Augustinerordens (*lector fratrum heremitarum Sancti Augustini*) sowie das Jahr der Pilgerfahrt mit dem Jahr 1335.[410] Der lateinische Text ist in zwei Handschriften aus dem 15. Jahrhundert überliefert.[411]

4.7.1 Aufbau und Struktur

In der Edition sind drei Texte publiziert, die in der lateinischen Handschrift vor dem Haupttext stehen: *I. Peregrinationes et indulgentie Terre sancte, II. conductus pro via, III. Benedictio vini in amore Johannis, evangeliste et apostoli*. Der erste Text ist ein Pilgerführer: „una vera e propria guida per i pellegrini in Terra Santa, tipo di composizione della quale noi conosciamo parecchi esemplari più o meno concordanti."[412] Es handelt sich dabei um eine kurze Zusammenfassung einer Reise durch das Heilige Land samt Ablässen, die durch ein Kreuz im Text gekennzeichnet sind (3 ff./203 ff.). Die Reiseroute folgt nicht der im späteren Text beschriebenen und auch Ablässe spielen im Text des Jacobus keine Rolle. Gegen Ende des kurzen Textes stehen einige konkrete Reisetipps zu der Reise zum Katharinenkloster z.B. *notandum quod per primam dietam per magnos montes transitur et de vespere pernoctatur* (S. 207) und schließlich genaue Informationen darüber, an welchen Reisetagen durch die Wüste Wasser vorhanden ist und an welchen nicht. Schon Reinhold Röhricht[413] ist der Ansicht, dass der

---

Leseflusses habe ich die Interpunktion von Monneret geändert und die Punkte innerhalb der Sätze jeweils zu Kommata umgewandelt.

409 Vgl. zu Jacobus SCHNEIDER (1983) und BRUNO JAHN (2012a).

410 Bei CASTAGNA (1990) S. 213.

411 Minneapolis, University of Minnesota Library, The James Ford Bell Collection, Ms. 1424/ Co, Bd. II, fol. 87–173, vorher Cheltenham 6650. London, BL, Ms. 6650 B, § 2, vormals Middelhill. Vgl. HALM (1994) 47 ff. In der Bayerischen Staatsbibliothek München befinden sich zwei Handschriften (Cgm 235, Cgm 298), bei denen es sich um eine deutsche Übersetzung des *Liber peregrinationis* handelt (mit dem Titel „Buch der Kirchfahrt"). Vgl. SCHNEIDER (1983) 448 und in der Edition von ROEHRICHT (1895) S. 161. Wie der *Liber*, der sich stark auf die *Descriptio* des Burchardus de Monte Sion stützt, beschreiben auch die deutschen Übersetzungen die Reise ins Heilige Land. Hinsichtlich des Kapitelaufbaus und der Beigaben unterscheiden sich die Texte. Die deutschen Handschriften enthalten einige Gebete, die in der lateinischen Fassung fehlen. In den deutschen Handschriften wiederum fehlen dagegen drei kurze Texte, die in der lateinischen Handschrift vor dem Haupttext stehen.

412 CASTAGNA (1990) in der Einleitung zur Edition S. 183. Vgl. für ähnliche Texte RÖHRICHT (1890) 100 f. Nr. 267. S. auch CASTAGNA (1990) S. 197, Anm. 8.

413 RÖHRICHT (1889) 156; ihm folgt MONNERET (1950) in der Einleitung zur Edition S. xv. Vgl. PAULUS (1922/23) Bd. 2, 308 f., der als erste Nennung des Ablasses in einem Pilgertext den Text des Niccolò da Poggibonsi anführt. Zum Ablass als Pilgermotiv vgl. GANZ-BLÄTTLER (1990) 225 ff.

IMAGINIERUNG DER PILGERREISE

Pilgerführer sowie die zwei anderen Texte[414] spätere Zusätze sind. Es handelt sich wohl um eine Zusammenstellung des Schreibers, der übrigens am Ende des Textes seinen Namen nennt: *Explicit liber peregrinacionis fratris Jacobi de Verona (...) per me Johannem de Purmerende anno Domini M CCCC XX quarto in crastino Tiburcii martyris* (S. 345). Die Handschrift enthält zudem eine lateinische Fassung von John Mandevilles Text[415] und den *Itinerarius* des Johannes Witte von Hese.[416]

Der Text des Jacobus beginnt mit einem kurzen Prolog. Mit der Metapher,[417] seine Seele zum Hafen des Heils zu führen, umschreibt er sein Ziel, das Heilige Land zu besuchen: *cupiens infelicem animam ad salutis portum deducere* (S. 213). Erklärtes Ziel ist neben dem Besuch der heiligen Orte die Weitergabe des Erfahrenen zum Nutzen des Lesers/Hörers: *ut omnia loca possem devotissime visitare, describere et annotare et de ritu et gestis repertis veritatem propalare, ad utilitatem quoque audiencium, ut proficiant, cum legerint* (S. 213). Explizit weist er darauf hin, dass er nicht nur das Erlebte (*de gestis repertis*) schildert, sondern auch über den Ritus (*de ritu*) schreibt. Das erste Kapitel, das die Anreise nach Jerusalem schildert, endet mit einer Zusammenfassung, die die Schwerpunkte des *Liber peregrinationis* neben der Schilderung der heiligen Orte unterstreicht: Zeitpunkt und Art der Reise (*Explicit prima pars, scilicet quando et quo tempore et qualiter perveni de Verona ad sepulchrum Domini*), durchquerte Länder (*et provincias et civitates, quas pertransivi*), die erlebten Gefahren (*pericula, que incurri*) und die Begegnung mit dem Ungewöhnlichen (*novitates, quas vidi*).[418]

Zudem wird die genaue Angabe der Zeit des Besuchs begründet: *describam tempus, in quo peregrinari incepi (...) et diem in qua Jherusalem sanctam perveni* (S. 213). Denn auch wenn Pilgertexte einflussreicher Männer vorliegen (*cum a pluribus viris valentibus sint facte descriptiones terre sancte*, S. 213), habe sich die Lage aufgrund der politischen Situation zum Nachteil der Christen verändert. Auf diese Weise wird die Reise des Jacobus in einem zeitlichen Koordinatensystem verankert.[419] Die Orte werden durchgängig räumlich lokalisiert, indem genaue Entfernungsangaben genannt werden.[420]

---

414 Für ähnliche Texte vgl. RÖHRICHT (1889) 156, Anm. 3 und 4.
415 Vgl. zu Mandeville RIDDER (1991).
416 Vgl. zu Schreiber und Handschrift WESTREM (2001) 51 f.
417 Metapher, Allegorie oder Typologie sind in seiner Schrift sonst kaum zu finden. Der Stil ist redundant, mit zahlreichen Wiederholungen. Die Sätze sind zum Teil umständlich.
418 S. 223 im Text des Jacobus. Vgl. zur Beschreibung der Anreise das Kapitel über Ludolf von Sudheim S. 283 ff.
419 Vgl. dazu S. 58 f.
420 Vgl. schon bei der Anreise: *civitas Nicoxie (...) distat autem a Famagosta per unam dietam,*

Gegenüber bereits existierenden Texten stellt der Autor die Aktualität seines Textes heraus. Daneben hat die Schrift Tendenzen, zur Kreuzfahrt zu ermahnen. Während am Ende des Prologs die Veränderung aufgrund der Herrschaft der Sarazenen nur beklagt wird, endet das Werk mit einem Aufruf zur Kreuzfahrt: Das Werk sei mit dem Ziel verfasst, dass auch seine Hörer/Leser das Heilige Land besuchen wollen (*ut (...) audientes se disponant ad visitandum illas terras sanctas*, S. 345). Aber es kommt ihm nicht nur auf einen einfachen Besuch an, wie die nachfolgende *correctio* zeigt: *vel pocius acquirendas et christiano cultui reducendas* (S. 345).[421] Weitere Informationen über die fremde Kultur bieten drei Kapitel (6, 8, 10) der insgesamt 14 Kapitel, die die Reisebeschreibung unterbrechen und Informationen über die Befestigung der Städte des Sultans (Kap. 6) liefern, den Sultan und seine Macht (Kap. 8) sowie die fremde Religion beschreiben (*lex Mahometi*, Kap. 10). Diese Kapitel bedienen die enzyklopädische Funktion, die Pilgertexte seit dem 13. Jahrhundert vermehrt besitzen.[422] Der Erzähler richtet den Fokus nunmehr nicht rein auf die biblischen Geschehnisse. Die drei genannten Kapitel gliedern durch ihre Platzierung den Text und brechen das topographische Organisationsschema des Werkes auf. Dieses Aufbrechen der linearen Erzählung ist typisch für die spätmittelalterlichen Pilgertexte.[423] Elf Kapitel der insgesamt 14 stellen verschiedene Reiseetappen dar, die vorwiegend von Jerusalem ausgehen. Nach der Beschreibung der Anreise in Kapitel 1 behandeln die Kapitel 2–5 Jerusalem selbst sowie Orte in der Nähe Jerusalems (Bethlehem und die Taufstelle am Jordan). Der Besuch des Berg Sinai (Kapitel 7) wird durch die zwei Exkurskapitel (6 und 8) von dem vorangehenden Text abgetrennt. Ebenso trennt das 9. Kapitel über die Strecke Gazara-Hebron die Exkurskapitel 8 und 10 ab. Kapitel 11 setzt dann mit einer nochmaligen Aufzählung der wichtigen Heilsorte Jerusalems neu an. In den Kapiteln 11–14 werden Orte nördlich von Jerusalem über Nazareth bis nach Damaskus und Beirut beschrieben.

Wenn Jacobus seine Leser anspricht, geschieht dies mit dem Wort *audientes*. Die Kapitel beginnen stereotyp mit der Aufforderung *dicamus* und der Angabe des Themas: *Dicamus nunc de via, quam feci versus Jordanem* (Kap. 4, S. 249).[424]

---

   a Candia autem, civitate Crete, usque ad Famagostam, sunt octingenta milaria, et de Candia Venecias, mille quingenta et de Veneciis usque Famagostam sunt duo milia trecenta miliaria (S. 217). Vgl. die Überlegungen zur Raumstruktur S. 291 ff.

421   Vgl. auch S. 38 die Anrede an die Christen.

422   Vgl. dazu S. 64 ff.

423   Vgl. im zweiten Teil der vorliegenden Untersuchung den Text des Wilhelm von Boldensele und besonders den *Liber* Ludolfs von Sudheim als Handbuch S. 267.

424   Vgl. *Dicamus nunc de peregrinacione, quam feci ad Bethleem sanctam* (Kap. 5, S. 259). Vgl. etwas anders Kap. 2 und 3 (*Incipit ... pars*) und die Kap. 12, 13, 14 (*Deinde*).

IMAGINIERUNG DER PILGERREISE

Die Ausrichtung des Textes auf den Leser bzw. Hörer bekunden Formulierungen wie *ut possint intelligere legentes* (S. 225) oder: *Hic ego descripsi sepulcrum Domini (...) et latitudinem et longitudinem* (dazu s. u.) *et ad hoc, ut melius intelligamus, dicamus de singulis locis, ut ampliemus devocionem et scripturas intelligamus* (S. 226). In dieser Passage wird deutlich, dass die genaue Beschreibung der heiligen Stätten Jerusalems auf eine Vertiefung der Andacht und ein besseres Verständnis der heiligen Schrift abzielt, das durch die Narration vermittelt werden soll. Die Strategie, die im *Liber peregrinationis* zu einer Vergegenwärtigung der Heilserfahrung führt, ist die Vermittlung der körperlichen Begegnung mit den Orten und eine deutlich materiell ausgerichtete Wahrnehmung der Stätten.

4.7.2 Vidi – tetigi – recepi

Der *Liber peregrinationis* ist in der ersten Person verfasst und charakterisiert durch eine deutlich persönliche Färbung der Beschreibung.[425] Das zeigt sich in der Erzählung über die sensorische Erfahrung. Es wird nicht nur genau vermerkt, was gesehen, sondern auch, was gehört wird (*audivi super unam turrim clamare tres Sarracenos terribiliter illam legem pessimam et execrabilem Mahometi*, S. 222), was berührt wird, wie etwas schmeckt und was mitgenommen wird.

Die Beschreibung der performativen Akte, die Jacobus an den jeweiligen Orten vollzieht, gewinnt gegenüber der üblichen Darstellung des jeweiligen biblischen Geschehens am heiligen Ort an Raum und verleiht dem Heilserlebnis einen körperlichen Charakter. Eine charakteristische Szene für die Pilgertexte ist die Inszenierung des zentralen Moments der Ankunft in Jerusalem als multisensorisches Erlebnis und als performativer Akt.[426] Durch die Performanz wird die Ankunft als deutlich körperliches Ereignis beschrieben: *postea fit magnus ascensus usque ad civitatem illam benedictam, quam ut vidi statim de azino descendi et prostratus terram deosculatus fui, quam Cristus benedictus suis pedibus perambulavit et laudavi Dominum meum, qui dignatus est mihi dare peccatori gratiam mirabilia sua videndi et tangendi. et sic intravi civitatem sanctam Jherusalem die sabbati quinto Augusti* (S. 222 f.). Wie bereits in den anderen Pilgertexten beobachtet, spielen auch im *Liber pereginationis* die erzählte Bewegung und die Blickbewegung eine entscheidende Rolle. Auf die Schilderung

---

425 Vgl. im Unterschied dazu die Texte von Wilhelm von Boldensele, der seine persönlichen Erfahrungen nur am Rande dokumentiert oder Ludolf von Sudheim, der im unpersönlichen Stil schreibt.

426 Vgl. S. 230 f.

210 KAPITEL 4

des Aufstiegs (*magnus ascensus*) folgt der erste Blick (*vidi*) auf Jerusalem. Der Leser verfolgt weiter die Bewegungen der Erzählerfigur: Das Absteigen vom Esel (*descendi*) und das Ausstrecken auf den Boden (*prostratus*). Am Ende der Passage betritt der Leser endlich mit dem Erzähler Jerusalem (*intravi*). Die Berührung des heiligen Bodens mit dem Mund (*deosculatus fui*) bedeutet die Berührung des Bodens, den Christus betreten hat (*perambulavit*). Schließlich endet die Passage mit einem deutlich persönlichen Bezug. Das Erzähler-Ich dankt Gott und verortet seinen Besuch zeitlich. Betont wird in diesen Worten nicht nur das Sehen, sondern auch das Berühren. Auch das Dankesgebet umfasst nicht nur das Sehen der göttlichen *mirabilia*, sondern zudem explizit das Berühren (*videndi et tangendi*). Diese Akzentuierung des Berührens weist auf einen körperlichen Aspekt des Besuchs, der in Jacobus' Darstellung zentral ist.

Die besondere Charakteristik von Jacobus' Text, die Betonung des Körperlichen, die zusammenfällt mit einer materiellen Orientierung der Beschreibung, werde ich an zwei Beispielen darstellen: am Gestus des Maßnehmens und des Berührens als performativem Akt sowie am Gestus des Mitnehmens.

Die Erzählung über den Besuch des heiligen Grabes beginnt nicht mit einer Beschreibung der äußeren Erscheinung des Grabes und des es umgebenden Baus, sondern als Erstes werden die Emotionen in der Narration wiedergegeben.[427] Auf diese Weise wird eine intensive Teilhabe des Lesers oder Hörers an dieser Szene erzeugt: *Et dum intravi, quamvis peccator, vulneravit cor meum dominus Jhesus Cristus, et ardor cujusdam ardentissime caritatis me circumdedit, ut sobrius esu et potu ebrius quadam dulcedine in terram caderem prostratus, rememorans me indignum, ut tantam preciosum thezaurum deberem oculis cernere, pedibus adire, manibus tangere, et toto corpore perlustrare, sed de divina bonitate confisus (...) accessi, respexi, tetigi et annotavi* (S. 225). Die Gefühle, die Jacobus beschreibt, sprechen den Leser direkt an und werden so nach- und mitvollziehbar. Gerade das erste Zurückschrecken und das unwillkürliche Zu-Boden-Fallen im Angesicht des heiligen Grabes stellen die Wirkung des heiligen Ortes einprägsam dar. In dem sich steigernden Kolon *oculis cernere, pedibus adire, manibus tangere, et toto corpore perlustrare* drückt sich die besondere Begegnung mit den heiligen Orten aus. Der Besuch des heiligen Ortes wird zur Ganzkörpererfahrung, die Berührung mit dem Auge, den Füßen, den Händen reicht nicht aus, Ziel ist die Erfassung des Ortes mit dem ganzen Körper (*toto corpore*). Gegenüber früheren Texten ist die Erwähnung der Berührung im Text häufig zu verzeichnen. Die abschließende Bestätigung des Besuchs, die durch

---

427 Vgl. zur Wiedergabe von Emotionen und Affekten im Pilgertext oben S. 184.

die Reihung *accessi, respexi, tetigi et annotavi* wiedergegeben wird, integriert den Akt des Aufschreibens in die Besuchspraxis des Heiligen Ortes: *et annotavi*. Die Niederschrift authentifiziert und verstetigt den Besuch, den Blick und die Berührung.

Erst nach den Gefühlen beim Betreten des heiligen Grabes wird das Aussehen des Ortes beschrieben. Im Zentrum steht dabei keine architektonische Beschreibung, sondern der Gesamteindruck des Raumes, bei dessen Schilderung der Schwerpunkt auf Größe, Licht und Farbe liegt: *sepulchrum (...) est in una parva capella rotunda et est de lapide albo et flavo id est non colorato et illa capella parva est et obscura, non habet nisi unam fenestram parvam, que dat modicum lumen* (S. 226).[428]

Ausführliche Verweise auf das heilsgeschichtliche Geschehen[429] fehlen fast ganz, mit Ausnahme der Passage über die Kapelle, in der Jesus Maria Magdalena erschienen sein soll (S. 227). Statt dessen wird darauf verwiesen, an welchen Stellen in der Nähe des heiligen Grabes die Passionsgeschichte nach den verschiedenen Evangelien gelesen wurde: *et passionem beati Luce legi id est passionem Cristi quam Lucas scripsit* (S. 226) und *et legi passionem beati Johannis* (S. 227).[430] Der Leser wird von dem Autor nicht explizit zum Nachlesen der Bibelpassagen aufgefordert, aber durch die Erwähnung der Lektüre im Text dazu angeregt.

Der Text des Jacobus zeigt eine körperlich-materialistische Tendenz in der Erzählung. Beispiele für die steigende Bedeutung der Körperlichkeit sind die von Jacobus gegenüber früheren Texten verstärkt geschilderten performativen Akte, die an den jeweiligen heiligen Orten durchgeführt werden. Dazu gehört die bereits beschriebene Berührung des Ortes sowie das Ausmessen[431] des heiligen Ortes mit dem Körper.

Die Messung von Entfernungen zwischen den heiligen Orten ist schon im Itinerar ein zentraler Bestandteil des Textes. Die Fixierung auf genaue Maße und Zahlen, die metrische Beschreibung,[432] sichert die Authentizität.

---

428 Wie auch in anderen Texten erwähnt, müssen die Pilger selbst eine Lampe tragen und sich zum Betreten des Grabes bücken bzw. hinknien. Vgl. z.B. Theodericus, *Libellus* S. 174.

429 Vgl. dagegen die eindringliche präsentische Darstellung bei Wilhelm von Boldensele S. 309.

430 Es wird im Text zudem verzeichnet, wann und wo eine Messe gefeiert wurde, z.B. S. 225, 226, 227, 229 oder wo gebetet wurde z.B. S. 226.

431 Vgl. dazu Shalev (2011) und Lentes (1995).

432 Vgl. Benz (2013b) 41.

Eine besondere Rolle spielen in den Texten die Maße Christi.[433] „Das Wissen um die exakten Maße und Zahlen des Heils sollte den Menschen die heilswirksame Kraft der Heiligen sichern. Dies schon allein deshalb, weil durch die Kenntnis der Längenmaße einer Person diese selbst gegenwärtig wurde."[434] Dadurch erklärt sich die wesentliche Bedeutung, die der Angabe von Maßen in Pilgertexten zukommt. Auch der biblische Text legitimiert das Vermessen:[435] *omnia mensura et numero et pondere disposuisti* (Weish 11,21).

Das Ausmessen selbst ist ein performativer Akt, der den ganzen Körper involvieren kann. In auf Felsen vorhandene Spuren wird der Körper oder werden Körperteile hineingelegt und die Länge Christi (als Beispiel) mit dem ganzen Körper gemessen. Auch der Abdruck des Mose im Sinaigebirge wird auf diese Weise berührt: *cum persona infixi me in illa impressione* (S. 276). Bei diesem Ausmessen handelt es sich um eine *imitatio*, die einen engen Kontakt mit dem Imitierten herstellt. „It is not merely copying, but rather enacting, Christs figure." – so Yamit Rachman-Schrire bezogen auf einen Abdruck Christi.[436] In Felix Fabris *Evagatorium*[437] ist eine eindrucksvolle Beschreibung dieses performativen Aktes an einem Abdruck Christi auf dem Ölberg (*paries rupis*) zu finden: *Circa hunc igitur parietem prostravimus nos, et orationibus dictis surreximus, et singuli unus post alium accessimus, et sacrae impressioni corpora nostra, prout potuimus, induximus, brachia, manus, vultum, et pectus concavitati imponentes, nos ipsos ipsi figurae commensurantes.*[438] Im *Evagatorium* wird der performative Akt in Verbindung mit dem Gebet zu einem rituellen Vollzug. Die textuelle Wiedergabe führt dazu, dass der Leser am eigenen Körper den Kontakt mit den heiligen Felsabdrücken imaginativ nacherleben kann.

Für den Leser stellt die Beschreibung des körperlichen Berührens der im Felsen bewahrten Spuren ein eindrucksvolles Zeugnis der Heilsgeschichte dar. Im Gegensatz zu den Erzählungen darüber, dass sich Jacobus in verschiedenen Quellen, dem Jordan oder dem Roten Meer gewaschen (*lavi*, z. B. S. 253 f., S. 278), aus heiligen Quellen getrunken (*bibi*, z. B. S. 221, S. 278, S. 293) oder an heiligen Orten gewachsene Nahrung zu sich genommen hat (*comedi*, z. B. S. 251,

---

433 Das Maßnehmen der *mensura* der Fußspur Christi schildert schon der Text des Anonymus von Piacenza aus dem siebten Jahrhundert (vgl. oben S. 115 f.).

434 LENTES (1995) 144.

435 Vgl. auch Offb 11,1 f. und 21,15; Sach 2,6; Ez 40,5; Eph 3,18 f. Vgl. LENTES (1995) 144, WANDHOFF (2003) 109, BENZ (2013b) 49 f.

436 RACHMAN-SCHRIRE (2012) 364.

437 Vgl. S. 219 f.

438 Ed. HASSLER, Bd. 2, S. 382.

IMAGINIERUNG DER PILGERREISE

S. 256, S. 278), ist dieser Prozess für den Leser daheim körperlich nachvollziehbar. Auch wenn Strecken durch Schritte und Armlänge gemessen werden, kann diese Methode des Ausmessens andernorts körperlich nachvollzogen werden. „Such measurements are metric relics, which could then be remapped onto the local environment to construct personal Passion theaters."[439]

In einem langen Abschnitt gibt Jacobus die Maße des Gewölbes unter dem Heiligen Grab, des Heiligen Grabes im Inneren und von außen und die Maße der Kirche wieder: *Volta rotunda, que est super sepulchrum Domini, continet centum brachia, de meis passibus xxxviiij. Sepulchrum autem Cristi continet circumcirca xxxv brachia: totum mensuravi cum una longa corda* (S. 233). Zum Ausmessen mit Armlängen und Schritten kommt an dieser Stelle das Maßnehmen mit einer Schnur hinzu. Diese Schnur wird durch die „Aufladung" mit den heiligen Maßen zur Reliquie.[440]

Schon im *Itinerarium Egeriae* findet sich eine um verschiedene Vollzüge erweiterte Form des Beschreibungsschemas der heiligen Orte.[441] Bei Jacobus kommt die Nennung des Sehens, Berührens, Küssens dazu und vor allem die Beschreibung des Mitnehmens. Am heiligen Ort vermerkt Jacobus zunächst, welchen heiligen Gegenstand er beschreibt, z. B. den Teil des Steines, der das Grab Christi versperrt haben soll. Im Anschluss wird die Verehrung dieses Gegenstandes beschrieben: *Ego vidi et tetigi et deosculatus fui* (S. 226). Diese Formulierung wird formelhaft im Text verwendet: vgl. *totum lapidem vidi, tetigi et pluries deosculatus fui* (S. 229, vgl. z. B. auch S. 230, S. 237).

Im *Liber peregrinationis* wird das Mitnehmen von Steinen als Ritual geschildert.[442] Meist folgt auf die Beschreibung der Berührung des Gegenstandes der Hinweis im Text auf die Mitnahme oder den vergeblichen Versuch, ein kleines Stück des heiligen Steines mitzunehmen, mit dem Wort „*recepi*" (vgl. z. B. S. 27 ff., S. 30, S. 43, S. 49). Die erste Erwähnung des Mitnehmens[443] erfolgt bei der Beschreibung des Kalvarienberges (S. 27). Zentrum der Verehrung ist die Öffnung (*foramen*), in der das heilige Kreuz aufgestellt worden sein soll: *in illo foramine caput meum pluries posui*. Das Berühren und das Vermessen mit dem

---

439   RUDY (2011) 97. Vgl. dazu ausführlich das Kapitel von Rudy „metric relics".

440   Vgl. zu dieser Art des Maßnehmens auch den Text des Anonymus von Piacenza S. 122 f. und SHALEV (2011) 4.

441   Vgl. oben S. 51 f.

442   Auch Felix Fabri dokumentiert dies. Er beschreibt sogar in einem eigenen Kapitel (Bd. 2, S. 195), wie er die mitgenommenen Steine markiert. Vgl. zu den tatsächlichen Stein-Reliquaren aus dem Heiligen Land RUDY (2011) 107 ff., SCHRÖDER (2006) 92 f., besonders REUDENBACH (1998).

443   Vgl. dazu GANZ-BLÄTTLER (1990) 116, siehe auch SCHRÖDER (2006) 92 f.

214 KAPITEL 4

eigenen Körper ist fundamentaler Bestandteil der von Jacobus geschilderten Begegnung mit den heiligen Orten. Genauso wie das anschließend an diesen performativen Akt erzählte Mitnehmen von Steinstücken. Der Gestus des Mitnehmens wird als Bestandteil der Verehrungspraxis beschrieben: *de lapide illius montis et proprii foraminis in bona quantitate recepi* (S. 27). Im Text wird auch die übliche Praxis[444] erwähnt, sich vorab extra Werkzeuge für diesen Zweck anfertigen zu lassen (*quod antequam intrarem sepulchrum, feci fieri duos scarpelos ferreos fortes*, S. 27).

In keinem anderen Text wird die Erbeutung von Steinreliquien in einem solchen Ausmaß dokumentiert. Innerhalb des Textes trägt die Schilderung davon nicht zur Andacht oder Erbauung der Leser bei. Einige Episoden dienen der Unterhaltung, wie z. B. die Geschichte über die Ablenkungsmanöver für die aufpassenden Mönche in der Grabeskirche zeigt: *In illa ecclesia sepulchri stant semper et nunquam exeunt tres senes calogeri id est fratres greci, de die et de nocte, et quum volebam lapides recipere, socii mei ducebant eos ad aliam partem ecclesie, et sic rapiebam sagacius, quantum poteram* (S. 227 f.).

Da der Text in nur einer Handschrift überliefert ist, könnte er eine Sammlung von Steinen aus dem heiligen Land authentifizieren. Zu einer vertieften Andacht könnte es führen, wenn die Steine beim Lesen oder Vorlesen gezeigt und vor allem auch berührt werden könnten.[445] Text und Reliquie verifizieren sich so wechselseitig. Die Steinreliquie erhält ihren Wert durch den Text. Der Text wird durch die Greifbarkeit der Reliquie verifiziert.

Jacobus de Verona lässt den Leser seine Reise mit allen Sinnen mitvollziehen und ihn nicht nur daran teilhaben, was er sieht, sondern auch an seinen Berührungen und sogar an dem, was er schmeckt. Jacobus vermerkt akribisch, was er berührte, was er aß, in welcher Quelle er die Hände wusch, wo er betete oder eine Messe las. Fast pedantisch erscheint die Aufzeichnung der Mitnahme von Steinreliquien: *de illo lapide ego recepi* – heißt es an den meisten heiligen Orten. Nach dem Akt des Sehens und Berührens folgt im *Liber peregrinationis* als Steigerung das An-sich-nehmen. Die Reise wird zum Abenteuer und das Interesse an Fremdem steigt. Das spirituelle Erleben der Orte wird abgelöst durch eine materielle Herangehensweise, die die Heilsorte greifbar macht. Damit zeichnet sich eine Tendenz ab, die sich schon im *Itinerarium* des Anonymus von Piacenza abzeichnete. Während dort die Mitnahme der *benedictio* und heiliger Flüssigkeiten häufig erwähnt wird, geht es hier vorwiegend um die

---

444 Vgl. z. B. im *Liber* des Wilhelm von Boldensele S. 238.
445 Vgl. zu dieser Praxis RUDY (2011) 107 ff.

Mitnahme von Steinreliquien, durch die das Besuchsschema der heiligen Orte nebst der Berührung derselben erweitert wird.

4.8 Felix Fabri: *Evagatorium Fratris Felicis in Terrae sanctae, Arabiae et Egypti peregrinationem*

Mit Felix Fabri, der den ersten Teil der Untersuchung zur Funktion der Texte als Imaginierung einer Pilgerreise abschließt, steht ein Autor im Zentrum, der zugleich die Brücke zum zweiten Teil, der enzyklopädischen Funktion der Pilgertexte, darstellt. Er hebt sich von seinen Vorgängern als Pilgerautor schon allein durch den Umfang seines Werkes ab und hat insofern eine Sonderrolle, als dass er vieles, was sich in den früheren Texten nur andeutet, genauestens ausarbeitet, erläutert und anhand zahlreicher Quellen untermauert. Felix Fabri verfasst mehrere Pilgertexte in unterschiedlicher Sprache und Form, die ich als Steigerung des in den früheren Texten Entfalteten und zugleich als Endpunkt einer Entwicklung lesen werde.

Felix Fabri wurde als Felix Schmid in Zürich um 1437/38 geboren.[446] In Basel tritt er in den Dominikanerkonvent im Jahre 1452[447] ein und 1468 gelangt er in das Dominikanerkloster Ulm, wo er im Jahr 1502 stirbt. Er unternimmt zwei Reisen ins Heilige Land, die auf die Jahre 1480 und 1483/84 datiert werden.[448] Diese Reisen verarbeitet er in mehreren Schriften.[449] Nach der ersten Reise verfasst er das *Gereimte Pilgerbüchlein*, in dem in poetischer Form die Reise der adligen Ritter gewürdigt wird.[450] Nach der zweiten Reise schreibt Felix Fabri den umfangreichsten überlieferten Pilgertext überhaupt: das in der Ich-Form verfasste *Evagatorium in Terrae Sanctae Arabiae et Egypti peregrinationem*.[451] Von der Schrift ist das Autograph mit Änderungen und Nachträgen, datiert auf die Jahre 1484–1488, überliefert.[452] Konrad Dietrich Hassler ediert 1843–1849

---

446   Zu Felix Fabri vgl. den Sammelband REICHERT und ROSENSTOCK (2018), KLINGNER (2012), REICHERT (2012) 407–415, KLUßMANN (2012) 29 ff., MEYERS Band 1 (2000), VII–XIX, CARLS (1999) 53–56, WIEGAND (1983). Mit den Schriften von Felix Fabri und dessen Fremd- und Selbstwahrnehmung beschäftigt sich SCHRÖDER (2009) in *Zwischen Christentum und Islam. Kulturelle Grenzen in den spätmittelalterlichen Pilgertexten des Felix Fabri*.

447   Vgl. zur Datierung CARLS (1999) 54.

448   Vgl. KLINGNER (2012) 923 f.

449   Zur weiteren schriftstellerischen Tätigkeit Fabris vgl. KLINGNER (2012) 922 f.

450   Edition: BIRLINGER (1864). Vgl. KLINGNER (2012) 923 f. Zur Überlieferung 927.

451   In der Edition von HASSLER 1843 um 1500 Seiten.

452   Ulm, StB, cod. 19555, 1 und 2 (vormals 6718). Vgl. KLINGNER (2012) 925, CARLS (1999) 59.

216   KAPITEL 4

den Text nach dem Autograph. Die neue Edition von Jean Meyers (2000–2017), von der bisher ungefähr die Hälfte des Textes in sechs Bänden erschienen ist, berücksichtigt neben dem Autograph die Abschrift von Hartmann Schedel[453] und diejenige von Johannes Nuer.[454]

In deutscher Sprache geschrieben ist das *Pilgerbuch*, das Verweise auf das *Evagatorium* enthält. Bei dem Text handelt es sich jedoch nicht um eine deutsche Kurzfassung des *Evagatorium*, sondern um einen „Text mit eigenständigem Programm und anderen Gewichtungen", der an ein weltliches, adliges Publikum adressiert ist.[455] Ebenfalls in deutscher Sprache verfasst ist die Schrift *Sionpilger*.

4.8.1   *Die* Sionpilger

Felix Fabris *Geistliche Pilgerfahrt oder die Sionpilger*[456] wurde in deutscher Sprache für die Nonnen eines schwäbischen Dominikanerklosters verfasst und ist auf die Jahre nach 1492 zu datieren.[457] Dieses Beispiel aus der Volkssprache ist als Großprojekt einer geistigen Reise angelegt mit genauen Verhaltensvorgaben für jeden Tag. So soll zusätzlich zu der Lektüre der *Sionpilger* Psalteroder Psalmlektüre vollzogen werden. Durch Performanz und *imitatio* kann im Modus der virtuellen Pilgerfahrt das Heil unmittelbar präsent werden. Das Fundament für die erfolgreiche Pilgerfahrt im Geiste ist ein Regelwerk von 20 Verhaltensanweisungen zu Beginn des Textes.[458] Der Pilger im Geiste wird im Text dem echten Pilger, dem „Ritterpilger", gegenübergestellt: Er kann, anders als der Ritterpilger, so lange er möchte an den *loca sancta* verweilen.[459]

    Zur Überlieferung vgl. HALM (1994) 211 f., SCHRÖDER (2009) 61 f. Insgesamt sind neben dem Autograph sieben Handschriften sowie Fragmente einer weiteren Handschrift überliefert.

453   Um 1508 verfertigt Hartmann Schedel eine Abschrift mit Miniaturen: München, BSB, Clm 188 und Clm 189. Vgl. das Beispiel Abb. 7 auf S. 233. Vgl. HALM (1994) 212.

454   München, BSB, Clm 2826–2827.

455   KLINGNER (2012) 925 und SCHRÖDER (2009) 63–67. Eine aktuelle vollständige Edition liegt nicht vor. Der Text ist vollständig in Drucken aus dem 16. Jahrhundert erhalten, mit einer Neuauflage aus dem Jahr 1557. Der Text ist im *Reyßbuch des heyligen Lands* von Sigmund Feyerabend (1584) zu finden.

456   Vgl. die Edition von CARLS 1999. Siehe auch BREDOW-KLAUS (2009) 162 f., BEEBE (2008), CLASSEN (2005).

457   Zur Datierung vgl. CARLS (1999) 59 f. und 66.

458   Vgl. CARLS (1999) 27 ff.

459   „vnd in das hailig grab mag er nit gan so er will. aber so im die haiden vff schliessen Do last man in nit lang an ainem ort. aber flux ylt man mit im dar von. das er wider vß dem land kum." (S. 84) Von allen Nachteilen und Gefahren einer „leiblichen" Pilgerfahrt bleibt der geistliche Pilger unberührt: „Die all nichtz bekimrent den Syon bilgrin. Der (…) belibt so

IMAGINIERUNG DER PILGERREISE

Trotzdem enthält der Text verschiedene Erzählungen über abenteuerliche Erlebnisse, die den geistlichen Pilgern vor Augen geführt werden. So ist das Schiff zum gewünschten Zeitpunkt der Abfahrt noch nicht bereit: „so wirt den bilgrin verkündet. die galee sy noch nit fertig." (S. 96) Die Beschreibung des Wellengangs produziert die Schiffsfahrt vor dem geistigen Auge des Pilgers: „da ist das meer so wild. das es die galee hin vnd her treibt. as der wind ain federlin in den lifften." (S. 101) Der Text der *Sionpilger* schließt damit Details ein, die über das spirituelle Erleben der Heilsorte hinausgehen. Die geistliche Pilgerfahrt wird zu einem authentischen Erlebnis stilisiert, das alle Sinne anspricht. So wird die Ankunft im Heiligen Land deutlich emotional gefärbt.[460] Der Pilger im Geiste erfährt, welche Lieder gesungen werden. Das Gebet, zu dem man bei der Ankunft niederkniet, wird im Text wiedergegeben.[461] Der geistige Pilger erfährt, welche Gebete an den jeweiligen heiligen Stätten zu sprechen und welche liturgischen Gesänge anzustimmen sind. Auf diese Weise erhält sogar der virtuelle Pilger einen Ablass. Das Problem diskutiert Fabri in der dritten Regel. Fabri stellt in Aussicht, „dass der durch Gott verliehene Ablass größer ausfallen könne als der vom Papst verbürgte. Auch kann der Papst Klöstern ein den heiligen Stätten vergleichbares Ablassprivileg für entsprechende Andachtsstellen innerhalb der Klostermauern verleihen, an der der in der Imagination Pilgernde ebensoviel Ablass erhält, als wäre er im Heiligen Land."[462]

In seiner ausschließlichen Gebrauchsfunktion als geistlicher Pilgerführer ist Fabris Text ein Novum in der Entwicklung der Heiligland-Pilgertexte. Die *Sionpilger* enthalten zudem Passagen über Pilgerreisen nach Rom und nach Santiago. Unter Fabris geistlicher Führung kann der Leser oder Hörer durch den Nachvollzug im Geiste ebenso wie der tatsächliche Pilger Heil erlangen. Der Text ist in Tagesreisen („tagraiß") gegliedert, die insgesamt ca. ein Jahr ergeben: 208 Tagesreisen der Jerusalemfahrt, 71 der Romfahrt und 90 der Santiagofahrt.[463]

---

      lang es im eben it im hailigen grab. Ze betleem / ze nazareth. vnd wa im wol ist im hailigen land" (S. 84).

460   Vgl. FREDRIKSEN (1996).

461   Felix Fabri, *Sionpilger*, S. 106 f. Vgl. dazu die Beschreibung der Ankunft in Jerusalem im *Evagatorium*, siehe S. 228 f.

462   CARLS (1999) 29. Davon zeugen die Stationstafeln im Bickenkloster, Villingen der Äbtissin Ursula Haider mit Ablassprivileg.

463   Der Text unterscheidet sich in seiner Struktur von anderen Pilgertexten. Die *Sionpilger* sind „ein Versuch der verräumlichten Darstellung des Kirchenjahres und der Heils- und Ordensgeschichte". KLINGNER (2012) 925 f.

218 KAPITEL 4

Die *Sionpilger* sind ein Beispiel für eine virtuelle Pilgerreise.[464] Den Text bezeichnet der Autor selbst als „gaistlich bilgerfahrt".[465] Konstitutiv für Texte wie die *Sionpilger* ist ein performativer Nachvollzug im Kollektiv. Der Begriff der Virtualität bezeichnet aus zwei Gründen zutreffend diese Texte. Zum einen

---

464   Zu solchen Texten, die für Pilgerreisen nach Jerusalem ab dem 15. Jahrhundert nachweisbar sind und explizit zu einem performativen Nachvollzug mit Aufführungssituation anleiten, legt die Kunsthistorikerin RUDY (2011) eine Monographie vor und untersucht besonders den Sitz der Textabschriften im Klosterleben: *Virtual Pilgrimages in the Convent. Imagining Jerusalem in the Late Middle Ages*. Auf der Textgrundlage von 17 Texten in mittelniederländischer Sprache aus dem 15. und 16. Jahrhundert analysiert sie die Rezeption und Umsetzung virtueller Pilgerschaft in Frauenklöstern. Sie verwendet zur Beschreibung der von ihr untersuchten Texte den Begriff der *virtual pilgrimage*. Vgl. auch BEEBE (2014). Sie behandelt in ihrer Monographie aus dem Jahr 2014 *Pilgrim and Preacher. The Audiences and Observant Spirituality of Friar Felix Fabri (1437/8–1502)* die Rezeption von Felix Fabris Schriften und die Funktion der Texte als virtuelle Pilgerreisen. Das Phänomen der *virtual pilgrimage* wird in den Kontext der dominikanischen Observanzbewegung der Zeit gestellt.

465   CARLS (1999) 23. In der Einleitung zur Edition der *Sionpilger* versucht CARLS (1999) 36 verschiedene Merkmale der geistlichen Pilgerfahrt herauszuarbeiten. Seine Methode wird im Anschluss von Nine Miedema stark kritisiert mit dem Hinweis auf eine „mangelnde Kenntnis der Forschungsliteratur" und eine „schmale Quellenbasis" MIEDEMA (2003) 400 f. Anm. 8. Sie betont, dass die „genannten Merkmale der geistlichen Pilgerfahrt fraglich bleiben." CARLS (1999) 36 stellt sechs Merkmale fest, die sich auf die formal-strukturelle sowie die rezeptionelle Ebene des Textes beziehen. Mit der Rezeption hängt die Charakterisierung der geistlichen Pilgerfahrt zusammen als (a) „besondere Form christlicher Andacht (...), bei der während einer imaginierten Reise, vorzugsweise im Kollektiv (...), Ereignisse der Heilsgeschichte nachgelebt werden sollen" und (b) die Festlegung der Zielgruppe als „überwiegend weiblich, monastisch". Beide Feststellungen, Durchführung im Kollektiv und Zielgruppe, gelten nur mit Einschränkungen. Vgl. MIEDEMA (2003) 401, Anm. 8. Für das Pilgerziel ‚Rom' weist MIEDEMA (2003) bereits auf das Beispiel der Mechthild von Hackborn aus dem 13. Jahrhundert hin. Mit den Worten *haec dei ancilla docuerat sorores ut spirituali devotione Romam (...) tenderent (...)* werden Anweisungen für eine mentale Pilgerreise eingeleitet. MIEDEMA (2003) 402 f. Viele Beispiele für Anleitungen zu virtuellen Pilgerfahrten sind an Frauen gerichtet, jedoch gibt es für die mentalen Romfahrten auch Texte, deren Provenienz unklar ist. Vgl. MIEDEMA (2003) 401, Anm. 8. In den bekannten Texten überwiegt die Adressierung an ein weibliches Publikum. Die von RUDY (2011) untersuchten mittelniederländischen Texte wurden ebenfalls von Frauen abgeschrieben. Strukturell kennzeichnen die geistliche Pilgerfahrt (c) „dem Text vorangestellte Regeln". Vgl. dagegen wieder MIEDEMA (2003) 401, Anm. 8. Dagegen spricht auch, dass Fabri genauso im *Evagatorium* zu Beginn des Textes sechs *conditiones* für eine fromme Pilgerschaft aufstellt (1, S. 9–19). (d) Wiedergabe der Reise in „chronologisch geordneten Tagesetappen" ohne Datum mit fortlaufender Zählung, vgl. dagegen MIEDEMA (2003) 401, Anm. 8 mit Gegenbeispielen. (e) Erzählzeit Präsens. Vgl. dagegen MIEDEMA (2003) 401, Anm. 8 zur Unterscheidung zwischen Anleitung zur geistlichen Pilgerfahrt und Erzählung vollzogener Reise. Hier schränkt CARLS (1999) bereits selbst in Anm. 39 ein: „Im Widerspruch zu dieser Erzählzeit stehen bei Fabri Passagen, in

IMAGINIERUNG DER PILGERREISE   219

impliziert Virtualität eine deutliche Interaktivität,[466] die durch den performativen Vollzug der Pilgerfahrt mit der Aufführungssituation gegeben ist. Zum
anderen bezieht sich der Begriff des virtuellen Raumes auf mehrere „Kommunikanten einer Bezugsgesellschaft", das bedeutet hier auf das klösterliche
Kollektiv.[467]
Durch die Aufführungssituation repräsentiert der Text als virtuelle Pilgerfahrt nicht nur das Heil, von dem er erzählt, vielmehr wird das Heil durch
den performativen Vollzug präsent. Ein Ablass ist insofern genauso zu erlangen wie auf einer tatsächlichen Pilgerfahrt.[468] Die Texte sind Medien des Heils
und haben auf diese Weise dieselbe Wirkung wie der Kreuzweg.[469] Virtuelle
Pilgerfahrten als performativer Nachvollzug im Kollektiv arbeiten mit Anre-
den, Handlungsanweisungen, Imaginationsstimulation, wie der Blick auf die
Sionpilger zeigte.

4.8.2   *Textstruktur*

Neben den *Sionpilgern* besitzt auch das *Evagatorium* deutliche Tendenzen
einer Gebrauchsfunktion als Grundlage für einen imaginativen Nachvollzug
der Reise.

Im Widmungsbrief des *Evagatorium* erwähnt Felix Fabri verschiedene Funktionen seiner Schrift.[470] Die Schrift dient als Lese-Ersatz in Mußestunden (*sola-
tium*) für eine Reise, als *recreatio*: *Accipite ergo, mei desideratissimi, hunc vobis*

---

denen konkretes Erleben und Beobachtungswissen zum Nachvollzug geboten werden." (f)
Schwerpunkt auf der Imaginierbarkeit: „Eine geistliche Pilgerfahrt muss erzähltypisch als
ein Reiseführer gesehen werden, wobei der Mitteilungsschwerpunkt nicht auf pragmati-
schen Aspekten des Reisens liegt, sondern auf der Imaginierbarkeit des Dargestellten." Vgl.
dagegen MIEDEMA (2003) 401, Anm. 8. Neben den bereits von Nine Miedema kritisierten
Punkten fehlt der deutliche Schwerpunkt des Aufführungscharakters, des performativen
Charakters des Nachvollzuges, der den Unterschied zu anderen Pilgertexten ausmacht
und die Textgruppe abgrenzt. Ein Teil der genannten Merkmale, der Gebrauch des Präsens, die fehlende Datumsangabe im Text und der Schwerpunkt auf der Imaginierbarkeit
können genauso für narrative Pilgertexte und auf jede Form einer mental nachvollzoge-
nen Reise zutreffen.

466   Siehe dazu WANDHOFF (2003) 34 ff. WAGNER (2015) 26.
467   Ich folge in der Definition von „virtuellem Raum" Silvan Wagner, der definiert: „Raum, dessen Kommunikationszugehörigkeit auf einige Kommunikanten einer Bezugsgesellschaft
beschränkt ist. Virtuelle Räume sind nur für die Dauer und für die Beteiligten ihrer spezifischen, raumschaffenden Kommunikation existent, können aber auch wieder durch
Wiederholung der Kommunikation konstruiert werden." WAGNER (2015) 358.
468   Siehe dazu S. 217 f.
469   Vgl. zum Kreuzweg und zu Heiliggrabnachbildungen KIENING (2016) 304 ff., DIETERICH
(2006), MORRIS (2005) 328 ff., MAISEL (2002), ZWIJNENBURG-TÖNNIES (1998).
470   Vgl. dazu die Diskussion von SCHRÖDER (2009) 59 f. und VON ERTZDORFF (2000) 229 f.

promissum fratris vestri Felicis Evagatorium, et pro solatio duntaxat in eo legite.[471] Diese Gebrauchsfunktion inszeniert Felix Fabri in seinem Text erzählerisch: Als er schon auf dem Pferd aufgesessen hatte (*in equo sedente omnes fratres (...) petierunt*),[472] baten ihn seine Mitbrüder um eine Aufzeichnung der Reise für einen mentalen Nachvollzug: (...) *ut et ipsi, etsi non corpore, mente tamen possent circa loca sancta recreari.*[473] In seinem Widmungsbrief an die Ulmer Mönche betont Felix Fabri, dass er seinen Lesern alle wichtigen und notwendigen Dinge über die Pilgerreise vor Augen stellt.[474] Besonders den jungen Ulmer Mönchen legt er die Lektüre des *Evagatorium* ans Herz: (...) *ut et juvenes eorum legendo Evagatorium in stabilitate firmentur, et ex descriptione sanctorum locorum scripturam sacram lucidius intelligant, et in devotione et contemplatione magis proficiant.*[475] Durch die Lektüre werden die Mönchen demnach in ihrem Glauben gefestigt, sie können ein klareres Verständnis der Heiligen Schrift erreichen und Fortschritte in Andacht und Kontemplation machen. Mit dem Wort *lucidius* im Zusammenhang mit einem klareren Blick auf die Bibel bezieht sich Felix Fabri auf Hieronymus' Worte in der *Praefatio* des *Liber Paralipomenon*, die er im Text zitiert.[476] Während sich Hieronymus jedoch auf das Sehen der heiligen Orte bezieht, lässt sich nach Felix Fabri ein klareres Verständnis vermittelt durch die Lektüre erreichen. Daneben intendiert Felix Fabri nach seinen Worten eine unterhaltende Funktion: *Quin imo non mediocrem intellectum sacrae scripturae, et multarum ambiguitatem dabit hujus evagatorii lectio, et animum admirantem, et mentem curiosam in multis quietabit.*[477] Aus diesem Grund fügt er unterhaltsame Passagen in seinen Text ein: (...) *audentius inter magna et vera, sancta et seriosa, nonnumquam inserui puerilia, apocrypha, et facetica.*[478] Eine wichtige Funktion, welche die anderen untersuchten Reisetexte besitzen, erwähnt Fabri nicht: Als Reiseführer soll seine Schrift offensichtlich nicht dienen.[479] So sieht er auch von der Angabe der Entfernungen

---

471 H1 (= Hassler, Band 1), S. 4; M1 (= Meyers, Band 1), S. 78. Da noch nicht alle Bände der Edition von MEYERS erschienen sind, verwende ich den Text von Hassler und nenne dazu jeweils die Stelle in der Edition von MEYERS, sofern der jeweilige Band schon erschienen ist. Zuletzt ist Tractatus 6 in Band 6 publiziert worden (Der Text endet mit Hassler, Band 2, S. 328). In den von mir zitierten Passagen gibt es keine gravierenden Unterschiede des Textes in beiden Editionen.

472 H1, S. 67; M1, S. 250.

473 Ebd.

474 *Ad oculum ostendi*, H1, S. 5; M1, S. 82.

475 H1, S. 5; M1, S. 82.

476 H1, S. 25; M1, S. 108 f.

477 H1, S. 4; M1, S. 80.

478 Ebd.

479 Vgl. auch SCHRÖDER (2009) 60.

IMAGINIERUNG DER PILGERREISE

angesichts der unterschiedlichsten Angaben in anderen Texten ab.[480] Das *Evagatorium* ist aufgrund der Vernachlässigung der Reiseführerfunktion ein erster Schritt in Richtung einer Textfunktion als virtuelle Pilgerfahrt. Die Schrift *Sionpilger* stellt den Endpunkt dieser Entwicklung dar. Aus Fabris Überlegungen über die Entfernungsangaben geht die ausführliche Quellenarbeit vor Verfassen des Werkes hervor.[481] Fabri verbalisiert das Vorgehen deutlich, das schon andere Verfasser vorangehender Pilgertexte betrieben. Zunächst betont Fabri die Rolle der Bibel als zentralen Referenztext: *Accipiens in omnibus his locis certitudinem, conferens ea, quae prius legeram et collegeram ad ipsa loca, et concordantias sanctarum scripturarum cum locis, et loca cum scripturis quantum potui, investigavi et signavi.*[482] Die Übereinstimmung der heiligen Orte mit der vorab ausführlich studierten Heiligen Schrift ist ein wesentliches Anliegen. Nicht nur die Lektüre der Heiligen Schrift ist zentral, im Widmungsbrief hebt Felix Fabri das Quellenstudium hervor, das er zwischen seiner ersten und seiner zweiten Reise betreibt. In der Ausarbeitung stützt er sich auf die umfangreiche Lektüre und verweist vielfach auf andere Autoren. Dadurch bietet der Text weit mehr naturkundliche, ethnologische und allgemeine Informationen und Beobachtungen verschiedener Art. Darin geht das *Evagatorium* weit über das in anderen Pilgertexten Dargestellte hinaus. Der Titel des Werkes unterstreicht, dass exkurshaftes Abschweifen Programm der Schrift ist. Fabri bezeichnet sein Werk als *Evagatorium*: *decrevi, hunc librum non Peregrinatorium, nec Itinerarium, nec Viagium, nec alio quovis nomine intitulare, sed EVAGATORIUM Fratris Felicis juste dici, nominari, et esse statui. Ex quo titulo, materia confusa et diversa libri, et compositionis indispositio et distractio patesceret.*[483] Das Wort *Evagatorium* ist vermutlich eine Neuschöpfung Fabris.[484] Die Abschweifung ist nach Folker Reichert sowohl im physischen als auch im geistigen Sinne zu verstehen: „körperlich, weil der Autor sich in der Welt umgesehen hatte, was er als Mönch eigentlich nicht hätte tun sollen, geistig, weil er selbst seine Schreibweise konfus und ungeordnet fand."[485] Die Betonung der Ungeordnetheit in

---

480   *Porro distantias locorum et longitudinem viarum, et numerum milliarium per terras et maria nolui ubique ponere, propter magnas diversitates, quas reperi de hoc in libellis militum, et propter incertitudinem illius mensurationis, et propter inaequalitatem milliarium* (H1, S. 4; M1, S. 80). Ebenso seien die Ausgaben ständigen Veränderungen unterlegen (H1, S. 4 f.; M1, S. 80).

481   H1, S. 2 f.; M1, S. 76; Vgl. auch S. 62.

482   H1, S. 2; M1, S. 76.

483   H1, S. 3 f.; M1, 78.

484   Das Wort ist sonst nicht bezeugt. Vgl. das Nachwort der Edition von Fabris Traktat über die Stadt Ulm, REICHERT (2012) 410.

485   Ebd.

der Darstellung ist als Exordialtopik zu verstehen.[486] Die im folgenden dargelegte Gliederung[487] legt die planvolle Strukturierung des Werkes offen und entlarvt besonders die Worte *compositionis indispositio* als Bescheidenheitstopos. Der Text besteht nach einem Proömium[488] aus zwei Teilen: Der erste Teil enthält die Beschreibung der ersten Reise.[489] Der zweite Textteil hat die Erzählung über die zweite Reise zum Inhalt.

Zu Beginn des zweiten Teils fasst Fabri die geplante Textstruktur dieses Buchteils zusammen: *Evagari jam incipiam desiderabili et jucundissima Evagatione, quam quidem Evagationem hoc ordine describere intendo et distinguere in XII tractatus, secundum quod fero XII. mensibus evagatio duravit, et quemlibet tractatum in tot capitula dividere, quot dies veniunt in mense: ita quod quilibet mensis faciat tractatum et quilibet dies capitulum.*[490] In der Textgliederung wird der Reiseverlauf korrespondierend mit der Reisezeit abgebildet. Der Text besteht aus 12 Teilen, entsprechend den 12 Monaten des Jahres.[491] Damit liegt im *Evagatorium* keine topographische, sondern dezidiert eine temporale Textstruktur vor. Diese Vorgehensweise entspricht einerseits einem Tagebuchstil, andererseits führt sie durch die Angabe allgemeingültiger Tages- und Monatsangaben zu einer leichteren Nachvollziehbarkeit der Reise. In der Schrift *Sionpilger* wird das genaue Datum durch durchgängig gezählte Tagesreisen ersetzt. In der Handschrift München, BSB, Clm 2826 (1488) sind die Reisetage jeweils durch eine Initiale gekennzeichnet. Auch in Hartmann Schedels Abschrift (München, BSB, Clm 188, 1508) ist diese Darstellungsform gewählt, vgl. z.B. den Monat Mai (fol. 44–51). Zudem sind die Monate in der Kopfzeile ausgeschrieben (vgl. Abb. 7 auf S.233).

Die Gliederung nach Tagen ist in den einzelnen Kapiteln unterschiedlich umgesetzt. Nach dem Monat Mai, in dem die Schiffsreise beschrieben wird, folgen auf die Tageskapitel mehrere Informationskapitel, die über das Meer, die verschiedenen Schiffe und die Schifffahrt Auskunft geben: *Sequuntur quaedam neccessaria pro intellectu maritimae Evagationis.*[492] Die Beschreibung des Monats Juni besteht nur aus den einzelnen Tagesabschnitten oder -kapiteln

---

486 Vgl. SCHRÖDER (2009) 58. Vgl. zur *Indispositio* der Schrift besonders MEYERS (2008b).

487 H1, S. 7 f.; M1, S. 88 f.

488 *Prooemium, quod complectitur peregrinationis sanctae terrae, et ipsius terrae promissionis laudem,* H1, S. 7; M1, S. 88.

489 H1, S. 9–60; M1, S. 122–248.

490 H1, S. 66; M1, S. 250.

491 Den 12. Teil über Deutschland, Schwaben und die Stadt Ulm veröffentlicht Fabri als eigenes Buch. Vgl. dazu ausführlich das Nachwort der Edition von Fabris Traktat über die Stadt Ulm, REICHERT (2012).

492 Überschrift, H1, S. 107; M1, S. 354.

mit Ausnahme eines eingeschobenen Kapitels über die Inseln des Meeres.[493] Im Monat Juli überschneiden sich die einzelnen Tageskapitel mit Informationsabschnitten und Kapiteln mit einem topographischen Schwerpunkt. Fabri reflektiert seine Vorgehensweise am Ende des Juni-Kapitels: *Modus procedendi in tractatu peregrinationis terrae sanctae et Jerusalem: et cum hoc (sc. de die ad diem) loca, ad quae peregrinatio se extendit, describam fideliter.*[494]

Das *Evagatorium* Fabris steht einerseits in der Tradition der Pilgerliteratur. Zu seinen Hauptquellen zählen Autoren wie Burchardus de Monte Sion oder Ludolf von Sudheim, auf die er verweist.[495] Andererseits unterscheidet es sich deutlich von den früheren Pilgertexten. Daher dient das *Evagatorium* in der vorliegenden Untersuchung als Kontrastfolie zu den bisher betrachteten Texten. Fabris neue Herangehensweise an das Projekt eines Pilgertextes lässt sich besonders deutlich an drei Aspekten herausarbeiten, die in den folgenden Kapiteln betrachtet werden.

4.8.3 *Inszenierung als Autor und Augenzeuge*

In den bislang betrachteten Pilgertexten wurde das Zurücktreten der Person des Autors beobachtet. F.F.F. (Frater Felix Fabri), wie Fabri seinen Namen selbst abkürzt, stellt seine eigene Person nicht in den Hintergrund. Vielmehr sind zahlreiche Passagen durch persönliche Schilderungen gefärbt. Der Leser verfolgt nicht irgendeine Reise in der Lektüre, sondern er verfolgt die Reise von Felix Fabri. Fabri inszeniert sich als Autor-persona.[496] Er stellt sich bildhaft als unermüdlicher Autor in allen Lebenslagen der Reise dar: *Non enim praetermisi nec unum diem in itinere existens, quin aliquid scriberem, etiam in mari tempore tempestatum, in terra sancta, et per desertum saepe scripi sedens in asino, vel in camelo, vel noctibus, quando alii dormiebant, ego sedi et visa in scriptis deduxi.*[497]

Ein markantes Beispiel dafür ist die Darstellung seiner Rückkehr, die er in plakativen Bildern ausmalt. Er schildert die erste Begrüßung im Kloster durch den Klosterhund, dessen freudige Reaktion ausführlich dargestellt wird und der als Verkünder seiner Rückkehr bellend durch das Kloster läuft. Durch das Ablegen der Reisekleidung wird der Übergang in das neue (alte) Leben

---

493 H1, S. 153 f.; M2, S. 24 f.

494 H1, S. 182; M2, S. 94.

495 Zum Beispiel H1, S. 182; M2, S. 94 und H2, S. 200; M3, S. 288 für Burchardus. Eine genaue Untersuchung und Aufarbeitung der Quellen ist bislang nicht publiziert. In der unveröffentlichten Übersetzung von Herbert Wiegandt und Herbert Krauß (Ulm, Stadtbibliothek, B1 1171, 1–2) sind in einem Anhang die von Felix Fabri genannten Quellen aufgelistet und mögliche zeitgenössische Bände aus den Ulmer Bibliotheksbeständen dazu angegeben.

496 Vgl. FUHRER (2012).

497 H1, S. 66; M1, S. 250.

markiert: *et omnem peregrinantium solicitudinem abjeci.*[498] Eine weitere ein-
schneidende äußerliche Änderung ist das Ablegen des Bartes: *meae abradi feci
barbam, quam hucusque servaveram et XI mensibus in longum et latum nutri-
veram.*[499] Die Bartabnahme stellt Fabri nicht als allgemeines Ritual dar, sondern als persönlichen Gestus, indem Gedanken und Gefühle ausgeschrieben
werden: *invitus tamen, fateor, deposui eam, quia videbatur mihi, quod in ea auda-
cior, maturior, sanior, ornatior ac venerabilior essem, et si proprii juris essem,
nullatenus ea carere vellem, cum sit naturae ornatus, venustans viri vultum ac
robustum timorosumque reddens virum. Sed, quia frater et sacerdos Latinus sum,
propter conformitatem libens careo.*[500]

Durch diese Darstellung tritt der Autor als Person hervor und stilisiert sich
als „Held" seiner Erzählung. Fabri stellt sich als Abenteurer dar, der sich nur
ungern aus seiner Rolle löst. Ein weiteres Beispiel für den engen Zusammenhang der Erzählung mit der Person Fabris ist das Kapitel mit der Überschrift:
*Modus quomodo F.F.F. se disposuit ad secundam Evagationem vel peregrinatio-
nem Terrae Sanctae, Jerusalem, Syon, et montis Synai,*[501] in dem er fünf Textseiten darauf verwendet, die Beweggründe aufzuarbeiten, die ihn zu seiner
zweiten Reise drängen sowie umfassend die Umstände des Unterfangens darzustellen. Durch die vielen Erklärungen von Seiten Fabris wird der Leser zum
Eingeweihten, der mit Fabri auf die Reise geht, der seine Gefühle kennt sowie
die heiligen Stätten besucht und Abenteuer erlebt.

Ein sehr persönlich geschildertes Erlebnis ist die Beschreibung des nächtlichen Besuches der Geburtshöhle Christi.[502] Nach einem ersten Aufenthalt
an diesem Ort mit einer Menge anderer Pilger entsteht bei Fabri der Wunsch
nach einem Besuch ohne Trubel: *Desiderium enim habui solus esse in Bethlehem
sine tumultu peregrinorum.*[503] Das Persönliche der Schilderung wird dadurch
erreicht, dass sich das Erzähltempo verlangsamt und dass die Gefühle und
Wünsche des Erzählers offengelegt werden. Der Erzähler Fabri ist wach in seiner Zelle (*totus vigil*), kann nicht liegen bleiben und wünscht, er wäre in der
Geburtshöhle (*optavi*). Alle Überlegungen werden genauestens wiedergegeben
und können vom Leser nachvollzogen werden: *spem tamen non habui, me ante*

---

498 H3, S. 467. Vgl. *Et his paractis ad solita religionis nostra exercitia et ad implendum mihi com-
missa officia me reduxi,* H3, S. 468.
499 H3, S. 467.
500 Ebd.
501 H1, S. 61 ff.; M1, S. 238 ff.
502 Vgl. VON ERTZDORFF (2000) 241, die auf die „sehr intensive persönliche Ergriffenheit"
und auf die „spannend gehaltene" Erzählung hinweist.
503 H2, S. 181; M5, S. 290.

IMAGINIERUNG DER PILGERREISE

noctis medium posse habere ingressum, sciens, omnia ostia esse serata.[504] Der
Leser erlebt, wie Fabri aus seiner Zelle schleicht: *verum silenter cellam exivi* und
schließlich durch einen verborgenen Zugang (*occultus introitus*) wider Erwarten Zugang erhält. Nicht nur die Bewegung durch den Raum, sondern auch
das emotionale Befinden der Autor-persona wird offengelegt. Der Leser kann
den Wechsel der Gefühle in den Worten *sine spe accessi – cum magno gaudio ingressus sum* miterleben.[505] Die kleinteilige Beschreibung erzeugt Spannung bis zum glücklichen Ausgang, dem Aufenthalt alleine in der heiligen
Höhle (*considerans autem, me solum esse in sacro specu*) zum nächtlichen
Stundengebet (*celebrare jucundissimas vigilias ad dulcissimum Christi cunabulum*).[506]

4.8.4   *Das multisensorische Erleben der Heilsorte*

Anhand von drei Beispielen, die mit dem zentralen Moment der Ankunft im
Heiligen Land zusammenhängen, soll aufgezeigt werden, wie Fabri den Besuch
des Heiligen Landes und der heiligen Orte als sensorisches Erlebnis erzählt:
die Ankunft im Heiligen Land, der erste Ort im Heiligen Land, die Ankunft
in Jerusalem. Fabris persönliche, umfangreiche und mit ausführlichen Bibelverweisen sowie mit zahlreichen Erklärungen versehene Darstellung geht weit
über die bislang betrachteten Texte hinaus. Neben die herausragende Bedeutung der Erzählung visueller und haptischer Eindrücke treten in Fabris Text die
Narration der Düfte und akustischer Reize.

Die Sehnsucht, endlich das Heilige Land zu erblicken, wird durch eine lange
Erzählung veranschaulicht. In dieser Passage steht der visuelle Eindruck im
Zentrum. Zunächst wird die Sehnsucht des Erzähler-Ichs geschildert, beim
Sonnenaufgang das Heilige Land zu sehen: *mane in crepusculo in prora stabam,
et terram sanctam ante ortum solis cernere cupiebam, et propter istam terram
solis ortum desiderabam, ipsumque solem orientem gaudiose salutabam (...) Sed
dum solem viderem super mare elevatum, nec in ortu aliquid demonstratum, tristis visum repressi.*[507] Durch die Angabe von Details wird die Beschreibung für
den Leser nachvollziehbar: Die Zeit und der genaue Ort auf dem Schiff wird
genannt. Die dreimalige Wiederholung der Worte *ortum* (bzw. *orientem*) *solis*
in einem Satz verbunden mit der Schilderung der freudigen Erwartung (*cupiebam – desiderabam – gaudiose salutabam*) macht die darauf folgende Ent-

---

504   H2, S. 182; M5, S. 294.
505   Ebd.
506   H2, S. 183; M5, S. 294. Vgl. VON ERTZDORFF (2000) 241.
507   H1, S. 181; M2, S. 90.

täuschung mitvollziehbar. Das persönliche Empfinden wird auf die anderen Pilger auf dem Schiff ausgeweitet (*eodem modo erat et aliis peregrinis*) und führt zum Vergleich des *amorosus peregrinus* mit Maria Magdalena vor dem Grabe (*Maria Magdalena igne amoris succensa*).[508] Wie Magdalena sich am Morgen neigt oder streckt, um ins Grab zu schauen (*se inclinavit* – vgl. Joh 20,11 – *et in monumentum sui dilecti introspexit*), so richtet sich der Pilger am Morgen auf, um das Land des Grabes zu sehen: *erigit se (...) ut terram monumenti sui dilecti cernere queat*. Durch die Erwähnung der Maria Magdalena wird der wichtigste Besuchsort des Heiligen Landes als zentraler Sehnsuchtsort präsent. Mit einer weiteren Annäherung an das Heilige Land, unterstrichen durch Bibelworte, schließt der dritte Teil, die Beschreibung des Monats Juni. Dieser Abschluss des Kapitels verdeutlicht das geistige Eintauchen in eine Welt, die in jeder Hinsicht durch das biblische Wort bestimmt ist: *Videbatur autem nobis, quod ipsum amarum mare jam inciperet dulcescere suavem praestans navigationem, et hoc propter propinquitatem dulcissimae terrae illius, quae fluit lacte et melle*.[509] Sogar das Meer scheint an Süße zu gewinnen.[510]

Im folgenden Abschnitt,[511] in dem der erste Blick auf das Heilige Land schließlich geschildert wird, treten die biblischen Bezüge stärker in den Vordergrund und unterstreichen die Bedeutung des Moments.[512] Mit einem Echo von Jer 6,5 werden die Worte des Wachmanns, der als erstes von seinem Ausguck das Land sieht, geschildert: *o Domini peregrini surgite et ascendite, ecce apparet terra, quam cupitis videre*.[513] Dieser laute Ruf wird im Text betont: *in hunc subito prorupit clamorem* und *hoc clamore audita*. Mit diesem Ruf gewinnt das erzählte Hören an Bedeutung. Eindrücklich wird geschildert, wie alle aus dem Bauch des Schiffes stürmen: *omnes (...) eruperunt, viri et foeminae, senes et iuvenes, sani et debiles*.[514] Die im vorangehenden Kapitel aufgebaute Spannung wird durch die Schilderung wieder aufgegriffen, dass keiner der Pilger mit im Gegensatz zu den Seeleuten ungeschultem Auge ([*marinarii*] *habent enim usum maris*) Land erkennen kann: *nos nihil nisi mare videre poteramus*.[515]

---

508   H1, S. 181; M2, S. 92.
509   H1, S. 181; M2, S. 92, vgl. Ex 3,8.
510   Vgl. zur Süße OHLY (1989).
511   ab H1, S. 183; M2, S. 96.
512   Für diese Passage vgl. auch BEEBE (2014) 112 f., die die Stelle besonders im Vergleich mit den anderen Pilgerschriften Fabris liest: „Throughout this section of the Evagatorium, Fabri uses biblical allusion and echo to give the passage greater importance than he does in the vernacular version."
513   H1, S. 183; M2, S. 96.
514   Ebd.
515   Ebd.

IMAGINIERUNG DER PILGERREISE

Das stückweise Sichtbarwerden des Landes wird anschließend in langsamem Tempo erzählt und auf diese Weise für den Leser mitvollziehbar gestaltet: *porro post spatium unius horae cum magis et magis appropinquaremus, incepimus et nos promontoria videre et montium cacumina quasi de mari prominentia.*[516]

Doch an dieser Stelle löst sich die Spannung nicht auf. Durch die Beschreibung der Unsicherheit der Seeleute, um welches Land es sich handelt, wird die Spannung vielmehr noch verstärkt. Mit der Darstellung des Konsenses, dass es sich um das Heilige Land handelt, werden in der Folge die Eindrücke für Augen und Ohren geschildert: *Cumque jam nullum dubium esset quin terram sanctam videremus, et montes Israel prae oculis haberemus; imperavit patronus silentium fieri.*[517] Auf die Beschreibung der Aufforderung zur Ruhe folgt die Erzählung, wie der *patronus* das Erreichen des Heiligen Landes bestätigt und die Pilger Gesang anstimmen. Die Art und die Wirkung dieses Gesanges wird auf beinahe einer Textseite der Edition beschrieben. Durch die eindrucksvolle Beschreibung entfaltet sich ein „Tonraum", der in dieser Form sonst durch die Akustik in den Kirchenräumen des Mittelalters entsteht.[518] Durch die Beschreibung des Gesanges wird der Moment, in dem das Heilige Land erblickt wird, sakralisiert.[519] Die Pilger werden als umgeben von einem wunderbaren Gesang beschrieben. Mit den Worten *numquam audivi tam laetum et suavem cantum* wird das Erlebnis als einzigartig charakterisiert.[520] Der Gesang des *Te deum* ist umso erstaunlicher, da alle Pilger und *clerici latini* mitsingen, und, obwohl jeder nach Art seines Chores singt (*secundum notam chori sui*), ein harmonischer und wunderbarer Gesang (*dulcis (...) discantus et harmonia*) entsteht:[521] *Et hi omnes mirabile Te deum cantabant.*[522] In den Gesang stimmen alle möglichen Instrumente ein, die auch in der Bibel eine Rolle spielen (z. B. 2 Mo 19,16): Trompeten, Tuben, Schalmeien, Flöten. Dazwischen ertönen Gebete (*contra terram sanctam orabant*) und Freudentränen (*prae gaudio in cantu flebant*). Durch die Beschreibung wird eine beeindruckende akustische Kulisse erzeugt. Die Erzählung schließt mit einem Verweis auf einen an die Bibelworte Offb

---

516 Ebd.

517 H1, S. 184; M2, S. 98.

518 Vgl. WENZEL (1995) 105 f.

519 Vgl. ähnlich BEEBE (2014) 114.

520 H1, S. 184; M2, S. 98.

521 BEEBE (2014) 114 bezeichnet das als „mini-miracle". Vgl. auch FRIEDRICH (2017) 199, der Fabris Text im Zusammenhang mit dem Phänomen des Staunens betrachtet und in dieser Passage betont, wie durch den Gesang alle Differenz aufgehoben ist und die christliche Gemeinschaft spürbar wird.

522 H1, S. 184; M2, S. 100.

228 KAPITEL 4

5,9 und 14,3 anschließenden gregorianischen Cantus (Nr. 261) ab: *et sic cantabant omnes canticum novum ante sedem Dei, et resonabant terra et mare in voces eorum.*[523]

In der Folge wird die wunderbare Wirkung des Gesangs erzählt: das Schiff scheint schneller zu segeln. Auch eine wundersame Genesung deutet die Nähe des Heiligen Landes an: Ein ungeschickter korpulenter Pilger, der unglücklich stürzt, wird im Laufe einer Stunde wieder geheilt.[524]

Nach der Beschreibung des Klangerlebnisses liegt der Schwerpunkt wieder auf dem visuellen Eindruck, der in einem erzählerischen Zeigegestus präsentiert wird: *ostendi dominis meis de mari.*[525] Der Blick vom Boot auf die Küste (*in marginibus navis stetimus, et tantum montana videre poteramus*)[526] wird in einer Art Bibelmeditation dargestellt, in deren Zentrum der *Mons Carmel* steht. Das meditative Moment drückt sich in den Verben aus, die die gedankliche Versenkung beschreiben, die der Anblick des Berges auslöst: *in cuius (sc. montis) aspectu recordabar, quomodo sanctus propheta Helias in eo monte (...) Cogitavi etiam, quomodo rex Saul (...) Admirabar etiam (...).*[527] Zudem werden im Text die verschiedenen Bibelstellen angegeben, was ein direktes Nachschlagen im Verlauf der Lektüre ermöglicht.

Nach der Beschreibung einiger weiterer Tage auf dem Schiff wird der entscheidende Augenblick erzählt: Die Pilger verlassen das Schiff und nähern sich mit einem kleineren Boot dem Land. Wieder spielt der Gesang eine entscheidende Rolle. Für die Leser verweist Fabri auf den zu Beginn des Codex abgedruckten Liedtext: *contra terram sanctam navigare incepimus, et cum gaudio magno altis vocibus cantavimus: In Gottes Namen fahren wir, seiner Gnaden etc. ut habetur fol. 10.*[528] Der Gesang wird in einem imposanten Setting im Brausen des Meeres beschrieben. Für die Sarrazenen an Land ist er wegen der dazwischenliegenden Felsen unhörbar: *Hunc autem cantum nostrum non poterant audire Sarraceni in litore, quia inter nos et litus erant scopuli Andromedae, in quibus mare magno fremitu saevit, et sonat et hoc sono noster cantus non audie-*

---

523 Ebd.

524 Der Sturz wird so detailliert geschildert, dass Beebe von einer „slapstick story" (Beebe (2014) 114) spricht. Ein Schwerpunkt scheint daneben auf der schnellen Genesung zu liegen: *sed vir ille confracto capite et dissolutis membris pro mortuo trahebatur in cumbam suam. Post horam tamen ad se reversus ligaturas et curas accepit, et aliquantulum post tempus aliquorum dierum convaluit,* (H1, S. 185; M2, S. 100).

525 H1, S. 186; M2, S. 104.

526 H1, S. 185; M2, S. 100 ff.

527 H1, S. 185; M2, S. 102.

528 H1, S. 194; M2, S. 122 f.

IMAGINIERUNG DER PILGERREISE

batur.[529] Die Durchfahrt durch die Felsen wird dramatisch beschrieben: völlig durchnässt (*aqua perfusi et madidi facti*) erreichen die Pilger das Land, das sogleich berührt wird: *Statim autem ut humum sanctam pedibus nostris calcavimus, proni in facies nostras cecidimus, et terram sanctam cum ingenti devotione deosculati sumus.*[530] Durch die Berührung (*in ipso vero contactu terrae benedictae*) wird bereits der erste Ablass erreicht.[531] Visuelle Wahrnehmung, Klangeindrücke und haptisches Erleben stehen im Zentrum der Schilderungen des ersten Kontaktes mit dem Heiligen Land.

Der erste Ort, an den die Pilger geführt werden, ist eine schmutzige Höhle, die den Erwartungen der Reisenden in keiner Weise entspricht: *invenimus ipsum locum mansionis nostrae abominabiliter foedatum et deturpatum urina et humanis stercoribus.*[532] Die Ankunft in der stinkenden Höhle wird in der Erzählung umgedeutet und schließlich wandelt sich der Gestank in den Duft von wohlriechenden Kräutern und von Weihrauch.

Zunächst wird die Klage der Pilger darüber in der ersten Person geschildert. Nach einem klagenden Ausruf *ecce quam miserum pandocheum, quam defectuosum hospitium, quam immundum habitaculum!*[533] beschreibt Fabri ein mögliches Gebet, das ein *peregrinus devotus* in dieser Lage sprechen könnte.[534] Die in dem Gebet gestellten Fragen des Pilgers über den unschönen Empfang im Heiligen Land werden im folgenden beantwortet und in einer ausführlichen Antwort, die Jesus selbst in den Mund gelegt wird (*ad haec Dominus (...) inquit*), erklärt. Die Ankunft im Heiligen Land wird mit der Ankunft Jesu auf Erden parallelisiert. Jesus bezeichnet sich selbst in der Rede zweimal als *peregrinus*: *advena ego fui in terra hac, et peregrinus.*[535] In der Folge wird der Pilger mit *dilecte peregrine* und *tu peregrine* als Nachfolger Jesu angesprochen, dessen Leiden auf Erden beschrieben wird: *Sic enim oportuit filium hominis pati, et ita intrare in gloriam suam. Non ergo dilecte peregrine sit tibi molestum.* Während das Gebet zu Beginn als ein nur mögliches dargestellt wird, wird es im Laufe der Erzählung real. Die Antwort Jesu und besonders die Reaktion des Pil-

---

529 H1, S. 194; M2, S. 123.

530 H1, S. 194; M2, S. 124.

531 Im Text, so wird im Folgenden erklärt, stellt Fabri den Ablass mit dem Zeichen des Kreuzes dar. Er unterscheidet zwischen *crux simplex* (*indulgentia septennis*) und *crux duplex* (*indulgentia plenariae remissionis*) (H1, S. 194; M2, S. 124). Zum Ablass vgl. S. 206 f.

532 H1, S. 195; M2, S. 126.

533 Ebd.

534 *Numquid merito posset peregrinus devotus et deo familiaris ex pia impatientia vel potius admiratione querulari et dicere: o Domine Jesu, quali curialitate recipis tuos peregrinos ...,* H1, S. 195; M2, S. 128.

535 H1, S. 196; M2, S. 128, vgl. *quasi peregrinus.*

230 KAPITEL 4

gers werden wie ein tatsächlich geschehenes Ereignis beschrieben: *His auditis devotus peregrinus gratias agit, pro eo quod dignus est habitus esse imitator sui Domini.*[536]

Die Christusnachfolge des Pilgers als *peregrinus* wird dem Leser des *Evagatorium* nicht anhand von bloßen Bibelzitaten dargelegt, sondern szenisch präsentiert. Auf diese Weise verwandelt sich die schmutzige Höhle in einen Ort, die dem Pilger die *imitatio* Christi erlaubt. Durch die Worte Christi wird der Ort zu einem heiligen Ort. Narrativ wird die Wandlung des Ortes durch die Veränderung des Geruchs markiert. Von Kaufleuten werden Weihrauch und Kräuter verbrannt: *et ita factum est, quod locus ille turpissimi foetoris factus est apotheca suavissimi odoris.*[537] Schlechter Geruch steht sinnbildlich für den Tod oder den Teufel, Wohlgeruch dagegen versinnbildlicht Heiligkeit.[538]

So wird auch die erste Ankunft in Jerusalem mit Wohlgeruch in Verbindung gebracht. Jerusalems Duft[539] zieht die Pilger von überallher an. Die Annäherung an die Stadt wird dramatisch inszeniert. Die Bewegung auf die Stadt zu wird in einer langsamen Annäherung beschrieben: *ascendimus et dimisso oriente contra austrum in clivo montis processimus.*[540] Den Anblick Jerusalems selbst schließlich versinnbildlicht der Vergleich mit einem Blitzschlag. Von dem Augenblick an, in dem Jerusalem vor den Augen erscheint, tritt in der Erzählung neben die körperliche Bewegung die Blickbewegung: *Et conjectis oculis ad dexteram, ecce ut fulgur civitas sancta saepe nominata et saepissime nominanda Jerusalem emicuit: cujus partem illam vidimus, quae monti Syon annexa est, et ipsum sanctum montem Syon vidimus cum omnibus structuris ejus et ruinis.*[541] Durch die Blickbewegung werden verschiedene Teile der Stadt stückweise sichtbar: nach einem Gesamteindruck wird der Blick auf Details wie Mauern und Türme gelenkt. Dass der Text an den Pilger gerichtet ist, der nicht nach Jerusalem kommen kann, offenbaren die Worte *peregrinus, qui nunquam vidit Jerusalem* (S. 236), mit denen darauf hingewiesen wird, dass für diesen *peregrinus* die Mauern am Berg Sion wie die Stadtmauern Jerusalems aussehen. Der erste Anblick Jerusalems (*cum ergo civitatem sanctam (...) oculis nostris cerneremus*)[542] führt wieder zu einer Berührung des Bodens. Die zen-

---

536 H1, S. 196; M2, S. 130.
537 H1, S. 197; M2, S. 132.
538 Vgl. zum Duft des Heiligen LOHMEYER (1919), KÖTTING (1982), ALBERT (1990), WENZEL (1995) 106 f., JÜTTE (2000) 107 f.
539 *Odor*, H1, S. 235; M2, S. 224.
540 H1, S. 235; M2, S. 224.
541 H1, S. 235 f.; M2, S. 224. Vgl. weiter *vidimus ita claro aspectu* und: *cum ergo civitatem sanctam jam diu desideratam oculis nostris cerneremus* (H1, S. 236; M2, S. 226).
542 H1, S. 236; M2, S. 226.

IMAGINIERUNG DER PILGERREISE

tralen Momente des ersten Blickes auf das Heilige Land oder die heilige Stadt, wie auch die Ankunft an der Grabeskirche werden erzählerisch auf besondere Weise markiert und mit einem visuellen und akustischen Rahmen versehen. Nach dem Berühren des Bodens wird eine lange Begrüßungsrede wiedergegeben, die sich neben der Bibel auch aus anderen Quellen speist, z. B. aus einem Traktat des Bernhard von Clairvaux.[543] Die genauen Stellenangaben weisen darauf hin, dass die lange Begrüßungsrede für die Lektüre verfasst wurde. Die Emotionalität des Moments wird durch die Beschreibung der Freudentränen und des *Te-Deum*-Gesangs der Priester ausgedrückt.[544] Für den Leser in besonderer Weise nachvollziehbar ist der „Gesang im Geiste", den die Pilger anstimmen, um ihre *ductores* nicht zu beleidigen: *altis ergo vocibus mentis cantavimus*.[545] Der Text beschreibt weiter, dass die Pilger nach dem Einzug in die Stadt durch die *porta David* zu einer Kirche gelangen. Um welche Kirche es sich handelt, wird erst durch die Worte des Mönchs deutlich, der von erhöhter Warte verkündet, dass es sich um die Grabeskirche handelt (*fratrem (…) in ementiorem locum se ponens pronunciavit nobis*).[546] Wie bei der Ankunft im Heiligen Land mit dem Schiff wird die Ankunft am Ziel den Pilgern verkündet. Wieder werfen sich die Pilger auf den Boden, der eine besondere Eigenschaft besitzt: *pro certo autem ipsis peregrinis sic in terra prostratis videbatur, quod ex ipsa terra quaedam spiraret virtus*.[547] Die *virtus* Christi steigt aus der Erde auf.

Die Wahrnehmung von Heiligkeit als süßlicher Duft[548] wird im Text an verschiedenen Orten genannt. Durch die Markierung als Duftraum werden die Orte sakralisiert. In der Bibel wird Wohlgeruch mit Christus in Verbindung gebracht.[549] Die Beschreibung des Duftes intensiviert die Heiligkeit des Ortes.

Durch eine direkte Ansprache wird der Leser zur Teilhabe an diesem Augenblick aufgefordert: *o frater mi, si in ista hora mecum in atrio illo fuisses, vidisses et audivisses tam exuberantes lachrimas, tam amaros et cordiales gemitus, (…) et simul cum ipsis peregrinis lachrymantibus resolutus in lachrymas uberes fuisses*.[550] Seh- und Hörsinn ermöglichen den emotionalen Nachvollzug. Ein wei-

---

543 Vgl. *De laude novae militae* 5,11. Ed. LECLERCQ/ROCHAIS (1963).
544 H1, S. 237; M2, S. 228.
545 H1, S. 237; M2, S. 228.
546 H1, S. 238; M2, S. 230.
547 Ebd.
548 Vgl. JÜTTE (2000) 107 f.
549 Vgl. 2 Kor 2,14–16, siehe dazu KÖTTING (1982) 169 f.
550 H1, S. 238; M2, S. 230 f.

teres Textbeispiel, in dem der Leser immer zur Teilhabe ermuntert wird, ist das Kapitel über das heilige Grab, aus dem ich zwei Passagen herausgreife: *expergiscemini nunc, et surgite frates et domini peregrini (…) venite ergo cum laetitia et laude, et videte locum, ubi positus erat dominus, et terminum vestrae peregrinationis conspicite.*[551] Mit Verben der Bewegung und des Sehens werden die Leser angesprochen. Die Bedeutung der Sinne bei der Wahrnehmung unterstreicht auch das folgende Beispiel, bei dem die Berührung des Ortes hinzukommt: *Venite ergo (…) sepulchrum sanctissimum ingredimini et videte, manibus tangite, ore contingite locum, ubi positus erat Dominus.*[552]

Diese Passagen zeigen, dass der Nachvollzug nicht durch eine Identifikation mit dem Erzähler Fabri funktioniert, sondern die Figur Fabris fungiert vielmehr als eine Art Reiseleiter für die imaginierte Reise, der visuelle Eindrücke, Klangerlebnisse, Düfte und Berührungen aufzeigt.

4.8.5 *Exkurstechnik*

Der Umfang von Fabris Text verweist schon auf ein auffälliges Merkmal der Erzählweise. Das greifbare Wissen zu jedem Thema wird in ausführlichster Weise vermittelt. Nicht nur das selbst Erlebte und Gesehene, sondern auch sein angelesenes Wissen legt der Autor umfassend dar. Das Ergebnis der Arbeitsweise, die den Schwerpunkt auf die Wiedergabe aller verfügbaren Information legt, sind zahlreiche Exkurse, die entweder als eigenes Kapitel eingefügt oder in den laufenden Text eingeschoben werden.

Die Überlegungen zu Fabris Exkursen weisen auf den zweiten Teil dieser Untersuchung, der die enzyklopädische Funktion der Texte ins Zentrum stellt. In den Exkursen wird nicht nur biblisches Wissen verhandelt, sondern auch naturkundliches, geographisches und überhaupt das verfügbare enzyklopädische Wissen.

Herbert Feilke untersucht in seiner Monographie über das *Evagatorium* von 1976 die Struktur der Exkurse und weist auf mehrere schematische Elemente hin:[553] Die Erklärung des jeweiligen Namens, Bezüge auf antike und christliche/legendarische Quellen, Bezug zur Heimat sowie die Nennung von Personen, die mit dem Ort in Zusammenhang stehen. Bereits in spätmittelalterlichen Pilgertexten haben Exkurse eine entscheidende Bedeutung.[554] Herbert Feilke betrachtet den Aufbau von Fabris Exkursen isoliert von den Exkursen

---

551 H1, S. 309; M3, S. 88.
552 H1, S. 310; M3, S. 88 f. Das Wahrnehmungsschema der heiligen Orte *videre – tangere – ore contingere/deosculare* wiederholt sich im Text. Vgl. LEHMANN-BRAUNS (2010) 302.
553 FEILKE (1976) 200 f., 206. Siehe dazu auch MEYERS (2008b).
554 Vgl. oben S. 64 ff.

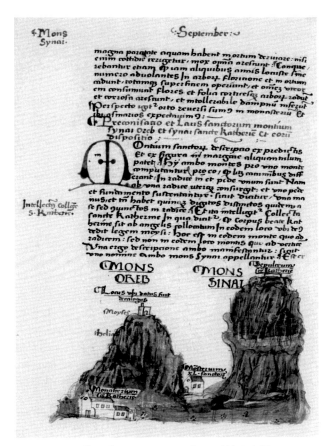

ABB. 7   Felix Fabri, *Evagatorium Fratris Felicis in Terrae sanctae, Arabiae et Egypti peregrinationem*: Mons Horeb und Mons Sinai, München, BSB, Clm 189, fol. 66ᵛ

der früheren Pilgertexte. Ein entscheidender Unterschied diesen gegenüber ist der Bezug zur Antike, den Fabri herstellt und der in anderen Texten keine Rolle spielt.[555]

Xenia von Ertzdorff spricht im Zusammenhang mit Fabris Erzählweise von der Öffnung verschiedener „Fenster", z.B. dem „historischen Fenster", wenn er längere Exkurse einfügt.[556] Diese Bezeichnung bildet Fabris Exkurstechnik nur punktuell ab, denn bei konsequenter Anwendung würde sich ein weiteres „Fenster" im Fenster öffnen. Zudem lassen sich die Inhalte der Exkurse, z.B.

---

555   Vgl. zu Fabri und der Antike REICHERT (2015).
556   VON ERTZDORFF (2000).

234   KAPITEL 4

biblisch oder historisch, nicht immer leicht voneinander abgrenzen. Vielmehr
spiegeln Fabris Exkurse ein breites Spektrum von Interessen.

Ein Beispiel für einen Exkurs stellt das in der biblischen Teichoskopie entfal-
tete Wissen dar. Berggipfel geben in der Pilgerliteratur seit Egerias Text Anlass,
den Blick auf die umliegende Landschaft zu öffnen.[557] Dieser Blick kann sich
als ein nur für das geistige Auge sichtbares Panorama der biblischen Landschaft
erweisen. In den im zweiten Teil meiner Untersuchung behandelten spätmittelalterlichen Texten ist der Panoramablick eine häufig angewendete Erzählstrategie.[558]

Die erzählerische Einbettung in den Panoramablick gibt Gelegenheit, das
gesamte greifbare Wissen darzustellen: Bei Fabri erweitert sich der Inhalt und
ich spreche hier von der biblisch-enzyklopädischen Teichoskopie. Fabri stellt
den Blick vom Gipfel des Katharinenberges in einem eigenen Kapitel mit der
Überschrift *De regionibus mundi, quas vidimus in quatuor plagis terrae ex hoc
sacro monte et descriptio terrarum, aquarum* etc. dar, das sich über mehrere
Seiten erstreckt.[559] Wie in den Texten Egerias und der spätmittelalterlichen
Autoren wird der Eindruck vermittelt, das Geschilderte sei tatsächlich sichtbar:
*In supercilio montis sanctae Catharinae stetimus et terras ac provincias et regio-
nes per gyrum consideravimus, etiam longe existentes; siquidem ad longissimam
mundi partem vidimus, quia valde in alto stabamus, nec per nebulas aut alias
aeris indispositiones impedimenta habuimus.*[560] Doch Fabris folgende Darstellung mit zahlreichen Quellenangaben deckt die kunstvolle Zusammenstellung
des Wissens auf. Die Blickrichtung stellt jeweils den Auslöser für die folgende
Erzählung dar: *Conjecimus ergo oculos primo contra orientem in latissimum fre-
tum.*[561] Trotz der genannten guten Sicht ist der Blick „mit den körperlichen
Augen" beschränkt, wie betont wird: *nec potuimus contra orientem videre oculis
corporeis nisi aquas.*[562] Durch eine aus dem Brief des Hieronymus an Rusti-
cus (*epist.* 125,3) entnommene Passage wird der (geistige) Blick bis nach Indien
gerichtet: [*navigans*] *ad Indiam pervenitur et ad Gangem fluvium, quem sacra
Scriptura Phison nominat, ubi nascuntur pretiosissima quaeque, et montes aurei
ibi sunt, quos adire propter gryphos et dracones, et immensorum corporum monstra hominibus impossibile est.*[563] Durch die Unbegehbarkeit der Orte jenseits

---

557   Vgl. S. 109 f. Vgl. VON ERTZDORFF (2000), HIESTAND (1993).
558   Vgl. S. 302 f.
559   H2, S. 468–474.
560   H2, S. 468.
561   H2, S. 468.
562   Ebd.
563   Ebd. Vgl. auch Vinzenz von Beauvais, *Speculum Naturale* 32,3 (Edition von Douai 1624).
       Vgl. VON ERTZDORFF (2000) 252 f.

IMAGINIERUNG DER PILGERREISE

des Katharinenberges wird der Besuch dieses Ortes zu einem Besuch am Rand der Welt und stellt den äußersten Punkt der Reise dar, von dem jede weitere Reise schon als Heimreise zu verstehen ist, so auch in Fabris Text über den Abstieg vom Katharinenberg: (...) *quod inciperemus jam repatriare.*[564] Der Blick auf die Goldberge lässt den Sinai zu einem „Tor zu anderen Welten" werden, so der Titel eines Aufsatzes von Rudolf Hiestand.[565] Auch in Richtung Süden öffnet sich der Blick auf den Grenzbereich der bekannten Welt und wunderbare Welten.[566] Der Hafen Thor wird von Fabri als letzter bekannter Hafen des Orients (*ultimus orientis portus nobis notus*) bezeichnet,[567] den die indischen Schiffe anfahren, die wegen der Anziehung der Magnetberge ohne Eisen gebaut werden.[568]

Mit seinen Schilderungen geht Fabri weit über die Beschreibung der biblischen Landschaft hinaus. Unter Nennung zahlreicher Quellen entfaltet er ein buntes Panorama von biblischem, enzyklopädischem und antikem Wissen.[569]

Felix Fabri ist nicht der erste, der enzyklopädisches Wissen in einen Pilgertext integriert. Auf welche Weise sich die enzyklopädische Gebrauchsfunktion in den früheren Pilgertexten entwickelt, ist Thema des zweiten Teils der Untersuchung.

---

564 H2, S. 474, vgl. auch S. 466.
565 Vgl. dort besonders S. 94 f.
566 Vgl. z. B. H2, S. 470 die Bezeichnung *mirabilia* für die Wunder Äthiopiens.
567 H2, S. 469. Vgl. HIESTAND (1993) 94.
568 H2, S. 470.
569 Von antiken Quellen wird Plinius genannt. H2, S. 469 im Zusammenhang mit dem Pfirsich und einem Verweis auf lib. XV.

KAPITEL 5

Enzyklopädische Funktion

5.1   Burchardus de Monte Sion: *Descriptio terrae sanctae*

Der Dominikaner Burchardus de Monte Sion verfasst seine Schrift *Descriptio terrae sanctae* innerhalb der Jahre 1271–1285.[1] Die *Descriptio* geht auf eine Reise zurück, die nach dem Jahr 1274 beginnt und vor dem Jahr 1284 endet.[2] Burchardus hat eine Verbindung zum Dominikanerkloster Magdeburg.[3]

Die Herkunft des Beinamens ‚de Monte Sion' wird in der Forschungsliteratur davon abgeleitet, dass sich Burchardus lange in diesem Kloster in Jerusalem aufgehalten haben und vielleicht sogar sein Buch dort verfasst haben soll. Dafür gibt es jedoch keinerlei Belege.[4]

Insgesamt sind um die 100 lateinische Handschriften erhalten.[5] Die einzelnen Handschriften weisen unterschiedliche Informationen über den Autor

---

1   Vgl. PRINGLE (2012) 47. Siehe zu den Hintergründen und allgemein der Bildung der Dominikaner SCHÜTZ (2012) und LEHMANN-BRAUNS (2010) 198 f.
2   Nach den im Text genannten Ereignissen. Vgl. GRABOÏS (1982) 288. Ein genauer Zeitpunkt, wann der Text verfasst wurde, lässt sich nicht bestimmen. Der Zeitraum, zumindest für eine erste Skizze des Textes, kann auf die Jahre 1280–1283 eingeschränkt werden. So GRABOÏS (1982) 288. PRINGLE (2012) 50 argumentiert dafür, dass der Text zwischen Juli 1274 und Mai 1285 verfasst wurde. Vgl. die Diskussion bei LAURENT (1864) 4, der als Zeitraum 1271–1285 vorschlägt.
3   Eine Fassung des Textes enthält eine Widmung an einen Bruder, einen Lektor des Klosters Magdeburg, der ebenfalls den Namen Burchardus trägt. Vgl. die von CANISIUS/BASNAGE edierte Kurzfassung: *Dilectissimo in Christo Jesu Patri, fratri Burchardo, Lectori Ordinis Praedicatorum (...)*, BASNAGE (1725) S. 9. Vgl. CANISIUS (1604) S. 295. Ich nehme die Edition der Langfassung von LAURENT 1864 als Textgrundlage und zitiere mit der Angabe der Seite, des Kapitels und des Paragraphen. Nach der Canisius-Edition von (1604) S. 295 werden zudem verschiedene Entfernungsangaben an das Magdeburger Umfeld angepasst: so heißt es, von Akkon nach Nazareth sei es so weit wie von Magdeburg nach Barby. Vgl. LAURENT 1864, 3 f. Laurent vermutet, dass Burchardus ein Graf von Barby gewesen sein könnte, da in deren Familie der Name Burchardus häufig war, vgl. die Einleitung zur Edition von LAURENT 1864, 4. Aufgrund seiner Äußerungen lässt sich sagen, dass er mit der Magdeburger Umgebung vertraut war. Dass er wirklich von dort stammt, geht daraus nicht hervor.
4   Diskutiert bei PRINGLE (2012) 47 f. Über Burchardus' Leben wurde viel spekuliert, vgl. GRABOÏS (1982) 288, Anm. 15.
5   So RUBIN (2014). ZAPF (2012) 282 nennt 93. Sonst werden ca. 80 Hs. genannt: vgl. zur Überlieferung RUBIN (2014), BAUMGÄRTNER (2013) 9 ff., ROTTER (2013) 45 f. mit unvollständigem Handschriftenverzeichnis S. 103 f. BAUMGÄRTNER (2012b) 463 f., PRINGLE (2012) 46 f., HARVEY (2012) 94 f., LAURENT (1864) 5 f.

© KONINKLIJKE BRILL NV, LEIDEN, 2019 | DOI:10.1163/9789004400528_006

auf, sowie zum Teil Bilder, Diagramme, Windrosen[6] und Karten.[7] Einige Hand-schriften enthalten zusätzlich eine Beschreibung Ägyptens.[8] 1475 wird der lateinische Text als Inkunabel gedruckt. Im 14. und 15. Jahrhundert wird der Text ins Französische und ins Deutsche übersetzt. 1488 erscheint der erste Druck in französischer Sprache, 1534 in deutscher Sprache.

Es gibt eine Kurzfassung und eine Langfassung des Textes. Editionen der Texte sind bislang nur auf der Basis einiger Handschriften erstellt worden. Die Kurzfassung wird zuerst von Heinrich Canisius ohne das Vorwort im Jahr 1604 publiziert,[9] 1864 veröffentlicht J.C.M. Laurent eine Edition der Langfassung (Nachdruck 1873),[10] die sich jedoch nur auf drei Handschriften stützt.[11]

Die Nachwirkung von Burchardus' *Descriptio* ist weitreichend. Der beson-dere Einfluss des Burchardustextes zeigt sich in der kartographischen Rezep-tion. Mehrere außergewöhnliche Karten des Heiligen Landes basieren auf dem Text.[12] Daneben verwenden viele spätere Autoren den Text als Quelle[13] und

---

6 Vgl. dazu ausführlich ROTTER (2013).

7 Vgl. BAUMGÄRTNER (2013) 8, 11 f. BAUMGÄRTNER (2012b) 463.

8 Das Kapitel wurde von BASNAGE 1725, S. 25 f. Canisius' Edition von 1604 hinzugefügt, vgl. zur Darstellung Ägyptens in der Langfassung BAUMGÄRTNER (2012b) 470, Anm. 28. Siehe auch AMIN (2013) 147 ff. zu Burchardus' Schilderung Ägyptens. Allerdings wird als Text-grundlage das „Reyßbuch deß heyligen Lands" verwendet. BARTLETT (2013) 68 beschreibt es ohne Beleg als *communis opinio*, dass die Passage über Ägypten nicht von Burchardus stammt: „Some editions print a descriptio Aegypti as the final section of the work, but this section is absent from the earlier mss and, by common consent, is unlikely to come from the hand of Burchard himself." Siehe dazu S. 244.

9 CANISIUS (1604) S. 295–322. Überarbeiteter Nachdruck von BASNAGE (1725) S. 1–26.

10 LAURENT (1864).

11 LAURENT (1864) 5 f. Die Frage nach dem Verhältnis der Kurzfassung zur Langfassung beschäftigt die Forschung bis in jüngere Zeit. P.D.A. Harvey setzt sich 2012 mit der Über-lieferung des Textes und dem Verhältnis der beiden Fassungen auseinander. HARVEY (2012) 94 f. Er bestätigt die Vermutung, die bereits Ernst Rotermund 1912 äußerte (S. 3), durch eine genaue Analyse der beiden Fassungen und kommt zu dem Ergebnis, dass die Kurzfassung nach der Langfassung entstanden ist. Vgl. HARVEY (2012) 94 f. Auch BART-LETT (2013) kommt nach einem ausführlichen Vergleich der beiden Fassungen ohne Har-veys Forschung zu kennen zu demselben Ergebnis. Im Gegensatz dazu nahm der Editor J.C.M. Laurent an, dass Burchardus die Kurzfassung bereits auf der Reise geschrieben und nach seiner Rückkehr zur Langfassung ausgearbeitet hat. Vgl. LAURENT (1864) 3 f., 10 f. Meine Untersuchung basiert vorwiegend auf der Langfassung des Textes. Ich zitiere den Text nach der Seite in der Edition von LAURENT (1864) mit Angabe von Kapitel und Para-graph (in margine in der Edition).

12 Z. B. Florenz, Archivio di Stato, Carte nautiche, geografiche e topografiche 4, ca. 1300, „The earliest large Burchard map" in HARVEY (2012) 94 ff. In weiteren Kapiteln untersucht Harvey spätere große Burcharduskarten aus dem frühen 15. Jahrhundert und eine kleine Burcharduskarte aus der Mitte des 14. Jahrhunderts. Vgl. auch WORM (2014).

13 Einige Quellen, die umgekehrt Burchardus selbst für die Erstellung seines Textes verwen-

übernehmen ganze Passagen wörtlich.[14] Noch im 15. Jahrhundert stützt sich Felix Fabri stark auf den Text des Burchardus und erwähnt in seinem *Evagatorium*, dass er ein Exemplar von Burchardus' *Descriptio* auf seiner Reise dabei hatte: *descriptionem fratris Burcardi, quam mecum habui*.[15]

Auch im Zusammenhang mit einem Abdruck Christi in einem Felsen, der nicht mehr auffindbar ist, beruft sich Felix Fabri auf die Autorität des Burchardus: *Et de hoc facit mentionem Frater Burcardus, Ordinis praedicatorii, qui ante CC. annos multis temporibus in terra sancta deguit, et ipsam terram sanctam per totum lucide et clare descripsit*.[16] Der Text wird von Felix Fabri durch seine umfassende (*per totum*) Darstellung ausgezeichnet. Der Blick aufs Ganze zeigt sich in der neuen Textstruktur, die ein Grund für die starke Verbreitung des Textes ist. Außerdem wird Burchardus zu einer vielrezipierten Autorität im Rahmen der Pilgertexte. Trotz des neuen Textschemas bleiben Strategien der Vergegenwärtigung zentral.

Zu Burchardus wurde mehr geforscht als zu anderen Texten. Ein zentrales Thema in der Forschung um Burchardus de Monte Sion[17] ist weniger der Text selbst als vielmehr die kartographischen Repräsentationen des Textes: Landkarten, die den Text begleiten bzw. begleitet haben sollen oder, die sich auf

---

     det, werden im Text namentlich genannt, sind z.B. Hieronymus (S. 19), Eusebius (S. 25), Josephus (S. 72 f.) oder Jacob von Vitry (S. 73). Weitere Quellen sind die Pilgertexte von Johannes von Würzburg, Theodericus und Thietmar. Vgl. PRINGLE (2012) 50 und GRABOÏS (1982) 288, Anm. 17. Rotermund versucht die Benutzung Adomnans in der Passage über das Davidstor in Jerusalem nachzuweisen: Burchardus, S. 73 und bei Adomnan 1,16. Diskutiert bei ROTERMUND (1912) 18 f.

14   Vgl. z.B. zu Burchardus als Quelle für Felix Fabri BEEBE (2014) 38 f. und 54; für Marino Sanudo EDSON (2004) 145. Siehe zu Burchardus als Hauptquelle für Wilhelm Tzewers HARTMANN (2004) 38 ff. Siehe zur Einfügung der *Descriptio* in die Weltchronik *Rudimentum novitiorum* HARTMANN (2004) 39, siehe auch WORM (2014):1475 wird der lateinische Text der Langfassung von Lucas Brandis in Lübeck als Teil des *Rudimentum novitiorum* als Inkunabel gedruckt. Diese Weltchronik, die ein anonymer Verfasser zusammenstellte, enthält Exkurse über die Gestalt der Welt. Als Abschnitt über das Heilige Land ist die *Descriptio* des Burchardus eingefügt. Nur der Prolog wurde verändert. Vgl. zur Rezeption und im Besonderen zur kartographischen Rezeption BAUMGÄRTNER (2012b) 487.

15   Felix Fabri, *Evagatorium* 1, S. 383 (Hassler).

16   Felix Fabri, *Evagatorium* 1, S. 382 (Hassler).

17   Vgl. FISCHER (2018), PRINGLE (2012): eine Einführung zu Burchardus und eine Zusammenfassung des Forschungsstandes des Jahres 2012. Vgl. zur Forschungslage auch BAUMGÄRTNER (2012b) 463: „Die Beschreibung, wenngleich immer noch wenig erforscht, gilt heute als ein Schlüsselbericht, der die Perzeption von Palästina in Text und Bild, in Reiseberichten und Karten bis weit ins 16. Jahrhundert hinein beeinflusste."

den Text stützen.[18] Zunächst gibt es eine ausführliche Forschungsdiskussion darum, ob der Burchardustext von Anfang an mit einer Landkarte verbunden war. Ausgangspunkt für die Diskussion über die den Burchardustext begleitende Karten ist ein von J.C.M. Laurent in der Beschreibung der Handschriften (S. 10) genanntes Zitat aus einer Kurzfassung des Textes in einer Breslauer Handschrift (Breslau, BU. I.F. 221. fol. 232ᵛ): *Que omnia, ut melius possint ymaginari, mitto vobis simul pellem, in qua omnia ad oculum figurantur.*[19] Im Zusammenhang mit diesem Zitat erwähnt Laurent eine beigegebene Landkarte (*addita tabula geographica*, S. 10). In Laurents lateinischem Einleitungstext sind die Zitate aus Burchardus kursiviert und auch der Zusatz *addita tabula geographica* ist kursiv gedruckt. Bei diesen Worten handelt es sich aber um einen Zusatz von Laurent, der zur Hervorhebung ebenfalls kursiviert wurde.[20] Laurents Zusatz führt dazu, dass in der Forschung die Meinung von einer verlorenen Burchardus-Karte entsteht.[21] Den Worten des Burchardustextes lässt sich nicht entnehmen, was auf dem Pergament geschrieben und/oder gezeichnet war.[22] Ekkehart Rotter vertritt die Meinung, dass dem Text die Zeichnung einer Windrose beigegeben war.[23] Den Worten der *Descriptio* lässt sich dies ebenso wenig entnehmen wie die Sendung einer Landkarte. Eine endgültige Klärung der Frage steht aus. Der Einfluss des Burchardustextes zeigt sich auch in der kartographischen Rezeption. Auf dem Text basieren mehrere Landkarten, die früheste wird auf um 1300 datiert. Mit den Landkarten befassten sich in der Forschung besonders Ingrid Baumgärtner und P.D.A. Harvey.[24] Am Beispiel der sogenannten *small Burchardus map* bei Harvey ist die Verarbeitung des Burchardustextes gut zu erkennen.[25] Es handelt sich um eine Handschrift aus der Mitte des 14. Jahrhunderts mit einer Karte aus der Bibliotheca Medicea Laurenziana.[26] Auf den Textseiten sind *in margine* nicht nur die im Text behandelten Namen als Orientierungshilfe notiert, sondern innerhalb von Pik-

---

18   Diskutiert bei ROTTER (2013), HARVEY (2012), BAUMGÄRTNER (2012b), vgl. auch WORM (2014).

19   Vgl. München, BSB, Clm 569. fol. 185ᵛ–186ʳ. Vgl. BAUMGÄRTNER (2012b) 472. ROTTER (2013) 60 ff.

20   Vgl. HARVEY (2012) 99, Anm. 45. Vgl. ausführlich ROTTER (2013) 54 ff.; zum Terminus *tabula geographica* S. 56, Anm. 34. S. auch BAUMGÄRTNER (2012b) 473.

21   ROTTER (2013) 58 f.

22   So auch BAUMGÄRTNER (2012b) 473.

23   ROTTER (2013).

24   Vgl. BAUMGÄRTNER (2013), BAUMGÄRTNER (2012b), HARVEY (2012).

25   Vgl. dazu HARVEY (2012) 141 ff.

26   Florenz, BML, ms. Plut. 76.56, fol. 94ʳ–101ᵛ, fol. 97ᵛ–98ʳ Karte. Text und Karte stammen von verschiedenen Händen.

240 KAPITEL 5

togrammen, die der Darstellung auf der Karte ähneln, dargestellt. Städte können z. B. durch Gebäudeumrisse mit Türmen markiert sein. So lässt sich in den Handschriften ablesen, dass der Text als Nachschlagewerk organisiert wurde.[27]

Ziel dieses Kapitels ist eine neue Interpretation des Textes auf der Basis der Überlegungen von Susanne Lehmann-Brauns, die als Ergebnis festhält, dass Burchardus' Text mehrere Lesarten anbietet, sowohl für die Übermittelung von Bildern für eine meditative geistige Pilgerfahrt, als auch für exegetische Zwecke.[28] Im Unterschied dazu setze ich den Schwerpunkt einerseits auf die narrative Vermittlung dieser Bilder. Andererseits stelle ich die neuartige Textstruktur der *Descriptio* ins Zentrum. Der Aufbau der *Descriptio* ist wegweisend für die Tendenz, die sich in den nachfolgenden Pilgertexten zeigt, nämlich umfassende Reisehandbücher zu verfassen.

5.1.1 Die Universaltopographie

Burchardus' *Descriptio* generiert eine detaillierte Topographie mit Städten, Bergen, Ebenen (z. B. S. 29 und S. 51) und Flussläufen.[29] Sämtliche Entfernungen werden vermerkt. Unklare Namen und Lokalisierungen werden eindeutig geklärt. Die Bewahrung und Weitergabe dieses Wissens ist seit dem *Onomastikon* des Eusebius und Hieronymus' lateinischer Fassung zentral für alle Texte über das Heilige Land.[30]

---

27 Vgl. S. 245.
28 LEHMANN-BRAUNS (2010) 243. Mit Schwerpunkt auf dem Thema der Pilgerfahrt im Geiste untersucht Susanne Lehmann-Brauns Burchardus' Text. LEHMANN-BRAUNS (2010) 191 ff. Sie geht in diesem Zusammenhang auf die Hintergründe dominikanischer Bildung ein (199 f.) und versucht, Burchardus' Text in diesem Rahmen als geistige Pilgerfahrt zu verorten (208 f.). In einem weiteren Kapitel „Burchardus und die heilige Landschaft als Supplement der Heiligen Schrift" LEHMANN-BRAUNS (2010) 220 ff. behandelt sie die Bedeutung des Textes, die ich als Wissensspeicher bezeichnet habe: „Burchard will sich vor allem davon überzeugen, in welcher Beziehung die materielle Erscheinung des Heiligen Landes zu den Worten der Heiligen Schrift steht und dieses Expertenwissen weitergeben." LEHMANN-BRAUNS (2010) 222. Gegen Ende des Textes wird diese Funktion explizit erwähnt: *Ecce habes totam terram secundum longitudinem et latitudinem et omnem eius situm fideliter conscriptam. Que descriptio, ut mihi uidetur, non parum utilis est pro libris historialibus et tota biblia, si intelligatur, et locis singulis notandis pariter et sciendis* (S. 86, XI § 12). Sie zeigt, dass Burchardus sich in der Tradition der Dominikaner vorwiegend mit dem Literalsinn der Heiligen Schrift befasst und im Heiligen Land die Heilige Schrift buchstäblich bestätigt sieht.
29 Vgl. die Beschreibung des Eleutherus S. 25 f.
30 Zum Zusammenhang mit dem dominikanischen Bildungssystem vgl. HINNEBUSCH (1973) 1 ff., SCHÜTZ (2014) 73 ff., SCHÜTZ (2012) 249 ff. Vgl. auch LEHMANN-BRAUNS (2010) 199.

ENZYKLOPÄDISCHE FUNKTION 241

Der Text ist in großen Teilen in unpersönlichem Stil verfasst und vermittelt durch seine Genauigkeit und Informationsdichte Glaubwürdigkeit. Die Anreise wird nicht erwähnt und auch praktische Reisehinweise spielen keine Rolle. Wie in anderen Texten (vgl. S.40f.) tritt passim das Erzähler-Ich hervor und authentifiziert mit dem Hinweis auf die Augenzeugenschaft das Geschriebene, z. B. *et oculis meis vidi* (S. 25, I §5).

Die *Descriptio* ist als verlässliches Handbuch über das Heilige Land und seine Umgebung angelegt. Die systematische Vorgehensweise führt dazu, dass alle Orte des Landes abgedeckt werden.[31] Ein neuartiges Gliederungsschema strukturiert den Text.[32] An zwei Stellen wird erklärt, wie dieses ungewöhnliche Schema als Imaginationshilfe für den Leser funktionieren soll: *ita ut possent a legentibus imaginatione facili comprehendi* (S. 21, Prol. §19). Am Ende des Prologs erläutert Burchardus erstmals seine Vorgehensweise.[33] Bekannte Orte aus der Heiligen Schrift (*civitates et loca in scripturis magis nota*) platziert er in einer Art Diagramm, als dessen zentralen Punkt er Akkon wählt, weil diese Stadt allen gut bekannt sei (*tanquam plus aliis notam*), auch wenn es sich nicht im Zentrum, sondern am westlichen Rand am Meer befinde. Von dort zieht er vier Linien, die den vier Teilen der Welt entsprechen. Diese Viertel unterteilt

---

31 Eine andere Folge der Systematik ist ein gewisser Schematismus, durch den vielen Orten eine ähnliche Priorität zugemessen wird. Graboïs spricht von einem „lack of priorities", der dazu führt, dass beispielsweise Nazareth (S. 46f.) nur sehr kurz behandelt wird. GRABOÏS (1982) 290. Diese These trifft jedoch nur bedingt zu. Nazareth wird durch den Kommentar hervorgehoben, dass dort mehrmals die Messe gelesen wurde (am passenden Tag im liturgischen Jahr): *plures missas dixi in loco isto, immo ipsa die, scilicet sancte anunnciationis, quando fuit verbum caro factum* (S. 47). Zusätzlich markiert ein Ausruf die Wichtigkeit von Nazareth: *Sit nomen Domini Ihesu Christi benedictum in eternum et ultra!* (S. 47, V §7) In seiner Gesamtheit ist der Text nicht emotional besetzt. Doch an wenigen Stellen werden emotionale Beschreibungen oder Ausrufe gezielt eingesetzt, so beim ersten Blick auf Jerusalem (siehe unten S. 257f.). Einzelne Orte werden durch die Abweichung von Burchardus' üblichem Schema markiert. Dazu gehört auch die Wunderschilderung in der Passage über Bethlehem (S. 79, vgl. auch das Sandwunder S. 25). Durch diese Technik werden einzelne Orte priorisiert.

32 Vgl. auch die Diskussionen bei FISCHER (2018), ROTTER (2013), HARVEY (2012) 95, PRINGLE (2012) 49f., BAUMGÄRTNER (2012b), LEHMANN-BRAUNS (2010) 201f.

33 *Advertens autem, quomodo possem hec utiliter describere, ita ut possent a legentibus imaginatione facili comprehendi, cogitavi centrum aliquod in ea ponere et circa illud totam terram modo debito ordinare. Et ad hoc elegi civitatem achonensem, tanquam plus aliis notam. Que tamen non est in medio, sed in occidentali eius fine supra mare sita. Et ab ipsa protraxi quatuor lineas, quatuor mundi partibus respondentes, et quamlibet quartam divisi in tria, ut responderent duodecim divisiones iste duodecim ventis celi, et in singulis divisionibus posui civitates et loca in scripturis magis nota, ut singulorum locorum situs et dispositio posset de facili reperiri, ad quam partem mundi esset collocata* (S. 21, Prol. §19–22).

242   KAPITEL 5

Burchardus jeweils in drei Teile. Die daraus entstehenden zwölf Teile entsprechen den zwölf Winden des Himmels (*et quamlibet quartam divisi in tria, ut
responderent duodecim divisiones iste duodecim ventis celi*). Burchardus setzt
sein Gliederungsschema zu bekannten Ordnungsschemata in Bezug, den vier
Erdteilen und den zwölf Winden, durch die er seinen Lesern eine Erinnerungs-
stütze und Orientierungshilfe anbietet. Die Ordnungssystematik der Windrose
für das Heilige Land ist ungewöhnlich und lässt sich vor Burchardus' *Descriptio*
nicht belegen.[34] In Burchardus-Handschriften finden sich gezeichnete Wind-
Diagramme, die Burchardus' Gliederungsschema veranschaulichen.[35]

Das Zentrum der Windrose ist Akkon, nicht Jerusalem, das bislang als Zentrum und Nabel der Welt in den Texten geführt wird.[36] Akkon ist als Ausgangspunkt aufgrund der aktuellen politischen Lage günstig,[37] da es im Gegensatz zu
Jerusalem noch unter christlicher Herrschaft steht. Zudem ist Akkon vermutlich zu dieser Zeit tatsächlich die Basisstation Pilgerreisender für die Erkundung des Heiligen Landes und bietet sich somit aus praktischen Gründen als
Zentrum an.[38] Die Gliederung kann in Teilen einer tatsächlichen Reiseroute
entsprechen und stellt keine rein künstliche Reihung der Orte dar, wie beispielsweise eine heilsgeschichtliche Ordnung. Betrachtet man die erste Reiseroute der *prima divisio* (S. 23 ff.) von Akkon Richtung Tyrus und darüber hinaus,
so stimmt diese mit der Route, die Wilbrand von Oldenburg[39] einige Jahrzehnte
früher beschreibt, in vielen Punkten überein. Es handelt sich um keine ungewöhnliche Route. Die einzelnen Teile des Schemas, die als *divisiones* bezeichnet
werden, sind nicht beliebig herausgenommene Landesteile, sondern Routen
entlang der Hauptstraßen.[40] Dennoch bringt Burchardus eine neue und einzigartige Änderung im Rahmen der Pilgertexte: Die grundsätzliche Gliederung des
Textes basiert auf einem künstlichen Schema und nicht auf einer Reiseroute.[41]
Von den zwölf Teilen seines Schemas werden im Text nur sieben behandelt,
da die übrigen im Meer liegen. Es wird also eine Ordnung eingeführt, von der

---

34   Vgl. ROTTER (2013) 94.
35   Vgl. München, BSB, Clm 569, fol. 186ᵛ, diskutiert bei ROTTER (2013) 78–90 oder London, BL,
      Add. MS 18929, fol. 51ʳ. Vgl. HARVEY (2012) 96 und ROTTER (2013) 78 f. mit Abbildungen. Als
      visuelle Hilfen zum besseren Textverständnis finden sich Windrosen in philosophischen
      und theologischen Handschriften, z.B. im 10. Jahrhundert, BL, Harley MS 2688, fol. 17ʳ.
      Ausführlich ROTTER (2013) 96 f.
36   Vgl. dazu ausführlich WOLF (2010) 174 ff.
37   Vgl. dazu MORRIS (2005) 259 ff.: Akkon in dieser Zeit eigentliche Hauptstadt.
38   Vgl. GRABOÏS (1982) 290.
39   Siehe die Edition PRINGLE 2012, S. 116 ff.
40   GRABOÏS (1982) 290.
41   Vgl. dazu den Beschreibungstyp „Karte" oben S. 42 f.

ENZYKLOPÄDISCHE FUNKTION

kaum über die Hälfte umgesetzt werden kann. Offenbar soll mit den Bezügen zu den vier Weltteilen und allen Winden des Himmels ein allumfassendes Schema erzeugt werden, das der Bedeutung des Heiligen Landes entspricht, auch wenn es im Detail nicht durchführbar ist.

Innerhalb der *prima divisio* wird das bereits vorher beschriebene Gliederungsschema ein zweites Mal erläutert. Die nochmalige Erklärung verdeutlicht, welche große Bedeutung der Konzeption zukommt: *Sciendum igitur primo, sicut supra dictum est, quod terram sanctam in quatuor partes divisi, que partes respondent quatuor plagis celi, scilicet orienti, occidenti, meridiei et septentrionali, licet pars tota occidentalis respiciat mare magnum, et austri et aquilonis similiter partes ille, que sunt collaterales occidentali* (S. 23, 1 § 5).

Zweimal wird betont, dass eine senkrechte Linie (*a directa linea, per directam lineam*) in Richtung Tyrus und der nördlich gelegenen Städte gezogen wird. *Incipiam primo a directa linea, a civitate acconensi, que antiquitus Ptolomayda dicebatur, versus aquilonem procedendo prope civitates et loca, que sunt in littore magni maris sita. 11. Primum igitur descriptionis inicium sumitur a civitate acconensi, per directam lineam procedendo versus Tyrum et inde ad alias civitates sequentes, de quibus suo loco dicetur* (S. 23, 1 § 5-11 § 1). Insgesamt ergibt sich aus der beschriebenen Gliederung eine Strukturierung in sieben *divisiones*.[42] Die Beschreibung suggeriert zumindest für den modernen Leser die Vorstellung, dass diese Linie auf einer tatsächlichen Karte gezogen werden kann. Es muss es sich nicht um eine reale Karte handeln, wie die Forschung um die mitgesandte Burcharduskarte glauben macht (vgl. S.239). Im Text wird von einer besseren Imagination gesprochen (S. 21). So wird eine Topographie des Heiligen Landes und seiner Umgebung in der Imagination erzeugt.

Den Abschluss des Buches bilden in der Langfassung drei Kapitel mit allgemeinen Informationen, die sich weitgehend nicht auf einzelne Orte beziehen. Damit werden nicht-biblische Informationen von dem Haupttext, der nach dem Windrosenschema gegliedert ist, abgetrennt: *De longitudine et latitudine terre sancte* (S. 85–86), *De fructibus et animalibus terre sancte* (S. 86–88) und das etwas ausführlichere Kapitel *De variis religionibus terre sancte* (S. 88–94), das ungewöhnliche und über andere Texte hinausgehende Informationen enthält; z. B. spricht Burchardus über die Assassinen oder die Kastration von Dieben

---

42 Die einzelnen *divisiones* werden in den Kapitelüberschriften in Laurents Edition nicht einheitlich gezählt. Vgl. die Diskussion bei HARVEY (2012) 95. Der Text beginnt mit *divisio* 1–4, doch die fünfte *divisio* heißt *secunda divisio quarte orientalis* (S. 44). Die lange sechste *divisio* heißt analog *tercia divisio quarte orientalis* und umfasst auch Jerusalem. Die siebte *divisio* fällt dagegen kurz aus (S. 82–85) und wird mit *prima divisio quarte australis* überschrieben.

244   KAPITEL 5

(S. 93). Dieses Schlusskapitel ist symptomatisch für die inhaltliche Veränderung, die im 13. Jahrhundert in den Pilgertexten eintritt: Die Zunahme von Informationen außerhalb der biblischen Welt. Burchardus äußert sich nur kurz über den Islam, die Sarazenen und die fremde Welt.[43] Neu ist in der *Descriptio* die Anlage eigener Kapitel außerhalb des Wegstreckenschemas.

Die Kurzfassung enthält zusätzlich zu diesen Abschnitten als letzten Teil ein Kapitel über Ägypten.[44] Aus diesem findet sich in der Langfassung bei J.C.M. Laurent nur ein Exkurs zu dem Balsamgarten, in dem Burchardus auf einen Ägyptenbesuch hinweist.[45]

Das einzigartige Gliederungssystem der *Descriptio* zeugt von einer Strukturiertheit, die sich im gesamten Textverlauf sowie im Detail abbildet. Der Text weist durchgehend einen einheitlichen Aufbau auf. Am Beginn jeder *divisio* steht beispielsweise eine kurze Zusammenfassung der beschriebenen Strecke, d. h. innerhalb der *divisio* ist der Text nach dem Wegstreckenschema organisiert.

Der Universalitätsansatz zeigt sich in der Textstruktur. Bevor das Thema des jeweiligen Abschnitts behandelt wird, werden dem Leser konkrete Informationen über das Gebiet vermittelt. Ein zentrales Problem stellt deshalb die korrekte Bezeichnung der einzelnen Länder,[46] Orte, Städte oder Berge bzw. Gebirgszüge[47] dar. Die Bezeichnung der Stätten mit den richtigen Namen ist in den meisten Pilgertexten Thema und die Bedeutung der Namensbezeichnungen zeigt sich schon im *Onomastikon* des Eusebius.[48]

Das Gliederungsschema wird ohne Abschweifungen konsequent durchgeführt. Das führt sogar dazu, dass an den entsprechenden Stellen Querverweise

---

43   Diskutiert bei GRABOÏS (1992) 36 f.

44   BASNAGE (1725) S. 25 f.

45   LAURENT (1864) S. 61. Die Aussage von BARTLETT (2013) 68, der Ägyptenteil stamme nicht von Burchardus, ist durch diesen Zusammenhang der Kurz- und Langfassung nicht haltbar.

46   Das Beispiel der ersten *divisio* illustriert diese Vorgehensweise. Zunächst werden die angrenzenden Länder beschrieben. *Hucusque de situ terrarum terre sancte adiacentium dicta sufficiant ...* (S. 23, I § 4). Dabei sind vor allem die verwirrenden Doppelungen in der Bezeichnung der Länder Thema. Mehrere Syrien, drei Palästinas und drei Arabien werden unterschieden und zu lokalisieren versucht. Als Quelle der Äußerungen wird Jacob von Vitry genannt (S. 23).

47   Besonders bei Bergen tritt das Problem auf, dass es mehrere Berge mit dem gleichen Namen (z. B. Seyr und Hermon) gibt. Vgl. auch S. 41 f. und 51. Diskutiert bei LEHMANN-BRAUNS (2010) 225 f. mit Anm. 145. Diesem Problem gibt Burchardus am Ende der zweiten *divisio* weiten Raum: *hic necessarium videtur, quia de montibus Libano, Hermon et Sanyr mentionem feci, plenius de eis dicam ad intellectum aliorum* (S. 33, III § 8).

48   Vgl. dazu zu Adomnan oben S. 129 f.

ENZYKLOPÄDISCHE FUNKTION

auf eine spätere Behandlung eines Themas einfügt werden. In der ersten *divisio* wird das Land der Assassinen erwähnt (S. 30) und auf die spätere Behandlung verwiesen.[49]

An einigen Stellen erhält der Text eine lexikalische Struktur. In der vierten *divisio* werden zu zahlreichen Orten neben den Entfernungsangaben nur wenige Zusatzinformationen geliefert. Dort folgt die Textstruktur deutlich einem Listen-Schema. Die Aufzählung der Städte führen folgende Worte ein: *sunt autem in hac divisione civitates iste* (S. 38, v §1). Auch die letzte *divisio* (S. 82 ff.) reiht vorwiegend Stadt an Stadt mit der Angabe von Entfernungen: z. B. *De Ascalona v leucis contra austrum est Gaza civitas, sita in littore maris. Nunc communiter dicitur Gazara. De Gaza sunt iv leuce usque Bersabee, que nunc Giblin dicitur* (S. 85, x §18 f.). Dieses Beispiel zeigt, dass noch immer das Wegstreckenschema ein zentrales Strukturelement bleibt – wenn auch nicht für den Text als Ganzes. Die Strukturierung wird im Kleinen fortgeführt. Entfernungsangaben und Lokalisierungen der einzelnen Städte oder Orte sind fester Bestandteil des Schemas der Beschreibung – während sie in anderen Pilgertexten häufig stellenweise fehlen.

Die Nutzung der Schrift als Nachschlagewerk zeigt sich in den Handschriften. Die Orientierung im Werk wird erleichtert: Einige Handschriften betonen die lexikalische Struktur durch Randglossen. Mehrere Handschriften des 14. Jahrhunderts aus der Nationalbibliothek Florenz, in denen die Langfassung überliefert ist, führen in den Marginalglossen zu jedem Kapitel die dort genannten Städte an.[50] Eine andere Florentiner Handschrift gibt am Rand zum Stadtnamen auch die Entfernung von Akkon an.[51] Eine weitere Handschrift mit einer Karte, der „small Burchardus map" bei P.D.A. Harvey, ist ein gutes Beispiel für die Rezeption der *Descriptio* Burchards.[52] Text und Karte stammen von verschiedenen Händen. Auf den Textseiten sind in margine nicht nur die im Text behandelten Namen als Orientierungshilfe notiert, sondern innerhalb von Piktogrammen, die der Darstellung auf der Karte ähneln, dargestellt. Städte können z. B. durch Gebäudeumrisse mit Türmen markiert sein.

In einer Berliner Handschrift aus der ersten Hälfte des 14. Jahrhunderts findet sich eine *tabula alphabetica,* die sich auf die Blattzahl ebendieser Hand-

---

49 *De ritu istorum et moribus infra plenius dicetur*, S. 30. In dem Kapitel *De variis religionibus terre sancte* werden die Assassinen schließlich ausführlich behandelt (S. 90), vgl. S. 32 für ein weiteres Beispiel für die Verweistechnik des Burchardus.

50 Diskutiert bei BAUMGÄRTNER (2012b) 486 ff. Florenz, BNC, F. 4. 733, bei Baumgärtner Abb. 10 von f. 33ʳ auf S. 506.

51 Florenz, BNC, C. 8. 2861, bei BAUMGÄRTNER (2012b) Abb. 11 auf S. 507 von f. 21ᵛ.

52 Florenz, BML, Plut. LXXV 56, fol. 94ʳ–101ᵛ, fol. 97ᵛ–98ʳ Karte. Dazu ausführlich HARVEY (2012) 141–154, BAUMGÄRTNER (2012b) 486–494.

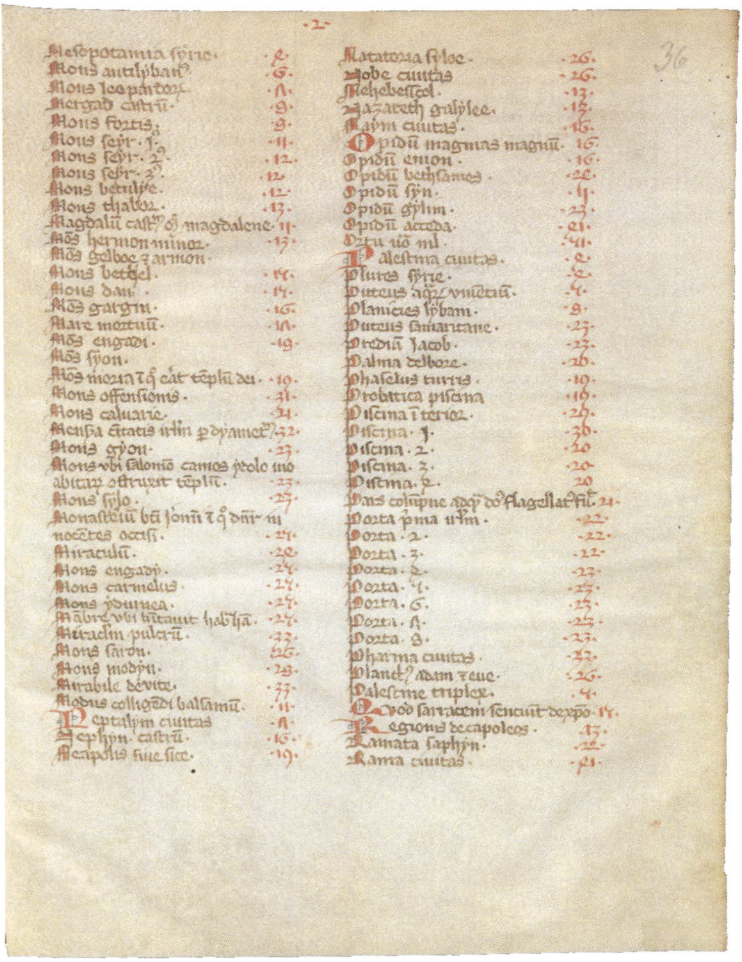

ABB. 8   Burchardus de Monte Sion, *Descriptio terrae sanctae*, *Tabula alpha-betica*, Berlin, SBB-Pk, Ms. lat. qu. 466, fol. 36ʳ

schrift bezieht.[53] Die *tabula* listet wichtige Orte und Städte auf. In Abb. 8 sieht man die Verweise auf die einzelnen *montes* und die verschiedenen *piscinae* und *portae*. In diesem Register ist der inhaltliche Vollständigkeitsanspruch der *Descriptio* deutlich zu erkennen. In dem jeweiligen Abschnitt werden Tore und Berge Jerusalems jeweils mit einer kurzen Erläuterung aufgelistet: *Ceterum igitur de portis eius et montibus circa eam positis et locis eius disseramus* (S. 73).

---

53   Berlin, SBB-Pk, Ms. lat. qu. 466, 35ʳ–36ᵛ. Zu *tabulae alphabeticae* vgl. BRINCKEN (1972).

ENZYKLOPÄDISCHE FUNKTION

Prima porta – octava porta – Montes autem circa Ierusalem erant isti (S. 75). Zur Orientierung sind die entsprechenden Orte im Text rubriziert. Das Vorgehen zielt auf eine vollständige Erfassung des Heiligen Landes ab.

5.1.2 Die Stiftung von Autorität

Burchardus' Text wird stark rezipiert und als Autorität behandelt. Anhand von zwei Beispielen, der Beschreibung von Autopsie und der Entwicklung eigener Thesen, gehe ich der Frage nach, auf welche Weise sich die Autor-persona als Autorität und als kompetenter Autor inszeniert.[54]

In der *Descriptio* wird vorwiegend aus der Bibel zitiert, um das Zitat an der realen Landschaft zu überprüfen bzw. Spuren davon oder Indizien (*huius facti indicia*, S. 60) zu entdecken.[55] Das zeigt eine deutlich andere Herangehensweise an die heiligen Orte als die der Reisenden des 12. Jahrhunderts. In der *Descriptio* des Johannes von Würzburg z. B. werden Orte narrativ mit dem jeweiligen biblischen Geschehen verbunden. In der *Descriptio* des Burchardus dagegen geht es um Übereinstimmungen *ad litteram* der Erinnerungsorte mit biblischen Texten.[56] Weite Strecken des Textes inszenieren das Erzähler-Ich Burchardus weniger als andächtig Reisenden, sondern vielmehr als einen sorgfältigen Beobachter. Der Bibeltext wird durch Autopsie verifiziert.[57]

Das folgende Beispiel aus der ersten *divisio* illustriert die zentrale Bedeutung, welche die Untersuchung des Literalsinns der Bibel hat. Zugleich stellt die Autor-persona in der Passage die Sorgfalt bei der Überprüfung der Fakten aus und stilisiert sich damit zur Autorität. Ein Beispiel dafür ist die Suche nach der im Hohelied (Cant. 4,15) genannten Quelle oder des Brunnens (*puteus* (...) aquarum vivencium*). Es wird beschrieben, wie der Ich-Erzähler einen Wasser-

---

54 Vgl. dazu FUHRER (2012).

55 Diskutiert bei LEHMANN-BRAUNS (2010) 220.

56 S. 24, vgl. S. 38 mit Gen. 49,20. Diskutiert bei LEHMANN-BRAUNS (2010) 222.

57 Rotermund charakterisiert im Jahr 1912 Burchardus' Text folgendermaßen: „Im ganzen trägt seine Schilderung den Charakter wissenschaftlicher Objektivität. Aber es ist die Objektivität des Gelehrten, der mit bestimmten Fragen an seinen Gegenstand herantritt. Dem Burchardus fehlt die naive Freude an der Wirklichkeit mit ihrer ganzen Fülle von Altem und Neuem. Er sieht, um zu forschen, und das, was war, hat für ihn mehr Interesse als das, was ist. So hat seine Darstellung etwas Trockenes, abstrakt Gelehrtes. Seltsamerweise hat sie doch im episch veranlagten Mittelalter großes Ansehen genossen", ROTERMUND (1912) 2. Die über 100 Jahre alte Verwunderung Rotermunds über die Beliebtheit des Textes im Mittelalter, das von ihm sehr einseitig als „episch veranlagt" bezeichnet wird, zielt ab auf die Trockenheit des Stils und den gelehrten Anstrich des Textes. Doch gerade diese beiden Aspekte könnten ein nicht unerheblicher Grund für die breite Überlieferung und die Rezeption gewesen sein.

kanal betritt, um dessen genaue Größe festzustellen: *Quod per memet exper-tus sum, intrans canalem, per quem fluit aqua.*[58] Die Genauigkeit des Vorgehens spiegelt sich in dem Akt des Ausmessens wieder. Die Formulierung *per memet* respective *per me* betont die Beteiligung des eigenen Körpers. Die Größe der Zisternen wird in Ellen angegeben und die der Kanäle in Mannesgröße.[59] Das Ausmessen des heiligen Ortes wird auf diese Weise zum körperlichen Akt, den der Leser am eigenen Körper nachvollziehen kann, und stellt gleichzeitig eine deutliche Authentifizierung des Bibeltextes dar. Durch Autopsie lässt sich fest-stellen, dass statt dem in der Heiligen Schrift im Singular genannten *puteus* vier Brunnen oder besser Zisternen vorhanden sind, von denen eine etwas grö-ßer als die anderen drei ist.[60] Nach der Untersuchung der Brunnen wird der Wasserlauf weiter bis zum Meer verfolgt. Trotz der geringen Distanz von etwas mehr als einem Bogenschuss werden durch das Wasser sechs ziemlich große Mühlräder angetrieben. Kennzeichnend für die in der *Descriptio* beschriebene Vorgehensweise ist die weitere Nachforschung an der Stelle, an der andere aufhören, nämlich nachdem der biblische Ort durch Befund verifiziert wird. Tatsächlich kann der Literalsinn einer weiteren biblischen Passage bestätigt werden: *Fonti isti ad litteram videtur convenire illud Ecclesiastici* (S. 24, Sir 24,31). Zentral ist, dass die Autopsie akribisch festgehalten wird und in der Ich-Form verzeichnet wird. Ein weiteres Beispiel dafür ist die Passage über Tyrus, wo es über die Wasserkanäle heißt: *que omnia circuivi et oculis meis vidi* (S. 25, II § 5).

Im Zusammenhang mit der Verifizierung des Literalsinns stehen die Versu-che, das aktuelle Erscheinungsbild mit einer Erfüllung des biblischen Wort-lauts zu verknüpfen.[61] Beispiele für dieses Vorgehen sind die Beschreibun-gen Capharnaums oder Sodoms sowie die häufige Nennung von Ruinen. Ca-pharnaum, einst *gloriosa*, hat nun kaum sieben Fischerhütten: *Et est vere in ea impletum illud verbum Domini Ihesu: Et tu, Capharnaum, si in celum ascende-ris, usque ad infernum mergeris.*[62] Im Schicksal Capharnaums erfüllt sich der Bibeltext, ebenso in Sodom. Für das Aussehen der Gegend um Sodom wird das sündhafte Verhalten der Bewohner verantwortlich gemacht.[63] Das aktuelle

---

58   S. 24, II § 4, vgl. auch *ego per me mensuravi*. Vgl. dazu auch Lehmann-Brauns (2010) 221.

59   (*XL cubitos latitudinis et longitudinis* (...) *alii tres circa XXV*, S. 24, II § 4) und *Tante profundi-tatis et latitudinis, quanta est statura unius hominis*, S. 24, siehe Shalev (2011) zum „ritual measurement" und u. S. 211 f. zu *mensura* und Körpereinsatz.

60   *Quamvis autem singulariter dicatur puteus, sunt tamen quatuor eiusdem dispositionis, sed disparis quantitatis*. Vgl. die Diskussion bei Lehmann-Brauns (2010) 221.

61   Diskutiert bei Lehmann-Brauns (2010) 222 f.

62   S. 36, IV § 11, vgl. dazu Mt 11,23 und Lk 10,15.

63   S. 59 f., VII, 46 *dei iudicium*. Vgl. zu Sodom auch S. 307.

Aussehen der Orte, das häufig durch Ruinen geprägt ist, stellt einen Indikator für die Bedeutung des jeweiligen Ortes in vergangener Zeit dar.[64] Durch die Beschreibung der Autopsie wird das Gesehene authentifiziert und am Bibeltext verifiziert.

Das genaue Erforschen der Angaben des Bibeltextes wird in der *Descriptio* mit einer kritischen und rationalen Herangehensweise verbunden. Dem in anderen Texten zu beobachtenden bloßen Zitieren anderer Autoritäten wird das direkte Vertreten einer eigenen Meinung entgegengesetzt. So gelingt es dem Autor, selbst zur Autorität zu werden, wie die Rezeption und die Überlieferung des Textes bezeugen. Auf diese Weise werden die Angaben aus Burchardus' Text wegweisend für die Folgetexte.

Neu ist in der *Descriptio* des Burchardus, dass die eigenen Theorien vor das in anderen Quellen Gelesene gestellt werden, wenn es das Aussehen der Orte erforderlich macht. So wird bei der Beschreibung von Samaria eine Glosse von Petrus Comestor überprüft und widerlegt: *nec fuit ita disposita civitas, sicut Magister in historiis videtur velle super verbo isto* ... (S. 53, VII § 17).

Ein zweites Beispiel für die selbständige Thesenbildung ist die Beschreibung des *Mons Leopardorum* (S. 28, II § 19). Dort verehren die Sarazenen das Grab Josuas. Burchardus erklärt dies für falsch (*quod non credo verum esse*, S. 28, II § 19), da in der Bibel (*quia textus dicit*, d.h. Ri 2,9) ein anderer Begräbnisort angegeben werde, und betont seine eigene Ansicht (*ego pocius credo*), dass dort Chanaan begraben sei.[65] Ein weiteres Beispiel für die Entwicklung eigener Vorstellungen stellt die Theorie dar, dass die alten Orte immer wieder von neuen überbaut werden und sich dieses Vorgehen wiederholt.[66] Er entwirft diese Theorie, da auffallend ist, dass man zu allen heiligen Stätten hinabsteigen muss.

---

64   Z.B. bei Zarephath (*cum tamen ruine eius ostendant eam fuisse valde gloriosam*, S. 26, II § 9) oder Sidon (*cuius magnitudinem adhuc ruine attestantur*, S. 26, II § 10, vgl. auch Samaria, S. 53). Diskutiert bei LEHMANN-BRAUNS (2010) 226. Auch auf dem Berg Thabor (*in quo transfiguratus fuit Dominus*) sind zahlreiche Ruinen zu sehen, in denen sich heute Löwen und andere Tiere versteckt halten: *ruine* (...) *in quibus nunc latitant leones et bestie alie*, S. 47, VI § 9. Vgl. zum Kontrast früher – heute auch über eine Festung nördlich von Akkon: *Quod fuerat hospitalis Theutonicorum, sed nunc penitus est destructum*, S. 31, III § 1.

65   Auch bei der Lokalisierung von Sichem wird eine eigene Meinung begründet und vertreten: *opidum* (...) *magnum valde, sed desertum, quod credo fuisse Sichem antiquam, quia ruine magne sunt valde ex palaciis marmoreis et columpnis mirabilibus* (S. 55, VII § 25). Hier handelt es sich allerdings nicht um Sichem, sondern um Sychar, vgl. PRINGLE (2012) 279, Anm. 270.

66   S. 44, vgl. LEHMANN-BRAUNS (2010) 227.

250   KAPITEL 5

Die naive Begeisterung beim Anblick sichtbarer Spuren der Vergangenheit
in den Texten vor Burchardus wird durch rationale Überlegung ersetzt. Das verdeutlicht das Beispiel der Eiche von Mamre. Bei der Eiche von Mamre (nach
Gen 18) kann es sich nicht mehr um die Eiche aus Abrahams Zeit handeln: *Ilex
illa hodie ostenditur ante ostium tabernaculi Abrahe. Verum illa vetus aruit, sed
de radice eius alia nata est* (S. 81).[67]

Burchardus inszeniert sich als kompetenten Autor, der plausible Thesen aufgrund der eigenen Wahrnehmung entwickelt. Diese Darstellung stiftet Autorität.

5.1.3   *Strategien der Vergegenwärtigung*

Trotz der neuen Textstruktur, neuen Inhalten und der Entwicklung eigener
Thesen bleiben die erzählte Bewegung und das erzählte Sehen zentrale Strategien des Textes. Bereits im Prolog wird das Sehen mit den *oculi mentis* Thema.

Der Prolog zur *Descriptio* zeichnet ein anderes Bild der Reise, als der Text
selbst auf weiten Strecken bietet. Rhetorisch ausgefeilt mit Hieronymus' Worten betont Burchardus zunächst das emotionale *desiderium* der Christen, das
Heilige Land zu sehen, und begründet mit diesem Anspruch die Pilgerreise:
*Cum in veteribus historiis legamus, sicut dicit beatus Ieronimus, quosdam lus-
trasse provincias, maria transfretasse, ut ea, que ex libris noverant, coram posita
viderent,*[68] *(...) quid mirum, si Christiani terram illam, quam Christi sonant ecclesie universe, videre et visitare desiderant?* (S. 19, Prol. §1)[69]

---

67   Über den *Ager damascenus*, die Stelle, an der Adam geformt worden sein soll. Vgl. dazu
      HILHORST (2007), der versucht, den verschiedenen Traditionen, wo sich der *ager damas-
      cenus* befunden haben soll, nachzugehen: Damaskus, Jerusalem oder Hebron (wie bei
      Burchardus). Der Erzähler Burchardus schreibt, dass sich dort tatsächlich formbare rote
      Erde befände und er sich – wie die anderen Pilger – etwas davon mitgenommen habe. Er
      referiert, dass diese Erde magische Wirkung haben soll, nämlich Schutz vor wilden Tieren
      und Unfällen biete (S. 81). Zudem wird die Legende beschrieben, dass sich das Loch, aus
      dem die Erde entnommen wird, am Ende jedes Jahres auf wunderbare Weise wieder auf-
      fülle (*semper miraculose repletur*). Dem habe er aber vergessen nachzugehen, schreibt er:
      Sed oblitus fui querere rei veritatem (S. 81, IX §24).
68   Vgl. Hieronymus, *epist.* 53,1,2 (CSEL 54,443).
69   Den Zusammenhang mit dem Heiligen Land stellt Burchardus selbst her. Denn bei Hie-
      ronymus in *epist.* 50 geht es nicht um Dinge oder Orte (*ea*), sondern um Menschen (*eos*).
      Die Reisen werden unternommen, um Menschen zu treffen. Es geht hier auch nicht um
      das Heilige Land. In einer anderen Passage bei Hieronymus, nämlich in der *Praefatio in
      librum Paralipomenon* (PL 29,423), stellt Hieronymus einen Bezug zum Heiligen Land her.
      Dort heißt es: *Quomodo Graecorum historias magis intelligunt, qui Athenas viderint, (...) ita
      sanctam Scripturam lucidius intuebitur, qui Judaeam oculis contemplatus est.* Hieronymus
      betont das Verständnis der Bibel als wichtiges Ziel der Reise.

ENZYKLOPÄDISCHE FUNKTION 251

Dem Prolog der Kurzfassung fehlt das Hieronymus-Zitat. Stattdessen wird das Erleben der *loca sancta* als Erfahrung für Körper und Geist formuliert: *Certe delectabile est ad hanc terram* (sc. *sanctam*) *aspirare, delectabilius est eam visitare, sed super omne mel et favum dulcius est in ea commorari, et oculis corporeis intueri, et mentis intuitu revolvere, quomodo in locis singulis in ea nostram salutem sit operatus.*[70] Entscheidend ist, dass die Verbindung von körperlichem und geistigem Sehen den Besuch zu einem ganzheitlichen Erlebnis werden lässt, das zum Heilserleben führt. Die *Descriptio* bietet punktuell eine textuelle Übertragung des Seherlebnisses. Dass der Text als tatsächlicher Reiseführer verwendet wurde, zeigt das Zeugnis Felix Fabris (siehe S.238). Doch wie schon Johannes von Würzburg die Daheimgebliebenen als eine Zielgruppe seiner Schrift nennt, so spricht Burchardus am Ende des Prologs sogar ausschließlich diejenigen an, die nicht selbst reisen können.

Im Prolog der Kurz- wie der Langfassung schließt sich eine Folge rhetorischer Fragen an, die das Erlebnis des Pilgers beschreiben und so einen Ausblick geben auf die biblischen Bilder, die der Anblick der heiligen Stätten hervorruft. Dabei wird wieder deutlich, dass nicht von der Reise in ein unbekanntes Land erzählt wird, sondern von der Reise in ein Land, das durch die Lektüre der Bibel und anderer Texte bekannt und vertraut ist. Der Leser wie der Reisende waren durch die Lektüre daheim auf die Wahrnehmung des Heiligen Landes vorbereitet.[71] Auch der Beginn des Fragenkatalogs ist angelesen und stammt aus dem im Zusammenhang mit dem *Itinerarium Egeriae* betrachteten 46. Brief des Hieronymus:[72] *Nonne apud nos venerabilius est sepulcrum Ihesu Christi, quod quociens quis ingreditur, tociens involutum sindone mentis oculis videt Salvatorem? et paululum procedens videt lapidem revolutum, angelum in eo sedentem et sudarium cum linteaminibus mulieribus ostendentem? Quis Christianus hijs visis non festinet venire Bethlehem, contemplans puerum in presepio vagientem* (S. 19). Die Worte zeigen, wie eng körperliches und geistiges Sehen verbunden sind und vor allem zusammenhängen mit den sichtbaren materiellen Indizien des Lebens Christi und mit der Bewegung durch den Raum des Heiligen Lan-

---

70 BASNAGE (1725) S. 9.
71 Vgl. dazu BAUMGÄRTNER (2012b) 471: „In der Beschreibung zeichnete er vieles nach, was ein Besucher, dessen Kenntnisse aus dem Alten und Neuen Testament vorgeprägt waren, meinte vorfinden zu müssen; anderes ergänzte er aus seinen persönlichen Erfahrungen. Der Bericht war so strukturiert und mit Entfernungsangaben angereichert, dass sich die Leser und Leserinnen die räumlichen Dimensionen vorstellen und die Reiseerfahrungen nachvollziehen konnten. Dies betrifft die Sehenswürdigkeiten in der Stadt Jerusalem genauso wie die Geburtskirche in Bethlehem, die wehrhaften Küstenstädte ebenso wie die imposanten Landschaften, ja sogar die Pflanzen und Tiere.“
72 *Epist.* 46,5,3 (CSEL 54,334). Vgl. S. 113f.

des: *Horum omnium locorum et singulorum adhuc ita plena et manifesta exstat memoria, sicut in illo die exstitit, quando presencialiter erant facta* (S. 20, Prol. § 6 f.). Die *memoria* an das Heilsgeschehen ist an jedem Ort immer noch greifbar.

Im Prolog werden zwei unterschiedliche Aspekte des Sehens mit den *oculi mentis* thematisiert. Burchardus spricht von dem Pilger, der am Ort des biblischen Geschehens mit den Augen des Geistes das Heilsgeschehen (nach Hieronymus) visualisiert. Erst am Ende des Prologs geht es um den geistigen Pilger. Das Erzähler-Ich beschreibt, das Verlangen, *desiderium*, einiger Gläubiger zu kennen, sich wenigstens vorzustellen (*imaginari*), was sie nicht persönlich (*presencialiter*) betrachten können.[73] Der Prolog erzeugt die Erwartung, dass ein Text mit Leseanweisungen und vielen nachvollziehbaren Ortsbeschreibungen folgt. Doch nur punktuell, z. B. beim Blick auf Jerusalem verwirklicht sich eine nachvollziehbare Visualisierung der Reise, an anderen Stellen listet der Text Material und informiert.

Im Prolog werden die biblischen Ereignisse in ihrer heilsgeschichtlichen Reihenfolge aufgezählt. Der folgende Text verfolgt dagegen ein topographisches Gliederungsschema, so wird z. B. Jerusalem vor Bethlehem aufgeführt.[74]

Wenn diese Reise im Medium der Narration nachvollzogen wird, muss der Text die Leerstelle füllen, die sich durch das Fehlen der materiellen Orte und des heiligen Raumes des Heiligen Landes ergibt. Die Ausfüllung dieser Leerstelle ist die Funktion der Pilgertexte. Die Erzählung über das Heilige Land ergänzt, veranschaulicht und verdeutlicht den Text der Heiligen Schrift[75] und stellt neue Memorialstrukturen zwischen einzelnen biblischen Ereignissen her.

Eine zentrale Strategie der Vergegenwärtigung in diesem Zusammenhang ist die Lenkung des Blicks, die mit der Bewegung durch den Raum zusammenhängt.

Von Akkon ausgehend werden die besuchten Orte nach dem Wegstreckenschema beschrieben. Die Entfernungen werden jeweils von einem Ort zum

---

73   *Verum videns quosdam affici desiderio ea saltem aliqualiter imaginari, que non possunt presencialiter intueri* (...). S. 20, Prol. § 17. Vgl. den Prolog zur Kurzfassung bei BASNAGE (1725) S. 10: *Verum quia video vos devotionis affectu, ea saltem aliquantum per imaginationem desiderare, quae propter locorum distantiam non potestis corporaliter intueri* (...).

74   Vgl. KIENING (2016) 315 ff. zur Vorstellung, dass an jedem Ort die Fülle des Heils besteht und jeder Ort metonymisch für die ganze Heilsgeschichte steht, so dass die Reihenfolge des Besuches der Orte keine Rolle spielt.

75   Vgl. LEHMANN-BRAUNS (2010) 243 in ihrer Zusammenfassung: „Burchards Bericht versucht vor allem, das Heilige Land und die heilige Schrift als komplementär lesbare, sich gegenseitig erhellende Heilsbotschaften darzustellen." Siehe schon WEBER (2005) 49: „Burchardus wants to provide context for the sacred text."

ENZYKLOPÄDISCHE FUNKTION   253

nächsten angegeben. Auf diese Weise entsteht eine Kette von Orten mit dem Ausgangspunkt Akkon: *Inde contra aquilonem ad quatuor leucas est casale Lamperti* (S. 23, II § 2) – *Inde transeundo montem Saron ad III leucas est castrum Scandalion* (II § 3) – *Inde modicum amplius quam per leucam unam est puteus* (II § 4) – *De isto fonte minus quam leuca una est tyrus civitas* (S. 24, II § 5). Minutiös werden alle Entfernungen verzeichnet. Überhaupt wird numerischen Faktoren ein hoher Stellenwert eingeräumt.[76] Die Entfernungen zwischen Städten, zwischen den einzelnen heiligen Orten in Jerusalem und schließlich im Detail die Maße einzelner Reliquien werden genau verzeichnet. Diese Angaben vermitteln Präzision, partiell verweisen sie auch auf ein Ausmessen an den jeweiligen Orten selbst, „doch so wie dieses oft auf vorgängig verfügbare Entfernungsangaben rekurriert, so inzitiert es Akte des Nachmessens im Geiste oder am Imitat, die dann ihrerseits von der Faktizität einer vollzogenen Bewegung zehren."[77]

Nicht nur die Städte des Landes und ihre Entfernungen zueinander werden beschrieben, sondern es entfaltet sich eine biblische Topographie. Durch die Narration werden Blickbewegungen skizziert,[78] in deren Folge sich der Landschaftsraum entfaltet. Rundblicke werden beschrieben, die ein Panorama vor den Augen des Lesers entstehen lassen. Ein plastisches Beispiel dafür findet sich am Ende der Erläuterungen über die Berge und Bergmassive und deren Namen. Lage und Aussehen der höchsten Erhebung des Bergmassivs Libanus werden geschildert: *et plane videtur in Tyro, et ego in media nocte ibidem lucidum vidi illum* (S. 33 f., III § 12). Das Leuchten des Berges im Nachtpanorama erklärt sich im folgenden Satz, denn der Gipfel ist schneebedeckt. Es wird weiter gesagt, von welchen Stellen aus das Bergmassiv zu sehen ist: *Videtur autem a navigantibus mare a Tyro usque Anteradum per totam viam* (S. 34, III § 12). Auf diese Weise entsteht der Bergzug vor den Augen des Lesers in einem beeindruckenden Nachtpanorama. Die räumliche Erstreckung des Massivs wird genau beschrieben – es nähert sich mehr und mehr dem Meer an, zunächst ist das Bergmassiv elf Leuken, an anderer Stelle nur noch drei Leuken vom Meer entfernt (S. 34).

Neben dem Blick auf den Berg wird der Blick vom Berg bzw. von erhöhter Stelle geschildert. Der Hügel, an dem die Speisung der Fünftausend und zahlreiche andere Ereignisse aus dem Leben Jesu stattfanden, die Burchardus

---

76   Vgl. dazu SHALEV (2011), ANGENENDT (1995), LENTES (1995), JACOBY (1929).

77   KIENING (2011) 188.

78   Vgl. allgemein zur Blickbewegung und Raumbeschreibung in mittelalterlichen Texten SCHULZ (2012) 303.

254 KAPITEL 5

aufzählt,[79] wird im Text durch sein Panorama besonders gekennzeichnet: *De isto monte videtur totum mare Galilee et Yturea et Traconitidis regio usque ad Libanum, insuper Sanyr et Hermon.* (S. 35, IV § 7).

Innerhalb Jerusalems[80] werden Ausblicke von verschiedenen erhöhten Orten beschrieben, von einer *turris nebulosa*,[81] von der man angeblich Arabien, den Jordan und das tote Meer sehen könne. Nach der Beschreibung der heiligen Orte in Jerusalem wird nochmals die eminente Lange Jerusalems betont, der Stadt mit dem besten Ausblick der Welt, zu der man von allen Seiten aufsteigen muss: *Et nota, quod civitas Ierusalem sita est in loco multum eminenti. Et de ea videtur tota Arabia et mons Abarim et Nebo et Phasga et planicies Iordanis et Iericho et mare mortuum usque ad Petram deserti. Nec vidi civitatem vel locum, qui pulchriorem haberet conspectum. Ad ipsam autem ascenditur ab omni parte* (...).[82] Diesen Worten kann man die allegorische Bedeutung vom Aufstieg ins himmlische Jerusalem beilegen. Belege im Text sind dafür keine vorhanden. Zu diesem Aufsteigen kommt der Überblick über die biblische Landschaft hinzu. „Nach Jerusalem zu gehen bedeutet also einen konstanten (religiösen) Aufstieg, die Heilsgeschichte allmählich überblickend und verstehend."[83] Diese allegorische Deutung wird im Text selbst jedoch nicht vorgenommen.

Auch bei Orten, die nur kurz erwähnt werden, wird der Ausblick beschrieben, z. B. bei der Nennung der Stadt Iesrahel (*in loco aliquantulum elevato sita*, S. 51, VII § 11): *Iesrahel autem pulchrum habet prospeculum per totam Galileam usque ad Carmelum et montes Phenicie ...* (S. 51, VII § 14).[84]

Die Textbeispiele illustrieren die Raumstruktur, die im Text entwickelt wird. Es wird kein Raum erzeugt, der nur mit einzelnen Orten besetzt ist, die mit Entfernungsangaben miteinander verbunden sind, sondern es entsteht zudem eine Gesamttopographie mit Bergen und Tälern, Ebenen und Flüssen. Alle örtlichen Gegebenheiten, die mit biblischen Ereignissen zusammenhängen,

---

79 S. 35. Vgl. zur gehäuften Lokalisierung von Heilsereignissen an einem Ort O'LOUGHLIN (2014) 1 f.

80 Vgl. ROTERMUND (1912): die Nachzeichnung des archäologischen Bildes des von Burchardus beschriebenen Jerusalems.

81 Vgl. zu dem Namen PRINGLE (2012) 289 mit Anm. 329 und ROTERMUND (1912) 22 f.

82 S. 72, VIII § 3.

83 LEHMANN-BRAUNS (2010) 234.

84 Bei der Stadt Rama schließlich wird nur der Rundblick, der sich von dieser hoch gelegenen Stadt bietet, ausführlich beschrieben: ..., *in qua in colle sublimi stans cum aliis multis vidi totam terram Arabie usque ad montem Seyr et omnia loca circa mare mortuum et loca latibulorum David; Jordanem insuper usque Sethim et usque ad montem Abarim. Contra occidentem vero vidi totum littus maris magni ab Joppe usque Gazam et Bersabee usque ad desertum Sur; totam insuper terram Philistiim, a Ramathaym Sophim per Geth et Accaron et Azotum et Jamniam et Ascalonam cum omni planicie sub monte Juda,* S. 80 f., IX,20.

ENZYKLOPÄDISCHE FUNKTION

werden berücksichtigt. Hoch und niedriger gelegene Orte, sowie Einschnitte werden in der Narration modelliert. Ein eindrückliches Beispiel dafür ist die Darstellung Jerusalems.

Die Beschreibung Jerusalems stellt einen Versuch dar, anhand der aktuellen Bebauung das alte Jerusalem zu rekonstruieren:[85] *Dispositonem tamen eius antiquam, quantum potui, indagavi* (S. 63, VIII §1). Für den Leser entfaltet sich auf diese Weise ein Überblick über das biblische und das aktuelle Aussehen der Stadt. Der aktuelle Zustand wird nur in der Erzählung wiedergegeben, wenn er Hinweise auf das biblische Jerusalem geben kann. Er dient als Wegweiser für das biblische Aussehen der Orte. Die politische Situation der Kreuzfahrerherrschaft fließt nur am Rande in den Text ein.[86] Über neuere Bauten oder das Leben in der Stadt erfährt der Leser nichts:[87] Das sichtbare Jerusalem wird überblendet durch das biblische Jerusalem. Die Ausführungen zu Jerusalem gehen aus von einer Beschreibung der Entfernungen von anderen wichtigen Orten wie Nazareth, Jericho oder Bethlehem. Die systematische Strukturierung von Burchardus' Beschreibung tritt auch in dieser Passage deutlich hervor.

Es wird detailliert dargestellt, welche Orte in der Stadt höher, welche tiefer gelegen sind. Die Lage wird ausführlich beschrieben und die Zustände heute – damals genau nachverfolgt. Es wird nicht einfach konstatiert „noch heute ist hier ...", sondern mit sehr genauer Überlegung rekonstruiert, z. B. welche *piscinae* in der heiligen Schrift erwähnt sind und wo sie sich befinden (S. 66 f.). Die sichtbaren Bauten werden im Präsens und die rekonstruierten biblischen Bauten fast durchgängig im Präteritum beschrieben.[88] Allerdings ist es nicht

---

85 Für eine archäologische Sichtweise auf Burchardus' Beschreibung siehe die Diskussion bei ROTERMUND (1912). Vgl. auch LEHMANN-BRAUNS (2010) 233.

86 Vgl. die Diskussion bei GRABOÏS (1982) 293 f. Die Befestigungsanlagen der Städte werden jeweils genannt, z. B. sagt über Akkon: *munita est muris, antemuralibus, turribus et fossatis* (S. 23, II §1). Als Information für Kreuzfahrer sind seine Angaben – besonders die Beschreibung der Befestigungsanlagen von Jerusalem – unklar. Bei der Beschreibung der Mauern um Jerusalem wird z. B. nicht immer deutlich, ob es sich in der Erzählung um den jetzigen oder einen früheren Zustand der Stadt handelt. Vgl. LAURENT (1864) S. 63, 65, 66, 73. Diskutiert bei ROTERMUND (1912) 23. Gelegentlich werden Klagen über die aktuelle Lage eingeschoben, wie z. B. im Prolog: *Ingemiscere possumus nostri temporis tarditatem populi christiani, qui tot et tanta tantorum habentes exempla tardant de manibus inimicorum eruere terram, quam consecravit Suo sanguine Ihesus Christus ...* (S. 20, Prol. §4 f.). Weitergehende Reflexion über die politische Situation zeigt Burchardus' Text nicht.

87 Vgl. dazu allgemein zur Stadtbeschreibung unten S. 316 f.

88 Vgl. ROTERMUND (1912) 21, LEHMANN-BRAUNS (2010) 242, Anm. 204. Allerdings bedeutet die Verwendung des Präteritums nicht zwingend, dass das jeweilige Tor bzw. Gebäude

leicht, dieser Rekonstruktion mit ihren komplexen und detaillierten Überlegungen zu folgen. Es wird kein durchgängiges Bild Jerusalems narrativ erzeugt, das zu einem direkten visuellen Nachvollzug führen kann. Vielmehr ist der Text durchzogen von Einschüben, die einen direkten Nachvollzug unterbrechen.

Nur punktuell ist der Text auf eine Vergegenwärtigung des jeweiligen Heilsortes angelegt. Ein Beispiel dafür ist die Beschreibung der *porta vallis* und deren Umfeld: *Non longe ab area templi contra aquilonem (...) est porta vallis, quia per eam descendebatur in vallem Iosaphat. (...) Intrantibus autem portam vallis sive gregis statim ad sinistram iuxta aream templi occurrit piscina probatica (...) Ad dextram vero vie predictam portam intrantibus in ecclesia sancte Anne ostenditur alia piscina grandis ...* (S. 66, VIII §1). Die Bewegung des Lesers durch den Raum wird mit den Verben *descendere* und *intrare* geführt. Der Blick wird nach links (*ad sinistram*) und rechts (*ad dextram*) gelenkt und der jeweilige Ort mit dem biblischen Geschehen vor Augen geführt (*occurrit/ostenditur* und im Folgenden *demonstratur*). Der Blick nach links richtet sich auf die *piscina probatica: in qua Nathinei lavabant hostias, et sic eas sacerdotibus presentabant in templo offerendas. Hec adhuc quinque porticus habuisse demonstratur, in quibus secundum Iohannem iacebant infirmi expectantes aque motum* (S. 66, vgl. Joh 5,2–9). An dieser Stelle ist punktuell ein direkter Nachvollzug mit Visualisierung der Orte und einer Rememorierung biblischer Ereignisse möglich.

Die Blicklenkung wird durch einen Einschub unterbrochen, in dem alle *piscinae* aufgezählt und lokalisiert werden: *Et nota de diversitate istarum piscinarum et nominibus earum* (S. 67). Erläuternde Abschnitte wie dieser weisen darauf hin,[89] dass der Text Material für eine intensivere Auseinandersetzung mit dem Heiligen Land und dem jeweiligen Bibeltext zur Verfügung stellt.[90] Ferner zeigen sie, dass eine umfassende Darstellung von Jerusalem und dem Heiligen Land gegeben werden soll. So wird an die Beschreibung Jerusalems eine Aufzählung und Beschreibung der Tore und Berge der Stadt angefügt (S. 73 f.).

Zentrale Orte für die Rememorierung der Heilsgeschichte werden im Text durch verschiedene Narrationsstrategien betont. Die Sakralität des Ortes

---

zur Zeit des Burchardus nicht mehr besteht, vgl. ROTERMUND (1912) 21. „Er [Burchardus] bemüht sich, vergangene Bauten aus Ruinen und Spuren nicht nur narrativ zu rekonstruieren, sondern sie mit noch erhaltenen biblischen Gebäuden in einen Gesamtzusammenhang zu bringen und so ein anschauliches Bild des alten Jerusalem auferstehen zu lassen." LEHMANN-BRAUNS (2010) 242.

89 Vgl. auch allgemein zu Jerusalem nach Josephus S. 72 und nach Jacob von Vitry.
90 Vgl. LEHMANN-BRAUNS (2010) 222.

korrespondiert mit einer im Text hervorgehobenen Beschreibung. Der jeweilige Ort wird durch eine Erzählweise ausgezeichnet, die auf die Vergegenwärtigung des Ortes abzielt (wie in den folgenden Textbeispielen zu Jerusalem), oder durch die Beschreibung eines Wunders (wie im folgenden Beispiel von Tyrus und von Bethlehem).

Mein erstes Beispiel dafür ist der *locus predicacionis Ihesu Christi* (S. 25, 11 § 6), der bei der Beschreibung von Tyrus erwähnt wird. Zunächst folgt das übliche Schema[91] der Verbindung von Ort und biblischem Ereignis mit Lokalisierung des Ortes, Nennung des Ortes, Zitat der entsprechenden Bibelstelle (hier Lk 11,27) und abschließend der Angabe der heute vorhandenen Spur des biblischen Ereignisses. In diesem Fall ist es ein Stein, auf dem Jesus stand: *lapis magnus, in quo tunc stabat Ihesus Christus* (S. 25). Darüber hinaus wird ein Wunder geschildert, das diesen Stein als heiligen Ort markiert:[92] Dieser Ort sei als einziger niemals von Sand bedeckt, im Gegensatz zu seiner Umgebung: *Qui locus nunquam arena operitur, cum tamen arena illa levis sit et volatilis (...) Iste enim locus in medio arenarum semper nudus permanet et estate et hieme, sicut oculis meis vidi.*[93] Die Faktizität des Erzählten wird durch die Authentizitätsformel *sicut oculis meis vidi* bekräftigt. Durch die Erwähnung des Wunders wird dieser Ort als ein besonderer markiert, denn es handelt sich um die erste Erzählung darüber, dass Jesus Christus an einem Ort wirkte und die Heiligkeit des Ortes ist an dem Wunder ablesbar.[94]

Anhand von drei weiteren Beispielen stelle ich dar, wie Sakralität narrativ sichtbar gemacht wird: Am Beispiel des ersten Blicks auf Jerusalem, an der Erzählung über das Heilige Grab und am Beispiel Bethlehems.

Die Ankunft in Jerusalem stellt in zahlreichen Texten einen besonderen Moment dar. In der *Descriptio* werden der erste Blick auf Jerusalem und die Annäherung an Jerusalem ausführlich geschildert.[95] Dieses Erlebnis wird für den Leser durch die Narration nachvollziehbar gestaltet.

---

91 Vgl. dazu oben S. 51 ff.

92 Vgl. dazu unten zu Wundern und heiligen Orten am Beispiel des Katharinenklosters S. 296.

93 S. 25. Zudem wird auf die Existenz eines aktuellen Denkmals hingewiesen: *Est etiam in eodem loco columpna quedam per longum strata, ubi, sicut dicitur, quidam peregrini locum illum visitantes a Sarracenis insidiantibus fuerunt interfecti*, S. 25, 11 § 6. An einem anderen Ort des Wirkens Jesu erwähnt Burchardus eine Veränderung, die zwischen zweien seiner Besuche auftritt. Ein Stein mit drei Fußabdrücken Jesu sei von den Sarazenen entfernt worden (S. 35 f.).

94 Vgl. SCHULZ (2012) 146 zur Erzählung von Heiligem und Wundern.

95 Vgl. die Diskussion zu dieser Passage bei LEHMANN-BRAUNS (2010) 210 f. Siehe zur Ankunft in Jerusalem auch die Darstellung von Felix Fabri, vgl. S. 225 f.

258   KAPITEL 5

Eine zentrale Strategie ist hierbei die Vermittlung der eigenen Wahrnehmung verbunden mit der Wiedergabe der Bewegung durch den Raum: *Rece-
dendo de Bethania nondum videtur Jerusalem propter montem oliveti interposi-
tum, sed ascenditur primo tumor quidam terre, et videtur pars quedam civitatis
dilecte cum monte Sion* (S. 62, VII,§ 60). Erzählte Bewegung und erzähltes Sehen
strukturieren den Abschnitt der Annäherung an Jerusalem. Die Emotionalität der Szene wird durch die Unterbrechung der Schilderung durch affektive
Ausrufe gesteigert: *Eya Deus, quot devote lacrime sunt in illo loco fuse videntium ibi exultationem universe terre, civitatem regis magni! O quanta erat exultatio, videre locum glorie Tue, bone Ihesu, cum locus ignominie Tue et confu-
sionis cum tanto tripudio videatur!* (S. 62, VII § 60) In diesen Ausrufen werden Gott und Jesus angesprochen. Die Sprache ist deutlich affektgeladen: Tränen (*lacrime*) und Freude (*exultationem, exultatio*) vermischen sich bei dem
Anblick der Stadt. Auslöser der Affekte ist das Sehen (*videntium, videre, videatur*).

Die Ausrufe animieren den Leser zur Teilhabe. Neben der Visualisierung
des Ortes wird das affektive Empfinden genährt. Während in den vorangehenden deskriptiven Textpassagen der Leser nicht explizit angesprochen wird,
unterstützt die Verwendung des Hortativs im Folgenden die Bedeutsamkeit des
Moments: *veniamus* – „Lasst uns so schnell wie möglich nach Jerusalem kommen." *Descenditur igitur de monte, et iterum civitas dilecta occultatur. Item (…)
ascenditur per latus australe et giratur mons oliveti. Venitur ad locum, ubi Dominus asinum ascendit, et continuo resplendet civitas cum templo et ecclesia Sancti
Sepulcri et sanctis locis ceteris. Venitur ergo ad descensum montis oliveti, ubi tur-
bis precedentibus et sequentibus et clamantibus: „Osianna filio Dauid!" et letan-
tibus benedicto eius adventu, Ipse videns civitatem flevit amarissime super illam.*
(S. 62, VII, § 61) Bei dem Abstieg des vorher genannten Hügels (*descenditur*)
gerät Jerusalem wieder außer Sicht (*occultatur*), man kommt an einem kleinen
Dorf vorbei und steigt wieder auf über die Südseite des Ölberges (*ascenditur*)
und geht so um den Ölberg herum (*giratur*). Bis zu diesem Moment wird die
Landschaft beschrieben und dem Leser öffnet sich schrittweise der Raum. Dieser Raum wird durch die Verknüpfung der Orte mit der Heilsgeschichte, die im
folgenden Text vorgenommen wird, zum Raum des Heils: Wenn man zu der
Stelle kommt (*venitur ad locum*), wo Jesus den Esel bestieg, erstrahlt (*resplendet*) wieder die Stadt mit Tempel, Grabeskirche und den anderen *loca sancta*.
Nun folgt der Leser gemeinsam mit dem Erzähler Jesus nach (später mit der
Aufforderung: *sequamur*). Man kommt zu der Stelle, wo die Menge „Osianna
filio David" rief und wo Jesus selbst die Stadt sah. Diese Passage offenbart einen
Blick auf die Zeitstruktur des Textes. Die Erzählung in der dritten Person Passiv
verknüpft mit der Tempuswahl, führt dazu, dass die Erzählung Zeitlosigkeit ver-

ENZYKLOPÄDISCHE FUNKTION

mittelt. Für seine Ortsbeschreibungen wählt Burchardus das Präsens.[96] Auch die Bewegung des Pilgernden wird im Präsens beschrieben (*descenditur* (...) *ascenditur*) sowie der Blick, der sich dem Besucher bietet (*occultatur*).[97] Auf diese Weise wird der Besuch als für den Leser wiederholbar gezeichnet. Von den drei Zeitebenen, die der Text berührt, der biblischen Vergangenheit, der Reisezeit des Autors und dem Jetzt des Lesers, verschmelzen die letzten beiden partiell. Die Geschehnisse der biblischen Zeit werden im Perfekt beschrieben:[98] *Ipse videns civitatem flevit* ... Wenn der Autor als Autorität hervortritt durch Bemerkungen wie *oculis meis vidi* oder *mensuravi*, dann wird im Perfekt erzählt. Auch dann, wenn es um Fixierung von Informationen geht, um die Authentizität verwendet der Autor die Perfektform, z.B. *dixerunt mihi Sarrazeni* (S. 59).

Das Jetzt des Lesers und das Jetzt des Autors werden im Folgenden eins. Der Leser bewegt sich gleichsam im Zeitraffer durch die Passionsgeschichte: *Procedamus ergo, et inter locum orationis eius in agonia et locum captivitatis eius in Gethsemani transeamus torrentem Cedron et sequamur, si quomodocunque concedatur nobis venire in Golgatha, ubi steterunt fixi in cruce fluentes sanguine pedes eius; moriamur ibi cum Christo, ut cum Eo pariter resurgamus!* (S. 62). In der Nachfolge Christi gelangt er an den Ort der Agonie, der Gefangenschaft und schließlich nach Golgotha. Die Worte *ubi steterunt fixi in cruce fluentes sanguine pedes eius* rufen den Psalm 132,7 auf: *adorabimus in loco, ubi steterunt pedes eius*, der in der Literatur wieder und wieder als Begründung für den „erinnernden Nachvollzug am Gedächtnisort"[99] verwendet wird. Der Absatz schließt mit einer direkten Aufforderung an den Leser, die an die Leidensankündigung Jesu in Mt 20 anknüpft: *moriamur ibi cum Christo, ut cum eo pariter resurgamus.*

Schließlich wird beschrieben, wie man an den Ort gelangt, von dem Jesus selbst auf Jerusalem blickt. Der Erzähler nimmt den Leser sozusagen an die Hand und lädt ihn zur Partizipation ein.[100]

Der Reiz der Erzählung liegt in dem wiederholten Auftauchen und Verschwinden der Heiligen Stadt, das erzählerisch durch abwechselndes Verwenden des Vokabulars des Sehens und Bewegens erreicht wird. Die Interpretation

---

96 Z.B. *habet* (...) *mare mortuum* (S. 59), *incipit desertum* (S. 61), *sunt arbores pulcherrime* (S. 61). Vgl. dazu S. 88.

97 Vgl. auch *videtur* und *ostenditur*, z.B. S. 62 und *passim*.

98 Vgl. im Unterschied dazu Wilhelm von Boldensele, bei dem im Oszillieren zwischen Damals und Jetzt alle drei Zeitstufen verschmelzen, siehe unten S. 306 f.

99 REUDENBACH (2008) 30.

100 Vgl. die Diskussion bei LEHMANN-BRAUNS (2010) 210 f.

260 KAPITEL 5

der Passage zeigt, wie durch das Medium der Narration die heiligen Stätten andernorts verfügbar gemacht werden können. Eine Vergegenwärtigung der heiligen Orte wird erreicht, indem ein Sakralraum narrativ erzeugt wird. Ein Raum des Heils entsteht im Textbeispiel durch den Nachvollzug der Handlungen – der Bewegungen, der Wahrnehmung – des Erzählers in der Imagination des Rezipienten verbunden mit der Aufladung der Orte mit heilsgeschichtlichen Geschehnissen.

Ecclesia tamen sancti sepulcri tenet inter omnia principatum (S. 70, VIII § 2). Mit diesen Worten über die zentrale Bedeutung des Ortes beginnt die Erzählung über den Besuch der Grabeskirche. Die Erzählung über den heiligsten Ort ist deutlich prozessual-nachvollziehbar angelegt und spannt einen Heilserlebnisraum auf.[101] Schon bei der Beschreibung der Kirche werden die genauen Maße in Fuß angegeben.[102] Im Unterschied zu der *Descriptio* Johannes' von Würzburg, der die architektonische Anlage und die kunstvolle Ausgestaltung der Kirche betont, wird weitgehend auf die Schilderung des aktuellen Aussehens der Grabeskirche und des heiligen Grabes verzichtet.[103] Stattdessen beschreibt er das Grab als Grabeshöhle, als *spelunca*, genauer als Doppelhöhle.[104] Der Bezug zur biblischen Zeit ist ein zentrales Moment der Beschreibung: Im Inneren ist der nackte Fels zu sehen, wie zur Zeit des Begräbnisses (*sicut fuit in tempore sepulture*, S. 70).[105]

Die Erzählung in der dritten Person lässt den Leser mit dem Erzähler-Ich die Grabeshöhle durch die niedrige und kleine Tür betreten (*intrat, intrantis*): *Ostium ad hanc speluncam intrat ab oriente, demissum valde et parvum. Tumba vero sancti sepulcri est ad dextram intrantis iuxta parietem ad septentrionem, de marmore grisei coloris, alta a superficie pavimenti tribus palmis, longa pedibus*

---

101 Vgl. LEHMANN-BRAUNS (2010) 238. S. dort auch die folgende Diskussion der Passage zur Grabeskirche.

102 Vgl. zu dieser üblichen Vorgehensweise siehe oben S. 211.

103 Vgl. LEHMANN-BRAUNS (2010) 242 allgemein: „Burchards Jerusalem besteht fast gänzlich aus Topographie, kaum aus Kunst oder Architektur."

104 LEHMANN-BRAUNS (2010) 240 weist daraufhin, dass das Grab nicht wie bei den Evangelisten als *monumentum* bezeichnet wird, sondern als *spelunca*. Sie ist der Ansicht, dass Burchardus einen Bezug zum Alten Testament herstellt, indem er das heilige Grab wie Abrahams Grab als Doppelhöhle beschreibt. Allein durch die auch sonst übliche Verwendung des Wortes *spelunca* lässt sich dies jedoch nicht belegen. Allerdings ist die Bezeichnung des heiligen Grabes als *spelunca* üblich. Vgl. z. B. Egeria, 24,2, s. dazu RÖWEKAMP (2017) 55. Auch schon bei Eusebius, *Vita Constantini* 3,26,2 (und im Folgenden *passim*): τὸ σωτήριον ἄντρον.

105 Vgl. LEHMANN-BRAUNS (2010) 239 f. Wieviel Fels zu dieser Zeit tatsächlich sichtbar war, ist fraglich, spielt innerhalb der Narration jedoch keine Rolle.

ENZYKLOPÄDISCHE FUNKTION 261

VIII (S. 70, VIII § 2). Der Pilger betritt zunächst die äußere Höhle (*intratur*, S. 71), wie die Frauen zur biblischen Zeit (*intraverunt mulieres*, S. 71). Die Worte der Frauen nach Mk 16,1 f. werden anzitiert: „*Quis revolvet nobis lapidem*" *et cetera* (S. 71). Der Stein, der noch heute (*hodie* und sein zweiter Teil am *mons Sion*, (...) *quem eciam ibidem vidi*, S. 71) sichtbar ist, bezeugt die Bibelworte.

Die Beschreibung folgt dem üblichen Schema, nach dem die heiligen Orte geschildert werden:[106] Lokalisierung/Beschreibung des Ortes, biblischer Bezug, aktuelles Zeugnis. Im Zusammenhang damit wird die Bewegung durch den Raum und das körperliche Ausmessen des Raums dargestellt. Die auf die Schilderung des heiligen Grabes folgende Beschreibung des *Mons Calvarie* ist ein deutliches Beispiel für diese beiden Strategien: *Mons calvarie, in quo Dominus crucifixus est, distat a loco sepulcri per CXX pedes. Et ascenditur ad locum, ubi crux infixa fuit rupi, per XVIII pedes a superficie pavimenti ecclesie. Scissio petre eiusdem, in qua crux fuit fixa, tante capacitatis est, ut caput meum. Et descendit longitudo eius de loco crucifixionis usque ad pavimentum inferius per XVIII pedes et color sanguinis Domini nostri Ihesu Christi apparet hodie in ipsa scissione petre* (S. 71, VIII § 2).

Die Bewegung durch den Raum wird durch das Bild des Aufstiegs um 18 Fuß dargestellt (*ascenditur*). Der Einschnitt im Felsen, in dem das Kreuz befestigt war, ist so groß wie Burchardus' Kopf: Der heilige Ort wird mit den verschiedenen Körperteilen (Fuß, Hand, Kopf) ausgefüllt und so am eigenen Leib vermessen.[107] Die Betonung dieser leeren Stellen, der Abdrücke und Einprägungen stimuliert die Imagination.[108]

An diesem Ort wird zudem geschildert, dass die Messe gefeiert und während der Messe die Passion nach Johannes gelesen wird: *Ego dixi missam de passione et legi passionem secundum Iohannem in missa in loco ipso passionis Christi* (S. 71, VIII § 2). Durch die räumliche Nähe verbunden mit dem Verlesen des Evangeliums wird die temporale Distanz verringert.[109] In einem weiteren Schritt kann der Leser die Passage so rezipieren, dass auch er die Lektüre des Evangeliums vollzieht.

Die Beschreibung der Flagellationssäule und die Analyse, an welcher Stelle Maria mit den anderen Frauen vor dem Kreuz gestanden haben soll, entfernen

---

106 Vgl. S. 51.
107 Vgl. Lentes (1995).
108 „Meditation on holes and empty spaces engendered a powerful and dramatic mental image that did not need to be mediated by the contemplation of material images." Bacci (2014) 73 f.
109 „Damit wird er, mit dem erklärten Augenzeugen Johannes, selbst zum Augenzeugen des Geschehens." Lehmann-Brauns (2010) 240 f.

262 KAPITEL 5

sich stilistisch vom prozessualen Charakter der vorangehenden Ortsschilde-
rung. Eher feststellend als emotional schreibt Burchardus über die Flagellationssäule, dass sie so aufgestellt ist, dass die Gläubigen sie berühren, sehen
und küssen können (*ita ut a fidelibus possit tangi, videri et osculari*, S. 71, VIII
§ 2). Die rötlich gefleckte Färbung des Steins der Säule sei auf natürliche Weise
(*naturaliter*) entstanden, nicht aufgrund des Blutes Christi, wie die Masse
glaubt: *Est autem de lapide porfiritico subnigro, habens maculas rubeas naturaliter, quas credit vulgus tincturas esse sanguinis Christi* (S. 71). Bezeichnend
für den Fokus der Beschreibung ist die lange Diskussion darüber (S. 71f.), an
welcher Stelle Maria vor dem Kreuz stand. In diesem Zusammenhang wird ausführlich verhandelt, in welche Richtung Jesus am Kreuz geblickt haben soll.
Aus der Struktur des Ortes versucht Burchardus mit größtmöglicher Genauigkeit, die Richtung zu bestimmen. Passagen wie diese durchbrechen eine durchgängige Visualisierung des Weges durch Jerusalem. Dennoch können sie wichtige Informationen für eine Meditation über die Passion vermitteln, bei der
gerade der Blick Jesu eine besondere Rolle spielt.[110] Gerade die Detailgenauigkeit unterstützt die Visualisierung des Geschehens. Zudem spielt der Rekurs
auf Christusdarstellungen eine Rolle, auf die sich das mentale Bild beziehen
kann.[111]

Die Beschreibung Bethlehems fällt entsprechend der Bedeutung des Ortes ausführlich aus. Inhaltlich unterscheidet sich die Passage deutlich von der Schilderung anderer Stätten. Der Leser wird mit dem Blick auf die Hirten, die die
Engel sehen und singen hören, auf das Kommende eingestimmt – an dieser
Stelle wird in der Reihenfolge der biblischen Geschichten erzählt:[112] *Ibidem
eciam pastores custodientes vigilias noctis super gregem suum in hora nativitatis
Christi viderunt et audierunt angelos cantantes ‚Gloria in excelsis'. Qui eciam nun-
ciaverunt natum Salvatorem.*[113] Zunächst wird die Szenerie in Bethlehem genau
so geschildert, wie sie dem Leser aus der Bibel oder bildlichen Darstellungen
bekannt ist. Und es wird dem Leser keine Geburtskirche beschrieben, sondern

---

110 SCHUPPISSER (1993) 176 diskutiert spätere Texte der Passionsmeditation.

111 Vgl. zur Diskussion späterer Beschreibungen auch BACCI (2014) 73 f.

112 Burchardus geht an dieser Stelle auch auf alttestamentliche Wirkungsorte ein, z. B. auf das
Grab der Rachel, S. 78, Gen. 35,19 f. sowie auf Jacob. Vgl. zur Ausbildung einer neuen Memorialstruktur, auch mit typologischen Verbindungen oben S. 61. Hier liegt der Gedanke
an eine präfigurative Verbindung nahe, doch Burchardus beschränkt sich rein auf die
Darlegung des Gesehenen. Eine Auslegung oder Hinweise darauf ist bei ihm nicht hier
und nicht an anderer Stelle greifbar, im Zentrum steht allein der Literalsinn. Vgl. auch
LEHMANN-BRAUNS (2010) 227 ff.

113 S. 78, IX § 10. Vgl. Lk 2,8–2,14.

ENZYKLOPÄDISCHE FUNKTION

ein Stall: *In fine vero orientali ciuitatis eiusdem sub rupe, que erat iuxta murum ciuitatis et secundum morem terre illius uidetur fuisse locus pro stabulo, habens presepe excisum de petra, ut moris est facere presepia, ortus est huic mundo de virgine matre sol iusticie, Christus Iesus, ostendens se sua nativitate sordes et tenebras mundi ablaturum, eo quod sordibus nasci et oriri voluit talis loci* (S. 78, IX §10). In diesem Stall bietet sich das bekannte Bild mit Ochs und Esel: *Iuxta vero predictam rupem est alia capacior, IV tamen pedibus distans, sub qua erat presepe, in quo dulcis puer ille mox natus coram bove et asino involutus fuerat reclinatus* (S. 78, IX §10). Erst im Anschluss folgt die Beschreibung der Kirche, des Zugangs zum Geburtsort über zehn Stufen, der Dekoration der Kapelle. An dieser Stelle belegt die Erzählung deutlich, dass vor der Schilderung der realen Situation zunächst bereits bestehende mentale Bilder des Geburtsortes nach der biblischen Erzählung bedient werden.

Neben der außergewöhnlichen Äußerung der Bewunderung über die Kirche (*non vidi nec audivi aliquem, qui dixerit se vidisse ecclesiam tam devotam toto orbe terrarum*, S. 79) ist die Schilderung im Vergleich zu anderen Orten detaillierter. Geburtsplatz und Geburtskirche mit Mosaiken und Bildern werden ausführlich dargestellt. Es bleibt nicht bei der objektiven Bestandsaufnahme wie z.B. bei der Flagellationssäule (S. 71): *Que loca fideles devotissime osculantur* (S. 79). Zudem wird die eigene emotionale Beteiligung beschrieben: *Ego steti nocte una in hijs duobus locis, nunc istum, nunc illum osculando* (S. 79, gemeint sind der Stein der Geburt und die Krippe). Die Schilderung zeigt, dass der Besuch dieses Ortes als einer der Höhepunkte der Reise dargestellt wird.

Zudem ist der Ort der Geburtskirche durch eine Wundererzählung hervorgehoben: *Vidi ego in ecclesia ista miraculum gloriosum* (S. 79). Die Kurzfassung bei Basnage hat an dieser Stelle einen anderen Text: *Vidi tamen in ista Ecclesia signum, quod mihi videtur, et merito, memoriae ad laudem Virginis commemorandum* (S. 19 Basnage). Während der Text der Langfassung bei Laurent den Anschein erweckt, dass Burchardus selbst Zeuge des Geschehens gewesen sei, wird in der Kurzfassung nur von einem Zeichen (*signum*) gesprochen. Der Verlauf der Geschichte ist folgender: Der Sultan wollte die wundervolle Dekoration der Kirche für einen Palast in Babylon verwenden. Als die Arbeiter beginnen wollten, sei aus der massiven Steinwand eine riesige Schlange (*serpens mire magnitudinis*, S. 79) erschienen und hätte mit ihrem Biss insgesamt 30 Steinplatten zerstört. Als der Sultan sein Vorhaben daraufhin abbricht, verschwindet die Schlange. Die Spuren auf den Steinplatten seien bis heute zu sehen: *vestigia tamen corporis serpentis apparent usque hodie eciam singulis tabulis, quas transivit, quasi combustio quedam igne facta* (S. 79). Die Formulierung *vestigia* (…) *apparent usque hodie* stellt einen zeitlichen Sprung innerhalb der Erzählung dar, da vorher mit *vidi* auf das direkte Sehen des Wunders verwiesen wurde.

264   KAPITEL 5

Die Geburtskirche ist durch die lange Wundererzählung als heiliger Ort markiert. Der Ausruf *mira res* und die abschließende staunende Bemerkung des Erzählers unterstreichen die Wirkung: *Et super omnia mirabile videtur, quomodo serpens ille procedere potuit per transversum in pariete, qui erat planus et politissimus, sicut vitrum* (S. 79).

Die drei Beispiele des ersten Blicks auf Jerusalem, des Heiligen Grabes und schließlich des Schlangenwunders von Bethlehem zeigen, wie gezielt einzelne Momente und einzelne Orte durch die narrative Gestaltung hervorgehoben und auf diese Weise die entsprechenden Orte als heilige Orte ausgezeichnet werden.

Die *Descriptio* ist als Reisehandbuch mit Universalitätsanspruch angelegt, das als Gliederungsschema die Struktur der Windrose zugrunde legt. Damit basiert die grundsätzliche Gliederung des Textes auf einem künstlichen Schema und nicht auf einer Reiseroute wie bei anderen Texten. Neu sind auch die drei letzten Kapitel der *Descriptio*, die nicht die Abfolge der Route, sondern einzelne Themen zum Inhalt haben. Trotz dieser Neuerungen bleiben Vergegenwärtigungsstrategien zentral. Anhand von drei Beispielen wurde die Sakralisierung zentraler Heilsorte mittels der Narration verhandelt.

5.2 Wilhelm von Boldensele, *Liber de quibusdam ultramarinis partibus et praecipue de terra sancta* und Ludolf von Sudheim, *De itinere terre sancte liber*

Wilhelm von Boldensele, der um 1335 in das Heilige Land reist, verfasst nach diesem Zeitpunkt einen *Liber de quibusdam ultramarinis partibus et praecipue de terra sancta*. Der Dominikaner Heinrich von Herford hebt in seinem *Chronicon* über das Jahr 1330 die Besonderheit dieses Reisenden hervor:[114] *Item hoc anno dominus Wilhelm de Boldensele, vir in cursibus suis et fortunis singularis, fecit librum de partibus ultramarinis gratiosum.* Aus dem daran anschließenden Text des *Chronicon* sind Informationen über den Namen und die Herkunft des Wilhelm von Boldensele zu entnehmen: Seinen Namen, Otto von Nyenhausen, legt Wilhelm mit Verlassen des Dominikanerkonvents (1315) St. Paul in Minden ab und nimmt den Namen seiner Mutter „von Boldensele" an.[115]

---

114   *Liber de rebus memorabilioribus sive Chronicon Henrici de Hervordia*, in der Edition von POTTHAST (1859) S. 250.

115   *Hic in veritate fuit apostata de ordine predicatorum, de conventu Mindensi, provincie Saxonie, dictus Otto de Nyenhusen. Sed recedens ab ordine, nomen suum mutavit, ne nosceretur,*

ENZYKLOPÄDISCHE FUNKTION 265

Der in der Ich-Form verfasste *Liber de quibusdam ultramarinis partibus et praecipue de terra sancta* ist mit 27 lateinischen Handschriften des 14. und 15. Jahrhunderts breit überliefert.[116] Die breite Rezeption zeigt sich auch in Übersetzungen.[117]

Christiane Deluz legt 1972 mit ihrer Dissertation eine Neuedition vor, die lange nur in Manuskriptform vorlag; erst 2018 erscheint die Edition, die leider hier nicht mehr berücksichtigt werden konnte.[118]

Einigen Handschriften[119] ist ein Brief an Peter von Zittau,[120] den Abt des böhmischen Zisterzienserklosters Königsaal, beigegeben. Dieser Brief, aus dem Jahr 1337 aus Avignon, enthält weitere Details über die Person Wilhelms. Auf Veranlassung des dortigen Kardinals Elias Talleyrand de Périgord verfasst Wilhelm seinen Pilgertext.[121] In dem Brief erklärt Wilhelm, dass er noch einiges zu regeln habe, bevor er, wie er hofft, für immer im Kloster Königsaal bleiben kann. Mit den Dingen, die noch zu regeln seien, bezieht er sich wahrscheinlich auf seinen Ordenswechsel zu den Zisterziensern.[122] In diesem Zusammenhang muss er nach Köln reisen, wie er schreibt. Dem Versprechen, dass er dem Abt gerne persönlich weitere Erklärungen zu seinem mit dem Brief übergebenen Werk geben will,[123] kann er nicht mehr nachkommen, da er in Köln um 1339 stirbt.

Ludolf von Sudheim würdigt seine Hauptquelle Wilhelm von Boldensele mit folgenden Worten in seinem *De itinere terre sancte liber* (nach 1336–1341):

---

     et singularia multa mirabilia gessit. Chronicon Mindense, ed. MEIBOM t. 1,116. Vgl. zu den Erwähnungen von Wilhelm in Chroniken und bei Ludolf von Sudheim DELUZ (1972) S. 37–39. Vgl. auch GROTEFEND (1852) S. 227.

116   Siehe HALM (1994) 31 f. und DELUZ (1972) 46. Vgl. auch FISCHER (2018) zu diesem Abschnitt.

117   Schon im Jahr 1351 wurde der Text von Jean de Long ins Französische übersetzt. Siehe DELUZ (1972) 50. Es sind Fragmente einer ripuarischen Übersetzung im Staatsarchiv Münster vorhanden. Msc. VII 2b (Nr. 40). Siehe BECKERS (1980).

118   DELUZ (2018) und DELUZ (1972). Ich zitiere Deluz' Edition von 1972 mit Angabe der Seitenzahl. Aus dem Jahr 1604 existiert ein früher Druck des Textes, herausgegeben von Canisius, der auf einer Straubinger Handschrift basiert, der Handschrift des früheren Dechanten Matthias Ebersperger, die heute verloren ist. CANISIUS (1604) S. 95–142. 1725 wird dieser Text von Basnage nachgedruckt: BASNAGE (1725) S. 332–357. Die Edition von Karl-Ludwig Grotefend aus dem Jahr 1852 beruht auf diesen Drucken und einer Handschrift aus Wolfenbüttel: GROTEFEND (1852). HAB Wolfenbüttel, Cod. Guelf. 40 Weiss., fol. 95ᵃ–110ᵛ.

119   Vgl. dazu DELUZ (1972) 196.

120   Vgl. zu Peter von Zittau MALM (2012).

121   *Libellum meum quem ad instantiam prefati domini mei cardinalis de statu terre sancte compilavi.* Ed. DELUZ (1972) S. 196.

122   Vgl. dazu DELUZ (1972) S. 196, Anm. 2.

123   *Et ego cum venero ubi necesse fuerit verbis luculentius explanabo*, DELUZ (1972) S. 196.

266   KAPITEL 5

Wilhelmus de Boldensele, qui ante tempus meum stetit in partibus ultramarinis, et ibidem a Soldano et regibus et aliis principibus fuit mirifice honoratus, et, ut audivi, in Colonia diem clausit extremum.[124] Die Untersuchung beider Texte in einem gemeinsamen Kapitel ist sinnvoll, da sie eng miteinander zusammenhängen. Trotz der großen Rezeption beider Texte wurde Wilhelms *Liber* bislang nur wenig in der Forschung berücksichtigt, bei der Untersuchung von Ludolfs Text fehlt bislang die genaue Berücksichtigung seiner Hauptquelle.

Ludolf gibt in seinem in unpersönlichem Stil verfassten Text an, in den Jahren 1336–1341 gereist zu sein.[125] Über den Autor selbst wissen wir nicht mehr, als aus den Widmungsworten zu Beginn des Textes hervorgeht:[126] *Reverendissimo in Christo patri ac domino, domino suo gratioso Baldewino de Stenvordia, Paderbornensis ecclesie episcopo, Ludolphus rector ecclesiae pariochalis in Suchem, paderbornensis diocesis, debitam reverentiam et honorem.* Bei Balduin von Steinfurt handelt es sich um den Bischof von Paderborn (1340–1361), doch welcher Ort „Suchem" sein könnte, ist unklar.[127] Möglicherweise handelt es sich um den kleinen Ort Sudheim.[128]

Der Text liegt in verschiedenen Fassungen sowie in verschiedenen Sprachen vor. Es sind um die 30 lateinische Handschriften erhalten.[129] Der lateinische Text, der sich stark auf den *Liber* des Wilhelm von Boldensele stützt, wurde von F. Deycks 1851 auf der Grundlage zweier Codices ediert.[130]

Auf dieser, am breitesten überlieferten Fassung basiert die Interpretation in der vorliegenden Untersuchung. Vier der erwähnten 27 Handschriften stellen eine verkürzte Fassung des Textes dar.[131] In diesen vier Handschrif-

---

124 Ed. DEYCKS (1851) S. 71. Vgl. zur Diskussion HALM (1994) 31.
125 Edition: DEYCKS 1851, S. 2.
126 Vgl. zu Ludolf BRUNO JAHN (2012b), PIERARD (2000), BULST-THIELE (1985), GANZ-BLÄTTLER (1990) 47, SIMON (2004).
127 Vgl. DEYCKS in der Einleitung zur Edition, IXX.
128 Vgl. SCHNATH (1964) 468.
129 Siehe HALM (1994) 37 f., VON STAPELMOHR (1937) 19 f., BRUNO JAHN (2012b) 384 f.
130 Staatsbibliothek zu Berlin – Preußischer Kulturbesitz (SBB-PK), Ms. Diez. C. fol. 60, fol. 2ª–34ª und SBB-PK, Ms. lat. fol. 198, fol. 217ʳ–267ᵛ.
131 W.A. Neumann untersucht und ediert die Kurzfassung 1884. Er ist der Ansicht, dass es sich bei diesem Text um ein neues Werk Ludolfs handle. Vgl. die Einleitung in der Edition von NEUMANN (1884) 303 f. Neumann weist die Benutzung des Textes eines Kölner Anonymus nach, der ungefähr um die gleiche Zeit entstanden ist (313 ff.). Edition: RÖHRICHT und MEISNER (1887). Auch für die Langfassung versucht W.A. Neumann diesen Text als Quelle plausibel zu machen. Vgl. die Einleitung in der Edition von NEUMANN (1884) 323 f. Er geht weiter davon aus, dass die Kurzfassung nach der längeren Fassung entstanden und dass sie eine Übersetzung aus dem Deutschen sei (309 ff.). SCHNATH (1964) 468 stellt dagegen die These auf, dass die Kurzfassung vor der Langfassung entstanden sei. Allerdings ist

ENZYKLOPÄDISCHE FUNKTION 267

ten[132] ist vermerkt, dass sie auf die Bitten des Bischofs Gottfried von Osnabrück verfasst worden seien. Sie enthalten weitere Informationen zu Ludolf: *quidam clericus osnabrugensis (...) cum domino, qui fuit miles regis Armenie.*[133]

Ferner sind zehn niederdeutsche Handschriften erhalten und acht oberdeutsche, wobei die oberdeutsche Fassung von der niederdeutschen abhängig ist.[134] Der *Liber* ist der erste Text eines Pilgerautors, der als Inkunabel gedruckt wurde: in lateinischer Sprache 1468 und 1472 sowie in deutscher 1468 und 1477.[135]

5.2.1 *Der inhaltliche und strukturelle Neuansatz in Wilhelms* Liber

Der *Liber de quibusdam ultramarinis partibus et praecipue de terra sancta* steht deutlich in der Tradition der Pilgertexte. Mit dem erzählten Betreten des Heili-

---

seine Argumentation nicht zwingend. Er ist der Ansicht, dass die Kurzfassung aufgrund der Widmung an Bischof Gottfried von Osnabrück (der im Jahr 1349 Erzbischof von Bremen wurde) nicht nach 1349 entstanden sein kann (468). Von Stapelmohr (1937) weist darauf hin, dass zwei Schreiber, Detmar und Nicolaus in den verschiedenen Handschriften genannt werden, wobei „Detmar seine Abschrift erst fertigstellte, als Gottfried schon Erzbischof von Bremen geworden war" (12).

132 Siehe Von Stapelmohr (1937) 20.

133 Fol. 61ʳ, vgl. Von Stapelmohr (1937) 12. In einer Handschrift der HAB Wolfenbüttel (Cod. Guelf. 702 Helmst.) findet sich der Zusatz: *nomine Ludolfus Clippeator*. Siehe Von Stapelmohr (1937) 12. Dass dieser Zusatz in nur einer Handschrift und zudem noch in der Fassung mit der „Osnabrücker" Einleitung auftaucht, wird in der Forschungsliteratur häufig nicht berücksichtigt, sondern auf gleicher Ebene mit der besser überlieferten Bezeichnung als *rector ecclesiae pariochalis* gehandelt, so z. B. bei Giersch und Schmid (2004) 107. Georg Schnath weist nach einem Hinweis von Ivar von Stapelmohr (S. 5, Anm. 3) eine Osnabrücker Familie mit dem Namen *Clipeator* in den Jahren 1330–1350 urkundlich nach, in der es einen Ludolf gegeben habe), bei dem es sich um den Verfasser des Textes handeln könnte. Vgl. Schnath (1964) 469. Da der Zusatz *Clippeator* jedoch nur in einer Handschrift überliefert ist, bleibt diese These problematisch.

134 Vgl. zu den deutschen Handschriften Bruno Jahn (2012b) 385. In der älteren Forschungsliteratur wurde diskutiert, ob der lateinische Text vor dem deutschen entstand oder umgekehrt. Vgl. Von Stapelmohr (1937) 7 ff. Seit Ivar von Stapelmohr geht man davon aus, dass der deutsche Text eine Übersetzung des lateinischen (in der Langfassung) sei: „Ludolfs Text wurde schon bald – vielleicht von Ludolf selbst – ins Niederdeutsche übersetzt" Bruno Jahn (2012b) 384. Vgl. auch Bulst-Thiele (1985). Im Gegensatz dazu Ganz-Blättler (1990) 47: „Ungeklärt blieb bis heute die Frage, ob Ludolf seinen Bericht zunächst in der lateinischen oder in der deutschen Sprache schrieb." Allerdings zitiert sie in der Anmerkung Richard (1981) 41, der sich auf die Kurzfassung bezieht. Von Stapelmohr (1937) 7 ff. argumentiert im Anschluss an *Deycks* (1848) 11 überzeugend dafür, dass die deutsche Fassung eine Übersetzung der lateinischen sei Von Stapelmohr (1937) 7 ff.

135 Vgl. Von Stapelmohr (1937) 15 ff., Ganz-Blättler (1990) 47.

268 KAPITEL 5

gen Landes ist eine starke Orientierung an der literarischen Tradition spürbar. Der Text besteht in großen Teilen aus aufzählenden Passagen, die nach dem Schema[136] *„hic locus est, in quo/ubi"* funktionieren und die Bewegung des Reisenden durch die Orte sowie an den Orten mit Verben wie *procedere* oder *venire* bezeichnen. Beispielhaft für die Wegstreckenstruktur ist die Passage, in der mit Eintritt in die *terra promissionis* viele erwähnenswerte biblische Orte genannt werden (S. 241 f.): *Deinde procedens in media die veni in civitate ebron, que alio nomine (...) in biblia nominatur, ubi beatus david regnavit pro tempore* (vgl. 2 Sam 2,3,5), *ubi et sepulti sunt sancti patriarche* (S. 241). – *In hac sancta valle ebron locus est ubi (...)* – *In hoc etiam loco* (S. 242) – *Deinde in una die veni in civitatem sanctam bethleem* (S. 243). Das Wegstreckenschema wird an zahlreichen Stellen durch Exkurse unterbrochen. Dadurch weicht der Autor von einer linearen Erzählweise ab.

Der *Liber* weist aufgrund des breiten theologischen, philosophischen, geographischen, naturwissenschaftlichen und naturkundlichen Interesses einen deutlich enzyklopädischen Ansatz auf. Bei den Inhalten der Exkurse handelt es sich um für Pilgertexte neue Themen:

(a) *Fremde Religion*: Der Sitz des Sultans in Babylon gibt Anlass zu einem Exkurs über Alt- und Neubabylon,[137] auf den eine Invektive gegen Mohammed folgt. Der Sultan wird von Wilhelm als *principalis propugnator et dilatator (...) perfidie machumeti* bezeichnet.[138] Polemik gegenüber dem Islam hat ab dem 13. Jahrhundert einen festen Platz in den Pilgertexten.[139] Wesentlich ausführlicher als Wilhelm äußern sich Ricoldus de Monte Crucis, Jacobus de Verona oder Felix Fabri.[140] Die Beschreibung eigener Erfahrungen mit dem Sultan, der

---

136   Vgl. oben S. 51 f.

137   Wilhelm von Boldensele, *Liber* S. 217. Vgl. dazu S. 307.

138   Im Anschluss heisst es über Mohammed und seine Anhänger polemisch diffamierend: *Ibidem a primo predicavit scilicet in deserto arabie hominibus bestialibus et indoctis legemque dyabolicam ipsis imposuit et serpentina astutia decepit, falsisque miraculis, sibi et patri falsitatis ac mendacii colligavit* (S. 217). Die Anhänger Mohammeds werden als tierisch und ungebildet bezeichnet, die Gesetze Mohammeds teuflisch genannt.

139   Seit dem 13. Jahrhundert spielt die Auseinandersetzung mit dem Islam eine wichtige Rolle. Diskutiert bei GANZ-BLÄTTLER (1990) 195. Thietmar beschreibt die Sitten der Sarazenen (z. B. Thietmar S. 11 f.) und erzählt die Geschichte Mohammeds (S. 49 f.). Ricoldus de Monte Crucis (vgl. oben S. 177) behandelt im *Liber Peregrinationis* die Sarazenen und verfasst zudem eine Schrift *Contra legem Sarracenorum* oder *Confutatio alcorani*.

140   Vgl. Felix Fabri *Evagatorium* 2, S. 242 (Hassler): *Eo tempore Machometus, diabolus incarnatus, primogenitus Asmodei, filius Belial, nuntins Satanae, deceptor orbis, confusio mundi, destructor ecclesiae Dei, propheta falsus, praecursor Antichristi et Antichristus, complemen-*

ENZYKLOPÄDISCHE FUNKTION

durch ein Empfehlungsschreiben eine sicherere Reise ermöglicht, erfolgt in Wilhelms Text in anderem Ton: *soldanus namque babilonie fecit mihi singularem gratiam dei favore mediante, dans mihi litteras quibus me omnibus subditis recommandavit, et ut me ad loca sancta per totum ejus dominium libere ire permitterent sine omni tribute* (S. 230). Die Verbindung von Topos und eigener Anschauung führt zu einer ambigen Haltung, die an dieser Stelle deutlich zu Tage tritt.

(*b*) *Geographie*: Ein Thema, das im *Liber* mit großem Interesse verfolgt wird, ist die Geographie.[141] Die Verschiebung des Interesses auf nicht-biblische Bereiche zeigt bereits der Beginn des Textes. Die Einschiffung in Noli gibt Anlass, ausführlich über das Mittelmeer und seine geographische Lage zu referieren: *dicitur hoc mare mediterraneum*,[142] *quia principalibus mundi partibus, scilicet asie, affrice et europe interjacet, ipsas se et suis brachiis ab invicem separans et destinguens ...* (S. 201). Die Beschreibung bleibt auf der rein geographischen Ebene und geht nicht weiter auf kulturelle oder religiöse Unterschiede ein, zu deren Erörterung das Mittelmeer als Grenze (*interjacet (...) separans et destinguens*) zwischen den Kontinenten einladen könnte.[143] Das Mittelmeer nimmt in Wilhelms Weltbild eine zentrale Rolle ein. Diese Sichtweise unterscheidet ihn deutlich von seinen Vorgängern, die Jerusalem als Zentrum der Welt herausarbeiten.[144]

(*c*) *Naturkunde*: Im Rahmen der Schilderung Zyperns werden nicht nur die dort aufbewahrten Reliquien beschrieben, sondern auch die besonderen Bergschafe, die es auf der Insel gibt: *sunt etiam in cipri montibus oves silvatice, in pilis similes capreolis et cernis, que nusquam alias esse perhibentur* (S. 210). Zudem wird von der Teilnahme an einer Jagd (mit Hunden und zahmen Leopar-

---

tum haeresium, corruptor divinarum legum, persecutor fidelium ac totius falsitatis prodigium, vesaniam suam ostentare coepit. GANZ-BLÄTTLER (1990) 195 ff. fasst die Haltung der Reisenden ab dem 13. Jahrhundert gegenüber dem Islam zusammen. Vgl. zu Felix Fabri und dem Islam ausführlich SCHRÖDER (2009) 278 ff. Siehe dort auch die Literaturverweise zum christlichen Islambild S. 278, Anm. 398. Allgemein zum Bild Mohammeds im Mittelalter vgl. DICESARE (2012).

141   Wie Deluz ausführlich in einem Aufsatz darlegt. Dabei untersucht sie besonders das verwendete geographische Vokabular eingehend. Siehe DELUZ (1976b).

142   Vgl. zur Bezeichnung *mare mediterraneum* Isidor von Sevilla, *Origines* 13,16.

143   Anders als seine „Nachfolger" Ludolf von Sudheim und Felix Fabri, die zudem die Gefahren einer Seereise über das Mittelmeer betonen, diskutiert bei JAHN (1993) 51, SCHRÖDER (2009) 316 ff. Zum Meeresraum vgl. S. 291 f.

144   Vgl. zu Jerusalem als Nabel der Welt WOLF (2010) 174 ff.

270 KAPITEL 5

den) erzählt, auf der mehrere dieser Schafe zu sehen waren.[145] In der Passage
über Ägypten werden die wunderbaren Tiere des Landes ausführlich beschrieben.

(*d*) *Philosophie*: Die Erwähnung der Berge Gilboa, der Gegend, in der Saul und
sein Sohn Jonathan gefallen sein sollen, führt nicht nur zum Hinweis auf die
zugehörigen Bibelstellen in den Büchern Samuel, sondern zur philosophischen
Freundschaftsdiskussion. Wilhelm geht genauer auf die Unterscheidung zwischen *amor amicitiae* und *amor concupiscentiae* ein: (...) *montes gelboe, ubi*
(...) *saul et ejus filius jonathas ceciderunt, super quorum morte piissimus david
planxit notabiliter, verba exprimens convenientissima signa cordis amicabilis ac
sinceri* (S. 280). Wie üblich in Pilgertexten wird bei der Nennung des Ortes
der Bezug zu der zugehörigen Bibelstelle hergestellt, hier 2 Sam 1,26: *doleo
super te, frater mi Jonatha, decore nimis, et amabilis super amorem mulierum*.
Das biblische Freundespaar bildet die Grundlage für weitergehende Überlegungen, die ein theoretisches Niveau besitzen, das in den bisher betrachteten
Pilgertexten nicht vorliegt: *Ex quorum sententia subtiliter trahitur, quod amor
amicitie major est amore concupiscentie, naturali amori inter mortales maxime
coequatus* (S. 280). Die Unterscheidung zwischen diesen beiden *amores* legt
Thomas von Aquin ausführlich in der *Summa Theologiae* dar: *utrum amor convenienter dividatur in amorem amicitiae et amorem concupiscentiae* (*STh* 2,1,
q 26,4).[146]

Es ist nicht bekannt, welche Bücher der Konvent in Minden besaß.[147] Man kann
vermuten, dass Werke von Aristoteles und seinen Kommentatoren, Albertus
Magnus und Thomas von Aquin vorhanden waren. Diese Texte klingen in Wilhelms Text an. Genaue Informationen über die dominikanische Ausbildung[148]
Wilhelms von Boldensele, in deren Rahmen die Lektüre solcher Werke möglich war, liegen nicht vor. Bezüge auf aristotelisches Wissen lassen sich in den
naturphilosophischen Exkursen feststellen.

Innerhalb der Erzählung über den Ort der Kreuzigung geben die „weinenden" Säulen Anlass zu einem wissenschaftlichen Exkurs. Die Säulen befinden sich am Ort der Kreuzesauffindungsstätte: *Circa hunc locum sunt quedam
columpne marmoree aquam continue destillantes, et simplices dicunt, quod plan-*

---

145 Vgl. auch Ludolf von Sudheim, Ed. Deycks (1851) S. 33 f. ausführlich über diese Art von
    Jagd.
146 Vgl. Deluz (1972) 96. Vgl. ausführlich Kelly (2004), Gallagher (1996), Ilien (1975).
147 Vgl. Deluz (1972) 98 f.
148 Vgl. zur Ausbildung eines Dominikaners Deluz (1972) 98. Schütz (2014) 73 ff.

ENZYKLOPÄDISCHE FUNKTION

gant et defleant mortem Christi (S. 263 f.). Der Exkurs ist ein Beispiel für Skepsis gegenüber dem Wunderglauben „einfacher Gemüter" (*simplices dicunt*) im *Liber* Wilhelms. Die Erklärung des „Weinens" wird mit folgenden Worten abgelehnt: (...) *quod verum non est, quia ubi natura sufficit non est ad miraculum recurrendum* (ebd.). Das ist ein in der Scholastik gebräuchliches Sprichwort.[149] „On y trouve l'écho de tout l'effort des philosophes et des hommes de science pour apprendre d'Aristote, Avicenne et Averroès, comment le raisonnement et l'expérience permettaient de découvrir un système de lois intelligibles, régissant un univers cohérent."[150] Christiane Deluz stellt im Zusammenhang mit der Passage über die weinenden Säulen den Bezug zu Albertus Magnus und Siger von Brabant her. In Wilhelms *Liber* findet sich jedoch kein Hinweis auf die methodische Unabhängigkeit der Naturphilosophie von der Theologie, die nach aristotelischer Tradition Albertus und in seiner Nachfolge Siger betont. Wilhelm sagt, dass man dort, wo die eine natürliche Erklärung ausreicht, nicht von einem Wunder sprechen muss. Albertus und Siger schreiben provokanter, dass göttliche Wunder sie nichts angehen, wenn sie über Naturphilosophie sprechen: *Dico quod nihil ad me de Dei miraculis, cum ego de naturalibus disseram.*[151] In Wilhelms Text klingen die Worte des Albertus an. Auch zu Wilhelms Erklärung der *naturalia* lassen sich vergleichbare Passagen bei Albertus Magnus finden.[152] Auch Wilhelm gebraucht das Verb *destillare*: *In habentibus enim symbolum facilis est transitus aqua in aerem subtilitando, et aeris in*

---

149 So GANZ-BLÄTTLER (1990) 157. Vgl. ebenfalls zu Beginn des 14. Jahrhunderts Jacques de Therines, *Quodlibet* 1, q 4, Ed. GLORIEUX (1958) S. 75: *Modo non est recurrendum ad miraculum ubi natura sufficit.* Später als Wilhelm sind die *Defensiones theologiae divi Thomae Aquinatis* des Johannes Capreolus, in denen auch diese Formulierung verwendet wird, Ed. PABAN/PÈGUES (1903) Bd. 4, S. 62.

150 DELUZ (1972) 101.

151 Albertus Magnus: *De generatione et corruptione* 1, tr.1, cap. 22, Ed. HOSSFELD (1980). Vgl. zu diesem bekannten Satz z. B. MATUSCHEK (1991) 173, IMBACH (1989) 159 f. Vgl. Siger: *Sed nihil ad nos nunc de dei miraculis cum de naturalibus naturaliter disseramus*, *De anima intellectiva* c. 3, Ed. BAZÁN (1972) S. 84, Z. 47 f.

152 Vgl. auch DELUZ (1972) 97. Wilhelm selbst bezieht sich auf nicht namentlich genannte *magistri*: *Est autem certa species lapidis in genere marmorum que enidros* (Vgl. den Artikel *enhydros* im *Mittellateinischen Wörterbuch* Band 3, Sp. 1275. Bei Basnage/Canisius: *Enidios.* Felix Fabri, der sich eng an Wilhelm anlehnt, schreibt *emdros.* Vgl. Felix Fabri, *Evagatorium* 1, S. 294 (Hassler), ebenfalls mit dem bei Wilhelm folgenden Bezug auf Konstantinopel.) *appellatur, cujus natura per magistros mineralia conscribentes talis asseritur* (S. 263). Über solches Gestein heißt es in Albertus' *Mineralia*: *Etindros lapis est crystallo in colore similis qui perpetuis guttis distillat* (...) *ex substantia lapidis istae guttae nequaquam distillant, sed propter nimiam frigiditatem aerem se tangentem continue mutat in aquam.* Albertus *Mineralia.* 2,2,5 p. 36b, 22, Ed. BORGUET (1890).

aquam inspissando, quo fit ut aerem aquam factum, et petre circumpositum, necesse sit naturaliter distillare (S. 263).

Zu Beginn seiner Erläuterung zitiert Wilhelm ein Diktum des Aristoteles, in einigen Handschriften ist zudem *ut ait Aristotelis* hinzugefügt,[153] das in sehr ähnlicher Form beispielsweise in einem Florilegium, den *Auctoritates Aristotelis* des Johannes de Fonte aus dem Ende des 13. Jahrhundert überliefert ist: *In habentibus symbolum id est similitudinem facilis est transitus id est transmutatio*.[154] Die naturwissenschaftlichen Erläuterungen des Übergangsprozesses von Wasser in Luft und umgekehrt lassen Bezüge auf Albertus Magnus und Thomas von Aquin erkennen.[155] Im Textabschnitt über Konstantinopel wird ein ähnliches Wunder mithilfe dieser Erkenntnisse erklärt (*quod a vulgaribus maximum miraculum reputatur*, S. 264).[156]

Auf diese Weise werden einige angebliche *miracula* als ‚Pseudo-Wunder' enttarnt. Die Skepsis gegenüber *miracula* führt nicht dazu, dass aufgrund der naturwissenschaftlichen Kenntnisse Wunder gänzlich abgelehnt werden. Doch im Vergleich zu Texten anderer Autoren sind sowohl die Zuschreibungen eines Wunders als auch das Erzählen über Wunder insgesamt seltener. In Wilhelms *Liber* ist das Katharinenkloster ein Bereich, in dem Wunder gehäuft auftreten können. Im Vergleich zum Text Thietmars, der aufgrund der zahlreich erwähnten Wunder sogar eine wichtige Quelle für die Verehrung der heiligen Katharina darstellt,[157] werden im *Liber* nur zwei Wunder genannt.[158] Der größere Stellenwert, den Wunder in Thietmars oder Ludolfs Text einnehmen, zeigt sich bei beiden Autoren schon im Prolog: Thietmar erwähnt zu Beginn des Textes, dass er über *miracula* (S. 2) schreibt. Ludolf schreibt über *miracula* und *mirabilia* (S. 1).[159] Auch in Wilhelms *Liber* wird vermehrt über *mirabilia* erzählt.

---

153 Siehe in der Edition von DELUZ (1972) S. 263.

154 HAMESSE (1974), S. 169, 90 (*De generatione* II). DELUZ (1972) 97, Anm. 1 ist der Ansicht, dass Wilhelm Aristoteles frei nach seiner Erinnerung zitiert, da in den Aristotelesübersetzungen nicht *facilis*, sondern *velox* steht.

155 Vgl. für Albertus DELUZ (1972) 97: *Meteora* 2,2,5 und 2,3,8, Ed. HOSSFELD (2003); bei Thomas *In Aristotelis libros Physicorum*, z.B. 4,14,2, Ed. MAGGIOLO (1965).

156 Ein *miraculum* in Damaskus, ein Marienbild, aus dem wundersamerweise Öl fließt, wird zwar nicht wissenschaftlich erklärt, jedoch mit Skepsis beschrieben: *Sed si hoc quod modo fluit divino fluat miraculo rationabiliter dubito* (S. 289).

157 Vgl. ASSION (1969).

158 Vgl. S. 296 f.

159 Zur Unterscheidung *miracula* und *mirabilia* vgl. S. 275.

ENZYKLOPÄDISCHE FUNKTION

Im Gegensatz zu den frühen Pilgertexten, bei denen der Fokus auf der biblischen Landschaft liegt und alles Fremde geradezu ausgeblendet wird, lässt sich ein größeres Interesse am Anderen[160] beobachten. Der Besuch Ägyptens gibt Anlass, nicht-Biblisches Geschehen in die Erzählung einzubinden. Obwohl Wilhelm auf seiner Reise von Akkon aus bereits nicht weit von Jerusalem entfernt ist, reist er zunächst nach Ägypten und Arabien, damit er später mit einem Empfehlungsschreiben des Sultans die heiligen Orte bequemer und sicherer bereisen kann.[161] Als Reisegrund wird der Besuch des Sultans und kein religiöser Hintergrund genannt. Im Text heißt es nur, dass Wilhelm zuerst Ägypten und Arabien „sehen" will. Auch der Beginn der Schilderung enthält keinen Verweis auf die Bibel. Die Erzählung der Reise durch Ägypten und Arabien gibt Gelegenheit, über die fremden Sitten und die dortige Landschaft zu informieren.

Schon Autoren früherer Pilgertexte erzählen über die Reise nach Ägypten. Bereits Egeria bereist Ägypten, doch in ihrer Erzählung ist der Fokus auf die in der Bibel erwähnten Orte gerichtet und allem, was darüber hinaus geht, wird wenig Bedeutung beigemessen.[162] Die Reise ist geprägt von den Stationen des Exodus.

Eine Ausnahme bildet Adomnan, dessen Kapitel über Ägypten auch allgemeine Informationen wiedergibt.[163] Die Angaben beruhen jedoch nicht auf der Wahrnehmung der Figur Arculfs, sondern auf Adomnans Lektüre, wie explizit gemacht wird.[164] Die Textpassage über Ägypten geht in erster Linie auf den Text des sogenannten Hegesippus aus dem 4. Jahrhundert zurück[165] und ist dem Ansatz des Adomnan geschuldet, dessen Text auch die Funktion eines Wissensspeichers besitzt. Informationen zum Ägypten der Zeit Adomnans werden

---

160 Vgl. zur Wahrnehmung des Fremden die Literaturhinweise bei SCHRÖDER (2009) 20 ff.

161 *Volens prius videre egyptum et arabiam, ut obtentis soldani litteris possem in reversione commodius et securius terre promissionis loca sanctissima visitare* (S. 214). Zum Empfehlungsschreiben des Sultans und zur Reiseerlaubnis vgl. JOTISCHKY (2004) 102, Anm. 16.

162 Vgl. oben S. 95 ff.

163 Vgl. oben S. 127 ff.

164 *Sancti igitur Arculfi relatio de Alexandriae situ et Nili non discrepare conprobatur ab his quae in aliorum libris scripta ex lectione cognouimus, de quibus quaedam breui textu excerpta in hac presenti discriptione interposita inseruimus, hoc est de illius inportuositate urbis, de portuensi difficultate, de insula et turre in ea constructa, de Alexandriae inter mare et hostia fluminis Nili terminata possitione, et de ceteris* (2,30,21).

165 *Historiae libri* 4,27 (CSEL 66,283,8–286,11). Dieser Text ist wiederum eine lateinische Bearbeitung des *Bellum Iudaicum* des Flavius Josephus aus dem 1. Jahrhundert n. Chr. Vgl. dazu SCHRECKENBERG (1972), 56 ff. Zur Entstehung des Namens Hegesippus gibt es verschiedene Hypothesen, s. dazu S. 14, Anm. 6.

kaum gegeben. Somit ist Adomnans Abschnitt über Ägypten nur in geringem Maße mit den im Folgenden behandelten Texten vergleichbar. Adomnan kann noch nicht als Vorläufer eines neuen Interesses am außerbiblischen Ägypten gewertet werden.[166]

Der *Liber* stellt eine neue und andere Art des Erzählens über die Reiseerlebnisse dar. Die Beschreibung der fremden Welt in dem Kapitel über Ägypten (S. 215ff.) deutet ein, modern gesprochen, touristisches Interesse an, das sich in den Pilgertexten der früheren Jahrhunderte nicht nachweisen lässt. Als Reiseziel übt Ägypten schon früh einen Zauber auf seine Besucher aus. So schreibt Herodot (3,139,1), dass Griechen als Kaufleute, Söldner oder um das Land selbst zu sehen nach Ägypten kommen.[167] Für Wilhelm ist jedoch festzuhalten, dass er aus logistischen Gründen nach Ägypten reist, nämlich zum Erhalt der Reiseerlaubnis.

Aleya Khattab, die das Ägyptenbild in deutschsprachigen Pilgerreisebeschreibungen ab dem 13. Jahrhundert untersucht, formuliert das neue Interesse mittelalterlicher Reisender: „Die Besucher Ägyptens wollten, so scheint es, aus der Enge des Mittelalters heraus, sie hatten das Bedürfnis, andere Länder kennenzulernen und zu bewundern."[168] Dieses neue Motiv führe ihrer Ansicht nach zu einer Veränderung des Charakters der Reisebeschreibung, da bei der Ägyptenreise nicht mehr bloße religiöse Beweggründe zugrunde lägen.[169] Auch wenn ein Urteil über die Bedürfnisse der mittelalterlichen Besucher problematisch ist, lässt sich die Veränderung des Charakters gerade anhand von Wilhelms Text nachweisen.[170]

Grundsätzlich folgt die Erzählung Wilhelms dem topographischen Schema des Reisewegs, das teilweise aufgebrochen wird durch den Einschub von Exkursen[171] oder Zwischenbemerkungen.[172]

---

166 Auch AMIN (2013) notiert bei Adomnan ein „über das Religiöse hinausgehende[s] Interesse an Ägypten" (108). Die Ägyptenreise Arculfs sei „keine klassische Pilgerfahrt auf den Spuren der Bibel, sondern [es handle sich] vielmehr um eine Reiseetappe, die möglicherweise aus reiselogistischen Gründen nötig geworden ist" (109). Zur Schwierigkeit, in Bezug auf Adomnans Text von der (realen) Person des Arculf zu sprechen, siehe S. 131 f.

167 „Herodot ist damit der Erfinder des Tourismusbegriffs und Ägypten das erste als solches bezeichnete touristische Ziel europäischer Reiselust." MÜLLER (1997) 207 f.

168 KHATTAB (1982) 16.

169 KHATTAB (1982) 16 f.

170 KHATTAB (1982) behandelt Wilhelms *Liber* nur kurz, obwohl die von ihr behandelten Texte großteils auf Wilhelms *Liber* basieren.

171 Wie der Exkurs über Alt- und Neubabylon oder über Mohammed, S. 217 f.

172 Z. B. über die Briefe des Sultans, S. 230 f.

Der Hauptteil des Kapitels über Ägypten behandelt Babylon und Kairo. Die Anordnung der Informationen ist deutlich assoziativ: Babylon – Exkurs Alt-/Neubabylon – Nil (fließt durch Neubabylon) – Kirchen in Kairo und Neubabylon – Lage und Klima Ägyptens. Wie in einem modernen Reiseführer wird zunächst über Geographie (*et sciendum quod egyptus oblonga patria est*) und Klima referiert (*parum pluit*, S. 221 f.), bevor die Fauna, Flora und andere Sehenswürdigkeiten beschrieben werden.

Keiner spezifischen Ordnung folgen die geographischen Angaben über den Nil[173] und über Lage und Klima Ägyptens allgemein. Zwischen den geographischen Informationen werden die in Kairo und Babylon liegenden Kirchen genannt. Diese für einen Christen bedeutsamen Informationen (in sechs Zeilen) sind im Vergleich zu den folgenden Tierbeschreibungen kurz gehalten. Anstatt biblische Ereignisse zu schildern, verweist der Autor den Leser auf das Buch Moses, wo selbst nachgelesen werden kann, welche Wunder Gott in Ägypten vollbracht hat: *Que miracula et magnalia deus in egipto operatus sit in libris moysi satis patet* (S. 226). Der Bezug auf biblische Inhalte tritt somit gegenüber anderen Informationen deutlich zurück.

Wilhelm verwendet für die Sehenswürdigkeiten Ägyptens die Vokabel *mirabilis* (z. B. S. 225 *mirabilius*). Die Erzählung über *mirabilia* ist symptomatisch für die Veränderung der Erzählweise, die in Wilhelms Text zu beobachten ist. In die bisher der Welt der *miracula* vorbehaltenen Pilgertexte dringen nun *mirabilia* ein.

Terminologisch lässt sich jedoch bei Wilhelm keine scharfe Grenze ziehen. Für das biblische oder christliche Wunder, das Mirakel, wird *miraculum* verwendet.[174] Die Bezeichnung *mirabilis* bildet dazu keinen Gegensatz, da sie sich bei Wilhelm auf das Wunderbare beziehen kann[175] wie auch auf etwas, das sich im biblischen Sinn wunderbarerweise ereignet.[176]

Doch die Unterscheidung zwischen Ägypten, einem Land voller wunderbarer Tiere und den heiligen Orten, den Orten der *miracula*, ist deutlich greifbar. In moderner Terminologie kann man im Fall des Mirakels von dem supranaturalen Wunder sprechen und im anderen Fall von dem naturalen Wunder.[177] Diese Trennung „zwischen göttlichen und weltlichen Gegenständen des Stau-

---

173   *Insulas tamen plures in egipto habet predictus fluvius, uberrimas et deliciosas divisus et iterum recollectus in mare mediterraneum in partes divisus incidit ...*, S. 220 f.

174   Vgl. z. B. im Katharinenkloster *divino miraculo*, S. 236 oder bei der Bezweiflung des göttlichen Ölwunders in Damaskus: *divino (...) miraculo*, S. 289. Vgl. S. 232.

175   *Mirabiliter* z. B. S. 225, vgl. auch S. 204 mit Bezug die Gestaltung der Hagia Sophia.

176   Vgl. *mirabiliter* S. 198, S. 214.

177   Vgl. JAHN (1993) 110.

nens"[178] ist jedoch nicht als eine strikte zu verstehen. Die Grenzen zwischen diesen „Wundertypen" verwischen – wie auch Wilhelms Terminologie zeigt. Lorraine Daston und Katherine Park sprechen von der „Unmöglichkeit, in der herrschenden christlichen Kultur diese beiden Formen des Wunders gänzlich voneinander zu trennen, wenn auch Theologen und Philosophen analytisch auf einer solchen Unterscheidung beharrten."[179] Thomas von Aquin, auf den sich Wilhelm häufig bezieht, beschreibt das *miraculum* als etwas, das über die Natur hinausgeht: *Supra naturam dicitur esse miraculum, quando natura non potest in ipsam substantiam facti, sicut divisio maris rubri, suscitatio mortui, et hujusmodi.*[180] In späteren Texten lässt sich die Tendenz beobachten, dass Mirakel zunehmend als Ereignisse, die in der Vergangenheit stattgefunden haben, dargestellt werden.[181]

Im frühen 13. Jahrhundert unterscheidet Gervasius von Tilbury in seinen *Otia imperialia mirabilia* von *miracula*: *Mirabilia uero dicimus que nostre cognicioni non subiacent, etiam cum sunt naturalia; sed et mirabilia constituit ignorantia reddende rationis quare sic sit.*[182] *Mirabilia* als das Wunderbare sind für den Menschen unverständlich und unerklärbar. Als weitere Kennzeichen nennt Gervasius: neu, selten und unbekannt. „In der Fremde als dem Raum des Unvertrauten, in dem die schlechthinnige Gewißheit der Alltagswelt ihre Gültigkeit verlor, fanden sich deshalb besonders viele *mirabilia*, die sich der unmittelbaren Erklärbarkeit entzogen und nur darüber bezeichnet werden konnten, dass sie unerklärlich schienen."[183] Die Vorstellung, dass räumlich weit entfernte Phänomene zu größerem Staunen führen als nahe liegende und somit bekanntere, entwickelt schon Augustinus (*De civitate dei* 21,4). Auch bei Wilhelm sind die naturalen *mirabilia* in einer entfernteren Gegend lokalisiert. Ägypten ist von der „bekannten" Gegend des Heiligen Landes durch eine nur mühsam durchquerbare Wüste getrennt.[184]

Bernhard Jahn untersucht die Semantisierung der Räume durch Wunder und formuliert zugespitzt: „Die Besetzung der Räume mit naturalen Wundern hat Zeichencharakter. Sie signalisiert dem Leser: dieser Raum ist anders als

---

178   DASTON und PARK (2002, zuerst engl. 1998) 17. Zum Phänomen des Staunens vgl. den Sammelband GESS u. a. (2017).

179   DASTON und PARK (2002, zuerst engl. 1998) 17. Vgl. HANSEN (1985), dort die Einleitung. Allgemein LE GOFF (1990) 39 ff. und DASTON und PARK (2002, zuerst engl. 1998). Im Zusammenhang mit Reiseliteratur MÜNKLER (2000), 151 f. und JAHN (1993) 109 f.

180   *In II sententiarum* 18,1,3.

181   Vgl. JAHN (1993) 111 über Hans Tucher und Dietrich von Schachten.

182   Ed. BINNS/BANKS (2001) S. 558.

183   MÜNKLER (2000) 151.

184   Zur Wüste siehe S. 292 f. und S. 198 f.

ENZYKLOPÄDISCHE FUNKTION 277

die Heimat, er ist uns fremd."[185] Während in Ludolfs Text schon der Raum des Mittelmeeres durch Wunderwesen als fremder Raum charakterisiert wird,[186] geschieht dies in Wilhelms *Liber* nur bei der Beschreibung Ägyptens. Auch die Charakteristik der *mirabilia* unterscheidet sich bei den beiden Autoren. In den von Wilhelm beschriebenen Landschaften kommen Tiere vor, die er tatsächlich gesehen haben kann – wie Elefant und Giraffe –, in Ludolfs Welt tummeln sich daneben Fabelwesen: Im Meer gebe es gefährliche Fische, die in Schiffe beißen: *nam dum piscis hominem videt timere, non recedit, sed navigium mordet et dilacerat quantum potest* (S. 12). Im Bereich der *mirabilia* vermischen sich schließlich bei den Autoren, die später als Wilhelm schreiben, Realität und Phantasie.[187]

Naturale Wunder als neue und unbekannte Wunder kommen verstärkt in unbekannten Gegenden vor, eben in der Fremde, supranaturale Wunder können sich überall ereignen.[188] Gervasius unterscheidet supranaturale Wunder, *miracula*, von den *mirabilia* durch ihre göttliche Natur: *Porro miracula dicimus usitatius que preter naturam diuine uirtuti ascribimus, ut cum uirgo parit, cum Lazarus resurgit, cum lapsa membra reintegrantur* (S. 558). Diese Beispiele deuten auf einen wichtigen Unterschied bei der Verwendung von *miracula* und *mirabilia* hin: Bei *miracula* handelt es sich um Ereignisse, bei *mirabilia* gibt es keine bestimmte Festlegung: „Naturerscheinungen, Pflanzen, Tiere, von Menschenhand gemachte Gegenstände, Verhaltensweisen und Ereignisse – eben alles, was den Bereich des Vertrauten überschreitet."[189]

Ein markantes Beispiel für neue Erzählinhalte stellt die lange Beschreibung exotischer Tiere dar. Die Angabe der eigenen Wahrnehmung (*vidi*) unterstreicht die Authentizität des Erzählten: *Vidi in cadro tres elephantes vivos* (S. 222) – *Vidi etiam in cadro animal indie Jeraffan nomine* – (S. 223) *Vidi plures babuines, cattos mammones, psitacos* (S. 223). Die Beschreibung von Elefant und Giraffe gehört zum Standardrepertoire der spätmittelalterlichen Ägyptenbeschreibung.[190] Von zeitgenössischen Reisenden werden sie ebenfalls erwähnt, so von Symon Semeonis (1323)[191] und Antonius de Reboldis von Cremona

---

185   JAHN (1993) 111.
186   Ed. DEYCKS (1851) S. 9 ff. JAHN (1993) 51 ff. Siehe S. 291 f.
187   Vgl. unten S. 281.
188   Vgl. JAHN (1993) 110 und MÜNKLER (2000) 152.
189   MÜNKLER (2000) 152.
190   Vgl. GANZ-BLÄTTLER (1990), 174. Bereits in frühmittelalterlichen Texten finden sich Hinweise auf exotische Tiere: am Nil z. B. das Krokodil bei Adomnan, 2,30,29 und dem Anonymus von Piacenza, Kap. 45. Das Krokodil wird in Wilhelms Text nicht erwähnt.
191   Zu Symon Semeonis vgl. S. 314 ff.

(1327/30).[192] Symon Semeonis sagt genauer, wo er die Tiere zu sehen bekam: *satis prope castrum Soldani est quidam locus in quo ipsius elephantes custodiuntur* (Kap. 59, S. 82). Die Elefanten, bei Symon ebenfalls drei, sind vermutlich in der Menagerie des Sultans zu sehen.[193]

In Wilhelms Text wird nicht erwähnt, wie oder wo die Tiere zu sehen sind. Die Aufzählung wundersamer Dinge, die es in Ägypten zu sehen gibt, wird zum Teil nicht genau lokalisiert. Auf diese Weise erscheinen die Dinge wunderbarer. Der Text Symons bleibt im Unterschied zu Wilhelm vermehrt im biblischen Kontext: Die Elefanten sind tatsächlich so kräftig, wie die Bibel bezeugt.[194] Über die Elefanten äußert sich Symon nahezu abfällig: *animalia monstrosa nimis et non in aspectu gratiosa*. Deren Aussehen schildert er nicht weiter, das der Giraffe (*geraufak*) beschreibt er dagegen (Kap. 59, S. 82). Antonius de Cremona geht ebenfalls näher auf die Giraffe ein.[195] Elefant und Giraffe werden von den Autoren der Pilgertexte als zwei spektakuläre Tiere ausgewählt.[196] Die Giraffe scheint auf die westlichen Besucher größeren Eindruck zu machen. Vermutlich weil, wenn auch sehr selten, wenige Elefanten in Europa zu sehen waren.[197] Ein Beispiel dafür, dass Wilhelms Exkurs über den Elefanten auch in der Rezeption als etwas Besonderes wahrgenommen wurde, ist das Layout der Textseite in der Handschrift München, BSB, Clm 903. Nach dem Explizit beendete Andreas von Regensburg die Abschrift im Jahr 1422. Das Wegstreckenschema als Organisationsschema der Handschrift ist durch die Unterstreichung der Städte in Rot gekennzeichnet. Abschnitte und Exkurse sind durch rubrizierte Linien oder Winkel gekennzeichnet. Der Abschnitt über den Elefanten ist zudem in margine mit der Auszeichnung *Elephas* versehen (vgl. Abb. S.9f.). Das ist auffallend, da nur an wenigen weiteren Stellen Abschnitte in margine gekennzeichnet werden.[198]

---

192   Zu Antonius de Cremona vgl. oben S. 193 und S. 201 ff.

193   Vgl. BUQUET (2013) 26.

194   *Esse tante fortitudinis quantam Sacra Scriptura testatur*, 1 Makk 6,30–46. (Kap. 59, S. 82).

195   Ed. RÖHRICHT (1890) S. 164.

196   „The two beasts thus emerge as paragons of exoticism and zoological otherness, living symbols of the orient fauna". BUQUET (2013) 32. Die übrigen Tiere erwähnt Antonius nur: *Soldanus (...) habet sex elephantes, quos vidi et tetigi, et leones VIII et unam bestiam, quae vocatur Zarapha* (S. 163).

197   Tatsächlich war Cremona eine Stadt, in der man im 13. Jahrhundert einen lebendigen Elefanten sehen konnte, wie Matthew Paris in seiner *Chronica Maiora* beschreibt. Ed. LUARD (1877) 4, S. 489. Vgl. auch den Elefanten, den Karl der Große als Geschenk von Harun-al-Rashid erhalten hat. Siehe Dicuil *De mensura orbis terrae* 7,35, Ed. TIERNY/BIELER (1967) S. 82. Vgl. dazu FLORES (2000).

198   Z. B. *Machomet*, fol. 178ᵛ oder *latitudo terre promissionis*, fol. 193ᵛ.

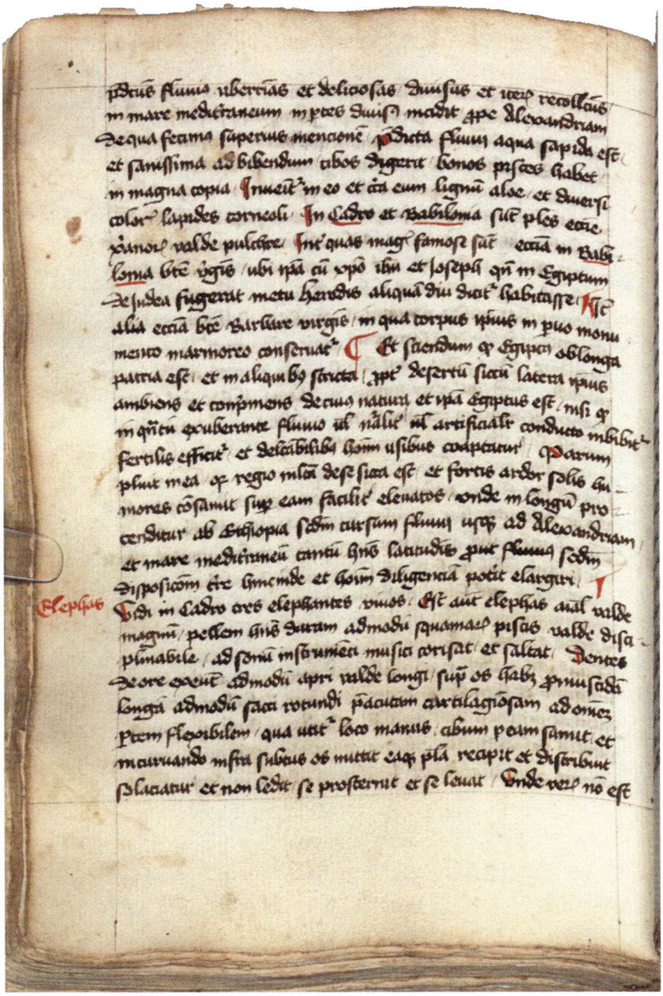

ENZYKLOPÄDISCHE FUNKTION

ABB. 9   Wilhelm von Boldensele, *Liber de quibusdam ultramarinis partibus et praecipue de terra sancta*, München, Bayerische Staatsbibliothek, Clm 903, fol. 179ᵛ

Die ausführliche Beschreibung des Elefanten oder der Giraffe zeugt von einer neuen Art der Auseinandersetzung mit der bereisten Welt. Der neue Fokus auf Fremdes und Exotisches bricht die bislang auf die Wahrnehmung des Eigenen, nämlich der auf die biblische Welt reduzierten Inhalte der Pilgertexte auf und schafft damit Raum für eine neue Art des Erzählens.

Während dem Leser bis zum 13. Jahrhundert in den Texten vorwiegend bekannte biblische Szenen vor einer in der Vorstellung des Lesers vorgeprägten Landschaft vorgeführt wurden, besteht nun die Notwendigkeit, über Dinge zu erzählen, für die es keine Entsprechungen in der dem Leser bekannten Welt gibt. Wie das funktioniert, zeigt die Darstellung fremder Tiere. „Die Beschreibung musste einerseits gerade das evozieren, was das Fremde als Fremdes auszeichnete, andererseits aber musste sie es nachvollziehbar und damit einordenbar machen. Hierzu bedurfte es in erster Linie des Rekurses auf das, was den potentiellen Lesern der Pilgertexte vertraut war. Die Beschreibung des Fremden war daher ein notwendig paradoxes Unterfangen: Das Fremde sollte beschrieben werden, weil und insofern es fremd war; da es aber fremd war, konnte es nur beschrieben werden durch den Rekurs auf das, was nicht fremd war."[199]

Eine Möglichkeit des Rekurses ist die Verwendung des Vergleichs als Mittel der Beschreibung. Bezogen auf spätere Texte des 14. Jahrhunderts wurde diese Methode von Arnold Esch untersucht,[200] der betont, dass die Vergleiche autor- und adressatenbezogen sind: „Der Schaffhauser vergleicht mit Schaffhausen für Schaffhauser" (S. 289). Das führt auch dazu, dass sie unterschiedlich ausfallen, „weil sie in unterschiedlicher Wirklichkeit verankert sind." (S. 288). Das macht sich z.B. bei Größenvergleichen deutlich bemerkbar. Ein illustratives Beispiel für diese Vorgehensweise ist der Vergleich der Grabeskirche mit der Basilika Santo Stefano in Bologna bei Antonius de Cremona (S. 161).[201] Hintergrund für diese Beschreibungsmuster ist vermutlich die in der Einleitung geschilderte Wahrnehmungstheorie, nach der – im Beispiel Alcuins – bei der Visualisierung die Stadt Jerusalem aus bekannten Bildern zusammengesetzt wird.[202]

Nicht bekannte Tiere sind ungleich schwieriger zu beschreiben. Mehrere verschiedene bekannte Vergleichstiere werden herangezogen und so können aus mehreren bekannten Tieren exotische Tiere zusammengesetzt werden. Antonius konstatiert, dass es auf der Welt kein mit der Giraffe vergleichbares Tier gibt: *In mondo non est ita similis bestia.* Trotzdem versucht er den Vergleich mit anderen Tieren. Seine Giraffe ist eine Mischung aus Rind und Pferd: *habet pillum orbiculatum pulcherrimum et pedes sicut pedes bovis et collum longum per xx bracchia, caput sicut caput equi* (S. 164).[203] Um dem heimischen Leser

---

199 MÜNKLER (2000) 154.
200 ESCH (1991). Vgl. zum Vergleich auch MÜNKLER (2000) 154 ff. und Beispiele für weitere zoologische „Puzzle" bei BUQUET (2013) 31. Vgl. NIEHR (2001) 287 f.
201 Vgl. zur Grabeskirche und Santo Stefano KRAUTHEIMER (1942) 17 f.
202 Vgl. S. 78 f.
203 Wilhelm vergleicht das Aussehen der Giraffe, vermutlich mangels der Vergleichbarkeit, nicht mit anderen Tieren, sondern die Länge des Halses mit der Höhe eines Hauses und

ENZYKLOPÄDISCHE FUNKTION

das exotische Wesen des Elefanten begreifbar zu machen, verwendet Wilhelm einen Vergleich mit dem Fisch und dem Eber.[204]

Spätere Autoren setzen exotische Tiere aus einer noch größeren Anzahl verschiedener Tiere zusammen.[205] Wie unterschiedlich der Vergleich ausfällt, zeigen auch die verschiedenartigen Abbildungen der Tiere, z. B. die Bebilderung von Erhard Reuwich im Text des Bernhard von Breydenbach und die Abbildungen bei Arnold von Harff.[206] Die Vergleichshäufung lässt wirkliche Tiere wie Fabelwesen aussehen.

Spätere Autoren beschreiben neben echten Tieren Fabelwesen. Andres Betschart weist darauf hin, dass die heutigen Begriffe ,Wahrheit', ,Wirklichkeit' etc. den Begriffen der mittelalterlichen Welt nicht gerecht werden und dass die in der literarischen Tradition sozusagen angelesene Wirklichkeit eine größere Rolle spielen kann als die tatsächliche Beobachtung.[207] Dieser Aspekt wurde schon im Zusammenhang mit der Beschreibung der Orte betont. Ein markantes Beispiel dafür ist die Begegnung des Felix Fabri (*Evagatorium* 2,441 f.) und des Bernhard von Breydenbach mit einem Einhorn in der Wüste.[208] Es herrscht Unsicherheit, ob es sich um ein Einhorn oder ein Nashorn handeln könnte. Felix Fabri beschreibt das Tier: *Est enim animal magnum, equino corpore, elephantinis pedibus, cauda suilla, buxei coloris, mugitu horridum, bellum*

---

die Höhe des Rückens mit der Größe des Menschen: (...) *in anteriore parte multum elevatum longissimum collum habens, ita ut de tecto communis altitudine domus posset comedere, retro ita demissum est, ut dorsum ejus manu hominis tangi possit.* Den Vergleich mit der Höhe des Hauses übernimmt John Mandeville im Text von Michael Velser (BREMER/ RIDDER 1991, 173). Vgl. schon Burchardus von Monte Sion, siehe RUBIN (2018) 83 f.

204 *Est autem elephas animal valde magnum pellem habens duram ad modum squammarum piscis, valde disciplinabile ad sonum instrumenti musici corisat et saltat, dentes de ore exeunt ad modum apri valde longi* ... (S. 222). Mit der Formulierung *unde verum non est quod jacens se denuo erigere non possit* widerlegt Wilhelm die in zahlreichen Texten, besonders dem *Physiologus*, geäußerte Behauptung, dass Elefanten ihre Beine nicht biegen könnten, weil sie keine Gelenke hätten und demzufolge nicht wieder aufstehen könnten. Vgl. HENKEL (1976) 177–179 mit Hinweisen auf die Informationen über den Elefanten in den verschiedenen Versionen. Diese These war schon von Aristoteles (*Historia Animalium* II 1 p. 498a8) widerlegt worden. Vgl. FLORES (2000) 177 und DRUCE (1919) für genauere Belege. Diese Passage ist ein Hinweis darauf, dass Wilhelm nicht blind den in anderen Texten geschilderten Gedanken folgt und nicht nur bereits vorgefertigte Erwartungen und Vorstellungen in seinem Text verarbeitet, sondern eigene Thesen entwickelt.

205 „Ein solches Vergleichspuzzle mochte in seinem Bemühen um Detailgenauigkeit zwar eher verwirrend als beschreibend wirken, aber in seiner eklektizistischen Vielfalt beschrieb es eben doch, was fremdartig war." MÜNKLER (2000) 156.

206 Vgl. zu den Illustrationen BETSCHART (1996), hier 67 ff.

207 BETSCHART (1996) 63 f.

208 Vgl. MEYERS (2008a).

habet cum elephante, quem vincit cornu petens in molliori parte corporis, et ut dictum est, virgines miro modo veneratur. In Felix Fabris Text fallen Monströses (*mugitu horridum*) und Exotisches zusammen.[209] Dass bei den Pilgerreisenden eine gewisse Erwartungshaltung besteht, ein solches Tier zu sehen, zeigt die Formulierung Fabris, dass der Reiseführer die Pilger darauf hingewiesen habe: *Calinus autem ad nos accessit, bestiam illam rhinocerotem vel unicornu esse asseruit, demonstrans nobis unicum ejus cornu de fronte ejus procedens* (H2, S. 441 f.). Diese Erwartungshaltung beruht auf dem Vorwissen der Reisenden, der angelesenen Wirklichkeit, und überdeckt die reale Welt.[210] Eine solche Wahrnehmung bezeichnet Hannes Kästner als „glaubens- bzw. wissensgefüllte Wahrnehmung der Reisenden", als eine „die Wirklichkeit überformende Kraft".[211] Diese Wahrnehmung kennzeichnet Pilgertexte im Besonderen, da das Heilige Land auf der Folie der Bibel und von Texten über das Heilige Land gesehen und in der Folge beschrieben wird. In den ersten Texten über Reisen nach Ägypten greift diese Erzählweise nicht, dort müssen die Autoren das Neuartige zunächst eigenständig darstellen. Bis ins 15. Jahrhundert hat sich für die ägyptischen *mirabilia* bereits eine Erzähltradition ausgebildet. Darauf weist Felix Fabris Text hin.

Im *Liber* Wilhelms wird das bekannte Wahrnehmungsschema an einigen Stellen durchbrochen. Nicht das Vorwissen, sondern die eigene Anschauung bestimmt die Wahrnehmung. Im Zusammenhang mit dem Heiligen Land zeigen das die naturwissenschaftlichen Erklärungen mancher Wunder (vgl. S. 270), für den Bereich Ägypten ist der Abschnitt über die Pyramiden ein markantes Beispiel der Haltung Wilhelms. Aus dem Aussehen der Pyramiden schließt er, dass es sich bei diesen nicht um die Kornkammern Josephs handeln kann, sondern dass es *monumenta* sind. Er führt auch eine Inschrift an, die dies seines Erachtens belegt: (…) *verum quod monumenta sint versus scripti attestantur et multa ipsas presentialiter intuenti* (S. 228). Die Wiedergabe dieser Inschrift ist ungewöhnlich. In den bislang untersuchten Texten werden Inschriften, wenn überhaupt, nur aufgezeichnet, wenn sie sich in/an einem heiligen Ort befinden und/oder einen christlichen Bezug haben – wie häufig bei Johannes von Würzburg und Theodericus (vgl. oben S. 170 f.). Auf die

---

209   Während Felix Fabri sich für eine allegorische Deutung des Einhorns als Gestalt Jesu (vgl. GANZ-BLÄTTLER (1990) S. 175) entscheidet, spricht Bernhard von Breydenbach eindeutig von einem Einhorn, was dazu führt, dass der Erhard Reuwich das Einhorn unter Tiere wie Giraffe oder Krokodil einreiht. Vgl. dazu NIEHR (2001) 284 ff., GANZ-BLÄTTLER (1990) 175 f. und BETSCHART (1996) 158 f.

210   BETSCHART (1996) 63 f. Vgl. auch KÄSTNER (1991) 310.

211   KÄSTNER (1991) 310.

ENZYKLOPÄDISCHE FUNKTION

Inschrift im Text Wilhelms trifft beides nicht zu, es handelt sich um ein Graffito eines antiken Besuchers oder einer Besucherin der Pyramiden: *Vidi pyramidas sine te dulcissime frater* (...).[212] Wilhelms Beschreibung der Pyramiden als *monumenta* ist insofern besonders bemerkenswert, da spätere Reisende wie Hans Tucher oder Arnold von Harff noch der Kornkammer-Erklärung anhängen bzw. zwischen beiden Erklärungen schwanken. Nur Felix Fabri schließt sich Wilhelms Überlegungen an.[213] Wie bereits Burchardus de Monte Sion entwickelt Wilhelm eigene Thesen.

Neben den Pyramiden und exotischen Tieren schildert Wilhelm eine Eierbrutstation, in der durch die Wärme mehrerer Öfen Hühnereier ausgebrütet werden. Das nennt Wilhelm wunderbarer als alles andere in dieser Gegend: *Hoc mirabilius reputo omnibus que viderim in hiis locis* (S. 225). Diese Worte sind bezeichnend für Wilhelms Darstellung in dem Kapitel über Ägypten. Die Eierbrutstation ist eine Attraktion, die nicht im Zusammenhang mit der Bibel steht. Der Balsamgarten (S. 226), ein Garten mit Balsamsträuchern[214] und einer Quelle, in der Jesus gebadet worden sein soll, übt keine vergleichbare Faszination aus.[215]

5.2.2 *Die Konzeption von Ludolfs* Liber *als Handbuch*

Ludolfs *Liber* unterscheidet sich im Ansatz von Wilhelms Text. Ziel ist eine Beschreibung des *status* des Heiligen Landes und der bereisten Gegenden in den Jahren 1336–1341 (S. 2). Es geht nicht um die Beschreibung einer konkreten Reise, sondern um die allgemeine Beschreibung einer Reise. Ludolfs *Liber* ist im Unterschied zu Wilhelms Text nicht in der Ich-Form geschrieben. Abgesehen von wenigen Einschüben in persönlicher Form schreibt Ludolf in neutralem Stil in der dritten Person: z. B. *De Bersabee proceditur* (...) *et pervenitur* (...) *descenditur*.[216] Das entspricht der Anlage des Werkes als Reisehandbuch.

---

212 S. 227. Vgl. zur Inschrift und ihrem Verfasser/ ihrer Verfasserin GRAEFE (1984) 568–574.

213 Vgl. AMIN (2013) 190 f. und KÄSTNER (1991) 311 ff. für diese späteren Autoren. Vgl. zur Kornspeicherlegende GRAEFE (1990) 18 f. Der Beitrag behandelt zwar Wilhelms Text über die Pyramiden, der Autor ist jedoch primär an Realien interessiert. Siehe auch AMIN (2013) 188 f.; SCHRÖDER (2009) 184 ff.

214 Auch hier wieder der Vergleich mit etwas Bekanntem, dem Weinstock: *Arbusta balsami grossa non sunt aut alta sed ad modum vitis palmitum ramusculi mediocres* (S. 226).

215 Neben dem Balsamgarten ist auch die Erwähnung der Banane, die als Paradiesfrucht bezeichnet wird und bei der nach dem Aufschneiden im Inneren ein Kreuz zu sehen ist (S. 223), typischer Bestandteil der Texte über Ägypten seit dieser Zeit. Vgl. auch bei Symon Semeonis S. 63. Allgemein WIS (1958). Weitere Belege bei GANZ-BLÄTTLER (1990) 173, KHATTAB (1982) 69 ff.

216 Ed. DEYCKS (1851) S. 70.

Im Gegensatz zu anderen Pilgertexten stehen nicht in erster Linie die heiligen Orte im Zentrum der Beschreibung, sondern ebenso Städte und militärische Anlagen, Menschen und deren Sitten etc., wie Ludolf in der Widmung formuliert: (...) *de ipsarum partium* (*sc. ultramarinarum*) *statu, condicionibus, villis, locis, civitatibus, castris, hominibus, moribus, oratoriis et miraculis, et non solum de partibus ultramarinis et ipsarum statu, sed etiam de mirabilibus, quae a transeuntibus in mari conspiciuntur* (...) *conscribere desideravi* (S. 1). Bereits in der Widmung werden mit diesen Worten die Wunder auf der Reise akzentuiert: nicht nur die Wunder (*miracula*) der *partes ultramarinae*, sondern das Wunderbare (*mirabilia*), das dem Reisenden auf der Fahrt über das Meer begegnen kann, ist Teil der Erzählung.

Damit deutet sich schon an, dass der Text die Beschreibung der Anreise mit umfasst. Die ausführliche Beschreibung der Anreise mit über 30 Druckseiten in der Edition von F. Deycks ist ein Novum.[217] Schon das deutet eine Hinwendung zu Inhalten an, die über das rein biblische Geschehen hinausgehen. So besitzt der Text einen enzyklopädischen Ansatz.

In der Widmung wird der Text in die Tradition der anderen Pilgertexte eingeordnet. Im Gegensatz zu diesen Autoren, die die heiligen Orte nur einmal besucht hätten (*semel transeundo, quam plurima referant atque scribant*, S. 1), zeichnet sich Ludolfs Text dadurch aus, dass der Autor die Orte innerhalb eines Zeitraums von fünf Jahren vielfach bereiste: (*cum ...*) *et ego in istis partibus per quinquennium assidue* (...) *die noctu fuerim conversatus, et ipsas partes ultramarinas visitaverim multotiens ac pertransiverim* (S. 1). An diesen Worten ist der Anspruch des Autors auf eine umfassende Darstellung ablesbar. Deutlicher als bei anderen Autoren wird unterstrichen, dass der Autor nicht alles, was er schreibt, mit eigenen Augen gesehen hat, sondern sein Text zudem auf Lektüre und Erzählungen fußt: *Verumtamen nullus credat, me omnia singula, quae inserere propono, oculis vidisse, sed ex antiquis gestis bene aliqua extraxisse, et aliqua ex veridicis hominibus audisse* (S. 2). Nicht die eigene Reisestrecke wird dargestellt, sondern das Wissen, das auf den Reisen und aus Büchern erworben wurde.

Eine Neuerung gegenüber anderen Texten sind die praktischen Reisetipps, die gegeben werden.[218] Ausführlich wird die Notwendigkeit erläutert, sich vor

---

217 Vgl. für die Texte des 14. Jahrhunderts die Beschreibung der Anreise bei Symon Semeonis, S. 314 ff. Im 12. Jahrhundert wird im Text von Saewulf die Seereise ausführlich behandelt. Das *Itinerarium* des Bernardus Monachus Francus aus dem 9. Jahrhundert beschreibt in Kürze Anreise, Aufenthalt und Rückreise. Edition: ACKERMANN (2010).

218 Solche Angaben sind ungewöhnlich für Pilgertexte bis ins 14. Jahrhundert. Ausnahme

ENZYKLOPÄDISCHE FUNKTION

der Reise eine päpstliche Erlaubnis einzuholen (*licentia papae*, S. 3). Diese Hinweise auf Formalia tragen neben dem unpersönlichen Stil dazu bei, dass sich der *Liber* formal stärker an einen Reiseführer oder ein Reisehandbuch annähert.

Der neuartige Charakter des *Liber* als Reisehandbuch spiegelt sich in der Textstruktur wider. In Burchardus' *Descriptio* zeugt der schematische Aufbau nach der Windrose von dem umfassenden Konzept des Werkes,[219] in Ludolfs *Liber* markiert schon die Beschreibung der Anreise diese Konzeption. Es werden verschiedene Reisewege im Detail aufgezeigt.

Die Textstruktur des *Liber* wurde bislang noch nicht im Zusammenhang mit der Hauptquelle, Wilhelms *Liber*, untersucht. In der Forschungsliteratur wird der Aufbau von Ludolfs Text kontrovers diskutiert. Diskussionswürdig ist die Feststellung einer heilsgeschichtlichen Anordnung im zweiten Textteil, die Dietrich Huschenbett vertritt,[220] Anne Simon geht über Dietrich Huschenbetts Ansatz hinaus, indem sie den Text als Meditationshilfe bezeichnet: „there can be no doubt that a contemporary reader would have recognized in the route described the history of salvation as presented in the Old and New Testament (...) Indeed, the function of the text as an aid to meditation may have dictated this ordering of the material."[221] Die folgende Analyse des Textes wird zeigen, dass sich Anne Simons These am Text nicht verifizieren lässt und das keine heilsgeschichtliche Anordnung der Beschreibung vorliegt.[222] Zumindest wird diese Gebrauchsfunktion weder verbalisiert, noch lassen sich strukturelle Hinweise finden, die die These bestätigen – vgl. dazu als deutliches Gegenbeispiel Johannes von Würzburg.[223] Damit soll die Möglichkeit einer geistigen Lesart

---

   ist das *Itinerarium* des Bernardus Monachus aus dem 9. Jahrhundert. Es enthält bereits knappe Reisehinweise und vor allem Angaben, wie viel Geld benötigt wird, vgl. z. B. Kap. 5, Ed. ACKERMANN (2010) S. 117.

219   Vgl. dazu S. 238 ff.

220   Vgl. HUSCHENBETT (1985) 38 f. und SOMMERFELD (1924) 839. Vgl. auch Artikel zu Ludolf im Deutschen Literaturlexikon (Das Mittelalter: Reiseberichte und Geschichtsdichtung): „Sie (sc. die Abhandlung) ist weniger entlang einer etablierten Reiseroute strukturiert, als vielmehr nach enzyklopädischen (der Beschreibung des Mittelmeers und seiner Gefahren folgen Abschnitte über die Inseln Korsika, Sardinien, Rhodos, Zypern) und heilsgeschichtlichen Prinzipien (der Weg führt von Gaza über Ägypten, den Nil, das Rote Meer, den Sinai, Bethlehem nach Jerusalem)."

221   SIMON (2004) 199.

222   Vgl. die Infragestellung einer heilsgeschichtlichen Anordnung in JAHN (1993) 35 und WOLF (1989) 91. Paula Giersch und Wolfgang Schmid bezeichnen den Text dagegen als einen „geographisch geordneten Pilgerführer". GIERSCH und SCHMID (2004) 106.

223   Vgl. S. 160 ff.

der Texte nicht grundsätzlich ausgeschlossen werden. Aufgrund der beschriebenen Reihenfolge der besuchten Orte jedoch ist bei den Texten von Wilhelm und Ludolf nicht vorrangig auf diese Gebrauchsfunktion zu schließen.

Allen Deutungen liegt einheitlich eine Zweiteilung des Textes zugrunde, wobei der zweite Teil mit der Ankunft in Ägypten ansetzt. Eine genaue Grenze für die Zweiteilung zu verorten, ist schwierig, da keine konkrete Ankunft im Heiligen Land geschildert wird. Das Ende des Kapitel 23 bei F. Deycks markiert mit dem Verlassen Zyperns das Ende der beschriebenen Zwischenstopps auf der Anreise. An dieser Stelle setze ich das Ende des Textteils der Anreise an. Bernhard Jahn argumentiert ebenfalls für eine Zweiteilung, jedoch verwendet er nicht F. Deycks' Ausgabe, sondern eine Übersetzung ins Frühneuhochdeutsche, die um 1480 in Augsburg gedruckt wurde.[224] Grund für die Wahl dieses Textes ist seine Ansicht, dass der spätere Autor Hans Tucher, dessen Text er im Vergleich behandelt, diese Fassung „höchstwahrscheinlich gekannt hat.“[225] Obgleich Bernhard Jahn an dieser Stelle darauf hinweist, dass er die Unterschiede zur lateinischen Fassung mit berücksichtigen will, greift dies bei seiner Gliederung nicht, da er sich dort auf im lateinischen Text nicht vorhandene Kapitel und Kapitelgrenzen beruft.

Bernhard Jahn legt bei seinem Gliederungsvorschlag die Grenze innerhalb der Beschreibung Ägyptens an, die in seiner Textfassung etwas anders aufgebaut ist als in F. Deycks' Text. In der deutschen Fassung wird Ägypten zweimal beschrieben, „wobei die zweite Beschreibung (...) eine zusammenfassende Wiederholung der ersten Beschreibung“ ist.[226] Ich folge Bernhard Jahns Überlegungen zu den strukturellen Unterschieden der beiden Textteile. Allerdings möchte ich gegenüber der von Bernhard Jahn unterstrichenen enzyklopädischen Tendenz des Textes, die zum Teil auch als Erklärung für eine nicht leicht nachvollziehbare Strukturierung des Textes verwendet wird, verstärkt auf die Reisewegstruktur des Textes hinweisen. Während es im zweiten Teil des Textes einen einzigen Reiseweg gibt, der auch durch konkrete Entfernungsangaben gekennzeichnet ist, finden sich im ersten Teil des Textes verschiedene Reisewege, bei denen die Entfernungen der einzelnen Stationen nicht angegeben sind.

Im *Liber* wird nicht nur eine einzige Anreisemöglichkeit, sondern es werden alle Anreisemöglichkeiten ins Heilige Land beschrieben. Damit liegt ein verändertes Konzept gegenüber allen anderen Pilgertexten vor. So wird auch

---

224 In der BSB, München: 2° Inc. s. a. 965 m.
225 JAHN (1993) 28.
226 JAHN (1993) 34.

ENZYKLOPÄDISCHE FUNKTION

im Text des Wilhelm von Boldensele im Gegensatz dazu nur die eigene Anreise erwähnt: *prope civitatem que naulum dicitur (…) ubi galeam (…) ascendi* (S. 201).

In der umfassenden Darstellung Ludolfs gibt es zunächst die Alternative zwischen der Anreise zu Wasser und zu Land: *aliquis igitur volens ad terram sanctam transfretare, oportet quod transeat per mare vel per terram* (S. 3). Zudem werden unterschiedliche Anreisemöglichkeiten per Schiff erwähnt. Welchen Weg der Autor selbst genommen hat, lässt sich anhand der Äußerungen nur vermuten; explizit ausgesprochen wird es nicht und es spielt auch keine Rolle. Ein kontinuierliches Wegstreckenschema kann demnach der Beschreibung der Anreise nicht zugrundeliegen, da mehrere Strecken von einem Ausgangspunkt aus (der Heimat) beschrieben werden – eine topographische Strukturierung auf der Basis mehrerer Wegstrecken mit dem gleichen Ziel dagegen durchaus.

Ähnlich wird die Möglichkeit beschrieben, von Zypern aus viele Mittelmeerstädte anzusegeln. Es wird keine konkrete Reiseroute dargestellt, sondern über Reisemöglichkeiten von Zypern aus informiert: *De Cypro navigatur ad quamcumque civitatem maritimam, id est super mare sitam, Aegypti et Suriae. Et sunt hae: Alexandria, Tripolis, Baruth, (…) Acon. Sed antequam ad alia transeam, de his aliqua dicam, ut sciantur* (S. 35).

Durch das Aufspannen verschiedener Reiserouten wird ein weiter Raum geschaffen, den es zu durchqueren gilt. Zudem wird der Raum mit Gefahren besetzt. Ziel der Reise ist das Heilige Land – in das alle Wege führen, wie die Beschreibung suggeriert. Sowohl für den Landweg als auch für den Seeweg werden zwei Alternativmöglichkeiten beschrieben. Zu Lande werden der Landweg Nord (S. 3 ff.) und der Landweg Süd (S. 6 f.) genannt. Für den Seeweg besteht die Möglichkeit der Reise ‚*cum nave*‘ oder ‚*cum galeyda*‘ (S. 16 ff.).

Den Übergang von der Land- zur Wasserroute bilden Überlegungen zum Mittelmeer. *Mare mediterraneum est illud per quod navigatur ad terram sanctam* (S. 8). Ähnlich wie in Wilhelms *Liber* (S. 201) wird zunächst allgemein über das Mittelmeer und die anliegenden Kontinente informiert. Im Anschluss stehen Informationen über den Abfahrtshafen, der explizit nicht festgelegt wird,[227] zu Proviant und Reisezeit. An dieser Stelle folgt ein großer Einschub[228] in Form mehrerer Kapitel zu den Gefahren der Meeresreise: *Sed quia pericula maris ex diversis causis generantur ideo de ipsis modicum duxi enarrandum*

---

227 *Desiderans igitur transire per mare ad terram sanctam praedictam debet vel potest transfretare de quacumque terra, civitate vel earum portu sibi placuerit, quod suae committo voluntati*, S. 9.

228 Ludolf beendet seine Einschübe häufig mit den Worten: *sed ut redeam ad propositum*, vgl. z. B. S. 15, S. 47 oder S. 48.

288   KAPITEL 5

(S. 10).[229] Die Kapitelüberschriften bei F. Deycks geben die Themen an: *De diversis maris periculis, de pericolo Gulph* (gefährliche Winde; es heißt im folgenden Text: *pericula ex ventis mirabilibus*), *De periculo Grup* (ein spezieller Wind, der als unnatürlich bezeichnet wird), *De periculis siccarum* (Sandbänke), *De periculis piscium* (Fische). Die umfangreiche Beschreibung der Gefahren der Seereise kennzeichnet den Raum des Meeres als einen besonderen Raum.

Doch auch der Bereich, der auf dem Landweg durchschritten werden muss, ist als Gefahrenraum gekennzeichnet. Der Weg zu Lande, für dessen Schilderung auf andere Quellen zurückgegriffen wird (*ut audivi*), führt durch *Ungaria*, *Bulgaria* und das *regnum Traciae*. Auf diesem, wie betont wird, sehr gefährlichen Weg, gelangt man schließlich nach Konstantinopel. Von dort könnte die Reise wiederum über das Land weitergehen. Dieser Weg ist jedoch ebenfalls unsicher (*propter Tartaros et Turchos et alia obstacula diversa*, S. 6). Von Konstantinopel steht alternativ die Schiffsroute nach Zypern zur Verfügung.

Nach der Nordroute über das Land (*usque septentrionem*) wird als Alternative die Südroute (*versus meridiem*, S. 6) genannt, die aber für Christen nicht zugänglich ist (*sed Barbari Christianos transire non permittunt*, S. 6). Trotzdem werden die Länder kurz beschrieben, die auf dieser Route zu durchqueren wären.

Der ausführlichen Beschreibung der Anreise liegt die Vorstellung zugrunde, dass die ganze Welt zu durchreisen ist, um das Heilige Land zu erreichen: *Et haec via, de qua mentionem feci, est usque septentrionem per terram usque Constantinopolim et de Constantinopoli, si commode et secure fieri posset, **per terram et totum mundum** iri posset; itaque non oporteret per mare navigari.*[230] Auch im Süden ist die ganze Welt zu durchqueren: *sic eodem modo **per totum mundum per terram** iri posset versus meridiem; itaque per mare non oportet navigari* (S. 6). Die Reise *per totum mundum* spiegelt sich in dem Text wider, der „den ganzen Mittelmeerraum" umfasst.[231] Bernhard Jahn führt die Beschreibung des ganzen Mittelmeerraums auf die enzyklopädische Gebrauchsform des Textes zurück. Dem hinzuzufügen ist die Entwicklung der Vorstellung, dass die ganze bekannte Welt durchreist werden muss, um schließlich in das Heilige Land

---

229   JAHN (1993) 51 versucht, die Meeresgefahren allegorisch zu deuten. Diese Überlegungen werde ich unten aufgreifen, vgl. S. 291 f.

230   S. 6, vgl. auch S. 16: *quasi totus mundus versus septentrionem cum galeyda circuitur*.

231   JAHN (1993) 34 nennt keine Textbeispiele, sondern verweist auf Karten nach dem T-O-Schema, die „die Kerngebiete der mittelalterlichen Welt umfassen" (34). Der Verweis auf T-O-Karten passt nicht zu Ludolfs Weltbild, da „seine" Kontinente, wie die Alternative des Landweges zeigt, miteinander verbunden sind und nicht durch das Mittelmeer getrennt. Zu der Beschreibung des Mittelmeers S. 8 passt das Schema der T-O-Karte. Vgl. JAHN (1993) 51.

ENZYKLOPÄDISCHE FUNKTION

zu gelangen. Diese Überlegung erklärt auch, warum die Anreise so viel Platz einnimmt. Die Anreise gestaltet sich zudem als nicht einfach, wie der Text zu erkennen gibt, denn die Wege übers Land sind blockiert und auch die Seereise bietet viele Gefahren. Dieser Aspekt führt zusammen mit der Vorstellung der Durchreisung der ganzen Welt zu einer Verbildlichung der großen Entfernung des Heiligen Landes von der Heimat sowie der Schwierigkeit der Reise, auf der der Pilger schon vor seiner Ankunft im Heiligen Land nach der Vorstellung der *imitatio Christi* Strapazen auf sich nimmt.[232]

Für die weiteren Überlegungen zur Struktur des Textes ist ein Blick auf die Beschreibung der Seereise, besonders die der Reiseroute, wichtig. Für den Seeweg werden, wie bereits erwähnt, zwei unterschiedliche Fortbewegungsmittel beschrieben: das Schiff oder die Galeere (*cum nave vel galeyda*, S. 16). Mit dem Schiff gelangt man auf direktem Weg nach Zypern. Vom Schiff sind die Inseln Korsika, Sardinien, Sizilien etc. zu sehen (*et contemplans famosas insulas ad visum*, S. 16).

Von der Galeere aus dagegen, die von Hafen zu Hafen segelt, kann man alle Orte auf den Inseln genau betrachten, weil diese nahe der Küste segelt: *Et dum sic galeyda prope littora navigatur, quam plurime pulcherrima loca (...) videntur, et specialiter omnia loca quae in navi nisi ad visum videntur, cum galeyda cernuntur et visu oculis perlustrantur* (S. 16). Mit der Galeere gelangt man schließlich nach Konstantinopel und von dort nach Troja. Ab Troja nimmt die Reiseroute eine seltsame Richtung, man kommt danach nämlich an die italienische Küste: *De Troia cum galeyda procedendo cernuntur littora Lumbardiae, Campaniae, Calabriae et Apuliae et pervenitur ad quandam insulam nomine Corsica.*[233]

Bernhard Jahn begründet mit diesem geographischen Sprung (unter anderem) das Ludolf zugrundeliegende Raumkonzept: „Fasst man diese Route als Beschreibung des Reisewegs ins Hl. Land auf, so ist nicht einsichtig, warum man, wenn man schon Konstantinopel erreicht hat, einmal fast bis nach Spanien zurücksegeln soll. Hinter diesem Beschreibungsmodus steckt zum einen das systematisch-enzyklopädische Interesse (...), zum anderen ein allegorisches Konzept: Ludolfs Beschreibung ergibt keinen zusammenhängenden, kontinuierlichen Raum."[234] Der Blick in den Text Wilhelms an dieser Stelle lässt das Zugrundeliegen eines solchen Konzeptes zweifelhaft erscheinen: *Sic igitur (...) ad has partes troye perveni, **postquam** de civitate nauli procedendo perlustravi littora lombardie, ac Tuscie, Campanie, Calabrie, et Apulie, et transivi*

---

232 Vgl. Simon (2004) 198: „the trials and tribulations suffered by pilgrims en route to the Holy Land allowed them to relive Christ's suffering."

233 S. 17, vgl. ähnlich in der deutschen Fassung: Von Stapelmohr (1937) 97.

234 Jahn (1993) 55. Zu Jahns Deutung des Raumkonzeptes bei Ludolf vgl. S. 291 f.

famosas Ytalie insulas Korsicam, Sardiniam, et Siciliam (S. 205). Das bei Wilhelm noch vorhandene *postquam* scheint aus irgendeinem Grund nicht in Ludolfs Text gelangt zu sein. Für diesen offensichtlich nur schwer erklärbaren geographischen Sprung bietet Wilhelms Text als Vorlage für die Reiseroute eine einleuchtende Erklärung.

Mit Erreichen des Heiligen Landes ändert sich das Erzählschema Ludolfs. Im Gegensatz zu der Beschreibung des Meeresraums[235] werden nun Richtungs- und Entfernungsangaben genannt: z.B. S. 71: *De Hebron proceditur et una die pervenitur in Bethlehem commode*.[236] Dieses Schema der Raumkonstruktion wird von Bernhard Jahn als Kontinuität bzw. Linearität bezeichnet.[237] Allerdings ist zu betonen, dass auch der Raum zwischen den heilsgeschichtlichen Attraktionen gestaltlos bleibt – im Unterschied zu dem auf der Anreise zu überwindenden Raum, der mit verschiedenen Gefahren besetzt ist. Die alleinige Konzentration auf die heiligen Orte ist grundsätzlich ein Kennzeichen der Pilgertexte, das sich seit den ersten Itineraren nicht stark verändert hat.[238]

Die Beschreibung der einzelnen Heilsorte erfolgt nach dem Wegstreckenschema. Um eine Aussage über die genaue Anordnung machen zu können, muss wiederum die Vorlage für Ludolfs Text, Wilhelms *Liber*, untersucht werden. Im Text Wilhelms wird der Leser über die beabsichtigte Reihenfolge der Darstellung informiert. In Ludolfs *Liber* fehlen diese Hinweise meist. Am Ende des Prologes gibt Wilhelm die Auskunft, dass sich die Darstellung der Beschreibung nach der Reihenfolge der Reisestationen richtet: *Illa igitur que vidi et ordinem locorum quem mihi casus peregrinationis mee obtulit (...) exprimam* (S. 200). Auch über den Grund für den Abstecher nach Ägypten vor der eigentlichen Reise ins Heilige Land, nämlich den Empfehlungsbrief des Sultans, gibt Wilhelm Auskunft.[239] Ludolf übernimmt zwar die Route, nicht aber die Erklärung für diese: *et procedendo sic Ierusalem relinquitur ad sinistram ad viginti milaria, vel circa, et itinera non sunt publica, sed bona ad videndum primum Arabiam et aegyptum et omnia, quae sunt intra* (S. 51). Vor diesem Hintergrund liegt es nicht nahe, dass Ägypten an den Beginn der Beschreibung gesetzt wurde, um einen „geradezu heilsgeschichtlich anmutenden Weg"[240] zu erzeugen.

---

235 Vgl. dazu S. 291f.
236 Oder S. 73: *De Bethlehem proceditur in Ierusalem, in qua via a sinistris est sepulchrum Rachel* (...).
237 Z.B. JAHN (1993) 57.
238 Vgl. S. 42ff.
239 Vgl. S. 273.
240 So HUSCHENBETT (1987) 193 über Ludolf; vgl. auch HUSCHENBETT (1985) 38.

ENZYKLOPÄDISCHE FUNKTION

Innerhalb Jerusalems beginnt die Beschreibung in beiden Texten mit dem *templum domini*; hier merkt Wilhelm an: *ut de prioribus tempore prius incipiam* (S. 248). Vom *templum domini* ausgehend bildet die geographische Nähe der Orte die Organisationsstruktur des Textes.[241] Bei der folgenden ausführlicheren Beschreibung des Mons Sion werden verschiedene heilsgeschichtliche Ereignisse erwähnt, die sich dort ereignet haben sollen. Die Erzählung folgt keinem linearen Gesamtbild des Verlaufs der Heilsgeschichte, da es sich allesamt um Geschehnisse nach dem Tod Christi handelt.[242] Der Kalvarienberg und das Grab Christi werden zuletzt besucht: *Locis igitur predictis in iherusalem lustratis, restat ut de monte Calvarie et sepulchro christi finaliter prosequar, que in hac civitate finaliter requirebam* (Wilhelm, S. 257). Dieser Reihenfolge entspricht die Beschreibung in Ludolfs Text, jedoch ohne einen expliziten Hinweis auf den Routenverlauf (S. 78 ff.). Im Vergleich beider Texte lassen sich keinerlei Hinweise auf eine explizit heilsgeschichtliche Anordnung der Orte finden.

5.2.3   *Raumstruktur*

Ein wichtiger neuer Aspekt in Ludolfs Text ist die Besetzung von Räumen mit wunderbaren, seltsamen oder giftigen Tieren. Während in Wilhelms Schrift Ägypten als Raum des Fremden und Wunderbaren durch das Auftreten von *mirabilia* in Form von wunderbaren Tieren oder wunderbaren Erfindungen (wie die Hühnerbrutstation) markiert wird, ist in Ludolfs *Liber* schon der Meeresraum z. B. durch schiffefressende Fische als Raum des Wunderbaren gekennzeichnet.[243]

Der Raum des Wunderbaren/Fremden, der bei Wilhelm in Bezug auf Ägypten gezeichnet wird, unterscheidet sich von dem Meeresraum bei Ludolf in mehrfacher Hinsicht. Der Meeresraum ist ein Gefahrenraum, die Wunder in Ägypten dagegen lösen Staunen aus. Der Meeresraum hat eine deutlich abtrennende Funktion.[244] Ein überzeugendes Beispiel dafür ist die Trennung der marokkanischen und der spanischen Frauen (*mulier barbara – mulier christiana*) durch das Meer, das zugleich eine religiöse Grenze markiert: *Itaque in una ripa stat mulier christiana et in alia ripa stat mulier barbara vestimenta eorum lavantes et ad invicem rixantes et contendentes* (S. 7). Der Meeresraum

---

241   Vgl. in Wilhelms Text S. 250 ff.: *juxta hoc templum* (...) *prope templum a dextris* (...) *non longe versus septentrionem* (...) *de templo domini versus meridiem* ...

242   Wilhelm S. 253 f. *post mortem Christi* (...) *post resurrectionem* (...) *post christi ascensionem*, vgl. bei Ludolf S. 77: *post mortem et resurrectionem* (...) *post passionem domini*.

243   Vgl. JAHN (1993) 52 f.

244   Vgl. JAHN (1993) 51 ff. Diese Funktion ist abgeschwächt schon bei Wilhelms Meeresraum zu finden, z. B. 206.

trennt die Heimat vom Heiligen Land – innerhalb dieses Raumes befinden sich „Inseln", die von Ludolf genauer beschrieben werden. Der Meeresraum selbst bleibt ohne besondere Spezifizierung – soweit Bernhard Jahn. Nun erscheinen diese Räume, das Meer und die Wüste durch die beschriebenen Qualitäten als Räume des Übergangs, die das Heilige Land von profanen Bereichen abgrenzen.

Die abgelegene Lage weist den Gebieten Sinai und Ägypten, die durch eine Reise durch die Wüste von der übrigen Welt abgetrennt sind, einen besonderen Status zu.[245] Sie sind durch eine Reise durch die Wüste von der übrigen Welt abgetrennt. Eine siebentägige Reise durch die Wüste entfernt Ägypten räumlich vom Heiligen Land.

Während die Wüste bei anderen Autoren ausführlicher geschildert und eindringlich auf die Gefährlichkeit der kargen Landschaft aufgrund des Wassermangels und wilder Tiere hingewiesen wird,[246] erhält der Leser des *Liber* Wilhelms nur die Information, dass Mangel an Wasser herrscht, alles auf Kamelen herangeschafft werden muss und die Sarazenen im Abstand von Tagesreisen Versorgungsstationen eingerichtet haben (S. 229). Die Wüste erscheint in der Erzählung nicht als bedrohliche oder lebensgefährdende Landschaft. Anders als beispielsweise bei Antonius de Cremona,[247] in dessen Text dramatisch geschildert wird, wie er und seine Begleiter beinahe verdursten und nur durch ein Wunder gerettet werden.[248] Der *Liber* ist zwar in der Ich-Form verfasst, aber im Vergleich zu anderen Autoren werden körperliche Befindlichkeiten und abenteuerliche Situationen kaum verhandelt. Die Wüste bleibt ein weitgehend gestaltloser Raum.

So bleibt auch die Erzählung über die Rückreise durch die Wüste[249] sachlich und ohne Rekurs auf persönliche Erlebnisse: (...) *processi per desertum in XIII diebus. Hoc desertum totum et illud de quo prius memini inter cadrum et montem synai arabia nominatur* (S. 240). Doch wird mit dem Durchqueren der Wüste die Grenze zu einer fremden Welt überschritten. Das Katharinenkloster und der Balsamgarten sind innerhalb der fremden Wüstenregion begrenzte und eingeschlossene Inseln heiligen Raums.

---

245 Vgl. auch HIESTAND (1993) 90 f., der die Reise auf den Sinai als „Reise an den Rand der Welt" bezeichnet.

246 Die Gefahren der Wüste werden schon in der *Peregrinatio* Thietmars geschildert. Ed. LAURENT (1857) S. 41.

247 Vgl. S. 193 ff.

248 *Quasi deffecerimus prae siti* (...), Ed. RÖHRICHT (1890) S. 169.

249 Vgl. zur Wüste als Gefahrenraum und Kontinuitätsraum bei Ludolf, Hans Tucher und Bernhard von Breydenbach JAHN (1993), 95 ff.

ENZYKLOPÄDISCHE FUNKTION   293

Betrachtet man das Beispiel des Balsamgartens im Vergleich zu Ludolfs Kapitel (S. 52), ist Wilhelms Beschreibung sehr kurz angelegt. Bezeichnend ist, dass eine sichtbare Abgrenzung des Balsamgartens von dem diesen umgebenden Raum erwartet wird: *Prope cadrum (…) est hortus balsami singularis non est multum magnus nec forti sepi nec muro circumcinctus. De quo plurimum admirabar …* (S. 226).[250] Der *locus nobilis* (S. 226) sollte Wilhelms Erwartung nach von einer Mauer umgeben sein. Dass sich diese Abgrenzung und Absicherung nicht bloß auf den Schutz der wertvollen Balsampflanze bezieht, machen seine weiteren Worte deutlich: *Irrigatur hic ortus quodam fonte parvo in ipso existente in quo virginem mariam puerum ihesum balneasse sepius ac vestes paniculosque ejus lavisse asserunt christiani, et ex hoc dicunt fontem virtutem contraxisse ut terra aqua huiusmodi irrigata, balsamum germinet et producat.* (S. 226) Im Gegensatz dazu schreibt Ludolf: *Et beata virgo Maria in loco, quo nunc est hortus balsami, habitavit (…) et (…) lavavit.* (S. 54). Grundsätzlich fällt an Wilhelms Darstellung zunächst auf, dass er es nicht als Faktum darstellt, dass Maria an diesem Ort das Jesuskind gebadet und seine Kleidung gewaschen haben soll (*asserunt christiani, dicunt*). Diese Haltung ist charakteristisch für Wilhelm. Bei der Lokalisierung von Orten wie auch besonders bei der Beschreibung von mirakulösen Geschehnissen scheint in der Beschreibung Skepsis durch. Trotz der in den Worten ausgedrückten Distanzierung zeigt sich, dass die Quelle als Wunderquelle den Ort heiligt. Aus der Berührung mit Jesus soll sie die *virtus* erhalten haben, die zu der speziellen Fruchtbarkeit führt, die die einzigartige (*singularis*) Balsampflanze hervorbringt. Die Bewässerung durch die Quelle, die durch den Kontakt mit Jesus zur Berührungsreliquie wurde, schafft einen begrenzten Raum, der durch das Wachstum der Stauden als heiliger Raum erfahrbar wird. Die Abgrenzung des heiligen Raumes ist in Wilhelms Text und in dessen Nachfolge in Ludolfs Text greifbar.

Wie der Balsamgarten ist das Katharinenkloster als heiliger Raum mit deutlicher Umgrenzung markiert.[251] Das Katharinenkloster steht in mehrfacher Hinsicht in starkem Kontrast zu seiner Umgebung und wird entsprechend im Text explizit in einen solchen Kontrast gesetzt. Der Berg Sinai (und das Kloster an dessen Fuß) ist nach der Beschreibung von Wilhelms *Liber* von Wüste umgeben: *Post hec veni in desertum Syn ubi est mons dei synay seu oreb*[252] *quem in hoc deserto finaliter requirebam* (S. 233). Am Fuße des Berges befindet sich das Katharinenkloster, das von seiner Umgebung durch seine Befestigung abge-

---

250   Bei Ludolf schlägt sich diese Beobachtung Wilhelms in der Bemerkung *non multum muratus nec munitus*, DEYCKS S. 52, Kap. 30 nieder.
251   Vgl. JAHN (1993) 109 ff.
252   Zur wechselnden Verwendung von Sinai und Horeb siehe DELUZ (1972) S. 233.

ABB. 10   Ludolf von Sudheim, *De itinere terre sancte liber,* Balsamstrauch mit Behältern zum Auffangen des Balsams, Staatsbibliothek zu Berlin – Preußischer Kulturbesitz (SBB-PK), Ms. Diez. C. fol. 60, fol. 18ʳ

ENZYKLOPÄDISCHE FUNKTION

grenzt ist: *In hoc loco pulchrum est monasterium satis magnum plumbo cooper-
tum et claustrum monachorum bene firmatum, porta ferrea clausum* (S. 233 f.).
Im Folgenden wird mit *intra septa huius monasterii* (S. 237) nochmals die Abge-
schlossenheit des Klosters signalisiert. In der Passage, die über das Kloster
erzählt, wird die Heiligkeit dieses Ortes besonders betont. Auffällig häufig im
Vergleich zum übrigen Text wird der Ort als (sehr) heilig bezeichnet: *ille locus
sanctissimus* und im Zitat aus Ex 3,5 (S. 233), *in dicto loco sanctissimo* (S. 237),
super hunc sacrum locum (S. 238). Das Kloster befindet sich an dem Ort des
Dornbuschs. Für Mircea Eliade stellt der Dornbusch das Beispiel für heiligen
Raum dar. Mircea Eliades Theorie deckt sich mit der beschriebenen Raumkonzeption Wilhelms bei der Darstellung des Katharinenklosters: „Für den religiösen Menschen ist der Raum nicht homogen; er weist Brüche und Risse auf: er
enthält Teile, die von den übrigen qualitativ verschieden sind. ‚Komm nicht
näher heran!' sprach der Herr zu Mose, ‚Leg deine Schuhe ab; denn der Ort, wo
du stehst, ist heiliger Boden' (Exodus 3,5). Es gibt also einen heiligen, d. h. ‚starken', bedeutungsvollen Raum, und es gibt andere Räume, die nicht heilig (…)
sind. Mehr noch: diese Inhomogenität des Raumes erlebt der religiöse Mensch
als einen Gegensatz zwischen dem heiligen (…) Raum und allem übrigen, was
ihn als formlose Weite umgibt."[253]

Das Katharinenkloster wird bei Wilhelm als Insel des Heiligen, als heiliger
Raum in der „formlosen Weite" der Wüste als profanem Raum[254] beschrie-
ben. Überblickt man Wilhelms Text im Gesamten und speziell das Kapitel über
Ägypten lässt sich Mircea Eliades Konzept nur auf den Bereich Sinai anwenden.
Deutlich greifbar ist die Vorstellung der „formlosen Weite" des nicht heiligen
Raums im Gegensatz dazu in Egerias *Itinerarium*,[255] die den Fokus allein auf
Orte biblischen Geschehens, eben auf den heiligen Raum, richtet und anderes
ausblendet.

Die Heiligkeit des Ortes wird in Wilhelms Text markiert durch das Zitat
aus dem Buch Exodus (3,5) und die Erwähnung des Brauchs, dass der „heilige Boden" nur barfuß betreten werden darf (S. 253). Wilhelm unterstreicht
die Heiligkeit des Ortes durch eine theologische Deutung. Dadurch unterscheidet sich sein *Liber* deutlich von allen anderen Texten. Der Ort des Dornbuschs
wird als Ort der Begegnung mit Gott markiert: *In pede huius montis est ille locus
sanctissimus ubi moyses vidit rubum ardentem non consumi flammis, et deum in
rubo loquentem sibi nostre salutis ordinem figuraliter convenientius inchoantem*

---

253 ELIADE (1998) 23.
254 Zur Abgrenzung des heiligen vom profanen Raum vgl. ELIADE (1998) 23 f. und JAHN (1993)
      237 f.
255 Vgl. oben S. 93 ff.

(S. 233). Das Wort *figuraliter* kann auf eine typologische[256] Deutung hinweisen. Ein Beispiel für eine derartige Verwendung von *figuraliter* ist die folgende Passage aus dem ungefähr in Wilhelms Zeit datierten *Speculum humanae salvationis*: *Ea quae hic narrata sunt de puero isto* [Moses], / *Figuraliter partim conveniunt puero Jesu Christo* (XI 54).[257] Allerdings wird *figuraliter* in diesem Zusammenhang häufig mit Verben wie *praesignare* oder *proferre* verwendet,[258] was bei Wilhelm nicht zutrifft. Im Zusammenhang mit dem Dornbusch sind zahlreiche typologische Deutungen überliefert. Der Dornbusch steht häufig als Typus für Marias Jungfräulichkeit und im Anschluss daran als Typus der Inkarnation Christi.[259] In Wilhelms Text findet sich hierfür kein Ansatzpunkt: *nostre salutis ordinem figuraliter convenientius inchoantem* bezieht sich auf Gott, der im Dornbusch spricht: „wo Moses (...) Gott im Dornbusch sprechen sah, die Reihenfolge unseres Heils angemessenerweise gestalthaft beginnend."[260]

Der Ausdruck *figuraliter* (...) *inchoantem* bezieht sich zurück auf den Prolog, in dem Sinn und Nutzen des Besuchs der heiligen Stätten theologisch begründet werden: (...) *quod in hiis terris nostram salutem deus ab initio figuraliter inchoavit, et in fine temporum velo abducto figure ipsam feliciter consumavit* (S. 198). Auch hier ist *figuraliter* als „gestalthaft" oder, bezogen auf Christus, als „in körperlicher Gestalt" zu verstehen.

Diese Textpassage zeigt, dass sich das Verständnis der Heilsgeschichte von dem anderer Autoren, wie des Johannes von Würzburg, unterscheidet, der als Beginn der Erlösung die Geburt Christi in Nazareth sieht und seine Erzählung aus diesem Grund dort beginnen lässt.[261] In der Erzählung über diesen, für die Heiligkeit des Heiligen Landes zentralen Ort greift Wilhelm seine Formulierung aus dem Prolog auf und bestätigt das dort Gesagte.

Das Katharinenkloster wird von Wilhelm in seinem Text zusätzlich dadurch als heiliger Raum kenntlich gemacht, dass in diesem Raum gehäuft *miracula*

---

256 Vgl. dazu AUERBACH (1967), siehe auch den Sammelband KIENING und MERTENS FLEURY (2013) und SUNTRUP (1984).

257 Vgl. dazu SUNTRUP (1984) 43.

258 Siehe die Belege bei SUNTRUP (1984) 42 f., 56 f.

259 Diskutiert bei HEITHER (2010) 51 ff. Ein Beispiel dafür, wieder aus dem *Speculum humanae salvationis*, führt diesen Zusammenhang aus: *Rubus sustinuit ignem et non perdidit viriditatem, / Maria concepit Filium et non amisit virginitatem; / descendit in rubum propter Judaeorum liberationem, / descendit in Mariam propter nostram redemptionem; descendit in rubum, ut educeret Judaeos de Aegypto, descendit in Mariam, ut eriperet nos de inferno.* Vgl. dazu SUNTRUP (1984) 46.

260 Zur Übersetzung von *figura* mit „Gestalt" vgl. AUERBACH (1967) 66 und 72. Zur Problematik der Konzeption Auerbachs im Gesamten vgl. die Einleitung von Kiening in: KIENING und MERTENS FLEURY (2013).

261 Vgl. S. 160 ff.

ENZYKLOPÄDISCHE FUNKTION

auftreten.[262] Diese *miracula* werden ohne kritische Distanz geschildert, im Gegensatz zu anderen Wundern, die als 'Pseudo-Wunder' enttarnt werden. Wie im Balsamgarten, so befindet sich auch im Katharinenkloster eine Wunderquelle: *In hoc monasterio est aqua quam percussione virge precepto dei jussit moyses emanare* (S. 236. Vgl. Ex 17,1–7). Die Quelle garantiert die Fruchtbarkeit des heiligen Raums und stellt einen Gegensatz zur unfruchtbaren Wüste dar.[263]

Von den zahlreichen Katharinenwundern, die überliefert sind,[264] beschreibt Wilhelm zwei, die häufig in Sinai-Passagen genannt werden:

(1) Aus den Reliquien der heiligen Katharina rinnt durch ein göttliches Wunder (*divino miraculo*, S. 236) eine Flüssigkeit, nachdem an den Knochen gerieben wurde. Die übernatürliche Natur (*transcendentis naturam*) der Flüssigkeit erweist sich für Wilhelm in der Unvergleichlichkeit dieser Flüssigkeit mit anderen (S. 236).

(2) Innerhalb des Klosterbereichs kann kein Ungeziefer leben. Wilhelm überzeugt sich selbst davon, dass in das Kloster gebrachtes Ungeziefer stirbt: *De quo cum mirarer, et oculis vidissem quod huiusmodi animalia importata moriebantur* (S. 237). Die Herkunft des Wunders wird erklärt wie folgt: *informatus fui quod olym orationibus sanctorum in eodem loco commorantium, qui in tantum hujus modi vexabantur, quod etiam locum cogitabant dimittere a pio deo impetratum est ut nullus tali tedio deinceps in dicto loco sanctissimo aggraveretur* (S. 237). Nicht nur das Auftreten dieses Mirakels an sich stellt eine Abgrenzung des Klosterbereichs als heiligen Raum von der Umgebung dar, sondern besonders die Eigenschaft des Wunders. Im heiligen Raum, im Text *in dicto loco sanctissimo*, kann kein Ungeziefer, können keine unreinen Tiere leben, während im profanen Raum der das Kloster umgebenden Wüste zahlreiche solche Tiere leben.[265]

Wie das Beispiel der Beschreibung des Balsamgartens und des Katharinenklosters zeigt, bildet die Vorstellung Mircea Eliades von der das Heilige umgebenden „formlosen Weite" die bei Wilhelm beschriebene Wüste deutlich ab. Dieser Raum muss durchquert und überschritten werden, um in den heiligen Bereich zu gelangen. Bei Ludolf wird die Abgrenzung zwischen dem heiligen Raum

---

262 Vgl. JAHN (1993) 109 f. zur Semantisierung von Räumen durch Wunder.

263 Vgl. JAHN (1993) 113.

264 Vgl. dazu ASSION (1969), SCHILL (2005). Der erste Heilig-Land-Pilgertext, in dem von dem Besuch des Katharinenklosters erzählt wird, und der zudem zahlreiche Wunder erwähnt, ist der Thietmars. Vgl. dazu ASSION (1969) 146 f.

265 *Intra septa hujus monasterii, nec musce, nec pulices, aut hujusmodi immunditie possunt esse, cum tamen extra per desertum undique molestent plurimum transeuntes et non minus utique habitantes* (S. 237). Vgl. für Ludolf JAHN (1993) 113.

298 KAPITEL 5

und dem diesen umgebenden Raum noch verstärkt, indem der Wüstenraum mit gefährlichen Tieren besetzt wird.[266] Die Wüste ist bei Ludolf im Gegensatz zu Wilhelms Text als deutlich gefährlicher Raum gekennzeichnet. Sogar an den wunderbaren Oasen lauern Gefahren: *Etiam iuxta eos reperiuntur saepe vestigia leonum, vel draconum, vel aliorum animalium periculosorum et specialiter leporum* (S. 63).[267] Nach dem Abschnitt über das Katharinenkloster wird in Ludolfs *Liber* der Rückweg durch die Wüste beschrieben. Zudem wird nochmals die Gefährlichkeit der Wüste betont. Bei Wilhelm werden die Gefahren kaum genannt und keineswegs betont.

Der Vergleich der Beschreibung der Beduinen verdeutlicht den Unterschied der Darstellungsweise und die bewusste Hervorhebung der Gefährlichkeit der Gegend bei Ludolf: *degunt in eo (sc. deserto) innumerabiles homines, quasi silvestres, qui Badewini vocantur (...) ut bestiae silvestres vivunt, et sunt facie horribiles, nigri, barbati et feroces ac veloces* (S. 69). Im Gegensatz zu diesem abschreckenden Bild werden in Wilhelms Text sachlich die Sitten und das Aussehen der Menschen beschrieben. Die Ludolfs Passage entsprechende Stelle beschreibt die Beduinen nicht als furchteinflößende Menschen: *Bruni homines sunt, fortes et veloces ...* (S. 240). Den Abschluss des Wüstenabschnitts bei Ludolf bildet eine nochmalige Aufzählung der Gefahren der Wüste.[268]

Für die Wüste, ebenso wie für den Meeresraum mit seinen wundersamen Gefahren, scheinen andere Gesetze zu gelten als anderswo. Nun erscheint dieser Meeres- und Wüstenraum durch die beschriebenen Qualitäten als ein Raum des Übergangs, der das Heilige Land umgibt und der durchquert werden muss, um dieses zu erreichen. Beide Bereiche grenzen das Heilige Land von der profanen Welt ab. Sie umgeben das Heilige Land und müssen unter Schwierigkeiten überquert werden. Ist die Wüste durchquert, so wird das Heilige Land erreicht, heißt es im Text: *Igitur hoc deserto versus meridiem transito pervenitur ad initium terrae promissionis* (S. 70).

Zusammenfassend lässt sich sagen, dass für diese Räume zusätzlich eine allegorische Deutung denkbar ist. Schon Bernhard Jahn stellt vorsichtige Überlegungen dazu an, den Meeresraum bei Ludolf allegorisch zu deuten: „Durch das Meer der Welt mit allen seinen Gefahren ziehend, gelangt der Pilger nach

---

266 JAHN (1993) 95 ff.
267 Die Nennung der harmlosen Hasen in dieser Aufzählung gefährlicher Tiere verwundert.
268 *Hoc desertum est pessimum et periculosissimum* (S. 69). *In hoc etiam deserta quam plurima alia ventorum, sabulorum, hominum silvestrium, serpentum, leonum, draconum et aliorum animalium venenosorum et periculosissimorum sunt pericula, de quibus longum est enarrare* (S. 70).

ENZYKLOPÄDISCHE FUNKTION   299

überstandener Reise in die ewige Seligkeit des himmlischen Jerusalem."[269] In
Wilhelms Text findet sich am Ende die Möglichkeit einer spirituellen Deutung
der Reise.[270] Bei Ludolf finden sich dafür keine Anhaltspunkte. Doch könnte
Ludolfs Text, wird er auf der Folie von Wilhelms Bemerkungen über die *navis
cordis* (S. 291) betrachtet, auch als literarische Gestaltung dieses Motivs gelesen
werden.

5.2.4 *Wilhelm von Boldensele: Theologische Reflexion*

(*Loca sancta*) *visitare a pueritia desideravi, ut viderent testes oculi, que proposita
sepius erant auri* (S. 200). Mit den eigenen Augen das Heilige Land zu sehen,
ist ein Topos der Pilgertexte. Auch im Prolog Wilhelms wird dieses *desiderium*
beschrieben: Das körperliche Sehen führe dazu, dass im Herzen das Fundament des Glaubens stärker gefestigt werde. Diesen Grund nennt Wilhelm im
späteren Verlauf des Textes beiläufig für dessen Nutzen: *et videtur quod vita
christi ac apostolorum quodammodo oculis inspiciatur corporeis, ut ex hoc in
corde fundamentum fidei firmius stabilitur* (S. 280). Der Glaube vertieft sich
durch die Anschauung. Es ist möglich, mit den körperlichen Augen das Heilige
Land anzuschauen, auch wenn man Gott mit den körperlichen Augen nicht
erblicken kann. Theoretische Überlegungen zur Gotteserkenntnis stehen der
Begründung einer Pilgerfahrt grundsätzlich im Weg und bilden die Grundlage
der ambigen Haltung zur Pilgerfahrt, die sich schon bei Hieronymus zeigt.[271]
Dieses Beispiel aus Wilhelms Prolog entspricht den in Pilgertexten üblichen
Überlegungen, doch in Wilhelms Text nimmt die theologische Reflexion weitaus mehr Raum ein als in anderen Pilgertexten, wie die zwei folgenden Kapitel
zeigen. Der Platz für theologische Überlegungen ist üblicherweise der Prolog. Im *Liber* Wilhelms finden sich zudem theologische Exkurse im Haupttext
sowie theologische Überlegungen am Ende der Schrift.

In den Prolog sind mehrere Psalmzitate eingearbeitet. Wenn Gott an keinem
Ort im Besonderen präsent ist, sondern überall, und wenn mit körperlichen
Augen eine Schau Gottes nicht möglich ist, dann sollte eine Pilgerfahrt keinen
speziellen Gewinn für den Glauben bedeuten. Wilhelm widmet sich diesem
Problem im Prolog nach dem Zitat von Psalm 48,1 mit dem Stichwort *in civitate
dei nostri*. Er beruft sich darauf, dass Jerusalem auf besondere Weise (*specialiter*, S. 197) *civitas dei* genannt werde, auch wenn nach Psalm 23,1, den er zudem
zitiert, die ganze Erde dem Herrn gehört. Begründet wird das mit der Vorstellung des Heiligen Landes als *hereditas dei* (S. 197f.). Mit diesen Worten wird

---

269   JAHN (1993) 54.
270   Vgl. unten S. 300 f.
271   Vgl. oben S. 113, Anm. 92.

300 KAPITEL 5

der Bezug zu Psalm 78,1 hergestellt: *Deus venerunt gentes in hereditatem tuam, polluerunt templum sanctum tuum, posuerunt Hierosalem in pomorum custodiam.*[272] Dazu wird ein weiterer Psalm zitiert (131,14), in dem es heißt, Gott habe sich dieses Land als Ruheort ausgesucht (*hic habitabo*, S. 197). Auch mit der Nachfolge Christi (*imitatores dei*, S. 198) und der Bezeichnung des Heiligen Landes als Testament Christi wird der Besuch und die Bedeutung dieses Landes gerechtfertigt: *Hanc benedictam terram christus moriens nobis mortis testamento reliquit* (S. 200).

Diese Überlegungen und Rechtfertigungen des Besuchs lassen Spuren einer ambigen Haltung gegenüber der realen Pilgerfahrt erkennen. Das zeigt auch der Schluss des Textes. Am Ende der Beschreibung des Aufenthalts im Heiligen Land und dessen Umgebung zeigt sich, dass keine tatsächliche Reise nötig ist, um den Hafen der Christen (*ad portum Christianorum*, S. 291) zu erreichen: *desideravi multum recedere, et ad portum christianorum navi pertingere ut post laborem aliquali quietis commodo recrearer* (S. 291). An dieser Stelle wird der Text deutlich für eine geistige Lesart geöffnet. „Einen expliziten Hinweis auf die Präsenz einer allegorischen Ebene des Textes, einer geistigen Lesart, bietet Wilhelm von Boldensele am Schluss seines Pilgertextes – an exponierter Stelle also."[273] Der Hafen sei nicht mit körperlichen Schritten (*non passibus corporeis*), sondern mit dem Verlangen des reinen Geistes (*desideriis pure mentis*, S. 291) zu erreichen.

Mit den Worten *spiritualiter portus christianorum christus est* (S. 291)[274] wird eine Seefahrtsallegorie eingeleitet, in der die Reise der Seele, der *navis cordis*, zur Festigung durch göttliche Gnade in ewiger Glückseligkeit beschrieben wird: *in eterna firmitate* (...) *dei favente gratia feliciter stabiliri* (S. 291). In diesem Textabschnitt bedient sich Wilhelm des reichen Materials, das zur Allegorisierung des Lebens als Fahrt auf dem Meer oder ähnlichen Themen in christlicher Literatur zur Verfügung steht. Die Schifffahrtsmetapher oder -allegorie ist ein Topos, der aus der heidnischen Literatur übernommen wird.[275] Für die römischen Dichter gleicht das Verfassen ihrer Gedichte einer Schifffahrt (z. B. Vergil, *Georgica* 2,41). Cicero verwendet das Bild in der Prosa und setzt die „Segel der Rede" (*vela orationis, Tusculanae disputationes* 4,5,9), bei Seneca übernimmt

---

272 Vgl. dazu auch Wilhem von Tyrus, *Chronicon* 1,15,32 f. Siehe die Diskussion bei Maier (2000) 57 über die Verwendung von Terminologie wie der Vorstellung der *hereditas* in der Kreuzzugspropaganda. Vgl. Deluz (1972) 92.

273 Jahn (1993) 53, der jedoch nicht weiter auf Wilhelms Text eingeht.

274 Hugo von St. Victor spricht in *De archa Noe* 1,5 (CCCM 176,23) von *portus* als Christus und verwendet die Wendung *navis fidei.*

275 Vgl. zum Folgenden Curtius (1947) 136 ff. Siehe allgemein Hönig (2000) 38 ff. Vgl. auch Dronke (1986) 20 ff.

ENZYKLOPÄDISCHE FUNKTION

301

die Philosophie das Ruder (z. B. Seneca, *Epistulae Morales* 16,3).[276] Hieronymus setzt die „Segel der Interpretation" (*interpretationis vela*).[277] „For the patristic fathers, a Christian sailed through tempestuous seas of sin toward the long-sought heavenly homeland."[278] Seit Ambrosius wird die Metapher „Schiff des christlichen Lebens" interiorisiert verwendet, um die Reise der Seele zur spirituellen Erleuchtung darzustellen.[279] Diese Allegorisierungen führen zur Verwendung des Ausdrucks *navis cordis* oder *navis mentis*.

Gregor der Große nennt an mehreren Stellen explizit die *navis cordis*: *Sed nauis cordis in marinis fluctibus integra stetit*.[280] Auch Thomas von Aquin, dessen Werke Wilhelm rezipiert, bezieht sich auf Gregor und spricht ebenfalls von *navis cordis*: *Quid namque est potestas culminis nisi tempestas mentis, in qua cogitationum semper procellis navis cordis quatitur, huc illuc et incessanter impellitur, ut per repentinos excessus oris et operis quasi per obviantia saxa frangatur*.[281] Hier geht die Allegorie weiter und bezieht Felsen als Hindernisse mit ein.

Dem Bild des in den Fluten schwankenden Schiffes wird die Festigkeit des Glaubens gegenübergestellt. Den gefährlichen Fluten und den Kommandos des Steuermanns[282] im Unwetter sind Vokabeln der Beständigkeit/Festigkeit entgegengestellt: *firmare et statuere* sowie das schon genannte *stabiliri*. Wilhelm führt die Allegorie weiter aus: Er setzt das Segel des Affekts (*erigamus velum affectus*), lenkt mit dem Steuer des Intellekts (*dirigamus nos gubernaculo intellectus*) und korrigiert mit dem Ruder der tugendhaften Werke (*corrigamus remigando virtuosis operibus*). Weiterhin genannt werden der Bug des Glaubens (*prora fidei*), die Taue der Hoffnung (*funibus spei*) und der Anker der Nächstenliebe (*karitatis anchora*). Es hat sich schon angedeutet, in wie vielfältiger Hinsicht christliche Autoren die Schifffahrtsmetapher verwenden. Ein Beispiel von Quodvultdeus zeigt, wie diese Metapher in ähnlichem Zusammen-

---

276 Vgl. CURTIUS (1947) 136 ff. für weitere Beispiele.

277 Hieronymus, *in Hos.* 3 prol. (CCSL 76), vgl. CURTIUS (1947) 137.

278 WILCOX (2006) 183 f.

279 So WILCOX (2006) 184. Vgl. dort für weitere Belege. Vgl. die Segel-Allegorie in Hieronymus *epist.* 125,2.

280 *Registrum epistularum* 9,49 (CCSL 140A). Gregor verwendet die Formulierung *navis cordis/mentis* individualisiert und beschreibt damit seinen eigenen Gemütszustand. Vgl. WILCOX (2006) 189. Weitere Belege, auch für *navis mentis* bei WILCOX (2006) 184.

281 *De perfectione spiritualis vitae* 19,677,9.

282 *Extra pericula fluctuationum et tempestatum celeumata*, vgl. S. 291 (Text nach Basnage/Canisius, bei Deluz *fluctuationes*). *Celeuma* heißt hier „Kommando des Steuermanns". Zur Verwendung von *celeuma* vgl. SHEERIN (1982). SHEERIN (1982) 54 f. geht auch auf die Verwendung des Wortes als christlichen Hymnengesang ein. Diese Bedeutung trifft hier nicht zu.

302   KAPITEL 5

hang verwendet wird: *ascendamus nauem, fidem simul et crucem,*[283] *nec desit anchora, spes nostrae salutis; extendamus funes, diuersas uirtutes, uela caritatis collocemus, inuocemus uentum prosperum, uerbum dei.*[284] Vergleichbar sind die Anrede und das Schiffsvokabular, wenn auch in anderer allegorischer Verwendung.

Das Ziel, das Wilhelm für die Seefahrt nennt – *ut finaliter (...) in eterna firmitate mereamur dei favente gratia feliciter stabiliri* (S. 291) – lehnt sich an Hebr 13,9 an: *optimum enim est gratia stabiliri cor.* Mit der Vokabel *stabiliri* schafft Wilhelm eine Verbindung zwischen der mentalen Reise und der tatsächlichen Reise. Durch die körperliche Pilgerreise (vgl. S.299) kann der Glauben gefestigt werden und auch das ist das Ziel der spirituellen Reise.

Die ambivalente Haltung gegenüber der körperlichen Pilgerreise drückt sich schon im Prolog aus und sie äußert sich im Verlauf des Textes durch Äußerungen über die körperlichen Augen und die Gottesschau. Am Ende des Textes wird der Gedanke nochmals aufgenommen in Reflexionen über die spirituelle Lebensreise als eine rein geistliche Reise. Der Schluss des Textes legt eine spirituelle Deutung der Reise nahe.

Nicht nur am Beginn und am Ende, sondern auch innerhalb des Textes werden immer wieder Abschnitte mit theologischen Überlegungen eingefügt. In der Erzählung über das Tal Hebron wird die typologische Deutung von Gen 18,1 ff. erwähnt: Abraham spricht bei den Eichen von Mamre drei Männer als eine Person an: *In hac sancta valle ebron locus est ubi abraham in hostio sui tabernaculi sedens in ipso fervore diei, tres vidit et unum adoravit, karitate dei inflammatus et a passionum mundialium turbine quietatus, in deitate trinitatis et unitatis misterium ineffabile recognoscens* (S. 242). Die Formulierung *tres vidit et unum adoravit* stammt von Ambrosius, der als erster in dieser Szene die Erkenntnis der Trinität deutet.[285] Solche Bezüge sind nicht ungewöhnlich, ausführliche Darstellungen wie in Wilhelms Text dagegen schon. Anhand von zwei Beispielen analysiere ich die theologische Reflexion, die Wilhelms *Liber* aufweist. Die Beschreibung des Besuchs am Berg Sinai betrachte ich im Kontext anderer Pilgertexte und anhand der Darstellung des Besuchs von Damaskus zeige ich, wie im Prolog angedeutete theologische Überlegungen im Text weiter entwickelt werden. Auf den Besuch des Katharinenklosters folgt in den Pilgertexten, die diese Gegend schildern, die Besteigung des Berges Sinai. Die

---

283   Zur Deutung des Schiffs(mastes) als Kreuz vgl. HÖNIG (2000) 22.

284   *De cantico novo* 2,4 ff. (CCSL 60, 383).

285   Z. B. Ambrosius *De spiritu sancto* 2, prol. 4 (CSEL 79,251). Vgl. dazu BARTELINK (1984) und
       KANY (2007) 114. Augustinus verwendet sie in *Conta Maximinum* II, XXVI, 7 (PL 42,809),
       vgl. auch *De trinitate* 2,10,19 (CCSL 50,106).

ENZYKLOPÄDISCHE FUNKTION

Erzählung der Besteigung des Berges, bzw. der Berge (auf dem ersten Gipfel soll Gott Mose erschienen sein, auf den zweiten Gipfel soll der Körper der heiligen Katharina von Engeln gebracht worden sein)[286] enthält typische Elemente, die in den meisten Texten über die Besteigung auftreten: Der Abdruck der Gestalt Mose im Fels, die harte Beschaffenheit des Felsens, von dem kaum etwas abgekratzt werden kann.[287]

Auf die Anstrengung des Aufstiegs wird nur mit wenigen Worten hingewiesen: *a christianis hec summitas laboriosius visitatur* (S. 239).[288] Diese Worte sind beispielhaft für den unpersönlichen Charakter, den Wilhelms Text trotz der Ich-Form besitzt: Statt einer persönlichen Formulierung wird umfassend *a christianis* gewählt.

Als Erzählstrategie ist bei verschiedenen Autoren bei der Beschreibung von Berggipfeln die biblische Teichoskopie[289] zu beobachten. Schon im *Itinerarium Egeriae* wird ausführlich erzählt, was auf dem Gipfel gesehen bzw. visualisiert werden kann.[290] In Thietmars Text führt der Ausblick zu einem längeren Exkurs, der über biblische Inhalte hinausgeht. In dem Exkurs wird die Geschichte Mohammeds und vieles Andere erzählt: *Cum igitur, sicut supradictum est, essem in summitate montis Sinai et adiacentes reciperem provincias, quarum occasione in digressionem raptus sum.*[291] Ludolfs *Liber*, der auch in dem Abschnitt über die Bergbesteigung Wilhelms Text zum Teil sehr eng folgt, beschreibt darüber hinaus den Blick vom Gipfel und einige zu sehende Orte (S. 69).

Vor der Folie dieser Texte ist es erstaunlich, dass die Ankunft am Gipfel nicht zu einem Exkurs über das Panorama führt,[292] sondern ein theologisches Problem in den Fokus rückt. Bemerkenswert und in den Pilgertexten singu-

---

286 Vgl. die Erzählung dieser Geschichte bei Thietmar, Ed. LAURENT (1857) S. 43, siehe dazu ASSION (1969).

287 S. 238. Nur in dieser Passage erwähnt Wilhelm, dass er Werkzeug für diese Zwecke dabei hatte, wie Jacobus de Verona, der dieses Vorgehen ins Zentrum seines Textes rückt.

288 Ludolf betont dies immerhin dreimal (*laboriosissime*, S. 67 und 68, *laboriosius*, S. 68, vgl. GANZ-BLÄTTLER (1990) 140: „Im Gegensatz zu den beiden weiterhin sachlich referierenden Berichterstattern Humbert von Dijon und Wilhelm von Boldensele liess auch Ludolf von Sudheim diskret seinen Muskelkater durchblicken, indem er schreib, dass dieser Berg ausserordentlich schwer zu erklimmen sei." mit Anm. 119: *laboriosius* (Ganz: *laboriosus*) *ascenditur et visitatur*, Zitat aus Ludolf, Ed. DEYCKS (1851) S. 68.

289 Vgl. dazu oben S. 109.

290 Vgl. oben S. 108.

291 Thietmar, *Peregrinatio* S. 50. Ed. LAURENT (1857).

292 Auch bei Antonius de Cremona und Humbert von Dijon findet man keine biblische Teichoskopie, sondern das Thema ist weiter die heilige Katharina (Humbert, *Liber* S. 525, Antonius, *Itinerarium* S. 169).

304 KAPITEL 5

lär[293] ist die Art und Weise, wie das Thema behandelt wird. So werde in der *oratio* am Katharinentag von einem Gipfel gesprochen: *in eodem loco et lex sit data et corpus beate katerine sit ab angelis collocatum* (S. 239). Das steht im Widerspruch zu den zwei vorhandenen Bergen. Im Text wird versucht, die Diskrepanz theologisch zu erklären.[294]

Die göttliche Majestät werde durch keinen Ort begrenzt (*cum divina majestas nullo loco determinata sit*) und deswegen werde bald dieser (Sinai), bald jener (Horeb) als Mosesberg bezeichnet. Mit der Formulierung, dass Gott durch keinen Ort begrenzt sei, wird eine Verbindung zum Prolog hergestellt, in dem es heißt: *quia licet spirituales substantie loco non circumscribantur et insuper deus nec loco determinetur ...* (S. 197). Diese Worte beziehen sich auf Augustinus: vgl. z. B. *Ubique quidem deus et nullo continetur vel includitur loco qui condidit omnia*[295] oder *nullo contentus loco* (*epist.* 187,14). In der Schrift *De presentia dei* (*epist.* 187) führt Augustinus seine Vorstellungen der Omnipräsenz Gottes aus.[296] „Dass Gott überall ausgebreitet ist (...), sei, so die abgrenzende Bestimmung, nicht in fleischlich-sinnlich körperlicher, noch in räumlich quantitativer Weise *quasi spatiosa magnitudine* gemeint, sondern in qualitativem Sinn, wie die Weisheit oder die Gesundheit des Leibes nicht in einem Teil mehr und im anderen weniger ist."[297] Wilhelms Überlegungen zur Unumschreibbarkeit Gottes können auch auf Thomas von Aquin zurück gehen, der von der Ubiquität Gottes sagt: *ubique et in omnibus rebus, inquantum et incircumscriptibilis et infinitus.*[298]

Auf der Folie dieser Texte ist die Erklärung Wilhelms auf dem Berg der Heiligen Katharina zu lesen. Wenn er schreibt *dici potest quod in eodem loco non*

---

293   So auch DELUZ (1972) 103: „Nombre de passages témoignent de la solide culture théologique reçue, en même temps qu'ils constituent une des originalités les plus remarquables de l'œuvre de Boldensele, car on n'en trouve guére d'équivalent dans la littérature des pélerinages."

294   Das Problem stellt sich auch im Text des Antonius de Cremona. Dort wird anschaulich erklärt, warum es heißt, dass es sich um denselben Ort handle: *Siquidem non fuit portata ab angelis, ut dictum est, in loco, ubi fuit data lex, set in alio monte prope illum altiore illo, et non est prope alius mons, set est una pena* (vielleicht *petra*) *ejusdem montis Synay, sicut in digitis manus meae unus digitus est altior alio. est tantum una manus* (S. 168). Vgl. zu Antonius S. 193 f. Siehe die Zeichnung im *Evagatorium* Felix Fabris in der Abschrift von Hartmann Schedel oben Abb. 7 auf S. 233 f.

295   *Epist.* 78,3 (CSEL 34,335).

296   *Epist.* 187 (CSEL 57,81–119).

297   BEUTTLER (2010) 101 zu Augustinus, *epist.* 187,11: *deus ubique diffusus.* Siehe ebd. 97 ff. für eine ausführliche Diskussion zu Augustinus' Konzeption der Gottesgegenwart und Ubiquität Gottes.

298   Thomas von Aquin, *Summa Theologiae* (= *STh*) q. 7, Vorwort.

numero sed specie,[299] ist damit gemeint, dass es sich um denselben Ort handelt, aber nicht quantitativ, sondern qualitativ. Die Identität der Orte kommt nicht daher, dass das Gesetz an demselben Ort gegeben wurde, an dem Katharina begraben wurde, sondern daher, dass die göttliche Autorität nicht auf diese zwei Gipfel beschränkt ist.[300]

Der Prolog enthält Hinweise auf theologische Fragen und Probleme, die im Text weiter entfaltet werden, wie die gerade erwähnten Sinai-Passage zeigt. Ein prägnantes Beispiel dafür weist das Kapitel über Damaskus auf, in dem das „Damaskuserlebnis" des Paulus erwähnt wird (vgl. Apg 9,1f.). Wilhelm bezieht sich auf die Worte des Paulus in 2 Kor 12,3–4: (...) celum rapitur, archana verba audiens que non licet homini loqui, ut ipse de se loquens in epistola manifestat (S. 287) und nimmt schließlich Stellung zum Problem der Schau Gottes, der visio beatifica dei,[301] einer wichtigen philosophischen Problemstellung des 13. und frühen 14. Jahrhunderts, die innerhalb des Dominikanerordens zu Kontroversen führte.[302] Dicit beatus augustinus, in libro de videndo deum et super Genesim ad litteram, quod in hoc raptu triduano, paulus deum per essentiam viderit, in carne scilicet vivens, sensibus tamen carnis minime quo ad hanc visionem utens, oculis namque corporalibus vel quacumque cognitiva virtute organo corporeo alligata, nullo modo divina essentia ab aliquo poterit intueri, sed solus intellectus videre ipsum divinum esse poterit dei formitate quadam lumine gloriale illustratus (S. 287). Wilhelm beruft sich auf Augustinus, zitiert aber tatsächlich Thomas von Aquin.[303]

Deum per essentiam videre meint die Wesensschau Gottes.[304] Im Folgenden geht Wilhelm auf die Frage ein, ob bzw. wie es möglich sei, bei lebendigem Leibe diese visio zu erleben. Dies sei mit den Sinnen des Fleisches (sensibus ... carnis), mit den körperlichen Augen (oculis ... corporalibus)[305] oder über-

---

299   Vgl. diese Formulierung bei Thomas von Aquin: Alio modo una est fides, id est unus habitus fidei quo creditur; una, inquam, non numero, sed specie, quia idem debet esse in corde omnium; et hoc modo idem volentium dicitur una voluntas. Super ad Eph. 4, 2.

300   Et sic ydentitas localis non sumitur, quantum ad legem datam, et katherinam sepultam; sed quantum ad legem dantem et sepelientem; cujus auctoritas in summitate montis synai eadem sede non determinata, resplenduit in utrisque. Hier folge ich dem Text von BASNAGE (1725) S. 345, der an dieser Stelle deutlicher ist als DELUZ (1972) S. 239, wo es heißt: in summitate montis synai eadem, sed non determinata.

301   Vgl. ARMSTRONG (1983).

302   Vgl. dazu z. B. JESCHKE (2010), WINKLER (1999).

303   Wie schon DELUZ (1972) 105 feststellt. Thomas von Aquin seinerseits beruft sich auf Augustinus. Vgl. STh 21 2ae 175,3: utrum Paulus in raptu viderit Dei essentiam.

304   Vgl. AYRES (1999) 98 f.

305   Über die erwähnten körperlichen Augen, die von Wilhelm genannt werden, heißt es schon bei Augustinus, der sich auf Ambrosius bezieht: nec oculis corporalibus quaeritur nec cir-

306   KAPITEL 5

haupt durch eine kognitive Fähigkeit (*cognitiva virtute*), die mit einem körperlichen Organ verbunden sei, grundsätzlich nicht möglich. Denn nur der Intellekt
(*intellectus*) könne das Wesen Gottes schauen, und zwar durch das Glorienlicht
(*lumine gloriale*) erleuchtet. In diesem kurzen Absatz berührt Wilhelm einen
weiteren zentralen Aspekt der Debatte um die Gottesschau: Das *lumen gloriale*
oder *gloriae*. Das *lumen gloriae* wurde von Albertus Magnus als erstem entwickelt[306] und von Thomas von Aquin weiter ausgeführt (*STh* I q.12, a.2). „Die
Debatte um das *lumen gloriae* entspringt den Diskussionen im 12. und 13. Jahrhundert über die Seligkeit, die unter anderem auch das Problem der Unpro-
portionaliät zwischen menschlicher, geschaffener Erkenntniskraft und deren
ungeschaffenem Objekt in der finalen Gottesschau in den Blick nehmen."[307]
Wilhelm steht auf der Seite der Thomisten und folgt Thomas von Aquin, in dessen *Summa* es heißt: *divina essentia videri ab intellectu creato non potest nisi per
lumen gloriae.*[308]

Durch die Diskussion theologischer Fragen unterscheidet sich Wilhelms
Text deutlich von anderen Pilgertexten, auch von Ludolfs. Auf theologische,
philosophische wie naturphilosophische Fragen geht Ludolf nicht in dem
Maße ein wie Wilhelm.

5.2.5 Heilszeit

In der Erzählung über das Heilige Land überlagern sich bei Wilhelm und Ludolf
verschiedene zeitliche Schichten, die punktuell miteinander verschmelzen.
In der Schilderung der heiligen Stätten wird die Gegenwärtigkeit biblischen
Geschehens betont, indem das Jetzt mit dem Damals in Verbindung gebracht
wird und Analogien offengelegt werden, sowie durch die Erzählung der Heilsgeschichte im Präsens und durch die Beschreibung der Eucharistiefeier.

Im *Liber* Wilhelms spielt die Zeitlichkeit eine besondere Rolle. Wilhelm stellt
in seinem Text beständig Verbindungen zwischen Vergangenheit, Gegenwart
und Zukunft her. Schon im Prolog wird im Zusammenhang mit dem Heiligen Land eine überzeitliche Ebene konstruiert, zunächst mit Hilfe von Psalm-
zitaten: *deus fundavit eam* [*sc. civitatem dei*] *in eternum* (Ps. 48,9) sowie *hec
requies mea in seculum seculi, hic habitabo ...*[309] Die ewige Präsenz Gottes im
Heiligen Land betont Wilhelm: *et ipsas* [*sc. predictas partes*] *inhabitasse deum*

> cumscribitur visu nec tactu tenetur, epist. 147,11,28 (CSEL 44,303). Vgl. dazu Thomas von
> Aquin, *STh* 1a,12,3, Kapitel: *utrum essentia Dei videri possit oculis corporalibus.*

306   Vgl. die Diskussion bei JESCHKE (2010) 356.
307   JESCHKE (2010) 356.
308   *STh* II–II, q.175,a.3 ad 2.
309   Ps. 132,14, S. 197.

ENZYKLOPÄDISCHE FUNKTION

singulariter et inhabitaturum etiam mirabiliter in fine seculi profitemur.[310] Die göttlichen Werke seien im Heiligen Land besonders heilswirksam, zu jeder Zeit, wie es heißt: *tam tempore juris naturalis quam mosaice legis et gratie evangelice,* (S. 198). Die Heilswirkung reicht bis in das Hier und Jetzt des Autors und des Lesers. So betont Wilhelm im Kapitel über Jerusalem, dass er nur wenige der großen Taten Gottes, die dieser von Beginn an bis heute (*ab initio usque nunc*) im Heiligen Land vollbracht habe, schildert (S. 255).

In diesem Zusammenhang wird die eigene Zeit mit der biblischen Zeit eng verknüpft. Zwischen der Gegenwart und der biblischen Vergangenheit wird eine direkte Beziehung hergestellt. In drei verschiedenen Beispielen wird jeweils das Verhalten der Sarazenen zur Reisezeit analog zu Ungläubigen in biblischer Zeit gesetzt: Erstens stellt Wilhelm in dem Exkurs über Alt- und Neubabylon zwischen den beiden Orten einen Zusammenhang her: Die Stadt Neubabylon sei eine *imitatrix* Altbabylons (S. 217). Eine Analogie herrsche nicht nur im Namen, sondern auch darin, dass Altbabylon den Söhnen Israels feindlich gesinnt gewesen sei, so wie heute Neubabylon mit seinem Sultan den Christen gegenüber feindlich eingestellt sei. Zweitens seien in dem Garten, in dem Jesus Maria Magdalena erschienen sein soll (Joh 20,11), die Wächter gegenwärtig wie damals gleichsam tot: (...) *sed sicut illo tempore custodes hujus loci infideles velud mortui sunt effecti, sic heu hodie* (...) *custodes tam sacri loci sunt in fide et virtute mortui sarraceni* (S. 261). In Zusammenhang mit den Wächtern von damals besteht eine wörtliche Bezugnahme auf Mt 28,4. Dort heißt es, dass die Wächter aufgrund ihres Schreckens wie tot sind: (*custodes*) *facti sunt velut mortui.* Dies wird auf die Sarazenen übertragen, die ebenso ungläubig sind wie die Wächter der biblischen Zeit und die tot sind in Bezug auf Glauben und Tugend. In Nazareth leben drittens sehr schlimme Sarazenen (*pessimi sarraceni*, S. 282) – genauso wie laut Evangelium (vgl. Joh 1,46) in alter Zeit: *et videtur quod fuerint ab antiquo.*

Durch die Verknüpfung von Damals und Jetzt entsteht eine zeitliche Nähe. Als Beleg dafür dient die Heilige Schrift. Zusätzlich drückt sich dadurch die Erwartungshaltung aus, dass biblische Inhalte durch die Verhältnisse vor Ort bestätigt werden. Doch die Besonderheit in Wilhelms Erzählung ist die zeitliche Ebene, die durch diese Verweise und das Spiel mit biblischen Bildern konstruiert wird. So wird die zeitliche Barriere punktuell aufgehoben.

Auch im Text Ludolfs findet sich ein plakatives Beispiel für die Aufhebung der zeitlichen Grenze zwischen Damals und Jetzt. Dort sind die Spuren biblischer Ereignisse zu sehen, zu greifen und zu riechen. In dem Kapitel über

---

310 S. 198. Vgl. auch weiter *in fine temporum.*

das Tote Meer ist der Abschnitt über Sodom und Gomorra deutlich mit Bildern und Symbolen belegt, die auf die biblische Bedeutung der Orte verweisen: *omnia circa loca maledictione dei sunt plena* (S. 88). *Mare mortuum (...) ubi steterunt maximae civitates Sodoma et Gomorra (...), quae deus ob peccata eorum detestabilia subvertit.*[311] Dass Gott nach Gen 19,24 Schwefel und Feuer auf diesen Landstrich regnen ließ, macht sich nach der Erzählung Ludolfs noch bemerkbar und lässt die zeitliche Kluft zwischen biblischer Zeit und Erzählzeit schwinden: *Huius maris aqua (...) habet intolerabilem et pessimum foetorem. Itaque dum ventus transit, totam circa terram inficit* (S. 88). Nicht genug damit, dass durch den Geruch das umliegende Land infiziert wird: *Tamen in tempestatibus multos pulchros lapides eiicit, quos dum aliquis tollit, per triduum manus eius in tantum foetet, quod homo semet non potest tolerare* (S. 88). Das Angreifen der Steine aus dem Meer, die zwar äußerlich schön aussehen, hinterlässt einen grässlichen Geruch, der den symbolträchtigen Zeitraum von drei Tagen bestehen bleibt. Auch die Pflanzen- und Tierwelt der Umgebung ist symbolisch für die biblischen Geschehnisse vor Ort. Auf den Bäumen wachsen „Sodomsäpfel" – Früchte, die äußerlich gut aussehen, im Inneren aber voller Asche sind.[312] Wieder bleibt nach der Berührung ein schlimmer Geruch drei Tage lang auf den Händen. *Tamen omnia loca circa sunt arboribus et fructibus magnis et delectabilissimis visu plena; sed fructus dum carpuntur et rumpuntur, sunt intrinsecus cineres et favilla et foetor pessimus carpentis manibus in triduo non potest aboleri* (S. 88). In dieser Gegend lebt zudem eine schreckliche Schlange, die den Namen Tyrus trägt. Sie soll so giftig sein, dass bei einer Berührung eines Pferdes durch sie gleich der Reiter stirbt (S. 89): *Serpens, qui tyrus dicitur (...) Est serpens (...) lucei coloris, rubedine mixta et caecus; contra venenum eius nulla scitur medicina (...) Dum irascitur, linguam in modum ignis emittit.* (S. 89). Die Schlange als Symbol Satans ist mit teuflischen Kennzeichen versehen: mit roter Farbe und höllischem Feuer.[313] Die beschriebene Landschaft mit der seltsamen Frucht und der gefährlichen Schlange, die sogar durch ihren Geruch als verdorben markiert ist, bildet das biblische Geschehen ab und steht symbolisch dafür. Diese Passage bei Ludolf ist ein eindrucksvolles Beispiel für durch Bibellektüre geprägtes Erzählen über die Landschaft.[314]

---

311 S. 88, vgl. Gen 19.

312 Vgl. Tacitus, *Historiae* 5,7, Josephus, *de bello Iudaico* 4,8, Johannes von Hildesheim Kap. 42 (Ed. ROTH 2004).

313 Vgl. SIMON (2004) 207.

314 Die eigentümliche Charakteristik dieser Passage ist die Herausarbeitung des Bösen und die Besetzung des Raumes mit besonderen Tieren und Pflanzen, die dieses Böse kennzeichnen. Die Deutung Simons, dass es sich bei Textelementen wie der Schlange bei Ludolf

ENZYKLOPÄDISCHE FUNKTION

Während es im vorangegangenen Abschnitt um sichtbare Spuren der biblischen Vergangenheit ging, die durch Analogien von Damals und Jetzt gesucht wurden, steht nun die Unmittelbarkeit der Beschreibung biblischer Ereignisse im Zentrum, die zu einer Als-ob-Wahrnehmung führt. Anhand von zwei Beispielen, der Beschreibung Bethlehems und des Kalvarienberges, wird diese Strategie dargelegt. An wichtigen Heilsorten erwähnt Wilhelm, dass eine Messe gehalten wurde, z.B. in Bethlehem, am Kalvarienberg und am Grab Christi sowie am Grab Mariens. Durch die Feier der Eucharistie wird Christus präsent, d.h. sie funktioniert auf einer überzeitlichen Ebene. Am Ort der Geburtsstätte in Bethlehem erwähnt Wilhelm die Eucharistie und verbindet die Erwähnung mit theologischen Überlegungen (S. 244). Nach einer Beschreibung des *locus presepii* geht Wilhelm nicht direkt auf die heilsgeschichtlichen Ereignisse der Geburt Christi ein. Vor deren Schilderung macht er folgende Bemerkung zur Eucharistie: *In loco huius presepii panis angelorum nobis proponitur (...) non mutemus cibum hujusmodi in nostre carnis substantiam sed potius in ipsum vivaci deifica similitudine transmutemur,* (S. 244). Im ersten Teil des Zitats ist deutlich ein Anklang an den Thomas von Aquin zugeschriebenen Hymnus *Lauda Sion salvatorem* des *Officium de festo corporis Christi ad missam* zu hören: *Panis vivus et vitalis / hodie proponitur* und *Ecce panis Angelorum.*[315] Mit dem zweiten Teil ist eine Passage aus der pseudothomasischen Schrift *De sacramento altaris* Kap. 20 vergleichbar: *Quod vero manducando corpus Christi non in nobis, sed nos in illo convertimur, triplici similitudine probatur. (...) non ut ipsum quod immutabile est, in nos mutetur, sed nos in imaginem bonitatis ejus transmutemur.* Prekär ist in diesem Zusammenhang Wilhelms Verwendung des Wortes *substantia*, da Thomas von Aquin *substantia* in der philosophisch-theologischen Diskussion in Bezug auf die eucharistische Verwandlung verwendet (*ut tota substantia huius convertatur in totam substantiam illius, STh* 3, q 75, a.4,c) und schließlich für diese Umwandlung den Namen *transsubstantiatio* nennt (ebd.),[316] die bei Wilhelm jedoch nicht erwähnt wird.

---

um eine Chiffre für das Fremde („chiffre for the Otherness", SIMON (2004) 214) handle, scheint mir an dieser Stelle nicht zutreffend. Ludolf fühle an dieser Stelle biblischer Gefahr seine Verletzlichkeit als Reisender in der Fremde besonders deutlich, konstatiert Simon: „The medieval cleric Ludolf senses his vulnerability as a traveller in a foreign country ...", 207. Doch darum geht es nicht. Nicht auf die Abbildung der Fremdheit, sondern auf die Abbildung des Bösen kommt es an. Das Böse ist nicht mit fremdem Raum verbunden, sondern mit dem bekannten biblischen Raum.

315 Ed. SPIAZZI (1954) S. 280,2,8 f. und 63.
316 Zum Thema vgl. z.B. JORISSEN (2001) und zu Thomas HEDWIG (2005).

Wilhelms Worte zeigen eine weitere Steigerung der Nähe zu Gott, die durch die Feier der Eucharistie an den wichtigsten Orten der Heilsgeschichte erreicht wird. Die Gegenwärtigkeit Christi in der Eucharistie wird in der weiteren Erzählung der Heilsereignisse im Präsens ausgedrückt.

Erst nach dieser Bemerkung zur Eucharistie beschreibt Wilhelm die mit der Krippe erwartungsgemäß zusammenhängenden Ereignisse der Heilsgeschichte: *In hoc loco sanctissimo paupercule virginis infantulus a magis adoratur, misticis muneribus honoratur, stella ductrice ostenditur ...* (S. 245). Im Gegensatz zur Schilderung anderer Ereignisse[317] und der Ortsbeschreibungen verwendet Wilhelm bei der Beschreibung Christi das Präsens. Dieser Tempuswechsel ist auffällig und zeugt von der Vergegenwärtigung der Ereignisse vor Ort.

Bei der Schilderung der heiligen Orte in Jerusalem erfolgt ebenfalls der Tempuswechsel ins Präsens, sobald entscheidende Momente der Leidensgeschichte Jesu aufgezählt werden: *Est et iherosolymis locus ubi christus flagellatur, conspuitur, colaphizatur, illuditur, condempnatur, spinis coronatur crucis arbore oneratur, et passiones pro nobis innumeras sustinet ipse impassibilis patienter* (S. 251). Wieder wird das Geschehen der Heilsgeschichte in einen überzeitlichen Rahmen gesetzt und als präsent und allgegenwärtig dargestellt. So bestätigt Wilhelm das in seinem Prolog ausgeführte Argument des Heiligen Landes als *hereditas dei*, das in Vergangenheit und Zukunft die Präsenz Gottes innehat: (...) *inhabitasse deum singulariter et inhabitaturum etiam mirabiliter in fine seculi profitemur* (S. 198).

Am Ort der Kreuzigung, dem Felsen Golgotha, wechselt der Autor wieder ins Präsens. Das zugehörige Ereignis wird figural ausgedeutet und zudem werden verschiedene Bibelstellen kunstvoll in den Text eingearbeitet. Am Felsen selbst zeigten sich noch heute die symbolhaften Farben Rot und Weiß: *monticulus de viva petra albi coloris, rubeo quodammodo immixto* (S. 261). Rot und Weiß sind als Farben des Herrn an diesem Ort sichtbar, wie es unterstrichen durch ein wörtliches Zitat aus dem *Canticum Canticorum* (5,10) heißt: *ubi dilectus fidelis anime, candidus et rubicundus electus ex millibus cujus colorem etiam ipse locus visibiliter et forte non casu profert* (S. 261). Die Farben Weiß und Rot stehen im Kontrast zueinander.[318] Während Weiß mit Reinheit verbunden wird (z. B. Mk 9,3), ist Rot die Farbe des Blutes. Die Farben Rot und Weiß könnten an dieser Stelle nach Joh 19,34 in Verbindung mit Blut und Wasser gesetzt werden. Dort heißt es bei der Kreuzesabnahme: *sed unus militum lancea latus eius aperuit et continuo exivit sanguis et aqua.*

---

317   Z. B. *ex hac etiam sancta civitate david duxit originem*, S. 245.

318   Vgl. GRIGORE (2011).

ENZYKLOPÄDISCHE FUNKTION

Die christliche Farbsymbolik führt Wilhelm in seiner folgenden Deutung des Kreuzestodes Christi weiter aus. Die Figur vom Tod Christi als *hostia* (*pro salute humani generis patri celesti obediens filius, acceptabilis hostia ymolatur*, S. 261) werde im *agnus paschalis* präfiguriert: *cujus hostie figuram pretulit agnus paschalis* (S. 262). Das weiße Lamm als Figur Christi verbunden mit einem roten Kreuz ist eine häufige bildliche Darstellung, wie folgende Stelle aus einem Brief des Paulinus von Nola belegt: *Sub cruce sanguinea niveo stat Christus in agno.*[319] Durch die christliche Farbsymbolik stellt Wilhelm in seinem Text kunstvoll die Beziehung nicht nur zwischen dem heiligen Ort und dem vergangenen heilsgeschichtlichen Ereignis dar, sondern zu weiteren alttestamentlichen Geschehnissen, die dieses Ereignis präfigurieren.

Die Farben „thematisieren das Verhältnis von Innen und Außen, Objekt und Sinn, res und significatio."[320] In Wilhelms Erzählung gewinnt die christliche Farbsymbolik an Gehalt sowohl durch intratextuelle Bezüge, wie bei John Mandeville,[321] als auch durch die typologische Ausdeutung, d. h. durch den Rückverweis auf biblische Ereignisse, die bezogen auf den Tod Christi in der Vergangenheit liegen, sowie durch die Verbindung mit der Eucharistie, die bis in alle Ewigkeit vollzogen wird. Intratextuell verweist die Farbe rot auf den Beginn des Jerusalemkapitels zurück, wo Jerusalem selbst als ‚rotgefärbt' (*purpurata*, S. 247) bezeichnet wird. Schon mit dem Betreten der Stadt (*civitatem sanctam iherusalem intravi*, S. 247) wird auf das prominente heilsgeschichtliche Ereignis verwiesen. In einem Satz werden die später aufgegriffenen Motive vorweggenommen: *Hec est civitas dei regis magni, de qua gloriosa dicta sunt*[322] *maxime pretiosissimo est agni immaculati christi sanguine salutifere purpurata* (S. 247). Christus als Lamm und Opfer, das Blut, die Heilswirkung sowie die Farbe Rot stellen eine Verbindung zum Ort der Kreuzigung her.

Durch die Verbindung gegenwärtiger, vergangener und zukünftiger Ereignisse wird eine lückenlose Geschichte des Heils von der biblischen Vergangenheit des alten Testaments bis zum Ende der Welt (*usque ad finem seculi*,

---

319   *Epist.* 32,17,13 f. (CSEL 29,292).

320   REICHLIN (2011) 632.

321   REICHLIN (2011) 638. Reichlin analysiert Mandevilles Beschreibung des rot-weißen Marmors in einer Kirche in Bethlehem, wo die weiße Farbe als Spuren der Milchflecken Marias gedeutet wird. Wilhelm erwähnt den rot-weißen Marmor in Bethlehem, der in anderen Pilgertexten beschrieben wird, nicht. Vgl. Ludolf S. 73: *Ipsum lac ut humor erumpit de lapide habens lacteum colorem modica rubedine mixtum.* Ludolf wiederum schreibt übrigens nichts über die Farbe des Felsens Golgotha. Vgl. S. 78. Innerhalb der Narrative hätte dieser Verweis von der Geburt Christi auf das Ende der Leidensgeschichte effektvoll ausgestaltet werden können.

322   Vgl. Psalm 87,3.

S. 262) konstruiert und der Tod Christi als gleichsam überzeitliches Ereignis dargestellt. Dass der vorliegenden Textpassage über den Kreuzigungsort eine besondere Bedeutung zukommt, zeigt die kunstvolle Bearbeitung und das an dieser Stelle nachweisbare, verstärkte Zurückgreifen auf Quellen. Das auffällige Trikolon *holocausta, sacrificia, libamina* findet sich bei Hieronymus (*Commentariorum in Hiezechielem libri* 14,45,210). Der *agnus paschalis* als Typus Christi wird häufig erwähnt (z.B. Augustinus, *De civitate dei* 16,43,29 f.). Die *sacrificia vetera* als *figura* des Opfers Christi finden sich zunächst in einer weiteren Strophe des von Wilhelm bereits an anderer Stelle zugrunde gelegten Hymnus *Lauda Sion* (s. dazu oben S.309); dort heißt es: *In figuris praesignatur, / Cum Isaac immolatur, / Agnus Paschae deputatur, / Datur manna patribus.*[323] Zu zahlreichen weiteren Stellen bei Thomas lassen sich wörtliche und inhaltliche Anklänge finden: *quia tu noluisti ea tempore novi testamenti, quia tunc figura cessavit, et alia sacrificia erant figurae veri sacrificii, scilicet Christi.*[324]

An die figurale Ausdeutung schließt bei Wilhelm eine Passage an, die auf das Mitleiden des Besuchers Bezug nimmt und wieder im Präsens formuliert ist: *Et quis homo hunc locum videre poterit sine lacrimis, tremore cordis et alta consolatoria cum compassione mentis, ubi impassibilis patitur, vita moritur ...* (S. 262).

Die emotionale Beteiligung wird in der folgenden Beschreibung des Kalvarienberges zweimal wieder aufgegriffen – eine Häufung, die sich sonst im Werk nicht findet. Dazwischen jedoch schiebt Wilhelm wieder eine asyndetische, beinahe litaneiartige Aufzählung der Ereignisse an diesem Ort im Präsens ein. Bezogen auf die Reihenfolge der Ereignisse stellt dies einen chronologischen Rückschritt gegenüber dem vorher (S. 261) schon erwähnten Opfertod Christi dar: *In hoc loco (...) christus denudatur, crucifigitur, clavatur, lanceatur* (S. 263).

An diesem Ort beschreibt Wilhelm die Feier der Eucharistie, der Karfreitagsmesse (*missa de die parasceves*), bei der er ebenfalls eine tiefe emotionale Bewegung einiger Teilnehmer schildert: *et quidam ex nostris de gratia dei devotionis rivulis ibidem sunt dulcissime permolliti* (S. 263). Die Beschreibung der emotionalen Beteiligung gipfelt im Einbezug des Lesers. Bei der *imitatio Christi* wird der Leser zur Teilnahme und zum aktiven Nachvollzug eingeladen: *In hac*

---

323   Ed. Spiazzi (1954) S. 280, 2,67 f. Diese Stelle nennt auch Deluz (1972) 262, Anm. 145.

324   *In Psalmos reportatio* 39,4, Vgl. *In IV Sententiarum* 13, q 1,2,5,2: *Quia sacrificia veteris legis fuerunt sacrificii hujus figura. Super Euangelium Matthaei reportatio* 6,3,1397,10: *Sed quod dicit Ierosolymam, prima ratio est, quia ibi erat templum Dei, ubi fiebant sacrificia. Sacrificia autem veteris legis fuerunt figura istius sacrificii, quod fuit in ara crucis; ideo voluit quod ubi erat figura, pateret veritas.* Vgl. weiter zu *velum templi scissum est* (Mk 15,38): Hieronymus, *Commentariorum in Hiezechielem libri* 13,44,1132 ff. (CSEL 75).

sancta ecclesia sepulchri morientes peccato crucifigamur mundo, resurgamus-que virtute cum christo, ut ab ipso assumi in coheredes eterne glorie mereamur (S. 264). Wilhelm formuliert hier die Verwirklichung der Worte seines Prologs: *Cum igitur tanto perfectiores simus quanto magis imitatores dei fuerimus, et precipue christi ihesu, qui ad hoc missus est ut ipsius quantum possibile est verba sequamur et facta ...* (S. 198).

Diese Passage ist nicht nur wichtig für die Zeitlichkeit in Wilhelms Text, sondern sie stellt daneben ein markantes Beispiel für die Erzählweise dar, die nicht linear nach dem bloßen Reiseverlauf erfolgt, sondern durch Unterbrechungen des Gedankengangs gekennzeichnet ist. Diese Art der Erzählung bezeichnet Susanne Reichlin – in Bezug auf John Mandeville – als ein „Aufbrechen des kompakten Heilsweges, den Pilgerberichte gewöhnlich zu erzeugen versuchen.“[325] Zwischen den beiden genannten Passagen, die die Emotionen des Lesers ansprechen, und zwar in direktem Miteinbezug des Lesers, steht ein naturwissenschaftlicher Exkurs (vgl. S. 270). Die Unterbrechung des Gedankengangs ist ebenso auffällig wie verwunderlich und ist beispielhaft für die Erzählweise Wilhelms. Die lineare Erzählweise, wie sie in den meisten Pilgertexten vorherrscht und die Ort an Ort und Ereignis an Ereignis reiht, wird von Wilhelm durch zahlreiche Exkurse unterbrochen.

Die Betrachtung der Texte Wilhelms und Ludolfs haben zunächst gezeigt, dass Ludolf die bei Wilhelm ausgeprägten philosophisch-theologischen Überlegungen nicht übernimmt, obgleich er sich sonst deutlich an Wilhelms Text orientiert. Vergleichbar mit Burchardus' Text lässt sich bei Wilhelm der verstärkte Einfluss der eigenen Wahrnehmung gegenüber der auf Autoritäten basierenden Wahrnehmung feststellen. Durch die Erzählung heilsgeschichtlicher Ereignisse im Präsens wird in Wilhelms Text Unmittelbarkeit in der Darstellung erzeugt.

Wilhelms wie Ludolfs *Liber* legen ein vermehrtes Interesse an Fremdem, Exotischem und außerhalb biblischem Geschehen Liegendem an den Tag. Daraus ergibt sich in beiden Texten eine veränderte Textstruktur. Die Erzählstruktur, die Wilhelms Text aufweist, sperrt sich gegen einen konkreten Nachvollzug im Geist – schafft jedoch Raum für Meditation, da sie durch ein Innehalten in Form von Unterbrechungen, Exkurse sowie teils durch einen assoziativen Stil gekennzeichnet ist. Außergewöhnlich ist im Text Ludolfs die lange Schilderung der Anreise, bei der auch Gegenden berücksichtigt werden, die aufgrund von Reisegefahren nicht durchquert werden können. Insofern besitzt der Text

---

325 Reichlin (2011) 634. Vgl. Jahn (1993) 79.

ein deutlich enzyklopädisches Anliegen. Auffällig ist die Betonung der Notwendigkeit, die ganze Welt zu durchreisen, um ans Ziel zu gelangen. Auf diese Weise rückt das Heilige Land, das in vielen Texten stärker ein Raum des (biblisch-)Bekannten als des Fremden ist, in größere Entfernung zu dem Bekannten und auch zu dem Leser. Diese Entfernung wird dadurch unterstrichen, dass die Durchquerung von Räumen, nämlich Meer und Wüste, notwendig ist, um dorthin zukommen. Diese Räume sind besetzt mit Wundern und gefährlichen Tieren und erhalten somit ihre Signifikanz als Gefahrenräume.

5.3   Symon Semeonis: Erzählen über Städte und ihre Bewohner

Zum Abschluss betrachte ich mit dem Pilgertext des Symon Semeonis ein weiteres Beispiel für eine neue inhaltliche Orientierung, die sich besonders in der Beschreibung der Städte zeigt. Vor allem anhand von zwei Beispielen, der Beschreibung der europäischen Städte und der Schilderung der fremden Städte Ägyptens, soll der innovative Charakter der Erzählung Symons herausgearbeitet werden.

Über den Franziskaner ist nur das bekannt, was dieser selbst schreibt. Er gibt an, im Jahr 1323 aus Irland aufgebrochen zu sein. Als Begleiter wird ein Hugo Illuminator genannt, der während der Reise in Kairo stirbt.[326] Die Reiseroute führt über England und Frankreich nach Italien, dort von Venedig aus mit verschiedenen Stopps über Kreta nach Alexandria und ins Heilige Land. Die Erzählung ist unvollständig und bricht in Jerusalem ab.[327] Vermutlich wurde der Text zwischen 1335 und 1352 verfasst.[328]

Der Text ist in einer Handschrift sowie ohne einen Titel überliefert[329] und wurde 1960 von Mario Esposito ediert.[330] In der Handschrift ist der Text ohne

---

326   Vgl. in der Edition von ESPOSITO (1960), Kap. 73, S. 92. Beide sind Franziskaner: Kap. 1, S. 24.

327   Esposito vermutet, dass schon die Vorlage unvollständig war und überhaupt das Autograph nicht vollendet wurde. Diskutiert bei ESPOSITO (1960) 3.

328   Vgl. ESPOSITO (1960) 2.

329   Cambridge, Corpus Christi College, Ms. 407.

330   Ich zitiere den Text jeweils mit Angabe des Kapitels und der Seite. Der Text ist bislang in der Forschung weitgehend unbeachtet geblieben, so auch GANZ-BLÄTTLER (1990) 43 f., die über ihn in der Übersicht über die einzelnen Pilger kurz informiert. Abgesehen von der Einleitung der Edition wurde der Text, soweit ich sehe, nur von GRABOÏS (2003) etwas ausführlicher behandelt. Die Untersuchungen über Ägypten von AMIN (2013) und KHATTAB (1982) betrachten die deutschsprachige bzw. deutsche Reiseliteratur und erwähnen Symon daher nicht.

ENZYKLOPÄDISCHE FUNKTION

Kapitelgliederung niedergeschrieben. In der Edition von Mario Esposito wird der Text (vom Editor selbst) in 100 Kapitel unterteilt. Nach einer geographischen Gliederung lässt sich der überlieferte Teil der Schrift in drei Abschnitte aufteilen.[331] Im ersten Teil wird die Anreise von Irland nach Alexandria geschildert (1–23). Der zweite, sehr ausführliche Abschnitt beschreibt Ägypten (24–80). Der dritte Teil endet während der Beschreibung Jerusalems (81–100).

So lässt sich nur im Ansatz feststellen, ob dieses neue Interesse auch eine Auswirkung auf die Beschreibung der heiligen Stätten hat. In anderen Texten hat sich gezeigt, dass – auch, wenn in Bezug auf Ägypten eine neue Erzählweise festgestellt werden konnte – die Erzählung über die heiligen Orte in den alten Mustern verhaftet blieb. Auch bei Symon lässt sich in den, allerdings wenigen, erhaltenen acht Kapiteln über Jerusalem keine große Veränderung gegenüber älteren feststellen. Im 93. Kapitel kontrastiert Symon den heutigen Zustand mit dem von damals (*olim-nunc*): Jetzt sei die einst erste Stadt in sarazenischer Herrschaft unterdrückt. Das Bild der Zerstörung belegt er mit Bibelworten (Kap. 93, S. 106): *cujus muri sunt destructi et templum funditus eversum, domino predicente: ‚non relinquetur lapis super lapidem'* (Matth 24,2). Im nächsten Kapitel wird die Lage der Stadt und wichtiger Sehenswürdigkeiten in einer groben Übersicht präsentiert. Die abschließende Erwähnung der Grabeskirche führt im Anschluss (Kap. 95) zu einer immer kleinteiliger werdenden Beschreibung der Grabeskirche und der Umgebung. Zunächst wird durch die Angabe der Himmelsrichtungen eine grobe Orientierung der Lage der einzelnen Heilsstätten gegeben und schließlich (Kap. 96–98) folgen die Entfernungen in genauen Schrittangaben, z.B. *De sepulcro Domini usque ad locum in quo apparuit Magdalene, qui est quasi ad partem aquilonarem Sepulcri, sunt vii passsus* (Kap. 97, S. 108). Anhand der genauen Angaben könnte der Leser die Entfernungen tatsächlich selbst abschreiten. Eine Aufforderung dazu findet sich im Text nicht, in dem der Leser insgesamt nicht direkt angesprochen wird. Mit den Kapiteln 99 und 100, die Orte auf dem Berg Sion behandeln, endet der uns überlieferte Teil des Werkes.

Da nur ein kleiner Teil der Erzählung des Besuches des Heiligen Landes erhalten ist, lässt sich für diesen kurzen Abschnitt kein sicheres Ergebnis festhalten. Auch in den nicht erhaltenen Kapiteln könnte nochmals auf die Grabeskirche eingegangen werden. Anhand des vorhandenen Textes lässt sich feststellen, dass die Beschreibung der heiligen Orte im Vergleich zur Anreise zwar insgesamt nicht umfangreicher ausfallen, jedoch wesentlich kleinteiliger sind und zum Nacherleben einladen. Während die Textteile über das unbekannte

---

331   Vgl. Esposito (1960) 6.

Land Ägypten neue und eigene Beobachtungen wiedergeben, bleibt Symon bei der Beschreibung der Heiligen Landes in der Tradition der Pilgertexte.

Der Text Symons ist in der Ich-Form verfasst und in der Erzählung zeitlich sowie räumlich nachvollziehbar gestaltet. Das genaue Datum der Ankunft bzw. Abreise von den verschiedenen Orten wird nur teilweise genannt, lässt sich aber weitgehend nachvollziehen durch Äußerungen wie „nach einigen Tagen" (*et inde post dies aliquot recedentes*, Kap. 5, S. 26). Markante Daten, wie der Reisebeginn, die Ankunft in und die Abreise aus Venedig,[332] werden genannt.

Die Angabe der Reisestrecke erfolgt kontinuierlich in der Reihung der besuchten Orte, wobei die einzelnen Abschnitte der Anreisebeschreibung größtenteils stereotyp mit *et inde* (...) *venimus* beginnen. Die Wiedergabe der Seereise macht den Unterschied zum *Liber* des Ludolf von Sudheim deutlich, wo die einzelnen Orte/Inseln nicht durch konkrete Entfernungsangaben lokalisiert werden. Von dieser, von Bernhard Jahn als Inselraum[333] bezeichneten, räumlichen Darstellungsweise setzt sich Symons Text durch die Angabe von Meilen ab. Die genannten Orte werden durch die Entfernungsangabe miteinander verbunden, so dass bei Symon nach dem Konzept Bernhard Jahns ein Kontinuitätsraum vorliegt. Das Beispiel der Reiseroute Venedig – Zara – Ragusa – Durazzo – Corfu unterstreicht diese Vorgehensweise: Es wird jeweils die Meilenangabe zur vorher besuchten Stadt genannt (z. B. bei Zara: *que distat a Venetiis per ccc milaria* (Kap. 15, S. 36), bei Ragusa: *et distat a Jathara per cc milaria* (Kap. 16, S. 36) usw.).

Auf diese Weise entfaltet sich schon in den Kapiteln, die die Anreise behandeln, ein Raum mit genau zu lokalisierenden Orten. Diese Orte werden mit Kirchen, Reliquien und anderen Sehenswürdigkeiten besetzt.

Im Vergleich zu den anderen Texten des 14. Jahrhunderts zeigt sich in der Beschreibung Symons weitaus mehr Interesse an kulturellen, wirtschaftlichen sowie ethnographischen Aspekten. Den neuen Schwerpunkt auf kulturellen und wirtschaftlichen Faktoren illustriert die Beschreibung der Anreise. Neben christlichen stehen in diesem Abschnitt auch weltliche Sehenswürdigkeiten im Vordergrund, z. B. der Tower von London. Die Ausweitung des Blickwinkels auf „touristische" Attraktionen stellt eine neue Entwicklung innerhalb der Pilgerliteratur dar und gibt der Entwicklung zu einer veränderten Sicht- und Erzählweise Ausdruck.

---

332 Der längere Aufenthalt in Venedig, der sich aus der Datumsangabe ergibt (28.6.–18.8.1323), schlägt sich nicht in der Länge des Kapitels über Venedig nieder (Kap. 14, S. 34 f.).

333 Vgl. dazu oben S. 54 f.

5.3.1   *Städte Europas*

Symons Text erzählt die Reise von Irland aus, auf der ein großer Teil Europas durchquert wird: Die Reise führt über Frankreich nach Italien bis zur Einschiffung in Venedig.

Die Schilderung der Anreise bis nach Ägypten nimmt mit einer Länge von über 20 Kapiteln einen nicht geringen Textteil ein. Im Vergleich zu Ludolfs Text, der die Anreise ebenfalls ausführlich darstellt, liegt eine inhaltlich weitaus umfassendere Schilderung der Sehenswürdigkeiten auf der Hinreise vor.[334]

Mit der Schilderung der Besuchseindrücke großer europäischer Städte erweitert sich das inhaltliche Spektrum der Pilgertexte über die Darstellung des Heiligen Landes hinaus. In späteren Texten, besonders den volkssprachlichen, erhält zudem beispielsweise die Darstellung des Abfahrtshafen Venedig einen festen Platz.[335]

Neben diesem neuen Blickwinkel bleiben christliche Sehenswürdigkeiten wie Kirchen, Klöster und Reliquien ein Schwerpunkt der Erzählung. Kataloge von Gräbern, Kirchen und Klöstern gehören zum festen Bestandteil des christlichen Städtelobs bzw. der Städtebeschreibung.[336] In Paris weist der Besuch der Palastkapelle auf den bevorstehenden Aufenthalt im Heiligen Land voraus: *famosa capella biblicis historiis mirabiliter ornata* (S. 30). Zudem sind dort zentrale Reliquien wie die Dornenkrone und die heilige Lanze verwahrt.

Doch daneben leitet die Beschreibung von Paris[337] die Rolle der Stadt als das geistige Zentrum der Zeit ein: *In ipsa namque civitate summe viget scientia theologica et philosophica, quoniam ipsarum nutrix est, et aliarum artium liberalium mater, et magistra justitia, utique libera morum norma, et breviter omnium virtutum moralium atque theologicarum speculum et lucerna* (Kap. 7, S. 30). Diese Personifikation stellt Paris als intellektuelle Hauptstadt dar.

---

334   Auch strukturell unterscheiden sich beide Texte deutlich (siehe auch oben). Symon folgt dem üblichen Schema der Texte und schildert seine eigene Reise in der Reihenfolge der besuchten Orte – Ludolfs Konzept dagegen ist das eines Handbuchs, das die möglichen Reiserouten schildert (vgl. S. 283 f.). Symon erzählt von seiner eigenen Reise. Im Text erhält der Leser nebenbei praktische Informationen wie zum Beispiel den Preis für eine Schifffahrt auf dem Nil (S. 66). Vgl. auch zur Ausstattung mit Proviant S. 66 oder zur Währung S. 64.

335   Vgl. SCHRÖDER (2009) 104 ff.

336   CLASSEN (1980) 29. Zum Städtelob und der Städtebeschreibung vgl. ARNOLD (2000), SCHMIDT (1981) und besonders CLASSEN (1980). Beide Texttypen lassen sich kaum voneinander trennen vgl. CLASSEN (1980) 2 ff.

337   Vgl. dazu die Stadtbeschreibungen von Guy de Bazoches, Ende des 12. Jahrhunderts, Ed. ADOLFSSON (1969), *Epistula* 4, S. 14 ff., und besonders Johannes von Jandun, 1323, Ed. ROUX (1867).

318 KAPITEL 5

Bei der Schilderung Londons,[338] der berühmtesten und reichsten Stadt unter der Sonne, wie es heißt,[339] wird neben den Kirchen das Aussehen des Tower of London detailliert beschrieben: *castrum famosissimum et inexpugnabile, duplici muro, fossatis amplissimis ex lapidibus quadris et sectis mira altitudine erecta, et inestimabili firmitate constructa* (Kap. 4, S. 26). In den Beschreibungen dominiert die Verwendung von Superlativen und Vokabeln der Bewunderung wie *mirus, admirabilis* oder *mirabiliter*.[340]

Neben dieser weltlichen Sehenswürdigkeit werden die biblischen Zeichnungen im *painted chamber* des Palace of Westminster geschildert, die wieder auf das Heilige Land verweisen: *camera, in cujus parietibus sunt omnes historie bellice totius Biblie ineffabiliter depicte, atque in Gallico completissime et perfectissime communiter conscripte, in non modica intuentium admiratione* (Kap. 4, S. 26). Wieder betont der Superlativ die hervorragenden Sehenswürdigkeiten, die dem Reisenden bereits auf dem Weg ins Heilige Land begegnen.

Überhaupt spart Symon in seiner Erzählung nicht mit der Verwendung von Superlativen: z.B. *populosissima, opulentissima* über Paris (Kap. 7, S. 28). Bei der lobenden Beschreibung der einzelnen Städte lässt Symon sich diese in ihren Superlativen selbst überbieten. London bezeichnet er als berühmteste Stadt unter der Sonne (*inclitissima*, Kap. 4, S. 26) und auch Genua nennt er die berühmteste Stadt der Welt (*inter omnes mundi civitates famosissima, potentissima, victoriosissima*, Kap. 12, S. 32) – prinzipiell scheint *famosissima* das passende Beiwort für zahlreiche besuchte Städte zu sein.[341]

In der Folge übersteigt die Beschreibung Kairos die bisher genannten Superlative im Zusammenhang mit der Einwohnerzahl und der Größe der Stadt Paris: *Kayr (...), que, judicio nostro salvo meliori, major est civitate Parisiensi in duplo, populosior in quadruplo, et si plus diceremus, veritatis limites non transgrederemur* (Kap. 48, S. 72).

Die großen Städte Europas sind Zentrum der Bewunderung, nicht erst Jerusalem. Die Ankunft dort wird nicht als bedeutsamer Moment in der Erzählung herausgehoben. Es heißt schlicht, „wir kamen in die heilige Stadt Jerusalem" –

---

338 Vgl. die ausführliche Stadtbeschreibung von London von William Fitzstephen (ca. 1173/1174) in der Biographie Thomas Beckets, Ed. ROBERTSON (1877), siehe dazu SCATTERGOOD (1995) und ARNOLD (2000), 252f. Siehe auch Gervasius von Tilbury über London: *Otia Imperialia* 2,17, BINNS/BANKS (2002) S. 398–401.

339 (...) *que est inclitissima et opulentissima inter omnes civitates que solis ambitu continentur* (Kap. 4, S. 26).

340 Vgl. *ecclesia mire magnitudinis* in Amiens (Kap. 6, S. 28) oder den Klang der Glocken von Westminster, *in sono admirabili*, Kap. 4, S. 26.

341 Vgl. über Alexandria Kap. 24, S. 44.

ENZYKLOPÄDISCHE FUNKTION   319

venimus civitatem sanctam Jerusalem.[342] Die Reise durch Europa in Symons Darstellung ist nicht nur auf das Reiseziel „Heiliges Land" ausgerichtet, sondern wird zum Selbstzweck. Dennoch steht dem Autor das Ziel vor Augen, wie neben der Beschreibung von Christusreliquien an der Beobachtung spürbar wird, dass ein glitzernd geschmückter Schrein in Canterbury schon an ein Tor Jerusalems erinnert (*velut porta Jerusalem*, Kap. 5, S. 26).

5.3.2   *Ägyptische Städte*

In der Beschreibung Ägyptens tritt das Interesse an fremder Kultur verstärkt hervor. Wie bereits Autoren vor ihm wie setzt sich Symon stark mit dem Koran auseinander und zitiert mehrmals aus diesem.[343] Hierbei stützt er sich vor allem auf zwei Texte.[344] Auf der einen Seite verwendet er die erste Übersetzung des Korans ins Lateinische, die von Petrus Venerabilis in Auftrag gegeben wurde und von Robert von Chester und von Hermann von Carinthia durchgeführt wurde (1141–1143).[345] Der andere Text ist ein polemisches Traktat von Hermann von Carinthia mit dem Titel *Libellus de Doctrina porci villissimi Machometi.*[346] Seine Beschreibung der religiösen Praktiken der Sarazenen orientiert sich an seinen eigenen Beobachtungen und geht zum Teil zurück auf ältere Pilgertexte, besonders auf Ricoldus.[347]

Doch zu der Darstellung der fremden Religion, die sich seit dem 13. Jahrhundert in der Pilgerliteratur etabliert, treten ethnographische und kulturelle Beobachtungen. Das breit gefächerte Interesse an der fremden Kultur rückt Symons Text deutlich in die Nähe der Asien-Reiseberichte von Autoren wie Odoricus de Pordenone oder Wilhelm von Rubruk, die ungefähr gleichzeitig reisten.[348] Diese Beobachtung bestätigt die Rezeption des Textes. In der Handschrift sind gemeinsam mit Symons Text diese beiden Reiseberichte zusammengebunden.[349]

Die Beschreibung Ägyptens führt nicht zu der Schilderung der üblichen Pilgerorte. Der Berg Sinai wird nur kurz im Zusammenhang mit Alexandria und der Legende der heiligen Katharina erwähnt.[350] Ägypten wird in Symons Text

---

342   Kap. 93, S. 106, vgl. *venimus Londoniam civitatem*, Kap. 3, S. 26 und *venimus civitatem inclitam Parysiensem*, Kap. 7, S. 28.
343   Vgl. z. B. Kap. 28, S. 50. Kap. 29, S. 52.
344   Diskutiert bei GRABOÏS (2003) 535.
345   Vgl. JÜTTNER (1995).
346   Vgl. GRABOÏS (2003) 535.
347   Vgl. GRABOÏS (2003) 535. Zu Ricoldus s. S. 177.
348   Vgl. zu den Ostasienreiseberichten MÜNKLER (2000).
349   Vgl. ESPOSITO (1960) 2.
350   *Ad Montem Synay, qui distat a prefata civitate (sc. Alexandria) per xiii dietas magnas secundum incolarum assertionem.* Kap. 24, S. 46.

320 KAPITEL 5

nicht vorwiegend als biblisches Land geschildert,[351] sondern bildet die Folie für ausführliche ethnographische Beobachtungen.

Die Einreise nach Ägypten erfolgt über die Stadt Alexandria, die zunächst lokalisiert und anschließend – im Sinne des christlichen Reisenden – als die Stadt charakterisiert wird, in deren Nähe der Evangelist Marcus und wo Katharina zum Märtyrer resp. zur Märtyrerin wurden.[352] Im Folgenden spielen christliche oder biblische Sehenswürdigkeiten nur eine untergeordnete Rolle.

In den nächsten Kapiteln ist nicht mehr Alexandria selbst Thema, sondern die Einreiseformalitäten,[353] deren Länge und Kompliziertheit in mehreren Kapiteln dargelegt werden (Kap. 24–27). Einzelheiten über die Formalitäten sind einerseits für Reisende interessant, andererseits dokumentiert die ausführliche Schilderung die Schwierigkeiten, die vor einer Reise ins Heilige Land zu bewältigen sind. Vor der Ankunft im Heiligen Land wird eine gänzlich fremde und aufregende Welt durchreist, die in schillernden Farben beschrieben wird. Die Erzählung der Einreise markiert den Eintritt in eine andere Welt.

In einem eigenen Kapitel wird die andersartige Kommunikation der Admiräle mit dem Sultan in diesem Land durch Brieftauben behandelt (Kap. 25, S. 46).[354]

Der Text Symons unterstreicht, wie sehr sich die Reisegruppe als Christen in Ägypten von den anderen Menschen abhebt und vor allem ausgegrenzt wird: *nos (...) populo civitatis propter nomen Jesu contumelie spectaculum effectos* (Kap. 27, S. 48).[355] Der Grund für die Ausgrenzung, die andere Religion, wird in den Folgekapiteln (Kap. 28–32) geschildert. Zunächst werden ausführlich die Sarazenen und der Koran behandelt[356] und anschließend ihr Umgang mit verschiedenen christlichen und jüdischen Sekten (31–32).

---

351 Vgl. dagegen den Text Egerias, s. S. 93 ff.

352 (*Alexandria*), *que est in terra Egypti* [*et*] *que sistat a Candia per quingenta milaria. Extra quam ad unum miliare fuit solempniter martirizatus beatus Marcus ewangelista, Venetiarum advocatus. Et infra quam, ubi sunt nunc due columpne lapidee rubee, longe et magne, inter quas nunc est strata publica, ubi fuit martirizata gloriosa virgo Katerina* (Kap. 24, S. 44).

353 Wie Wilhelm von Boldensele reiste Symon zuerst nach Ägypten, um dort ein Schreiben des Sultans zu erhalten, das die weitere Reise erlaubte. Zu diesen Formalitäten s. auch S. 273. Symon merkt an, dass man sie fünf Tage auf die Reiseerlaubnis warten ließ, was so begründet wird, dass der Sultan glaubt, an armen Reisenden wie den Fratres Minores wenig Geld verdienen zu können, Kap. 27, S. 49. Vgl. auch Kap. 77, S. 97 zum Aussehen.

354 Zu den Brieftauben vgl. EDINGTON (1996).

355 Vgl. beim Verlassen Alexandrias: *et inde saturati obprobriis, sicut oves inter lupos* (Kap. 39, S. 64) und beim Verlassen Kairos: *sicut oves inter lupos*, zu diesem Ausdruck vgl. Luk 10,3.

356 Mohammed wird mit Schimpfwörtern betitelt, z. B. *videlicet Machometum porcum vilissimum*, Kap. 28, S. 50. *Hec Machometus porcus, mulierum amator*, Kap. 30, S. 54. Vgl. dazu S. 268. Vgl. auch den Titel des von Symon verwendeten Werkes von Hermann von Carin-

ENZYKLOPÄDISCHE FUNKTION 321

In dem Abschnitt über Alexandria geht der Text deutlich über die traditionellen Kategorien der Stadtbeschreibung hinaus. Nur in einem kurzen Kapitel (33) werden Befestigung, wirtschaftliche Aspekte und Lage der Stadt behandelt, wobei auf die Kategorien der antiken *Descriptiones* und *Laudes urbium*[357] zurückgegriffen wird.

Ausführlich dagegen werden ethnographische Aspekte verhandelt. Der Tatsache, dass sich die Christen schon visuell durch ihre Kleidung von den Bürgern Alexandrias unterscheiden, wird Rechnung getragen durch die detaillierte Beschreibung der Kleidung und dem Erscheinungsbild der Stadtbewohner (Kap. 34–36), wobei ein Kapitel umfassend das Aussehen der Frauen behandelt (Kap. 36). Die fremdartige Kleidung der Bewohner wird ausführlich erläutert und durch den Vergleich mit Bekanntem (vgl. oben zu den exotischen Tieren) verdeutlicht. Bei der Kleidung der Sarazenen greift Symon sogar zum Vergleich mit dem Habitus der Fratres Minores: *Ipsi vero Saracenorum populares communiter habitu lineo vel bumbacino vario modo texto, et eorum nobiles serico vel aureo induuntur, qui in manicis et in aliis conformitatem totaliter habent cum Minorum fratrum habitu, caputio excepto et longitudine precisa* (Kap. 34, S. 58). Die Beschreibung folgt der Reihenfolge von Kopf bis Fuß, wobei auch dem Schuhwerk ein längerer Abschnitt gewidmet wird. Die Schuhe der Kameltreiber und der ärmeren Leute werden mit den Schuhen der irischen Jungen verglichen (*qui conformiter in Hybernicis pueris calciantur*, Kap. 35, S. 60). Das Beispiel der Schuhe zeigt die Detailgenauigkeit, mit der die Beobachtungen festgehalten werden.

Von der Stadt Kairo wird ein lebendiges Bild gezeichnet. Zwei Beispiele, die dichte Bevölkerung der Stadt und das Polospiel des Sultans, zeigen, dass Symons Text damit weit über die traditionelle Stadtbeschreibung herausgeht, der er nur durch den Verweis auf das Fehlen der Befestigung der Stadt (Kap. 48, S. 72), auf die Herkunft der Stadtbewohner nach der Bibel (Kap. 49) und auf die Lage (Kap. 52) Rechnung trägt. Die immense Größe der Stadt (vgl. unten S.318, mindestens doppelt so groß wie Paris) und die riesige Zahl der Bewohner (viermal so viele Einwohner wie Paris, ebd.) beeindruckt den Besucher. Wegen

---

thia siehe oben S. 319. Die Gebetshäuser der Sarazenen seien außerdem keine Kirchen, sondern werden als *synagoge satane* bezeichnet (ebd.). Erstaunlich ist, dass die Wachleute, die die Christen bei ihrer Ankunft in Alexandria durchsuchen und Bilder von Jesus und Maria finden, in direkter Rede zu Wort kommen und die Christen als *porci vilissimi* bezeichnen: *Wach! hii sunt canes et porci vilissimi, qui non credunt Machometum esse prophetam Dei et nuntium* (Kap. 26, S. 48).

357   Zu diesen Kategorien gehören: Tore, Mauern, Befestigungen, Gründung/Gründer, Lage, Umgebung, Bauten, sowie Klima, Wasserversorgung, Handel. Vgl. dazu CLASSEN (1980) 34 f. Vgl. auch ARNOLD (2000), SCHMIDT (1981).

322 KAPITEL 5

der Überfüllung der Straßen ist die Durchquerung der Stadt schier unmöglich: *principaliores* (...) *continue sunt ita plene populo barbaro et vilissimo, quod nunquam de uno capite ipsius ad aliud nisi cum maxima difficultate transitur* (Kap. 48, S. 72). Zur einfacheren Durchquerung der Stadt gibt es dort 30.000 Esel, die man an jeder Straßenecke mieten kann (Kap. 48, S. 74).

Eine bemerkenswerte Einzelschilderung beinhaltet eine Freizeitaktivität des Sultans und seiner Leute, eine Art Polospiel (Kap. 52, S. 76 f.):[358] *In quo* (d. h. *loco, qui Mida dicitur) Soldanis cum suis Admiraldis et ceteris nobilibus sui exercitus quandoque solatiatur.* Dieses unbekannte Spiel wird zunächst mit einem Spiel, das Hirten in christlichen Ländern spielen, verglichen. Zugleich werden die Unterschiede hervorgehoben und dabei betont, dass es sich um etwas völlig anderes als Turniere und ähnliche kräftemessende Aktivitäten christlicher Ritter handelt. Plakativ wird der Jubel der Zuschauer beschrieben, wenn der Sultan spielt, sowie die Geräusche der Pferde und die Kollisionen der Spieler. Das Ausmaß des Aufruhrs und Lärms des Spiels belegen biblische Bilder: der Lärm scheint die Bewegung des Arcturus aufzuhalten (vgl. Hiob 38,31 und Kap. 14, S. 34) und man meint, mit den Bewohnern von Sodom unterzugehen (Gen 19). Die Grundfesten der Erde würden erschüttert.[359] Die biblischen Bilder vertiefen den Kontrast, der sich zwischen der Fremdheit des Spiels und der bekannten Welt öffnet.

In Symons Text lässt sich Albrecht Classens These zur Stadtbeschreibung bestätigen, nach der sich in den mittelalterlichen Texten erst ab dem Ende des 12. Jahrhunderts Tendenzen dazu zeigen,[360] über die seit der Antike verwendeten traditionellen Züge des Städtelobs/der Stadtbeschreibung hinauszugehen. Ein großer Unterschied, den Albrecht Classen beobachtet, ist die neue Berücksichtigung der Aktivitäten der Bürger und der Einzelbeschreibungen aus dem Leben in den Städten, wie z. B. Märkte oder Freizeitbeschäftigungen.[361] Albrecht Classen bezeichnet diesen Aspekt als ein „neues Verständnis

---

358 Vgl. zum Polospiel des Sultans KESSLER (2004) 100 ff.

359 *Quia semper quando (Soldanus) pilam per vices excutit, omnes eum laudant et magnificant, tubis innumerabilibus clangentibus et nacaris* (nakara – eine Art Trommel, vgl. ESPOSITO (1960) S. 77, Anm. 5) [*vel*] *tympanis raucis infinitis tonitruantibus et vocibus clamoribusque in tantum, quod motum Arcturi impedire videntur, et cum sodomitis precipitari estimantur, et ex equorum tumultu et equitum collisione et populorum concursu alienigenorum bases terre, columpnas ejus et epistilia fugam petere autumant et ordinem universi inverti* (Kap. 52, S. 76 f.).

360 Auch in den Pilgerreise- und Kreuzfahrertexten, die Classen kurz erwähnt, sieht er seine These bestätigt. Erst ab Wilhelm von Tyrus ist ein verstärktes Interesse an anderen Kategorien festzustellen, CLASSEN (1980) 33.

361 CLASSEN (1980) Vgl. z. B. 12 ff., 35, 65.

ENZYKLOPÄDISCHE FUNKTION 323

von Stadt".[362] In den Pilgertexten zeigt sich ebenfalls an der Schwelle vom 12. ins 13. Jahrhundert ein gewandeltes Interesse an der Umwelt – nicht nur bezogen auf die Städte. Albrecht Classens Beobachtung scheint mit dem verstärkten Interesse am Fremden und an nicht-biblischen Erzählinhalten in den Pilgertexten zusammenzufallen.

In Symons Text findet sich im Vergleich zu den anderen untersuchten Texten ein starkes Interesse an außerbiblischen Inhalten. Das zeigt die Betrachtung der Städtebeschreibungen Symons, bei denen Aspekte beschrieben werden, die bislang aus den Pilgertexten ausgeblendet wurden. Plakative Beispiele dafür sind die ausführliche Schilderung der Bekleidung der Bewohner Alexandrias oder die Beschreibung des Polospiels.

---

362   CLASSEN (1980) 67.

KAPITEL 6

Schlussbemerkungen

Die über tausend Jahre lange Tradition der Texte, die über eine Pilgerreise erzählen, zu untersuchen, ist nicht nur aufgrund der Vielzahl an Texten ein herausforderndes Vorhaben. Neben den 14 Texten, die ich exemplarisch betrachtet habe, gäbe es sicher zahlreiche Texte, die es auch wert wären, detailliert analysiert zu werden. Dazu kommt die Editionslage, nämlich dass viele Texte nur nach einzelnen Handschriften ediert sind und dass die Abhängigkeiten der einzelnen Fassungen und Redaktionen bisher nicht geklärt ist.

Trotz dieser Einschränkungen lassen sich Kontinuitäten und Diskontinuitäten sowie spezifische Darstellungsmuster aufzeigen. Es war das Ziel der vorliegenden Studie, Narrationsstrategien und Funktionsweisen der Pilgertexte zu untersuchen. Über die Jahrhunderte bildete sich eine Textgattung mit einer literarischen Tradition aus, die eine komplexe Dimension hinsichtlich ihrer Formen und Funktionen besitzt. Im Unterschied zu der bislang in der Forschung verwendeten Bezeichnung ‚Pilgerberichte‘ habe ich daher den Terminus ‚Pilgertexte‘ gewählt – auch, um zu unterstreichen, dass die erhaltenen Schriften nicht auf ihre dokumentativ-referierende Funktion reduziert werden können. Die Gattung lässt sich in enumerative und in narrative Pilgertexte einteilen. Als deren Hauptfunktionen wurden die Pilgerreise in der Imagination und die Wissensvermittlung herausgearbeitet.

Ein für die Texte zentraler Aspekt ist die Bewegung, die auf verschiedenen Ebenen konstituierend ist: Zunächst sind Pilgertexte durch ihre verschiedenen Fassungen sowie durch das Konzept des Wiedererzählens, auf dem sie basieren, und die Entwicklung einer literarischen Tradition in Bewegung. An erster Stelle steht in den Texten die erzählte Bewegung als Bewegung im Sinne der Reise oder Mobilität und der Bewegung durch den Raum von Ort zu Ort. Bei dieser Form der Bewegung geht es nicht nur um die erzählte Bewegung eines Körpers durch den Raum, sondern vielmehr um die narrative Blickbewegung, die ein vermitteltes Sehen des Geschilderten in der Imagination erlaubt. Bewegung bedeutet in den Texten zweitens die Erzählung über Bewegungen im Zusammenhang mit der Imitation Christi und die Erzählung performativer Vollzüge. Bewegung spielt eine Rolle für die Memorierung der Heilsgeschichte, die als eine Funktion der Pilgertexte herausgearbeitet wurde. Bewegung ist im übertragenen Sinn bedeutsam für die Pilgertexte, die emotionale Bewegung hervorrufen können.

Überhaupt ist Übertragung verstanden als Bewegung bedeutsam für meine Betrachtung. Mittels der Narration können einzelne Aspekte der Erfahrung der

© KONINKLIJKE BRILL NV, LEIDEN, 2019 | DOI:10.1163/9789004400528_007

Pilgerreise aus der Ferne des Pilgerziels in das Hier und Jetzt des Rezipienten übertragen werden. Übertragungen können numerischer Art sein, indem Maße zwischen Heilsorten oder die Abmessungen einzelner Reliquien wie der Fußspuren Christi wiedergegeben werden. Durch die Erzählung über die Reise, die Heilsorte, die Wiedergabe der Vollzüge an den einzelnen Heilsorten werden diese Erlebnisse übertragen. Auf diese Weise kann der Text zum Medium des Heils werden.

Der Text stellt Bilder zur Verfügung und lädt so zur Meditation ein. Dabei handelt es sich um ein Angebot des Textes, das in der Rezeption wahrgenommen werden kann, aber nicht muss. Schon vom 4. Jahrhundert an lassen sich punktuell solche virtuellen Aspekte in den Texten aufzeigen. Diese Textfunktion gewinnt im Laufe der Jahrhunderte an Bedeutung und führt schließlich im 15. Jahrhundert dazu, dass Texte geschrieben werden, die als rein virtuelle Pilgerfahrt konzipiert sind und einen Ersatz für eine reale Pilgerfahrt darstellen, die mit performativen Vollzügen durchgeführt wird. Auch wenn ab dem 13. Jahrhundert neben den biblischen Inhalten andere, enzyklopädisch ausgerichtete Interessensbereiche zusätzlich in den Blickpunkt rücken, bleibt die Nachvollzieh- und Wiederholbarkeit eine wichtige Textfunktion. Dies führt dazu, dass Texte nicht mehr nur aufgrund des Wegstreckenschemas gegliedert sind, sondern sich einzelne themenbezogene Kapitel sowie ausgedehnte Exkurse zu außerbiblischen Themen entwickeln.

Strukturmerkmale wie das Wegstreckenschema wurden im zweiten Kapitel als charakteristische Textmerkmale untersucht. Gattungsspezifisch für Pilgertexte ist die besondere Verbindung, die im Rahmen dieses Routenschemas zwischen einem heiligen Ort und der Heiligen Schrift hergestellt wird. Auf diese Weise wird der bereiste Raum als heiliger Raum konturiert. Der Raum der Reiseroute selbst jedoch, der die einzelnen Heilsorte miteinander verbindet, bleibt meist unscharf und inhaltlich unbestimmt. Neben räumlichen konturieren auch zeitliche Aspekte den Heilsraum: Reisezeit und biblische Zeit verschmelzen miteinander und erzeugen eine Ebene der Heilszeit in der Erzählung. Während diese Merkmale gattungsspezifisch für Pilgertexte sind, lassen sich die weiteren Textmerkmale auch in anderen Textgruppen finden.

Neben diesen Strukturen und Schemata, die Pilgertexte grundsätzlich gliedern, wurden Effekt- und Funktionsmerkmale betrachtet, das heißt, es wurde die Frage gestellt, welche Effekte Pilgertexte beim Rezipienten auslösen können. Dabei geht es auf der Seite der Rezeption um die möglichen Funktionsweisen der Pilgertexte als imaginierende Pilgerreisen. Denn die Erzählung über eine Reise vermittelt dem Leser nicht nur Informationen über die bereiste Gegend, sondern sie repräsentiert auch die auf der Reise durchlebten Erfahrungen. Die narrative Kodierung leistet die Beglaubigung und ermöglicht die

Weitergabe dieser Erfahrungen. Auch der Leser, der sich nicht vor Ort aufhält, kann im Medium der Narration die Gegenwart des historischen Jesus erleben.

Um diese Effekte zu erzielen, werden auf der Seite der Textproduktion narrative Strategien eingesetzt. Dabei handelt es sich besonders um Strategien der Vergegenwärtigung und der Visualisierung der heiligen Stätten. Bedeutsam in diesem Zusammenhang ist die rhetorische Technik der *evidentia*, durch die das in einem Text Erzählte bildlich vor Augen gestellt wird. Die Basis für die Interpretation der Pilgertexte bildet das augustinische Lektüreverständnis, nach dem beim Lesen Bilder generiert werden. Meine Interpretation akzentuiert so auch die schwer fassbare Rezeptionsseite, wobei die von mir betrachteten Texte ihren Sitz innerhalb der klösterlichen Lektürepraxis haben. Hier ist die Einschränkung zu machen, dass eine genaue Untersuchung der Textüberlieferung und der Zeugnisse in den einzelnen Prologen der verschiedenen Fassungen und Redaktionen bislang fehlt. Ein Schreiber oder Redaktor des Textes des Philip de Savona findet die Pilgerreise schlichtweg zu langwierig und gefährlich und bleibt daher lieber zuhause.[1] Dieses Zeugnis zeigt, dass es unterschiedliche Rezeptionsmodi und verschiedene Grade der spirituellen Versenkung in die Texte geben kann. Durch eine systematische Suche nach ähnlichen Zeugnissen in den Prologen der Handschriften kann die Rezeptionsweise in der weiteren Forschung differenzierter beleuchtet werden.

In den Einzelanalysen meiner Studie wurden Vergegenwärtigungsstrategien als narrative Merkmale akzentuiert. Mit der erzählten Bewegung und der Blickbewegung, die den Raum des Heiligen Landes Stück für Stück freilegt, hängt der Gestus des Zeigens zusammen, für den der Panoramablick aus der Vogelperspektive, die „biblische Teichoskopie", beispielhaft ist, die in den Texten von Egeria bis Felix Fabri biblische Landschaft und biblisches Geschehen imaginieren lässt. Der Blick wird durch das erzählte Zeigen gelenkt: Die biblischen Orte werden nicht nur genannt oder gesehen, sondern sie werden gezeigt. Erzählte Materialität, ekphrastische Als-ob-Wahrnehmung und die Schilderung körperlicher Vollzüge am Heilsort lassen den Leser intensiv Anteil am Geschehen nehmen und regen zum Nachvollzug an.

Trotz der Betonung der verschiedenen Vergegenwärtigungsmodi, die die Texte bieten, bleibt die Erzählung über eine Reise eine Erzählung, die zwar imaginativ nacherlebt werden kann, doch gegenüber dem eigenen Augenschein zurücksteht. In diesem Sinne rät der Verfasser oder Schreiber im Prolog der unter dem Namen des Oliver von Paderborn überlieferten *Descriptio* des Heili-

---

1 *Si cui placuerit longa, discriminosa ac periculosa peregrinatio, plus mihi libuit innato solo immoratio.* Ed. NEUMANN (1872) S. 15.

SCHLUSSBEMERKUNGEN

gen Landes, im Zweifel selbst die Reise anzutreten: *Qui fidem huic scripto adhibere noluerit, mare transeat et videat et verius intelligat, que presens littera non declarat.*[2]

---

2 Ed. Hoogeweg (1894) S. 24.

Literaturverzeichnis

Primärliteratur

Adomnan, De locis sanctis, ed. P. Geyer, in: Itineraria Hierosolymitana, Wien 1898, 221–297 (CSEL 39).

Adomnan, De locis sanctis, ed. P. Geyer, in: Itineraria et alia Geographica, Turnhout 1965, 219–297 (CCSL 175).

Adamnan, De locis sanctis, ed. Denis Meehan, Dublin 1983 (Scriptores Latini Hiberniae 3).

Adomnan, De locis sanctis/Adomnano di Iona, luoghi santi. Introduzione, traduzione e commento a cura di Maria Guagnano, Bari 2008.

Adomnan, Vita Columbae, edd. A.O. Anderson/M.O. Anderson, Edinburgh 1961.

Adorno, Jean, Itinéraire de Anselme Adorno en Terre Sainte (1470–1471), edd. J. Heers/ G. de Groer, Paris 1978.

Albertus Magnus, De anima, ed. C. Stroick (Ed. Colon. 7/1), Münster 1968.

Albertus Magnus, De generatione et corruptione, ed. P. Hossfeld (Ed. Colon. 5/2), Münster 1980, 109–213.

Albertus Magnus, Meteora, ed. P. Hossfeld (Ed. Colon. 6/1), Münster 2003.

Albertus Magnus, Mineralia, ed. A. Borgnet (Ed. Paris. 5), Paris 1890, 1–116.

Alcuin, Liber de animae ratione, PL 101 (1863) 639–647.

Alcuin, Epistolae, ed. E. Dümmler, MGH Epist., 4, 1895, 18–481, 614–616.

Ambrosius, De spiritu sancto, De incarnationis dominicae sacramento, ed. O. Faller, Wien 1964 (CSEL 79).

Ambrosius, Expositio de psalmo CXVIII, ed. M. Petschenig, Wien 1923, editio altera supplementis aucta cur. M. Zelzer, Turnhout 1999 (CSEL 62).

Anonymus, Breviarius de Hierosolyma, ed. R. Weber, in: Itineraria et alia Geographica, Turnhout 1965, 105–112 (CCSL 175).

Anonymus Burdigalensis, Itinerarium Burdigalense, edd. P. Geyer/O. Cuntz, in: Itineraria et alia Geographica, Turnhout 1965, 1–26 (CCSL 175).

Anonymus von Piacenza, Itinerarium, ed. P. Geyer, in: Itineraria et alia Geographica, Turnhout 1965, 127–174 (CCSL 175).

Anonymus von Piacenza, Antonini Placentini Itinerarium im unentstellten Text mit deutscher Übersetzung, ed. J. Gildemeister, Berlin 1889.

Antonius de Cremona, Itinerarium ad Sepulcrum Domini (1327,1330), ed. R. Röhricht, in: ZDPV 13 (1890) 153–175.

Aristoteles, Historia Animalium 1, Books I–X: Text, ed. D.M. Balme, Cambridge 2002.

Aristoteles, De anima, edited, with introduction and commentary by W.D. Ross, Oxford 1961.

330   LITERATURVERZEICHNIS

Arnold von Harff, Die Pilgerfahrt des Ritters Arnold von Harff von Cöln durch Italien, Syrien, Ägypten, Arabien, Aethiopien, Nubien, Palästina, die Türkei, Frankreich und Spanien, ed. E. von Groote, Köln 1860.

Augustinus, Contra Maximinum, PL 42, 743–814.

Augustinus, De civitate Dei, 2 Bände, edd. B. Dombart/A. Kalb, Turnhout 1955 (CCSL 47/48).

Augustinus, De doctrina Christiana, ed. J. Martin, in: De doctrina christiana, De vera religione, edd. K.D. Daur/J. Martin, Turnhout 1962, 1–167 (CCSL 32).

Augustinus, De Genesi ad litteram liber imperfectus, De Genesi ad litteram, Locutiones in Heptateuchum, ed. J. Zycha, Wien 1894 (CSEL 28,1).

Augustinus, De trinitate libri xv, libri I–XII, edd. W.J. Mountain/F. Glorie, Turnhout 1968 (CCSL 50).

Augustinus, Epistulae, ed. A. Goldbacher, Wien 1895 (CSEL 34, 44, 57), Wien 1895–1911.

Bartholomaeus Anglicus, De proprietatibus rerum, Frankfurt 1601, Ndr. Frankfurt 1964.

Bartholomaeus Anglicus, De proprietatibus rerum, Vol. 1: Prohemium, Libri I–IV, edd. Heinz Meyer/Michael W. Twomey/Bernd Roling/R. James Long, Turnhout 2007.

Bartholomaeus Anglicus, De proprietatibus rerum, Vol. 6: Liber XVII, ed. Iolanda Ventura, Turnhout 2007.

Beda Venerabilis, De locis sanctis, ed. I. Fraipont, in: Itineraria et alia Geographica, Turnhout 1965, 245–280 (CCSL 175).

Beda Venerabilis, Historia Ecclesiastica, edd. B. Colgrave/R.A.B. Mynors, Oxford 1969.

Beda Venerabilis, Nomina locorum ex beati Hieronimi presbiteri et Flavi Iosephi collecta opusculis. ed. D. Hurst, in: Opera exegetica, edd. L.W. Laistner/D. Hurst, Turnhout 1962, 273–287 (CCSL 119).

Beda Venerabilis, Nomina regionum atque locorum de actibus apostolorum. ed. L.W. Laistner, in: Opera exegetica, edd. L.W. Laistner/D. Hurst, Turnhout 1983, 167–178 (CCSL 121).

Bernardus Monachus Francus, Itinerarium, Edition, Übersetzung, Kommentar, ed. J. Ackermann, Hannover 2010.

Bernhard von Clairvaux, Liber ad Milites Templi: de laude novae militiae, edd. J. Leclercq/H.M. Rochais, S. Bernardi opera 3, 312–339, Rom 1963.

Biblia sacra iuxta vulgatam versionem. recensuit [...] R. Weber. Editionem quartam emendatam [...] praeparavit R. Gryson, Stuttgart [4]1994.

Brendan, Navigatio sancti Brendani. Alla scoperta dei segreti meravigliosi del mondo, edd. G. Orlandi/R.E. Guglielmetti, Firenze 2014.

Bernhard von Breydenbach, Die Reise ins Heilige Land. Ein Reisebericht aus dem Jahre 1483 mit 17 Holzschnitten, 5 Faltkarten und 6 Textseiten in Faksimile. Übertragung und Nachwort von Elisabeth Geck, Wiesbaden 1977.

Burchard von Monte Sion, Descriptio terrae sanctae („Kurzfassung") ed. H. Canisius, in: ders.: Antiquae Lectiones 6, Ingolstadt 1604, 295–322. Überarbeiteter Nachdruck

LITERATURVERZEICHNIS

von Jacques Basnage, in: ders.: Thesaurus monumentorum ecclesiasticorum et historicorum, sive Henrici Canisii lectiones antiquae, Band 4, Antwerpen 1725, 1–26.

Burchard von Monte Sion, Descriptio terrae sanctae, ed. J.C.M. Laurent, in: Peregrinationes Medii Aevi quattuor, Leipzig 1864, 19–99.

Croisades et pèlerinages. Récits, chroniques et voyages en Terre Sainte (XIIe–XIVe siècle), ed. Danielle Régnier-Bohler Paris 1997.

Descriptiones Terrae Sanctae ex saeculo VIII.IX. XII. et XV., ed. Titus Tobler, Leipzig 1874 (Ndr. Hildesheim/New York 1974).

Dicuil, Liber de mensura orbis terrae, ed. J. Thierny/L. Bieler, Dublin 1967 (Scriptores latini Hibernici 6).

Egeria, Itinerarium/Reisebericht, hrsg. von Georg Röwekamp, Freiburg i. Br. 2017, 3. völlig neu bearbeitete Auflage der Ausgabe 1995/2000 (Fontes Christiani 20).

Aetheria/Egeria: Reise in das Heilige Land. Lateinisch/deutsch von Kai Brodersen, Berlin/Boston 2016 (Sammlung Tusculum).

Égérie, Journal de voyage (Itinéraire), ed. Pierre Maraval, in: Pierre Maraval/Manuel C. Díaz y Díaz: Égérie. Journal de voyage (Itinéraire), Valerius du Bierzo. Lettre sur la bse Égérie, Paris 1982 (SC 296), 1–321.

Egeria's Travels to the holy land, transl. by John Wilkinson, Jerusalem/Warminster 1981, Revised Edition (zuerst 1971).

Egeria, Itinerarium, edd. A. Franceschini/R. Weber, in: Itineraria et alia Geographica, Turnhout 1965, 35–90 (CCSL 175).

Egeria, peregrinatio, in: S. Hilarii Tractatus de Mysteriis et Hymni et S. Silvae Aquitanae Peregrinatio ad loca sancta, ed. G.-F. Gamurrini, Rom 1887 (Biblioteca dell'Accademia storico-giuridica 4).

Eucherius, De situ Hierusolimae, Epistula ad Faustum Presbyterum, ed. I. Fraipont, in: Itineraria et alia Geographica, Turnhout 1965, 235–243 (CCSL 175).

Eusebius von Caesarea, Das Onomastikon der biblischen Ortsnamen, ed.E. Klostermann, Leipzig 1904, Nachdruck Hildesheim 1966 (GCS 2/1, Eusebius III/1).

Eusebius von Caesarea, De vita Constantini, ed. F. Winkelmann, Berlin 1975 (GCS 5, Eusebius 1/1).

Eusebius von Caesarea, Historia ecclesiastica, edd. E. Schwartz/T. Mommsen, Berlin 1903–1909 (GCS 9/1–3, Eusebius II/1–2).

Eusebius, Onomasticon. The places and Names of divine scripture. Including the latin edition of Jerome. Translated into English and with topographical commentary by R. Steven Notley/Ze'ev Safrai, Boston/Leiden 2005.

Felix Fabri, Pilgerbuch: Eigentliche beschreibung der hin unnd wider farth zu dem Heyligen Landt gen Jerusalem, und furter durch die grosse Wüsteney zu dem Heiligen Berge Horeb Sinay ... Frankfurt a. M. 1556.

Felix Fabri, Evagatorium in Terrae Sanctae, Arabiae et Egypti peregrinationem, Bd. 1–3, ed. Konrad Dietrich Hassler, Stuttgart 1843–1849.

LITERATURVERZEICHNIS

Felix Fabri, Bruder Felix Fabers gereimtes Pilgerbüchlein, ed. Anton Birlinger, München 1864.

Felix Fabri, Die Sionpilger, ed. W. Carls, Berlin 1999.

Felix Fabri, Les errances de frère Félix, pèlerin en Terre Sainte, en Arabie et en Égypte (1480–1483), Band I–VI, edd. Jean Meyers/Nicole Chareyron, Montpellier 2000–2017.

Felix Fabri, Tractatus de civitate Ulmensi. Traktat über die Stadt Ulm, hrsg., übersetzt und kommentiert von Folker Reichert, Konstanz 2012.

Sigmund Feyerabend, Reyßbuch deß heyligen Lands, das ist eine gruntliche beschreibung aller und jeder Meer und Bilgerfahrten zum heyligen Lande, Frankfurt am Main 1584.

Fretellus, Rorgo Fretellus de Nazareth et sa description de la terre sainte. Histoire et edition du texte par P.C. Boeren, Amsterdam 1980.

Galen, De symptomatum differentiis liber, ed. K.G. Kühn (Opera omnia t. 7), Leipzig 1824, 42–84.

Galfred von Vinsauf, Documentum de modo et arte dictandi et versificandi, ed. Edmond Faral, in: ders., Les arts poétiques du XIIe et du XIIIe siècle. Recherches et documents sur la technique littéraire du moyen âge, Paris 1924, 263–320 (Bibliothèque de l'École des Hautes Études, Sciences Historiques et Philologiques, Fasc. 238).

Galfred von Vinsauf, Poetria Nova, ed. Edmond Faral, in: ders., Les arts poétiques du XIIe et du XIIIe siècle. Recherches et documents sur la technique littéraire du moyen âge, Paris 1924, 194–262 (Bibliothèque de l'École des Hautes Études, Sciences Historiques et Philologiques, Fasc. 238).

Gervasius von Tilbury, Otia imperialia, Recreation for an Emperor, edd. S.E. Binns/ J.W. Banks, Oxford 2002.

Gregor von Nyssa, Epistulae, ed. G. Pasquali, Leiden 1959 (Gregorii Nysseni Opera 8/2).

Gregor von Nyssa, Briefe, übers. von D. Teske, Stuttgart 1997.

Gregor von Tours, Liber in Gloria Martyrum, ed. B. Krusch, MGH script. Merov. I, Hannover 1885, 487–561.

Gregorius Magnus, Homiliae in Hiezechielem prophetam, ed. M. Adriaen, Turnhout 1971 (CCSL 142).

Gregorius Magnus, Registrum Epistularum libri VIII–XIV, ed. D. Norberg, Turnhout 1982 (CCSL 140A).

Guido de Bazoches, Liber Epistularum, ed. H. Adolfsson, Stockholm 1969.

Hegesippus, Historiae, ed. V. Ussani, Wien 1932 (CSEL 66,1).

Hegesippus, Historiae, Praefatio et indices, comp. C. Mras, Wien 1960 (CSEL 66,2).

Heinrich von Herford, Liber de rebus memorabilioribus sive Chronicon Henrici de Hervordia, ed. August Potthast, Göttingen 1859.

Hieronymus, Commentariorum in Esaiam libri I–XI, ed. M. Adriaen, Turnhout 1963 (CCSL 73).

LITERATURVERZEICHNIS

Hieronymus, Commentariorum in Esaiam libri XII–XVIII. In Esaiam parvula adbreviatio, edd. M. Adriaen/G. Morin, Turnhout 1963 (CCSL 73A).

Hieronymus, Commentariorum in Hiezechielem libri XIV, ed. F. Glorie, Turnhout 1964 (CCSL 75).

Hieronymus, Contra Rufinum, ed. P. Lardet, Turnhout 1982 (CCSL 79).

Hieronymus, De viris illustribus/Gli uomini illustri, ed. A. Ceresa-Gastaldo, Florenz 1988.

Hieronymus, Sancti Eusebii Hieronymi Epistulae, Pars I–III, ed. I. Hilberg, editio altera supplementis aucta, Wien 1996 (CSEL 54–56).

Hieronymus, Hebraicae quaestiones in libro Geneseos. Liber interpretationis hebraicorum nominum. Commentarioli in psalmos. Commentarius in Ecclesiasten, edd. P. De Lagarde/G. Morin/M. Adriaen, Turnout 1959 (CCSL 72).

Hieronymus, Onomasticon, Eusebius von Caesarea, Das Onomastikon der biblischen Ortsnamen, ed. E. Klostermann, Leipzig 1904, Nachdruck Hildesheim 1966 (GCS 2/1, Eusebius III/1).

Hieronymus, Praefatio in librum Paralipomenon juxta LXX interpretes, in: Patrologia Latina, ed. Jacques-Paul Migne, Bd. 29, Paris 1865, Sp. 423–426.

Hugeburc, Vita S. Willibaldi, ed. O. Holder-Egger, MGH, Scriptores 15,1, Hannover 1887, 86–106, Nachdruck mit deutscher Übersetzung: A. Bauch, in: Quellen zur Geschichte der Diözese Eichstätt 1, Eichstätt 1962 (1984, 2. Aufl.) 23–87.

Hugo von Flavigny, Chronicon, ed. G.H. Pertz, MGH Scriptores 8, Hannover 1848, 288–503.

Hugo von St. Victor, De archa Noe, Libellus de formatione Arche, ed. P. Sicard, Turnhout 2001 (CCCM 176).

Hugo von St. Victor, De sacramentis Christiane fidei, ed. R. Berndt, Münster 2008 (Corpus Victorinum, Textus historici 1).

Hugo von St. Victor, Six opuscules spirituels, ed. R. Baron, Paris 1969 (SC 155).

Humbert von Dijon, Liber de locis et conditionibus Terrae sanctae et Sepulcro: Un pèlerinage dominicain inédit du XIVe siècle, Le liber de locis et conditionibus Terrae sanctae et Sepulcro d'Humbert de Dijon O.P. (1332), edd. T. Kaeppeli/P. Benoit, in: Revue Biblique 62 (1955) 513–540.

Isidor von Sevilla, Isidori Hispalensis episcopi etymologiarum sive originum libri XX, ed. W.M. Lindsay, Oxford 1912 (mit Nachdrucken).

Itineraria Romana, ed. Otto Cuntz, Band 1, Stuttgart 1990.

Jacobus von Verona, Le pèlerinage du moine augustin Jacques de Vérone (1335), ed. Reinhold Röhricht, ROL 3 (1895) 155–302; ND: Brüssel 1964.

Jacobus von Verona, Liber Peregrinationis, ed. U. Monneret de Villard, Rom 1950, Nachdruck der Edition in: Pellegrinaggio ai luoghi santi. Liber peregrinationis di Jacopo di Verona. Presentazione e traduzione di Vittorio Castagna, Verona 1990.

Jacobus de Vitriaco, The Historia occidentalis of Jacques de Vitry, a critical edition, ed. John Frederick Hinnebusch, Fribourg 1972.

334   LITERATURVERZEICHNIS

Jacobus de Vitriaco, Historia occidentalis, ed. J. Donadieu, Tournhout 2008.

Jacques de Thérines, Quodlibet I et II, ed. P. Gloriaux, Paris 1958.

Jerusalem pilgrims before the crusades, transl. by John Wilkinson, Warminster 2002.

Johannes Capreolus, Defensiones theologiae Divi Thomae Aquinatis, edd. C. Paban/
T. Pègues, Bd. 4, Tours 1903.

Johannes de Fonte, Auctoritates Aristotelis, Senecae, Boethii, Platonis, Appuleii Afri-
cani, Porphyrii et Gilberti Porretani, ed. J. Hamesse, Les Auctoritates Aristotelis,
Un florilège médiéval, Étude historique et édition critique, Paris 1974 (Philosophes
médiévaux 17).

Johannes von Hildesheim, Historia trium regum, ed. E. Köpke, Brandenburg 1878 (Mitteilungen aus den Handschriften der Ritter-Akademie zu Brandenburg 1).

Johannes de Jandun, Tractatus de laudibus Parisius, in: Lincy, A. Le Roux de/Tisserand,
L.M. (Hrsg.): Paris et ses historiens aux XIVe et XVe siècles, Paris 1867, 32–79.

Johannes de Piano Carpini, Storia dei mongoli, ed. E. Menestò, Spoleto 1989.

Johannes von Würzburg, Descriptio terre sancte, ed. Robert B.C. Huygens, in: Peregrinationes Tres: Saewulf, Iohannes Wirziburgensis, Theodericus, Turnhout 1994, 79–141
(CCCM 139).

Johannes von Würzburg, Descriptio terre sancte, in: Descriptiones Terrae Sanctae ex
saeculo VIII.IX. XII. et XV., ed. Titus Tobler, Leipzig 1874, Ndr. Hildesheim/New York
1974, 108–192.

Josephus, De bello Iudaico libros VII, ed. B. Niese, Berolini 1955 (Opera 6).

Ludolf von Sudheim, Ludolphi Rectoris Ecclesiae Parochalie in Suchern, De Itinere Terrae Sanctae Liber, ed. F. Deycks, Stuttgart 1851.

Ludolf von Sudheim, De itinere terrae sanctae, ed. Wilhelm Anton Neumann, in: Les
Archives de l'Orient latin 2 (1884) 305–377.

Ludolfs von Sudheim Reise ins Heilige Land. Nach der Hamburger Handschrift hrsg.
von Ivar von Stapelmohr, Lund 1937.

Jean de Mandeville, Reisen. Reprint der Erstdrucke der deutschen Übersetzungen des
Michel Velser (Augsburg, bei Anton Sorg, 1480) und des Otto von Diemeringen
(Basel, bei Bernhard Richel, 1480/81), hrsg. und mit einer Einleitung versehen von
Ernst Bremer und Klaus Ridder, Hildesheim 1991.

Matthaeus Parisiensis, Chronica Majora, ed. H.R. Luard, 7 Bände, 1825–1891.

Origines, Commentaire sur saint Jean, Livres VI et X, tome II, ed. C. Blanc, Paris 2006, 1.
Auflage 1970 (SC 157).

Paulinus von Nola, Epistolae, ed. W. Hartel, Prag/Wien/Leipzig 1894, editio altera supplementis aucta, cur. M. Kamptner 1999 (CSEL 29).

Peregrinationes Medii Aevi quattuor, ed. J.C.M. Laurent, Leipzig 1864.

Peter von Celle, De afflictione et lectione, ed. J. Leclercq, in: La spiritualité de Pierre de
Celle, Paris 1946, 231–239.

Francesco Petrarca, Guide to the Holy Land, ed. T.J. Cachey Jr., Notre Dame 2002.

LITERATURVERZEICHNIS

Francesco Petrarca, Itinerario in Terra Sancta (1358), ed. F. Lo Monaco, Bergamo 1990.

Francesco Petrarca, Itinerarium breve de Ianua usque ad Ierusalem et terram Sanctam, ed. A. Paoella, Bologna 1993.

Petrus Diaconus, Liber de locis sanctis, ed. R. Weber, in: Itineraria et alia Geographica, Turnhout 1965, 93–103 (CCSL 175).

Philip de Savona, Descriptio terrae sanctae, ed. W.A. Neumann, in: Österreichische Viertelsjahrschrift für katholische Theologie 11 (1872) 1–78.

Niccolò da Poggibonsi, libro d'oltramare, 2 Bände, hrsg. von A. Bacchi della Lega, Bologna 1881.

Marco Polo, Milione, Le divisament dou monde, ed. G. Ronchi, Mailand 1982.

Odoricus de Pordenone, Relatio de mirabilibus orientalium Tatarorum, ed. A. Marchisio, Florenz 2016.

Oliver von Paderborn, Descriptio terrae sanctae, ed. H. Hoogeweg, in: Die Schriften des Kölner Domscholasters, späteren Bischofs von Paderborn und Kardinalbischofs von S. Sabina, Oliverus, Stuttgart 1894, 186–192.

Ps.-Augustinus, De triplici habitaculo, PL 40 (1887) 991–998.

Ps.-Rufin, Iulii Rufiniani de schematis dianoeas in: Rhetores Latini minores, Leipzig 1863 (Ndr. 1964), 59–62.

Quintilian, M. Fabi Quintiliani Institutionis Oratoriae libri duodecim, ed. M. Winterbottom, 2 Bände, Oxford 1970.

Quodvultdeus, Sermo 5, De cantico novo, in: Opera tributa, ed. R. Braun, Turnhout 1976, 379–392 (CCSL 60).

Richard de Saint-Victor, Les Douze Patriarches (Beniamin minor), edd. J. Châtillon/ M. Duchet-Suchaux/J. Longère, Paris 1997 (SC 419).

Ricoldus de Montecrucis, Libro della peregrinazione. Epistole alla Chiesa Trionfante. Introduzione, Traduzione e Note di Davide Cappi, Genua 2005.

Riccoldo da Monte di Croce., Liber peregrinationis. Pérégrination en Terre Sainte et au Proche Orient. Texte latin et traduction, ed. R. Kappler, Paris 1997.

Saewulf, ed. R.B.C. Huygens, in: Peregrinationes Tres: Saewulf, Iohannes Wirziburgensis, Theodericus, Turnhout 1994, 59–77 (CCCM 139).

Marino Sanudo, Gesta Dei per Francos, sive orientalium expeditionem et regni Francorum Hierosolymitani historia, Vol. 2, ed. J. Bongars, Hannover 1611, Nachdruck Toronto 1972 mit einer Einleitung von Josua Prawer.

Siger de Brabant, De anima intellectiva, ed. B. Bazán, in: Siger de Brabant: Quaestiones in tertium De anima, De anima intellectiva, De aeternitate mundi, Paris 1972 (Philosophes médiévaux 13).

Sulpicius Severus, Chronica, rec. et commentario critico instr. Carolus Halm, in: Sulpicii Severi libri qui supersunt, Wien 1866, Ndr. Hildesheim 1983, 3–105 (CSEL 1).

Sulpicius Severus, Vita S. Martini, ed. J. Fontaine, Paris 1967 (SC 133).

336 LITERATURVERZEICHNIS

Symon Semeonis, Itinerarium ab Hybernia ad Terram Sanctam, ed. M. Esposito, Dublin 1960 (Scriptores Latini Hiberniae 4).

Theodericus, Libellus de locis sanctis, ed. Robert B.C. Huygens, in: Peregrinationes Tres: Saewulf, Iohannes Wirziburgensis, Theodericus, Turnhout 1994, 143–197 (CCCM 139).

Theodosius, De situ terrae sanctae, ed. P. Geyer, in: Itineraria et alia Geographica, Turnhout 1965, 113–125 (CCSL 175).

Theon, Progymnasmata, a new text with translation and commentary, ed. J.R. Butts, Ann Arbor 1987.

Thietmar, Peregrinatio, ed. J.C.M. Laurent, Hamburg 1857.

Thomas von Aquin, De articulis fidei, ed. H.-F. Dondaine, Opera Omnia, Ed. Leonina t. 42, Rom 1979, 243–257.

Thomas von Aquin, Officium de festo corporis Christi ad mandatum Urbani Papae IV dictum Festum instituentis, in: Opusculum theologiae II, (ed. R.M. Spiazzi 1954), 175–281.

Thomas von Aquin, De perfectione spiritualis vitae, ed. H.-F. Dondaine, Opera Omnia Ed. Leonina t. 41, Pars B, Rom 1969, 69–111.

Thomas von Aquin, In Aristotelis libros Physicorum exposition, Opera Omnia II Ed. Leonina, Turin/Rom 1965.

Thomas von Aquin, Scriptum super IV libros sententiarum, Bd. I und II, ed. R.P. Mandonnet, Paris 1929, Bd. III und IV, ed. M.F. Moos, Paris 1933–1947.

Thomas von Aquin, Summa Theologiae, Ed. Leonina t. 4–12, Rom 1888–1906.

Thomas von Aquin, Summa Theologiae, Ed. Marietti, Turin/Rom 1952.

Thomas von Aquin, Summa theologiae, Bd. 1–5, Madrid 1951.

Thomas von Aquin, Super epistulam ad Ephesios lectura, ed. R. Cai, in: Super epistolas S. Pauli lectura, Turin/Rom ³1953, 1–87.

Thomas von Aquin, Super Evangelium S. Matthei lectura, ed. R. Cai, Turin/Rom 1951.

Hans Tucher, Die Reise ins Gelobte Land Hans Tuchers des Älteren. Untersuchungen zur Überlieferung und kritische Edition eines spätmittelalterlichen Reiseberichts von Randall Herz, Wiesbaden 2002 (Wissensliteratur im Mittelalter 38).

Wilhelm Tzewers, Itinerarius terre sancte. Einleitung, Edition, Kommentar und Übersetzung von Gritje Hartmann, Wiesbaden 2004 (Abhandlungen des Deutschen Palästina-Vereins 33).

Valerius von Bierzo, Lettre de Valérius de Bierzo sur la bienheureuse Égérie. Introduction, texte et traduction par Manuel C. Díaz y Díaz, in: Pierre Maraval/Manuel C. Díaz y Díaz: Égérie. Journal de voyage (Itinéraire), Valerius du Bierzo. Lettre sur la bse Égérie, Paris 1982 (SC 296), 322–349.

Vinzenz von Beauvais, Speculum quadruplex I–IV, Douai 1624, Ndr. Graz 1964–1965.

Wilbrand von Oldenburg, Wilbrand of Oldenburg's Journey to Syria, Lesser Armenia, Cyprus, and the Holy Land (1211–1212): A new Edition by Denys Pringle, in: Crusades 11 (2012), 109–137.

LITERATURVERZEICHNIS 337

William Fitzstephen, Descriptio nobilissimae civitatis Londoniae, Vita Sancti Thomae Cantuariensis archiepiscopi et martyris auctore Willelmo filio Stephani, in: J.C. Robertson (Hrsg.): Materials for the History of Thomas Becket III, London 1877, 2–13.

Wilhelm von Boldensele, Guilielmi de Baldensel hodoeporicon ad terram sanctam, ed. H. Canisius, in: Thesaurus monumentorum ecclesiasticorum et historicorum, Bd. 5, Ingolstadt 1604, 95–142. Nachdruck: Jacques Basnage (Hrsg.), Thesaurus monumentorum sive lectiones antiquae, Bd. 4, Amsterdam 1725, 332–357.

Wilhelm von Boldensele, Des Edelherrn Wilhelm von Boldensele Reise nach dem Gelobten Lande, hrsg. von C.L. Grotefend, Zeitschrift des Historischen Vereins für Niedersachsen, 1852, 236–286.

Wilhelm von Boldensele, Guillaume de Boldensele sur la Terre Sainte et l'Égypte (1336). Liber de quibusdam ultramarinis partibus et praecipue de Terra Sancta. Suivi de la trad. de Jean le Long. Présentation et commentaire par Christiane Deluz, Paris 2018.

Wilhelm von Conches, Dragmaticon, ed. I. Ronca, Turnhout 1977 (CCCM 152).

Wilhelm von Rubruk, Itinerarium, ed. Anastasius van den Wyngaert, Sinica Franciscana I, Quaracchi 1929, 147–332.

Wilhelm von Tyrus, Chronicon, ed. Robert B.C. Huygens, Turnhout 1986 (CCCM 63/63A).

Forschungsliteratur

Adkin, Neil. 1999. „The letter of Paula and Eustochium to Marcella: Some notes". *Maia* 51: 97–110.

Aist, Rodney. 2009. *The Christian topography of early Islamic Jerusalem. The evidence of Willibald of Eichstätt (700–787 CE)*. Turnhout.

Aist, Rodney, Hrsg. 2010. *Adomán of Iona: theologian, lawmaker, peacemaker*. Dublin.

Albert, Jean-Pierre. 1990. *Odeurs de saintité. La mythologie chrétienne des aromates*. Paris.

Alföldi, A. 1934. „Die Ausgestaltung des monarchischen Zeremoniell am römischen Kaiserhofe". *MDAI, Röm. Abt.* 49: 1–118.

Allen, Rosamund. 2004. *Eastward bound: Travel and Travellers 1050–1550*. Manchester/New York.

Amin, Abbas. 2013. *Ägyptomanie und Orientalismus*. Berlin.

Anderson, M.O., und A.O. Anderson. 1991. *Adomnán's life of Columba, edited and translated*. 2. Aufl. Oxford.

Angenendt, Arnold. 1995. „Gezählte Frömmigkeit". *Frühmittelalterliche Studien* 29: 1–71.

Angenendt, Arnold. 1997. „Wallfahrt, Grab und Reliquien". *Internationale katholische Zeitschrift „Communio"* 26: 227–228.

LITERATURVERZEICHNIS

Angenendt, Arnold. 2002. „Das Wunder – religionsgeschichtlich und christlich". In *Mirakel im Mittelalter: Konzeptionen, Erscheinungsformen, Deutungen*, herausgegeben von Martin Heinzelmann, Klaus Herbers, und Dieter R. Bauer, 95–113. Stuttgart.

Angenendt, Arnold. 2007. *Heilige und Reliquien. Die Geschichte ihres Kultes vom frühen Christentum bis zur Gegenwart*. 2. überarbeitete Auflage. München.

Aris, Marc-Aeilko. 1996. *Contemplatio. Philosophische Studien zum Traktat Benjamin Maior des Richard von St. Victor mit einer verbesserten Edition des Textes*. Frankfurt a. M.

Armstrong, A. Hilary. 1983. „Gottesschau (Visio beatifica)". *RAC* 12: Sp. 1–19.

Arnold, Klaus. 2000. „Städtelob und Stadtbeschreibung im späteren Mittelalter und in der frühen Neuzeit". In *Städtische Geschichtsschreibung im Spätmittelalter und in der frühen Neuzeit*, herausgegeben von P. Johanek, 247–268. Köln/Weimar/Wien.

Arnulf, Arwed. 1997. *Versus ad picturas. Studien zur Titulusdichtung als Quellengattung der Kunstgeschichte von der Antike bis zum Hochmittelalter*. München/Berlin.

Arnulf, Arwed. 2004. *Architektur- und Kunstbeschreibungen von der Antike bis zum 16. Jahrhundert*. München/Berlin.

Assion, Peter. 1969. *Die Mirakel der Hl. Katharina von Alexandrien. Untersuchungen und Texte zur Entstehung und Nachwirkung mittelalterlicher Wunderliteratur*. Heidelberg.

Assmann, Aleida. 1999. *Erinnerungsräume. Formen und Wandlungen des kulturellen Gedächtnisses*. München.

Assmann, Jan. 1997. *Das kulturelle Gedächtnis. Schrift, Erinnerung und politische Identität in frühen Hochkulturen*. München.

Auerbach, Erich. 1967. „Figura (zuerst 1938)". In *Gesammelte Aufsätze zur Romanischen Philologie*, herausgegeben von Erich Auerbach, 55–92. Bern.

Auffahrt, Christoph. 2002. *Irdische Wege und himmlischer Lohn. Kreuzzug, Jerusalem und Fegefeuer in religionswissenschaftlicher Perspektive*. Göttingen.

Augé, Marc. 2010. *Nicht-Orte. Aus dem Französischen von Michael Bischoff. Mit einem Nachwort Marc Augés zur Neuausgabe*. München.

Ayres, Lewis. 1999. „Being (esse/essentia)". In *Augustine through the ages: An Encyclopedia*, 96–98. Cambridge.

Bacci, Michele. 2014. „Locative memory and the pilgrim's experience of Jerusalem in the late middle ages". In *Visual Constructs of Jerusalem*, herausgegeben von Bianca Kühnel et al., 67–75. Turnhout.

Bacci, Michele, und Martin Rohde, Hrsg. 2014. *The Holy Portolano: The Sacred Geography of Navigation in the Middle Ages*. Berlin.

Bagatti, Bellarmino. 1949. „Eulogie Palestinesi". *Orientalia Christiana Periodica* 15: 126–166.

Balard, Michel. 2001. *Croisades et Orient latin, XIe–XIVe siècle*. Paris.

Baldovin, John. 1987. *The urban character of Christian worship: The origins, development and meanig of stational liturgy*. Rom.

LITERATURVERZEICHNIS

Bartelink, Gerard J.M. 1984. „,Tres vidit, unum adoravit', formule trinitaire". *Revue des études augustiniennes* 30: 24–29.

Bartlett, John R. 2013. „Burchards Descriptio terrae sanctae: the early revision". *Palestine Exploration Quarterly* 145: 61–71.

Bauer, Martin. 2016. „Bekenntnisse eines Dominikanermönchs: Die Epistole ad Ecclesiam triumphantem des Ricoldus de Monte Crucis und ihr augustinisches Vorbild". *Mittellateinisches Jahrbuch* 51: 369–387.

Baumgärtner, Ingrid. 2001. „Die Wahrnehmung Jerusalems auf mittelalterlichen Weltkarten". In *Jerusalem im Hoch- und Spätmittelalter. Konflikte und Konfliktbewältigung – Vorstellungen und Vergegenwärtigungen*, herausgegeben von Dieter Bauer, Klaus Herbers, und Nikolas Jaspert, 271–334. Frankfurt am Main.

Baumgärtner, Ingrid. 2012a. „Erzählungen kartieren. Jerusalem in mittelalterlichen Kartenräumen". In *Jerusalem as Narrative Space. Erzählraum*, herausgegeben von Annette Hoffmann und Gerhard Wolf, 231–261. Leiden.

Baumgärtner, Ingrid. 2012b. „Reiseberichte, Karten und Diagramme. Burchard von Monte Sion und das Heilige Land". In *Geschichtsvorstellungen. Festschrift für Hans-Werner Goetz zum 65. Geburtstag*, herausgegeben von Steffen Patzold, Anja Rathmann-Lutz, und Volker Scior, 460–507. Wien/Köln/Weimar.

Baumgärtner, Ingrid. 2013. „Burchard of Mount Sion and the Holy Land". In *Peregrinations. Journal of Medieval Art and Architecture 4,1: Special issue Mapping*, herausgegeben von Asa Simon Mittman und Dan Terkla, 5–42.

Baur, Uwe. 1981. „Deskriptive Kategorien des Erzählerverhaltens". In *Erzählung und Erzählforschung im 20. Jahrhundert*, herausgegeben von Rolf Kloepfer und Gisela Janetzke-Dillner, 31–39. Stuttgart.

Beck, Andrea. 2012. „Die Pilgerreise des Mönches Bernard: Rom – Kairo – Jerusalem". *Beuroner Forum. Kulturelles, monastisches und liturgisches Leben in der Erzabtei St. Martin* 4: 141–172.

Beck, Hartmut. 1994. *Raum und Bewegung: Untersuchungen zu Richtungskonstruktion und vorgestellter Bewegung in der Sprache Wolframs von Eschenbach*. Erlangen/Jena.

Beckers, Hartmut. 1980. „Der Orientreisebericht Wilhelms von Boldensele in einer ripuarischen Überlieferung des 14. Jahrhunderts". *RhVB* 44: 148–166.

Beebe, Kathryne. 2008. „Reading Mental Pilgrimage in Context: The Imaginary Pilgrims and Real Travels of Felix Fabri's Die Sionpilger". *Essays in Medieval Studies* 25: 39–70.

Beebe, Kathryne. 2014. *Pilgrim and Preacher: The Audiences and Observant Spirituality of Friar Felix Fabri*. Oxford.

Benz, Maximilian. 2013a. *Gesicht und Schrift. Die Erzählung von Jenseitsreisen in Antike und Mittelalter*. Berlin.

Benz, Maximilian. 2013b. „Kritik der Karte. Zum Mapping erzählter Jenseitstopographien". In *Die Zukunft der Kartographie. Neue und nicht so neue epistemologische Krisen*, herausgegeben von Véronique Maleval Marion Picker und Florent Gabaude, 199–218. Bielefeld.

Betschart, Andres. 1996. *Zwischen zwei Welten. Illustrationen und Berichte westeuropäischer Jerusalemreisender des 15. und 16. Jahrhunderts*. Würzburg.

Beuttler, Ulrich. 2010. *Gott und Raum. Theologie der Weltgegenwart Gottes*. Göttingen.

Bieberstein, Klaus. 2010. „Jerusalem". In *Erinnerungsorte des Christentums*, herausgegeben von Christoph Markschies und Hubert Wolf, 64–88. München.

Binding, Günther. 2010. „Forma, figura und schema – ein Hinweis auf geometrisch bestimmte Baupläne im frühen und hohen Mittelalter". *Mittellateinisches Jahrbuch* 45: 459–468.

Binswanger, Ludwig. 1933. „Das Raumproblem in der Psychopathologie". *Zeitschrift für die gesamte Neurologie und Psychiatrie* 145: 618–643.

Bischoff, Bernhard. 1954. „Wendepunkte in der Geschichte der lateinischen Exegese im Frühmittelalter". *SE* 6: 189–279.

Bischoff, Bernhard. 1981. „Die Überlieferung der technischen Literatur". In *Mittelalterliche Studien. Ausgewählte Aufsätze zur Schriftkunde und Literaturgeschichte III*, 277–297. Stuttgart.

Bitton-Ashkelony, Brouria. 2005. *Encountering the Sacred. The Debate on Christian Pilgrimage in Late Antiquity*. Berkeley u.a.

Bochet, Isabelle. 2004–2010. „Imago". *Augustinus-Lexikon* 3: 507–519.

Boeren, P.C. 1980. „Introduction." In *Rorgo Fretellus de Nazareth et sa description de la terre sainte. Histoire et edition du texte*, VII–XXXII. Amsterdam.

Bogen, Steffen, und Felix Thürlemann. 2003. „Jenseits der Opposition von Text und Bild. Überlegungen zu einer Theorie des Diagrammatischen". In *Die Bildwelt der Diagramme Joachims von Fiore. Zur Medialität religiös-politischer Programme im Mittelalter*, herausgegeben von Alexander Patschovsky, 1–22. Stuttgart.

Böhme, Gernot. 1995. *Atmosphäre. Essays zur neuen Ästhetik*. Frankfurt am Main.

Borm, Jan. 2004. „Defining Travel: On the Travel Book, Travel Writing and Terminology," In *Perspectives on Travel Writing*, herausgegeben von Glenn Hooper und Tim Youngs, 13–26. Ashgate.

Boswell, C.S. 1908. *An Irish precursor of Dante: a study on the vision of Heaven and Hell ascribed to the eighth-century Irish Saint Adamnán, with translation of the Irish text*. London.

Bowman, Glenn. 1999. „Mapping history's Redemption: Eschatology and Topography in the Itinerarium Burdigalense". In *Jerusalem: Its Sanctity and Centrality to Judaism, Christianity and Islam*, herausgegeben von L.I. Levine, 163–187. New York.

Bredow-Klaus, Isabel von. 2009. *Heilsrahmen: spirituelle Wallfahrt und Augentrug in der flämischen Buchmalerei des Spätmittelalters und der frühen Neuzeit, 3. durchges. Auflage*. München.

LITERATURVERZEICHNIS

Brefeld, Josephie. 1994. *A Guidebook for the Jerusalem Pilgrimage in the Late Middle Ages. A Case for Computer-Aided Textual Criticism*. Hilversum.

Bremer, Ernst. 1992. „Spätmittelalterliche Reiseliteratur – ein Genre? Überlieferungssymbiosen und Gattungstypologie". In *Reisen und Reiseliteratur im Mittelalter und in der Frühen Neuzeit*, herausgegeben von Xenja von Ertzdorff, Dieter Neukirch, und Rudolf Schulz, 329–355. Amsterdam.

Brincken, Anna-Dorothee von den. 1972. „Tabula alphabetica. Von den Anfängen alphabetischer Registerarbeiten zu geschichtlichen Werken (Vincenz von Beauvais OP, Johannes von Hautfuney, Paulinus Minorita OFM)". In *Festschrift für Hermann Heimpel zum 70. Geburtstag am 19. September 1971, Band 2*, herausgegeben von Mitarbeiter des Max-Planck-Instituts für Geschichte, 900–923. Göttingen.

Brincken, Anna-Dorothee von den. 1985. „Islam und Oriens Christianus in den Schriften des Kölner Domscholasters Oliver (†1227)". In *Orientalische Kultur und Europäisches Mittelalter*, herausgegeben von A. Zimmermann und J. Craemer-Ruegenberg, 86–102. Berlin/New York.

Brunhölzl, Franz. 1995. „Quintilianus". *Lexikon des Mittelalters* 7: 371–373.

Brunner, Horst, und Norbert Richard Wolf, Hrsg. 1993. *Wissensliteratur im Mittelalter und in der Frühen Neuzeit*. Wiesbaden.

Buchinger, Harald. 2012. „Heilige Zeiten? Christliche Feste zwischen Mimesis und Anamnesis am Beispiel der Jerusalemer Liturgie der Spätantike". In *Heilige, Heiliges und Heiligkeit in spätantiken Religionskulturen*, herausgegeben von Peter Gemeinhardt und Katharina Heyden, 283–232. Berlin.

Bühler, Karl. 1999. *Sprachtheorie. Die Darstellungsfunktion der Sprache*. 3. Aufl. Stuttgart.

Bull, Marcus. 1993. *Knightly Piety and the Lay Response to the First Crusade: The Limousin and Gascony, c. 970–c. 1130*. Oxford.

Bulst-Thiele, Marie Luise. 1985. „Ludolf von Sudheim". In *Verfasserlexikon*, 5:984–986.

Bumke, Joachim. 2001. *Die Blutstropfen im Schnee. Über Wahrnehmung und Erkenntnis im Parzival Wolframs von Eschenbach*. Tübingen.

Bundy, Murray Wright. 1927. *The Theory of Imagination in Classical and Medieval Thought*. Urbana.

Buquet, Thierry. 2013. „Animalia Extranea et Stupenda ad Videndum. Describing and Naming Exotic Beasts in Cairo Sultan's Menagerie". In *Animals and Otherness in the Middle Ages: Perspectives across Disciplines*, herausgegeben von Francisco de Asís García García, Mónica Ann Walker Vadillo, und María Victoria Chico Picaza, 25–34.

Burke, Peter. 2003. *Augenzeugenschaft. Bilder als historische Quellen*. Berlin.

Busche, Hubertus. 2003. „Die Aufgaben der phantasia nach Aristoteles". In *Imagination – Fiktion – Kreation: Das kulturschaffende Vermögen der Phantasie*, herausgegeben von Thomas Dewender und Thomas Welt, 23–43. München/Leipzig.

Cain, Andrew. 2010. „Jerome's Epitaphium Paulae: Hagiography, Pilgrimage and the Cult of Saint Paula". *Journal of early Christian Studies* 18: 105–139.

Camargo, Martin. 1999. „Tria sunt: The Long and the Short of Geoffrey of Vinsauf's Documentum de modo et arte dictandi et versificandi". *Speculum* 74: 935–955.

Campbell, Mary B. 1988. *The Witness and the other World. Exotic Travel Writing, 400–1600.* Ithaka, London.

Campe, Rüdiger. 1997. „Vor Augen Stellen: über den Rahmen rhetorischer Bildgebung". In *Poststrukturalismus,* herausgegeben von G. Neumann, 208–225. Stuttgart/Weimar.

Cardelle de Hartmann, Carmen. 2018. „Überlieferungsprozesse: Sammeln – Auswählen – Kanonisieren. Eine Einführung". *Mittellateinisches Jahrbuch* 53: 1–10.

Cardman, F. 1982. „The Rhetoric of Holy Places". *Studia Patristica* 17: 18–25.

Carls, Wieland. 1999. „Einleitung." In *Felix Fabri. Die Sionpilger,* 9–75. Berlin.

Carruthers, Mary. 1998. *The Craft of Thought. Meditation, Rhetoric, and the Making of Images, 400–1200.* Cambridge.

Carruthers, Mary. 2000. „Rhetorische memoria und die Praxis des Erinnerns. Boncompagno da Signas Rhetorica novissima". In *Seelenmaschinen. Gattungstraditionen, Funktionen und Leistungsgrenzen der Mnemotechniken des vom späten Mittelalter bis zum Beginn der Moderne.,* herausgegeben von Jörg Jochen Berns und Wolfgang Neuber, 15–36. Wien/Köln/Weimar.

Certeau, Michel de. 1988. *Kunst des Handelns, übersetzt von Ronald Voullié.* Berlin.

Chareyron, Nicole. 2005. *Pilgrims to Jerusalem in the Middle Ages. Translated by W. Donald Wilson.* New York.

Châtillon, F. 1967. „Arculfe a-t-il réellement existé?" *Revue du Moyen Âge Latin* 23: 134–138.

Chenu, M.-D. 1946. „Imaginatio. Note de léxicographie philosophique médiévale". In *Miscellanea Giovanni Mercati,* 2:593–602. Vatikan.

Classen, Albrecht. 1980. *Die Stadt im Spiegel der Descriptiones und Laudes urbium in der antiken und mittelalterlichen Literatur bis zum Ende des zwölften Jahrhunderts.* Hildesheim/New York.

Classen, Albrecht. 2005. „Imaginary Experience of the Divine. Felix Fabri's Sionspilger – Late-Medieval Pilgrimage Literature as a window into religous mentality". *Studies in Spirituality* 15: 109–128.

Cocking, John Martin. 1991. *Imagination. A study in the history of ideas.* London.

Collt, Michel. 2015. „Landschaft". In *Handbuch Literatur und Raum,* herausgegeben von Jörg Dünne und Andreas Mahler, 151–159. Berlin.

Connochie-Bourgne, Chantal, Hrsg. 2005. *La digression dans la littérature et l'art du Moyen âge.* Aix-en-Provence.

Connolly, Daniel K. 2009. *The maps of Matthew Paris. Medieval Journeys through space, time and liturgy.* Woodbridge.

Cordez, Philippe. 2007. „Die Reliquien, ein Forschungsfeld. Traditionslinien und Erkundigungen". *Kunstchronik* 60: 271–282.

LITERATURVERZEICHNIS

Cuntz, Michael. 2015. „Deixis". In *Handbuch Literatur und Raum*, herausgegeben von Jörg Dünne und Andreas Mahler, 57–70. Berlin.

Curtis, Robin. 2004. „Raum und Räumlichkeit als Wahrnehmungsordnung". In *Praktiken des Performativen*, herausgegeben von Erika Fischer-Lichte und Christoph Wulf, 25–47. Berlin.

Curtius, Ernst Robert. 1947. *Europäische Literatur und Lateinisches Mittelalter*. Bern.

Daston, Lorraine, und Katharine Park. 2002, zuerst engl. 1998. *Wunder und die Ordnung der Natur. 1150–1750*. Berlin.

Davies, J.G. 1992. „Pilgrimage and Crusade Literature". In *Journeys Toward God. Pilgrimage and Crusade*, herausgegeben von Barbara Sargent-Baur, 1–30. Kalamazoo.

Degenhart, Bernhard, und Annegrit Schmitt. 1973. „Marino Sanudo und Paolino Veneto: zwei Literaten des 14. Jahrhunderts in ihrer Wirkung auf Buchillustrierung und Kartographie in Venedig, Avignon und Neapel". *Römisches Jahrbuch für Kunstgeschichte* 14: 1–37.

Delierneux, N. 1997. „Arculfe, sanctus episcopus gente Gallus, une existence historique discutable". *Revue Belge de Philologie et d'Histoire* 75: 911–941.

Deluz, Christiane. 1972. „Introduction." In *Liber de quibusdam ultramarinis partibus et praecipue de Terra Sancta de Guillaume de Boldensele. Suivi de la trad. de Jean le Long. Ed. critique presentée par C. Deluz*, 1–195. Diss. Paris (ungedruckt).

Deluz, Christiane. 1976a. „Indifférence au temps dans les récits de pèlerinage? (XIIe et XIVe siècles)". *Annales de Bretagne et des pays de l'Ouest* 83: 303–313.

Deluz, Christiane. 1976b. „La géographie dans le liber de Guillaume de Boldensele, pèlerin de la terre sainte". In *Voyage, quête, pèlerinage dans la litérature et la civilisation médiévales*, 25–39. Aix.

Deluz, Christiane. 1988. *Le livre de Jean de Mandeville, une géographie au XIVe siècle*. Louvain-la-Neuve.

Dennerlein, Katrin. 2009. *Narratologie des Raumes*. Berlin.

Devos, Paul. 1967a. „Égérie à Édesse. St. Thomas l'Apôtre. Le roi Abgar". *Analecta Bollandiana* 85: 381–400.

Devos, Paul. 1967b. „La date du voyage d'Égérie". *Analecta Bollandiana* 85: 165–194.

Devos, Paul. 1968. „Égérie à Bethléem. Le 40e jour après Pâques a Jérusalem, en 383". *Analecta Bollandiana* 86: 87–108.

DiCesare, M. 2012. *The Pseudo-historical Image of the Prophet Muhammad in Medieval Latin Literature: A Repertory*. Berlin.

Dieterich, Barbara. 2006. „Anastasis-Rotunde und Heiliges Grab in Jerusalem. Überlegungen zur architektonischen Rezeption im Mittelalter". *Georges-Bloch-Jahrbuch* 11/12 (2004/2005), 7–29.

Dod, Bernard G. 1982. „Aristoteles latinus". In *The Cambridge History of Later Medieval Philosophy: from the Rediscovery of Aristotle to the Disintegration of Scholasticism, 1100–1600*, herausgegeben von Norman Kretzmann, 45–79. Cambridge.

Dondaine, Antoine. 1967. „Riccoldiana. Notes sur les œuvres de Riccoldo da Montecroce". *AFP* 37: 119–179.

Donkin, Lucy, und Hanna Vorholt, Hrsg. 2012. *Imagining Jerusalem in the Medieval West.* Oxford.

Donner, Herbert. 2002. *Pilgerfahrt ins Heilige Land. Die ältesten Berichte christlicher Palästinapilger (4.–7. Jahrhundert).* Stuttgart.

Dora, Veronica della. 2016. *Landscape, Nature, and the Sacred in Byzantium.* Cambridge.

Douglass, Laurie. 1996. „A new look at the Itinerarium Burdigalense". *Journal of Early Christian Studies*, Nr. 4: 313–333.

Downs, Roger M., und David Stea. 1982. *Kognitive Karten. Die Welt in unseren Köpfen.* New York.

Drews, Wolfgang, und Heike Schlie, Hrsg. 2011. *Zeugnis und Zeugenschaft. Perspektiven aus der Vormoderne.* München.

Dröge, Christian. 1992. „Antikenimitation und Neuentdeckung: Die Reise im Humanismus". In *Diesseits- und Jenseitsreisen im Mittelalter. Voyages dans ici-bas et dans l'au-delà au Moyen-Âge*, herausgegeben von Wolf-Dieter Lange, 65–77. Bonn.

Dronke, Peter. 1986. *Dante and Medieval Traditions.* Cambridge.

Druce, George. 1919. „The elephant in Medieval Legend and Art". *Journal of the Royal Archaeological Institute* 76: 1–73.

Dubel, Sandrine. 1997. „Ekphrasis et energeia: la description antique comme parcours". In *Dire l'évidence (Philosophie et Rhétorique Antiques)*, herausgegeben von Carlos Lévy und Laurent Pernot, 249–264. Paris.

Dünne, Jörg. 2004. „Pilgerkörper – Pilgertexte. Zur Medialität der Raumkonstitution in Mittelalter und früher Neuzeit". In *Von Pilgerwegen, Schriftspuren und Blickpunkten. Raumpraktiken in medienhistorischer Perspektive*, 79–97. Würzburg.

Dünne, Jörg, und Andreas Mahler, Hrsg. 2015. *Handbuch Literatur und Raum.* Berlin.

Eco, Umberto. 1979. *Lector in fabula. Die Mitarbeit der Interpretation in erzählenden Texten.* München.

Edington, Susan. 1996. „The doves of the war: the part played by carrier pigeons in the Crusades". In *Autour de la première croisade*, herausgegeben von M. Balard, 167–175. Paris.

Edson, Evelyn. 2004. „Reviving the crusade: Sanudo's schemes and Vesconte's maps". In *Eastward bound: Travel and Travellers 1050–1550*, herausgegeben von Rosamund Allen, 131–154. Manchester/New York.

Ehlers, Joachim. 1974. „Monastische Theologie, historischer Sinn und Dialektik: Tradition und Neuerung in der Wissenschaft des 12. Jahrhunderts". In *Antiqui und Moderni*, herausgegeben von Albert Zimmermann, 58–79. Berlin/New York.

Ehmann, Johannes. 1999. *Ricoldus de Montecrucis, Confutatio Alcorani (1300). Martin Luther. Verlegung des Alcoran. Kommentierte lateinisch-deutsche Textausgabe.* Würzburg.

LITERATURVERZEICHNIS

Eliade, Mircea. 1998. *Das Heilige und das Profane. Vom Wesen des Religiösen*. Frankfurt am Main u. a.

Elsner, Jas. 2000. „The Itinerarium Burdigalense: politics and salvation in the geography of Constantine's empire". *JRS* 90: 181–195.

Engemann, Josef. 1995a. „Das Jerusalem der Pilger. Kreuzauffindung und Wallfahrt". In *Akten des XII. Internationalen Kongresses für Christliche Archäologie. Bonn 22.–28. September 1991*, herausgegeben von Ernst Dassmann und Josef Engemann, 1:24–35. Münster.

Engemann, Josef. 1995b. „Eulogien und Votive". In *Akten des XII. Internationalen Kongresses für Christliche Archäologie. Bonn 22.–28. September 1991*, herausgegeben von Ernst Dassmann und Josef Engemann, 1:223–233. Münster.

Erll, Astrid, und Ansgar Nünning, Hrsg. 2005. *Gedächtniskonzepte der Literaturwissenschaft. Theoretische Grundlegung und Anwendungsperspektiven*. Berlin.

Ertzdorff, Xenja von. 2000. „‚Die ding muoss man mit gesunder vernunft ansehen.' Das Evagatorium des Ulmer Dominikaners Felix Fabri 1484–ca. 1495". In *Beschreibung der Welt. Zur Poetik der Reise- und Länderberichte. Vorträge eines interdisziplinären Symposiums vom 8. bis 13. Juni 1998 an der Justus-Liebig-Universität Gießen*, herausgegeben von Xenja von Ertzdorff, 219–262. Amsterdam/Atlanta.

Esch, Arnold. 1991. „Anschauung und Begriff. Die Bewältigung fremder Wirklichkeit durch den Vergleich in Reiseberichten des späten Mittelalters". *Historische Zeitschrift* 253: 281–312.

Esposito, Elena. 1998. „Fiktion und Virtualität". In *Medien, Computer, Realität. Wirklichkeitsvorstellungen und Neue Medien*, herausgegeben von Sybille Krämer, 269–296. Frankfurt.

Esposito, Mario, Hrsg. 1960. „Introduction". In *Itinerarium Symonis Semeonis ab Hybernia ad Terram Sanctam*, 1–22. Dublin.

Ette, Ottmar. 2001. *Literatur in Bewegung. Raum und Dynamik grenzüberschreitenden Schreibens in Europa und Amerika*. Göttingen.

Eusterschulte, Anne. 2014. „Bildräume des Geistes. Nicolaus Cusanus und die Theorie mentaler Bilder in der Renaissance". In *Imagination, Transformation und die Entstehung des Neuen*, herausgegeben von Philipp Brüllmann, Ursula Rombach, und Cornelia Wilde, 155–196. Berlin.

Feilke, Herbert. 1976. *Felix Fabris Evagatorium über seine Reise ins Heilige Land. Eine Untersuchung über die Pilgerliteratur des ausgehenden Mittelalters*. Frankfurt a. M.

Férotin, M. 1903. „Le véritable auteur de la Peregrinatio Silviae. La vierge espagnole Aetheriae". *RQH* 74: 367–397.

Fischer, Susanna. 2014. „Die Funktion der Kleidung in Hieronymus' Erziehung zur Virginität". In *Mädchen im Altertum/Girls in Antiquity*, herausgegeben von Anna Kieburg und Susanne Moraw, 393–406. Münster.

Fischer, Susanna. 2016. „Räume des Heils. Die narrative Repräsentation des Heiligen in lateinischsprachigen Pilgerberichten des 12. Jahrhunderts". In *Orte der Imagination – Räume des Affekts – Die mediale Formierung des Sakralen*, herausgegeben von Elke Koch und Heike Schlie, 55–77. Paderborn.

Fischer, Susanna. 2018. „Zur Überlieferung lateinischer Pilgertexte: Strukturierung, Auswahl und Sammlung der Informationen über das Heilige Land". *Mittellateinisches Jahrbuch* 53: 78–104.

Fischer-Lichte, Erika. 1988. *Semiotik des Theaters. Eine Einführung, Bd. 1: Das System der theatralischen Zeichen*. 2. Auflage. Tübingen.

Fischer-Lichte, Erika, und Christoph Wulf, Hrsg. 2004. *Praktiken des Performativen*. Berlin.

Fleteren, Frederick van. 1999. „Acies mentis". In *Augustine through the Ages: An Encyclopedia*, 5–6. Cambridge.

Flores, Nona. 2000. „Elephants". In *Trade, Travel and Exploration in the Middle Ages, an Encyclopedia*, herausgegeben von John Block Friedman und Kristen Mossler Figg, 175–178. New York/London.

Frank, Georgia. 2000a. *The Memory of the Eyes. Pilgrims to Living Saints in Christian Late Antiquity*. Berkeley.

Frank, Georgia. 2000b. „The Pilgrim's Gaze in the Age before Icons". In *Visuality before and beyond the Renaissance. Seeing as others saw*, herausgegeben von Robert S. Nelson, 98–115. Cambridge.

Fredriksen, Paula. 1996. „The holy city in Christian thought". In *City of the great king: Jerusalem from David to the present*, herausgegeben von Nitza Rosovsky, 74–92. Cambridge.

Friede, Susanne, und Michael Schwarze, Hrsg. 2016. *Autorschaft und Autorität in den romanischen Literaturen des Mittelalters*. Berlin.

Friedrich, Udo. 2017. „Kaufmann – Abenteurer – Pilger: Figuren und Diskurse des Staunens in Reisebeschreibungen der Frühen Neuzeit". In *Staunen als Grenzphänomen*, herausgegeben von Nicola Gess, Mirelle Schnyder, Hugues Marchal, und Johannes Bartuschat, 177–204. Paderborn.

Fruyt, Michèle. 2003. „Anaphore, cataphore et déixis dans l'Itinerarium d'Egérie". In *Latin vulgaire – latin tardif. VI. Actes du VIe colloque international sur le latin vulgaire et tardif Helsinki, 29 août–2 septembre 2000*, herausgegeben von Heikki Solin, Martti Leiwo, und Hilla Halla-aho, 99–119. Hildesheim/Zürich/New York.

Fugmann, Joachim. 2001. „Itinerarium". *RAC* 19: 1–31.

Fuhrer, Therese. 2012. „Autor-Figurationen: Literatur als Ort der Inszenierung von Kompetenz". In *Performanz von Wissen. Strategien der Wissensvermittlung in der Vormoderne*, herausgegeben von Therese Fuhrer und Almut-Barbara Renger, 130–147. Berlin.

Furrer, K. 1896. „Rezension zu P. Geyer: Adomnanus, Abt von Iona". *ThLZ* 18: 472–473.

LITERATURVERZEICHNIS

Gallagher, David M. 1996. „Desire for Beatitude and Love of Friendship in Thomas Aquinas". *Mediaeval Studies* 58: 34–35.

Gansweidt, B. 2002. „Hegesippus". *Lexikon des Mittelalters* 4: 2009.

Ganz, David. 2006. „Oculus interior. Orte der inneren Schau in mittelalterlichen Visionsdarstellungen". In *anima und sêle: Darstellungen und Systematisierungen von Seele im Mittelalter*, 113–144. Berlin.

Ganz-Blättler, Ursula. 1990. *Andacht und Abenteuer. Berichte europäischer Jerusalem- und Santiago-Pilger (1320–1520)*. Tübingen.

Genette, Gérard. 1994. *Die Erzählung, übers. von Andreas Knop*. München.

George-Tvrtković, Rita. 2007. *The Ambivalence of Interreligious Experience: Riccoldo Da Monte Croce's Theology of Islam*. University of Notre Dame, Dissertation.

George-Tvrtković, Rita. 2012. *A Christian Pilgrim in Medieval Iraq. Riccoldo da Montecroce's Encounter with Islam*. Turnhout.

Gertsman, Elina, Hrsg. 2012. *Crying in the Middle Ages: Tears of History*. New York.

Gess, Nicola, Mirelle Schnyder, Hugues Marchal, und Johannes Bartuschat, Hrsg. 2017. *Staunen als Grenzphänomen*. Paderborn.

Geyer, Paul. 1895. *Adamnanus, Abt von Iona. 1.Teil: Sein Leben, seine Quellen, sein Verhältnis zu Pseudo-Eucherius, De locis sanctis, seine Sprache*. Augsburg.

Geyer, Paul. 1897. *Adamnanus II. Teil. Die handschriftliche Überlieferung der Schrift De locis sanctis*. Erlangen.

Giersch, Paula, und Wolfgang Schmid. 2004. *Rheinland – Heiliges Land. Pilgerreisen und Kulturkontakte im Mittelalter*. Trier.

Giese, Martina. 2011. „Über die Gesta Friderici Ottos und Rahewins von Freising. Anmerkungen zur Editions- und Überlieferungsgeschichte". *MIÖG*, Nr. 119: 311–330.

Gil, M. 1992. *A history of Palestine 634–1099*. Cambridge.

Glauser, Jürg, und Christian Kiening, Hrsg. 2007. *Text – Bild – Karte. Kartographien der Vormoderne*. Freiburg i. Br./Berlin/Wien.

Gnaegi, Thomas. 2004/05. „De locis sanctis-Zeichnungen im Pilgerbericht des Adomnan aus dem 7. Jahrhundert". *Georges-Bloch-Jahrbuch des kunsthistorischen Instituts der Universität Zürich* 11/12: 31–45.

Gockerell, Nina. 1983. „Pilgerandenken aus Jerusalem". In *Dona ethnologica Monacensia. Leopold Kretzinger zum 70. Geburtstag*, 163–179. München.

Godden, Malcolm R. 1985. „Anglo-Saxons on the mind". In *Learning and Literature in Anglo-Saxon England. Studies presented to Peter Clemoes on the occasion of his sixty-fifth birthday*, 271–298. Lapidge, Michael; Gneuss, Helmut.

Gorman, M. 2006. „Adomnán's De locis sanctis: The diagrams and the sources". *Revue Bénédictine* 116: 5–41.

Gormans, Andreas. 1999. *Geometria et ars memorativa. Studien zur Bedeutung von Kreis und Quadrat als Bestandteile mittelalterlicher Mnemonik und ihrer Wirkungsgeschichte an ausgewählten Beispielen* (online publiziert: publications.rwth-aachen.de/record/61189?ln=de, letzter Zugriff: 1.3.2017). Diss. Aachen.

Graboïs, Aryieh. 1982. „Christian pilgrims in the thirteenth century and the latin kingdom of Jerusalem: Burchard of Mount Sion". In *Outremer. Studies in the history of the Crusading Kingdom of Jerusalem*, herausgegeben von B.Z. Kedar, H.E. Mayer, und R.C. Smail, 285–296. Jerusalem.

Graboïs, Aryieh. 1992. „La découverte du monde musulman par les pèlerins européens au XIIIe siècle". *Al-Masaq* 5: 29–46.

Graboïs, Aryieh. 1998. *Le pèlerin occidental en Terre sainte au moyen âge*. Louvain-la-Neuve.

Graboïs, Aryieh. 2003. „La description de l'Égypte au XIVe siècle par les pèlerins et les voyageurs occidentaux". *Le Moyen Âge. Revue d'histoire et de philologie* 109: 529–543.

Graefe, Erhart. 1984. „Der Pyramidenbesuch des Wilhelm von Boldensele im Jahr 1335". In *Festschrift Wolfgang Helck zu seinem siebzigsten Geburtstag*, herausgegeben von H. Altenmüller, 569–584. Hamburg.

Graefe, Erhart. 1990. „A propos der Pyramidenbeschreibung des Wilhelm von Boldensele aus dem Jahre 1335". In *Zum Bild Ägyptens im Mittelalter und in der Renaissance. Mit Beiträgen von Paul Bleser*, herausgegeben von Erik Hornung, 9–28. Freiburg.

Graf, Fritz. 1995. „Ekphrasis: Die Entstehung der Gattung in der Antike". In *Beschreibungskunst – Kunstbeschreibung. Ekphrasis von der Antike bis zur Gegenwart*, herausgegeben von G. Boehm und H. Pfotenhauer, 143–155.

Grigore, M.-D. 2011. „Weiße Pilger, rote Verdammte. Farben und Heilsordnungen am Beispiel der mittelalterlichen Hagiographie". In *Farbe im Mittelalter. Materialität – Medialität – Semantik*, herausgegeben von Ingrid Bennewitz und Andrea Schindler, 681–691. Berlin.

Grisar, Hartmann. 1902. „Zur Palästinareise des sog. Antoninus Martyr, um 580". *Zeitschrift für katholische Theologie* 26: 760–770.

Grosjean, P. 1960. „Les nomes d'Adomnán et de Bréndán". *Analecta Bollandiana* 78: 375–379.

Grotefend, Karl-Ludwig. 1852. „Die Edelherren von Boldensele oder Boldensen". *Zeitschrift des Historischen Vereins für Niedersachsen*, 209–286.

Guagnano, Maria. 2003. „Agiografia ed escatologia in Adomnano di Iona". *Invigilata Lucernis* 25: 73–85.

Guagnano, Maria. 2008. *Adomnano di Iona. I Luoghi Santi. Introduzione, traduzione e commento*. Bari.

Gumbrecht, Hans Ulrich. 2004. *Diesseits der Hermeneutik. Über die Produktion von Präsenz*. Frankfurt am Main.

Hahn, Cynthia. 1990. „Loca Sancta Souvenirs: Sealing the Pilgrim's Experience". In *Blessings of Pilgrimage*, herausgegeben von Robert Ousterhout, 85–96. Chicago.

Halbwachs, Maurice. 2003. *Stätten der Verkündigung im Heiligen Land. Eine Studie zum kollektiven Gedächtnis, übersetzt von Stephan Egger*. Konstanz.

LITERATURVERZEICHNIS

Halevi, Leor. 1998. „Bernard, explorer of the Muslim lake: a pilgrimage from Rome to Jerusalem, 867". *Medieval encounters* 4: 24–50.

Halm, Christian. 1994. *Europäische Reiseberichte des späten Mittelalters, Eine analytische Bibliographie, hg. von Werner Paravicini, Teil 1, Deutsche Reiseberichte*, Frankfurt am Main.

Hamm, Berndt. 2011. *Religiosität im späten Mittelalter*. Tübingen.

Hammer, Andreas. 2015. *Erzählen vom Heiligen. Narrative Inszenierungsformen von Heiligkeit im Passional*. Berlin.

Hansen, Bert, Hrsg. 1985. *Nicole Oresme and the marvels of nature. A study of his De causis mirabilium with critical edition, translation, and commentary*. Toronto.

Harbsmeier, Michael. 1982. „Reisebeschreibungen als mentalitätsgeschichtliche Quellen: Überlegungen zu einer historisch-anthropologischen Untersuchung frühneuzeitlicher deutscher Reisebeschreibungen". In *Reiseberichte als Quellen europäischer Kulturgeschichte. Aufgaben und Möglichkeiten der historischen Reiseforschung*, herausgegeben von Antoni Maczak und Hans Jürgen Teuteberg, 21:1–31. Wolfenbütteler Forschungen. Wolfenbüttel.

Härter, Andreas. 2000. *Digressionen: Studien zum Verhältnis von Ordnung und Abweichung in Rhetorik und Poetik; Quintilian – Opitz – Gottsched – Friedrich Schlegel*. München.

Hartmann, Andreas. 2010. *Zwischen Relikt und Reliquie. Objektbezogene Erinnerungspraktiken in antiken Gesellschaften*. Berlin.

Hartmann, Gritje. 2004. „Einleitung". In *Wilhelm Tzewers: Itinerarius terre sancte. Einleitung, Edition, Kommentar und Übersetzung*, 11–67. Wiesbaden.

Harvey, P.D.A. 2012. *Medieval maps of the holy land*. London.

Hassauer, Friederike. 1986. „Volkssprachliche Reiseliteratur: Faszination des Reisens und räumlicher ordo". In *La littérature historiographique des origines à 1500*, herausgegeben von Hans Ulrich Gumbrecht, Ursula Link-Heer, und Peter Michael Spangenberg, 259–283. Heidelberg.

Haug, Walter, und Burghart Wachinger, Hrsg. 1993. *Die Passion Christi in Literatur und Kunst des Spätmittelalters*. Tübingen.

Haye, Thomas. 2016. *Verlorenes Mittelalter. Ursachen und Muster der Nichtüberlieferung mittellateinischer Literatur*. Leiden/Boston.

Hedwig, Klaus. 2005. „Efficiunt quod figurant. Die Sakramente im Kontext von Natur, Zeichen und Heil (S.th. III, qq. 60–65 und q. 75)". In *Thomas von Aquin. Die Summa theologiae. Werkinterpretationen*, herausgegeben von Andreas Speer, 401–425. Berlin.

Heisel, Joachim P. 1993. *Antike Bauzeichnungen*. Darmstadt.

Heit, Alfred. 2002. „Itinerar". *Lexikon des Mittelalters* 5: 772–775.

Heither, Theresia. 2010. *Biblische Gestalten bei den Kirchenvätern: Mose*. Münster.

Henkel, Nikolaus. 1976. *Studien zum Physiologus im Mittelalter*. Berlin.

Henss, Christina. 2018. *Fremde Räume, Religionen und Rituale in Mandevilles Reisen*. Berlin.

Hertzenberg, Bordal. 2015. *Third Person Reference in Late Latin: Demonstratives, Definite Articles and Personal Pronouns in the Itinerarium Egeriae*. Berlin.

Hiestand, Rudolf. 1993. „Der Sinai – Tor zur anderen Welt". In *Reisen in reale und mythische Ferne*, herausgegeben von Peter Wunderli, 76–102. Düsseldorf.

Hiestand, Rudolf. 1994. „Un centre intellectuel en Syrie du Nord? Notes sur la personalité d'Aimery d'Antioche, Albert de Tarse et Rorgo Fretellus". *Le Moyen-Age* 8: 7–36.

Higgins, Iain Macleod. 1997. *Writing East. The Travels of Sir John Mandeville*. Philadelphia.

Hilhorst, Anthony. 2007. „Ager Damascenus: Views on the place of Adam's creation". *Warzawskie Studia Teologiczne* 20: 131–144.

Hinnebusch, William A. 1973. *The history of the Dominican Order 2: Intellectual and Cultural Life to 1500*. New York.

Hippler, Christiane. 1987. *Die Reise nach Jerusalem. Untersuchungen zu den Quellen, zum Inhalt und zur literarischen Struktur der Pilgerberichte des Spätmittelalters*. Frankfurt am Main u. a.

Hirschbiegel, Jan. 2000. *Europäische Reiseberichte des späten Mittelalters. Eine analytische Bibliographie, herausgegeben von Werner Paravicini, Teil 3, Niederländische Reiseberichte, nach Vorarbeiten von Detlev Kraack bearbeitet von Jan Hirschbiegel*. Frankfurt am Main.

Hoffmann, Annette, und Gerhard Wolf, Hrsg. 2012. *Jerusalem as Narrative Space/Erzählraum Jerusalem*. Amsterdam.

Hölscher, Ludger. 1986. *The reality of the mind: St Augustine's philosophical arguments for the human soul as a spiritual substance*. London.

Hönig, Christoph. 2000. *Die Lebensfahrt auf dem Meer der Welt: der Topos, Texte und Interpretation*. Würzburg.

Honnefelder, Ludger. 2016. „Das Mittelalter als zweiter Anfang der Philosophie. Die Aristoteles-Rezeption als Leitfaden der Geschichte der Philosophie im Mittelalter". In *Was ist Wirklichkeit? Beiträge zur Grundfrage der Metaphysik*, herausgegeben von Ludger Honnefelder, Isabelle Mandrella, und Hannes Möhle, 195–216. Paderborn.

Hunt, Edward D. 1982. *Holy Land Pilgrimage in the Later Roman Empire AD 312–460*. Oxford.

Hunt, Edward D. 1997. „Constantine and Jerusalem". *Journal of Ecclesiastical History* 48: 405–424.

Hunt, Edward D. 2000. „The itinerary of Egeria: Reliving the bible in forth-century Palestine". In *The holy land, holy lands, and Christian history*, herausgegeben von R.N. Swanson, 34–54. Woodbridge.

Huschenbett, Dietrich. 1985. „Die Literatur der deutschen Pilgerreisen nach Jerusalem im späten Mittelalter". *DVLG* 59: 29–46.

LITERATURVERZEICHNIS

Huschenbett, Dietrich. 1987. „Von landen und ynselen: literarische und geistliche Meerfahrten nach Palästina im späten Mittelalter". In *Wissensorganisierende und wissensvermittelnde Literatur im Mittelalter. Perspektiven ihrer Erforschung. Kolloquium 5.–7. Dez. 1985*, herausgegeben von Norbert Richard Wolf, 187–207. Wiesbaden.

Huschenbett, Dietrich. 2000. „Diu vart hin über mer. Die Palästina-Pilgerberichte als neue Prosa-Gattung in der deutschen Literatur des späten Mittelalters und der frühen Neuzeit". In *Beschreibung der Welt. Zur Poetik der Reise- und Länderberichte. Vorträge eines interdisziplinären Symposiums vom 8. bis 13. Juni 1998 an der Justus-Liebig-Universität Gießen*, herausgegeben von Xenia von Ertzdorff, 119–151. Amsterdam/Atlanta.

Huygens, Robert B.C., Hrsg. 1994. „Introduction." In *Peregrinationes Tres: Saewulf, Iohannes Wirziburgensis, Theodericus*, 5–33. CCCM 139. Turnhout.

Ilien, Albert. 1975. *Wesen und Funktion der Liebe bei Thomas von Aquin.* Freiburg i. Br.

Imbach, Ruedi. 1989. *Laien in der Philosophie des Mittelalters. Hinweise und Anregungen zu einem vernachlässigten Thema.* Amsterdam.

Ingold, Felix Philipp. 1989. *Der Autor im Text.* Bern.

Iser, Wolfgang. 1976. *Der Akt des Lesens – Theorie ästhetischer Wirkung.* München.

Jacoby, Adolf. 1929. „Heilige Längenmaße. Eine Untersuchung zur Geschichte der Amulette". *Schweizerisches Archiv für Volkskunde* 29: 181–216.

Jahn, Bernhard. 1993. *Raumkonzepte in der frühen Neuzeit. Zur Konstruktion von Wirklichkeit in Pilgerberichten, Amerikareisebeschreibungen und Prosaerzählungen.* Frankfurt am Main, Wien, u. a.

Jahn, Bruno. 2012a. „Jacobus von Verona". In *Deutsches Literatur-Lexikon. Das Mittelalter III Reiseberichte und Geschichtsdichtung*, herausgegeben von Wolfgang Achnitz, 344–345. Berlin.

Jahn, Bruno. 2012b. „Ludolf von Sudheim". In *Deutsches Literatur-Lexikon. Das Mittelalter III Reiseberichte und Geschichtsdichtung*, herausgegeben von Wolfgang Achnitz, 383–388. Berlin.

Jakobs, Hermann. 1999. *Kirchenreform und Hochmittelalter: 1046–1215.* München.

James-Raoul, Danièle. 2005. „La digression dans les arts poétiques des XIIe et XIIIe siècles: aperçu théorique". In *La digression dans la littérature et l'art du Moyen âge*, herausgegeben von Chantal Connochie-Bourgne, 229–244. Aix-en-Provence.

Jandesek, Reinhold. 1992. *Das fremde China. Berichte europäischer Reisender des späten Mittelalters und der Frühen Neuzeit.* (= Weltbild und Kulturbegegnung 3). Pfaffenweiler.

Jaspert, Nikolas. 2013. *Die Kreuzzüge.* 6. Aufl. Dortmund.

Jeschke, Thomas. 2010. „Seligkeitsdebatten um 1308". In *1308. Eine Topographie historischer Gleichzeitigkeit [Kölner Mediaevistentagung 36]*, herausgegeben von Andreas Speer und David Wirmer, 340–369. Berlin.

Johnston, Andrew James, Ethan Knapp, und Margitta Rouse, Hrsg. 2015. *The art of vision: ekphrasis in medieval literature and culture*. Columbus.

Jorissen, Hans. 2001. „Transsubstantiation". *LThK* 10: 177–182.

Jotischky, Andrew. 2004. „Mendicants as Missionaries and Travellers in the Near East in the Thirteenth and Fourteenth Centuries". In *Eastward Bound: Travel and Travellers in the East in the Middle Ages, 1050–1550*, herausgegeben von Rosamund Allen, 88–106. Manchester.

Jungbluth, Konstanze, und Wolfgang Klein. 2002. „Einleitung". *Themenheft Deixis. Zeitschrift für Literaturwissenschaft und Linguistik* 125: 5–9.

Jütte, Robert. 2000. *Geschichte der Sinne. Von der Antike bis zum Cyber-Space*. München.

Jüttner, Guido. 1995. „Art. Robert von Chester (R. Castrensis, Retinensis, Cestrensis, Ketenensis [v. Ketton], Anglicus, Anglus)". *Lexikon des Mittelalters* 7: 902.

Kany, Roland. 2007. *Augustins Trinitätsdenken: Bilanz, Kritik und Weiterführung der modernen Forschung zu De trinitate*. Tübingen.

Kappler, R. 1997. „Introduction." In *Riccoldo da Monte di Croce. Liber peregrinationis. Pérégrination en terre sainte et au proche orient. Texte latin et traduction*, 9–31. Paris.

Karnes, Michelle. 2011. *Imagination, meditation and cognition in the Middle Ages*. Chicago/London.

Kästner, Hannes. 1991. „Nilfahrt mit Pyramidenblick. Altvertraute Wunder und fremde Lebenswelt in abendländischen Reiseberichten an der Wende zur Neuzeit". In *Akten des VIII. internationalen Germanisten-Kongresses Tokyo 1990. Begegnung mit dem Fremden, Grenzen – Traditionen – Vergleiche*, herausgegeben von Eijiro Iwasaki, 307–316. München.

Kedar, Benjamin Z. 1998. „The Tractatus de locis et statu sancte terre Ierosolimitane". In *The Crusades and their Sources. Essays Presented to Bernard Hamilton*, herausgegeben von John France/ William G. Zajac, 111–133. Aldershot.

Kedar, Benjamin Z. 2008. „Rashi's Map of the Land of Canaan, CA. 1100, and Its Cartographic Background". In *Cartography in antiquity and the Middle ages: Fresh Perspectives, New Methods*, herausgegeben von Richard A. Talber und Richard W. Unger, 155–168. Leiden.

Keel, Othmar, Max Küchler, und Christoph Uehlinger. 1984. *Orte und Landschaften der Bibel*. Bd. 1. Zürich/Einsiedeln/Köln.

Kelly, T., Hrsg. 2004. *Amor amicitiae: on the love that is friendship*. Leuven.

Kemmann, Ansgar. 1996. „Evidentia, Evidenz". *Historisches Wörterbuch der Rhetorik* 3: 33–47.

Kessler, Jörg-Ronald. 2004. *Die Welt der Mamluken: Ägypten im späten Mittelalter 1250–1517*. Berlin.

Khattab, Aleya. 1982. *Das Ägyptenbild in den deutschsprachigen Reisebeschreibungen der Zeit von 1285–1500*. Frankfurt am Main.

LITERATURVERZEICHNIS

Kiening, Christian. 2009. „Hybriden des Heils. Reliquie und Text des Grauen Rocks um 1512". In *Literarische und religiöse Kommunikation in Mittelalter und Früher Neuzeit*, herausgegeben von Peter Strohschneider, 371–410. Berlin.

Kiening, Christian. 2010. „Mediologie – Christologie. Konturen einer Grundfigur mittelalterlicher Medialität". *Das Mittelalter* 15: 16–32.

Kiening, Christian. 2011. „Prozessionalität der Passion". In *Medialität der Prozession: Performanz ritueller Bewegung in Texten und Bildern der Vormoderne*, herausgegeben von Katja Gvodzdeva und Hans-Rudolf Velten, 177–197. Heidelberg.

Kiening, Christian. 2016. *Fülle und Mangel. Medialität im Mittelalter*. Zürich.

Kiening, Christian, und Katharina Mertens Fleury, Hrsg. 2013. *Figura. Dynamiken der Zeiten und Zeichen im Mittelalter*. Würzburg.

Kiening, Christian, und Martina Stercken, Hrsg. 2010. *Modelle des Medialen im Mittelalter*. Berlin.

Kiening, Christian, und Martina Stercken, Hrsg. 2018. *Temporality and Mediality in Late Medieval and Early Modern Culture*. Turnhout.

Klarer, Mario. 2000. „Die mentale imago im Mittelalter: Geoffrey Chaucers Ekphrasen". In *Die poetische Ekphrasis von Kunstwerken: eine literarische Tradition der Großdichtung in Antike, Mittelalter und früher Neuzeit*, herausgegeben von Christine Ratkowitsch, 77–96. Wien.

Klatik, Zlatko. 1968. „Über die Poetik der Reisebeschreibung". *Zagadnienia Rodzjaöw Literackich* 2: 126–153.

Klausen-Nottmeyer, Brigitte. 1995. „Eulogien – Transport und Weitergabe von Segenskraft. Ergebnisse einer Zusammenstellung von Pilgerandenken". In *Akten des XII. internationalen Kongresses für christliche Archäologie*, 922–927. Münster.

Klein, Hans-Wilhelm. 1958. „Zur Latinität des Itinerarium Egeriae (früher Peregrinatio Aethereae). Stand der Forschung und neue Erkenntnismöglichkeiten." In *Romanica, Festschrift für Gerhard Rohlfs*, herausgegeben von Heinrich Lausberg und Harald Weinrich, 243–258. Halle.

Klein, Richard. 1990. „Die Entwicklung der christlichen Palästina-Wallfahrt in konstantinischer Zeit". *Römische Quartalschrift für christliche Altertumskunde und Kirchengeschichte* 85: 145–183.

Klingner, Jacob. 2012. „Reisen zum Heil. Zwei Ulmer ‚Pilgerfahrten im Geiste' vom Ende des 15. Jahrhunderts". In *Literarische Räume: Landschaft, Erinnerung, Wissen*, herausgegeben von Martin Huber, Christine Lubkoll, Steffen Martus, und Yvonne Wübben, 59–73. Berlin.

Klüppel, Theodor. 2010. *Adamnan. Das Leben des heiligen Columba von Iona. Vita S. Columbae*. Stuttgart.

Klußmann, Andreas. 2012. *In Gottes Namen fahren wir. Die spätmittelalterlichen Pilgerberichte von Felix Fabri, Bernhard von Breydenbach und Konrad Grünemberg im Vergleich*. Saarbrücken.

Koch, Elke, und Heike Schlie. 2016. „Einleitung". In *Orte der Imagination – Räume des Affekts – Die mediale Formierung des Sakralen*, herausgegeben von Elke Koch und Heike Schlie, 9–29. Paderborn.

Koenen, Klaus. 2003. *Bethel. Geschichte, Kult und Theologie*. Göttingen.

Köpf, Ulrich. 1980. *Religiöse Erfahrung in der Theologie Bernhards von Clairvaux*. München.

Köpf, Ulrich. 1997. „Passionsfrömmigkeit". *TRE* 27: 722–764.

Kormann, Eva. 2004. *Ich, Welt und Gott. Autobiographik im 17. Jahrhundert*. Köln/Weimar/Wien.

Kötting, Bernhard. 1950. *Peregrinatio religiosa. Wallfahrten in der Antike und das Pilgerwesen in der alten Kirche*. Regensburg/Münster.

Kötting, Bernhard. 1962. „Gregor von Nyssas Wallfahrtskritik". *Studia Patristica* 5: 360–367.

Kötting, Bernhard. 1966. „Eulogia". *RAC* 6: 900–928.

Kötting, Bernhard. 1982. „Wohlgeruch der Heiligkeit". In *Jenseitsvorstellungen in Antike und Christentum, Gedenkschrift A. Stuiber*, 168–175. Münster.

Kötzsche-Breitenbruch, Lieselotte. 1984. „Pilgerandenken aus dem Heiligen Land. Drei Neuerwerbungen des Württembergischen Landesmuseums in Stuttgart". In *Vivarium: Festschrift Theodor Klauser zum 90. Geburtstag*, herausgegeben von Ernst Dassmann und Klaus Thraede, 229–246. Münster.

Krautheimer, Richard. 1942. „Introduction to an Iconography of Mediaeval Architecture". *Journal of the Warburg and Courtauld Institutes* 5: 1–33.

Krautheimer, Richard. 1981. *Early Christian and Byzantine Architecture*. 3. Aufl. Harmondsworth.

Kroos, Renate. 1985. „Vom Umgang mit Reliquien". In *Ornamenta Ecclesiae. Kunst und Künstler der Romantik (Ausstellungskatalog, Schnütgenmuseum)*, herausgegeben von Anton Legner, 3:25–49. Köln.

Krovoza, Alfred. 2001. „Mnemonik/Mnemotechnik". *DNP* 15/ 1: 463–481.

Krüger, Jürgen. 2000. *Die Grabeskirche zu Jerusalem: Geschichte – Gestalt – Bedeutung*. Regensburg.

Krusche, Dietrich. 2001. *Zeigen im Text. Anschauliche Orientierung in literarischen Modellen von Welt*. Würzburg.

Kubitschek, Wilhelm. 1916. „Itinerarien". *RE* 9,2: 2308–2363.

Kugler, Hartmut. 1997. „Imago Mundi. Kartographische Skizze und literarische Beschreibung". In *Mediävistische Komparatistik. Festschrift für Franz Joseph Worstbrock zum 60. Geburtstag*, herausgegeben von Wolfgang Harms und Jan-Dirk Müller, 77–93. Stuttgart.

Kühnel, Bianca, Galit Noga-Banai, und Hanna Vorholt, Hrsg. 2014. *Visual Constructs of Jerusalem*. Turnhout.

Kupfer, Marcia. 2014. „The Jerusalem Effect: Rethinking the Centre in Medieval World

LITERATURVERZEICHNIS

Maps". In *Visual Constructs of Jerusalem*, herausgegeben von Bianca Kühnel, Galit Noga-Banai, und Hanna Vorholt, 353–365. Turnhout.

Laistner, Max L.W. 1943. *A Hand-List of bede MSS*. Ithaca.

Largier, Niklaus. 2014. „The Art of Prayer: Conversions of Interiority and Exteriority in Medieval Contemplative Practice". In *Rethinking Emotion. Interiority and Exteriority in Premodern, Modern, and Contemporary Thought*, herausgegeben von Rüdiger Campe und Julia Weber, 58–71. Berlin/Boston.

Larink, Wibke. 2011. *Bilder vom Gehirn: Bildwissenschaftliche Zugänge zum Gehirn als Seelenorgan*. Berlin.

Laurent, Johann C.M. 1864. „Einleitung zu Burchards Descriptio terrae sanctae." In *Peregrinationes Medii Aevi quattuor*, 1–18. Leipzig.

Lausberg, Heinrich. 1960. *Handbuch der literarischen Rhetorik*. München.

Lechtermann, Christina. 2005. *Berührt werden. Narrative Strategien der Präsenz in der höfischen Literatur um 1200*. Berlin.

Lechtermann, Christina, und Carsten Morsch. 2004. *Kunst der Bewegung. Kinästhetische Wahrnehmung und Probehandeln in virtuellen Welten*. Berlin.

Leclercq, Jean. 1963. *Wissenschaft und Gottverlangen. Zur Mönchstheologie des Mittelalters (franz. 1957)*. Düsseldorf.

Le Goff, Jacques. 1990. *Phantasie und Realität des Mittelalters (zuerst frz. 1985)*. Stuttgart.

Lehmann-Brauns, Susanne. 2010. *Jerusalem sehen. Reiseberichte des 12. bis 15. Jahrhunderts als empirische Anleitung zur geistigen Pilgerfahrt*. Freiburg i. Br. u. a.

Lentes, Thomas. 1995. „Die Vermessung des Christus-Körpers". In *Glaube Liebe Hoffnung Tod, Katalog zur Ausstellung*, herausgegeben von Christian Geismar-Brandi und Eleonora Louis, 144–147. Wien.

Lentes, Thomas. 2002. „Inneres Auge, äußerer Blick und heilige Schau. Ein Diskussionsbeitrag zur visuellen Praxis in Frömmigkeit und Moraldidaxe des späten Mittelalters". In *Frömmigkeit im Mittelalter. Politisch-soziale Kontexte, visuelle Praxis, körperliche Ausdrucksformen*, herausgegeben von Klaus Schreiner, 179–220. München.

Leyerle, Blake. 1996. „Landscape as Cartography: Early Christian Pilgrimage Narratives". *Journal of the American Academy of Religion* 64: 119–143.

Liess, Hans-Christoph. 2012. *Astronomie mit Diagrammen: Geschichte und epistemische Funktion der Planetendiagramme des frühen Mittelalters*. Books on Demand.

Limor, Ora. 2001. „Reading sacred space: Egeria, Paula, and the Christian Holy Land". In *De Sion exibit lex et verbum domini de Hierusalem: Essays on Medieval Law, Liturgy, and Literature in Honour of Amnon Linder*, herausgegeben von Yitzhak Hen, 1–15. Turnhout.

Limor, Ora. 2014. „Mary in Jerusalem: An imaginary map". In *Visual Constructs of Jerusalem*, herausgegeben von Bianca Kühnel, Galit Noga-Banai, und Hanna Vorholt, 11–22. Turnhout.

Linde, Charlotte, und William Labov. 1975. „Statial networks as a site for the study of language and thought". *Language* 51: 924–939.

Lobsien, Verena Olejniczak, und Eckhard Lobsien. 2003. *Die unsichtbare Imagination: literarisches Denken im 16. Jahrhundert*. München.

Löfstedt, Einar. 1936. *Philologischer Kommentar zur peregrinatio Aetheriae*. zuerst Uppsala 1911. Oxford u. a.

Lohmeyer, Ernst. 1919. *Vom göttlichen Wohlgeruch*. Heildelberg.

Luraghi, Nino. 2014. „The eyewitness and the writing of history, Ancient and modern". In *Die Figur des Augenzeugen. Geschichte und Wahrheit im fächer- und epochenübergreifenden Vergleich*, herausgegeben von Amelie Rösinger und Gabriela Signori, 13–26. Konstanz/ München.

Lutz, Eckart Conrad, Hrsg. 2014. *Diagramm und Text. Diagrammatische Strukturen und die Dynamisierung von Wissen und Erfahrung*. Wiesbaden.

Lynch, Kevin. 1965. *Das Bild der Stadt, übersetzt von Henni Korssakoff-Schröder und Richard Michael*. Wien.

Maier, Christoph T. 2000. *Crusade Propaganda and Ideology. Model Sermons for the Preaching of the Cross*. Cambridge.

Maisel, Markus. 2002. *Sepulchrum Domini: Studien zur Ikonographie und Funktion großplastischer Grablegungsgruppen am Mittelrhein und im Rheinland*. Mainz.

Malm, Mike. 2012. „Peter von Zittau". *Deutsches Literatur-Lexikon. Das Mittelalter III Reiseberichte und Geschichtsdichtung*, 349–353.

Martinez, Matias, und Michael Scheffel. 1999. *Einführung in die Erzähltheorie*. München.

Matschi, Alexander Franz. 2015. *Narrating space and motion in contemporary Asian British novels: a cultural narratology of motion*. http://geb.uni-giessen.de/geb/volltexte/2016/12238/, zuletzt aufgerufen am 1.3.2017. Diss. Gießen.

Matthews, Jon. 2010. „The cultural landscape of the Bordeaux Itinerary". In *Roman Perspectives. Studies in the social, political and cultural history of the first to the fifth centuries*, herausgegeben von Jon Matthews, 181–200. Swansea.

Matuschek, Stefan. 1991. *Über das Staunen. Eine ideengeschichtliche Analyse*. Tübingen.

Matuschek, Stefan. 1996. „Exkurs". *Historisches Wörterbuch der Rhetorik* 3: 126–136.

Mayer, Hans E. 1982. „Rezension von: Boeren, Petrus C.: Rorgo Fretellus de Nazareth et sa description de la terre sainte, histoire et edition du texte". *Deutsches Archiv* 38: 632.

Mayer, Hans E. 1988. *The crusade*. 2. Auflage. Oxford.

McNamer, Sarah. 2009. *Affective meditation and the invention of medieval compassion*. Philadelphia.

Meier, Christel, Hrsg. 2002. *Die Enzyklopädie im Wandel vom Hochmittelalter bis zur Frühen Neuzeit*. München.

Meier, Christel. 2003a. „Die Quadratur des Kreises: die Diagrammatik des 12. Jh. als sym-

LITERATURVERZEICHNIS

bolische Denk- und Darstellungsform". In *Die Bildwelt der Diagramme Joachims von Fiore*, herausgegeben von Alexander Patschovsky, 23–53. Ostfildern.

Meier, Christel. 2003b. „Imaginatio und phantasia in Enzyklopädien vom Hochmittelalter bis zur Frühen Neuzeit". In *Imagination – Fiktion – Kreation. Das kulturschaffende Vermögen der Phantasie*, herausgegeben von Thomas Dewender und Thomas Welt, 161–181. München/Leipzig.

Meier-Staubach, Christel. 1990. „Malerei des Unsichtbaren: über den Zusammenhang von Erkenntnistheorie und Bildstruktur im Mittelalter". In *Text und Bild, Bild und Text: DFG-Symposion 1988*, herausgegeben von Wolfgang Harms, 35–65. Stuttgart.

Mertens Fleury, Katharina. 2006. *Leiden lesen: Bedeutungen von compassio um 1200 und die Poetik des Mit-leidens im Parzival Wolframs von Eschenbach*. Berlin.

Mertens Fleury, Katharina. 2010. „Klagen unter dem Kreuz: Die Vermittlung von compassio in der Tradition des ‚Bernhardstraktats'." In *Schmerz in der Literatur des Mittelalters und der Frühen Neuzeit*, herausgegeben von Hans-Jochen Schiewer, Stefan Seeber, und Markus Stock, 143–165. Göttingen.

Meyers, Jean. 2008a. „Le rhinocéros de Frère Félix Fabri. Autopsie d'un passage de l'Evagatorium (II,7, fol. 39B–40A)". *Rursus* 3: http://rursus.revues.org/221, zuletzt-aufgerufen am 1.3.2017.

Meyers, Jean. 2008b. „L'Evagatorium de Frère Félix Fabri: de l'errance du voyage à l'errance du récit". *Le Moyen Âge. Revue d'histoire et de philologie* 114: 9–36.

Mian, Franca. 1972. „L'Anonimo Piacentino al Sinai". *Vetera Christianorum* 9: 267–301.

Michalsky, Tanja. 2015. „Karten schaffen Räume. Kartographie als Medium der Wissens- und Informationsorganisation". In *Gerhard Mercator. Wissenschaft und Wissenstransfer*, herausgegeben von Ute Schneider und Stefan Brakensiek, 15–38. Darmstadt.

Miedema, Nine Robijntje. 1998. „Following the footsteps of christ: pilgrimage and passion devotion". In *The broken body. Passion devotion in late-medieval culture*, herausgegeben von A.A. MacDonald, H.N.B. Ridderbos, und R.M. Schlusemann, 73–92. Groningen.

Miedema, Nine Robijntje. 2003. *Rompilgerführer in Spätmittelalter und Früher Neuzeit. Die Indulgentiae ecclesiarium urbis Romae (deutsch/niederländisch). Edition und Kommentar*. Berlin.

Milani, Celestina. 1983. „Strutture formulari nell' Itinerarium Burdigalense". *Aevum* 57: 99–108.

Möller, Melanie. 2011. „Anschaulichkeit und Intuition. Aspekte der Aufmerksamkeit in Ciceros Rhetoriktheorie". In *Anschaulichkeit in Kunst und Literatur. Wege bildlicher Visualisierung in der europäischen Geistesgeschichte*, herausgegeben von A. Schmitt und G. Radke-Uhlmann, 35–60. München/Leipzig.

Moritz, Reiner. 1970. *Untersuchungen zu den deutschsprachigen Reisebeschreibungen des 14.–16. Jahrhunderts*. Söcking.

Morris, Colin. 2000. „Memorials of the Holy Places and Blessings from the East: Devotion to Jerusalem before the Crusades". In *The Holy Land, Holy Lands, and Christian History*, herausgegeben von R.N. Swanson, 90–109. Woodbridge.

Morris, Colin. 2005. *The Sepulchre of Christ and the Medieval West. From the Beginnings to 1600*. Oxford.

Morsch, Carsten. 2011. *Blickwendungen: Virtuelle Räume und Wahrnehmungserfahrungen in höfischen Erzählungen um 1200*. Berlin.

Müller, Carl Werner. 1997. „Fremderfahrung und Eigenerfahrung. Griechische Ägyptenreisende von Menelaos bis Herodot". *Philologus*, 200–214.

Müller, Jan-Dirk. 2004. „Realpräsenz und Repräsentaion. Theatrale Frömmigkeit und geistliches Spiel". In *Ritual und Inszenierung. Geistliches und weltliches Drama des Mittelalters und der Frühen Neuzeit*, herausgegeben von Hans-Joachim Ziegeler, 113–135. Tübingen.

Müller, Jan-Dirk. 2007. „Evidentia und Medialität. Zur Ausdifferenzierung von Evidenz in der frühen Neuzeit". In *Evidentia*, herausgegeben von Gabriele Wimböck, Karin Leonhard, und Markus Friedrich, 59–81. Münster.

Mulzer, Martin. 1996. „Mit der Bibel in der Hand? Egeria und ihr Codex". *Zeitschrift des Palästina-Vereins* 112: 156–164.

Münkler, Marina. 2000. *Erfahrung des Fremden. Beschreibung Ostasiens in den Augenzeugenberichten des 13. und 14. Jahrhunderts*. Berlin.

Münkler, Marina. 2002. „Interkulturalität und Alterität: Ältere Deutsche Literatur". In *Germanistik als Kulturwissenschaft. Eine Einführung in neue Theoriekonzepte*, herausgegeben von Claudia Benthien und Hans Rudolf Velten, 323–344. Hamburg.

Murphy, James Jerome. 2005. *Rhetoric in the Middle Ages. A history of the rhetorical theory from Saint Augustine to the Renaissance*. zuerst 1974. Alderslot.

Neuber, Wolfgang. 1989. „Zur Gattungsproblematik des Reiseberichts. Skizze einer historischen Grundlegung im Horizont von Rhetorik und Topik". In *Der Reisebericht. Die Entwicklung einer Gattung in der deutschen Literatur*, herausgegeben von Peter J. Brenner, 50–67. Frankfurt am Main.

Niehr, Klaus. 2001. „Als ich das selber erkundet vnd gesehen hab. Wahrnehmung und Darstellung des Fremden in Bernhard von Breydenbachs Peregrinationes in Terram Sanctam und anderen Pilgerberichten des Mittelalters". *Gutenberg-Jahrbuch*, 269–300.

Ohler, Norbert. 1994. *Pilgerleben im Mittelalter. Zwischen Andacht und Abenteuer*. Freiburg u. a.

Ohly, Ernst Friedrich. 1983. „Die Kathedrale als Zeitenraum. Zum Dom von Siena". In *Schriften zur mittelalterlichen Bedeutungsforschung*, herausgegeben von Ernst Friedrich Ohly, 2. Aufl., 171–273. Darmstadt.

Ohly, Friedrich. 1989. *Süsse Nägel der Passion. Ein Beitrag zur theologischen Semantik*. Baden-Baden.

LITERATURVERZEICHNIS

O'Loughlin, Thomas. 1997. „Adomnan and Arculf: The case of an expert witness". *The Journal of Medieval Latin* 7: 127–146.

O'Loughlin, Thomas. 2004. „Perceiving Palestine in early Christian Ireland: Martyrium, exegetical key, relic and liturgical space". *Eriú* 54: 125–137.

O'Loughlin, Thomas. 2005. „Map and text: A mid ninth-Century map for the book of Joshua". *Imago Mundi* 57: 7–22.

O'Loughlin, Thomas. 2007. *Adomnan and the holy places. The perceptions of an insular monk on the locations of the biblical drama.* London, New York.

O'Loughlin, Thomas. 2012. „Adomnan's plans in the context of his imagining the most famous city". In *Imagining Jerusalem in the Medieval West*, herausgegeben von Lucy Donkin und Hanna Vorholt, 14–40. Oxford u. a.

O'Loughlin, Thomas. 2014. „Remembering Sion: early Medieval Latin recollections of the Basilica on Mount Sion and the interplay of relics, tradition, and images". In *Visual Constructs of Jerusalem*, herausgegeben von Galit Noga-Banai Bianca Kühnel und Hanna Vorholt, 1–9. Turnhout.

Orlandi, Stefano. 1955. *Necrologie di S. Maria Novella I*. Rom.

Otto, Eckart. 1980. *Jerusalem. Die Geschichte der Heiligen Stadt*. Stuttgart u. a.

Otto, Rudolf. 1917. *Das Heilige. Über das Irrationale in der Idee des Göttlichen und sein Verhältnis zum Rationalen*. 1. Aufl. München.

Ousterhout, Robert G. 2012. „The memory of Jerusalem: text, architecture, and the craft of thought." In *Jerusalem as Narrative Space/Erzählraum Jerusalem*, herausgegeben von Annette Hoffmann und Gerhard Wolf, 139–154. Leiden.

Palmén, Ritva. 2014. *Richard of St. Victor's Theory of imagination*. Leiden/Boston.

Palmer, Andrew. 1994. „Egeria the Voyager, or the Technology of Remote Sensing in Late Antiquity". In *Travel Fact and Travel Fiction. Studies on Fiction, Literary Tradition, Scholary Discovery and Observation, in Travel Writing*, herausgegeben von Zweder von Martels, 39–53. Leiden/New York/Köln.

Panella, Emilio. 1988. „Ricerche su Riccoldo da Monte di Croce". *Archivum Fratrum Praedicatorum* 58: 5–85.

Pankau, Johannes G. 1992. „Augenzeugenbericht". *Historisches Wörterbuch der Rhetorik* 1: 1259–1261.

Paravicini, Werner. 1999. *Europäische Reiseberichte des späten Mittelalters. Eine analytische Bibliographie, 3 Bde., Teil 2: Französische Reiseberichte, bearb. v. Jörg Wettlaufer*. Frankfurt am Main u. a.

Park, Katharine. 1997. „Picos De imaginatione in der Geschichte der Philosophie". In *Gianfrancesco Pico della Mirandola. Über die Vorstellung/De Imaginatione. Lateinisch-deutsche Ausgabe Mit einer Einleitung von Charles B. Schmitt und Katharine Park*, herausgegeben von Eckhard Keßler, 16–40. München.

Paulus, Nikolaus. 1922/23. *Geschichte des Ablasses im Mittelalter Bd. 1–3*. Paderborn.

Pethes, Nicolas. 2015. „Mnemotop". In *Handbuch Literatur und Raum*, herausgegeben von Jörg Dünne und Andreas Mahler, 196–204. Berlin/Boston.

Pfeiffer, Jens. 2011. „Landschaft im Mittelalter? oder: Warum die Landschaft angeblich in die Moderne gehört". In *Landschaft im Mittelalter? – Augenschein und Literatur*, herausgegeben von Jens Pfeiffer, 11–30. Berlin.

Pier, John. 2014. „Narrative Levels". In *Handbook of Narratology*, herausgegeben von Peter Hühn, Jan Christoph Meister, John Pier, und Wolf Schmid, 547–563. Berlin.

Pierard, Richard V. 2000. „Ludolf of Suchem". In *Trade, Travel, and Exploration in the Middle Ages: An Encyclopedia*, herausgegeben von John Block Friedmann und Kirsten Mossler Figg, 346–347. New York/London.

Pietsch, Christian. 2004–2010. „Imaginatio(nes)". *Augustinus-Lexikon* 3: 504–507.

Plett, Heinrich F. 2012. *Enargeia in classical antiquity and the early modern age*. Leiden/ Boston.

Pringle, Denys. 2007. *Churches of the crusader kingdom, Vol. 3*. Cambridge.

Pringle, Denys, Hrsg. 2012. *Pilgrimage to Jerusalem and the Holy Land 1187–1291*. Farnham.

Rachman-Schrire, Yamit. 2012. „Evagatorium in Terrae Sanctae [...]: stones telling the story of Jerusalem". In *Jerusalem as Narrative Space/Erzählraum Jerusalem*, herausgegeben von Annette Hoffmann und Gerhard Wolf, 353–366. Leiden.

Rachman-Schrire, Yamit. 2015. „The Rock of Golgotha in Jerusalem and Western Imagination". In *Räume der Passion Raumvisionen, Erinnerungsorte und Topographien des Leidens Christi in Mittelalter und Früher Neuzeit*, herausgegeben von Hans Aurenhammer und Daniela Bohde, 29–48. Bern u. a.

Raciti, M. Gaetano. 1961. „L'autore del De Spiritu et anima". *Rivista di filosofia neoscolastica* 53: 385–401.

Rapp, Christof. 2001. „Intentionalität und phantasia bei Aristoteles". In *Ancient and medieval theories of intentionality*, herausgegeben von D. Perler, 63–96. Leiden/ Boston/Köln.

Ratkowitsch, Christine. 1991. *Descriptio picturae. Die literarische Funktion der Beschreibung von Kunstwerken in der lateinischen Grossdichtung des 12. Jahrhunderts*. Wien.

Reeves, William. 1857. *The life of St. Columba, founder of Hy*. Dublin.

Reichert, Folker. 2015. „Felix Fabris Antike". In *Humanismus im deutschen Südwesten*, herausgegeben von Franz Fuchs und Gudrun Litz, 61–74. Wiesbaden.

Reichert, Folker, und Alexander Rosenstock, Hrsg. 2018. *Die Welt des Frater Felix Fabri*. Weißenhorn.

Reichlin, Susanne. 2011. „Zwischen heilsgeschichtlicher Indexikalität und Exotisierung. Farben im Reisebericht des Jean de Mandeville". In *Farbe im Mittelalter. Materialität – Medialität – Semantik*, herausgegeben von I. Bennewitz und A. Schindler, 631–645. Berlin.

Reltgen-Tallon, Anne. 2015. „Jérusalem vue par un Prêcheur à la fin du XIIIe siècle: la Pérégrination en Terre sainte et au Proche Orient de Riccoldo da Monte Croce". In

LITERATURVERZEICHNIS

La forme de la ville. De l'Antiquité à la Renaissance, herausgegeben von Stéphane Bourdin, Michel Paoli, und Anne Reltgen-Tallon, 255–264. Rennes.

Reudenbach, Bruno. 1998. „Authentizitätsverheißungen im mittelalterlichen Reliquienkult und in der Gegenwart". In *Zeitenspiegelung. Zur Bedeutung von Traditionen in Kunst und Kunstwissenschaft. Festschrift für Konrad Hoffmann*, herausgegeben von Peter K. Klein und Regine Prange, 375–383. Berlin.

Reudenbach, Bruno. 2005. „Reliquien von Orten. Ein frühchristliches Reliquiar als Gedächtnisort". In *Reliquiare im Mittelalter*, herausgegeben von Bruno Reudenbach und Gia Toussaint, 21–41. Berlin.

Reudenbach, Bruno. 2008. „Loca sancta. Zur materiellen Übertragung der heiligen Stätten". In *Jerusalem, du Schöne. Vorstellungen und Bilder einer heiligen Stadt*, herausgegeben von Bruno Reudenbach, 9–32. Bern.

Reudenbach, Bruno. 2015. „Golgatha – Etablierung, Transfer und Transformation. Der Kreuzigungsort im frühen Christentum und im Mittelalter". In *Räume der Passion. Raumvisionen, Erinnerungsorte und Topographien des Leidens Christi in Mittelalter und Früher Neuzeit*, 13–28. Bern.

Richard, Jean. 1981. *Les récits de voyages et de pèlegrinages*. Turnhout.

Richard, Jean. 1984. „Les relations de pelerinages au moyen âge et les motivation de leurs auteurs". In *Wallfahrt kennt keine Grenzen. Themen zu einer Ausstellung des Bayerischen Nationalmuseums und des Adalbert Stifter Vereins, München*, herausgegeben von Lenz Kriss-Rettenbeck und Gerda Möhler, 143–153. München.

Ridder, Klaus. 1991. *Jean de Mandevilles „Reisen": Studien zur Überlieferungsgeschichte der deutschen Übersetzung des Otto von Diemeringen*. München.

Riley-Smith, Jonathan. 2005. *The crusades. A history*. London/New York.

Roberg, Burkhard. 2015. „Riccoldus de Monte Crucis. Konzepte und Erfahrungen bei der Mission unter den Juden". In *Dominikaner und Juden: Personen, Konflikte und Perspektiven vom 13. bis zum 20. Jahrhundert*, herausgegeben von Elias Füllenbach und Gianfranco Miletto, 65–86. Berlin.

Röhricht, Reinhold. 1889. *Deutsche Pilgerreisen nach dem Heiligen Lande*. Gotha.

Röhricht, Reinhold. 1890. *Bibliotheca geographica Palaestinae. Chronologisches Verzeichnis der von 333 bis 1878 verfaßten Literatur über das Heilige Land mit dem Versuch einer Kartologie*. Jerusalem.

Röhricht, Reinhold, und Heinrich Meisner. 1887. „Ein niederrheinischer Bericht über den Orient". Herausgegeben von Reinhold Röhrricht und Heinrich Meisner. *Zeitschrift für deutsche Philologie* 19: 1–86.

Rösinger, Amelie, und Gabriela Signori. 2014. *Die Figur des Augenzeugen. Geschichte und Wahrheit im fächer- und epochenübergreifenden Vergleich*. Konstanz/München.

Rotermund, Ernst. 1912. „Das Jerusalem des Burchard vom Berge Sion". *Zeitschrift des deutschen Palästinavereins* 35: 1–27, 57–85.

Rotter, Ekkehart. 2013. „Windrose statt Landkarte". *Deutsches Archiv für Erforschung des Mittelalters* 69: 45–106.

Röwekamp, Georg. 2017. „Einleitung". In *Egeria, Itinerarium/Reisebericht mit Auszügen aus Petrus Diaconus, De locis sanctis/Die heiligen Stätten*, 3., völlig neu bearbeitete Auflage der Ausgabe 1995/2000, 9–109. Freiburg i. Br.

Rubies, Joan-Paul. 2000. „Travel Writing as a Genre: Facts, Fictions and the Invention of a Scientific Discourse in Early Modern Europe". *Journeys* 1: 5–35.

Rubin, Jonathan. 2014. „Burchardus of Mount Sion's Descriptio Terrae Sanctae: A Newly Discovered Extended Version". *Crusades* 13: 173–190.

Rubin, Jonathan. 2018. "A Missing Link in European Travel Literature: Burchard of Mount Sion's Description of Egypt". *Mediterranea. International Journal on the Transfer of Knowledge* 3: 55–90.

Rudy, Kathryn M. 2011. *Virtual Pilgrimages in the Convent. Imagining Jerusalem in the Late Middle Ages*. Turnhout.

Rüffer, Jens. 2014. *Werkprozess – Wahrnehmung – Interpretation. Studien zur mittelalterlichen Gestaltungspraxis und zur Methodik ihrer Erschließung am Beispiel baugebundener Skulptur*. Berlin.

Samson-Himmelstjerna, Carmen. 2004. *Deutsche Pilger des Mittelalters im Spiegel ihrer Berichte und der mittelhochdeutschen erzählenden Dichtung*. Berlin.

Sauer, Christine. 1993. „Theoderichs Libellus de locis sanctis (ca. 1169–1174). Architekturbeschreibungen eines Pilgers". In *Hagiographie und Kunst. Der Heiligenkult in Schrift, Bild und Architektur*, herausgegeben von Gottfried Kerscher, 213–239. Berlin.

Scattergood, Vincent John. 1995. „Misrepresenting the City: Genre, Intertextuality and William FitzStephen's Description of London (c. 1173)". In *London and Europe in the later Middle Ages*, herausgegeben von Julia Boffey und Pamela M. King, 1–34. London.

Schauta, Markus. 2008. *Die ersten Jahrhunderte christlicher Pilgerreisen im Spiegel spätantiker und frühmittelalterlicher Quellen*. Frankfurt am Main u. a.

Schiel, Juliane. 2007. „Der Liber Peregrinationis des Ricoldus von Monte Croce. Versuch einer mittelalterlichen Orienttopographie". *Zeitschrift für Geschichtswissenschaften* 55: 5–17.

Schiel, Juliane. 2011. *Mongolensturm und Fall Konstantinopels. Dominikanische Erzählungen im diachronen Vergleich*. Berlin.

Schill, Peter. 2005. *Ikonographie und Kult der heiligen Katharina von Alexandrien im Mittelalter. Studien zu den szenischen Darstellungen aus der Katharinenlegende*. https://edoc.ub.uni-muenchen.de/4091/1/Schill-Peter.pdf, zuletzt aufgerufen am 1.3.2017. Diss. München.

Schleusener-Eichholz, Gudrun. 1985. *Das Auge im Mittelalter*. München.

Schmid, Wolf. 2009. „Implied Author". In *Handbook of Narratology*, herausgegeben von P. Hühn, J. Pier, und W. Schmid, 161–173. Berlin/New York.

Schmidt, Hans-Joachim. 2016. „Symbolische Aneignung des Unverfügbaren: Jerusalem

LITERATURVERZEICHNIS 363

und das Heilige Grab in Pilgerberichten und Bildern des Mittelalters". In *Die Stadt im Raum. Vorstellungen – Entwürfe – Gestaltungen*, herausgegeben von Karsten Igel und Thomas Lau, 67–87.

Schmidt, Paul Gerhard. 1981. "Mittelalterliches und humanistisches Städtelob". In *Die Rezeption der Antike. Zum Problem der Kontinuität zwischen Mittelalter und Renaissance*, herausgegeben von August Buck, 119–128. Hamburg.

Schmidt-Burkhardt, Astrit. 2014. *Die Kunst der Diagrammatik: Perspektiven eines neuen bildwissenschaftlichen Paradigmas*. Bielefeld.

Schmieder, Felicitas. 1994. *Europa und die Fremden. Die Mongolen im Urteil des Abendlandes vom 13. bis in das 15. Jahrhundert*. Sigmaringen.

Schmitz, Hermann. 1998. *Der Leib, der Raum und die Gefühle*. Ostfildern.

Schmugge, Ludwig. 1984. "Die Anfänge des organisierten Pilgerverkehrs im Mittelalter". *QFiAB* 64: 1–83.

Schmugge, Ludwig. 1999. "Jerusalem, Rom und Santiago – Fernpilgerziele im Mittelalter". In *Pilger und Wallfahrtsstätten in Mittelalter und Neuzeit*, herausgegeben von Michael Matheus, 11–34. Stuttgart.

Schnath, Georg. 1964. "Drei niedersächsische Sinaipilger um 1330: Herzog Heinrich von Braunschweig-Grubenhagen, Wilhelm von Boldensele und Ludolf von Sudheim". In *Festschrift für Percy Ernst Schramm, Band 1*, herausgegeben von Peter Classen, 461–477. Wiesbaden.

Schneider, Karin. 1983. "Jacobus de Verona". *Die deutsche Literatur des Mittelalters. Verfasserlexikon* 4: 447–448.

Schnell, Rüdiger. 2004. "Erzählstrategie, Intertextualität und Erfahrungswissen. Zu Sinn und Sinnlosigkeit spätmittelalterlicher Mären". *Wolfram-Studien* 18: 367–404.

Schöller, Bettina. 2013. "Transfer of Knowledge: Mappae Mundi Between Texts and Images". *Peregrinations: Journal of Medieval Art and Architecture* 4: 42–55.

Scholz, Bernhard F.H. 1999. "Ekphrasis and Enargeia in Quintilian's Institutionis oratoriae libri xii." In *Rhetorica movet: Studies in Historical and Modern Rhetoric in Honour of Heinrich F. Plett*, herausgegeben von P.L. Oesterreich und T.O. Sloane, 3–24. Leiden/Boston.

Schreckenberg, Heinz. 1972. *Die Flavius-Josephus-Tradition in Antike und Mittelalter*. Leiden.

Schröder, Stefan. 2006. "Reiseandenken aus Jerusalem. Funktionen sakraler und profaner Dinge in spätmittelalterlichen Wallfahrtsberichten". In *Materialität auf Reisen. Zur kulturellen Transformation der Dinge*, herausgegeben von Philip Bracher, Florian Hertweck, und Stefan Schröder, 87–113. Münster.

Schröder, Stefan. 2009. *Zwischen Christentum und Islam. Kulturelle Grenzen in den spätmittelalterlichen Pilgerberichten*. Berlin.

Schulte-Sasse, J. 2001. "Einbildungskraft/Imagination". *Ästhetische Grundbegriffe: Historisches Wörterbuch* 2: 88–120.

Schulz, Armin. 2012. *Erzähltheorie in mediävistischer Perspektive. Herausgegeben von Manuel Braun, Alexandra Dunkel und Jan-Dirk Müller*. Berlin.

Schuppisser, Fritz Oskar. 1993. „Schauen mit den Augen des Herzens: zur Methodik der spätmittelalterlichen Passionsmeditation, besonders in der Devotio Moderna und bei den Augustinern". In *Die Passion Christi in Literatur und Kunst des Spätmittelalters*, herausgegeben von Walter Haug und Burghart Wachinger, 169–210. Tübingen.

Schütz, Johannes. 2012. „Gelehrte Predigt als dominikanische Innovation. Anmerkungen zur Studienorganisation und Predigtpraxis des Dominikanerordens im 13. Jahrhundert". In *Innovation in Klöstern und Orden des Hohen Mittelalters: Aspekte und Pragmatik eines Begriffs*, herausgegeben von Mirko Breitenstein, 247–262. Berlin.

Schütz, Johannes. 2014. *Hüter der Wirklichkeit. Der Dominikanerorden in der mittelalterlichen Gesellschaft Skandinaviens*. Göttingen.

Shalev, Zur. 2011. „Christian Pilgrimage and Ritual Measurement in Jerusalem". *Micrologus* 19: 131–150.

Sheerin, D.J. 1982. „Eleuma in Christian Latin". *Traditio* 38: 45–73.

Siew, T. 2014. „Pilgrimage Experience: Bridging Size and Medium". In *Visual Constructs of Jerusalem*, herausgegeben von Galit Noga-Banai Bianca Kühnel, 83–94. Turnhout.

Simek, Rudolf. 1992. „Hierusalem civitas famosissima. Die erhaltenen Fassungen des hochmittelalterlichen Situs Jerusalem (mit Abbildungen zur gesamten handschriftlichen Überlieferung)". *Codices manuscripti* 16: 121–153.

Simon, Anne. 2004. „Of smelly Aeas and ashen Apples: two German Pilgrims' View of the East". In *Eastward bound: Travel and Travellers 1050–1550*, 196–220. Manchester.

Sivan, Hagith S. 1988a. „Holy Land Pilgrimage and Western Audiences: some Reflections on Egeria and her Circle". *The Classical Quarterly* 38: 528–535.

Sivan, Hagith S. 1988b. „Who was Egeria? Piety and Pilgrimage in the Age of Gratian". *The Harvard Theological Review* 81: 59–72.

Smith, Julie Ann. 2007. „‚My Lord's Native Land': Mapping the Christian Holy Land". *Church History* 76: 1–31.

Sommerfeld, Martin. 1924. „Die Reisebeschreibungen der deutschen Jerusalempilger im ausgehenden Mittelalter". *DVjs* 2: 816–851.

Spice, Andrew, und Sarah Hamilton, Hrsg. 2005. *Defining the Holy. Sacred Space in Medieval and Early Modern Europe*. Aldershot.

Spitzer, Leo. 1959. „The epic Style of the Pilgrim Aetheria (zuerst 1949)". In *Romanische Studien 1936–1956*, 871–912. Tübingen.

Stähli, Marlis. 2005. „Die Grabeskirche in Jerusalem. Eine Reichenauer Handschrift in Rheinau". *Librarium* 48: 20–30.

Stancliffe, C. 1975. „Early ‚Irish' Biblical Exegesis". *SP* 12: 361–370.

Stapelmohr, Ivar von, Hrsg. 1937. „Einleitung". In *Ludolfs von Sudheim Reise ins Heilige Land. Nach der Hamburger Handschrift herausgegeben*. Lund.

Starkey, Kathryn. 2016. „Time travel: ekphrasis and narrative in medieval German Lite-

LITERATURVERZEICHNIS

rature". In *Anschauung und Anschaulichkeit. Visualisierung im Wahrnehmen, Lesen und Denken*, herausgegeben von Hans Adler und Sabine Groß, 179–193. Paderborn.

Stock, Brian. 1996. *Augustine the Reader: Meditation, Self-Knowledge, and the Ethics of Interpretation*. Harvard.

Stockhammer, Robert. 2001. „'An dieser Stelle'. Kartographie und die Literatur der Moderne". *Poetica* 33: 273–306.

Stockhammer, Robert. 2007. *Kartierung der Erde. Macht und Lust in Karten und Literatur*. München.

Strohschneider, Peter. 2002. „Textheiligung. Geltungsstrategien legendarischen Erzählens im Mittelalter am Beispiel Konrads von Würzburg Alexius". In *Geltungsgeschichten. Über die Stabilisierung und Legitimierung institutioneller Ordnungen*, herausgegeben von Gert Melville und Hans Vorländer, 109–147. Köln u. a.

Strohschneider, Peter. 2014. *Höfische Textgeschichten. Über Selbstentwürfe vormoderner Literatur*. Heidelberg.

Stuiber, Alfred. 1966. „Eulogia". *Reallexikon für Antike und Christentum* 6: 900–928.

Sumption, Jonathan. 1975. *Pilgrimage. An Image of Medieval Religion*. London.

Suntrup, Rudolf. 1984. „Zur sprachlichen Form der Typologie". In *Geistliche Denkformen des Mittelalters*, herausgegeben von Klaus Grubmüller, Ruth Schmidt-Wiegand, und Klaus Speckenbach, 23–68. München.

Tafi, Angelo. 1987. „Egeria e la bibbia". In *Atti del convegno internazionale sulla Peregrinatio Egeriae*, herausgegeben von Claudio Santori, 167–176. Arezzo.

Teske, Dörte, Hrsg. 1997. *Gregor von Nyssa. Briefe*. Stuttgart.

Thomsen, Christiane. 2018. *Burchards Bericht über den Orient. Reiseerfahrungen eines staufischen Gesandten im Reich Saladins 1175/1176*. Berlin.

Timm, Frederike. 2006. *Der Palästina-Pilgerbericht des Bernhard von Breidenbach und die Holzschnitte Erhard Reuwichs*. Stuttgart.

Tjupa, Valerij. 2014. „Narrative Strategies". In *Handbook of Narratology*, herausgegeben von Peter Hühn, Jan Christoph Meister, John Pier, und Wolf Schmid, 547–563. Berlin.

Toussaint, Gia. 2008. „Jerusalem – Imagination und Transfer eines Ortes". In *Jerusalem, du Schöne*, herausgegeben von Bruno Reudenbach, 33–60. Bern.

Treue, Wolfgang. 2014. *Abenteuer und Anerkennung: Reisende und Gereiste in Spätmittelalter und Frühneuzeit (1400–1700)*. Paderborn.

Trovato, Paolo. 2014. *Everything You Always Wanted to Know about Lachmann's Method: A NonStandard Handbook of Genealogical Textual Criticism in the Age of PostStructuralism, Cladistics, and Copy-Text*. Padua.

Türck, Verena. 2011. *Christliche Pilgerfahrten nach Jerusalem im früheren Mittelalter im Spiegel der Pilgerberichte*. Wiesbaden.

Unzeitig-Herzog, Monika. 2004. „Von der Schwierigkeit zwischen Autor und Erzähler zu unterscheiden. Eine historisch vergleichende Analyse zu Chrétien und Hartmann".

In *Wolfram-Studien 18: Erzähltechnik und Erzählstrategien in der deutschen Literatur des Mittelalters. Saarbrücker Kolloquium 2002*, 59–81. Berlin.

Väänänen, Veikko. 1987. *Le Journal-épître d'Égérie, Itinerarium Egeriae. Étude linguistique*. Helsinki.

Wagner, Silvan. 2015. *Erzählen im Raum: Die Erzeugung virtueller Räume im Erzählakt höfischer Epik*. Berlin.

Walde, Christine. 2006. „Memoria (Mnemotechnik)". *DNP*, 1206–1208.

Walker, Peter W.L. 1990. *Holy city, holy places? Christian Attitudes to Jerusalem and the Holy Land in the Forth Century*. Oxford.

Wandhoff, Haiko. 2003. *Ekphrasis. Kunstbeschreibungen und virtuelle Räume in der Literatur des Mittelalters*. Berlin.

Wandhoff, Haiko. 2004. „Eine Pilgerreise im virtuellen Raum. Das Palästinalied Walthers von der Vogelweise". In *Kunst der Bewegung. Kinästhetische Wahrnehmung und Probehandeln in virtuellen Welten*, 73–90. Bern.

Wannenmacher, Julia Eva. 2005. *Hermeneutik der Heilsgeschichte. De septem sigillis und die sieben Siegel im Werk Joachims von Fiore*. Leiden.

Waßenhoven, Dominik. 2009. *Skandinavier unterwegs in Europa. (1000–1250). Untersuchungen zu Mobilität und Kulturtransfer auf prosopographischer Grundlage*. Berlin.

Webb, Ruth. 2009. *Ekphrasis, Imagination and Persuasion in Ancient Rhetorical Theory and Practice*. Farnham.

Weber, Erica. 2005. *Traveling Through Text: Message and Method in Late Medieval Pilgrimage Accounts*. New York/London.

Weidemann, Margarete. 1977. „Reliquie und Eulogie. Zur Begriffsbestimmung geweihter Gegenstände in der fränkischen Kirchenlehre des 6. Jahrhunderts". In *Die Ausgrabungen in St. Ulrich und Afra in Augsburg 1961–1968*, herausgegeben von Joachim Werner, 353–373. München.

Weigel, Sigrid. 2015. *Grammatologie der Bilder*. Berlin.

Weingarten, Susan. 1999. „Was the Pilgrim from Bordeaux a Woman? A Reply to Laurie Douglass". *Journal of Early Christian Studies* 7: 291–297.

Weingarten, Susan. 2005. *The Saint's Saints. Hagiography and Geography in Jerome*. Leiden, Boston.

Wellbery, David. 2003. „Stimmung". *Ästhetische Grundbegriffe. Historisches Wörterbuch in sieben Bänden* 5: 703–733.

Wenz, Karin. 1997. *Raum, Raumsprache und Sprachräume. Zur Textsemiotik der Raumbeschreibung*. Tübingen.

Wenz, Karin. 2009. „Linguistik/Semiotik". In *Raumwissenschaften*, herausgegeben von Stephan Günzel, 208–224.

Wenzel, Horst. 1995. *Hören und Sehen. Schrift und Bild. Kultur und Gedächtnis im Mittelalter*. München.

LITERATURVERZEICHNIS

Wenzel, Horst. 2001. „Augenzeugenschaft und episches Erzählen. Visualisierungsstrategien im Nibelungenlied". In *6. Pöchlarner Heldenliedgespräch. 800 Jahre Nibelungenlied. Rückblick – Einblick – Ausblick*, herausgegeben von Klaus Zatloukal, 215–234. Wien.

Wenzel, Horst. 2009. *Spiegelungen. Zur Kultur der Visualität im Mittelalter*. Berlin.

Wenzel, Horst, und Stephen Jaeger, Hrsg. 2005. *Visualisierungsstrategien in mittelalterlichen Bildern und Texten*. Berlin.

Wenzel, Horst, und Kathryn Starkey, Hrsg. 2007. *Imagination und Deixis. Studien zur Wahrnehmung im Mittelalter*. Stuttgart.

Westra, Haijo Jan. 1995. „The Pilgrim Egeria's Concept of Place". *Mittellateinisches Jahrbuch* 30: 93–100.

Westrem, Scott D. 2001. *Broader Horizons: A study of Johannes Witte de Hese's Itinerarius and medieval travel narratives*. Cambridge.

Wettlaufer, Jörg. 2001. *Europäische Reiseberichte des späten Mittelalters. Eine analytische Bibliographie, herausgegeben von Werner Paravicini, Teil 1: Deutsche Reiseberichte, bearbeitet von Christian Halm, 2., korrigierte und ergänzte Auflage, mit einem Nachtrag von Jörg Wettlaufer und Werner Paravicini*. Frankfurt am Main.

Wettlaufer, Jörg. 2010. „Europäische Reiseberichte des späten Mittelalters. Das Projekt einer Digitalisierung der Editionen und eines Themenportals im Internet [Les récits de voyageurs européens à la fin du Moyen Âge. Le projet de digitalisation des éditions et d'un portail de recherche sur internet]". In *Relations, échanges et transferts en Europe dans les derniers siècles du Moyen Âge*, herausgegeben von Bernard Guenée und Jean-Marie Moeglin, 539–555. Paris.

Wiegand, Herbert. 1983. „Felix Fabri. Dominikaner, Reiseschriftsteller, Geschichtsschreiber 1441/42–1502". *Lebensbilder aus Schwaben und Franken* 15: 1–28.

Wilcox, Miranda. 2006. „Alfred's Epistemological Metaphors: Eagan Modes and Scip Modes". *Anglo-Saxon England* 35: 179–217.

Wilken, Robert Louis. 1985. „Heiliges Land". *TRE* 14: 684–694.

Wilken, Robert Louis. 1992. *The Land called Holy. Palestine in Christian History and Thought*. New Haven.

Wilkinson, John. 2002. *Jerusalem pilgrims before the crusades*. 2. Aufl. Warminster.

Willand, Marcus. 2014. *Lesermodelle und Lesertheorien: Historische und systematische Perspektiven*. Berlin.

Winkler, Norbert. 1999. „Dietrich von Freiberg und Meister Eckhart in der Kontroverse mit Thomas von Aquin: Intellektnatur und Gnade in der Schrift ‚Von der wirkenden und der vermögenden Vernunft', die Eckhart von Gründig zugeschrieben wird". In *Dietrich von Freiberg. Neue Perspektiven seiner Philosophie*, herausgegeben von Karl-Hermann Kandler, Burkhard Mojsisch, und Franz-Bernhard Stammkötter, 189–223. Amsterdam.

Wis, Marjatta. 1958. „Fructus in quo Adam peccavit: über frühe Bezeichnungen der

Banane in Europa und insbesondere in Deutschland". *Neuphilologische Mitteilungen* 59: 1–34.

Wolf, Beate. 2010. *Jerusalem und Rom: Mitte, Nabel – Zentrum, Haupt: die Metaphern Umbilicus mundi und Caput mundi in den Weltbildern der Antike und des Abendlandes bis in die Zeit der Ebstorfer Weltkarte.* Frankfurt am Main.

Wolf, Gerhard. 1989. „Die deutschsprachigen Reiseberichte des Spätmittelalters". In *Der Reisebericht. Die Entwicklung einer Gattung in der deutschen Literatur,* herausgegeben von Peter J. Brenner, 81–116. Frankfurt am Main.

Wolf, Gerhard. 2012. „Deutschsprachige Reiseberichte des 14. und 15. Jahrhunderts. Formen und Funktionen einer hybriden Gattung". In *Deutsches Literatur-Lexikon. Das Mittelalter III Reiseberichte und Geschichtsdichtung,* v–xxviii. Berlin.

Wolf, Norbert Richard. 1987. *Wissensorganisierende und wissensvermittelnde Literatur im Mittelalter: Perspektiven ihrer Erforschung. Kolloquium 5.–7. Dez. 1985.* Wiesbaden.

Wolfzettel, Friedrich. 2003. „Zum Problem mythischer Strukturen im Reisebericht". In *Erkundung und Beschreibung der Welt. Zur Poetik der Reise- und Länderberichte,* herausgegeben von Xenja von Ertzdorff und Gerhard Giesemann, 3–30. Amsterdam/New York.

Woods, D. 2002. „Arculf's luggage: The sources for Adomnán's De locis sanctis". *Eriú* 52: 25–52.

Worm, Andrea. 2003. „Steine und Fußspuren Christi auf dem Ölberg. Zu zwei ungewöhnlichen Motiven bei Darstellungen der Himmelfahrt Christi". *Zeitschrift für Kunstgeschichte* 66: 297–320.

Worm, Andrea. 2014. „Mapping the History of Salvation for the Mind's Eyes. Context and Function of the Map of the Holy Land". In *Visual Constructs of Jerusalem,* herausgegeben von Bianca Kühnel, Galit Noga-Banai, und Hanna Vorholt, 315–329. Turnhout.

Worstbrock, Franz-Josef. 1999. „Wiedererzählen und Übersetzen". In *Mittelalter und frühe Neuzeit. Übergänge, Umbrüche und Neuansätze,* 128–142. Tübingen.

Yates, Francis. 1966. *The art of memory.* Cambridge.

Yeager, Suzanne M. 2011. *Jerusalem in medieval narrative.* Cambridge.

Zapf, Volker. 2012. „Burchardus de Monte Sion". In *Deutsches Literatur-Lexikon. Das Mittelalter III Reiseberichte und Geschichtsdichtung,* herausgegeben von Wolfgang Achnitz, 282–284. Berlin.

Zeller, Rosmarie. 1997. „Erzähler". *Reallexikon der deutschen Literaturwissenschaft* 1: 502–505.

Ziegler, Joseph. 1931a. „Die Peregrinatio Aetheriae und das Onomastikon des Eusebius". *Biblica* 12: 70–84.

Ziegler, Joseph. 1931b. „Die Peregrinatio Aetheriae und die Heilige Schrift". *Biblica* 12: 162–198.

Zrenner, Claudia. 1981. *Die Berichte der europäischen Jerusalempilger (1475–1500). Ein literarischer Vergleich im historischen Kontext.* Frankfurt am Main, Bern.

Zumthor, Paul. 1994. „The Medieval Travel Narrative". *New Literary History* 25: 809–824.

Zwijnenburg-Tönnies, Nicky. 1998. „Die Kreuzwegandacht und die deutschen Pilgertexte des Mittelalters." In *Fünf Palästina-Pilgerberichte aus dem 15. Jahrhundert,* herausgegeben von Randall Herz, Dietrich Huschenbett, und Frank Sczesny, 225–260. Wiesbaden.

Personenregister

Abraham 260n104, 302
Adomnan 14, 20, 24, 38n5, 59n141, 60, 64, 67, 69, 85, 125–160, 238n13, 244n48, 273, 274, 274n166, 277n190
Adorno, Anselme 22
Adorno, Jean 22, 28n107
Aeneas 77
Albertus Magnus 270–272, 306
Alcher von Clairvaux 75n232
Alcuin 74, 76n240, 77n244, 79, 280
Aldfrith von Northumbria 125
Alexander der Große 45n58
Alexander von Humboldt 43
Ambrosius 71n207, 72, 72n208, 301, 302n285, 305n305
Andreas von Regensburg 278
Anonymus von Bordeaux 13, 13n1, 30, 44–47
Anonymus von Piacenza 14, 25, 28n107, 33, 38, 47, 62n157, 64, 68n191, 94n11, 113, 115–125, 212n433, 213n440, 277n190
Antonius de Cremona 20, 52, 77, 192–205, 277, 280, 292, 303n292, 304n294
Apoll 30n119
Arculf 15, 38n5, 68n191, 131–160, 273, 274n166
Aristoteles 74, 74n227, 75, 75n238, 76n240, 81, 270, 272, 272n154, 281n204
Arnold von Lübeck 17
Athansius 110n76
Augustinus 71n207, 72, 73, 76, 76n240, 77, 77n246, 78, 78n251, 79, 276, 302n285, 304, 304n297, 305n303, 312
Averroes 74
Avicenna 74

Balduin von Steinfurt 266
Bartholemeus Picenus 178n300
Bartholomaeus Anglicus 75
Beda 15, 16, 24, 80, 94n10, 127–129, 146, 149, 150
Bernardus Monachus Francus 15, 284n217, 285n218
Bernhard von Clairvaux 72, 231
Boethius 74

Brandis, Lucas 238n14
Breydenbach, Bernhard von 21, 52, 281, 282n209
Burchard von Straßburg 18
Burchardus de Monte Sion 3, 5, 21, 25, 26n104, 27, 31, 38, 43, 51n94, 59n145, 63n165, 65, 67n188, 71, 80, 80n259, 162, 181, 206n411, 223, 236–264, 283, 285

Cassiodor 74
Cicero 66n177, 86n297, 300
Columba 125
Cyrill von Jerusalem 100n37, 100n38, 110n76

Demetrius Cydonius 178n300
Desiderius 115
Diana 30n119
Dicuil 278n197
Dietrich von Schachten 52, 276n181

Egeria 14, 16, 20, 28n107, 33, 38, 49, 51, 52, 52n100, 55, 58, 68n190, 73, 90, 93–115, 116, 117, 125, 133, 213, 234, 260n104, 273, 295, 303, 320n351
Elias Talleyrand de Périgord 265
Eriugena 74n229
Eucherius 14, 127
Euripides 45n58
Eusebius 4n6, 21, 99, 113n92, 127, 129, 238n13, 240, 244, 260n104
Eusebius von Caesarea 129
Eustochium 113

Fabri, Felix 20, 22, 27, 39, 49, 60n149, 73, 80, 83, 212, 213n442, 215–235, 238, 238n14, 251, 257n95, 268, 269n143, 271n152, 281–283, 304n294
Feyerabend, Sigmund 216n455
Fretellus 16, 26, 160–177

Galen 75
Galfred von Vinsauf 48n74, 87
Georg 158
Gervasius von Tilbury 276, 277, 318n338
Gottfried von Osnabrück 267, 267n131

PERSONENREGISTER

Gregor I.   71n207, 158, 301
Gregor von Nyssa   4n8, 100n38, 101n38,
   113n92
Gregor von Tours   122n117, 124, 196n384
Guy de Bazoches   317n337

Hans Tucher   276n181, 286
Harff, Arnold von   281, 283
Harun-al-Rashid   278n197
Heinrich von Herford   264
Henri Sdyck   164n259
Hermann von Carinthia   319, 320n356
Herodot   41n27, 274
Hieronymus   4n8, 21, 67, 95, 99, 99n35,
   99n36, 100n38, 101n38, 110–115, 127,
   129, 129n144, 132, 220, 234, 238n13, 240,
   250, 250n69, 251, 252, 299, 301, 301n279,
   312
Hilarius   71n207, 72
Hugo Illuminator   314
Hugo von Flavigny   71n207
Hugo von St. Victor   66, 72, 72n216, 75,
   300n274
Humbert de Dijon   20, 38, 47, 52n99, 192–
   205, 303n288, 303n292

Isaak von Stella   75
Isidor von Sevilla   17, 40, 150

Jacob von Vitry   17, 32, 238n13, 244n46,
   256n89
Jacobus de Verona   20, 188, 268, 303n287
Jacques de Therines   271n149
Jean de Long   265n117
Johannes (Priesterkönig)   18
Johannes XXII.   21
Johannes Capreolus   271n149
Johannes de Fonte   272
Johannes de Plano Carpini   18
Johannes de Rosal   204
Johannes Poloner   20n60
Johannes von Hildesheim   308n312
Johannes von Jandun   317n337
Johannes von Salisbury   75
Johannes von Würzburg   16, 24, 26, 32, 38,
   52, 56, 60n149, 61, 62n158, 71, 90n320,
   148n208, 160–177, 238n13, 247, 251, 260,
   282, 296
Johannes Witte von Hese   207

Josephus   14n6, 238n13, 256n89, 273,
   273n165, 308n312

Karl der Große   278n197
Katharina   19n48, 203, 203n405, 204,
   204n406, 234, 272, 297, 303, 303n292,
   305, 319, 320
Konstantin   4, 6, 130

Lambert von Saint-Omer   21n65
Latona   30n119
Leo I.   100n37
Ludolf von Sudheim   19, 25, 26n104, 28, 38,
   38n6, 49, 55, 65, 65n172, 188, 203n405,
   207n418, 208n423, 209n425, 223, 264–
   314, 316, 317n334
Luther, Martin   178n300

Mandeville, John   19, 29n110, 207, 281n203,
   311, 311n321, 313
Manuel I. Kommenos   18n40
Marcella   67, 113, 114
Marco Polo   18
Maria   60, 111, 161, 171, 178, 185, 188, 190, 261,
   262, 293, 296, 311n321, 321n356
Maria Magdalena   211, 226, 307
Marino Sanudo   238n14
Matthew Paris   21, 278n197
Mechthild von Hackborn   218n465
Melito von Sardes   129
Mohammed   201n399, 208, 268, 268n138,
   268n139, 269n140, 303, 320n356
Moses   51, 110, 200, 202, 203, 203n405, 212,
   295, 296, 303

Nebridius   73, 76
Niccolò da Poggibonsi   206n413
Nicolas Roselli   165n259
Nicolaus Sophistes   89n317
Nuer, Johannes   216

Odoricus de Pordenone   16, 18, 319
Oliver von Paderborn   16, 326

Paula von Rom   14, 28n108, 71n207, 95,
   100n38, 110–115
Paulinus von Nola   4n8, 63n163, 96, 113n92,
   154n224, 311
Paulus   78, 305

Pausanias   30n119
Peter von Celle   80, 81
Peter von Zittau   265
Petrarca, Francesco   20, 64
Petrus   176, 183
Petrus Cantor   183n325
Petrus Comestor   249
Petrus Diaconus   16, 20, 94, 94n11, 98n31
Petrus Venerabilis   319
Philip de Savona   16, 326
Pierre de Palu   192
Plinius   235n569
Pseudo-Rufin   86, 88

Quintilian   48n73, 66n176, 71, 86–90
Quodvultdeus   301

Rashi   21n65
Reginbert von der Reichenau   116n100, 135
Reuwich, Erhard   22, 281, 282n209
Richard von St. Vanne   71n207
Richard von St. Victor   72, 75, 76
Ricoldus de Monte Crucis   18, 38, 59n141, 60,
    63n163, 64, 71, 177–192, 268n139, 319
Robert von Chester   319
Rodrigo von Toledo   164n259

Saewulf   15, 284n217
Sancha d'Aragon   192
Sanudo, Marino   16, 21
Schedel, Hartmann   216, 222, 304n294
Seneca   300
Siger von Brabant   271
Simon von Cyrene   188
Sulpicius Severus   126n136, 154
Symon Semeonis   20, 65, 198, 277, 278,
    283n215, 284n217, 314–323

Tacitus   308n312
Theodericus   16, 26, 47, 56, 66, 87n301,
    89n318, 90n320, 160–177, 211n428,
    238n13, 282
Theodosius   94n11
Theon   86n296, 89, 90n322
Thietmar   19, 24, 38, 97n25, 238n13, 268n139,
    272, 303, 303n286
Thomas von Aquin   177, 183n325, 193n371,
    270, 272, 276, 301, 304, 305, 305n303,
    306, 309, 312
Tobias   204
Tucher, Hans   52, 53, 58n139, 283
Tzewers, Wilhelm   22

Valerius von Bierzo   93, 98, 103n51, 108
Vergil   300
Vesconte, Pietro   21
Vinzenz von Beauvais   234n563

Walahfried Strabo   116n100
Wilbrand von Oldenburg   18, 188, 242
Wilhelm Tzewers   238n14
Wilhelm von Boldensele   19, 25, 28, 38, 58,
    58n137, 65, 72n217, 88, 180n316, 188,
    201n400, 203n405, 208n423, 209n425,
    211n429, 259n98, 264–314, 320n353
Wilhelm von Conches   75
Wilhelm von Rubruk   18, 179n310, 319
Wilhelm von St. Thierry   75
Wilhelm von Tyrus   17, 300n272, 322n360
William Fitzstephen   318n338
Willibald von Eichstätt   15, 28n108

Ortsregister

Ägypten   14, 17, 19, 27, 64, 65, 94, 111, 116, 117, 180, 193, 195, 198, 200, 201, 237, 244, 270, 273–283, 286, 290–292, 295, 314–316, 319–323
Akkon   178, 236n3, 241, 242, 249n64, 252, 253, 255n86, 273
Alexandria   64n168, 201, 314, 315, 318n341, 319, 320–321
Arabien   254
Asien   18
Äthiopien   235n566

Babylon   199, 201n400, 263, 268, 275, 307
Barby   236n3
Basel   215
Beirut   208
Berg Carmel   228
Berg der Seligpreisungen   182, 183
Berg Nebo   99, 109
Berg Thabor   130, 194, 249n64
Berge Gilboa   270
Beth-El   171
Bethanien   175
Bethfage   175, 176
Bethlehem   54, 111, 126, 168, 185, 186, 196, 197, 208, 224, 241n31, 251n71, 252, 255, 257, 262–264, 309, 311n321
Bethsaida   182
Bologna   201n399, 280
Bordeaux   44

Canterbury   319
Capharnaum   194, 248
Corfu   316

Damaskus   156, 165, 194, 199, 208, 250n67, 272n156, 275n174, 305
Delos   30n119
Diospolis   159
Durazzo   316

Emmaus   190

Famagusta   193
Faran   95
Florenz   177, 178

Gaza   195, 204
Genua   318

Hebron   165, 166, 208, 250n67
Hermon   244n47

Indien   234
Iona, Kloster   125
Irland   314, 315

Jericho   255
Jerusalem   54, 55, 79, 90n321, 93, 94n11, 96–97, 101n38, 110, 116, 122n119, 126, 129, 131, 134, 137n185, 145, 152n219, 153, 173–232, 236, 238n13, 242, 243n42, 246, 250n67, 251n71, 252–264, 269, 273, 280, 285n220, 291, 299, 307, 310, 311, 314, 315, 318, 319
   Berg Sion   60, 61, 62n156, 69, 103, 119, 121, 134, 136, 136n181, 141–143, 176, 188n351, 230, 291, 315
   Golgotha   62n156, 100n37, 139, 259, 310, 311n321
   Grab Christi   4n6, 185, 187–192, 201n399, 210, 211, 213, 260–262, 291, 309
   Grabeskirche   69n195, 124, 126, 134, 137–141, 151–154, 156, 172, 173–175, 189, 201n399, 214, 231, 258, 260, 280, 315
   Kalvarienberg   58, 62, 173n285, 213, 261, 291, 309, 312
   Ölberg   96, 114, 126, 145n202, 175, 212, 258
   Tal Josaphat   60, 185, 187
   Templum domini   61, 166, 168–172, 291
Jordan   117, 121n115, 123–124, 148n208, 185, 208, 212, 254
Judea   173

Kairo   198, 199, 275, 318, 320n355, 321–323
Kanaa   116, 117, 181–183
Karthago   76
Konstantinopel   94, 116, 126, 133, 159, 288, 289
Korsika   289
Kreta   314

ORTSREGISTER

Libanus 253
London 316, 318

Magdeburg 236, 236n3
Mamre 51n94, 250, 302
Mara 204
Meddan 165
Minden 270

Nazareth 122n119, 167, 168, 185, 196, 208,
236n3, 241n31, 255, 296, 307
Neapel 192

Osnabrück 267n133

Paderborn 266
Paris 317, 318, 321
Piacenza 116, 204, 204n407
Poitiers 124

Ragusa 316
Rom 79, 177, 217, 218n465
Rotes Meer 64, 212

Samaria 249, 249n64
Santiago 217
Sardinien 289
See Genesareth 114, 148n208, 182, 194,
201n399

Segor 110
Seyr 244n47
Sichem 130, 134, 136, 146, 249n65
Sidon 122, 249n64
Sinai 27, 94, 102, 103, 105, 193, 195, 198, 199,
201, 205, 212, 234–235, 292, 295, 302–
305
Berg Sinai 106–109, 199, 203n405, 208,
319
Horeb 117, 293, 304
Katharinenkloster 203, 206, 257n92, 272,
275n174, 292, 293–297, 302
Sizilien 126n136, 289
Sodom 248, 308, 322
Sudheim 266
Sychar 249n65

Totes Meer 44n53, 148n208, 254, 308
Troja 289
Tyrus 122, 242, 243, 248, 257

Ulm 215, 220, 221n484, 222n491, 223n495

Venedig 314, 316, 317
Villingen 217n462

Zara 316
Zarephath 249n64
Zypern 193, 193n368, 195, 269, 286–289

Printed in the United States
By Bookmasters